3분봉
매매의 기술

'상대적 저가'에서 매수해
확실하게 수익 내는

3분봉 매매의 기술

오버솔드 지음

3분봉 차트의 흐름을 알면
돈의 흐름이 보인다!

일에일북

서문

단타 매매를
고민하는 당신에게

오버솔드입니다. 『저가 매수의 기술』 『초단타 매매의 기술』 『종목 선정의 기술』에 이어 『3분봉 매매의 기술』로 찾아뵙게 되어 너무나 기쁜 마음입니다.

원고를 탈고하는 시점에 뒤돌아보면, 2024년과 2025년 상반기는 정말 '어쩌라고' 싶은 일들이 많았던 것 같습니다. 주식 시장에 자신의 귀중한 자금을 넣어둔 사람이라면 그 고통스러움은 정말 말로 표현하기 어려웠을 것이라고 생각됩니다. 그러나 '저가 매수'의 기술을 꾸준히 익혀온 사람이라면, 시장의 변곡점이 생긴 중요한 시점에 과감하게 매매에 나설 수 있었을 것입니다. 자신이 마음을 바쁘게 먹는다고 시장이 자신의 사정에 맞춰 움직여주지는 않습니다. 오히려 시장의 흐름에 자신을 맡길 수 있어야 하며 전작 『저가 매수의 기술』은 바로 그런 관점에 최적화되어 있다고 말할 수 있습니다.

동시에 '초단타 매매'의 기술로 자신을 연마해온 사람이라면, 매일매일 수익을 쌓아가는 재미를 느낄 수 있었을 것입니다. 더불어 '종목 선정'의 기술을 통해 매매 종목을 한정 짓는 연습을 시작했다면 어느새인가 흔들리지 않는 매매를 하고 있는 자신을 발견할 수 있을 것입니다.

중장기 매매의 기본은 앞서 소개한 책에서 충분히 다뤘으며, 책의 기반이 되는 기술적 내용들은 단타 매매에서도 충분히 활용할 수 있습니다. 그런 생각을 기본으로 이번에는 '3분봉 매매'의 기술에 대해 이야기하려 합니다.

단타 매매를 위해 출간했던 『초단타 매매의 기술』과 이번에 출간한 『3분봉 매매의 기술』의 차이는 무엇일까요? 『초단타 매매의 기술』은 매매 당일의 강력한 수급을 확인하는 방법으로 당일 시가에서 10% 상승, 즉 VI(Volatility Interruption)를 활용하고 있습니다. 높은 지점(고가권)에서 매매가 시작되는 만큼 정교하게 타점을 잡기 위해서 60틱 차트라는 것을 활용합니다. 해본 분은 알겠지만 강력한 수급이 들어왔을 때의 60틱 차트는 정말 빠르게 움직이며, 이러한 움직임 속에서는 객관적인 매매 기준을 놓치기 쉽고 자칫 홀린 듯이 손실이 커질 수 있습니다.

실제로 책의 내용을 칭찬하는 메일과 함께 손실의 고통을 토로하는 메일도 종종 받곤 합니다. 더 좋은 것, 더 나은 것을 알려드리고 싶었던 의도와 달리 뜻하지 않게 어려움을 겪으셨다는 이야기를 들을 때면 마음이 무겁고 안타까웠습니다. 그래서 좀 더 편안한 단타 매매를 위한 가이드를 드려야겠다는 생각을 했습니다. 그 결과가 바로 『3분봉 매매의 기술』입니다.

『초단타 매매의 기술』이 '당일'의 수급만을 보고 하는 매매라면 『3분봉 매매의 기술』은 2~3일 정도에 만들어진 봉의 배열, 즉 3분봉 차트의 움직임을 활용하는 전략입니다. 따라서 『초단타 매매의 기술』에서 다뤄진 D+1 데이 매매가 심도 있게 다뤄지며, 시초가 갭 상승 등의 의미에 대해서도 철저하게 파고들고 있습니다. '최고점에서의 상대적 저가'를 칼같이 물고 들어가는 『초단타 매매의 기술』에 비해, '상승 중 단기 조정을 만드는 상대적 저가'에 어느 정도 여유를 갖고 대응할 수 있는 기술을 『3분봉 매매의 기술』에서 다루고 있다고 이해하면 되겠습니다. 그래서 이 책에서는 상승 흐름을 가져올 수 있는 확률이 높은 봉의 배열을 찾기 위해 검색식을 집중적으로 활용하고 있습니다. 즉 '그냥 이 종목이 좋대'라며 매수해버리는 무지성 투자가 아니라, 이론을 꼼꼼히 공부하고 충분히 이해한 상태에서 검색식을 통해 추출된 종목의 성격을 파악하고 그에 맞춰 매매하고자 노력해야 합니다.

정말 한 단계 한 단계 따라 하실 수 있도록 아주 자세히, 그리고 이해하기 쉽게 쓰려고 노력했습니다. 제 능력이 부족해 그렇게 느껴지지 않을 수도 있을 것 같아 조심스럽습니다. 그러나 꼭 당부하고 싶은 말이 있습니다. 절대로 너무 급하게 생각하지 말라는 것입니다. 이 책을 그냥 1쪽부터 끝까지 한 번 읽고 나면 바로 단타 매매에서 수익이 난다고, 그렇게 생각하지는 말아주십시오. 오히려 저가 매수의 기술은 쉽습니다. 적절한 시점에서 매수하면 시간이 모두 해결해주기 때문입니다. 그러나 단타 매매의 경우 자칫 자신이 생각한 시간보다 너무 많은 시간을 들이게 될 수도 있습니다.

따라서 자꾸 반복해서 읽어주시기를 바랍니다. 진심으로 3분봉을 활용한 단타 매매를 하고 싶다면 지금까지 하던 매매는 일단 끊으시고, 이 책의 이론 부분을 반복해서 읽으면서 머릿속에서 그림을 그려보기 바랍니다. 성급히 매매에 나서기보다는 먼저 각 형태별 차트가 당일에 어떻게 나타나는지부터 충분히 관찰하며 눈에 익히는 것이 좋습니다. 그러면 어느 순간부터 '패턴'이 느껴지기 시작하고 차트 속에서 주가가 상승하기 위해 머무는 마디들이 보일 것입니다. 우리는 바로 그 마디에서 단기적으로 돈을 넣어야만 합니다.

최근의 시장을 보면 너무나도 큰 변화가 과학 기술적으로도, 정치적으로도, 문화적으로도 닥치고 있는 듯합니다. AI의 기술적 발전은 놀라울 만큼 빠르게 실생활에 파고들고 있습니다. 누가, 언제 그것 때문에 일자리를 잃는다고 해도 이상하지 않다는 생각이 듭니다. 살아가야 할 날이 많은 우리에게는 동시에 풀어야 할 숙제가 늘어난 기분입니다. 이 책을 통해 단타 매매의 기술을 어느 정도 습득해두는 것은 분명 나쁘지 않은 선택일 것입니다.

출간하는 책이 하나둘 늘어갈수록, 각 책의 내용이 서로 연결되며 독자 여러분이 상황에 따라 보다 유연하고 매끄럽게 매매할 수 있는 기반이 만들어지는 것 같습니다. 결국 주식 투자는 '시간'을 어떻게 다루느냐에 대한 것이라 생각합니다. 훗날 3분봉 매매의 기술에 이어 스윙 매매, 즉 30분봉을 활용한 매매의 기술에 대해서 쓰게 된다면 오버솔드 관점에서의 주식 투자 기술은 거의 모두 알려드리게 되는 것 같습니다. 오버솔드는 오버솔드만의 '관점'을 가르쳐드리고자 무척 노력하고 있습니다. 주식 매매에서 매수와 매도는 가장 많은 사람의 공감대가 만들어진 상태에서 이뤄져야 합니다. 제 관점은 '상대적 저가에서의 매수'입니다. 많은 사람이 '더 떨어질 것 같아'라고 무서워하는 자리가 매수해야 하는 자리고, '더 올라갈 거야'라고 생각하는 자리가 매도해야 하는 자리입니다. 거기에 자신이 활용하는 시간의 축, 즉 일봉이냐 3분봉이냐 30분봉이냐 틱 차트냐에 따라 상황이 조금씩 바뀔 뿐입니다.

그럼 이제 무엇이 남았을까요. 네, 거래량입니다. 아마도 오버솔드가 내놓을 시리즈의 마지막은 거래량과 관련된 내용일 것입니다. 종합적인 내용이 될 것 같고, 어려울 수 있는 내용이라 개념을 기획 중에 있습니다. 응원해주세요.

2024년 『종목 선정의 기술』을 출간할 당시, 일찍이 단타 매매에 대해 관심이 있을 많은 분을 위해 3분봉 매매를 하면서 다양한 사례를 수집하고 편집하는 과정을 거쳤습니다. 제가 하고 있는 본업에 문제가 없이 평온한 상황이 계속되면 스윙 매매의 기술도 어려움 없이 원고를 마감할 수 있지 않을까 생각합니다.

이번에 그동안 오버솔드의 책이 출간되었던 출판사가 아닌, 원앤원북스에서 새롭게 책을 펴내게 되었습니다. 오랜 기간 집중해서 집필하던 원고가 세상에 나올 수 있도록 손 잡아준 원앤원북스 대표님께 감사드립니다.

덧붙여 이 책은 전작 『저가 매수의 기술』에서 강조하고 있는 기술적 분석을 통한 매매를 위한 기본적인 내용을 독자가 충분히 이해하고 있다는 전제가 있습니다. 특히 이동평균선에 대한 이해와 RSI 및 MACD의 의미에 대해서 정확한 이해가 잡히면 이 책을 이해하기 더 수월할 것이며, 실전 매매에서도 흔들리지 않는 원칙을 확립하는 데 도움을 받을 수 있을 것입니다. 마침 좋은 기회를 통해 온라인 강좌를 하나 만들 수 있었습니다. 책의 내용을 보다 콤팩트하게, 그리고 책에 싣지 못했던 내용을 추가했으므로 반복해서 듣는다면 주식 투자에 큰 도움이 될 것입니다. 날리는 매매가 아니라 깊은 뿌리를 박은 매매를 평생 지속하고 싶다면 기회가 될 때 참고할 것을 권해드립니다.

오버솔드

https://www.badabooks.co.kr/academy/?idx=354

목차

서문 단타 매매를 고민하는 당신에게　　　　　　　　　　　　　　　　4

1장. 왜 단타 매매인가?

단타 매매를 해야 하는 이유　　　　　　　　　　　　　　　　16
당신은 어느 정도 수익을 원하는가?　　　　　　　　　　　　　25
3분봉을 활용하는 이유　　　　　　　　　　　　　　　　　　29
시가 매매와 장중 매매　　　　　　　　　　　　　　　　　　41
기준은 양봉과 이동평균선　　　　　　　　　　　　　　　　　48
태어나면 한 살　　　　　　　　　　　　　　　　　　　　　54
전일 종가=고가 양봉에서 당일 갭 상승이라면　　　　　　　　63
전일 윗꼬리 양봉에서 당일 갭 상승이라면　　　　　　　　　　76
전일 종가가 중요한 이유　　　　　　　　　　　　　　　　　84
윗꼬리 양봉인데 키가 작다면　　　　　　　　　　　　　　　93

2장. 시가 단타 매매의 기술

상한가 다음 날 갭 상승 시가 활용하기　　110
　1-1. 한전산업, 제이투케이바이오　　128
　1-2. SK, 선진뷰티사이언스　　138
　1-3. 에코프로머티, 태성　　148
　1-4. 인벤티지랩, 한일단조　　155
　1-5. 고려아연　　168

전일 새양봉을 기준으로 활용한 단타 매매　　177
　2-1. 잉글우드랩, 와이씨　　210
　2-2. 알테오젠, 에스티아이　　217
　2-3. 한화에어로스페이스, LIG넥스원　　226
　2-4. 알테오젠, 보로노이　　236
　2-5. 한국화장품제조　　245

윗꼬리 양봉을 기준으로 활용한 단타 매매　　251
　3-1. SK, 주성엔지니어링　　279
　3-2. SDN, 포스코인터내셔널　　287
　3-3. LK삼양, 한일단조　　295
　3-4. 코콤, 퍼스텍　　309
　3-5. 한미사이언스　　323

숨은 음봉을 활용한 단타 매매	330
4-1. LIG넥스원, 하츠	352
4-2. 신풍제약, 올릭스	360
4-3. 올릭스, LK삼양	371
4-4. 랩지노믹스, 에스와이스틸텍	382

3장. 장중 단타 매매의 기술

20일 이평선의 반등을 활용한 단타 매매	395
1-1. 삼화전기, 삼화전기	409
1-2. 제룡전기, 삼화전기	422
1-3. 실리콘투, 그리드위즈	429
1-4. 샤페론, 빅텐츠	437
급등 후 65 및 130 이평선의 반등을 활용한 단타 매매	446
2-1. 삼천리자전거, 태성	465
2-2. 한국가스공사, 선진뷰티사이언스	472
2-3. 선진뷰티사이언스, 우리기술	479
2-4. 펩트론, 현대에버다임	488
2-5. 다스코	495

5일 또는 10일 이평선의 반등을 활용한 단타 매매 — 499

    3-1. 우리기술, 잉글우드랩 — 515

    3-2. 한국가스공사, SKC — 531

    3-3. 코스메카코리아, LIG넥스원 — 541

    3-4. 코스메카코리아, 삼성공조 — 549

    3-5. 현대글로비스 — 559

급락 시 반등을 활용한 단타 매매 — 562

    4-1. 한미반도체, 한미반도체 — 581

    4-2. 코스메카코리아, 두산 — 589

    4-3. 두산, 현대차 — 598

    4-4. 퓨처켐, 피에스케이홀딩스 — 605

    4-5. 펩트론 — 618

부록 검색식으로 종목 찾기 — 628

1장.
왜 단타 매매인가?

 # 단타 매매를 해야 하는 이유

우리나라의 주식 투자 인구는 약 1,400만 명이라고 합니다. 2024년 통계에 따르면 연령별로는 40대가 315만 명(22.5%)으로 가장 많았고 그 뒤를 50대(22.0%), 30대(19.4%), 60대(13.5%), 20대(11.0%)가 이었습니다. 정말 많은 개인 투자자가 주식을 하는 것 같습니다.

당연한 말이지만 주식 투자를 하는 이유는 '돈을 벌기 위해서'입니다. 그런데 많은 개인 투자자가 무엇을 어떻게 해야 할지 잘 모르는 채로 '돈 놓고 돈 먹기'와 같은 느낌으로 주식 투자를 했다가 큰 낭패를 보는 것 같습니다. 오버솔드도 어느 정도 나이가 있다 보니 주위에 퇴직금이나 기타 목돈으로 주식에 투자했다가 마음고생을 하는 경우를 종종 봅니다.

아마 이 책을 읽고 있는 독자 여러분도 비슷한 이야기를 들어봤을 것입니다. 결혼자금으로, 아파트 중도금으로, 학교 등록금으로 주식 투자를 했다가 쪽박을 찬 수많은 이야기를요. 이런 분을 만나면 꼭 하는 질문이 있습니다.

"수익이 나면 뭘 하려고 주식 투자를 하셨나요?"

당연한 질문이지만 막상 제대로 답변하는 경우는 많지 않습니다. 상대는 오래 생각하다가 어렵게 입을 뗍니다. "생활비에 조금이라도 보탬이 되면 좋겠다는 생각에서요." "목돈을 활용해서 노후 대책으로 준비하고 싶어서요." "미래를 위한 준비가 부족한 것 같아서요." "해외여행 자금을 마련하려고요." 등 대답은 다양합니다.

이런 답들은 다음과 같이 유형화할 수 있습니다.

1. 미래를 위해 재정적인 대비를 하고 싶다.
2. 현재를 살아가는 데 필요한 돈을 벌고 싶다(즉 미래를 위한 이 소중한 목돈을 깨고 싶지 않다).
3. 나의 즐거움을 위해 쓸 돈을 벌고 싶다.

그저 '돈을 벌기 위해서'가 아니라 '무엇을 위해서' 주식 투자로 돈을 벌고 싶은지 스스로 정리해볼 필요가 있습니다. 목적이 뚜렷하면 그 목적을 달성하기 위해 어떤 방식을 취해야 할지 대단히 명확하게 알 수 있게 됩니다. 예를 들어 미래를 위한 재정적인 대비를 하고자 주식 투자를 하는 것이라면, 자신이 갖고 있는 투자금을 가능한 안정적으로 운용하면서 수익을 낼 수 있는 방법을 찾아야 할 것입니다.

마이크 타이슨은 말했습니다.

"누구나 그럴싸한 계획을 갖고 있다. 처맞기 전까지는."

주식 투자를 본격적으로 시작하기 전에는, 주식으로 돈 버는 일이 대단히 쉽게 느껴지기 마련입니다. 특히 자신의 투자금이 제법 크다고 생각할 때는 더욱 그렇습니다. 이런 느낌이죠.

"내가 1억 원이 있는데 매일 1%인 100만 원 정도를 못 벌겠어?"

네, 못 법니다. 오히려 매일 100만 원 이상 손실을 볼 수 있습니다. 이상한 종목에 손댔다가 순식간에 −10%, −20%가 되어 머릿속이 하얘지는 경험을 하게 될 것입니다. 한창 오르는 주식에 따라 들어갔다가 −10%, −20%가 될 수도 있고, 심지어 거래정지나 상장폐지 종목에 자금이 묶일 수도 있습니다.

어떤 종목을, 어떤 타이밍에, 어떻게 매매해야 할지 모르는 상태에서 운 좋게 수익이 나도 문제입니다. 초심자의 행운이 자신의 실력인 줄 알고 투자를 계속한다면 머지않아 낭패를 보게 될 것입니다. 이런 느낌이라고나 할까요?

"당신이 똑똑해서 보이스피싱을 당하지 않은 것이 아닙니다. 보이스피싱이 당신에게 아직 다가가지 않았을 뿐입니다."

따라서 주식 투자를 시작하기 전에, 그러니까 HTS를 열고 매수버튼을 클릭하기 전에 먼저 해야만 하는 것은 매매의 기본을 배우기 위한 공부입니다. 사실 주식 투자를 위한 공부는 그리 대단한 것이 아닙니다. 매매를 하는 데 '분명한 기준'을 세울 수 있다면 더 이상의 공부는 필요 없다고 볼 수 있습니다.

단타 매매로 빠른 수익을 기대하며 이 책을 펼쳤다가, 주식 투자의 본질이 '지금'이 아닌 '미래'를 준비하는 데 있다는 사실을 깨달았다면, 잠시 이 책을 덮고 『저가 매수의 기술』부터 읽어보시길 권합니다. 자신의 투자에 '자금'뿐만 아니라 '시간'이 더해지면서, 안정적인 중장기 투자를 통해 누적되는 수익을 거둘 수 있게 될 것입니다.

물론 당장 눈앞에 닥친 현실을 타개하는 것이 급한 분도 분명 계실 것입니다. 그런 분들에게는 『저가 매수의 기술』이 전제하고 있는 '시간의 투자'라는 개념이 와 닿지 않을지 모릅니다. 이런 분들은 '당장 매수해서 다만 얼마라도 수익을 낼 수 있다면'과 같은 절박함이 배어 있습니다. 그리고 그 절박함을 제대로 컨트롤하지 않으면 좌절로 연결되기도 합니다. 절박함은 급한 매매와 성급한 판단으로 이어질 것이고, 잘못된 판단이 누적되면 고스란히 손실로 연결되기 때문입니다.

어떻게 그렇게 말할 수 있냐고요? 오버솔드 역시 그런 길을 걸은 경험이 있기 때문입니다. 전작 『초단타 매매의 기술』을 통해 단타 매매의 핵심이 되는 기술적 내용을 소개할 수 있었던 배경입니다. 단타 매매를 통해 시장의 흐름과 자신의 매매 타이밍이 딱 들어맞아가면서 지속적으로 수익을 내는 경험을 하게 되면, 이 재미에 푹 빠져 더 이상 끊을 수 없게 됩니다. 매일 아침 시장이 열리는 것이 더 이상 걱정되지 않고 매일 새로운 설렘과 흥분을 느끼게 됩니다. 적절한 기술을 몸에 익혀서 매일매일 수익을 만들다 보면 당장 닥친 현실을 넘어설 수 있는 계기가 마련됩니다.

단타 매매를 통해 매일매일 수익을 낸다면 단타 매매를 하지 않을 이유를 찾기 어려울 것입니다. 또한 수익과는 별개로 또 다른 즐거움이 있습니다. 매일매일 종목을 공부하면서 그를 통해 세상이 돌아가는 구조를 알게 되는 즐거움입니다. 퇴직이나 은퇴 후 시간을 어떻게 보낼지 모르겠다면, 지금이라도 자금의 일부를 단타 매매에 쓰면서 종목에 대해 공부하는 즐거움을 갖게 되길 권합니다.

단타 매매는 대부분의 거래를 당일에 마무리하기 때문에, 장 마감 이후 발생하는 예상치 못한 외부 변수나 악재에 노출될 위험이 거의 없습니다. 즉 마음 편한 투자가 가능합니다. 생각해보세요. 저가 매수의 기술을 이용해 보유자금의

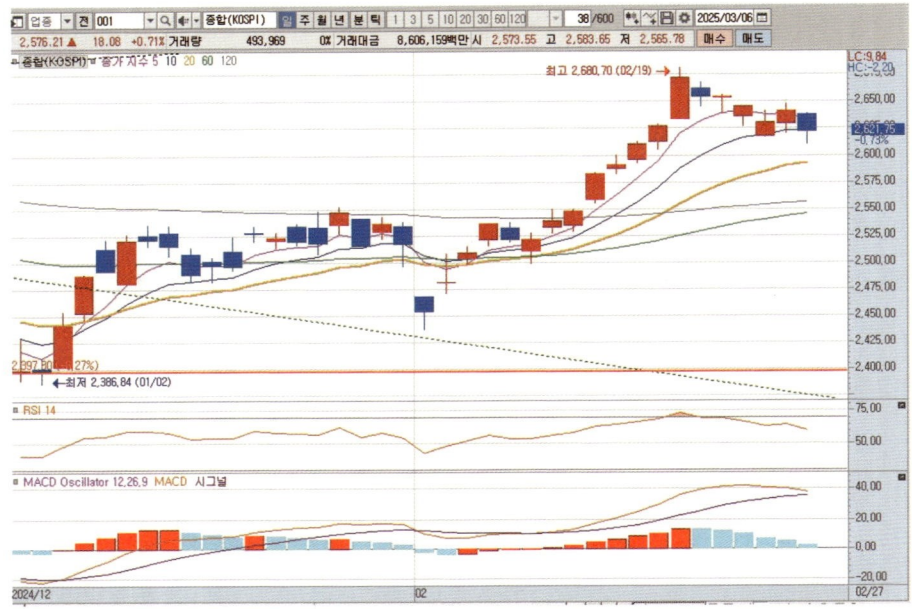

코스피 2025년 2월 27일 차트

대부분을 안심할 수 있는 종목에 넣고, 거기에 시간의 힘을 더해 꾸준한 수익을 쌓아가는 가운데, 제대로 배운 단타 매매의 기술을 활용해서 최대한 리스크를 회피하면서 매일매일 수익을 낼 수 있다면 어떨 것 같나요?

2025년 2월 27일 -0.73% 하락으로 마무리된 코스피 차트입니다. 2월 3일부터 거의 한 달 내내 상승하다가, 조정을 받는 구간에서 2월 26일 양봉으로 5일 이동평균선을 돌파하는가 싶더니 27일에 다시 하락으로 끝마쳤습니다. 차트를 볼 줄 안다면 이미 2월 19일 지수가 RSI 과매수권에 진입했다가 이탈한 상황이라는 점이 눈에 들어올 것이고, 따라서 이후의 주가 흐름에서는 매수 관점보다는 관망이나 인버스 ETF를 사서 대응할 것입니다. 그런데 앞선 상승에 사로잡힌 사람은 일시적 조정이라고 판단하고 매수한 종목을 보유한 채 다음 날을

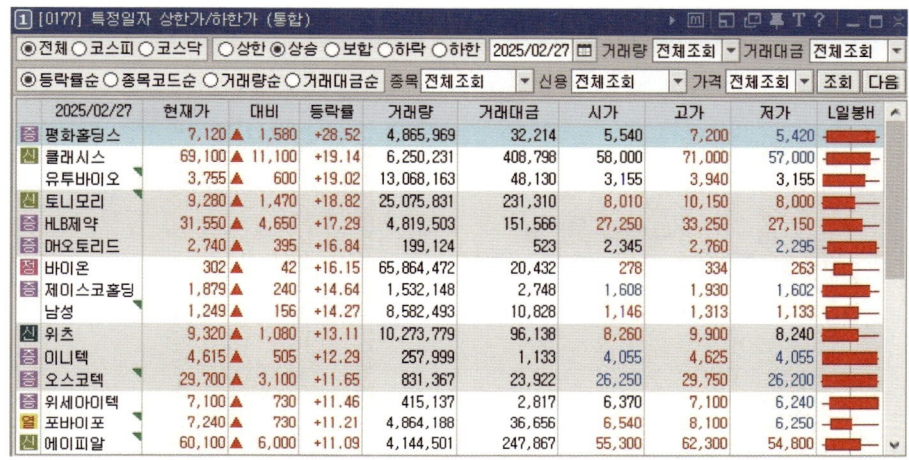

2025년 2월 27일 상한가 및 상승 종목

맞이하게 됩니다.

상한가 및 상승 종목을 보면 화려합니다. 코스피가 하락하는 날에도 힘차게 오르니 보유해서 다음 날의 상승분도 손에 쥐고 싶은 마음이 드는 것은 어쩌면 자연스러운 일입니다. 그러나 단타 매매자라면 일단 이 정도 수익이 나면 수익을 실현하고 현금을 손에 쥔 채 편안하게 잠을 자는 게 목표가 되어야 합니다.

2월 27일, 장 마감 후 우리가 잠든 사이 미국에서는 트럼프 대통령이 멕시코와 캐나다에 대해 3월 4일부터 관세를 부과하겠다고 발표하고, 중국에 대한 10% 추가 관세도 언급하면서 미국 증시가 큰 폭으로 하락하는 일이 벌어집니다. 그 영향으로 우리나라 코스피지수도 -1.38% 갭 하락 시가로 시작합니다. 27일 희망을 갖고 보유한 종목들도 갭 하락으로 시작했을 것입니다. 코스피지수가 1% 빠졌다면 대형주가 아닌 일반 종목들은 10% 가까이 빠져서 시작한다고 보면 됩니다. 자신의 예상과 다르게 시장이 전개되면 감정에 휘둘려 제때 손

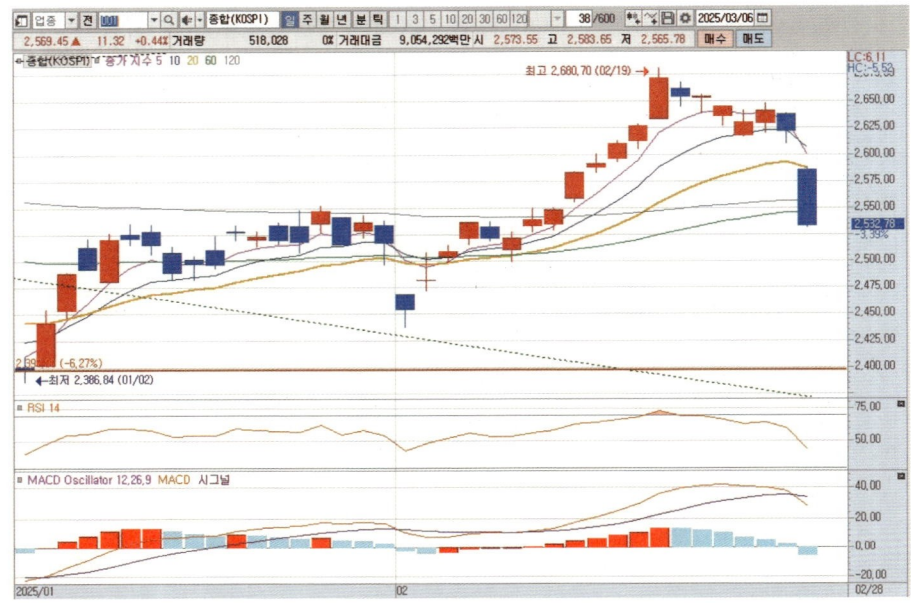

코스피 2025년 2월 28일 차트

절하지 못하는 개인 투자자가 많습니다. 반등할 것이라고 생각합니다. 기대한 대로 반등하는 경우도 물론 있습니다. 그러나 결과적으로 이날은 코스피지수가 −3.39%의 하락을 기록했고 많은 종목이 함께 큰 폭으로 하락했습니다.

반면 전일 수익을 실현하고 이날을 맞이했다면 위기가 새로운 기회로 보였을 것입니다. 너무 올라서 매수하지 못한 종목을 새롭게 매수하거나, 코스피 인버스 ETF를 매수해 하락장에 대응했을 것입니다. 시장이 폭락하는 날에도 상승하는 종목은 있고, 단타 매매를 통해 수익을 낼 수 있습니다. 2월 28일 상승한 종목들을 보면 레버리지 인버스 상품으로 돈을 번 투자자가 있음을 알 수 있습니다. 물론 단타 매매자라도 시장 상황이나 주가의 위치에 따라서 매수한 종목을 쥐고 그다음 날로 넘길 수도 있습니다. 종목의 주가 또는 코스피지수가 저가

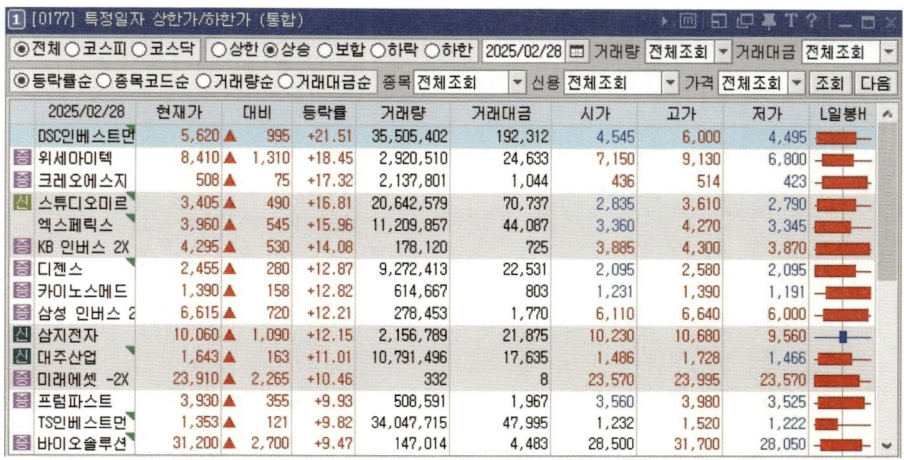

2024년 2월 28일 상한가 및 상승 종목

권에서 돌아섰거나 5-10일 이동평균선 위로 올라타는 등 추후 추세적인 상승이 예상될 때 가능한 플레이입니다. 하지만 주가(또는 코스피지수)가 저가권에 있는지 고가권에서 하락을 대기하고 있는지 판단할 수 없는 사람이라면 하룻밤을 넘기는 무모한 도박은 피하는 것이 좋습니다.

예상치 못한 악재로 인해 장이 갭 하락으로 출발하는 일은 드물지 않습니다. 2024년 8월 5일 코스피지수는 -2.42% 갭 하락으로 시작해 장중 -10.81%까지 하락합니다. 종목을 보유하고 있는 투자자 입장에선 넋이 나가는 장입니다. 그러나 단타 매매를 통해 현금을 보유하고 있는 사람이라면 이런 날에도 수익을 도모할 수 있으며, 종합주가지수가 RSI 과매도권으로 진입한 것을 보고 오히려 비중을 실어서 오버나잇할 수 있습니다. 주가의 위치에 대해 정확히 이해하고 분석하고 싶다면 『저가 매수의 기술』을 참고하기 바랍니다.

이처럼 단타 매매는 장점이 많지만 그렇다고 해서 단타 매매가 쉽다, 누구나

코스피 2024년 8월 5일 일봉 차트

돈을 많이 벌 수 있다고 말하고 싶지는 않습니다. 저가 매수의 기술을 활용한 매매는 그나마 시간을 더할 수 있어서 느긋하게 접근할 수 있는 여지가 있지만, 단타 매매의 세계는 전쟁터와 같습니다. 오버솔드 또한 오랜 시간 마음을 졸이며 수익과 손실을 반복하면서 단타 매매의 경험을 쌓았습니다. 그러한 경험 중 성공적인 매매의 경험과 기술을 정제해 이 책을 쓰게 되었습니다.

　수익을 낼 수 있는 패턴에 대한 가설을 세우고 검증하는 과정은 시간과 돈이 드는 작업입니다. 오버솔드는 이 책을 통해 단타 매매를 할 수밖에 없는 상황에 놓인 개인이 시장에서 가능한 한 오래 살아남을 수 있도록 노하우와 기술을 알려드리고자 합니다. 이 책을 통해 시간과 돈을 절약할 수 있게 되기를 바랍니다.

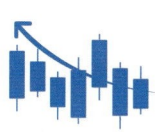 # 당신은 어느 정도 수익을 원하는가?

3분봉을 활용한 단타 매매를 본격적으로 공부하기에 앞서 수익의 목적에 대해 잠시 생각해봐야 합니다. 이 지점에서 피할 수 없는 질문은 바로 이것이겠죠. 얼마를 벌고 싶은가요? 얼마를 벌면 충분하다고 느끼겠습니까? 많이 벌면 좋다는 피상적인 답이 아닌, 스스로 마음을 헤아려 원하는 수익을 구체화하면 좋겠습니다. 그리고 이를 자신이 갖고 있는 자금을 활용해서 자영업을 한다고 생각할 때의 기대수익과 비교해보세요.

2022년 국세청 자료에 따르면, 대한민국 자영업자의 평균 연소득은 약 1,938만 원이라고 합니다. 한 달로 치면 162만 원 정도입니다. 2023년 기준 연소득 1,200만 원 미만의 개인사업자는 전체의 75.7%인 922만 명에 달하는 것으로 나타났습니다. 즉 모두가 한 달에 162만 원을 번다는 뜻은 아니며, 자영업자 10명 중 7.5명은 한 달에 100만 원을 채 못 번다는 뜻입니다.

한국경제인협회가 조사한 자료에 따르면, 2024년 기준 자영업자의 평균 대

자영업 vs. 주식 단타 매매

구분	자영업	주식 단타 매매
수익 방식	상품 및 서비스 판매	주식 매매차익
시간 투자	장시간 근무(10~12시간)	짧은 시간 집중(1~3시간)
초기 비용	높은 창업 비용	소액부터 가능(100만 원 이하도 가능)
리스크	고정비용 부담(임대료, 인건비 등)	원금 손실 가능

출금은 1억 2천만 원으로 연금리 8.4%의 부담을 안고 있는 것으로 분석되었습니다. 이 경우 월 이자만 84만 3천 원에 달합니다. 예금은행 평균 대출금리가 4.7%, 소액 대출금리는 6.9%임을 고려할 때 상당수 자영업자가 비은행 금융기관에서 대출을 받은 상태일 것으로 추정됩니다.

대출을 통해 빚을 지고 있고, 하루 종일 자기 가게에 묶여서 고생을 해도 한 달에 100만 원 정도 집에 가지고 갈 수 있으면 다행인 것이 현실입니다. 자영업자는 원자재·재료비(22.2%), 인건비(21.2%), 임차료(18.7%), 대출 상환 원리금(14.2%) 등을 가장 큰 부담으로 여기고 있다고 합니다. 대출에 쫓기는 와중에도 원자재비, 재료비, 인건비 등은 피할 수 없습니다. 장사가 잘되어도 점포 임대 재계약 문제로 골치를 썩기도 합니다. 쓰고 보니 자영업자 여러분은 참 대단한 것 같습니다.

자, 다시 한번 묻겠습니다. 주식 투자를 통해, 아니 더 정확히 말하면 단타 매매를 통해 한 달에 어느 정도를 벌면 좋겠습니까? 단타 매매를 통해서 버는 돈은 모두 순수익입니다. 자영업을 운영하면서 겪는 다양한 종류의 어려움을 겪지 않아도 됩니다. 노동의 가치를 폄훼하고자 하는 말이 아닙니다. 오버솔드 또한

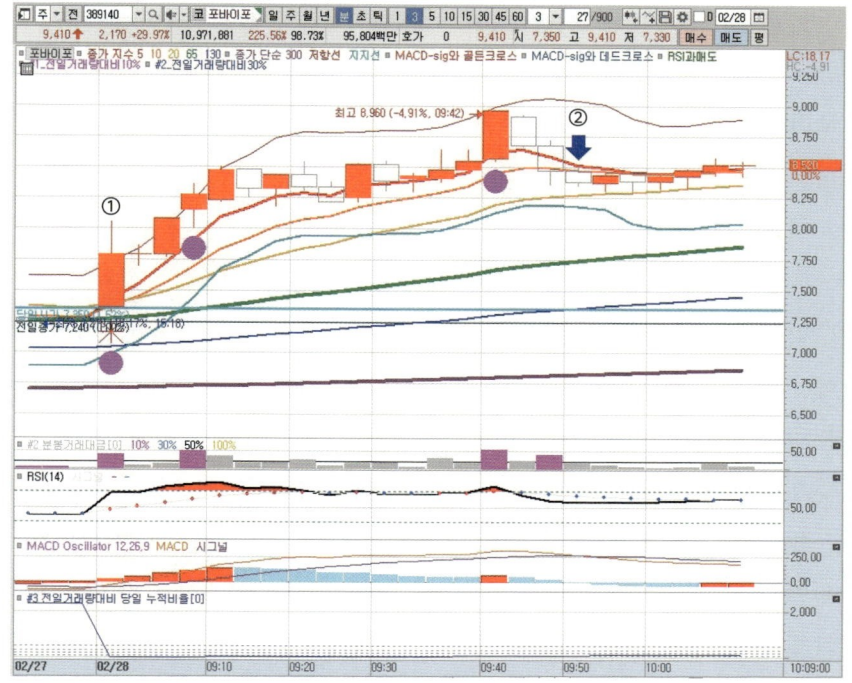

포바이포 2025년 2월 28일 3분봉 1차 상승 구간

본업은 사업이며 이런저런 고생은 다 하고 있으니까요. 자영업의 현실을 감안할 때, 과도한 욕심보다는 현실적인 수익을 추구하며 단타 매매에 도전하는 것은 인생에 있어 매우 훌륭한 선택이 될 수 있습니다.

예를 들어 단타 매매를 통해 '매일 확실한 1만 원'을 벌 수 있게 된다면 어떨까요? 경험이 쌓여가면서 1만 원은 2만 원, 3만 원이 될 것이며 더 나아가 10만 원, 20만 원으로 늘어나게 될 것입니다. 한 방에 무언가를 해결하려는 무모함을 버리고 이 한 권의 책이 너덜너덜해질 때까지 읽고 적용해보십시오. 주식 투자를 통해 한 달에 100만 원을 벌려면 하루 5만 원을 벌면 됩니다. 5만 원은 투자

1장. 왜 단타 매매인가?

원금과 수익률의 조합입니다. 투자원금이 1천만 원이면 0.5%의 수익률로 하루 5만 원을 벌 수 있습니다. 500만 원이면 1%의 수익률을 거둬야 하고요.

오버솔드는 이제 막 주식 투자를 시작하는 분들에게 투자원금보다는 수익률에 신경 쓰라고 조언하고 있습니다. 투자원금이 적어서 돈을 벌지 못한다는 말은, 도박 자금이 모자라서 돈을 따지 못한다는 말과 비슷합니다. 창업 자금 부족으로 가게 인테리어를 멋있게 꾸미지 못해서 사업에 실패했다는 말과도 비슷하고요.

예를 들어 포바이포를 시가에 매수했다고 했을 때 첫 3분봉(①)에서 주가는 고가까지 11.19%, 종가까지는 7.6% 상승했습니다. 주가가 상승하고 평가수익이 눈에 보이면 바로 매도하고 싶어서 3분도 못 기다릴 것입니다. 그러나 객관적인 수익률을 기준으로 보조지표를 활용해 상승 구간을 충분히 기다릴 수 있게 되면, 1차 상승 구간이 마무리되는 지점(②)에서 매도해 13.8%의 수익을 편안하게 거둘 수 있게 됩니다. 순간의 수익에 일희일비하며 자기 마음속의 주관적인 기쁨에 휘둘리는 매매를 하게 되면, 반대로 공포에 휩싸이는 매매로 연결됩니다. 객관적인 수익률을 기준으로 매매를 해나가겠다고 마음먹기를 바랍니다.

 # 3분봉을 활용하는 이유

『초단타 매매의 기술』에서는 말 그대로 60틱 차트를 활용한 초단타 매매에 대해 설명했습니다. 틱 차트는 시장에서 진행되는 거래의 횟수를 기준으로 만들어지는 차트입니다. 즉 1틱은 1거래인 것이죠. 60틱 차트는 60번의 거래를 하나의 봉으로 만들어 보여줍니다. 거래량이 붙으면서 주가가 상승하거나 하락하게 되면 거래의 횟수가 늘어나므로 봉이 연속적으로 만들어집니다. 거래에 실제로 참여하고 있는 매매자들이 만들어내는 주가의 흐름을 쉽게 알 수 있게 해준다는 장점이 있습니다. 그러나 많은 경험을 쌓는 노력을 하지 않으면 60틱 차트에서 봉이 만들어지는 속도에 휩쓸려 지나치게 많은 매매를 하거나, 적절한 폭의 수익을 거두기 어려울 수 있습니다.

『초단타 매매의 기술』은 당일 상승폭이 전일 종가 기준 +10%부터 발생하는 VI를 매매의 기준으로 삼습니다. VI를 기준으로 주가를 끌어올리는 거래의 한가운데 뛰어들어 매매함으로써 수익을 도모하는 기술입니다. 거래량이 붙으며 변

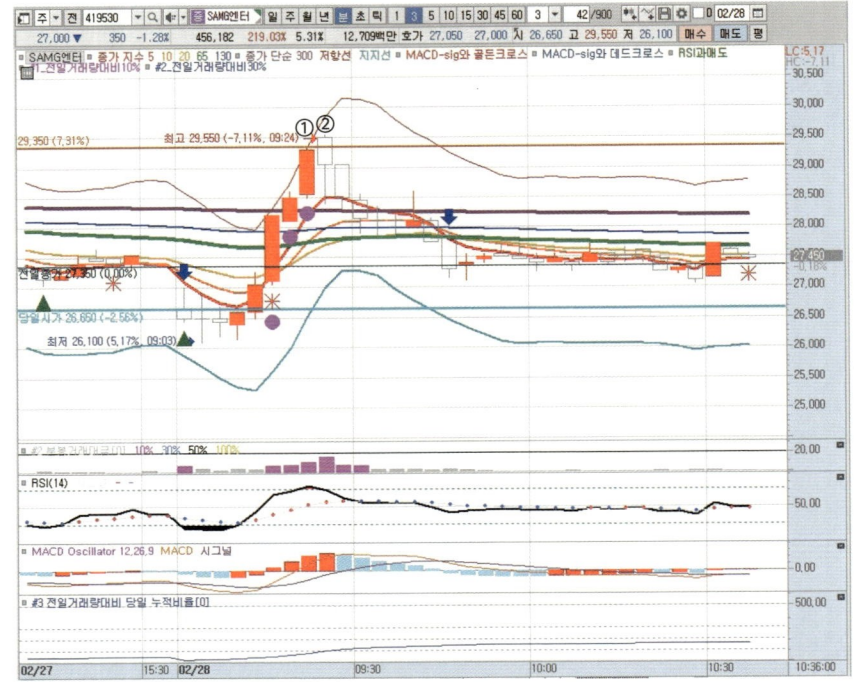

SAMG엔터 2025년 2월 28일 첫 VI 이후 3분봉 흐름

동성이 확대되는 구간에서는 시간을 기준으로 매매할 시 충분한 상승폭을 누릴 수 있지만 반대로 큰 손실을 볼 수도 있습니다. 그래서 현재 진행 중인 거래 상황을 반영할 수 있는 틱 차트를 사용하는 것입니다.

    예를 들어 첫 번째 VI가 발동된 시점부터 3분봉을 기준으로 매매하게 된다면, VI 이후 첫 번째 3분봉이 만들어지는 시간에 대한 감각은 정말 긴 시간이 될 것입니다. 왜냐하면 VI까지 상승을 만들어낸 매수세가 추가로 상승시킬지, 수익을 실현하고 종목을 떠날지 알 수 없는 상황에서 무조건 3분을 기다려야 하기 때문입니다. 따라서 실제 진행 중인 거래를 기준으로 한 틱 차트와 이동평균선

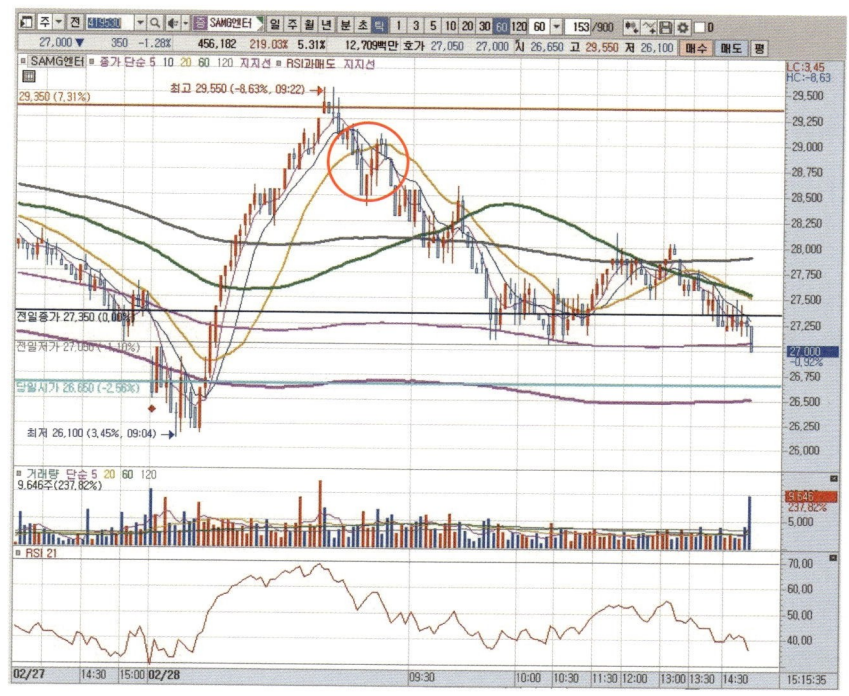

SAMG엔터 2025년 2월 28일 첫 VI 이후 60틱 차트 흐름

을 활용해서 보유를 통해 수익을 극대화할 것인지, 짧은 익절이나 손절로 정리할 것인지 결정하는 것이 올바른 판단입니다.

2025년 2월 28일 오전 9시 22분 30초, SAMG엔터는 2만 9,350원으로 첫 번째 VI가 발동합니다. 3분봉 차트로 보면 ①에서 발동한 것입니다. 앞으로 배울 3분봉 단타 매매의 기술을 통해 이 차트에서의 매수타점과 매도타점이 어딘지 충분히 알게 될 것입니다. 그러나 공부하지 않는 많은 개인은 주가의 추가 상승을 기대하며 ①에서 매수하기도 합니다. 이런 분이 만약 다음 3분봉 내내 기다리게 된다면 ②와 같이 음봉을 맞으며 손해를 보기 시작할 것입니다.

많은 경우 ②와 같이 음봉을 맞더라도 '아래에서 산 사람들이 수익 실현한 조정이고 다시 오를 거야'라며 자신에게 유리한 방향으로 생각하기 쉽상입니다 (왜 아래에서 사지 못하고 저 위치에서 샀는지 오히려 궁금합니다). 하지만 보시다시피 주가는 아래로 흘러내립니다.

그러나 『초단타 매매의 기술』에서처럼 첫 VI부터 매매의 기준을 60틱 차트로 삼으면, 차트의 동그라미 부분과 같이 실제 60번의 매매로 만들어진 주가 흐름을 알 수 있습니다. 60틱 차트를 기준으로 주가 흐름을 보면 VI 아래쪽에서 만들어지고 있고, 이동평균선의 데드크로스가 만들어지고 있습니다. 이를 근거 삼아 짧게 손절할 수 있게 됩니다(또한 시가 근처에서 매수해서 수익을 거두고 있는 사람이라면 시장에 덜 내주고 이익을 최대한 확보할 수 있게 됩니다).

그러나 장 시작부터 첫 번째 VI가 걸리는 시점까지는 60틱 차트를 활용한 초단타 매매가 합리적인 선택이라 말하기 어렵습니다. 매매하려는 종목에 거래량이 몰려서 변동성이 발생하고 급격한 상승이 일어날지 말지 전혀 알 수 없는 상태에서 하염없이 60틱 차트를 살펴보는 것은 무의미한 일입니다.

장 시작부터 첫 번째 VI가 걸리는 시점까지의 구간을 상승의 빌드업이 진행되는 구간이라 말할 수 있는데, 이 빌드업 구간에서 우리는 3분봉 차트를 활용합니다. 단타 매매를 할 때 3분봉뿐만 아니라 더 짧은 1분봉이나 더 긴 5분봉, 10분봉, 15분봉 등이 사용되기도 하지만 가장 일반적으로 사용되는 것은 3분봉 차트인 것 같습니다.

차트는 달리 말해 '판단의 기준'을 시각화해서 제공해주는 도구입니다. 수많은 사람이 매매 의사결정을 내리고자 같은 기준으로 움직이는 차트를 보고 있다는 말은, 우리가 그들의 판단 기준을 이용할 수 있다는 말이 됩니다. 수많은 개인이 3분봉 차트상에서의 하락에 매도할 때 우리는 저가 매수의 관점에서 대응할 수 있으며, 상승에 흥분해서 뇌동매매할 때 우리는 수익 실현의 관점에서 접

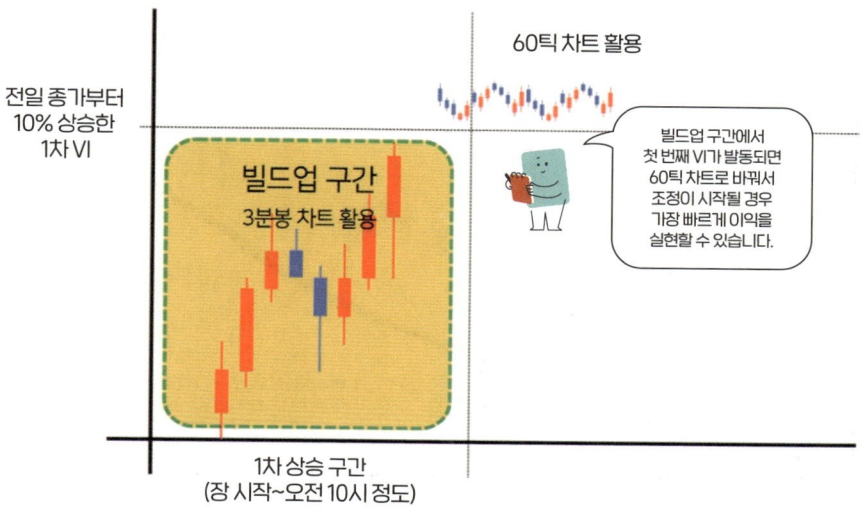

빌드업 구간에서 사용한 3분봉 차트를 첫 번째 VI 발동 이후 60틱 차트로 전환

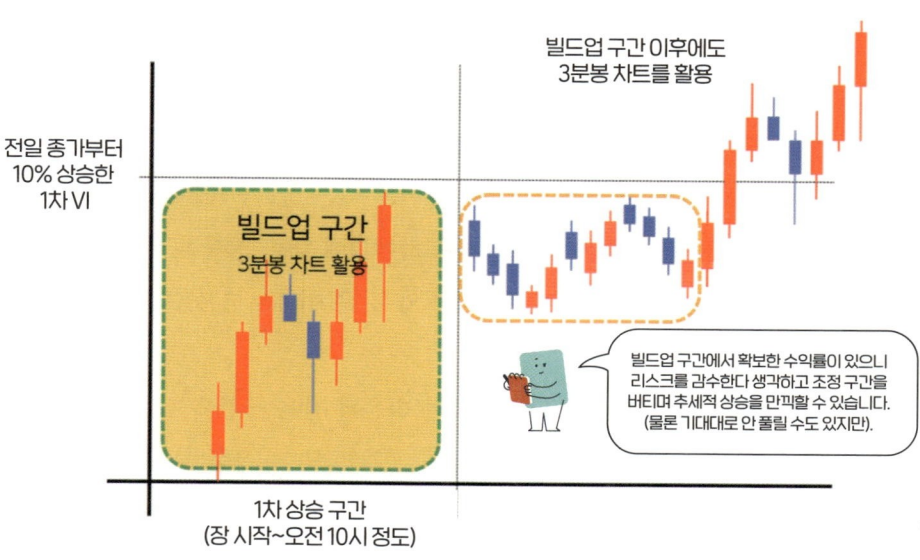

빌드업 구간에 이어 첫 번째 VI 이후에도 3분봉 차트를 계속해서 활용

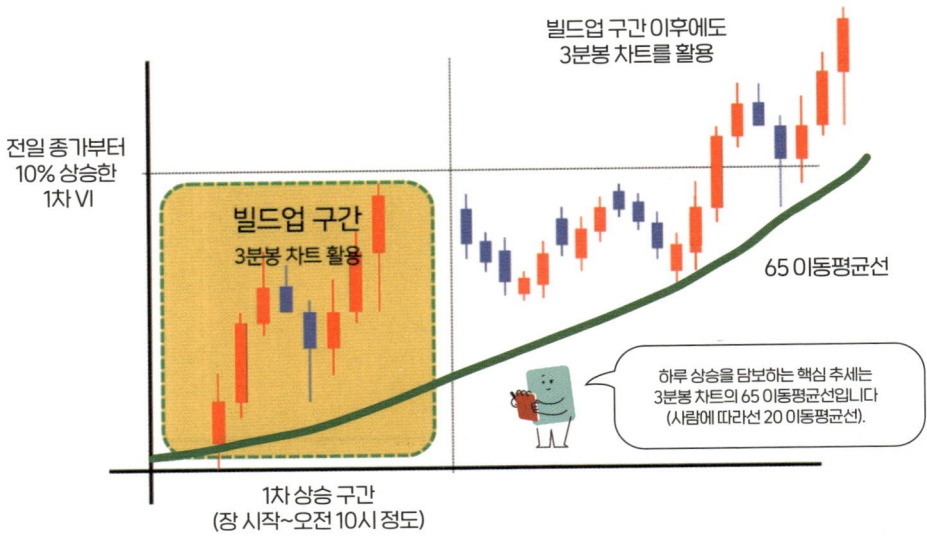

3분봉 차트를 계속해서 활용하는 경우의 기준 추세선

근할 수 있습니다.

똑같이 3분봉 차트를 기준으로 단타 매매를 하는데 누구는 손해가 나고 누구는 수익을 내는 차이는 어디에서 발생하는 걸까요? 이는 단타 매매에 임하는 투자자가 어떤 상황에서 3분봉 차트를 활용해야 하는지에 대한 정확한 이해 없이 관성적으로 또는 '어떤 유튜버가 사용하니까'와 같은 이유로 3분봉 차트를 사용하기 때문입니다.

오버솔드식 3분봉 단타 매매의 기술을 우리는 다음과 같은 구간에서 활용할 것입니다.

1. 장 시작 이후 첫 번째 VI가 걸리기 전까지의 빌드업 구간
2. 1차 상승 이후 조정 및 반등에서 추세적 상승으로 이어지는 구간

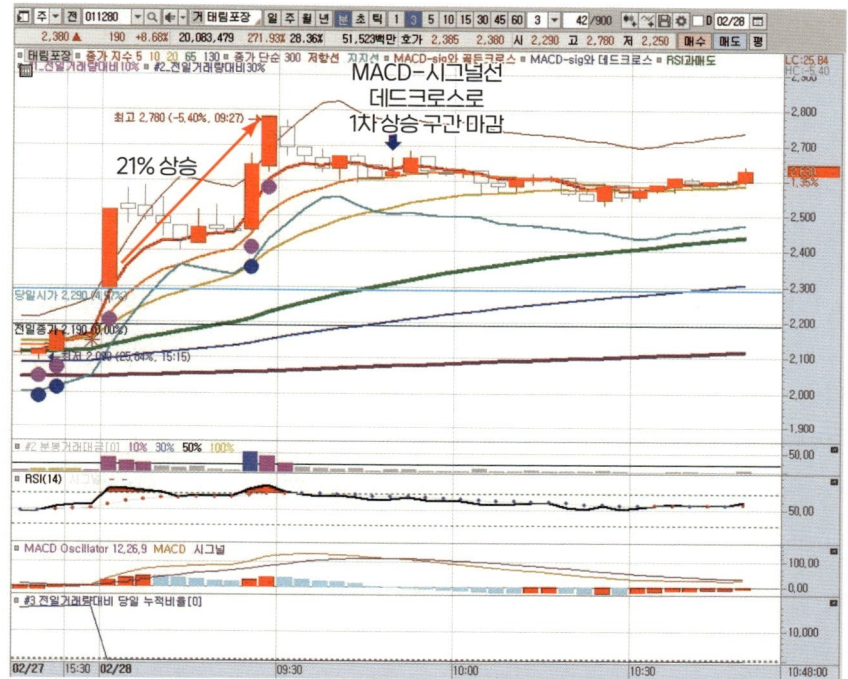

태림포장 2025년 2월 28일 3분봉 1차 상승 구간

그리고 3분봉 단타 매매의 기술을 최대한 효과적으로 적용할 수 있는 종목을 일봉을 기준으로 한 패턴으로 정형화해 찾아내는 방법을 공부할 것입니다. 일봉을 기준으로 당일 상승할 가능성이 높다고 판단되는 패턴이 형성된 종목에서 단타 매매를 할 때, 빌드업 구간에서 반드시 첫 번째 VI까지 상승한다고 단언할 수는 없습니다. 다만 변동성을 갖는 상승 가능성이 높은 구간이라고 말할 수 있으며, 이때 주가의 흐름을 3분봉 차트의 이동평균선과 보조지표를 통해 판단하게 됩니다.

상승이 원활하게 진행되어 첫 번째 VI가 발생할 경우, 우리는 빌드업 구간에서 이미 수익을 확보하고 있으므로 VI 이후 음봉이나 조정이 나오더라도 계속해서 3분봉 차트를 활용해 상승추세를 최대한 끌고가려는 시도를 할 수 있습니다. 또는 첫 번째 VI가 발생한 이후에는 초단타 매매의 기술에서 배운 것처럼 60틱 차트를 사용해서 매매의 기준을 조정한 다음 그에 맞춰 적절하게 익절하고 빠져나올 수도 있습니다.

태림포장과 같이 시가에서 시작해서 오전 9시 30분 이전에 고점을 찍고 10시 이전에 MACD-시그널선의 데크크로스가 발생하면서 1차 상승 구간이 마무리될 수 있습니다. 이 종목은 4.57% 갭 상승 시가로 시작해서 빌드업 구간을 만들다가 오전 9시 2분 44초에 첫 번째 VI가 걸립니다. 종목에 따라서는 VI까지 상승하지 못하고 빌드업 구간에서 1차 상승을 마무리하기도 하지만 당일 매매하기로 한 종목의 기운이 세면 이와 같이 첫 번째 3분봉이 만들어지기 전에도 VI가 걸릴 수 있습니다. 장 시작한 지 3분도 안 되어 5% 가까운 수익을 본 것입니다.

첫 번째 VI가 발동한 시점부터는 60틱 차트로 전환해서 대응할 수 있습니다. 물론 3분봉 단타 매매자라면 5% 정도에서 익절하면서 '빌드업 구간의 수익률로 충분해!'라고 느낄 수 있습니다. 다만 빌드업 구간에서 벌어들인 수익률을 담보로 상승추세를 끝까지 추구해보고 싶은 사람이라면 3분봉 차트의 5-10일 이동평균선의 정배열 유지 상황이나 RSI 과매수권 진입, MACD-시그널선의 데드크로스 발생을 1차 상승 구간으로 보고 익절을 미룰 수도 있을 것입니다. 『초단타 매매의 기술』을 몸에 익힌 사람이라면 60틱 차트상 60 이동평균선을 깬 지점에서 전량 수익을 실현하고 지지선 부근에서 다시 매수할 수 있을 것입니다. 첫 3분봉에서의 빌드업 구간 이후 9시 15분까지 주가가 하락하는 것을 보는 건 조금 속이 쓰릴 것입니다. 첫 3분봉에서 빠른 상승이 발생한 만큼 조정 구간이 지루하게 느껴지기 때문이죠. 많은 경험이 필요한 이유는 투자 심리에 있어서 시

태림포장 2025년 2월 28일 첫 VI 발생 시점의 틱 차트

간과 감정을 조절할 수 있는 굳은살이 박혀야 하기 때문입니다.

　태림포장의 하루 전체 3분봉 차트를 보겠습니다. 장 초반에 발생한 1차 상승 구간이 마무리된 다음에는 조정을 받으며 흐지부지하다가 1시를 넘어서면서 주가가 하락했음을 알 수 있습니다. 즉 장 초반의 1차 상승 구간의 매매만으로도 대부분의 수익을 거둘 수 있습니다.

　앞서 3분봉 매매의 기술은 장 시작 이후 첫 번째 VI가 걸리기 전까지의 빌드업 구간, 그리고 '1차 상승' 이후 조정 및 반등에서 추세적 상승으로 이어지는 구간에서 적용 가능하다고 말한 바 있습니다. 여기서 1차 상승이란 당일 장 시작

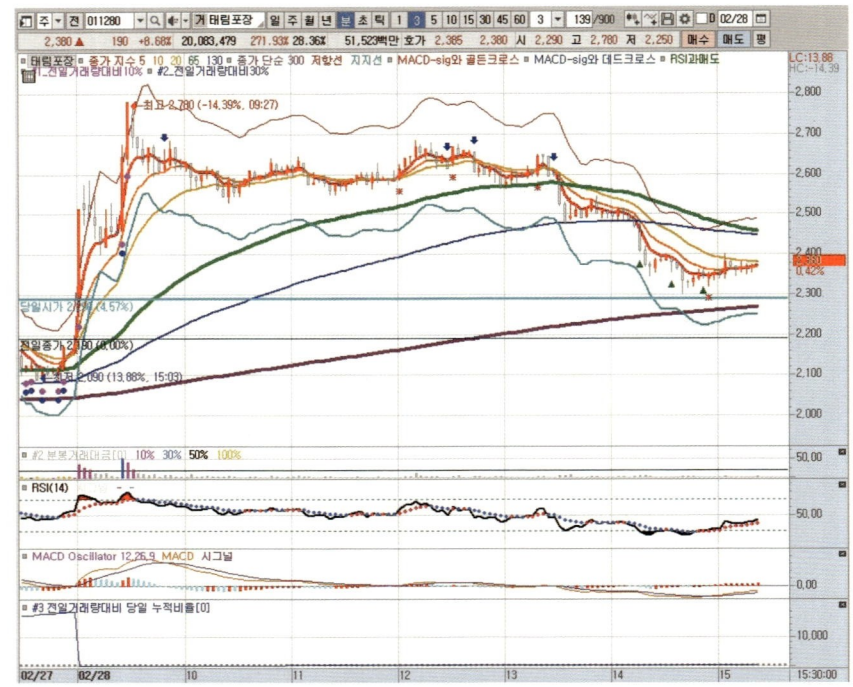

태림포장 2025년 2월 28일 3분봉(하루 전체)

부터 상승이 진행될 때 3분봉 차트의 5-10 이동평균선의 데드크로스 또는 RSI 과매수권 진입 또는 MACD-시그널선의 데드크로스가 나오는 것과 같이 상승의 첫 번째 마디가 끝날 때까지의 상승을 말합니다. 이후 설명할 많은 사례를 통해 충분히 공부할 수 있게 될 것입니다. 1차 상승이 반드시 첫 번째 VI까지의 상승을 뜻하는 것은 아닙니다. 조정 및 반등이란 1차 상승 이후 매물이 소화되는 과정을 끝내고 다시금 주가가 상승을 시작하는 구간을 말합니다.

앞선 태림포장의 경우 1차 상승 구간이 끝난 후 전체적으로 하락했습니다. 그러나 포바이포의 사례처럼 1차 상승 구간이 마무리된 후 주가가 조정을 받고

포바이포 2025년 2월 28일 3분봉 (하루 전체)

반등해 새로운 추세적 상승을 만들기도 합니다. 기술의 습득이 충분해지기 전까지는 되도록 1차 상승 구간 마무리에서 매도하고, 추가로 상승하는 것에 대해 아쉬워하지 마십시오. 실제 매매를 해보면 1차 상승 구간을 온전히 기다려 수익을 실현하는 것조차 대단히 어려운 일임을 알게 될 것입니다. 거래량을 해석하는 기술이나 30분봉을 3분봉과 연계해서 해석하는 기술 등이 종합적으로 연결되어야 1차 상승 구간 이후의 그림을 예측할 수 있습니다.

마녀공장 역시 10시 전에 1차 상승 구간이 완료되었습니다. 시가에서부터 10% 정도까지 상승했다가 5%선까지 하락합니다. 1차 상승 구간의 완료를 RSI

마녀공장 2025년 2월 28일 3분봉(하루 전체)

과매수권 진입을 기준으로 설정하고 있었다면 거의 1차 상승 구간의 고점에서 익절할 수 있었을 것입니다. 1차 상승 구간 이후 조정 그리고 반등을 통해 다시 주가가 상승하는 모습을 볼 수 있습니다.

　지금까지의 내용으로 3분봉 차트를 활용한 단타 매매를 하는 이유에 대해 공감하게 되었다면, 이제 단타 매매를 위해 매수에 개입하는 시간을 기준으로 이야기를 옮겨보고자 합니다.

시가 매매와 장중 매매

시가 매매는 장 시작과 동시에 형성되는 시가에 매수를 시작하는 방법을 말합니다. 시가는 세력이 만드는 것이며 모든 시가에는 의미가 있습니다. 단타 매매의 기술에서 시가 매매는 시가에 올인한다는 뜻이 아닙니다. 어느 경우든 한 종목에 들어갈 비중이 있고 그 비중 안에서 분할매수하는 습관을 들여야 합니다. 시가에서 바로 치고 올라갈 수도 있지만 전일 매수자들의 이익 실현 물량으로 인해 잠시 하락하고 올라갈 수도 있기 때문입니다.

특히 시가 매수 즉시 주가가 하락해서 일봉상 음봉이 나타나는 경우 단타 매매자는 당황하기 쉬운데요. 그 메커니즘을 잘 이해해놓으면 손절이 아니라 추가 매수로 대응해서 더 나은 수익을 거둘 수 있습니다.

시가 매매를 하는 이유는 이렇습니다. 기본적으로 단타 매매는 몰려드는 거래량(및 거래대금)으로 인해 발생하는 변동성으로 주가가 탄력을 받아 상승하는 구간에서 매매를 마침으로써 수익을 확정 짓는 것을 기본으로 삼습니다. 주가가

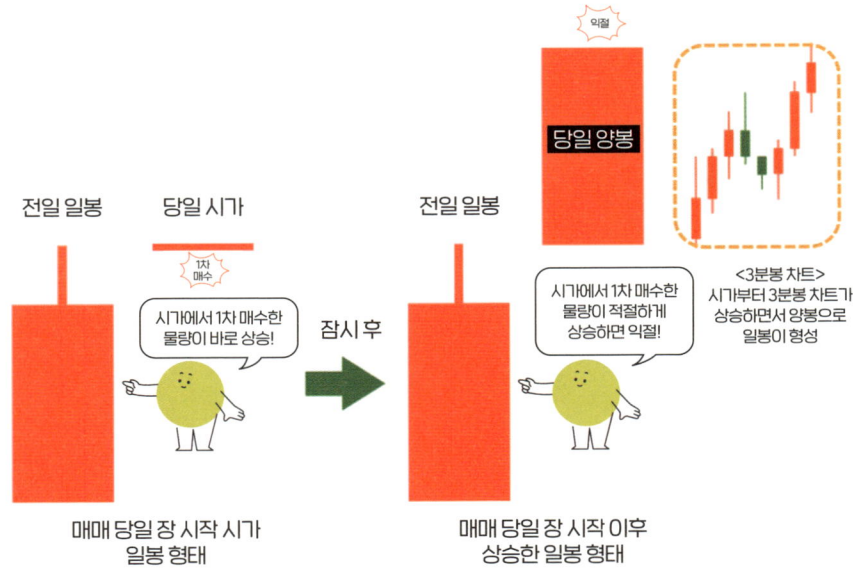

시가에 매수한 물량이 바로 상승하는 경우

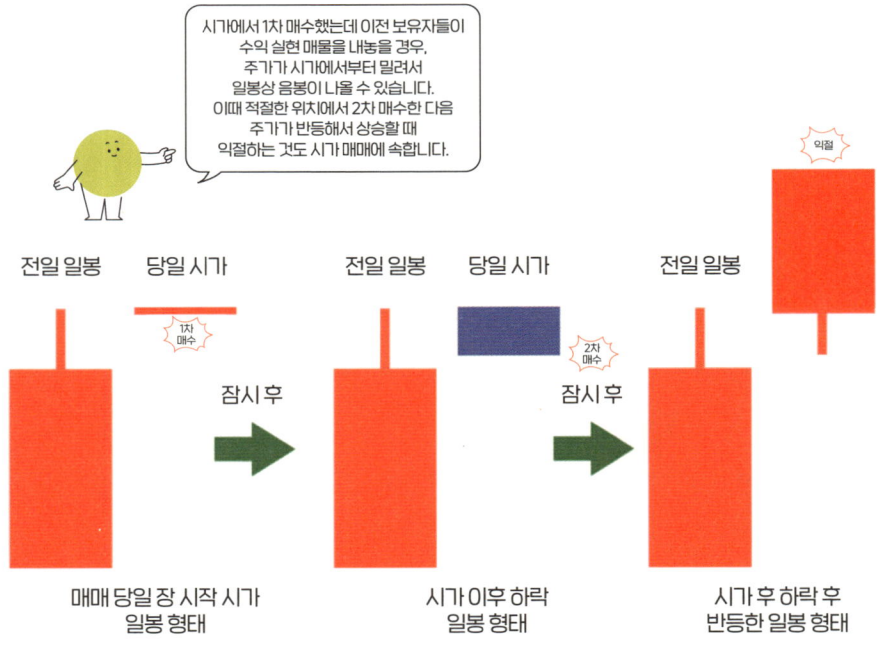

시가 이후 잠시 음봉이 되었다가 양봉으로 전환하는 경우

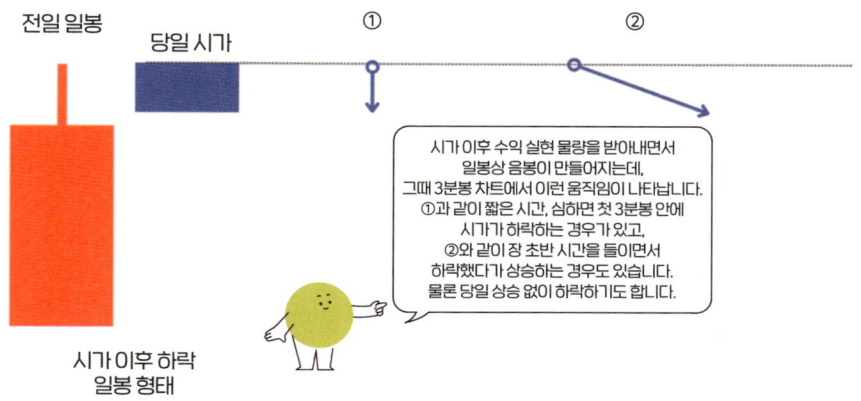

시가 이후 잠시 음봉이 만들어지는 경우 3분봉에서의 상황

탄력을 받기 위해서는 거래가 활발하게 일어나야 하며 이는 거래량(및 거래대금)으로 확인할 수 있습니다.

일반적으로 장 시작 후부터 10시(늦으면 10시 반) 사이, 장 초반이 가장 거래량이 활발한 시간입니다. 시가에 매수해 장 초반 발생하는 풍부한 유동성에 몸을 싣고 상승추세를 따라가다가 1차 상승이 마무리되는 적절한 지점에서 수익을 확정 짓게 됩니다. 뇌동매매를 하면서 치고 들어오는 개인에게 자신의 보유 물량을 팔고 빠지는 것이죠. 상승의 몸통은 세력이 만들고, 거품은 개인이 만드는 것입니다.

1차 상승의 마무리는 3분봉 차트에서의 보조지표를 통해 확인할 수 있습니다. 오버솔드는 단타 매매를 충분히 단련하기 전까지는 기본적으로 1차 상승에서 수익을 실현한 다음 당일의 매매를 끝내기를 권합니다. 1차 상승 이후 발생하는 추가 상승은 나보다 더 매매를 잘하는 사람의 몫으로 넘겨주면 됩니다.

시가 매매의 핵심은 바로 이것입니다.

오늘 상승할 수 있는 종목을 찾아서 시가에 매수할 수 있는가?

누구에게든 시가에 매수하는 것은 쉬운 일입니다. 그러나 아무 종목이나 시가에 산다고 상승하는 것이 아니라는 사실은 두말할 나위 없겠죠? 주가가 탄력적으로 상승할 수 있는 가능성이 큰 종목을 선정하는 것이 시가 매매의 핵심이라 할 수 있습니다. 그래야 시가에 매수한 다음 주가가 오르는 빌드업 구간에서 수익을 붙이고 1차 상승이 끝날 때 미련 없이 수익을 실현할 수 있습니다.

오버솔드는 이 책을 통해 성공적인 시가 매매를 할 수 있는 종목의 네 가지 패턴을 소개해드리려 합니다. 각 패턴이 내포하고 있는 의미를 깊이 이해할 수 있도록 이론적 내용을 충실히 기술했으며, 매일의 단타 매매에 도움이 될 수 있도록 검색식을 제공하고 있습니다. 그리고 각 패턴별로 실제 매매 사례를 꼼꼼히 설명했습니다.

이번에는 장중 매매에 대해 알아보겠습니다. 엄격하게 말하면 장 시작과 동시에 시가에 매수하지 않는 이상은 모두 장중 매매입니다. 그러나 시가 매매는 장 초반, 시가 형성 이후 이전 보유자들의 이익 실현 물량으로 인한 조정 구간에서도 추가 매수를 통해 물량을 확보하고 이어지는 상승추세에서 수익 실현을 노리는 방식입니다. 따라서 오버솔드는 시가 매매의 범위를 '장 초반 매수부터 1차 상승의 마무리 구간까지'로 설정하고자 합니다.

1차 상승의 마무리는 3분봉 차트상 RSI 과매수권 진입이나 MACD-시그널선의 데드크로스 발생, 5-10일 이동평균선의 데드크로스 또는 5-10 이동평균선을 몸통으로 뚫는 음봉 등이 나오는 순간으로 삼습니다. 1차 상승이 마무리되는 국면에서 이익 실현을 마치고 보유물량을 0으로 만들고 나면 일반적으로는 오전 10시 이전이 됩니다. 즉 시가 매매는 장 시작에서 10시 정도를 기준으로 삼는 매매라 할 수 있습니다. 일반적으로 이 시가 매매 구간에서 당일의 주된 거래량이 나오고 이후 주가가 연속해서 상승할지, 조정 구간을 만들다 다시 상승할지, 하락할지가 결정됩니다.

1차 상승의 마무리 시점에서 수익을 실현한 다음 보유물량이 0인 상태에서 당일 매매를 마치는 것은 수익을 누적해서 쌓아가는 데 도움이 되는 매우 현명한 의사결정입니다. 왜냐하면 시가 매매 구간은 말 그대로 모든 참여자의 기세로 주가가 움직이지만, 장중 매매 구간에서 일단 상승의 추세가 꺾이고 나면 매매에 참여하고 있던 모두는 많은 생각을 갖게 되기 때문이죠. 주가의 움직임은 거래 주체들의 팽팽한 줄다리기 속에서 만들어집니다. 언제일지 모르는 2차 상승을 기다리기란 지루하고, 또 그만큼 집중력이 떨어지기 때문에 개인은 조급한 매매를 하게 되기 십상입니다. 결과적으로 실수할 확률이 커질 수 있습니다.

그러나 나름 집중력을 유지하는 데 문제가 없는 매매자라면 장중에도 수익을 낼 수 있는 확률이 높은 구간에서 매매를 할 수 있습니다. 오버솔드의 3분봉 단타 매매의 기술은 일봉 차트상 상승추세에 들어 있는, 그것도 매우 강한 상승 추세인 5-10일 이동평균선의 정배열 구간 위에서 움직이는 종목을 대상으로 적용됩니다. 단기적인 조정이 있더라도 이후의 상승을 기대하며 매수하고자 하는 충분한 대기매수세가 존재하기 때문에 3분봉 차트상에서의 저가권이 확인되면 매수할 수 있는 것입니다.

어떤 기술이든 단타 매매를 할 때는 손실을 볼 각오, 즉 손절매를 염두에 두고 해야 합니다. 그렇기에 매수는 결단이 필요하며 용기가 뒷받침되어야 합니다. 손해가 겁이 납니까? 매수를 하지 않으면 아무 일도 벌어지지 않습니다. 그러나 단타 매매의 기술을 익히기로 결심한 이상 차트의 움직임을 눈에 익혀 '아, 이렇게 되면 반등이야' '여기서부터 상승이 시작되겠네' 하는 부분에 대한 감을 가지기 위해 노력해야 합니다. 결단과 용기라고 하니 좀 거창한 느낌이 드네요. 거창하지 않게 시작하는 방법이 있습니다. 그것은 바로 익숙해지는 것입니다. 단 1주라도 실제로 공부한 것을 적용해서 매매해보세요. 패턴과 속도에 익숙해지면 매수 비중을 조금씩 높여가면 됩니다.

오버솔드는 이 책을 통해 성공적인 장중 매매를 할 수 있는 종목이 갖는 네 가지 패턴을 소개할 것입니다. 각 패턴이 내포하고 있는 의미를 깊이 이해할 수 있도록 이론적 내용을 충실히 기술했으며, 매일의 단타 매매에 도움이 될 수 있도록 검색식을 제공하고 있습니다. 그리고 각 패턴별로 실제 매매 사례를 꼼꼼히 설명했습니다.

한편 주가 상승을 예상하지 못한 종목이 당일 장중에 급등하는 경우도 있습니다. 이런 사례도 장중 매매에 포함시켜 매매할 수 있습니다. 새로운 상승추세를 만들어갈 새 종목의 탄생의 순간일 수도 있고, 반짝 상승시키고 물량을 개인에게 떠넘기는 세력의 플레이일 수도 있습니다. 시가 매매와 장중 매매는 기본적으로 '상승추세에 있는 종목으로 윗방향으로의 압력이 가해지고 있음'을 일봉의 패턴으로 확인하고 매매하는 것이지만, 당일 장중 급등하는 종목은 그 이유를 빠르게 파악하기 쉽지 않습니다. 물론 거래량 분석 등을 통해서 새로운 추세에 올라탈 수 있습니다. 다만 이 책을 통해 안내해드리고자 하는 범위를 넘어선 것으로 잠시 닫아놓도록 하겠습니다.

장중 매매를 하다 보면 3분봉 차트가 오르락내리락한다는 아주 당연한 사실을 새삼 깨닫게 됩니다. 그도 그럴 것이 시가 매매 구간에서 1차 상승을 마친 종목이 조정 후 2차 상승을 할 때, 새로운 상승 구간에서도 결국 보유물량의 익절 타이밍을 고민할 수밖에 없기 때문입니다. 장이 끝날 때까지 한 방향으로 지속적으로 상승하는 종목을 만나면 행운이지만 그런 경우는 많지 않기 때문에 항상 상승 구간이 끝나는 지점을 살펴야만 합니다. 상승 구간이 끝난다는 말은 하락 구간이 시작된다는 말입니다. 이런 구간에서 의미 없이 매수를 했다가는 단 몇 퍼센트라도 물리게 됩니다. 장중 매매가 어려운 이유는 개인이 좌우할 수 없는 주가의 움직임이 있기 때문입니다.

그러나 종가는 그렇지 않습니다. 매수 이후 보유자를 불안하게 만드는 변동성이 없습니다. 더욱이 종가는 세력이 만드는 것입니다. 종가가 만들어지는 모습에 따라 다음 날 시가의 움직임을 예측할 수 있습니다. 또 시가 이후 조정이 있더라도 대응의 기준을 잡을 수 있습니다. 따라서 많은 경우 다음 매매일의 갭 상승 등을 기대하면서 종가에 매수하게 됩니다. 장중에 매수하면 주가 하락 시 평가손이 찍히는 것을 보면서 대응에 마음을 졸여야 하지만, 종가에 매수하면 다음 날 장이 시작되기 전까지 마음 편하게 있을 수 있습니다.

다만 장 마감 이후 기업이 자신에게 불리한 공시를 내는 소위 '올빼미 공시'나 미국 시장의 돌발 악재 등으로 인해 장이 무너지는 예측 불가능한 변수도 존재합니다. 이러한 일이 발생하면 종가에 매수한 물량은 다음 날 시가에 큰 손해를 입게 됩니다. 그래서 '진짜 선수'만이 종가 매매를 통해 많은 수익을 본다고 합니다. 오버솔드는 아직 간이 작아서 그런지 종가 매매를 적극적으로 하고 있지는 않습니다.

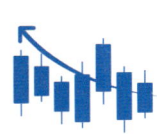 # 기준은 양봉과 이동평균선

주식 매매는 어떻게 생각하면 간단한 게임입니다. 내가 매수한 가격에서부터 주가가 오르면 수익이 나는 것이고, 내리면 손해를 보게 됩니다. 문제는 주식의 가격을 만드는 주체가 내가 아니라는 사실입니다.

'가격이 오른다'는 개념을 다시 생각해봅시다. 내가 매수한 가격보다 더 위에 있는 가격으로 비싸게 사주는 '다른 매매자들'이 있어야만 가격이 올라가는 것입니다. 내가 사고 또 스스로 다시 더 높은 가격에 매수한다고 해서 가격이 올라가진 않습니다. 가격이 내려가는 것은 다른 매매자가 보기에 내가 산 가격은 이미 충분히 오른 가격이라고 생각해서 팔기 때문에 그렇습니다. 즉 내 평가익이 마이너스로 찍히고 있다면 내가 곧 더 비싸게 사준 '다른 매매자'가 된 것이며, 달리 말하면 호구가 된 것입니다.

당신은 그동안 어디에서 매수했는가?

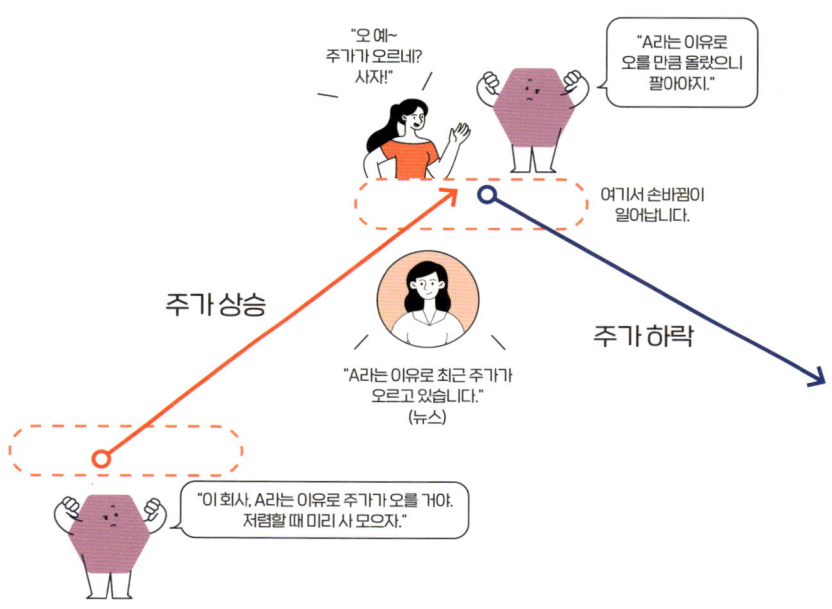

1. 양봉
2. 이동평균선

양봉은 그 형태가 어떻든 간에(아랫꼬리든 윗꼬리든, 아주 짧든 장대양봉이든 관계없이) 시가보다 종가가 높다는 뜻이고, 이는 하루 중에 벌어진 일과 무관하게 매수하려는 사람들이 시가보다 많았다는 뜻이 됩니다. 더 직설적으로 말하자면 시가와 종가는 세력이 만드는 것이기 때문에 양봉에는 세력이 그 양봉을 만들어야만 하는 이유가 포함되어 있습니다. 이런 이유를 구체적으로 파악하는 논리 구조를 갖게 된다면 매매에 큰 도움이 됩니다.

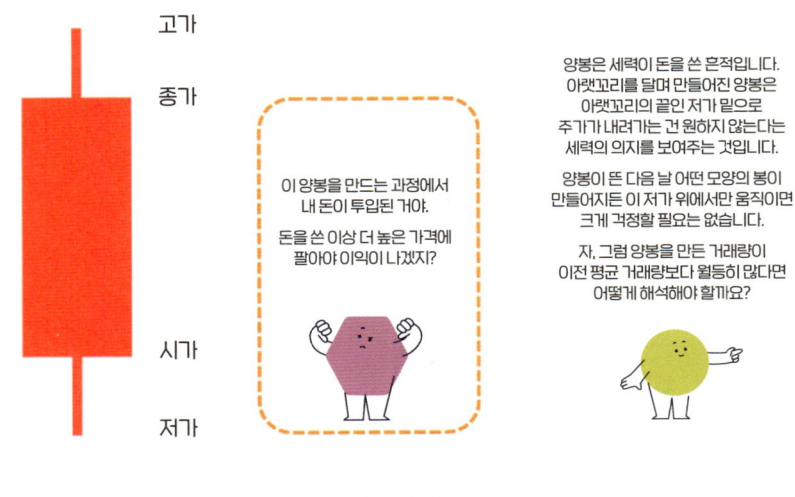

양봉의 의미

원칙 있는 주식 투자를 하고자 한다면 양봉에 대한 의미를 깊이 파악하고 있어야 합니다. 이 부분은 『저가 매수의 기술』을 참고하기 바랍니다.

당연한 말이지만 세력이 주가의 계속적인 상승추세를 만들려고 해도 그 시작이 되는 최초의 양봉이 없다면 상승은 시작될 수 없습니다. 이 점이 매우 중요합니다. 이를 그저 문자로 이해하는 것이 아니라 머릿속에 큰 우주를 그리듯이 상상해봐야 합니다.

계속되는 음봉은 지금의 가격이 비싸다고 생각하는 사람들이 계속 매도하기 때문에 발생한 결과입니다. 세력이 이 하락의 흐름을 멈춰 세우기까지는 개인이 매수 개입할 필요가 없습니다. 그리고 세력이 이 하락의 흐름을 멈춰 세웠음을 상징적으로 보여주는 것이 바로 양봉인 것입니다.

이 양봉을 기준으로 매매계획을 세우고, 그다음 날부터 이 양봉 안으로 주가가 내려오는 음봉이 만들어지면 양봉의 시가 또는 저가를 기준으로 매수를 해나

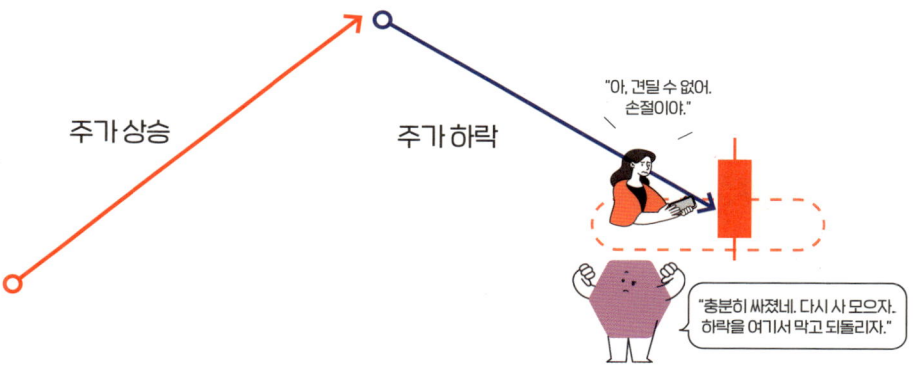

가는 것입니다. 이 기준이 깨지기 전까지 이 범위 안의 가격에서 매수한 사람들은 모두 내 편이자 하락시키려는 매도세에 저항하는 동지들입니다. 앞서 동지들이 피 같은 돈으로 하락세를 막아내고 양봉을 세우며 특정 가격대를 지켜주었기에, 우리도 뒤이어 들어가 함께 싸우는 것입니다. 주가의 저가권에서 이런 양봉을 기준으로 매수한다면 말 그대로 세력과 함께 매집하는 셈이 되며, 세력이 주가를 올릴 때 편안하게 상승을 즐길 수 있게 됩니다.

또한 단타 매매를 할 경우에도 매수 진입의 의사결정은 항상 양봉입니다. 항상 앞에 양봉이 있어야만 손절을 해도 어디서 해야 할지 분명히 알게 됩니다. 양봉을 만드는 것은 개인이 아닙니다. 우리가 보병 정도라면 앞서 양봉을 만든 든든한 동지들은 특수부대 혹은 포병, 기갑부대 정도라 할 수 있습니다.

이번에는 이동평균선을 살펴보겠습니다. 이동평균선은 일정 기간 동안의 종가의 평균값입니다. 종가는 세력이 그날 계획하고 만들어낸 마지막 가격을 의미합니다. 며칠 동안 세력이 만들어가는 가격이 위로 올라가면 상승추세가 만들어

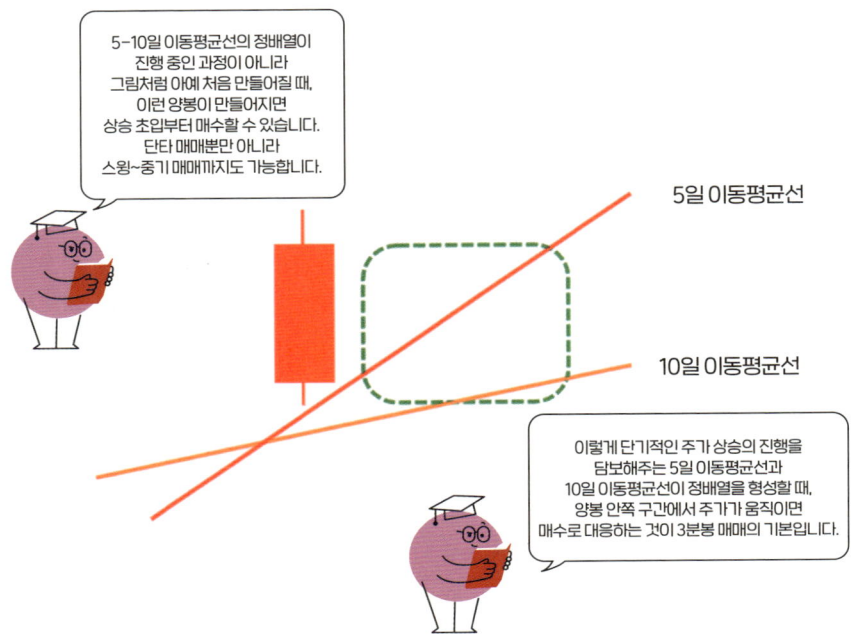

양봉과 이동평균선으로 판단하는 단타 매매 가능 구간

집니다. 『저가 매수의 기술』에 이동평균선의 의미에 대해서 정말 자세하게 설명해놓았으니 꼭 살펴보기 바랍니다.

3분봉을 이용한 단타 매매의 경우 가능한 주가가 상승하는 구간에서 매매하는 것이 좋다고 생각합니다. 상승하는 구간이라는 것은 주가를 올려주는 우리 편이 더 많은 구간이란 뜻입니다. 이를 이동평균선으로 확인할 수 있는데요. 정배열 상태에서 5일 이동평균선과 10일 이동평균선이 골든크로스를 유지하는 구간을 상승 구간이라고 간주하고 단타 매매를 하게 됩니다.

이 구간 안에서 양봉과 음봉의 관계를 잘 따져서 단타 매매를 해야 합니다. 5일 이동평균선이나 10일 이동평균선 위에서 양봉이 나오면, 그다음 날 그 양봉의 시가나 저가를 기준으로 삼고 양봉 안에서 주가가 형성되거나 양봉 위에서 음봉이 만들어질 때 매수타점을 잡고 매수 개입을 합니다.

그리고 이때 단기적으로 충분한 저점이 만들어졌는지를 3분봉 차트상 RSI 및 MACD-시그널선과 같은 보조지표를 통해 확인하게 됩니다. 단타 매매 훈련이 잘되어 있다면 양봉이 만들어진 다음 날에 3분봉 차트를 기준으로 적절히 분할매수하면서 일봉 차트에서 만들어지는 상승추세를 타고 매매할 수 있지만, 그렇지 않다면 확실한 신호를 줄 때만 기준에 맞춰 매매하는 것이 마음 편합니다.

매우 간단한 매매 원칙이지만 이 개념이 머릿속에 들어오면 간단하면서도 명확한 기준을 가질 수 있게 됩니다. 이 하나의 원칙으로 매매를 계속 반복해나간다면 점점 더 시야가 명확해질 것입니다.

좋아하는 만화 중에 〈귀멸의 칼날〉이라는 만화가 있습니다. 주인공의 친구로 나오는 젠이츠라는 소년검사는 작중 '벽력일섬'이라는 기술을 사용합니다. 여러 초식 중에서 이 단 하나의 초식을 극한까지 수련해서 아무도 범접할 수 없는 경지에 이릅니다. 우리도 단 하나의 원칙, 즉 '상승하는 이동평균선 안에서 양봉을 기준으로 한 음봉에서의 매수'만을 기억하고 실력을 갈고닦아야 합니다. 다른 것은 다 버리고 이 하나의 매매 원칙만 잘 지키면서 끝까지 정진한다면 단타 매매를 통해 꾸준히 수익을 낼 수 있는 수준까지 올라설 수 있습니다.

다음 장에서는 시가 매매에서 중요한 역할을 하는 갭 상승 시가의 의미에 대해서 집중적으로 공부하도록 하겠습니다.

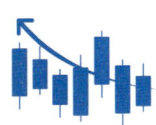
태어나면 한 살

   3분봉 단타 매매에 있어 장 시작 후 10시 정도까지의 시간은 당일의 수익률을 좌우할 수 있는 매우 중요한 시간입니다. 갭 상승 시가의 의미에 대해서 좀 더 명확한 개념을 잡으면 그날의 주가의 움직임을 잡아내는 데 큰 도움이 됩니다.

   양봉이 만들어지면 그 양봉의 시작점이 깨지지 않는 한 조정이 일어나는 음봉 구역에서 매수해 다음 상승에서 수익을 낸다는 기본 원칙을 기억하십시오. 일반적으로 하루 전체를 놓고 매매할 때는 조정의 일단락을 RSI 과매도권 진입이나 MACD-시그널선의 골든크로스로 생각하지만, 장 시작 후 30분~1시간 이내는 흐름이 아닌 탄력으로 움직이는 시간입니다. 따라서 신호가 보이지 않아도 적절한 지점에서 매수타점을 잡을 수 있어야 합니다.

   지금은 만나이로 통일되었지만 이전에는 한국식 나이가 따로 있었습니다. 어머니의 뱃속에서 머무는 10개월을 한 살로 계산하는 것이죠. 즉 태어나는 순간부터 생명으로 인지하는 것이 아니라, 세상에 나오는 기간까지 살아온 삶으로

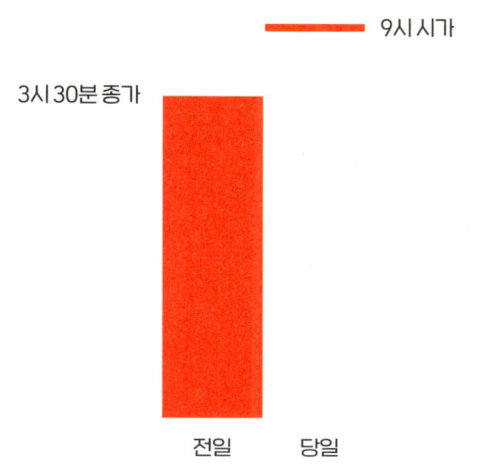

많은 사람이 생각하는 갭 상승

*표현상 전일을 종가가 고가인 장대양봉으로 그렸습니다. 전일 양봉의 모양은 윗꼬리를 달 수도 있습니다.

간주하는 것입니다.

시가는 전일의 종가 이후 당일 9시에 그냥 만들어지는 것이다.

많은 분이 이처럼 갭 상승 시가가 9시에 그냥 생기는 것이라 생각하는 것 같습니다. 그렇지만 아무런 에너지 투입 없이 그런 갭 상승이 만들어지는 것은 아닙니다. 최소한 장 시작 전 8시 30분에 장전 시간외거래가 시작되고, 8시 40분부터 9시 전까지 동시호가가 만들어집니다.

전일 종가까지 주식을 보유하고 있는 사람들 가운데는 어떤 이유에서든 다음과 같은 이유로 매도하고 싶은 경우가 존재합니다.

실제 갭 상승의 양상 ①

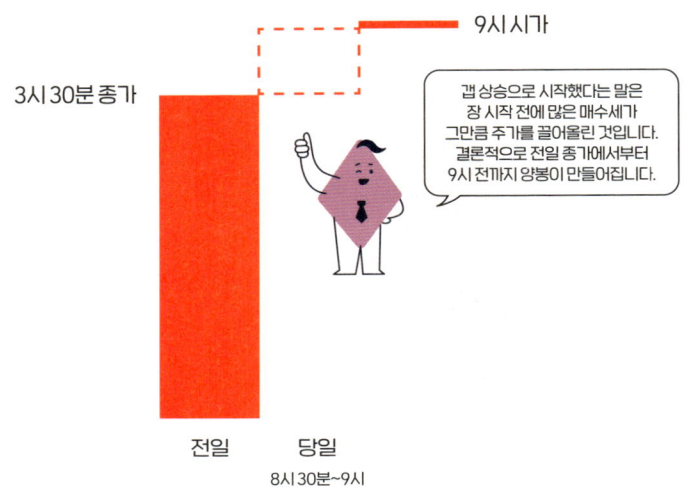

1. 전일 매수해서 수익을 보고 있는 사람
2. 그 이전에 매수해서 수익을 보고 있는 사람
3. 물려 있다가 본전을 회복한 사람
4. 기타 등등

 이들을 매도세라고 간주한다면, 9시 장 시작 전 30분 동안 이러한 기존 보유자들의 물량을 받아내면서 주가를 올리려 하는 사람들이 있음을 알려주는 것이 바로 갭 상승의 의미입니다. 그냥 이유 없이 점프해서 시작하는 것이 아니라, 전일 종가에서부터 갭 상승하는 시가까지 눈에 안 보이는 양봉이 만들어진 상태라는 말입니다. 즉 전일 종가에서부터 당일 갭 상승하는 시가만큼 양봉이 만들어진 것입니다.

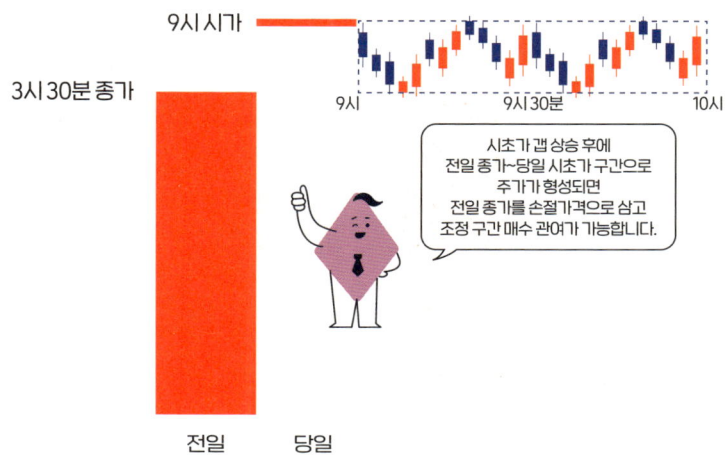

9시 장 시작 시 시가의 갭 상승이 하나의 양봉으로 보이게 되면, 10시 정도까지 전일 종가와 당일 갭 상승 사이의 구간은 양봉 이후 조정 구간으로 보고 적절하게 매수할 수 있는 구간임을 알 수 있게 됩니다.

상승을 이어가고자 매수세가 강하게 들어오는 경우라면 갭 상승한 시가에서 약간의 조정도 없이 바로 상승하며 양봉을 뽑아냅니다. 그래서 일반적으로 전일의 캔들 모습을 보고 장대양봉이거나 거래량이 많이 들어온 양봉이면 갭 상승 시가부터 1차 매수를 하는 경우가 많습니다.

갭 상승 시가에서 조정을 받더라도 상승 탄력이 센 경우에는 10시까지도 가지 않고 9시 15분 이내에 조정을 마친 다음 시가를 회복하고 상승합니다. 그러나 갭 상승 시가에서 조정이 조금 길어지면 RSI 과매도권 진입이나 MACD-시그널선의 골든크로스에서 추가 매수하면서 주가 상승에 대비합니다. 조정이 조금 길어질 경우 전일의 종가를 깨고 내려갈 수도 있습니다. 다만 전일의 종가가 만

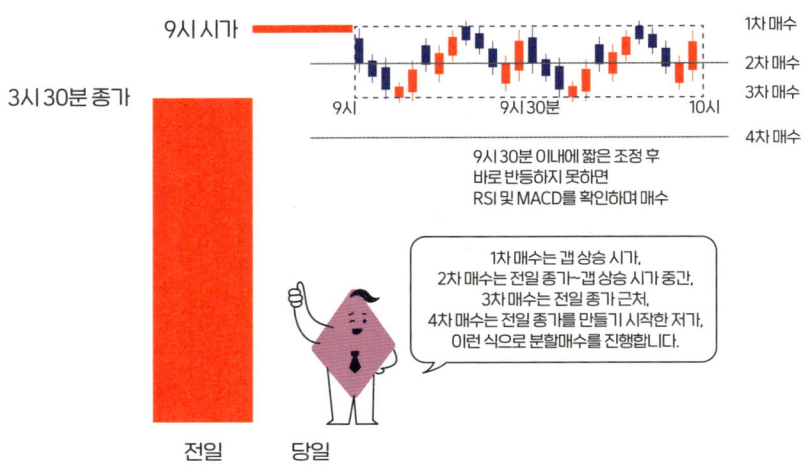

들어지는 과정에서 지지선이 어디에 있느냐에 따라 허락할 수 있는 하락폭으로 간주될 수 있으며, 이에 대해서는 뒤에서 좀 더 자세하게 다루도록 하겠습니다.

결국 갭 상승으로 시작했을 때의 매수타점은 다음과 같다고 볼 수 있습니다.

1. 1차 매수: 당일 갭 상승 시가. 갭 상승이 5% 이상 너무 높게 시작할수록 매도세의 이익 실현 욕망이 커지기 때문에 1차 매수하지 않고 조정받을 때 매수할 수도 있다.
2. 2차 매수: 당일 갭 상승 시가와 전일 종가 사이에서 매수. 간단하게는 당일 갭 상승 시가와 전일 종가 사이 절반 값을 기준으로 삼을 수 있다. 예를 들어 3% 갭 상승해서 시작했다고 하면 당일 주가가 1.5%선에 왔을 때 매수하는 것이다. 좀 더 냉정할 수 있다면 조정을 받다가 3분봉상 양봉을 확인하고 매수해도 된다.

3. 3차 매수: 전일 종가 근처. 전일 종가는 손절가격으로 간주할 수 있으므로 전일 종가 근처에서 매수할 때는 3분봉 양봉이나 RSI 또는 MACD-시그널선을 확인하는 것이 좋다. 소위 '개미 털기'를 위해 확 쓸어내리는 경우도 있기 때문이다.

4. 4차 매수: 전일 종가를 만들기 위해 마지막으로 상승시킨 구간의 시작 가격대 근처에서 매수. 매수할 때는 3분봉 양봉이나 RSI 또는 MACD-시그널선을 확인하는 것이 좋다.

경험치가 부족한 매매자라면 1차나 2차 매수 이후에도 주가가 반등하지 못하고 하락하면 3차나 4차 매수로 손이 가지 않을 수 있습니다. 그래도 눈을 돌리지 말고 자신만의 매매 경험을 쌓아가야 합니다. 비중이 너무 커지는 것 같다면 마음이 편한 수준에서 해보세요. 예를 들어 1주씩 4주까지만 가져보고 안 되면 손절하는 식으로 반복하는 것입니다.

반복해서 연습하는 목적은 시야를 넓히기 위함입니다. 처음 훈련할 때는 장 초반 활발한 거래가 불러오는 압박감에 눌려 매수 이후 자기 계좌의 수익률 뜨는 평가손익에서 눈이 떨어지지 않게 됩니다. 경험을 반복하면 반복할수록 차트에서 보조지표가 눈에 들어오고, 거래량 그리고 이동평균선이 눈에 들어오게 됩니다. 시야가 넓어질수록 자신이 거둘 수 있는 수익률은 높아집니다.

장 초반에는 거래량이 압축되어 모이기 때문에 좋은 자리에서 매수했음에도 자꾸 하락할 것 같다는 생각이 들게 됩니다. 그래서 1~2% 사이에서 수익을 실현하고 마음이 편해지고 싶다는 욕망에 굴복하기 쉽습니다. 훈련을 통해 시야가 넓어지면 장 시작 이후의 거래속도에 익숙해지고, 견딜 만하게 느껴지면서 점점 수익률이 높아지는 경험을 하게 됩니다.

전일 양봉에 이어서 당일 갭 상승 시가로 시작해 상승이 유지되면, 장 시작

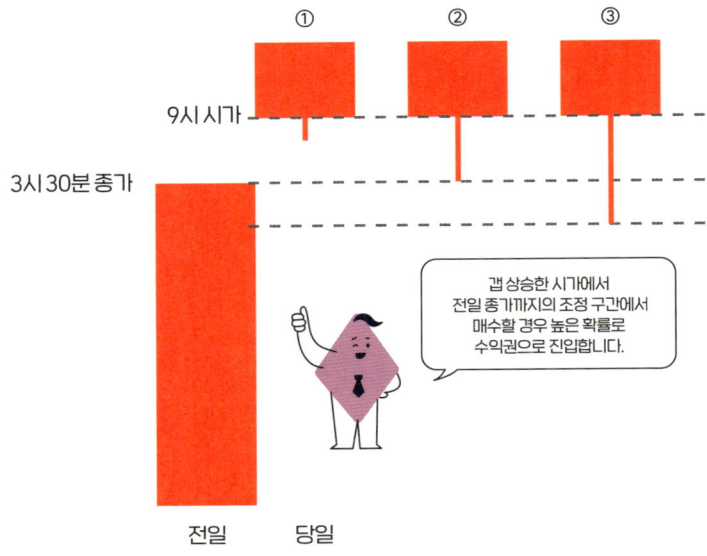

후 1시간에서 1시간 30분 이내에 결국 이런 모습이 됩니다.

1. 갭 상승 시가부터 시작해서 바로 상승(또는 아주 약간 밀린 다음 상승)
2. 갭 상승 시가에서 전일 종가 정도까지 조정받은 다음 반등
3. 갭 상승 시가에서 전일 종가를 만들기 시작한 저점 정도까지 조정받은 다음 반등

물론 빠른 시간 내에 수익 구간으로 들어가지 않고 계속해서 조정권역에 머무르면서 일봉상 음봉을 유지하거나, 갭 상승 시가를 고점으로 계속 음봉을 유지하는 경우도 있습니다. 또는 전일 종가 이하로 계속 하락하는 경우도 있고요.

실제 갭 상승의 양상 ⑤

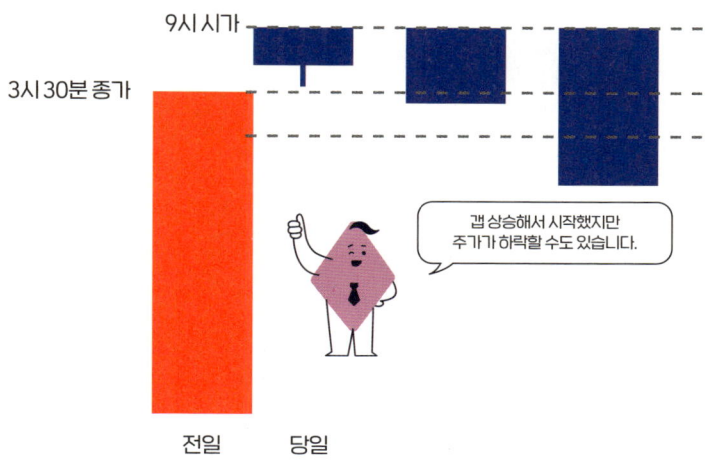

 상승의 확률이 높은 구간에서 조심스럽게 매수 진입을 하지만 실패할 수도 있습니다. 이럴 때는 손절로 대응해야 할 것입니다.
 장 시작 이후 30분에서 1시간 동안의 거래량은 매우 중요합니다. 갭 상승 이후 상승을 하긴 하는데, 전일 장 시작 이후 30분의 거래량이나 주된 상승을 만든 구간의 거래량보다 당일의 장 시작 이후 거래량이 많이 부족하다면 신뢰하기 어려운 상승일 수 있습니다. 이때는 생각 외로 익절을 빨리 해야만 할 수 있습니다. 반면 갭 상승 시가 이후 하락하더라도 그 거래량이 전일의 장 시작 이후 30분의 거래량이나 주된 상승을 만든 구간의 거래량보다 부족하지 않다면, 즉 가를 상승시킨 세력이 나가지 않은 상태라고 생각하고 이 상황을 이용해 적절한 매수타점을 찾아야 할 것입니다. 또 갭 상승 시가 이후 상승세가 하루 종일 이어지지 않더라도, 일봉상 양봉 뒤 음봉이 나왔다면 조정 구간이라 판단하고 매수타점을 탐색할 수 있습니다.

즉 전일 양봉에 이어 당일 갭 상승 시가로 시작될 때의 관점은 다음의 두 가지로 정리할 수 있습니다.

1. 전일 종가~당일 갭 상승까지를 하나의 양봉으로 보고, 양봉의 저가인 전일 종가를 손절라인으로 삼아 단타 매매
2. 전일의 양봉을 기준으로 당일의 음봉을 조정의 과정으로 보고 RSI 및 MACD-시그널선을 활용해 매수타점 탐색

전일 종가=고가 양봉에서 당일 갭 상승이라면

전일 '종가=고가'라는 것은 간단히 말해 윗꼬리가 없는 양봉을 뜻합니다. 이 양봉의 길이가 길수록, 즉 상승폭이 클수록 매수세의 힘이 무척 강하다는 말이 됩니다. 많은 경우 상한가가 이런 예가 될 수 있으며, 상한가 다음 날의 매매 대응이라고 생각해도 괜찮겠습니다. 이런 양봉의 다음 날 갭 상승 시가로 장이 시작되면 매수 가능 권역에 대해 다음과 같이 계획할 수 있습니다.

1. 전일 종가를 손절매선으로 보고 조정 구간에서 매수
2. 전일 종가를 만들어내는 마지막 상승의 시작가격을 손절매선으로 보고 조정 구간에서 매수
3. 갭 상승 시가가 만들어질 때 3분봉 차트상 이동평균선까지의 조정을 이용한 매수

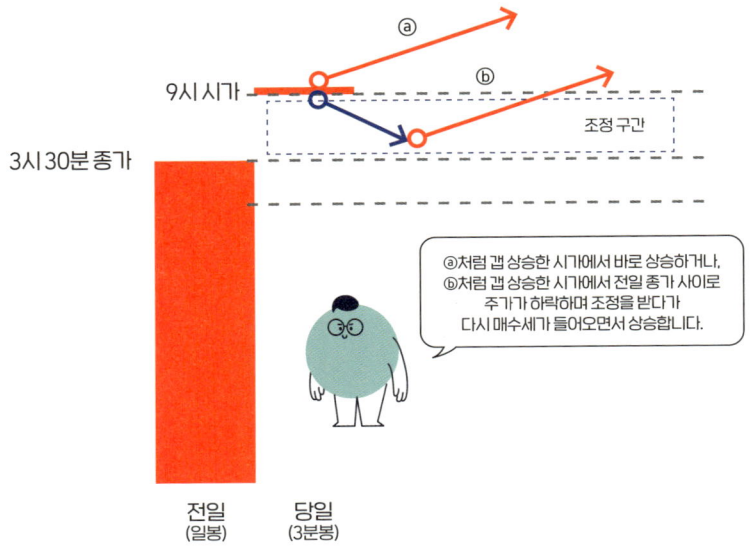

하나씩 살펴보겠습니다.

먼저 첫 번째, 전일 종가를 손절매선으로 보고 조정 구간에서 매수합니다. 전일의 양봉은 일봉 형태로 그렸으며, 당일은 3분봉의 흐름으로 시각화했습니다.

전일 종가가 고가인 장대양봉 위에서 갭 상승으로 주가가 출발하면 ⓐ와 같이 갭 상승 이후 바로 상승할 수 있기 때문에 3분봉 단타 매매일 경우 1차 매수하고 지켜봅니다. ⓐ처럼 바로 상승하게 되면 상승이 유지되는 기준, 즉 RSI 과매수권 진입이나 MACD-시그널선의 골든크로스 유지 또는 3분봉상 65 이동평균선을 깨지 않는 선에서 수익을 유지한 후 익절합니다. 오후 시간대에 주가가 조정받을 경우 당일 갭 상승 시가가 의미 있는 지지선 역할을 하게 됩니다.

전일 종가가 고가인 양봉 이후 당일 갭 상승한 시가인 경우, RSI 과매수권에 이미 진입한 상태일 수 있으므로 진입을 익절의 기준으로 보기에는 애매할 수 있습니다. 거래량이 붙고 추세가 이어지는 것은 이동평균선으로 판단함에 부족함이 없습니다.

한편 갭 상승 시가에서 1차 매수한 다음 주가가 하락한다면 전일의 종가를 손절매 기준선으로 삼고, 갭 상승으로 만들어진 가상의 양봉 후 조정 구간에서 매수해서 ⓑ와 같이 반등하는 상승을 준비할 수 있습니다. 갭 상승했던 시가보다 평균 매수가는 낮아지고 비중은 늘어나므로 잠시 동안의 조정이 끝난 후 반등이 시작되면 괜찮은 수익을 기대할 수 있습니다. 보수적인 매매자라면 주가가 전일의 종가를 깨면 손절매로 즉시 대응하면 되고, 조금 여유가 있는 매매자라면 전일의 종가를 만들기 시작한 기준가를 손절선으로 삼아 기다릴 수 있습니다.

이렇게 전일의 상승추세를 바로 이어받아 추가 상승이 만들어지지 않고 하락이 진행된다면 거래량을 해석하는 것이 매우 중요합니다. 전일의 장 초반 30분봉의 거래량이나 주된 상승을 만들어낸 30분봉의 거래량에 필적하는 거래량으로 하락이 나오면, 상승시킨 세력이 수익 실현 후 이탈했다고 해석하고 빠르게 대응하는 것이 맞습니다. 하지만 그렇지 않다면 3분봉상 조정 혹은 하락 중인 추세를 돌리는 보조지표의 신호를 보고 대응할 수 있습니다.

2024년 6월 5일 바이오다인이라는 종목은 고가 18.5%, 종가 17.67%로 거의 종가=고가인 장대양봉으로 장을 마쳤습니다. 거래량을 터트리며 전고점을 돌파한 것도 확인할 수 있습니다. 6월 7일, 주가는 어떻게 시작했고 매매 타이밍은 어떻게 발생했을까요?

5.57% 갭 상승해 시가를 만들고 9.36% 상승 후 다시 전일 종가 수준까지 하락하는 음봉이 3분 동안 만들어집니다. 갭 상승 시가에 매수했다면 아주 짧은 시간에 3%남짓 수익을 얻을 수 있었을 것이고, 만약 욕심을 냈다면 -8~-9% 평가손도 눈으로 확인할 수 있었을 것입니다. 실전에서의 압박감은 책으로 아무

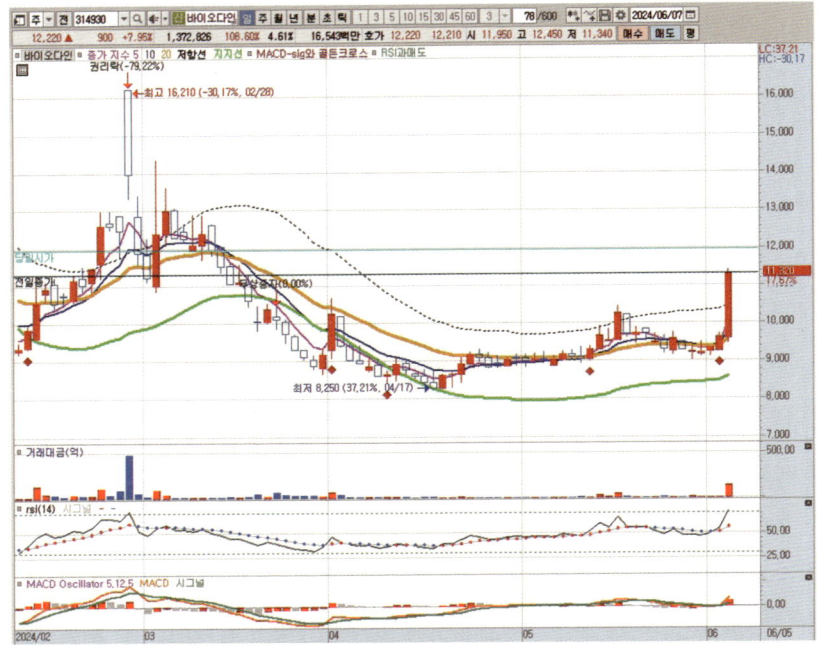

바이오다인 2024년 6월 5일 일봉 차트

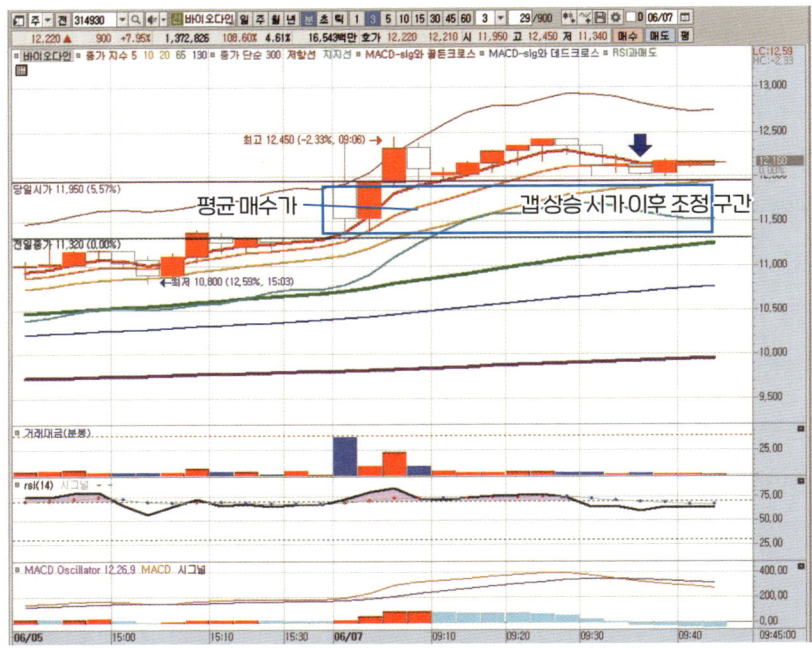

바이오다인 2024년 6월 7일 3분봉 차트

리 자세히 설명해도 실감하기 어렵습니다. 특히 자기 돈이 들어간 상태에서 수익이 났다가 그 수익이 다시 무너지는 경험을 하면 멘탈을 붙잡기가 쉽지 않습니다.

하지만 공부를 통해 전일 종가와 당일 갭 상승 시가 사이의 구간을 양봉 이후 조정 구간으로 보고 매수할 수 있다는 개념을 갖고 있다면, 이러한 조정이 오히려 눈을 번득이게 하는 기회로 느껴질 것입니다. 정말 잘해서 전일의 종가 근처까지 하락했을 때 갭 상승 시가에서 1차 매수했던 물량과 같은 물량을 2차 매수했다면, 1차 매수가보다 낮은 가격으로 평균 매수가가 만들어지고 보유 비중은 늘어난 상태가 됩니다. 그리고 다음 3분봉에서 바로 수익권에 들어가게 되죠. 매수와 매도의 원칙이 없다면 도저히 잡아낼 수 없는 그런 타점들입니다.

훈련이 덜 되어서 경험이 부족하면 9시 3분 1초~9시 6분에 만들어지는 두 번째 3분봉에서 본전 매도를 하거나 약한 익절을 하고 도망 나오기 바쁠 것입니다. 자신이 무엇을 하고 있는지 이성적으로 감정을 다스리지 못하니 '손해 보고 싶지 않다'는 마음을 이겨낼 수 없는 것이죠. 그럴 수 있습니다. 하지만 '손해 보고 싶지 않다'와 '이익을 보고 싶다'는 다른 이야기입니다. '이익을 보고 싶다'와 '이익을 극대화하고 싶다'는 또 다른 차원의 이야기고요.

만약 이 충동을 참아낼 수 있는 단계로 넘어가면 그때부터 새로운 수익의 길이 열릴 것입니다. 두 번째 봉 다음의 세 번째 봉에서 이미 5% 가까운 수익이 발생합니다. 10분도 안 되는 시간에 5% 수익이 난 것입니다.

자신의 투자 비중에 따라 총 수익률과 수익은 조금씩 달라질 수 있지만, 중요한 것은 리스크를 관리하며 꾸준히 수익을 낼 수 있다는 점입니다. 바이오다인의 최종적인 일봉의 모습을 참고하기 바랍니다.

이번에는 두 번째, 전일 종가를 만들어내는 마지막 상승의 시작가격을 손절매선으로 보고 조정 구간에서 매수합니다. 앞선 사례처럼 전일 종가를 손절매

바이오다인 2024년 6월 7일 일봉 차트

가격으로 설정하고 갭 상승 시가의 의미를 활용한 매매를 할 수 있지만, 전일의 종가보다 약간 아래쪽으로 손절매가를 낮추고 매매할 수도 있습니다. 물론 무작정 손절매가를 낮추는 것은 아닙니다.

    일봉상 종가=고가인 상태가 만들어질 때, 시가에서 출발해서 일직선으로 종가까지 가는 것은 아닙니다. 오르락내리락 위로 방향을 잡고 움직이다가 마지막 파동이 상승파동이면 종가가 고가가 되는 것이며, 마지막 파동이 하락파동이면 윗꼬리를 달게 되는 것입니다. 따라서 우리는 전일 종가를 만들어내는 3분봉상 마지막 파동의 저점을 양보할 수 없는 손절선으로 설정하고 당일 갭 상승 시가를 활용한 매매를 도모할 수 있습니다.

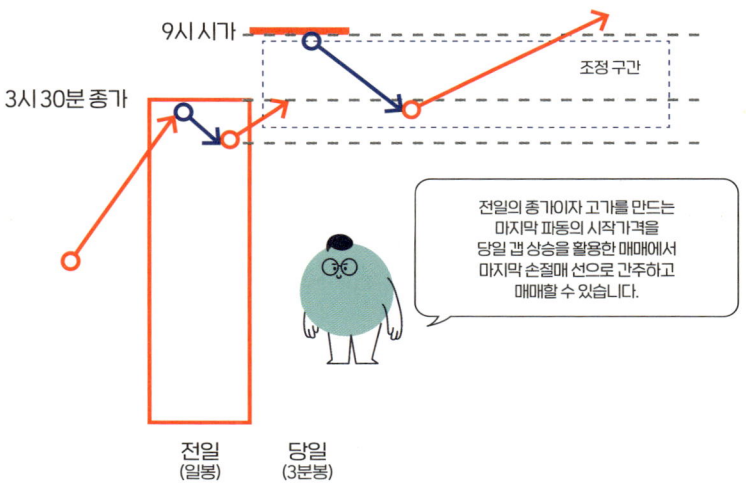

전일 일봉의 속을 비워서 3분봉으로 주가가 파동을 만들고 있음을 시각화했습니다. 종가이자 고가를 만드는 마지막 상승파동이 시작하는 가격의 의미는, 고가를 만든 누군가가 밟고 올라선 지점이라는 뜻입니다. 따라서 주가의 상승을 도모한다면 이 가격은 지켜야만 합니다. 반대로 이 마지막 상승파동을 만들어낸 누군가가 갭 상승에 만족하고 수익 실현을 했다면 거래량에서 흔적을 살펴볼 수 있습니다. 어쨌든 전일 종가를 당일 갭 상승 시가 이후 깼다고 하더라도 마지막으로 버틸 수 있는 라인이 하나 있다는 점은 기억해둘 만합니다.

사례를 보죠. 2024년 6월 5일, 동해 유전 관련 테마의 바람이 불면서 '시추를 위해서는 강관이 필요하지 않을까?'라는 밑도 끝도 없는 추정으로 넥스틸이 상한가를 실현합니다. 1,600억 원에 가까운 거래대금을 뿜어냈습니다. 상한가는 말 그대로 종가=고가인 대표적인 사례입니다. 6월 7일 장 시작 이후 주가의

넥스틸 2024년 6월 5일 일봉 차트

흐름을 살펴보겠습니다.

  6월 5일의 상한가 다음 거래일인 6월 7일, 넥스틸은 9.29%의 갭 상승으로 시작했습니다. 이 시가 근처에서의 매매에 대해서는 뒤에서 설명하겠습니다. 다만 이미 9시 30~40분 사이에 RSI는 과매수권에서 이탈했고, MACD-시그널선도 데드크로스를 만들었기 때문에 갭 상승 시가를 이용한 매매에서 매수한 물량이 있다고 해도 보유할 이유가 없다는 것은 잘 아실 것입니다.

  갭 상승과 전일 종가 사이의 조정 구간에서 매수를 한다면 '과연 어디서?'라는 의문이 남을 것입니다. ⓐ지점에서 전일 종가를 터치합니다. 말 그대로 시초

넥스틸 2024년 6월 7일 3분봉 차트

가에 매수한 채 아무 행동도 하지 않았다면 -9.29% 손해를 그대로 보고 있다는 말이 됩니다. 보유할 이유가 없다고 보조지표가 말하는데 굳이 보유하고 있다가 이런 손해를 봐서는 안 됩니다.

어쨌든 우리는 갭 상승 이후 조정 구간의 가장 바닥까지 왔다는 관점을 갖고 있으며, 전일 종가를 만들기 위해 마지막으로 상승시킨 파동의 시작가격을 손절가격으로 삼고 있습니다. 따라서 ⓐ에서 과감하게 매수할 수 있습니다. 약 -3.5%의 손절을 대비해야 하는 매수라 할 수 있겠습니다.

매매자의 성향에 따라 ⓐ에서 1차 매수 후 설정한 손절선까지 추가 하락할

넥스틸 2024년 6월 7일 일봉 차트

때 2차 매수에 나설 수도 있습니다. RSI 신호로 이를 판단할 수 있습니다. 보수적인 매매자라면 조정 구간의 최하단까지 내려왔으니 양봉이 나오는 것을 보고 매수할 수도 있겠죠. 어쨌든 ⓐ의 매수를 통해 5% 정도의 수익을 확보해줍니다.

일봉 차트를 보면, 갭 상승 시가 이후 조정 구간에서 다시 양봉을 만들어내지 못한 채 음봉으로 마무리되었습니다. 윗꼬리와 아랫꼬리가 보입니다. 단타 매매하는 사람들은 이것을 보고 바로 수익을 낼 수 있는 부분이라고 생각합니다.

마지막으로 세 번째, 갭 상승 시가가 만들어질 때 3분봉 차트상 이동평균선까지의 조정을 이용한 매수입니다. 갭 상승 시가 이후 전일 종가와의 사이인 조정 구간에서 '어느 타이밍에 2차 매수를 해야 할까' 하는 궁금증이 들 수 있습니

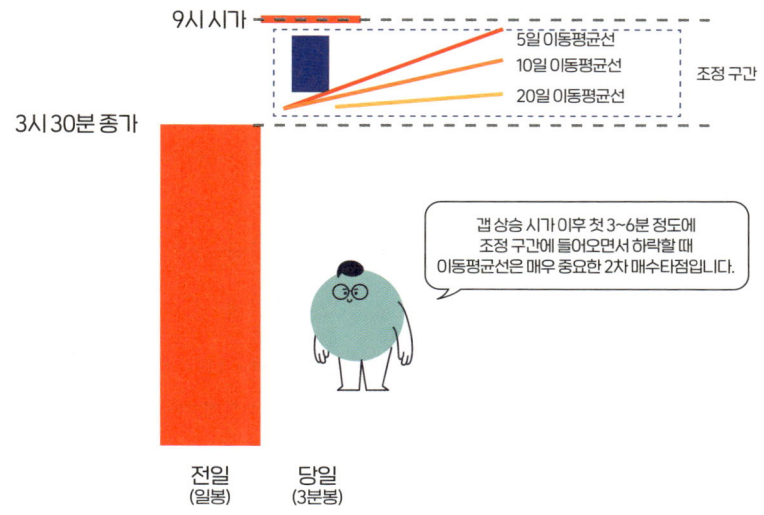

다. 이 지점까지 이해하면 3분봉을 활용한 단타 매매가 거의 완성된다고 말할 수 있습니다. 바로 이동평균선을 활용하는 것입니다.

3분봉 차트에서의 이동평균선을 그림으로 표현하기 위해서 조정 구간의 폭을 조금 넓혔습니다. 갭 상승 시가가 높게 올라갈수록 잘 기억해야 하는 그림입니다. 갭 상승 시가가 10%남짓이거나 혹은 그 위라면 1차 매수 후 하락할 경우 그 폭이 염려되는 것은 사실입니다. 굳이 리스크를 안을 필요는 없다고 생각하고 있습니다. 1차 매수하지는 않더라도 전일 종가~당일 갭 상승 시가는 우리 입장에서는 조정 구간이기 때문에 매수타점을 찾아야 하고, 이때 조정 구간 내에서 하락할 경우 첫 3~6분의 하락에서는 이동평균선이 정말 중요합니다.

기본적으로 이런 상승이 나오면 이동평균선은 정배열 상태를 유지한 상태이

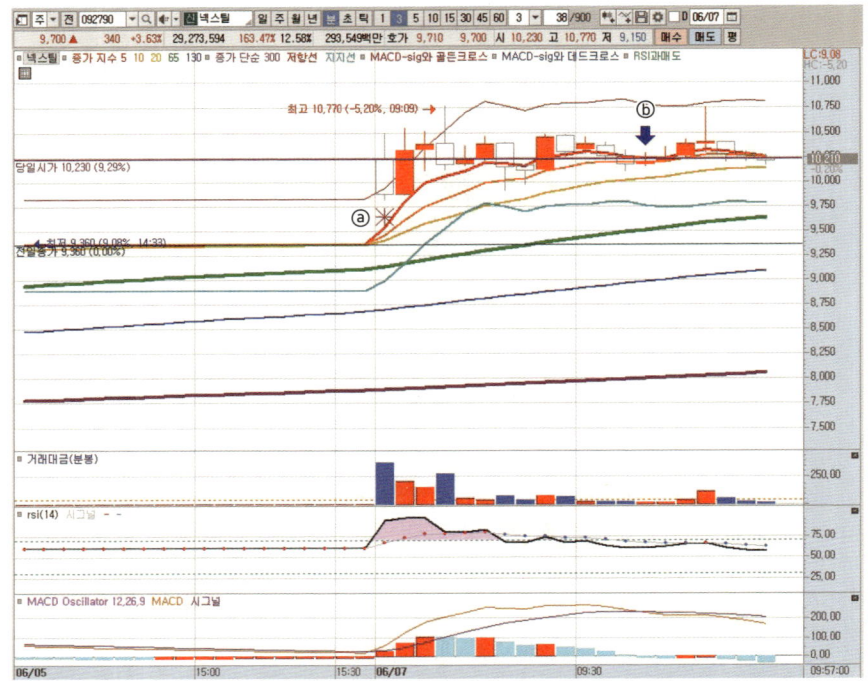

넥스틸 2024년 6월 7일 3분봉(10시까지) 차트

며, 따라서 이동평균선에 접근할 경우 지지받고 반등이 일어나는 경우가 많습니다. 앞서 넥스틸의 시초가 상황을 좀 더 자세히 살펴보겠습니다.

갭 상승 시가가 9.29%에서 시작합니다. 달리 말하면 전일 종가에서부터 약 10%의 양봉이 발생한 것입니다. 이 정도 상승에서 바로 위로 날아가면 나보다 더 매매를 잘하는 사람에게 양보하면 됩니다. 다만 우리가 공부하면서 기본으로 삼고 있는 조정권역에서의 매매를 한다고 했을 때, 주가가 갭 상승 시가에서 하락하기 시작하면 매수타점을 찾아야만 합니다.

이동평균선을 보세요. 오버솔드는 5일 이동평균선부터 '빨주노초파남보'와 같은 개념으로 쓰고 있습니다. 5-10-20-60 이동평균선이 정배열인 것을 확인할 수 있습니다. 첫 3분 동안 갭 상승 시가에서 약 4% 하락하면서 5일 이동평균선에 접근합니다. 첫 3분 동안 더 하락한다면 5일 이동평균선에 닿았겠지만 그렇지 않더라도 여기서 1차 매수하고, 추가 하락한다고 해도 10일 이동평균선이나 20일 이동평균선에서 2차 매수할 수 있습니다.

속된 말로 팔놈 팔고 살놈 사는 아주 중요한 시점이기 때문에 ⓐ에서의 매수 이후 추가 하락이 있을 수도 있다는 리스크는 감내합니다. 갭 상승 시가에서 ⓐ까지 4% 가깝게 하락했지만 RSI나 MACD-시그널선의 상승추세는 꺾이지 않았다는 점에서 ⓐ에서의 매수에 힘을 보태줍니다.

1차 매수 이후 MACD-시그널선의 데드크로스가 나오는 ⓑ지점까지 3.5% 정도의 수익라인이 만들어집니다. 여기서는 전량 매도하는 것이 맞습니다. 그동안 끌고 올라온 상승추세가 반전되는 상황으로 간다는 점을 MACD-시그널선의 데드크로스로 암시하기 때문입니다.

이 ⓐ~ⓑ 구간의 최종 3.5% 수익라인 안에서 최대 8%에 가까운 수익도 볼 수 있습니다. 그런 과정은 매매자의 몫입니다.

전일 윗꼬리 양봉에서 당일 갭 상승이라면

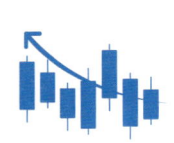 

전일 일봉이 윗꼬리를 단 양봉인 경우, 특히 VI를 한 번 이상 만들 정도로 상승한 다음 윗꼬리를 달았다면 다음 날 3분봉을 활용한 단타 매매 대상 종목으로 삼을 수 있습니다. 많은 경우 VI를 만들 정도의 상승이라면 거래량을 딱히 걱정할 필요는 없는 상태입니다. 특별한 재료로 인해 급등한 다음 윗꼬리가 달린 것인지, 그저 특별한 수급적 상황에 의한 것인지와 상관없이 정말 일회성 재료에 의한 것이 아니라면 보통은 다음 날에도 긍정적인 수급을 기대할 수 있습니다.

일반적으로 윗꼬리를 달았다는 말은 상승한 다음 하락했다는 뜻입니다. 너무나 당연하게 들릴 수 있는 말인데, 상승과 하락에 굉장히 큰 의미가 있음을 강조하고 싶습니다. 주가가 상승하기 위해서는 속도와 에너지(돈)가 필요합니다. VI를 발생시키는 상승은 크게 다음의 두 경우에 발생합니다.

1. 기관, 외국인 그리고 큰손 세력이 이후의 상승을 계획하며 매집할 경우

윗꼬리가 달린 양봉

2. 누구나 호재라고 생각하는 뉴스에 일반 투자자들이 매수하며 달라붙는 경우

참고로 기관, 외국인, 그리고 큰손 세력을 '형님들'이라고 부르겠습니다. 1의 경우 상승을 시키는 주체인 형님들은 위에서 쏟아지는 매도물량을 모두 돈으로 사면서 상승을 시키는 것입니다. 자기 돈을 쓰면서 다른 사람이 파는 물량을 높은 가격에 사주는 것이죠. 주식을 갖고 있는 사람은 늘 매도하고 싶어 합니다. 그래서 이 모든 매도물량을 압도하는 매수세가 붙어야 주가는 양봉이 됩니다. 이러한 강한 매수세는 일반 투자자가 만들기 무척 어렵습니다. 그래서 양봉이 생겼다는 사실 자체가 의미 있는 것이고, 이때 양봉이 특별한 모양을 갖게 되면 그 의도를 파악해 형님들한테 묻어가는 식으로 우리도 수익을 낼 수 있는 것이죠.

형님들이 자기가 산 가격보다 높게 팔 수 있다는 자신이 없다면 가격을 올리면서 사 모으겠습니까? 이렇게 형님들이 사면서 주가를 상승시킬 때, 그날 계획했던 자금을 다 사용하게 되면 매수를 멈춥니다. 위로 치솟던 속도와 에너지

매집봉이 만들어지는 윗꼬리 양봉에서의 주가 흐름

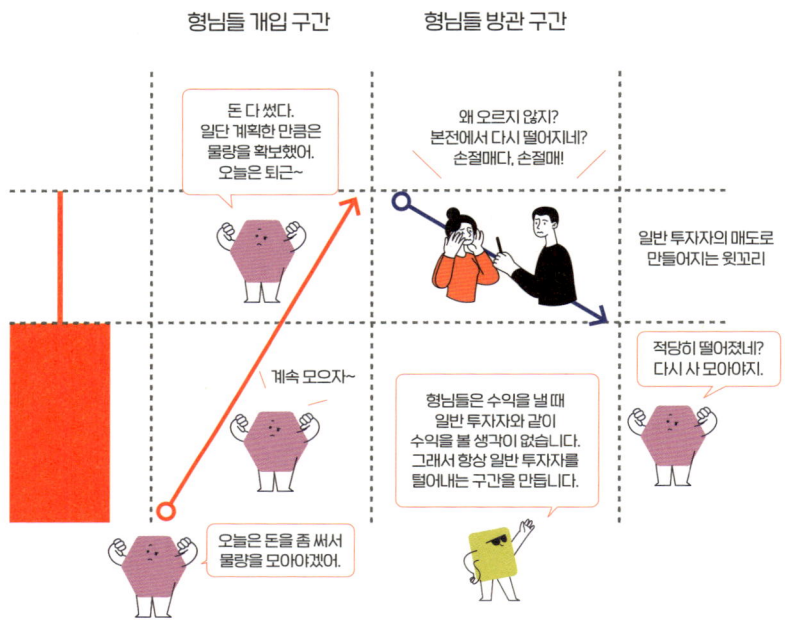

가 멈추면 주가는 방향성을 유지하지 못하게 되어 실속하게 됩니다. 더 이상 윗 방향으로 사주는 조직적이고 집중적인 매수세가 사라지면서 그때부터 일반 투자자들끼리 서로 사고팔며 주가가 하락하게 됩니다. 이때 만들어지는 것이 바로 윗꼬리입니다. 이런 사정을 가지고 만들어진 윗꼬리 양봉을 흔히 매집봉이라고 부릅니다.

거래량을 터트리면서 윗꼬리가 거의 없는 장대양봉으로 매집봉이 만들어지는 경우 다음 날의 시나리오는 보통 이렇습니다.

장대양봉 이후 형님들의 대응과 일반 투자자들의 반응

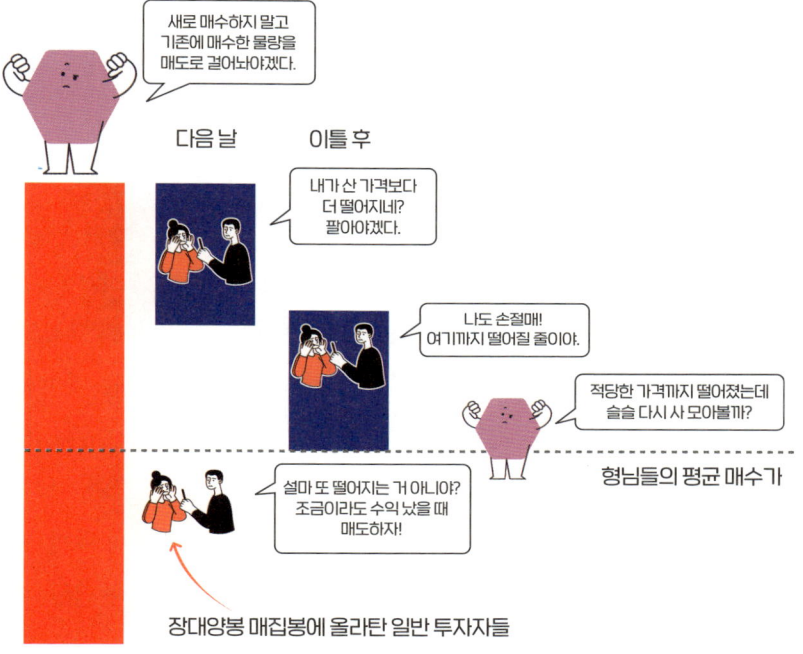

1. 갭 상승 시가로 시작 시

    1-1. 약간의 조정 또는 바로 주가를 상승시켜서 양봉으로 일봉을 마무리

    1-2. 갭 상승 시가에서 하락시켜서 음봉을 만들며 일봉을 마무리

2. 갭 하락 시가로 시작 시

    2-1. 3분봉 또는 30분봉에서 RSI 과매도권에 진입 후 이를 저가로 주가를 상승시켜 양봉으로 일봉을 마무리

    2-2. 약간의 상승 또는 바로 주가를 하락시켜서 음봉으로 일봉을 마무리

1-1이나 2-2와 같이 음봉이 나오는 것은 형님들이 장대양봉을 만들 때 쫓아온 일반 투자자를 털어내기 위해 의도한 음봉입니다. 짧게는 하루나 이틀, 길게는 며칠에 걸쳐 음봉이 이어집니다. 『초단타 매매의 기술』에서 공부했던 것처럼, 형님들 입장에서는 이미 저가에서 카운터밸런스를 맞춰놓은 상태이기 때문에 매수 평균가를 크게 침해하지 않는 이상 시간을 소비할 뿐이지 금전적으로 손해를 보지는 않습니다. 장대양봉의 고점에 휩쓸려 매수한 일반 투자자들만 애간장이 탈 뿐입니다.

형님들이 장대양봉으로 매집봉을 만들 때는 일반 투자자들도 많이 붙게 됩니다. 그러면 형님들은 '돈 좀 써서 물량을 모으면서 주가를 올려놨는데, 걸리적거리는 사람들이 보이네?' 하는 생각을 하게 됩니다. 그렇게 형님들이 마음먹고 음봉을 '때려버리면' 일반 투자자들은 손절하면서 도망갈 수밖에 없습니다.

장대양봉 매집봉은 앞서 공부한 전일 종가=고가인 양봉에 속하며, 따라서 그 다음 날에도 기술적으로 대응이 가능하지만, 형님들이 이 매집봉에 일반 투자자가 많이 묻어 있다고 판단하면 털어내는 조정이 나오게 됩니다. 형님들은 장대양봉 매집봉의 꼭대기 부분에서 매수한 일반 투자자들을 크게 다음의 두 가지 방식으로 털어냅니다.

1. 가격을 급락시켜서 가격 하락을 견디지 못한 일반 투자자가 손절매하도록 만드는 방식
2. 추가 상승을 시키지 않고 시간을 오래 끌어서 일반 투자자를 불안하게 만들어 매도하고 종목을 떠나게 만드는 방식

장대양봉 이후의 주가가 상승하지 않고 하락하거나 횡보할 때의 논리를 알게 되면, 형님들이 목표한 바를 이루면 상승시킬 것을 알기에 오히려 쉽게 매수

세력이 하루 만에 매집과 털기를 같이 하는 이유

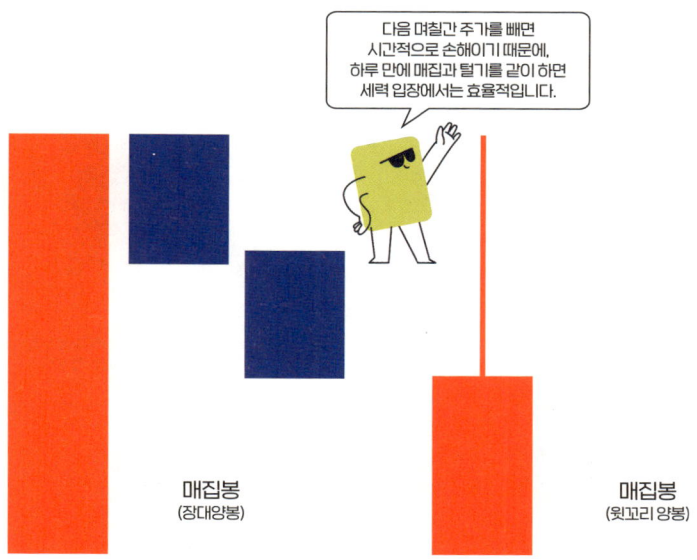

할 수 있습니다.

한편 윗꼬리 양봉은 당일에 바로 매집과 털기를 동시에 진행한 셈이 되므로, 다음 날 단타 매매에 적합한 기준봉이 된다고 볼 수 있습니다. 윗꼬리를 만들 때 형님들이 매집하는 물량은 윗꼬리 양봉이 만들어지는 날 이전에 일반 투자자들이 물려 있던 물량입니다. 따라서 큰 거래량과 함께 윗꼬리 양봉이 만들어지고, 그것이 한 번이 아니라 저가권에서 반복적으로 보인다면 그렇게 모은 물량만큼 크게 위로 날릴 준비를 하고 있다고 보면 됩니다.

마침 윗꼬리 양봉이 발생해서 '다음 날 단타로 접근해볼까?' 싶었는데 일봉 차트를 보니 그 앞에서도 윗꼬리 양봉이 몇 개 보였다면, 이러면 형님들한테 묻어가는 장기 투자를 고려해도 괜찮은 것입니다. 이런 형태의 윗꼬리 양봉은 당

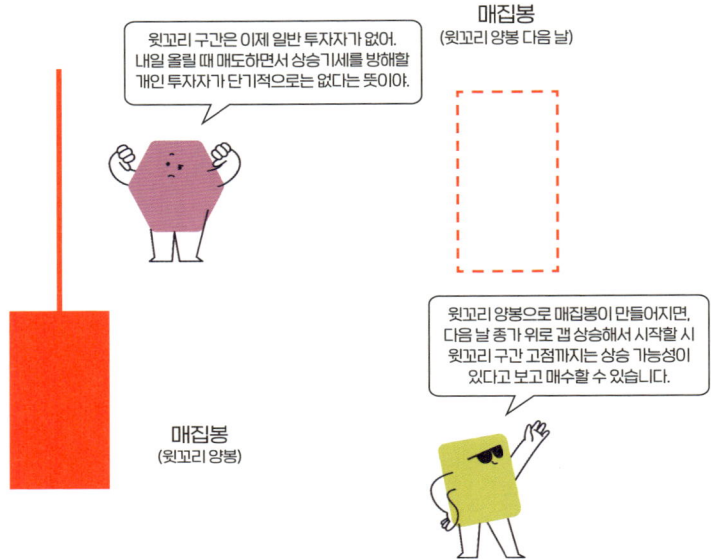

일 상승 구간과 하락 구간에서의 거래량이 차이가 납니다.

상승 구간에서는 거래량이 많고, 하락 구간에서는 거래량이 상대적으로 적습니다. 오버솔드는 이런 상황을 '길을 닦아놓았다'라고 표현하는데요. 주가가 올라갈 때 걸리적거리는 일반 투자자들의 물량을 모두 받아냈기 때문에 다음 날 상승할 때 윗꼬리 부분은 크게 저항 없이 주가가 상승합니다.

한편 윗꼬리를 단 양봉은 종목별 투자자를 살펴봤을 때, 그동안 그 종목을 상승시킨 주된 세력이 매도한 모습이 보이면 양봉이더라도 주의해야 합니다. 수익실현을 하고 종목을 떠나는 것이기 때문에 단타 매매로 접근해선 안 됩니다. 고가권에서 윗꼬리를 단 양봉을 피뢰침이라고 부르며 조심하라고 하는 이유가 바로 이것입니다. 일반적으로 이 경우 굉장히 좋은 소식이 전일부터 나오는데요. 형님들은 그 소식을 듣고 몰려드는 일반 투자자들에게 아침 주가 상승과 함께 보유물량을 떠넘기고 유유히 종목을 떠납니다.

우리는 저가 매수의 기술을 통해 고가권에서는 함부로 매수하지 않기 때문에 이런 날벼락을 맞지 않지만, 불나방처럼 모여든 일반 투자자들은 덜컥 물리고 맙니다. 그러니 이런 성격의 윗꼬리 양봉이라면 다음 날에도 단타 매매는 피해야 합니다.

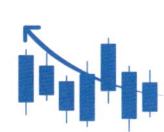 

전일 종가가 중요한 이유

전일 윗꼬리 양봉의 종가를 손절매선으로 보고 갭 상승 시가에서 1차 매수한 다음 조정 구간이 생기면 매수합니다. 전일 윗꼬리 양봉을 만들어내는 3분봉의 마지막 주가 흐름과 다음 날의 갭 상승 시가의 위치에 대한 해석은 매우 중요합니다. 전일 윗꼬리 양봉의 종가가 만들어질 때, 하락하는 흐름에서 만들어졌다면 일반적으로 RSI는 과매도권을 향해가는 중이거나 과매도권에 닿으면서 종가가 만들어집니다. MACD-시그널선은 데드크로스가 유지된 상태고요. 하락하는 주가의 관성이 아직 남아 있는 상태이기 때문에 많은 경우 다음 날도 갭 하락으로 시작하는 경우가 많습니다.

그런데 다음 날 시가를 갭 상승해서 만든다는 뜻은 형님들이 시간을 아끼고 상승시키고 싶어 한다는 의미입니다. 즉 전일에 하락하던 추세를 장 후반에 어떻게든 돌려내어 반등시켜서 끝낼 수도 있었는데 그냥 일반 투자자들끼리 서로에게 떠넘기라고 놔둔 것이죠. 장 시작을 전일 윗꼬리 양봉의 종가에서 시작한

윗꼬리 양봉 다음 날 갭 상승 시가가 만들어질 때의 매수타점과 일반적인 주가 흐름 ①

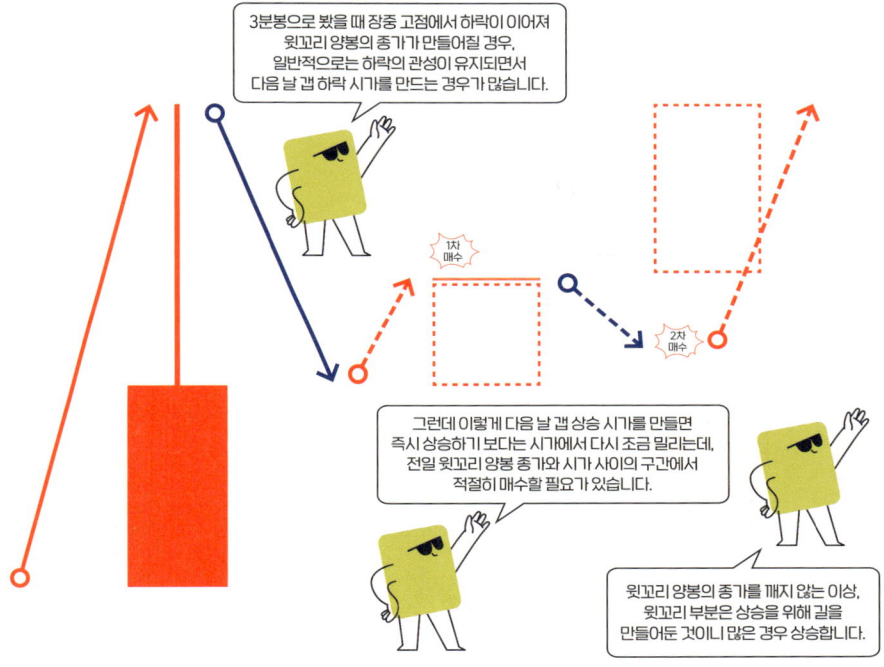

다면 하락하던 추세를 다시 되돌리는데 시간이 걸릴 수 있으니, 그 시간을 돈으로 사버리는 것입니다. 갭 상승을 만들면서요.

윗꼬리 양봉이 매집봉인 경우 윗꼬리는 형님들이 닦아놓은 상승을 위한 길이라는 것을 우리는 알고 있습니다. 따라서 형님들이 만들어준 가격인 갭 상승 시가에서 1차 매수할 수 있습니다. 만약 갭 상승이 너무 높게 만들어져서 부담스럽다면 조금 기다렸다가 조정 구간에서 매수해도 됩니다. 그리고 1차 매수 후 전일 종가와 당일 갭 상승 시가가 만든 양봉 구간 안으로 조정되어 들어오면 전

윗꼬리 양봉 다음 날 갭상승 시가가 만들어질 때의 매수타점과 일반적인 주가 흐름 ②

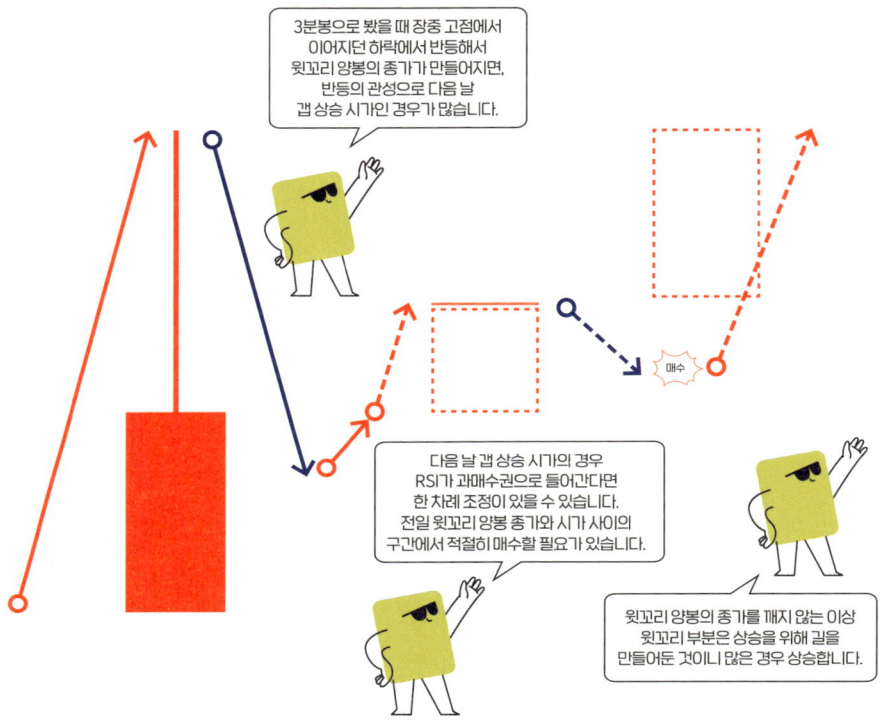

일 종가를 손절선으로 삼고 2차 매수를 하면 됩니다.

보조지표로 보면 당일 시작~9시 30분 정도 사이에 RSI는 과매도권 위에서 상승으로 방향을 잡기 시작하고, MACD-시그널선은 골든크로스를 만들기 시작하는 경우가 많습니다. 이렇게 장 초반에 적절히 매수하게 되면 RSI 과매수권 진입이나 MACD-시그널선의 데드크로스 정도까지 상승하는 구간에서 수익을 도모할 수 있습니다.

또 전일 윗꼬리 양봉의 종가가 하락하다 반등해서 종가가 형성된 경우 그 관성으로 다음 날 갭 상승 시가로 시작하는 경우가 많습니다. 이때 보조지표를 살펴보면 전일 이미 RSI 과매도권에 진입 후 이탈했거나 MACD-시그널선이 데드크로스 상태에서 골든크로스 상태로 바뀌게 됩니다.

당일 갭 상승 시가에서의 RSI 위치를 잘 살펴볼 필요가 있습니다. 갭 상승 시가에서 바로 1차 매수를 하기에는 부담스러울 수 있기 때문입니다. 전일 장 후반에 이미 RSI가 과매도권에 진입했다가 이탈해서 상승을 하게 되면 당일 갭 상승 시 상승하는 폭에 따라 RSI가 과매수권으로 진입해버리는 경우가 생깁니다. 그렇게 되면 1차 매수 시 RSI 과매도권 이탈에서부터 조정을 맞아버릴 수 있으므로, 되도록 조정 구간을 잘 활용해서 매수하는 것을 권해드립니다.

이때 손절매가는 전일 윗꼬리 양봉의 종가가 될 수 있는데, 좀 더 손실을 감수하면서 주가를 지켜볼 수 있다면 전일 종가를 만든 마지막 상승파동의 시작 가격을 손절매가로 삼고 매매할 수 있습니다. 이 조정 구간에서는 RSI 과매도권 진입이나 MACD-시그널선의 골든크로스와 같은 명확한 매수 신호가 나오지 않은 채 상승할 수 있습니다. 이때는 개인기에 의존하는 구간이라고 보면 되겠습니다.

전일 윗꼬리 양봉을 만들어내는 3분봉의 마지막 주가 흐름과 다음 날의 갭 하락 시가의 위치에 대한 해석은 매우 중요합니다. 크게는 다음의 두 가지 케이스로 구별할 수 있습니다.

1. 전일 고가에서부터 하락이 이어져 종가가 형성된 경우 다음 날 갭 하락 시가
2. 전일 고가에서부터 이어진 하락이 장 후반 반등해 종가가 형성된 경우 다음 날 갭 하락 시가

전일 고가에서부터 하락이 이어져 종가가 형성된 경우 다음 날 갭 하락 시가

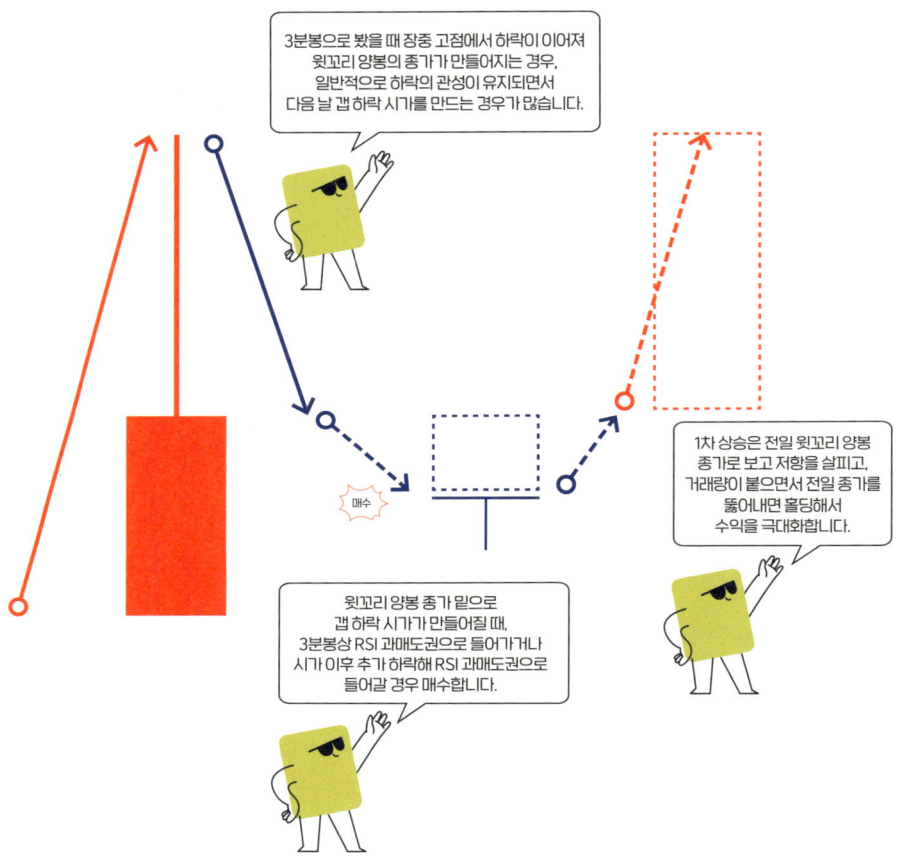

어쨌든 이 경우도 매우 의미 있는 단타 매매가 가능합니다. 갭 하락 시가로 시작할 경우 장 초반에 RSI 과매도권 진입의 가능성이 높으며 이는 매수타점이 빠르게 나옴을 의미합니다.

손절가는 전일 윗꼬리 양봉의 시가로 설정하고, 갭 하락 시가에서 손절가 구간 사이에서 RSI 과매도권 진입, 이탈 또는 MACD-시그널선의 골든크로스 생성 시 놓치지 말고 매수해야 합니다.

전일 윗꼬리 양봉이 만들어지는 상황에서 3분봉 차트상 고점부터 주가가 계속 밀려서 반응 없이 종가가 만들어졌다면, 다음 날에도 이 매도세의 관성이 영향을 미쳐서 갭 하락으로 시작하는 경우가 많습니다. 물론 이 관성에 영향을 받는 것은 일반 투자자들이죠. 전일 윗꼬리가 만들어지는 과정에서 잘 모르고 '오르겠지~' 하면서 매수한 일반 투자자들은 종가까지 하락하면서 자신의 계좌에 마이너스 평가손이 잡혀 있는 것을 보게 됩니다. 문제는 그다음 날에도 시가가 갭 하락으로 시작하면서 평가손이 더 커지면, 그리고 거기서 좀 더 아래로 밀리면 말 그대로 심리는 너덜너덜해집니다. 그때부턴 손절로 손해를 줄이기 위해 서로가 서로에게 매도하게 됩니다.

이 상황을 누가 만들까요? 밤새 급락이 발생할 정도의 악재가 발생한 것이 아니라면 윗꼬리 양봉을 만드는 과정에 참여한 형님들은 물량을 그대로 갖고 있을 것이고, 물량을 더 확보하고 싶으면 가능한 더 싼 가격에 물량을 모으고 싶을 것입니다. 갖고 있는 물량을 장 시작 전 매도에 밀어넣고 '허매도' 상황을 만들어 겁먹는 일반 투자자들의 물량까지 저기서 싹 걷어가는 것이죠.

따라서 갭 하락 시가부터 시작해서 1차 매수, 그리고 추가 하락이 일어나서 RSI 과매도권으로 진입 또는 MACD-시그널선의 골든크로스가 만들어지면 전일부터의 하락(일반 투자자들끼리 서로 팔면서 발생한 하락)이 마무리되고 반등 및 추세적 상승을 하게 될 가능성이 매우 높습니다. 매수 이후 전일 종가까지 반등 흐름을 보이고 거래량이 붙으면서 종가를 깨고 올라가면 형님들이 잘 정리해놓은 윗꼬리에 있는 길을 타고 상승한다고 전제하고, RSI 과매수권 진입이나 MACD-시그널선의 데드크로스 등에서 매도하면서 수익을 극대화할 수 있습니다.

전일 고가에서부터 이어진 하락이 장 후반 반등해 종가가 형성된 경우 다음 날 갭 하락 시가

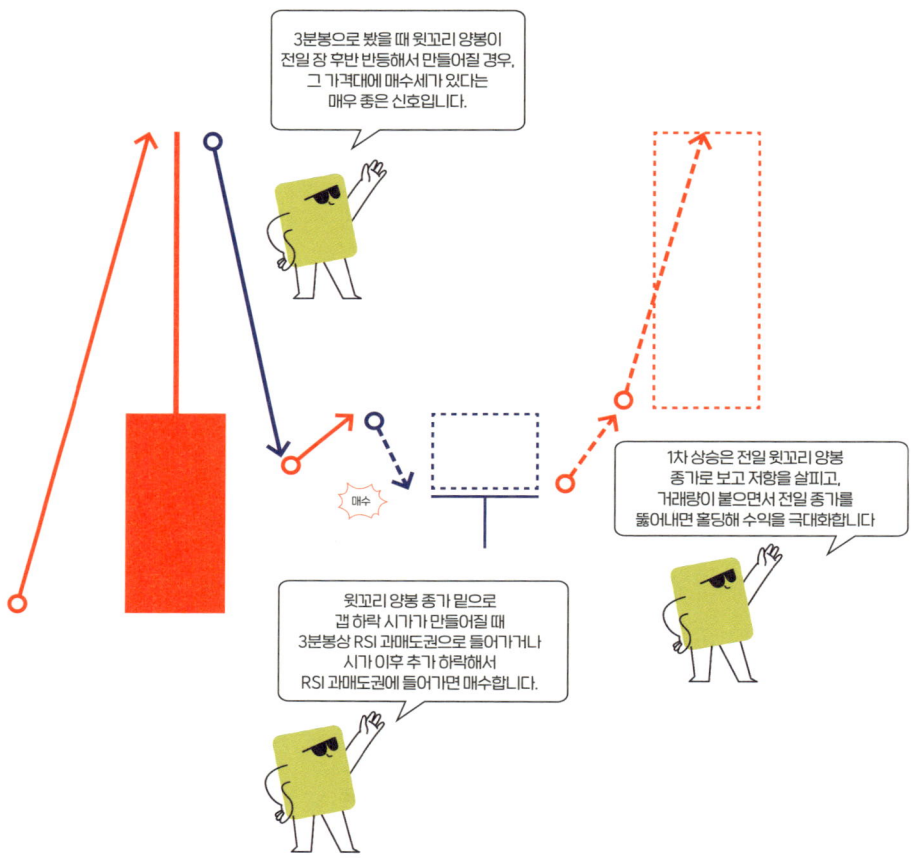

전일 고가에서 하락하다가 장 후반 반등을 통해 윗꼬리 달린 양봉이 만들어지면, 지지 매수세가 확인되는 가격대가 있다는 아주 좋은 신호를 확보하고 다음 날 매매에 임할 수 있습니다. 다음날 갭 하락 시가에 따라 두 가지 대응이 가능합니다.

1. 전일 반등이 시작된 가격대보다 위라면 1차 매수하거나 추가 하락을 기다렸다 1차 매수
2. 전일 반등이 시작된 지점 근처나 그 아래라면 1차 매수. 추가 하락이 나오면 RSI 과매도권 진입이나 MACD-시그널선 골든크로스에서 2차 매수

전일 장 후반의 반등도 '어느 정도'를 반등으로 해석해야 할지 궁금할 텐데요. 오버솔드는 다음과 같이 구분하고 있습니다.

1. RSI 과매도권 진입 후 이탈하면서 반등 또는 MACD-시그널선 골든크로스 이후 종가까지 유지(RSI 과매도권 진입 후 이탈+MACD-시그널선 골든크로스가 차례로 발생하면 제일 좋음)
2. 3분봉상 특정 이동평균선(65 이동평균선이나 130 이동평균선)에서 반등해 종가까지 상승
3. 1이나 2에 해당하지 않더라도 종가까지 2% 이상 상승한 경우

장 초반에 매수한 이후 주가가 상승하면 전일 종가까지를 1차 익절권으로 생각하고 거래량이 붙으면서 위로 뚫어주는지, 전일 종가에서 밀리는지를 확인합니다. 전일 종가를 거래량을 붙이면서 뚫어내면 윗꼬리가 열려 있으므로 MACD-시그널선의 골든크로스가 유지되는 선까지 쭉 홀딩해서 수익을 극대화할 수 있습니다.

한편 전일 종가에서 다시 밀리더라도 당일 저가까지 밀리지는 않고 중간에 돌려세우는 경우가 많습니다. 손절선에서 손절매할 수 있다고 생각하고 버티는 것도 좋은 선택일 수 있습니다.

전일 종가에서 다시 밀리더라도 당일 저가까지 밀리지는 않고 중간에 돌려세우는 경우

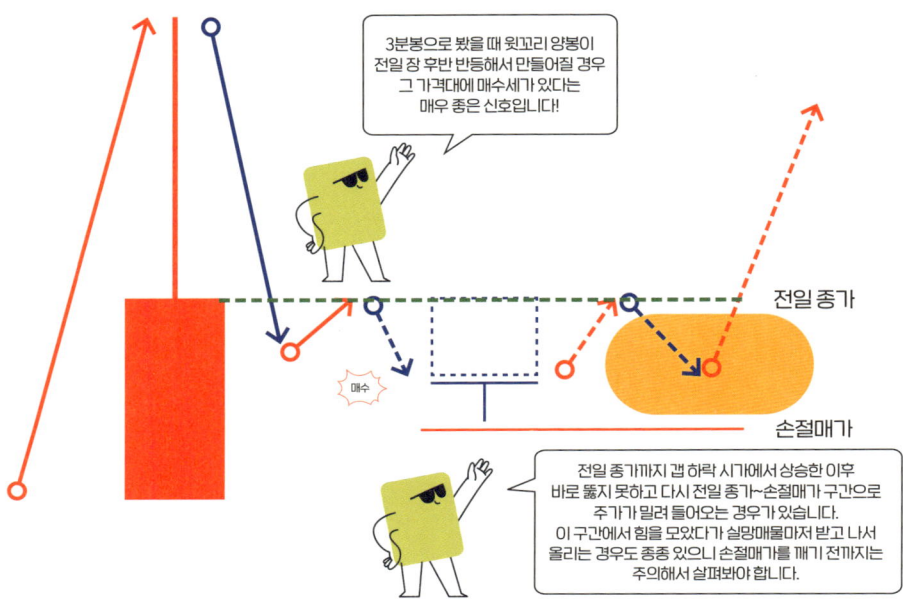

윗꼬리 양봉인데 키가 작다면

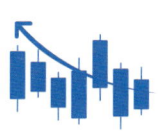

이번 단원은 걱정이 앞서서 쓰게 되었습니다. 윗꼬리 양봉은 확실히 높은 확률로 다음 날 단타 매매를 통해 수익을 거둘 수 있는 환경을 마련해줍니다. 그런데 전제가 있죠. VI를 한 번 이상 발생시킬 정도로 상승한 다음 고점부터 하락해 윗꼬리가 만들어지는 양봉이 그에 해당하는 것입니다. 그 정도로 상승하기 위해서는 거래량이 붙어줘야 합니다. 그 거래량 안에서 형님들이 앞서 물려 있는 일반 투자자의 물량을 대량으로 흡수해줌으로써, 주가 상승 시 계속해서 주가 상승을 방해할 수 있는 일반 투자자들의 악성 매도물량을 미리 치워버려야 합니다. 따라서 당연히 윗꼬리를 만들면서 하락하는 단계에서는 거래량이 적어야 합니다.

이런 전체적인 내용을 정확히 이해하지 않은 상태에서 '윗꼬리'만 찾아다니다 보면 키 작은 윗꼬리 양봉에서도 억지로 매매의 기술을 적용할 수 있습니다. 이런 키 작은 윗꼬리 양봉은 형님들이 들어와 있는지 아닌지 확인하기 어렵습니다. 그리고 많은 경우 거래량도 폭발적으로 늘어나지 않죠.

매매 관점이 달라지는 키 작은 윗꼬리 양봉

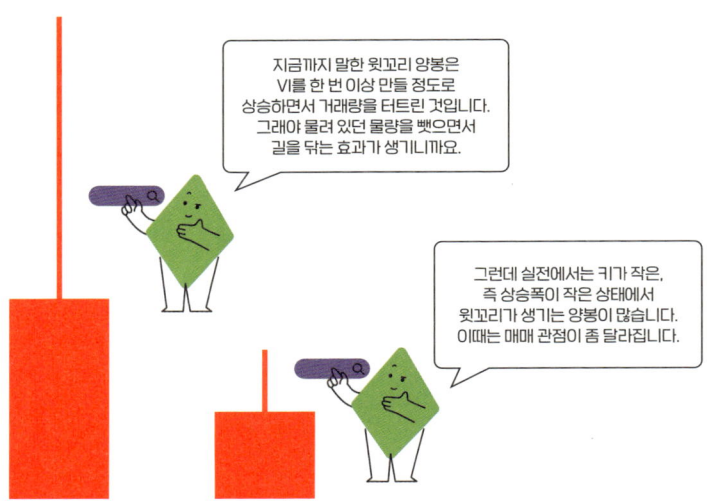

키 작은 윗꼬리 양봉 다음 날 갭 상승 시가를 만들든, 갭 하락 시가를 만들든 손절가는 키 작은 윗꼬리 양봉의 시가입니다. 키 작은 윗꼬리 양봉은 매집봉의 성격을 갖지 않습니다. 따라서 키 작은 윗꼬리 양봉이 발생하는 타이밍에서는 앞선 캔들과의 조합과 이동평균선의 상태를 보고 매수할 것인지 아닌지를 판단합니다.

먼저 음봉 다음 날 키 작은 윗꼬리 양봉이 만들어지면, 하락추세를 유지하며 음봉을 만들던 매도세가 멈추고 그 매도세보다 강한 매수세가 들어왔다는 뜻으로 이해하면 됩니다. 하나의 음봉 다음 날 키 작은 윗꼬리 양봉이 만들어질 수도 있지만 여러 개의 음봉이 이어지다가 키 작은 윗꼬리 양봉이 나오면 '일단 매도세 스톱'이라는 뜻이고, 이 윗꼬리 양봉의 시가는 매우 중요한 지지선 역할을 하게 됩니다.

음봉 다음의 키 작은 윗꼬리 양봉 ①

음봉 다음에 키 작은 윗꼬리 양봉이 만들어지는 경우, 하락을 멈추는 매수 세력이 있다는 정도로 파악하면 됩니다. 굳이 다음 날 매매하겠다면 키 작은 양봉의 시가나 저가가 손절선이 됩니다.

물론 키 작은 윗꼬리 양봉이 만들어진 다음 날 '이런 키 작은 윗꼬리 양봉을 만들어낸 매수세 따위 눌러버려!'라며 형님들이 나서서 다시 음봉으로 하락추세가 이어질 수 있습니다. 따라서 이동평균선으로 매수 근거를 확보하거나, 키 작은 윗꼬리 양봉 다음 날(D+1데이) 매수하지 않고 상황을 지켜보다가 이어지는 양봉을 보고 지지를 추가로 확인한 다음, 그다음 날(D+2데이)에 매수 개입해 리스크를 관리하기도 합니다.

이처럼 키 작은 윗꼬리 양봉 다음 날 바로 매수하지 않고 하루를 더 기다려서 양봉이 연달아 만들어지는지, 아니면 다시 음봉이 나오는지 확인한 다음에 매수에 참여하는 보수적인 매매를 할 수도 있습니다. 하지만 단타 매매라는 게 기다리지 않고 빠른 시간에 어떻게든 수익을 만들고 회전율을 높이려는 의도가 있으니, 실전에서는 이러한 기다림이 적절하지 않다고 느껴질 수 있습니다. 키 작은 윗꼬리 양봉 다음 날 바로 상승해버릴 수도 있으니까요.

한편 키 작은 윗꼬리 양봉이 이동평균선의 어떤 위치에서 만들어졌는지는

음봉 다음의 키 작은 윗꼬리 양봉 ②

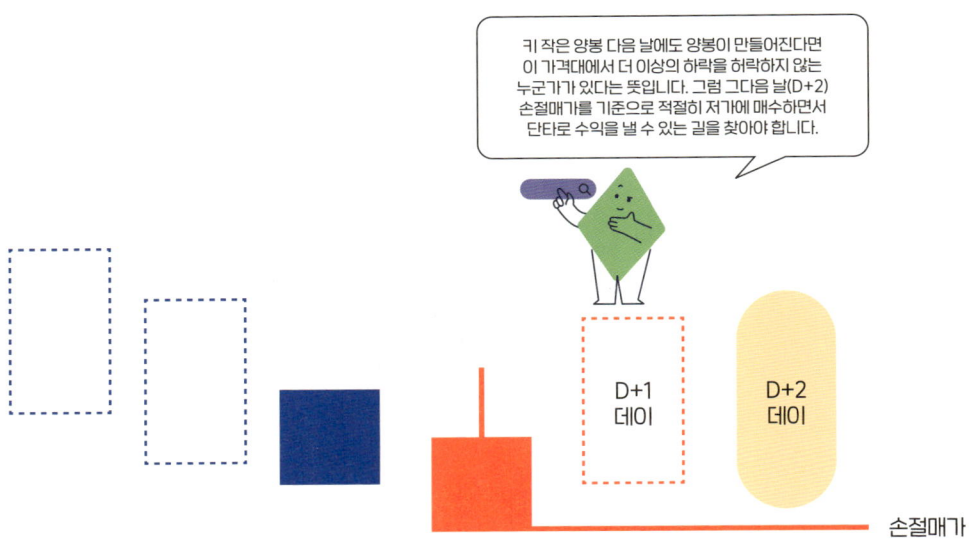

매수 개입 판단을 내리는 데 추가적인 도움을 줍니다. 오버솔드는 단타 매매의 경우 가능한 5-10-20일 이동평균선이 정배열된 상태의 종목에서만 매매 기회를 찾습니다. 따라서 키 작은 윗꼬리 양봉이 5일 이동평균선이나 10일 이동평균선 근처에서 만들어지면 조정이 끝나고 다음 상승을 준비하는 단계로 보고 가능한 매수로 대응하고 있습니다.

주가가 급하게 상승하면 그것이 2~3일 동안이든, 하루 20% 이상의 장대양봉이 만들어지든 5일 이동평균선보다 위에서 주가가 형성됩니다. 이것을 '이동평균선과 이격이 벌어진다'라고 보통 말합니다. 5일 이동평균선보다 이격이 20% 이상 급격히 벌어지면 수익을 실현하고 싶은 매도세가 나오면서 주가가 하락하고 5일 이동평균선에 가까이 다가갑니다.

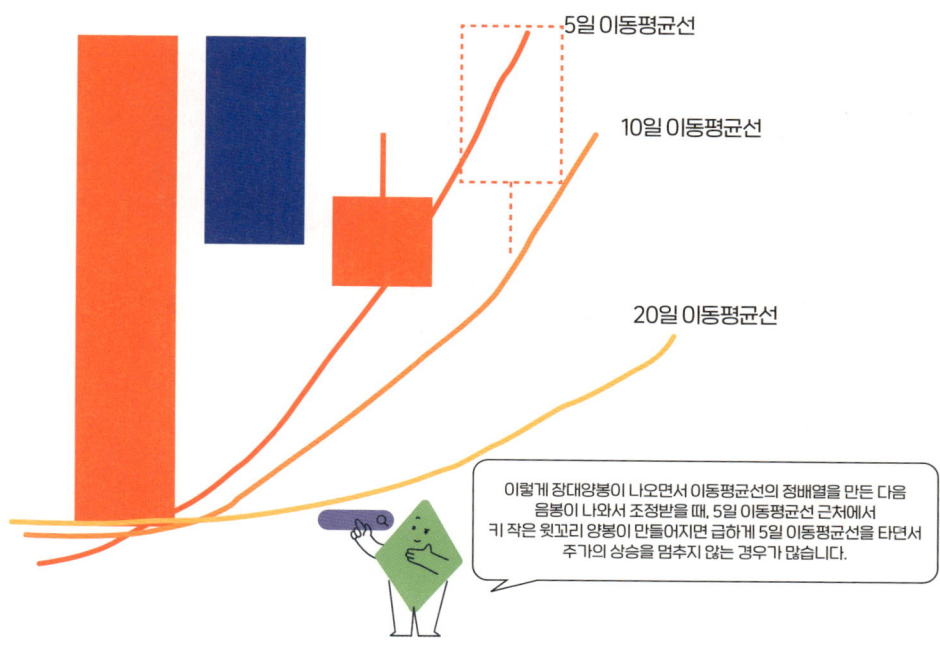

관건은 이동평균선의 정배열

이동평균선에서 떨어져 있던 주가가 이동평균선 근처로 오는 것을 '이격 조정' 또는 '이격을 좁힌다'라고 말합니다. 이렇게 이격을 좁히는 과정에서 5일 이동평균선 근처에서 키 작은 윗꼬리 양봉이 만들어지면 조정을 빨리 마치고 다시 주가를 상승시키겠다는 상승 주체의 의지라고 생각해야 합니다. 이동평균선의 정배열, 특히 5-10일 이동평균선의 정배열은 약 2주간 주가를 올리고 있는 누군가가 있음을 의미하는 것이므로 이렇게 정배열 상태에서 키 작은 윗꼬리 양봉이 나오면 다시 매수 기회가 온 것으로 생각하는 것이 좋습니다.

다음 날 매수 시 윗꼬리 양봉의 저가 또는 10일 이동평균선을 손절매가로 삼

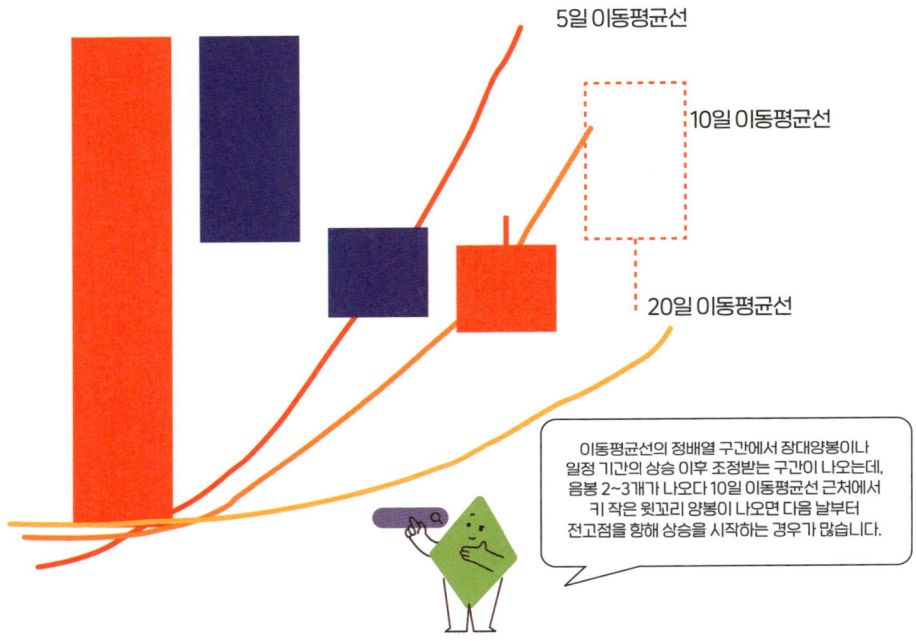

고 매수 개입할 필요가 있습니다. 짧게는 전고점까지의 반등, 크게는 전고점을 넘어서는 추세적 상승을 할 수 있기 때문입니다.

키 작은 윗꼬리 양봉을 기준으로 하는 단타 매매에서는 RSI 과매도권 진입이나 MACD-시그널선의 골든크로스와 같은 신호가 나오지 않는 경우가 많습니다. 손절가를 잘 지키면서 매매할 필요가 있습니다.

앞선 경우와 달리 5일 이동평균선과 이격이 크게 벌어진 후 이격 조정이 일어날 때, 5일 이동평균선도 깨면서 며칠간 음봉이 나오는 경우도 있습니다. 이때 10일 이동평균선 근처에서 키 작은 윗꼬리 양봉이 나오면 역시 다음 날 매수

이동평균선의 정배열 구간에서 5-10일 이동평균선의 간격이 좁아질 때

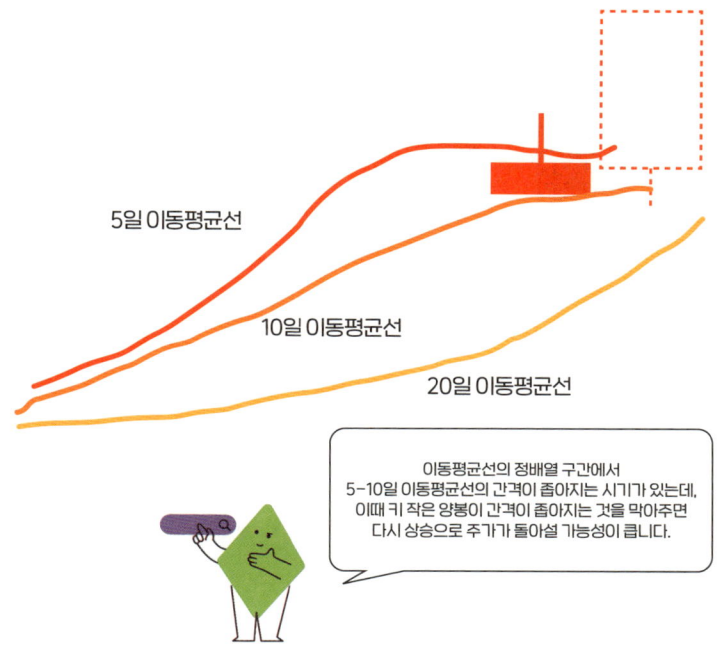

의 관점에서 접근할 필요가 있습니다.

10일 이동평균선 근처의 키 작은 윗꼬리 양봉을 기준으로 한 단타 매매에서는 손절매가를 윗꼬리 양봉의 저가로 삼고 반드시 지켜야 합니다. 앞서 5일 이동평균선에서의 키 작은 윗꼬리 양봉의 경우 매매자의 리스크 감수 감도에 따라 10일 이동평균선까지도 지켜볼 수 있지만, 5일 이동평균선과 10일 이동평균선의 간격과 달리 10일 이동평균선과 20일 이동평균선의 간격은 손절로 감수하기는 어렵습니다.

한편 5-10-20일 이동평균선 정배열 상태에서 주가가 조정을 받으며 5일 이

이동평균선의 역배열 구간에서의 키 작은 윗꼬리 양봉

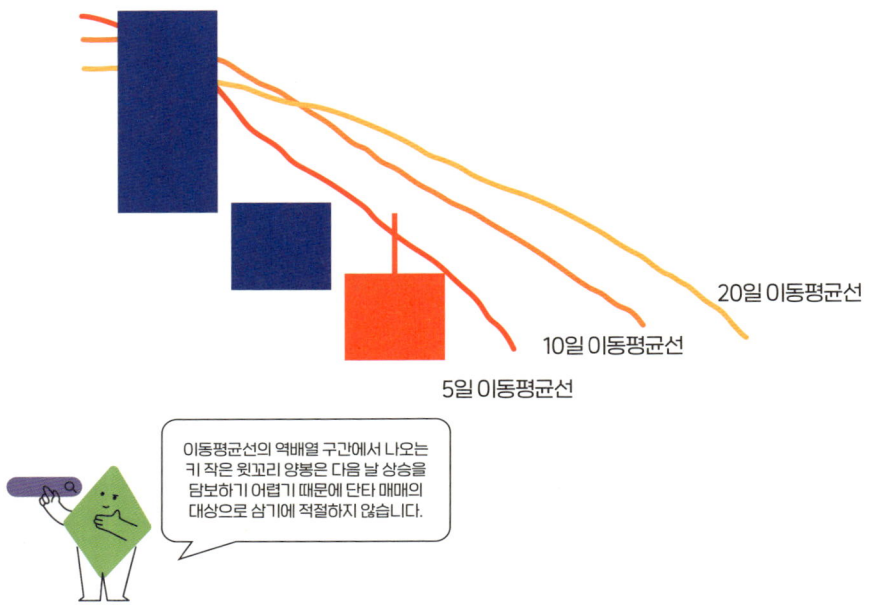

동평균선과 10일 이동평균선의 간격이 좁아지는 구간이 있습니다. 단기 상승을 담보하는 5-10일 이동평균선의 정배열을 지켜내느냐, 데드크로스가 나면서 상승의 기운이 한풀 꺾이느냐 하는 매우 중요한 구간인데요. 형님들이 주가의 상승 흐름을 이어가고자 한다면 5일 이동평균선과 10일 이동평균선 사이에 키 작은 윗꼬리 양봉을 박아 넣으면서 이동평균선 간격이 좁아지는 것을 막는 모습을 자주 보여줍니다.

　윗꼬리가 붙든 아랫꼬리가 붙든 양봉 몸통이 저 사이에 들어가 박히는 것이 중요합니다. 이렇게 되면 많은 경우 다음 날 주가가 상승하면서 5일 이동평균선과 이격을 벌리면서, 결과적으로 다시 5일 이동평균선과 10일 이동평균선 사이의 간격을 넓히며 2차 상승 구간으로 들어가게 됩니다.

하지만 5-10-20일 이동평균선의 역배열 상황에서 주가가 하락하는 도중에 나오는 키 작은 윗꼬리 양봉은 주의가 필요합니다. 다음 날 상승을 기대하며 단타 매매의 대상으로 삼기에는 다소 무리가 있습니다. 상승을 도모하는 주도자가 확인되지 않았기 때문입니다. 이 키 작은 윗꼬리 양봉의 위 가격대는 모두 손해 보고 있는 사람들이기 때문에 주가가 올라가면 본전이라도 거두겠다고 매도할 수 있습니다.

하락추세선의 하단에서 키 작은 윗꼬리 양봉이 나타나면 혹여 매수할 수 있을지는 모르겠습니다. 또는 일봉상 RSI 과매도권에 들어선 종목에서 키 작은 윗꼬리 양봉이 나타나면 또한 매수가 가능할 수 있을 것입니다. 다만 단타 매매를 한다는 것은 주가를 올리는 주체의 기운을 받아서 나도 잠깐 떠오르는 주가를 먹고 나오는 것을 원칙으로 삼기 때문에, 굳이 하락추세에 들어 있는 종목을 단타 매매의 대상으로 고를 필요는 없다고 생각합니다.

지금까지 음봉 다음의 키 작은 윗꼬리 양봉에 대해 알아봤습니다. 이번에는 양봉 다음의 키 작은 윗꼬리 양봉을 살펴보겠습니다.

일단 양봉이 만들어졌다는 것은 매수세가 매도세를 이겨냈다는 것을 말하며, 양봉의 길이가 길수록 매수세가 매우 크다는 것을 뜻합니다. 이런 날은 거래대금이 폭발하는 경우가 됩니다. 어쨌든 양봉이 만들어진 다음 날 윗꼬리 양봉이 만들어지는 경우가 있습니다. 무언가 어정쩡한 느낌이 드는 상태지만 이치를 잘 이해하고 대응하면 단타로 즐거운 수익을 얻을 수 있습니다.

갭 상승 시가로 시작하든, 갭 하락 시가로 시작하든 양봉 다음 날 매매를 한다면 공부한 대로 기준을 세우고 매매하면 될 것입니다. 그런데 매매하지 않고 장이 끝난 후 종목들을 살펴보다가 '전일 양봉+당일 키 작은 윗꼬리 양봉'과 같

양봉 다음의 키 작은 윗꼬리 양봉

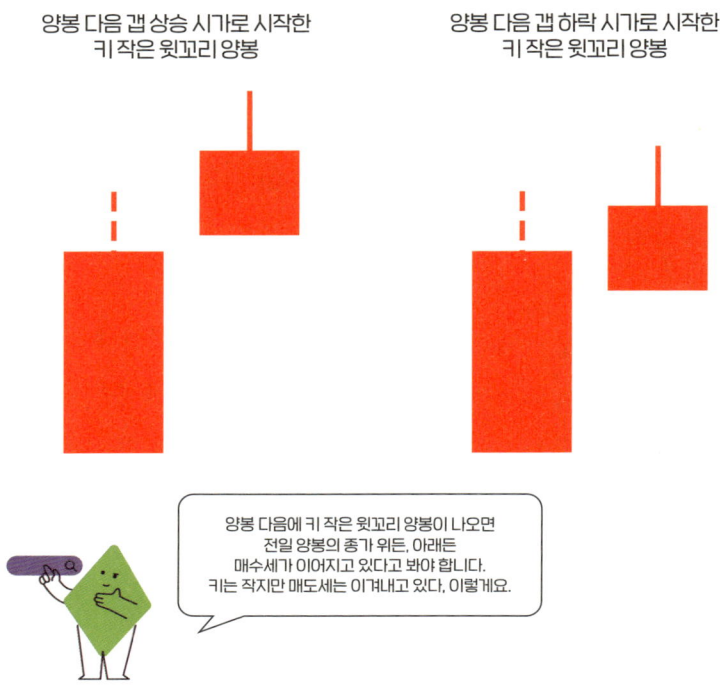

*그림에서 볼 수 있는 양봉은 윗꼬리가 있을 수도 있고 없을 수도 있어서 점선으로 표시

은 모양을 발견한다면, 다음 날 매매할 때 분명한 기준을 세우고 임해야 합니다.

중요하게 봐야 하는 점은 이틀 연속으로 매수세가 들어와 있다는 사실입니다. 이 이틀간의 매수 주체는 주가가 조정을 받을 경우 자신의 본전은 깨지 않도록 방어할 가능성이 큽니다. 좀 더 자세히 살펴보겠습니다.

양봉 다음 갭 상승 시가에서 만들어진 키 작은 윗꼬리 양봉의 경우 처음 양봉에서 들어온 매수세가 그다음 날에도 장 시작부터 매도세를 받아치면서 갭 상

이틀 연속 윗꼬리 양봉일 때, 다음 날 시가 위치에 따른 구분

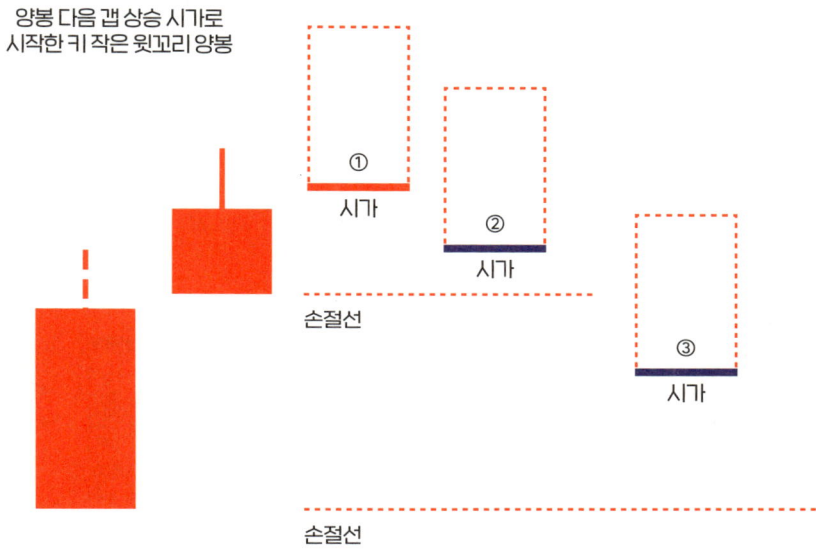

승을 했기 때문에, 이 구간에서의 매수 세력의 의지가 제법 강력하다고 해석할 수 있습니다.

이런 키 작은 윗꼬리 양봉으로 이틀간 연속으로 양봉이 나왔을 때, 다음 날 시가가 너무 큰 폭의 갭 상승 시가로 시작하지 않는 이상 1차 매수의 관점으로 볼 수 있습니다. 다음 날 시가의 위치에 따라 세 가지 유형을 고려할 수 있습니다.

1. 키 작은 윗꼬리 양봉의 종가 위에서 갭 상승 시가로 시작
2. 키 작은 윗꼬리 양봉의 종가 아래에서 갭 하락 시가로 시작
3. 첫 번째 양봉의 종가 아래로 갭 하락 시가로 시작

시가에서 1차 매수를 한 다음에 주가가 쭉 밀린다면

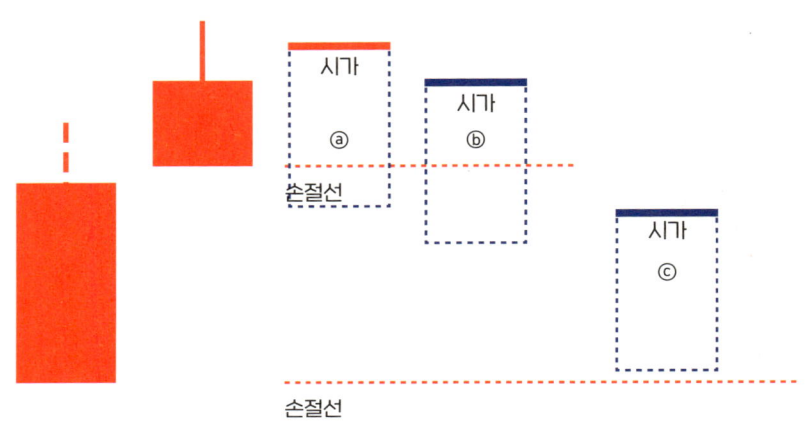

양봉 다음 갭 상승 시가로
시작한 키 작은 윗꼬리 양봉

이때 1과 2는 키 작은 윗꼬리 양봉의 시가 또는 저가를 손절선으로 설정하고 1차 매수 후 주가의 움직임을 살펴보고 대응하면 됩니다. 윗꼬리 양봉이라는 말은 고점에서부터 주가가 하락하고 있는 상황이기 때문에 손절선 위에서 RSI 과매도권으로 진입하지 않더라도 시가 이후 MACD-시그널선의 골든크로스가 발생한다면 거기가 2차 매수타점입니다. 손절선을 깨지 않는다면 주가가 상승하는 경우가 많습니다.

한편 3과 같이 키 작은 윗꼬리 양봉의 저가 아래에서 더 나아가 첫 번째 양봉의 종가 아래에서 갭 하락 시가로 시작한다면, 높은 확률로 3분봉상 RSI 과매도권으로 진입하게 됩니다. 이는 당연히 1차 매수 자리가 됩니다. 이런 케이스가 이동평균선과 함께 만들어지면 매수 이후 더 높은 확률로 수익을 가져다줍니다. 손절선은 첫 번째 양봉의 시가 또는 저가가 될 것입니다. 1차 매수 이후 MACD-시그널선의 골든크로스가 만들어지는 지점을 확인하면 2차 매수입니다.

그런데 양봉 다음 갭 상승 시가로 시작한 키 작은 윗꼬리 양봉의 다음 날 시가에서 1차 매수를 했는데, 애석하게도 주가가 쭉 밀리는 경우가 있습니다.

ⓐ나 ⓑ처럼 손절선을 깨면 초보자인 경우 바로 손절하고 그다음 타점을 찾아야 합니다. 하락하는 가운데 10시 이전까지 RSI 과매도권 진입 또는 MACD-시그널선의 골든크로스가 발생한다면 이를 당일의 저가로 판단하고 다시금 매수해서 주가의 흐름을 따라갈 수 있습니다. ⓒ와 같이 큰 갭 하락 시가 후 추가로 하락한다면 RSI 과매도권 진입 시 1차 매수, MACD-시그널선 골든크로스 시 2차 매수합니다. 손절선을 깨지 않는 이상 보유해 수익을 볼 수 있도록 노력합니다.

다만 이렇게 시가에 1차 매수한 이후 제법 폭 있는 하락이 만들어질 때 거래량이 터지면서 하락한다면 몸을 사리는 것이 좋습니다. 일반적으로는 양봉이 만들어지는 구간에서 가장 많은 거래량(거래대금)과 시가 이후 하락 시 첫 30분간 만들어진 거래량을 비교합니다. 상승 시 거래량보다 하락 중일 때의 거래량이 적다면 계획대로 차근차근 매수하면 됩니다.

'거래량이 적은데 일정 폭 이상의 하락이 어떻게 나오지?' 하며 의문을 가질 수 있습니다. 형님들이 특정한 목적을 갖고 자기가 갖고 있는 물량을 던지면서 하락시키려고 하지 않는 이상(예를 들어 고점에서의 이익 실현 및 매집을 위한 겁즈기를 하지 않는 이상), 형님들이 해당 가격대에서 매수를 넣지 않고 비워놓으면 허약한 일반 매매자들의 물량이 스스로 무너집니다. 이럴 땐 작은 물량으로도 하락이 만들어집니다. 마침 이런 날에 새벽에 끝난 미국 시장이 약세로 끝나서 갭 하락 시가로 시작했는데, 형님들이 물량으로 받쳐주지 않고 그냥 가만히 있으면

양봉 다음의 키 작은 윗꼬리 양봉에서 이동평균선이 정배열이라면

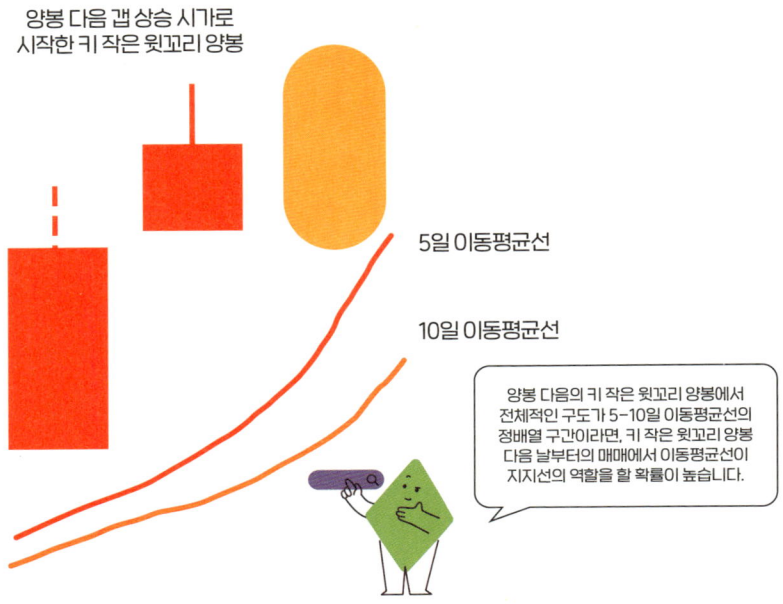

불안감에 휩싸인 일반 투자자들은 매도하게 됩니다. 그렇게 저점 구간이 나오면 형님들은 '얼씨구? 손 안 대고 코 푸네?'라면서 매집하는 것이죠.

특히 캔들의 형태에 더해서 이동평균선까지 참고할 수 있게 되면 좀 더 안정적인 매매를 할 수 있습니다. 키 작은 윗꼬리 양봉 캔들만을 기준으로 하는 매매는 말 그대로 그 캔들을 만든 매수세를 믿고 하는 매매입니다. 그러나 이 2개의 캔들이 이동평균선 위에서 만들어졌다면 키 작은 윗꼬리 양봉 캔들의 매수세만이 아닌, 5일 동안의 매수세를 믿고 하는 매매가 됩니다. 단타 매매를 할 때에 이 점은 매우 중요한 의미를 갖습니다.

거꾸로 이 2개 캔들이 단기 이동평균선인 5일 이동평균선과 10일 이동평균

양봉 다음의 키 작은 윗꼬리 양봉에서 이동평균선이 역배열이라면

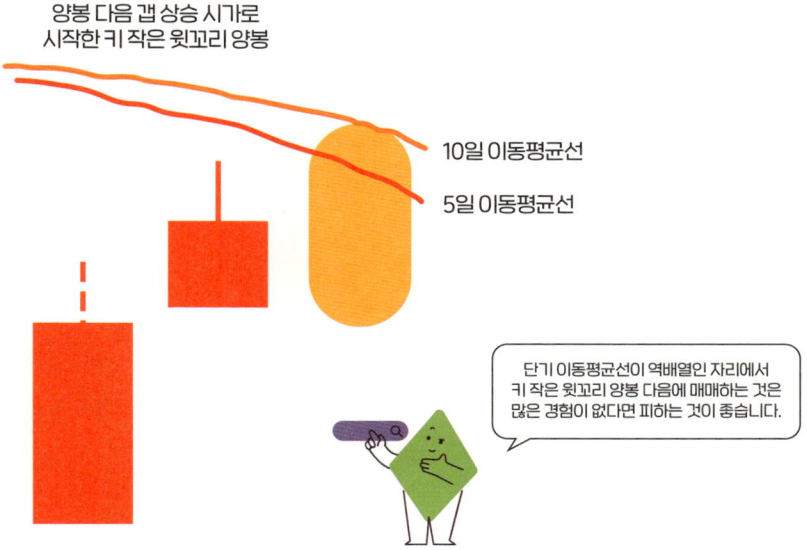

선 아래에서 만들어지는 경우라면, 오히려 키 작은 윗꼬리 양봉의 윗꼬리는 5일 간의 매도세에 눌려 저항을 받게 된 것입니다. 그다음 날 매매를 한다면 신경을 매우 날카롭게 세우고 해야 합니다.

양봉 다음 갭 하락 시가로 시작한 키 작은 윗꼬리 양봉 이후의 매매에 대해서는 많은 부분 갭 상승 시가로 시작한 키 작은 윗꼬리 양봉과 비슷하므로 생략하도록 하겠습니다.

갭 상승 시가는 단타 매매자에게는 매우 중요하고 꼭 이해해야 하는 개념입니다. 반복해서 읽으시고 실전에 들어가기 전에 당일 갭 상승으로 시작한 차트들의 분봉 차트를 보면서 매수타점을 확인하기 바랍니다.

좋은 차트를 자주 보게 되면 점점 확신을 갖게 됩니다.

오버솔드는 3분봉 차트를 활용한 단타 매매를 장중 주가의 흐름을 활용한 장중 단타 매매와 전일 일봉이 만들어낸 흐름의 연속성을 활용한 시가 단타 매매로 나눠서 접근하고 있습니다. 시가 단타 매매는 '상한가 다음 날 갭 상승 시가를 활용한 단타 매매' '전일 새양봉을 기준으로 활용한 단타 매매' '윗꼬리 양봉을 기준으로 활용한 단타 매매' '숨은 음봉을 활용한 단타 매매' 크게 네 가지로 구성되어 있습니다.

각 단타 매매에 대해서 이론적인 내용과 그 이론을 활용한 검색기, 그리고 실전 매매 사례를 다양하게 수록했습니다. 주가가 상승하는 과정에서 보일 수밖에 없는 차트의 모습들이 있습니다. 그 특징과 그런 모습이 만들어지는 상황에 대해 이해한다면 시가에 과감히 매수할 수 있는 확신을 가질 수 있습니다. 특히 『저가 매수의 기술』에서도 설명을 아끼지 않았던 양봉에 대한 개념을 이번 책에서 '새양봉'으로 확대, 3분봉을 활용한 단타 매매에 활용할 수 있게 준비했습니다. 매매에 나서기 전에 '양봉'의 의미를 다시금 깊이 이해하는 계기가 될 수 있기를 바랍니다.

2장.
시가 단타 매매의 기술

상한가 다음 날 갭 상승 시가 활용하기

D+1 데이 매매는 전작 『초단타 매매의 기술』에서 상한가 다음 날의 장 초반 상승 탄력을 이용한 매매의 기술로 소개한 바 있습니다. 초단타 매매는 60틱 차트를 활용해 매매하는 기술입니다만, 3분봉 차트를 활용해서 약간(?) 여유 있게 매매할 수도 있습니다. 3분봉 차트를 활용한 D+1 데이 매매의 타점 역시 『초단타 매매의 기술』과 거의 같습니다. 이 책을 통해 D+1 데이 매매를 처음 접한 독자를 위해 이론을 간단하게 설명하겠습니다.

왜 상한가 다음 날일까요? 상한가는 그냥 만들어지는 것이 아닙니다. 종가=고가인 형태의 장대양봉은 수급의 의미로 보면 매수세가 모든 매도세를 이겨내고 만들어내는 캔들입니다. 압도적인 매수세가 있을 때만 만들어질 수 있는 캔들입니다. 그리고 상한가는 고가 중에서도 당일 최대로 상승할 수 있는 고가인 '최고가'입니다. 즉 전일 종가 대비 당일 30%를 상승시키고 난 뒤 수익을 실현하려 하는 매도세마저도 모두 받아내면서 최고가를 지켜냈다는 뜻입니다.

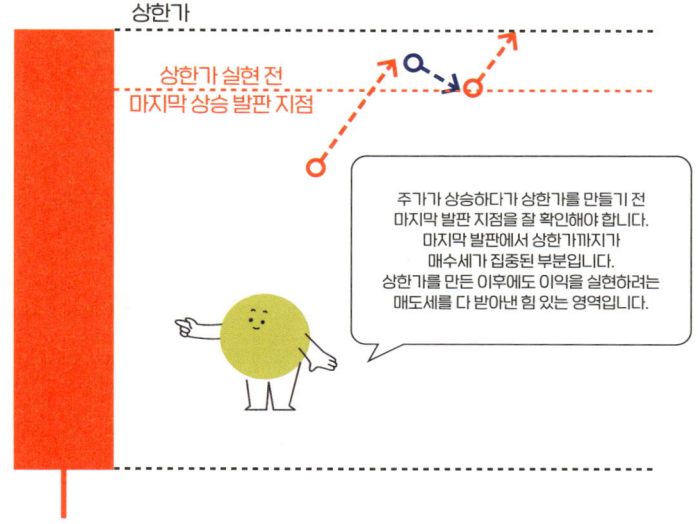

상한가를 만드는 마지막 발판이 관건

그림을 보죠. 어떤 상한가 종목이든 분봉으로 보게 되면 상한가를 만들기 전 다음과 같은 구간이 만들어집니다. 음봉으로 잠시 쉰 다음 양봉을 연속으로 만들면서 상한가를 만듭니다. 이 음봉의 저가부터 상한가를 만드는 마지막 매수세가 들어온 것이며, 이 마지막 매수세는 모든 매도세를 다 받아내는 당일 가장 강력한 매수세가 됩니다. 따라서 상한가 실현 전 마지막 발판 지점에서 상한가까지의 구간은 D+1데이 매매에 있어 대단히 중요한 의미를 갖습니다.

D+1데이에 주가가 이 구간을 깨고 하락한다는 것은 상한가를 만든 마지막 매수세가 매도세에 졌다는 뜻입니다. 이 구간을 다시 돌파해내기 전까지는 상승보다는 하락으로 방향이 잡히게 됩니다.

상한가를 만든 매수세는 상한가 다음 날, 즉 D+1데이에도 상승을 지속하려는 상승압력으로 작동하는 경우가 많으며, D+1데이의 시가 이후 조정이 발생할 때도 상한가 근처에서 주가의 하락을 막아내며 상한가 종가를 지키는 힘으로 작동하게 됩니다. 또 상한가가 만들어진 배경에 따라서는 추가 신규 매수세가 장 초반부터 몰리면서 상승탄력이 일정 시간 지속될 수 있다는 면도 D+1데이 매매를 하게 되는 이유라 말할 수 있습니다. 이런 이유들로 D+1데이 매매는 적절한 매수타점을 잡고 매매할 수 있다는 장점이 있습니다.

다만 상당히 고가권에서 매매를 하게 되는 것이므로 매매에 집중하지 않으면 큰 손실을 입게 될 수도 있어 주의가 필요합니다. 저가권에서 매수해 반등 구간에서 수익을 내는 기술과는 달리 곤란한 처지에 놓일 수도 있습니다. 이 기술을 잘못 이해하면 '무조건 그렇게 간다'라고 생각해서 큰 비중을 첫 매수에 싣게 되기 때문입니다. 이론을 배경으로 한 매수타점에 적절한 비중으로 분할매수하면서 수익을 모아간다는 생각으로 접근하기 바랍니다.

상한가 다음 날인 D+1데이의 시가의 형태는 다음의 세 가지로 구별할 수 있으며, 각 형태에 따라 매매의 방식이 조금씩 다릅니다.

1. +5% 이내의 갭 상승 시가
2. +5% 이상의 갭 상승 시가
3. 갭 하락 시가

하나씩 살펴보겠습니다.

먼저 +5% 이내의 갭 상승 시가입니다. D+1데이의 시가가 +5% 이내의 낮은 갭 상승 시가인 경우, 상한가를 만든 세력은 확보한 물량이 충분하다고 생각하면 일반 투자자들의 이익 실현 물량을 받아주며 약간의 음봉을 만든 후 바로 갭 상승 시가를 회복시키고 상승시킵니다. 따라서 +5% 이내의 낮은 갭 상승 시가인 경우 시가에 바로 1차 매수를 하게 됩니다. 주가가 시가 이후 바로 상승하면

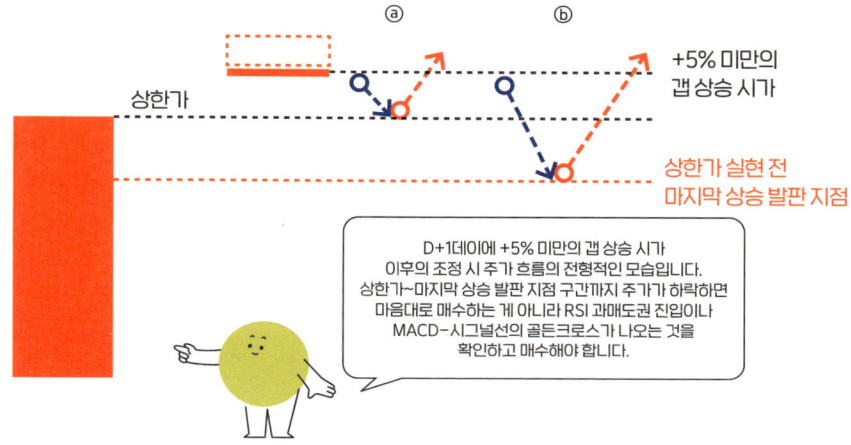

이 1차 매수 분량의 수익 실현 타이밍을 기다려 익절하면 됩니다.

+5% 이내의 갭 상승 시가는 하락하더라도 일반 투자자가 감당하지 못할 정도의 손절폭은 아닙니다. 그래서 접근하기 수월하며, 세력 입장에서도 추가로 상승시킬 때 조금이라도 싼 가격에 매수하면서 상승시킬 수 있다는 장점이 있습니다. 그런데 장 시작 이후 바로 빠른 시간 내에 주가가 상승하지 않고 조정을 받는 경우가 있습니다. 상승만을 기대하고 매매했다면 당황할 수밖에 없지만, 이때는 2차 매수를 통해 매수평균가를 낮추면서 비중을 높여 D+1 데이 매매의 패턴이 보이는 상승을 노릴 수 있습니다.

예시 그림을 보면 +5% 이하의 갭 상승 시가로 시작한 주가가 하락할 때 ⓐ와 같이 상한가 종가를 터치하게 되면 2차 매수로 대응할 수 있습니다. 이때 좀 더 주의를 기울이는 매매자라면 전일의 상한가 종가를 터치하면서 3분봉 캔들이 양봉이 만들어지는 것을 확인하고 매수 개입할 수 있습니다.

그런데 ⓑ와 같이 전일 상한가 종가를 깨고 내려오는 경우가 있습니다. 이때 마지막 상승 발판 지점이 3차 매수를 할 수 있는 마지막 매수타점이라 할 수 있습니다. 갭 상승 시가 이후의 하락은 엄밀히 말하면 하락추세이므로, 리스크 관리에 익숙하지 않은 매매자라면 전일 상한가 종가나 마지막 상승 발판 지점에서 바로 매수하기보다 이 하락추세가 일단락되었음을 확인하고 접근해야 합니다. RSI 과매도권 진입-이탈이나 MACD-시그널선의 골든크로스가 발생하는 것을 확인하는 것이 좋습니다.

정리하면 비중 조절과 분할매수에 익숙하고 손절매를 부담스럽게 느끼지 않는 매매자라면 '갭 상승 시가' '전일 상한가 종가' '전일 상한가를 만들기 전 마지막 상승 발판 가격'에서 차곡차곡 매수해 반등 시 수익 구간에서 익절해야 합니다. 빠른 매매보다 수익의 확률을 조금이라도 높이고 싶은 매매자라면, 시가부터 바쁘게 매수하지 않고 주가의 흐름을 지켜보다가 RSI 과매도권 진입-이탈이나 MACD-시그널선의 골든크로스의 발생을 보고 매수 개입합니다. 이 경우 시가에서 바로 상승하는 수익은 포기하는 것이죠.

기술에 따라 매수한 이후 조정을 받던 추세가 전환되면 당일 갭 상승 시가를 회복하면서 추가 상승이 일어나게 됩니다. 그림처럼 아랫꼬리를 달게 됩니다. 다른 여러 차트를 통해 상한가 다음 날의 일봉을 체크해보면 이런 아랫꼬리를 단 양봉들을 많이 확인할 수 있습니다. 3분봉 차트를 통해 상승의 한 단락이 끝나는 RSI 과매수권 진입-이탈이나 MACD-시그널선의 데드크로스가 나올 때까지의 장 초반의 상승 구간을 활용해 수익을 실현하게 됩니다.

두 번째로 '+5% 이상의 갭 상승 시가'일 때의 대응입니다. D+1 데이의 시가가 +5% 이상으로 높은 갭 상승 시가로 시작하는 경우 낮은 갭 상승 때와는 달리 좀 더 조심스럽게 매매할 필요가 있습니다. 시가에 1차 매수의 비중을 높이면 조정 구간에서 버티기 힘들 수 있기 때문입니다.

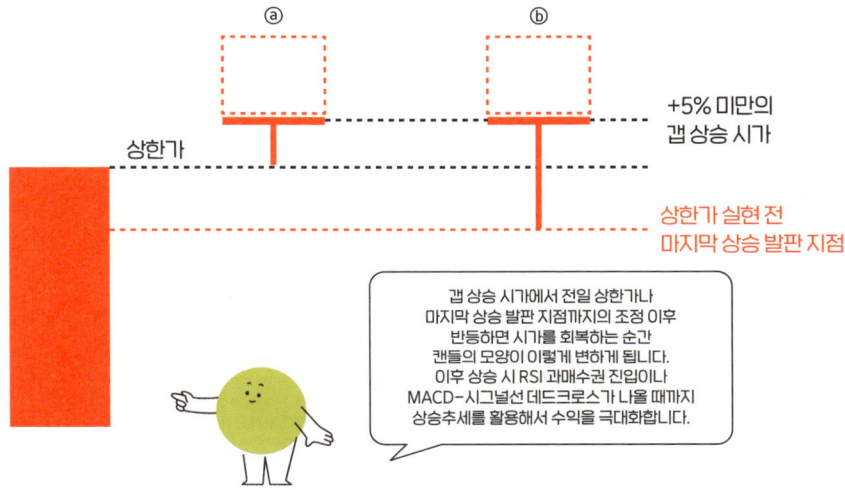

높게 시작한 갭 상승 시가는 전일 상한가에 묻혀 있던 일반 투자자들의 수익 실현 욕구를 자극합니다. 동시에 갭 상승 시가에서 마지막 상승 발판 지점까지의 구간은 이전에 이 가격대 근처에 매물대가 있을 경우 본전을 찾고자 하는 매도세로 인해 언제든지 조정이 이뤄져도 이상하지 않은 구간입니다. 진짜로 소위 '날아가는' 주가는 높은 갭 상승 시가에서부터 쏟아지는 매물들을 받으면서 아랫꼬리를 달고 양봉으로 전환시켜주면서 개인들의 매물 없이 상승하는 모습을 보입니다.

한편 높은 갭 상승을 만들어서 일반 매매자들이 겁을 먹고 매수할 엄두도 못 내게 만든 다음 추가 상승을 시도하려는 세력의 의도일 수도 있기 때문에, 이런 경우에는 스스로 규칙을 만들어 주가의 움직임에 대응해야만 합니다. 어쨌든 D+1 데이의 갭 상승 시가는 주가를 올리는 주체가 다양한 궁리를 통해 만들어 내

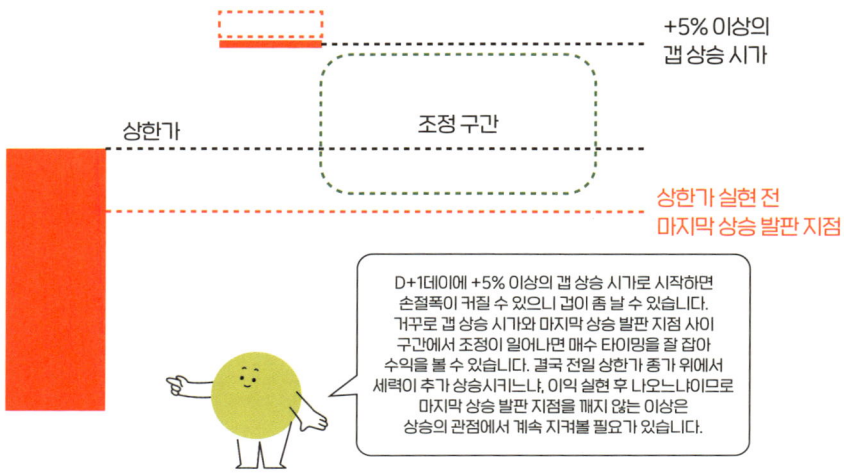

는 가격이기 때문에 그 의중을 모르는 일반 투자자로서는 성급한 판단을 내려서 매매해서는 안 될 것입니다.

자, 그럼 +5% 이상의 갭 상승 시가에서 매수해야 할까요? 자신이 어느 정도 위험을 감수하는 매매를 즐긴다면 1차 매수할 수 있을 것입니다. 단 비중은 평소의 1차 매수보다 줄이는 정도로 조심은 해야 합니다. 그래야 조정 구간으로 주가가 진입할 때 추가 매수를 통해 적절한 매수평균가를 만들 수 있기 때문입니다.

조정 구간으로 주가가 진입하면 눈을 반짝이면서 매수 타이밍을 기다려야 할 것입니다. 3분봉 차트상 RSI 과매도권 진입-이탈이나 MACD-시그널선의 골든크로스 발생이 바로 매수할 수 있는 타이밍입니다. 조정 구간 안에서 매수한 물량의 손절가는 상한가 실현 전 마지막 상승 발판 가격이 될 것입니다.

세 번째로 '갭 하락 시가'일 때의 대응입니다. 상한가 이후 D+1 데이 매매를 하려고 할 때 제일 김빠지는 경우가 '오늘은 이 종목으로 오전에 승부를 봐야지' 하고 골라놓은 종목이 갭 하락 시가로 시작할 때입니다. 온갖 생각이 다 들겠지만 갭 하락의 성격을 파악하고 그에 맞게 대응하면 될 뿐입니다. 물론 관심종목에 상한가 D+1 데이 매매할 전일 상한가 종목을 골라 넣었다면 장 시작 전 동시호가에 갭 상승 여부를 파악할 수 있으니 다른 관심종목으로 눈을 돌릴 수도 있겠지만, 갭 하락 시가에서 매매할 경우의 논리도 알아두는 것이 좋습니다.

우선 갭 하락 시가의 위치를 파악해야 합니다. 상한가 실현 전 마지막 상승 발판 가격 위인지 아래인지 확인해야 합니다. 갭 하락 시가로 시작했지만 상한가 실현 전 마지막 상승 발판 가격 위에 있다면, 많은 경우 상한가를 만든 세력이 동시호가 때 매수세를 보여주지 않아서 D+1 데이의 시가에 대해 불안을 느낀 개인들이 수익 실현 물량을 던진 것입니다. 이를 받아내고 주가를 올리는 것이죠.

장 시작 전 동시호가가 만들어지는 10분은 당일의 시가를 놓고 매도세와 매수세가 다투는 시간입니다. 이때 전일 상한가가 만들어지는 과정에서 수익을 보고 있는 보유자들이 수익을 실현하고자 매도하는 물량을 세력이 받아내면서 갭 상승으로 동시호가가 만들어지면, 장 시작과 동시에 개인들의 매도물량이 세력 손으로 들어가게 되고 갭 상승 시가로 시작합니다. 이런 논리로 앞서 D+1 데이의 갭 상승 시가에 세력에 묻어가는 느낌으로 1차 매수를 하는 것입니다.

그런데 이 시간대에 세력이 동시호가에 매수물량을 넣어주지 않고 가만히 지켜보고만 있으면 매도물량이 나오면서 갭 하락 시가로 시작하는 것입니다. 다만 상한가를 만들 때 개인들의 물량이 많지 않은 경우 갭 하락 시가의 폭은 제한적이며, 더 나아가 상승 발판 가격 위에서 갭 하락 시가가 만들어지면 일차적인 매도물량은 다 나온 것이라 판단할 수 있습니다.

상승 발판 가격 위에서 갭 하락 시가가 만들어지는 상황에서는, 위험 부담을 감수하고 관리할 수 있는 매매자일 경우 갭 하락 시가에서 1차 매수할 수 있습니다. 갭 하락 시가에서부터 RSI 과매도권 진입-이탈이나 MACD-시그널선이 나오는 영역에서 2차 매수해 상승추세를 탈 수 있습니다.

한편 갭 하락 시가가 상승 발판 가격 아래에서 시작한다면 시가에서의 매수 개입은 피하는 것이 좋습니다. 설령 세력의 매도세로 인한 것이 아니더라도 상승 발판 가격에서 상한가까지의 매물을 흡수해낸 매수물량을 깰 정도라면 세력이 상한가를 만들면서 충분한 물량을 확보하지 못한 경우일 수 있습니다. 세력이 매도해버리는 상황이라면 두말할 나위 없고요. 따라서 이런 유형의 갭 하락 시가라면 이후의 주가 흐름을 살펴서 하락 이후 반등 추세가 만들어지는 신호를 기다린 후 매수 개입하는 것이 좋습니다.

기술을 피상적으로 파악하고 있는 경우 이와 같은 갭 하락 시가에 '낙폭과대네? 아싸!' 하면서 매수하게 되는데요. 요행히 시가에서 바로 반등하면 다행이겠지만 의미 있는 가격대를 지켜내지 못한 만큼 참고 있던 매도세가 연달아 쏟아져 내리면서 추가 하락이 이어질 수 있습니다.

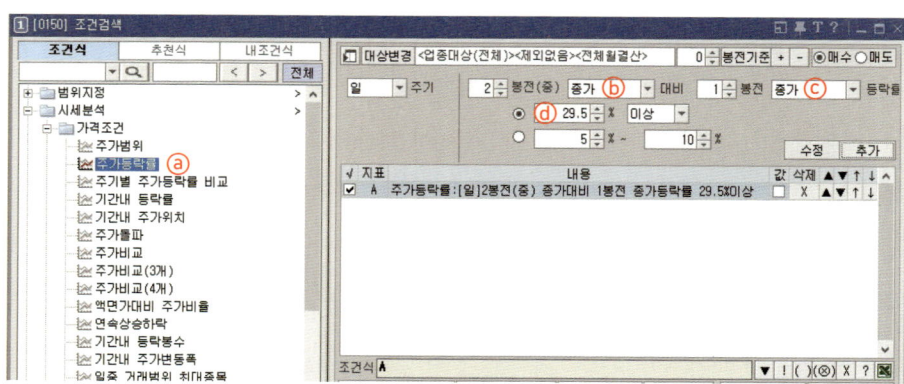

전일 상한가 종목을 찾는 조건을 추가한 모습

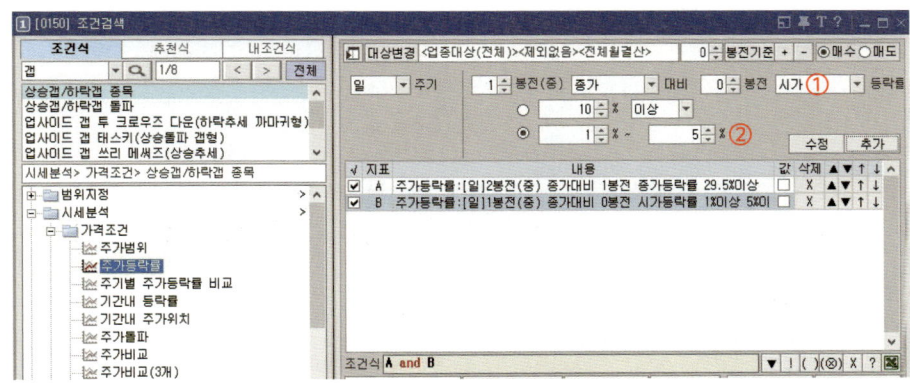

당일 갭 상승으로 시작한 조건을 추가한 모습

그럼 이제 검색기를 만들어보겠습니다. 먼저 전일 상한가를 찾는 검색기입니다.

전일 상한가 종목을 찾는 조건을 검색기에 넣어봅시다. '시세분석→가격조건→주가등락률'(ⓐ)을 선택해서, 이틀 전의 종가(ⓑ) 대비 전일 종가(ⓒ)가 29.5% 이상(ⓓ)인 조건을 추가합니다. 상한가라는 것이 전일 종가 대비 당일 종가가 30%인 경우를 말하지만, 주가에 따라 퍼센트가 약간 달라질 수 있으므로 29.5% 이상으로 설정합니다.

그다음 당일 시가 조건을 더합니다. 주가등락률 조건을 활용해서 1봉전 종가, 즉 전일 상한가 종가 대비 당일 시가(①)의 등락률을 1~5%(②)로 설정해 조건에 추가합니다.

조건 A와 B는 전일 상한가 종목 중에서 당일 갭 상승 시가가 +1~5% 사이에 있는 종목을 찾아냅니다. 장이 시작하자마자 실시간 검색창에 종목이 선정되어 올라오면 그 종목을 갖고 매매를 시작하게 될 것입니다.

장 초반의 기분 좋은 상승추세가 마무리되는 RSI 과매수권 진입-이탈이나

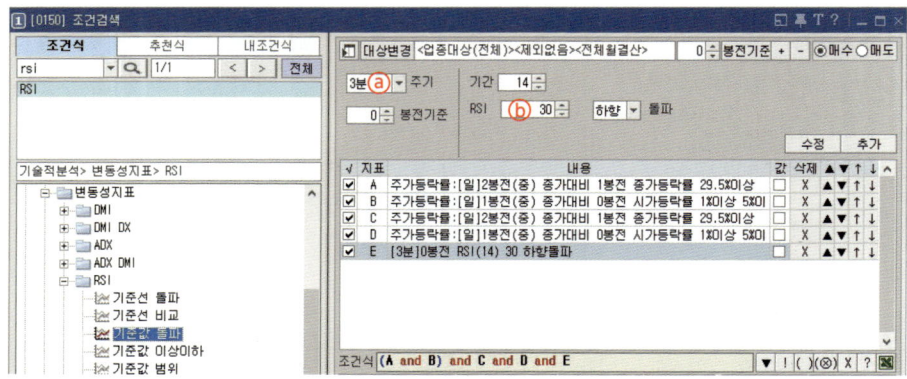

당일 3분봉상 RSI 과매도권 진입 종목을 찾는 조건을 추가한 모습

MACD-시그널선의 데드크로스가 나오면 익절하고, 다음 추세가 나올 때까지 해당 종목에서의 매매는 멈추게 됩니다. 그때 다음 추세가 시작되는 타이밍을 포착하는 조건식을 하나 더 검색기에 추가하겠습니다.

조건 C와 D는 조건 A와 B를 다시 하나씩 더 넣은 것입니다. 그다음 '기술적분석→변동성지표→RSI→기준값돌파'를 선택한 후 3분 주기(ⓐ)로 RSI 30(ⓑ)의 하향 돌파 조건을 더해줍니다. 이로서 전일 상한가 종목의 다음 날 상승 이후 조정 시 추세가 바뀌는 타이밍을 찾을 수 있게 됩니다.

3분봉 차트상 MACD-시그널선의 골든크로스 조건을 추가합니다. '기술적분석→추세지표→MACD→기준선돌파'(①)에서 3분 주기(②)로 바꿔준 다음 MACD 시그널선 상향 돌파로 조건을 설정해줍니다.

이제부터 검색기의 조건식들을 마무리하도록 하겠습니다. 조건 C와 D를 괄호로 묶어주고, 조건 E와 F는 'and'를 'or'로 바꾼 다음 또 괄호로 묶어줍니다. 그리고 조건 C, D, E, F를 하나의 괄호로 묶어줍니다. 이렇게 될 것입니다.

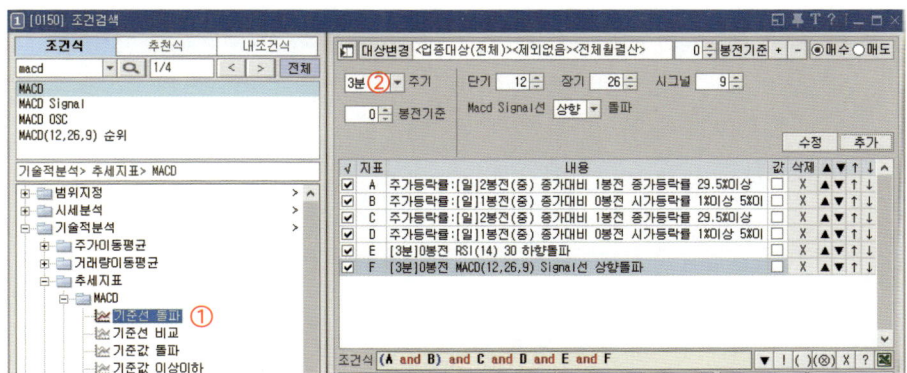

당일 3분봉상 MACD-시그널의 골든크로스 종목을 찾는 조건을 추가한 모습

((C and D) and (E or F))

그리고 조건 'A and B'와 방금 조정을 끝낸 조건을 잇는 'and'를 'or'로 바꿔주면, 검색기가 완성됩니다.

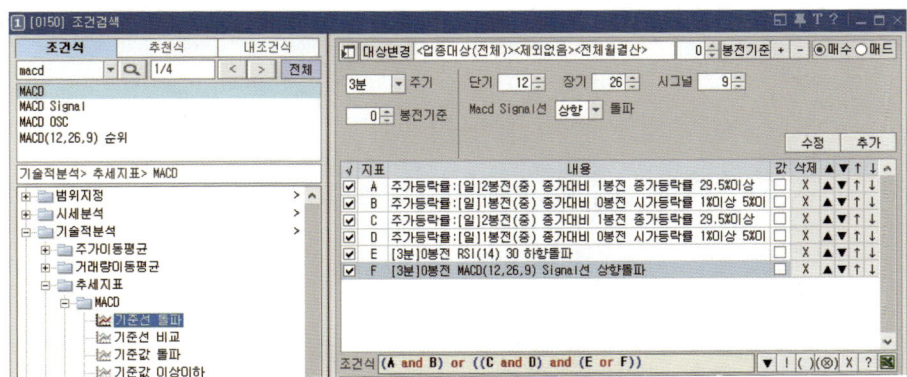

전일 상한가 이후 당일 5% 미만의 갭 상승 시가로 시작하는 종목을 찾는 검색기 완성

(A and B) or ((C and D) and (E or F))

최종적으로 이렇게 됩니다.

이 검색기를 실시간 검색창으로 띄워놓으면, 장 시작과 함께 전일 상한가 다음 날 +5% 이내의 낮은 갭 상승 종목을 찾음으로써 장 초반 매매에 활용할 수 있습니다. 이후에도 주가의 흐름이 상승 전환될 가능성이 큰 지점에서 매수 타이밍이 포착될 것입니다.

지금까지 전일 상한가 조건을 검색기에 더하는 방법을 살펴봤습니다. 여기에 당일 갭 상승 시가가 5% 이상에서 시작하는 조건을 더하고자 합니다. 즉 '전일 상한가 +5% 이상의 갭 상승 시가'를 찾는 검색기입니다.

주가등락률의 조건 설정 부분에서 1봉전 종가, 즉 전일 상한가 종가 대비 당일 시가의 등락률을 5% 이상(ⓐ)으로 설정해 검색기에 추가합니다. 이후의 조건식 추가는 앞선 전일 상한가 이후 +5% 이내의 갭 상승 시가를 찾는 검색기와 같습니다. 조건 B와 D의 시가등락률 부분만 정확하게 확인해주십시오.

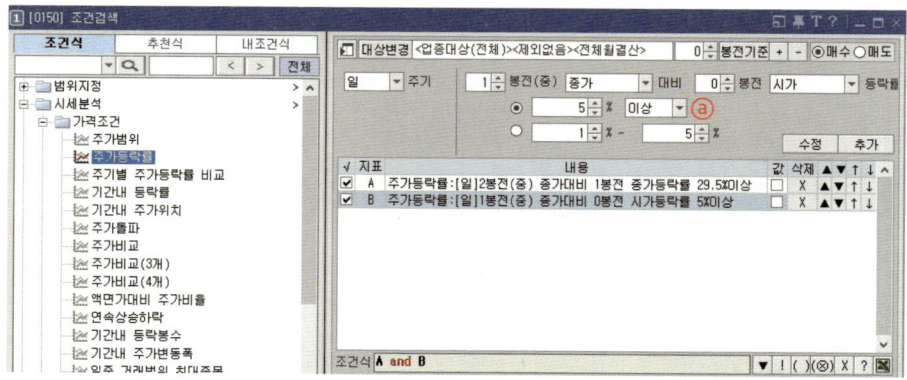

당일 5% 이상 갭 상승으로 시작한 조건을 추가한 모습

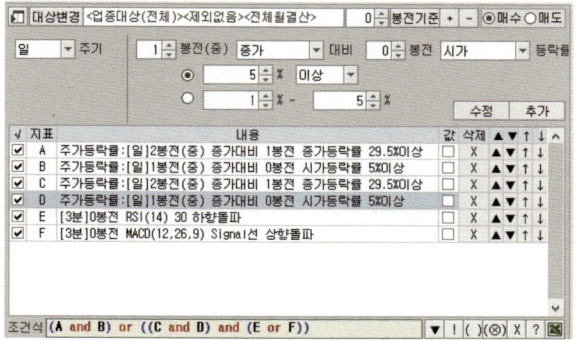

전일 상한가 이후 당일 5% 이상 갭 상승 시가로 시작하는 종목을 찾는 검색기 완성

완성된 검색기를 실시간 검색창으로 띄워놓으면 장 시작과 함께 전일 상한가 다음날 5% 이상 높은 갭 상승 종목을 찾음으로써 장 초반 매매에 활용할 수 있습니다. 이후에도 주가의 흐름이 상승 전환될 가능성이 큰 지점에서 매수 타이밍이 포착될 것입니다.

이번에는 '전일 상한가+갭 하락 시가'를 찾는 검색기를 만들어보겠습니다.

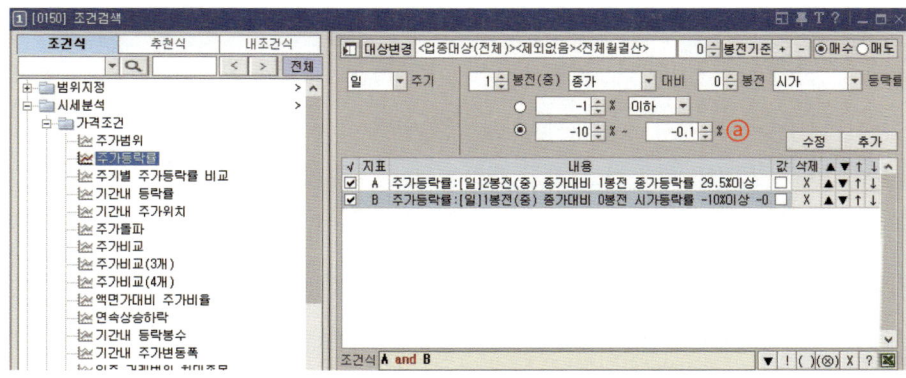

당일 갭 하락으로 시작한 조건을 추가한 모습

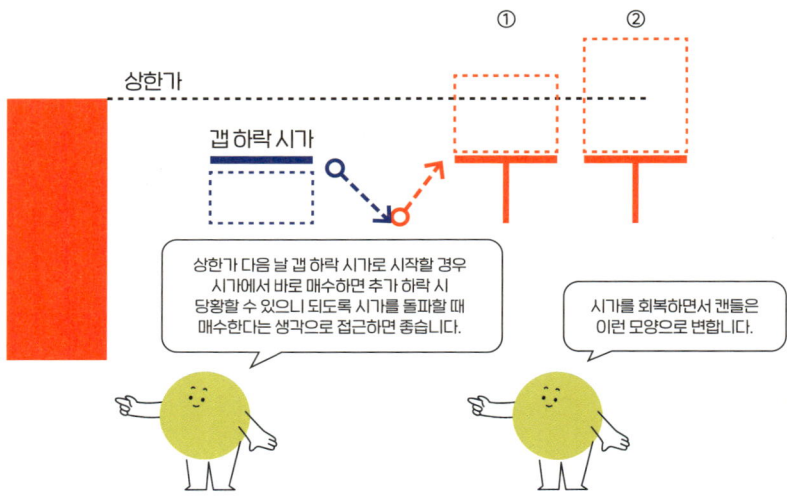

전일 상한가 조건에 대해서는 앞서 가르쳐드렸습니다. 당일 갭 하락 시가 조건만 추가하면 됩니다. 주가등락률 조건을 사용하되 ⓐ와 같이 -10~-0.1%로 조건을 설정해 추가하면 됩니다. -10% 부분은 개인의 성향에 따라 -5% 정도로 줄여도 괜찮습니다.

훈련이 많이 되어 있지 않은 상태에서 전일 상한가 이후 갭 하락 시가에 매수하는 것은 위험할 수 있으므로 몇 가지 조건을 더하도록 하겠습니다. 우선 갭 하락 시가 이후 하락하던 종목에서 매수할 수 있는 타이밍은 하락 이후 다시 갭 하락 시가를 회복하는 순간입니다. 그림을 참고해주세요.

전일의 상승에 이어 갭 하락 시가로 시작했지만 다시금 상승시키고자 하는 누군가가 있다면 무조건 당일 시가는 회복시켜야만 합니다. 갭 하락 시가로 시작한 이후 다시 그 시가를 회복하면 ①과 같이 아랫꼬리를 달며 양봉으로 바뀌게 됩니다. 여기서부터 상승이 시작되면 ②처럼 캔들이 만들어지는 것입니다.

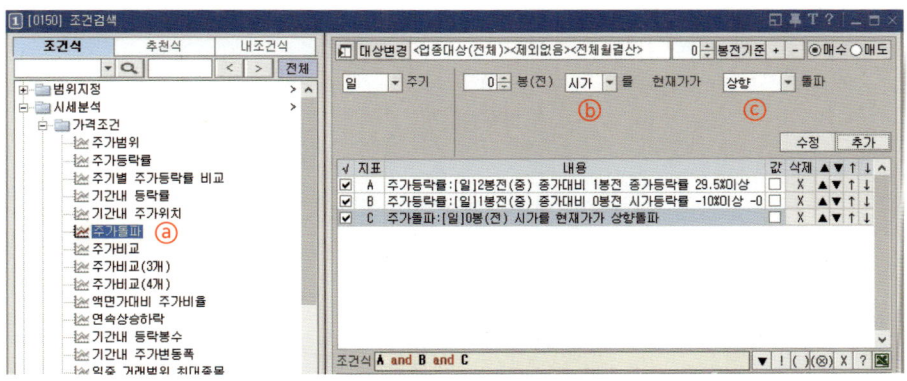

갭 하락으로 시작한 당일 시가를 회복하는 조건을 추가한 모습

　이 순간을 포착하는 조건을 검색기에 추가해놓으면 매매에 도움이 됩니다. 갭 하락 시가를 회복할 때 매수하는 매매자는 아랫꼬리의 저점을 당일의 손절가로 삼아야 할 것입니다.

　'시세분석→가격조건→주가돌파'(ⓐ) 조건을 선택해서 당일의 시가(ⓑ)를 현재가가 상향 돌파(ⓒ)하도록 만든 후 검색기에 추가합니다. 이렇게 하면 갭 하락 시가로 시작한 주가가 하락했다가 다시 그 갭 하락 시가를 회복하는 순간, 검색기가 해당하는 종목을 추출해줍니다.

　여기에 더해서 당일 갭 하락 시가로 시작한 이후 추가 하락해 저가를 만들었다가 시가를 회복하는 구간 안에서 매수 타이밍을 찾기 위해 RSI 조건과 MACD 조건을 넣습니다. 방식은 앞선 검색기에서와 같습니다.

　조건 검색식에 추가된 조건들의 구성을 우리의 목적에 맞게 최종적으로 조정하도록 하겠습니다.

　조건 A와 B는 가장 기본이 되는 요소이므로 괄호로 묶어 '(A and B)'의 형태로 만들어줍니다. 한편 갭 하락 시가 이후 3분봉 차트에서 당일 저가권으로

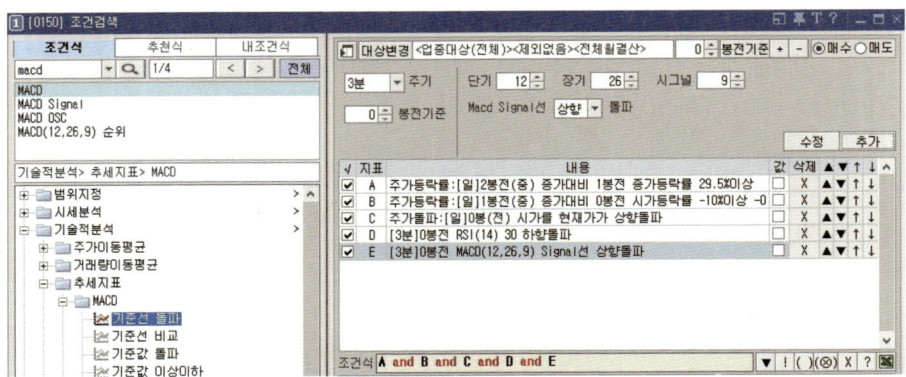

전일 상한가 당일 갭 하락 시가 종목에 저가 매수 조건을 추가한 모습

판단할 수 있는 RSI 과매도권 진입 및 MACD-시그널선의 골든크로스 조건인 D와 E를 'or' 조건으로 묶어줍니다. '(D or E)'의 형태가 될 것입니다. 이로써 당일 3분봉 차트에서 매수할 수 있는 조건인 C, D, E는 '(C or (D or E))'로 묶어주게 됩니다. 즉 갭 하락 시가를 돌파하는 타이밍에서 종목을 추출해내거나 갭 하락 시가 이후 추가 하락 과정에서 저가권을 형성하는 것으로 판단되는 신호가 나올 때 종목을 추출해줄 것입니다.

(A and B) and (C or (D or E))

최종적으로는 이런 형태로 검색기가 완성됩니다. 이어지는 실제 사례를 통해 충분히 이해할 수 있도록 꼼꼼히 살펴보시기 바랍니다.

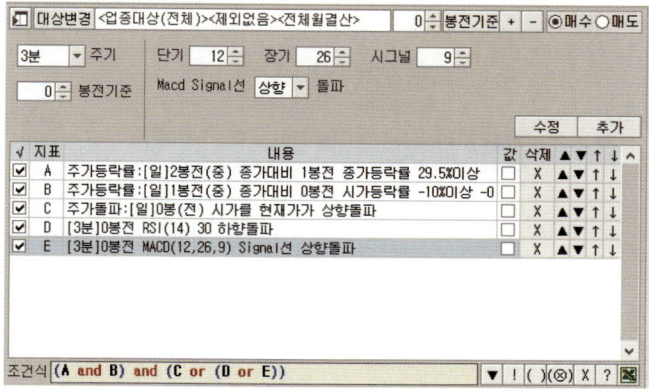

전일 상한가 이후 당일 갭 하락 시가로 시작하는 종목을 찾는 검색기 완성

1-1
한전산업,
제이투케이바이오

2024년 5월 27일 한전산업은 28.75%까지 상승했다가 21.67%로 윗꼬리를 달며 마감했습니다. 초단타 매매의 기술에서 배운 D+1데이 매매를 적용할 수 있는 캔들이 나왔습니다. 28일 갭 상승 시가로 시작하면 1차 매수, 그리고 27일의 종가 근처까지 조정받으면 2차 매수라는 느낌으로 접근합니다.

　5월 28일 3.29% 갭 상승 시가로 시작했습니다. 1차 매수합니다. 여기서 바로 27일의 전고점을 돌파하면서 상승할 수도 있기 때문입니다. 그런데 매수 이후 조정을 받습니다. 전일 종가인 1만 330원 근처까지 왔고, 좀 더 하락해서 65 이동평균선의 지지를 받으며 ⓐ에서 양봉을 만듭니다. 장 시작 후 조정은 여기서 끝이라는 의미입니다. ⓐ의 저점이나 65 이동평균선을 깨면 손절한다고 생각하고 2차 매수합니다.

　RSI 과매도권으로 진입하지 않았지만 워낙 세게 움직이기 때문에 MACD-시그널선의 골든크로스 상태가 유지되는지 챙겨보면서 주가의 움직임을 봅니

한전산업 2024년 5월 27일 일봉 차트

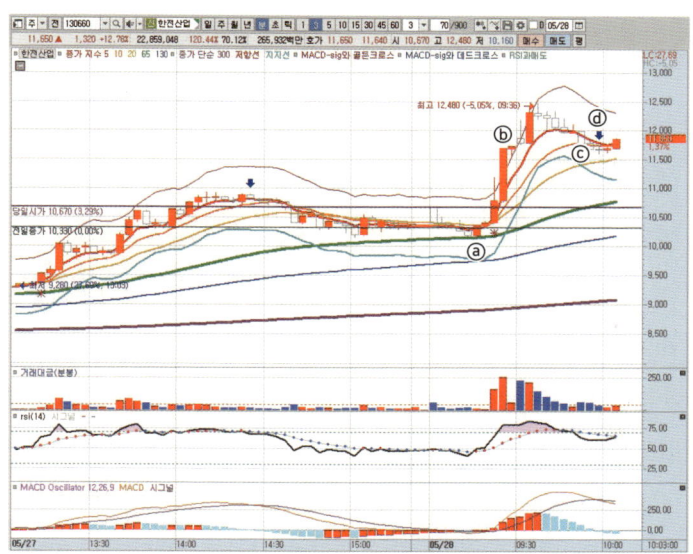

한전산업 2024년 5월 27일 3분봉 차트(약 10시까지)

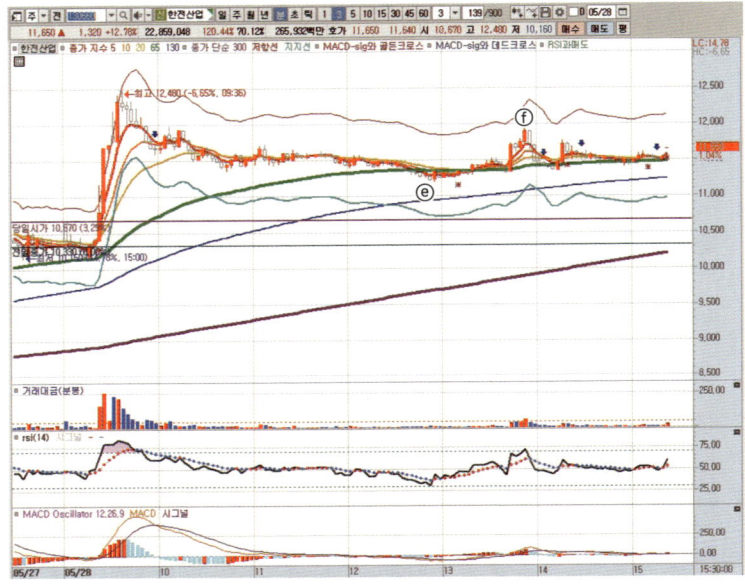

한전산업 2024년 5월 27일 3분봉 차트(하루 전체)

다. ⓑ에서 RSI 과매수권으로 진입합니다. 약 13% 정도의 수익라인이 발생합니다. RSI 과매수권 이탈(ⓒ)이나 MACD-시그널선의 데드크로스(ⓓ)에서 매도한다고 해도 비슷한 수익을 거두게 됩니다.

아침에 급상승한 종목은 고점을 찍고 조정을 받는 과정에서 3분봉 차트상 65 이동평균선과 130 이동평균선 정도에서 RSI 과매도권 진입이나 MACD-시그널선의 골든크로스가 발생하는지 확인합니다. 급하게 매수할 필요는 없습니다. ⓔ에서 65 이동평균선을 살짝 깨지만 RSI 과매도권으로 진입하기 때문에 이를 30분봉 차트상 5 이동평균선에 근접하고 있다고 해석하고 매수합니다. 더 하락해도 아래에서 올라오는 130 이동평균선의 지지를 기대할 수 있기 때문에 괜찮습니다. 3분봉 차트상으로는 65 이동평균선이나 130 이동평균선의 각도가

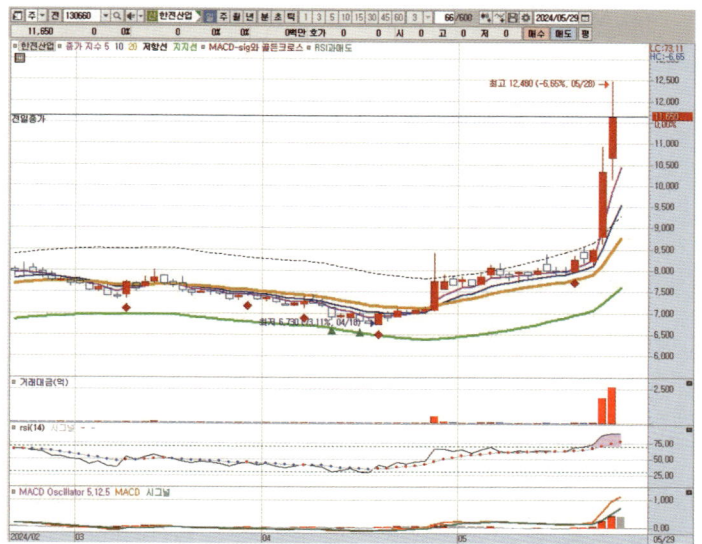

한전산업 2024년 5월 28일 일봉 차트

밋밋하지만, 30분봉 차트상으로는 급등 중인 5 이동평균선과 10 이동평균선을 확인할 수 있습니다.

ⓔ에서의 매수 이후 약간의 시간이 흐르자 MACD-시그널선의 골든크로스가 발생합니다. 추세적으로 조정이 끝나고 주가가 새로운 방향으로 움직일 것임을 짐작할 수 있습니다. 65 이동평균선 근처에서 좀 머물다가 상승해서 RSI 과매수권에 진입하는 ⓕ에서 모두 수익 실현합니다.

우리는 ⓔ에서 ⓕ까지의 작은 상승 구간에서, 장 시작 후 급격한 상승 상황과 비교했을 때 상승시키는 거래량도 적고 RSI의 고점도 더 이상 높아지지 않는 것을 확인하고 장을 정리하면 되겠습니다. '일단 오늘 이 종목의 상승은 여기서 끝이겠거니' 하고 생각하면 됩니다. 이 ⓔ~ⓕ의 수익라인도 6%에 가깝습니다. 작은 수익이 아닙니다.

28일의 일봉을 보면 전일 윗꼬리를 단 종가 근처에서 반등해 오전 장의 급등이 만든 고가에서부터 윗꼬리를 달고 마감했습니다. 이틀간의 상승에서 거래량이 불을 뿜고 있네요. 만약 29일에 매수할 계획을 세운다면 오늘과 같이 일단 전일 종가 위에서 갭 상승 시가로 시작하는지 확인하고, 손절매 라인을 전일 종가 근처로 생각한 다음 매매하면 대응에 부족함이 없을 것입니다. 반면 갭 하락해서 시작한다면 올라오는 5일 이동평균선이나 3분봉 차트상 RSI 과매도권 진입을 보고 매매할 수 있을 것입니다.

초단타 매매의 기술에서 배운 D+1 데이 매매는 전일 상한가 종목과 위꼬리 양봉 종목을 다루고 있는데, 이 책에서는 위꼬리 양봉에 대한 부분을 따로 설명하고 있습니다. 이 사례는 몸통만으로 20% 이상 상승한 종목이라서 전일 상한가 종목과 함께 이 챕터에 포함시켜놓았습니다.

투자자별 매매동향을 보면 기관이 끌어올린 종목으로 판단됩니다. 매수의 연속성을 확인하면서 살피면 되겠습니다.

한전산업 2024년 5월 28일 투자자별 매매동향

제이투케이바이오 2024년 5월 29일 일봉 차트

    이어서 제이투케이바이오 사례를 살펴보겠습니다. 『초단타 매매의 기술』의 D+1 데이 매매에 따라, 상한가가 만들어진 다음 날인 2024년 5월 30일 갭 상승 시가로 시작한다면 매수 개입할 수 있습니다.

    전일 상한가 종가 대비 +6.54% 갭 상승 시가로 시작했습니다. 60틱 차트를 활용하는 초단타매매의 기술을 구사하면 윗꼬리까지 2~3%를 수익 실현할 수 있지만, 3분봉 차트를 활용한 단타 매매의 경우 갭 상승 시가가 5% 이상으로 높게 시작하면, 첫 3분 정도는 무리한 매수를 삼가하고 비중을 조절해 시가에 1차 매수한 이후 주가 추이를 지켜봐주는 것이 좋습니다. 갭 상승 시가에서 조정 없이 날아가면 내 것이 아니지만 전일 종가 근처로 와주면 놓쳐서는 안 되는 매수 타이밍이기 때문입니다.

2장. 시가 단타 매매의 기술   133

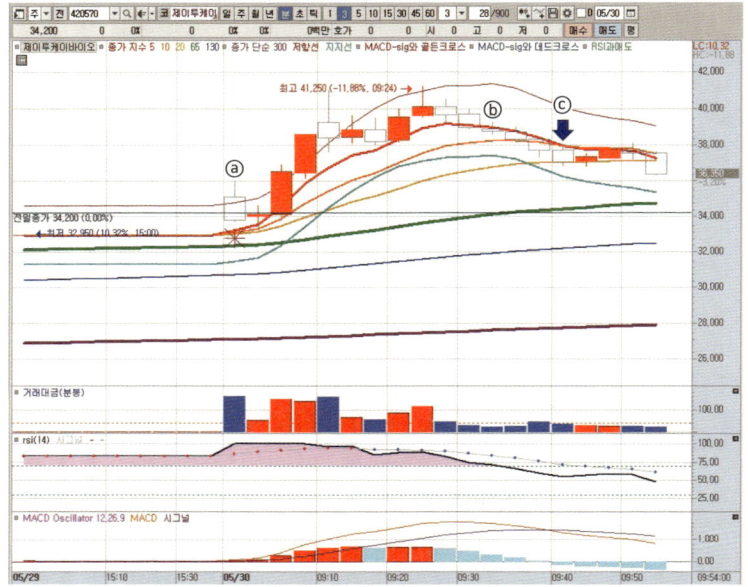

제이투케이바이오 2024년 5월 30일 3분봉 차트(장 초반 1시간)

    갭 상승 시가로 시작한 후 잠시 상승했다가 3분 동안 음봉을 만들어줍니다. 하지만 우리는 ⓐ캔들이 완성된 시점에서 3분봉 차트상 5-10-20일 이동평균선의 정배열이 시작되었다는 사실을 알 수 있습니다. 최소한 전일 종가 그리고 65 이동평균선 부근에서 양봉이 만들어지면 매수의 관점에서 접근해야 합니다.

    첫 음봉 이후 더 하락하지 않고 다음 3분 동안 짧은 도지형 양봉을 만들면서 하락을 멈췄음을 알 수 있습니다. 매수 개입해야 하는 시점입니다. 물론 ⓐ캔들에서 하락하면서 전일 상한가 종가에 닿을 때 매수할 수도 있습니다. 하지만 하락하는 과정에서 매수한 후 조금이라도 매수 시점 아래로 하락하는 것을 지켜보는 것과 반등하는 시점에 같은 지점에서 매수해서 상승을 지켜보는 것은 매매의 마인드가 크게 다릅니다. 너무 서두르지 말고 갭 상승 시가에서 하락이 만들어

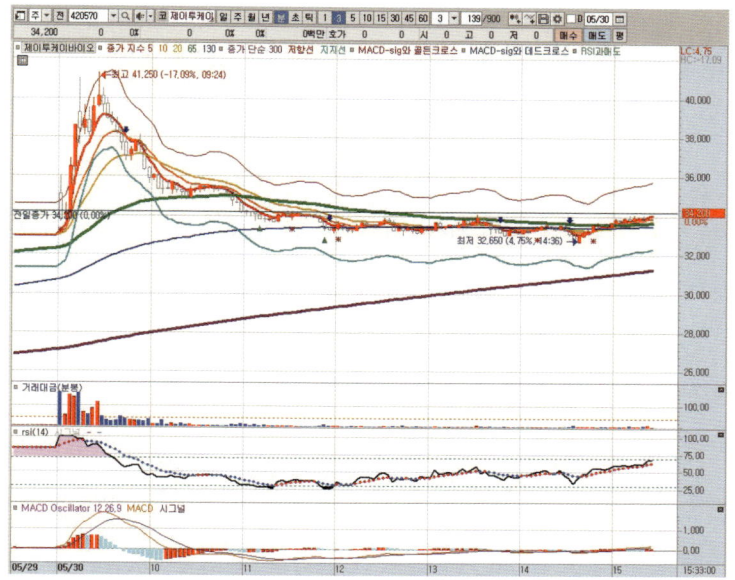

제이투케이바이오 2024년 5월 30일 3분봉 차트(하루 전체)

지면 양봉을 기다리는 습관을 들이세요. 좀 더 안정적인 매매를 할 수 있을 것입니다. 매수한 지점부터 RSI 과매수권 이탈(ⓑ) 또는 MACD-시그널선의 데드크로스 시점(ⓒ)까지 홀딩합니다. 각각 14%, 10%의 수익라인이 만들어집니다.

 하나의 상승 구간이 끝나면 다시 아무 곳에서나 매수하지 않습니다. 시간을 두고 충분한 조정이 만들어지는지 살펴보고, 그 조정이 아침 장 시작의 저가 부분을 깨지 않는지를 확인해야 합니다. 장 시작 근처에서 만들어진 저가는 주가를 움직이는 세력이 추가 하락을 인정하지 않겠다는 뜻을 밝힌 가격입니다. 조정 시 그 가격이 지켜지지 않고 깨진다는 뜻은 좋은 신호가 아닙니다.

 이 사례에서는 고점에서부터의 조정이 당일 오전 저점을 깨고 내려간 상태에서 전일 상한가 종가 부근에서 RSI 과매도권 진입 또는 MACD-시그널선의 골든크로스가 만들어졌고, 장 후반에 최종적으로 반등했습니다. 당일 갭 상승 시가 근처까지의 상승을 통해 전일 상한가 종가를 지켜주고 있습니다.

D+1 데이 매매에서 전일 상한가 종가 또는 그 상한가를 만드는 마지막 저가까지 3분봉 차트상 RSI 과매도권 진입 및 이탈, MACD-시그널선의 골든크로스가 발생한 경우 어떻게 대응해야 할까요? 매매 경험을 쌓아오면서 손절에 익숙해진 사람이라면 리스크를 감수하면서 매수할 수 있는 지점입니다. 그러나 다시 한번 강조하지만 장중 매매 개입 시 경험이 충분하지 않다면 당일 고점 이후 조정으로 오전의 저가를 깨지는 않는지 확인해야 합니다.

2024년 5월 30일 일봉 차트입니다. 많은 사람이 거래량이 터진 윗꼬리를 단음봉이라며 촉수엄금이니, 시세가 끝났다느니 말이 많겠지만 단타 매매의 기술

제이투케이바이오 2024년 5월 30일 일봉 차트

이 있는 사람이라면 다를 것입니다. 어디서 사서 어디서 팔아야 하는지에 대한 기준을 갖고 있으니 조용히 매수해서 조용히 수익을 낸 후, 다음 날은 어떻게 대응할지 계획을 세울 것입니다.

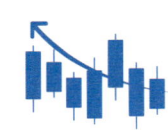
1-2
SK, 선진뷰티사이언스

2024년 5월 29일, SK는 일봉상 RSI 과매도권으로 들어갑니다. 저가 매수의 기술에 따라 매수합니다. 그런데 다음 날인 5월 30일 고가 기준 15.89% 상승합니다. SK 최태원 회장과 노소영 관장의 이혼소송에서 주식도 재산 분할의 대상이 된다는 판결이 나오면서 급상승한 것입니다. 일봉 기준의 저가 매수의 기술을 구사해 RSI 과매도권에 진입한 종목을 매수할 때는, 다음 날 이런 상승을 기대하면서 매수하는 것은 아닙니다. 운이 좋은 드문 예라고 말할 수 있습니다.

고가를 유지하지 못하고 윗꼬리를 단 양봉으로 마감합니다. 이 경우 『초단타 매매의 기술』에서 배운 것처럼 D+1 데이 매매의 대상으로 삼을 수 있습니다. 기존의 거래량보다 거의 10배에 가까운 거래량이 몰리면서 주가를 끌어올렸습니다. 이 주가 상승의 과정에서 ⓐ영역에 물려 있던 매매자들의 물량을 싹 정리했다고 볼 수 있는 윗꼬리입니다.

만약 다음 날인 31일의 시가가 30일 종가 위에서 갭 상승 시가로 시작하거

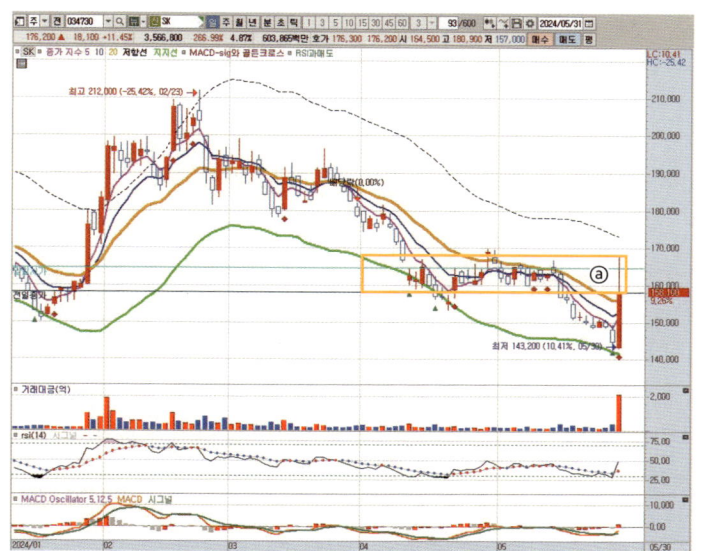

SK 2024년 5월 30일 일봉 차트

나, 종가 근처에서 시작하면 매수의 관점에서 접근할 수 있습니다. TV 뉴스의 첫 보도에 가깝게 다뤄진 뉴스여서 많은 사람의 관심이 몰릴 것임에 틀림없습니다.

상한가를 기준으로 한 D+1데이 매매를 이번 챕터에서 주로 다루고 있지만 SK와 같은 종목이 고가 기준 15%, 몸통으로도 10% 이상 상승한다는 것은 중소형 종목으로 치면 상한가에 상응하는 모습입니다. 그래서 오버솔드의 주관적 판단에 의해 이 챕터에 포함시켰습니다.

전일인 5월 30일의 종가 위에서 갭 상승 시가로 시작하면서 전일 종가 근처까지 하락했다가 상승합니다. 이 하락은 매매타점을 공부한 사람에게는 엄청난 기회라는 것을 알 수 있습니다. 전일 만들어진 윗꼬리에서 물량이 잘 소화된 것으로 보입니다. 주가를 끌어올리는 데 큰 지장이 없었습니다. 전일 2배가 넘는 5천억 원 상당의 거래대금이 이 종목에 몰렸습니다.

2장. 시가 단타 매매의 기술

SK 2024년 5월 31일 일봉 차트

　단타 매매의 관점에서 자세히 살펴보도록 하겠습니다. 5월 31일 장 시작과 동시에 4.05% 갭 상승 시가로 시작했습니다. 시가에서부터 추세적으로 상승한다면 조정이 올 때까지 기다리면 됩니다. 너무 성급하게 시가부터 달라붙지 않아도 괜찮습니다. 전일 장 후반에 이미 RSI 과매수권 진입 후 이탈하는 등 상승 피로감이 있기 때문에, 갭 상승 시가로 시작하면 주가의 흐름을 해석하는 훈련이 되지 않은 일반 투자자들은 전일 매수한 물량이 있을 경우 이익 실현을 위해 매도하는 경우가 많습니다. 따라서 이런 매도물량이 일차적으로 소화되고 나서 전일 종가 근처에서 매수한다는 생각을 갖고 접근합니다. 아예 장이 시작할 때 전일 종가에 1주라도 매수물량을 걸어놓고 나서 다른 종목을 매매할 수도 있을 것입니다.

　장 시작 후 30분 정도 지나자 ⓐ와 같이 전일 종가 부분에 주가가 들어옵니

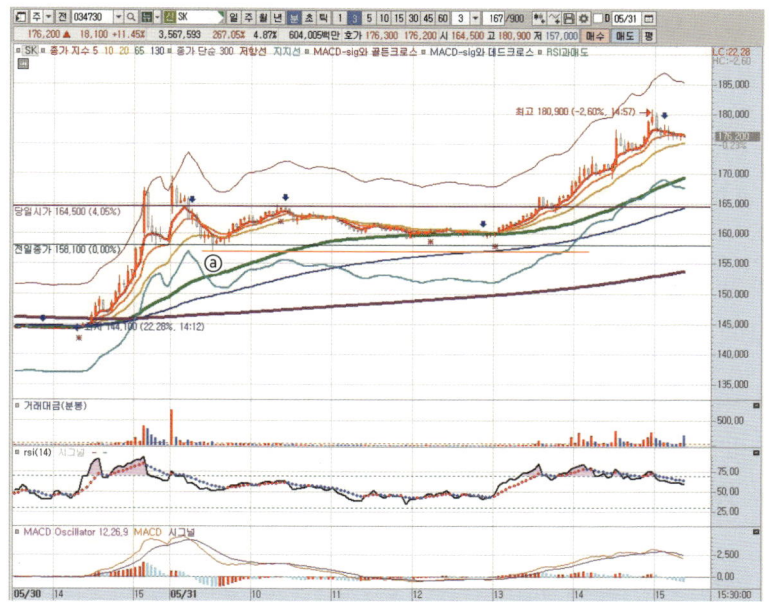

SK 2024년 5월 31일 3분봉 차트

다. 1차 매수할 수 있는 지점입니다. 여기서 더 밀리면 65 이동평균선이나 130 이동평균선을 보고 2차 매수합니다. ⓐ에서 4% 정도 반등합니다. 수익 실현 여부는 투자자의 마음입니다.

전일 종가가 지지가격임을 확인해준 당일 장 초반 저가(ⓐ)를 깨지 않으면 당일의 주가는 최종적으로 상승할 가능성이 커진다는 사실을 기억하십시오(물론 100% 그렇다는 말은 아닙니다). 기다리는 시간이 지루할 뿐입니다. 눈에 보이는 65 이동평균선, 130 이동평균선, 300 이동평균선의 정배열은 30분봉 차트상으로 5-10-20 이동평균선이 정배열 상태에 있음을 뜻합니다. 이는 단기적 관점에서 상승세가 지속되고 있단 의미입니다.

65 이동평균선 근처에서 RSI 과매도권을 찍고 나오기도 하고 MACD와 시그

널선의 골든크로스가 만들어지기도 하면서 그 아래로 주가가 하락하지 않습니다. 그냥 들고 있으면 됩니다. 지루한 기다림의 시간이 지나자 1시 무렵부터 상승이 시작됩니다. 최소한 전일 윗꼬리 고가까지는 상승할 수 있습니다(왜냐고요? 어제 여기 걸리적거리는 매물들을 치웠으니까요). 그 위로 얼마만큼 상승할 수 있을지가 관건입니다.

거래량(거래대금)이 팍팍 붙어주면서 주가는 상승합니다. 1시 전까지의 지루했던 시간 동안의 거래량과는 질적으로 다른 거래량들이 들어옵니다. 3분봉을 활용한 단타이므로 우리는 이 상승추세에서 수익을 실현하고 보유물량을 0인 상태로 만들 것입니다. RSI 과매수권 진입이나 MACD-시그널선의 데드크로스를 보고 최종 수익을 실현하면 되겠습니다.

조정 기간을 잘 참아냈는데 상승이 시작될 때 조급함으로 너무 빨리 이익을 실현하면 아깝습니다. 3분봉 차트만 보고 있으면 금방 하락할 것 같은 기분이 들어 조급함이 들 수도 있습니다. 현재 주가의 위치가 30분봉 차트상에서는 어떻게 보이는지 참고하면 조급함을 참아내는 데 도움이 됩니다.

ⓐ는 3분봉 차트상에서 전일 종가 근처까지 조정받을 때의 모습입니다. 30분봉 차트상 정배열을 만들며 상승 중인 5 이동평균선의 지지를 받고 있습니다. 그리고 300 이동평균선 위에서 주가가 움직이는 것을 알 수 있습니다. 30분봉 차트상 300 이동평균선은 일봉 차트상 20일 이동평균선에 해당합니다. 전일 워낙 주가가 급하게 올라서 5일 이동평균선과 10일 이동평균선을 몸통으로 관통하면서 종가가 20일 이동평균선 위에서 끝났기 때문에, 5일 이동평균선과 10일 이동평균선이 따라올 수 있도록 약간 지지부진한 조정의 시간이 있을 수 있습니다. 30일 오후에 캔들이 30분봉 차트상 65 이동평균선과 130 이동평균선을 돌파하는 모습을 보십시오. 이 각각의 이동평균선이 일봉 차트상에서는 5일 이동평균선과 10일 이동평균선에 해당합니다.

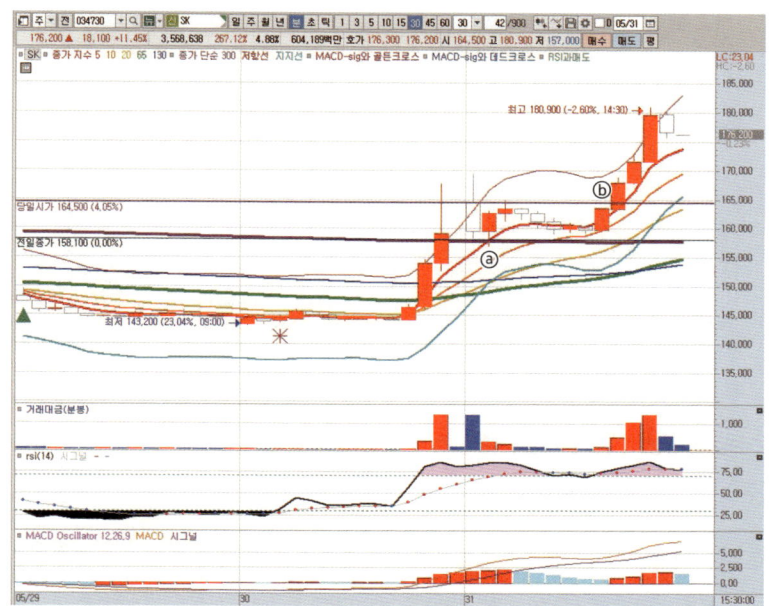

SK 2024년 5월 31일 30분봉 차트

ⓐ에서 지지되어 상승한 후 다시 조정을 받습니다만, ⓐ의 저가를 깨지 않고 다시 양봉이 만들어집니다. 이는 30분봉 차트상 이동평균선의 정배열이 쉽게 깨지지 않을 것임을 알려주고 있습니다. 3분봉 차트상 1시 무렵부터 시작된 본격적인 상승이 바로 30분봉 차트상 ⓑ캔들에서 시작됩니다. 다시금 5 이동평균선 위에 종가를 만들면서 양봉을 만들었죠. 앞선 ⓐ캔들 안에서 3분봉 차트를 통해 미리 매수한 물량이 없다면, 단타 매매의 선수는 ⓑ캔들의 종가에서 1차 매수합니다. 그리고 주가가 밀리게 되면 양봉인 ⓑ봉 안에서 이동평균선과 저가의 지지에 의지하며 2차 매수합니다. 조급하게 매도할 위치가 아님을 알 수 있습니다.

이번에는 선진뷰티사이언스 사례를 살펴보겠습니다. 2024년 5월 30일 고가

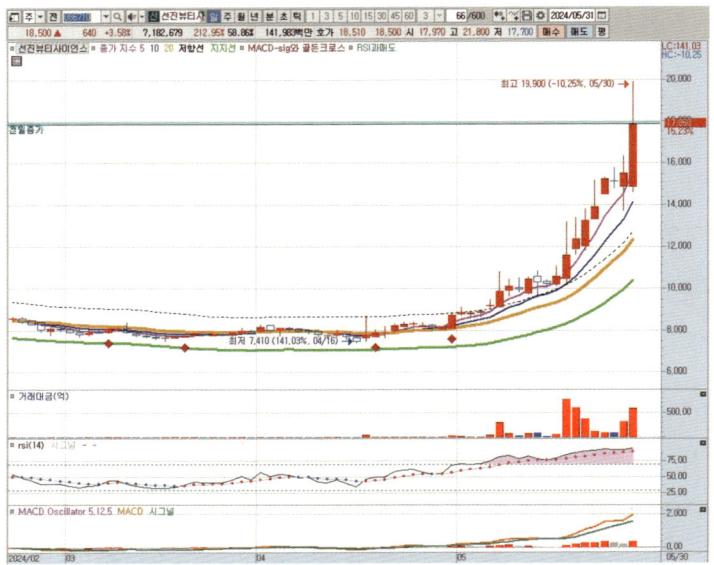

선진뷰티사이언스 2024년 5월 30일 일봉 차트

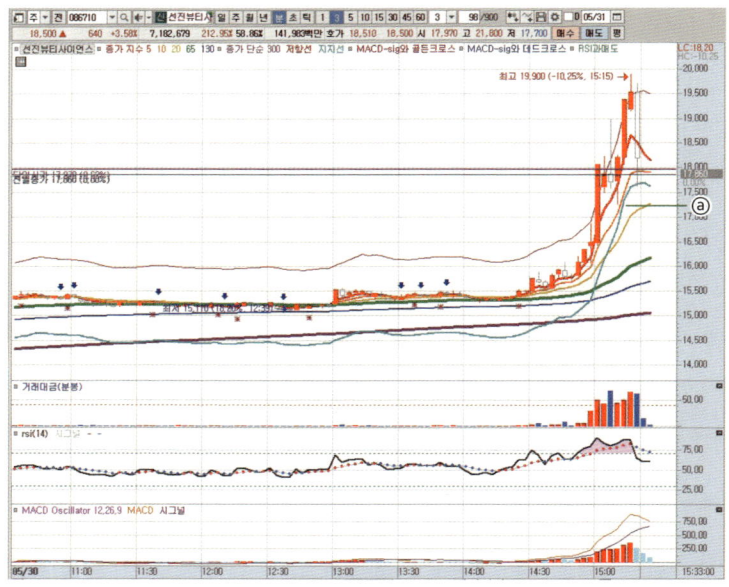

선진뷰티사이언스 2024년 5월 30일 3분봉 차트(장 후반)

144 3분봉 매매의 기술

기준으로 27.39% 상승 후 윗꼬리를 달고 하락했습니다. 『초단타 매매의 기술』에서 배운 D+1데이 매매를 적용시킬 수 있습니다. 5일 이동평균선과의 이격이 제법 벌어져 있습니다만 손절을 계산하고 매매합니다.

5월 30일 장 후반 3분봉 차트입니다. 장 막판 동시호가에 들어가기 전에 거의 -10% 정도의 하락이 나오면서 일봉에서 살펴볼 수 있었던 윗꼬리를 만듭니다. D+1데이 매매를 위해 시나리오를 세워봅니다.

5월 31일 갭 상승 시가로 시작하면 1차 매수 후 30일의 종가를 2차 매수의 자리로 삼습니다(매매자의 성향에 따라서는 손절의 자리로 삼습니다). 갭 하락해서 시작할 경우 전일 장 후반 상승을 만들어낸 ⓐ를 손절가로 설정하고 시가에 매수한다는 계획을 세울 수 있습니다.

31일 시가는 30일 종가보다 약간 갭 상승 시가로 시작해서 첫 3분간 상승하다가 두 번째 3분봉 캔들에서 하락했습니다. 이 6분간의 상승과 하락을 겪으며 매매자가 무슨 생각을 얼마나 할지 모르겠지만, ⓐ 지점은 깨지 않은 상태입니다. 시가에 1차 매수한 물량은 아직 약간의 평가이익인 것이죠.

세 번째 3분봉부터 상승하기 시작합니다. RSI 과매수권으로의 진입 및 이탈 시점 또는 MACD-시그널선의 데드크로스(ⓐ)에서 모두 익절합니다. 시가에서 ⓑ까지가 약 10%의 수익라인입니다.

이 시점에서 보유물량을 0으로 만드는 이유는 추세를 알려주는 MACD-시그널선의 데드크로스 발생으로 주가 흐름이 지금까지와는 다른 방향(즉 상승에서 하락)으로 진행될 가능성이 크기 때문입니다. 주가는 고점을 높이며 상승하는데 상승 강도인 RSI의 고점이 낮아지는 다이버전스를 보여줍니다(RSI의 하늘색 선을 참고하십시오). 이런저런 이유를 떠나 무엇보다도 아침 30분 정도에 10% 수익을 내면 충분히 만족할 만한 성과입니다.

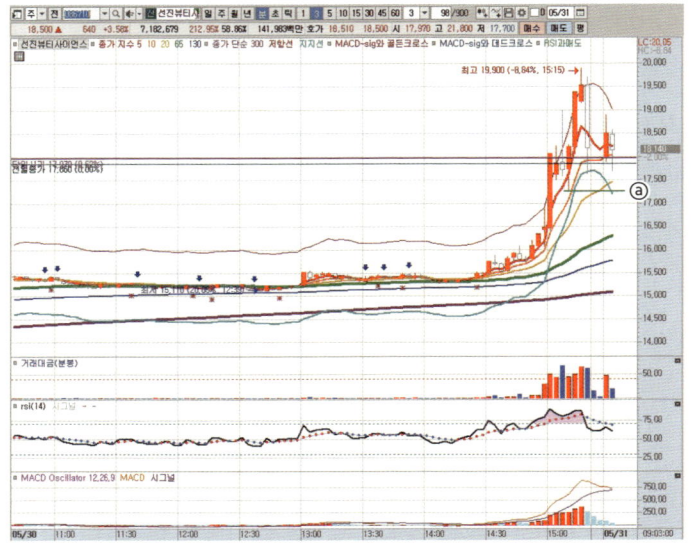

선진뷰티사이언스 2024년 5월 31일 3분봉 차트(9시 6분까지)

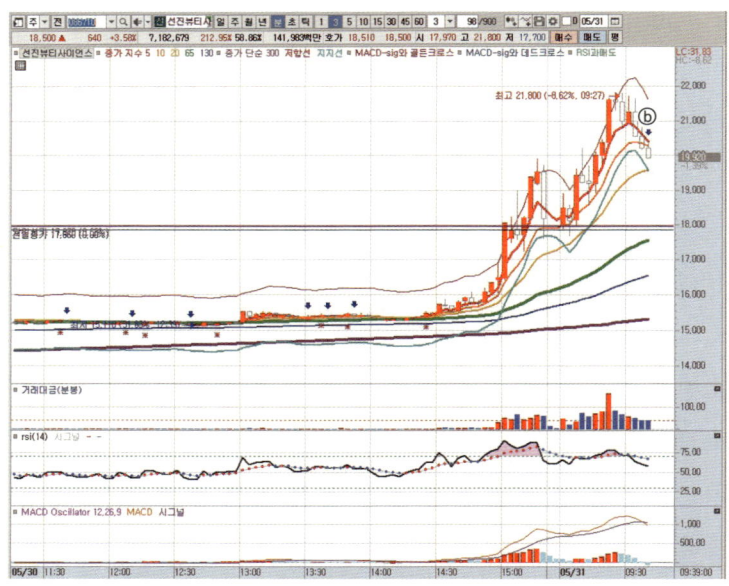

선진뷰티사이언스 2024년 5월 31일 3분봉 차트(9시 42분까지)

146　3분봉 매매의 기술

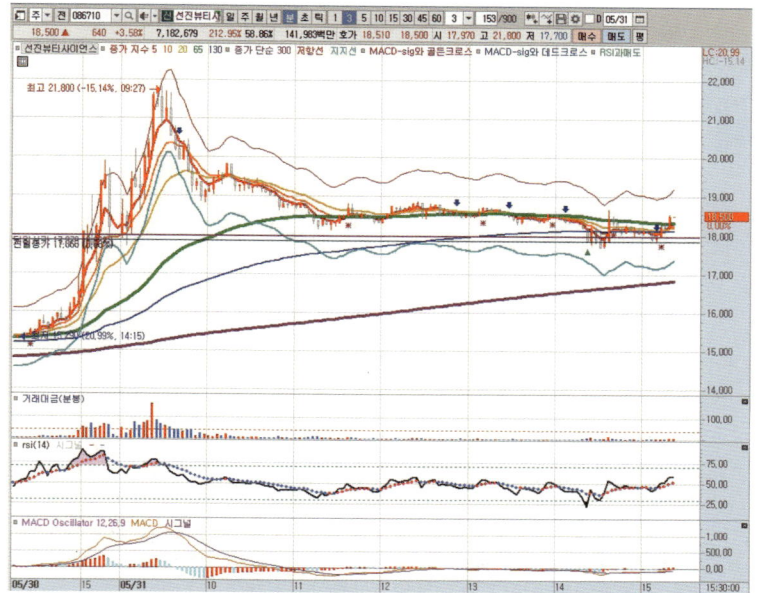

선진뷰티사이언스 2024년 5월 31일 3분봉 차트(하루 전체)

　5월 31일 주가 전체의 흐름입니다. 우리가 MACD-시그널선의 데드크로스에서 미련 없이 전량 수익 실현한 판단이 옳았음을 알 수 있습니다. 줄 때 수익을 보고 빠져나와서 관망하면서 다음 신호를 줄 때까지 기다리는 것을 꾸준히 반복하는 것이 오버솔드식 단타 매매의 기술입니다.

　초단타 매매의 기술에서 배운 D+1데이 매매는 전일 상한가 종목과 윗꼬리 양봉 종목을 다루고 있는데, 이번 책에서는 윗꼬리 양봉에 대한 부분을 따로 설명하고 있습니다. 이 사례는 오버솔드의 주관적 판단으로 해당 챕터에 포함시켰습니다.

1-3
에코프로머티, 태성

2024년 6월 7일 에코프로머티는 상한가로 장을 마쳤습니다. 상한가라고 알고 넘어가기 전에 개념적으로는 종가=고가인 장대양봉이라는 점도 기억하면 좋겠습니다. 전일 상한가를 기준으로 한 D+1데이 매매를 할 수 있습니다. 6월 10일 갭 상승 시가로 시작한다면 공부한 대로 접근할 수 있을 것입니다.

   2024년 6월 10일 2.58% 갭 상승 시가로 시작합니다. 갭 상승폭이 그다지 크지 않으므로 손절매에 대한 큰 부담 없이 1차 매수를 할 수 있습니다. 갭 상승 시가 이후 잠시 상승했다가 첫 3분봉에서 음봉을 만들었으므로, 전일 고가이자 종가인 상한가 종가 가격대에 진입할 목적으로 ⓐ에서 2차 매수할 수 있습니다. 만약 음봉에서 매수하는 것에 대해 추가 하락이 걱정된다면 주가가 전일 종가를 돌파하는 시점에 매수해도 괜찮습니다.

   세 번째 3분봉에서 다시금 전일 종가를 돌파하면서 ⓑ까지 약 4%의 상승라인이 만들어집니다. RSI 과매수권에 진입하므로 여기서 적절히 수익을 실현해

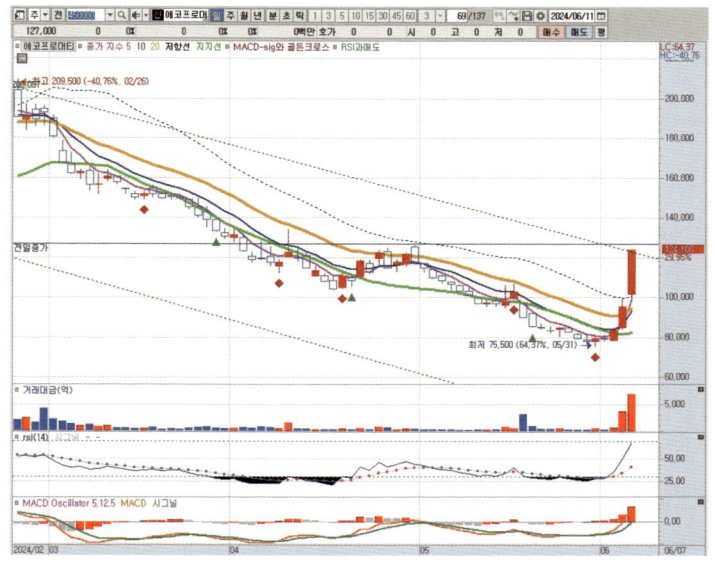

에코프로머티 2024년 6월 7일 일봉 차트

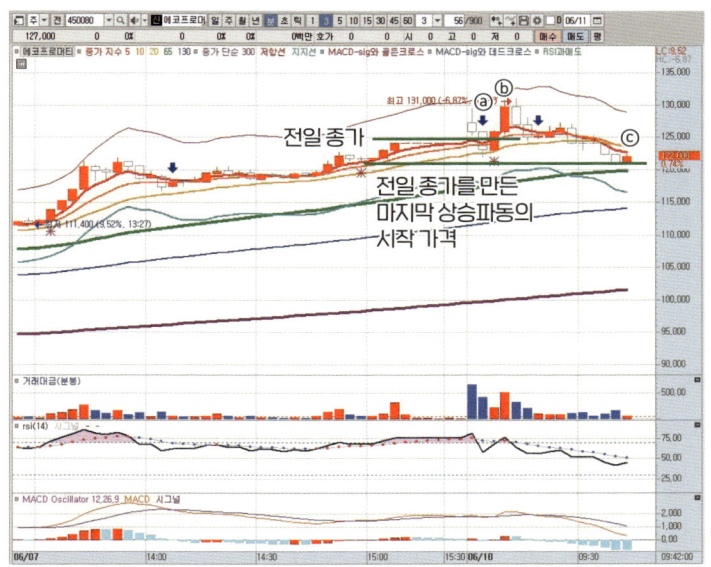

에코프로머티 2024년 6월 10일 3분봉 차트(10시 전까지)

도 되겠습니다. 여기서 수익 실현을 하지 못해도 MACD-시그널선의 데드크로스가 나오는 시점에서는 보유물량을 0으로 만들어야 합니다. ⓑ에서부터는 RSI 과매수권 이탈과 MACD-시그널선의 데드크로스까지 만들었으므로 쉽게 매수 개입하지 않고 좀 더 지켜봐야 할 것으로 보입니다.

주가가 하락하면서 전일 상한가 종가를 깰 경우 상한가이자 전일 종가를 만든 마지막 상승파동의 시작 가격선까지는 기다려봅니다. 실전에서는 이 선보다 좀 더 아래쪽으로 지지라인을 설정할 수 있지만 3분봉 차트상 65 이동평균선, 즉 30분봉 차트상 5 이동평균선에 접근할 때 상승을 유지하고자 하는 세력이 지지해줄 수 있으므로 이 부근에서 매수할 계획을 세울 수 있습니다. 계획한 선에서 ⓒ와 같이 양봉이 나오므로 일단 장 초반의 조정이 마무리된 것으로 보고 다시 매수할 수 있습니다.

ⓒ에서 매수한 물량은 3분봉 차트상 65 이동평균선을 깨지 않고 MACD-시그널선의 골든크로스를 만들면서 계속 상승해 ⓓ에서 RSI 과매수권에 진입했습니다. 그리고 ⓔ에서 RSI 과매수권 이탈 및 MACD-시그널선의 데드크로스가 발생합니다. ⓒ~ⓓ에서 약 5.5%의 상승라인이, ⓒ~ⓔ에서 11.8%의 상승라인이 만들어집니다.

6월 10일의 최종적인 일봉을 보겠습니다. 일봉상 아랫꼬리와 윗꼬리를 단 다음 시가 근처에서 보합권으로 마감했지만, 3분봉을 활용한 단타 매매로 접근할 경우 나름대로 알찬 수익을 거둘 수 있습니다.

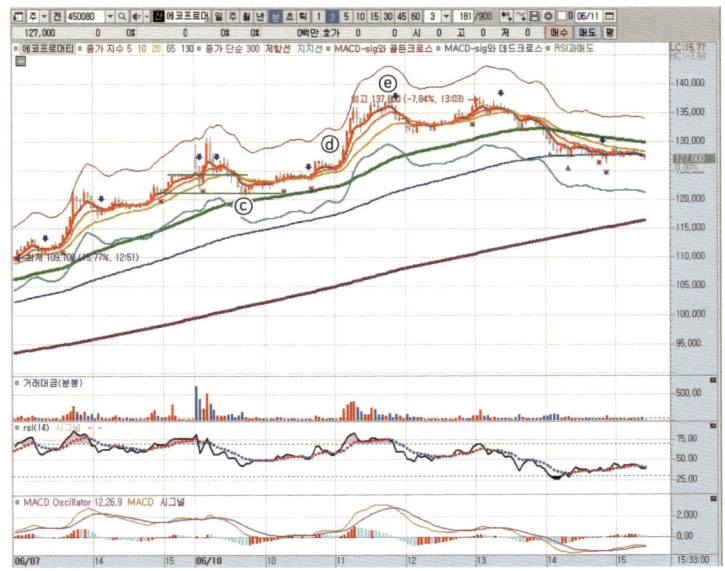

에코프로머티 2024년 6월 10일 3분봉 차트(하루 전체)

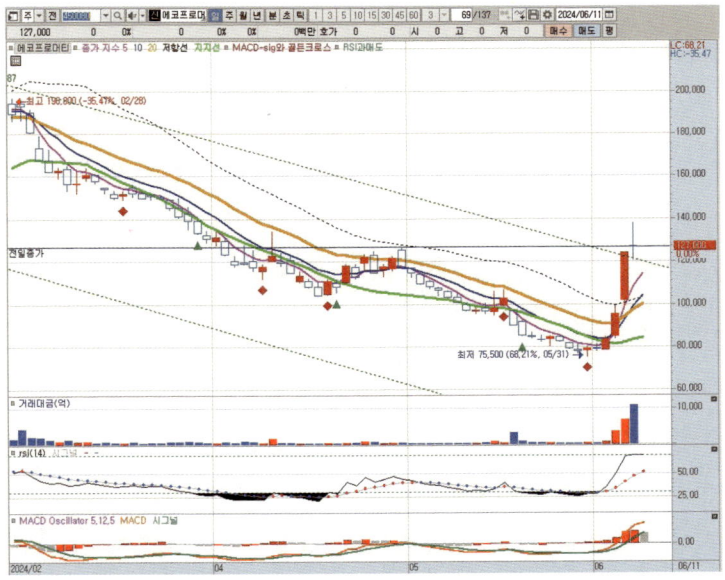

에코프로머티 2024년 6월 10일 일봉 차트

2장. 시가 단타 매매의 기술

태성 2024년 6월 7일 일봉 차트

이번에는 태성의 사례를 살펴보겠습니다. 2024년 6월 7일 상한가로 장을 마친 태성의 일봉 차트입니다. 6월 10일 시가의 상황을 보고 D+1데이 매매에 대한 계획을 세울 수 있습니다.

6월 10일 9.5%의 갭 상승 시가로 시작합니다. 이 정도 갭 상승이면 시가에 매수하기 부담스러울 수 있습니다. 2차 매수 기준선인 전일 종가까지 거의 10%나 벌어져 있기 때문입니다. 매매자의 판단에 의한 것입니다. 경험이 풍부하고 리스크 감수가 가능한 매매자는 평소대로 시가에 1차 매수할 수 있습니다. 꼭 수익을 내려는 마음은 아니더라도 공부 삼아 1주를 살 수도 있고요. 다만 시가가 높게 시작한 것은 사실이므로 손실의 폭도 잘 관리해야 할 것입니다. 이론적으로는 갭 상승 시가에 매수한 물량에 대해 다음 두 번째 3분봉까지 약 6% 정

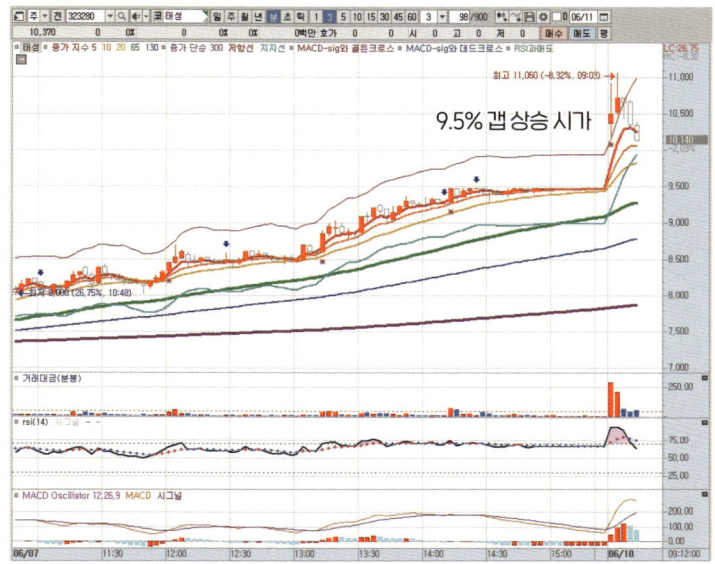

태성 2024년 6월 10일 3분봉 차트(9시 15분까지)

도의 수익라인이 발생하지만, 경험을 쌓지 않은 매매자에게는 쉽지 않은 매매라 할 수 있겠습니다.

한편 상승 구간에서 1차 매수 물량을 매도하지 못하고 당일 시가를 깨면서 하락할 때 고민이 많아질 것입니다. 갭 상승 시가의 폭이 클 경우 나중에 2차 매수를 하더라도 일단 손실 관리를 위해 시가 근처에서 본전 정도에 손절을 한 번 해주는 편이 안전합니다.

6월 10일 하루 전체의 3분봉을 보면, 시가를 한때 하회했지만 다시 시가 부근을 오가며 65 이동평균선을 지키고 마감했습니다. 결과적으로 당시의 손절이 유익했다고 느끼기 어려운 흐름이었습니다. 그렇지만 리스크를 관리하는 일은 매우 중요합니다.

태성 2024년 6월 10일 3분봉 차트(하루 전체)

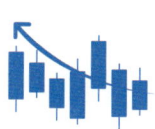

1-4 인벤티지랩, 한일단조

2024년 7월 1일, 인벤티지랩이 상한가로 장을 마쳤습니다. D+1 데이 매매를 계획할 수 있을 것입니다. 거래량이 터져주면서 동시에 전고점을 돌파했기 때문에 갭 상승 시가로 시작한다면 매매를 해야 할 종목입니다.

거래량이 터져주면서 전고점을 돌파했다는 말은, 이 상한가를 만들면서 지난달의 주가 흐름 속에서 물려 있던 매매자들의 물량을 모두 소화했다는 뜻입니다. 이후 상승 시 발목을 잡는 걸리적거리는 매도물량이 사라졌음을 의미합니다.

7월 2일 1.74% 갭 상승 시가로 시작합니다. 갭의 크기가 지나치게 크지 않으므로 전일의 익절 매도세에 대한 염려가 크지 않습니다. 걱정 없이 시가에 1차 매수할 수 있습니다. 1차 매수 후 4.88%까지 상승하므로 손 빠른 매매자라면 2~3% 익절도 가능했을 것입니다. 초단타 매매의 기술을 활용해 틱 차트를 이용했다면 충분히 가능한 매매입니다. 잠깐의 상승 후 주가는 하락했고 첫 3분봉이 음봉에서 마무리되었습니다. 이때 RSI는 과매도권으로 진입했습니다. 전일

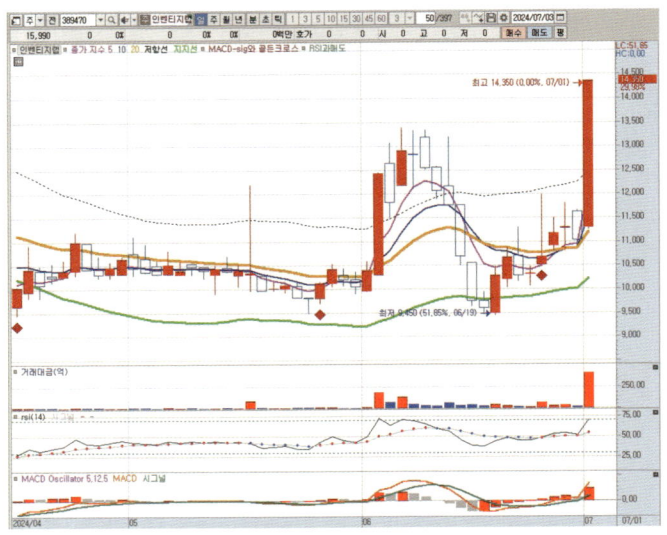

인벤티지랩 2024년 7월 1일 일봉 차트

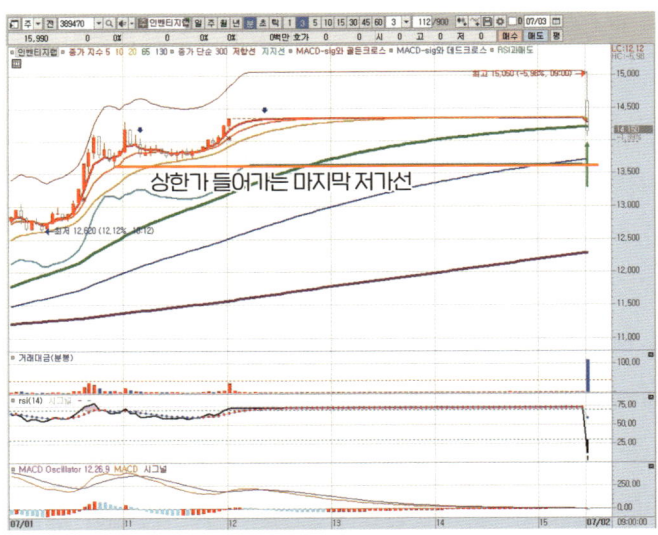

인벤티지랩 2024년 7월 2일 3분봉 차트(첫 3분봉)

인벤티지랩 2024년 7월 2일 3분봉 차트(9시 9분까지)

상한가를 만드는 마지막 파동의 저가선이 D+1 데이에서 단타 매매 시 손절선이 될 것입니다.

    첫 3분봉이 갭 상승 시가 이후 하락해 전일 상한가 종가를 깨는 시점에 과감하게 매수할 수 있습니다. 매수세가 세면 전일 상한가 종가에서 바로 지지하면서 반등하기 때문입니다. 전일 상한가 종가에서 바로 반등하지 못하더라도 우리는 전일 상한가를 만드는 마지막 파동의 저가선까지는 매수의 관점에서 접근합니다.

    RSI 과매도권 진입 신호를 보고 첫 캔들의 종가에 매수했다면 6분 이내에 다시금 수익권으로 들어섭니다. 시초가에 1차 매수한 매매자의 경우 1차 매수한 물량을 익절하지 못했어도 본전에 거의 가까이 다가왔으며, 첫 3분봉의 종가에

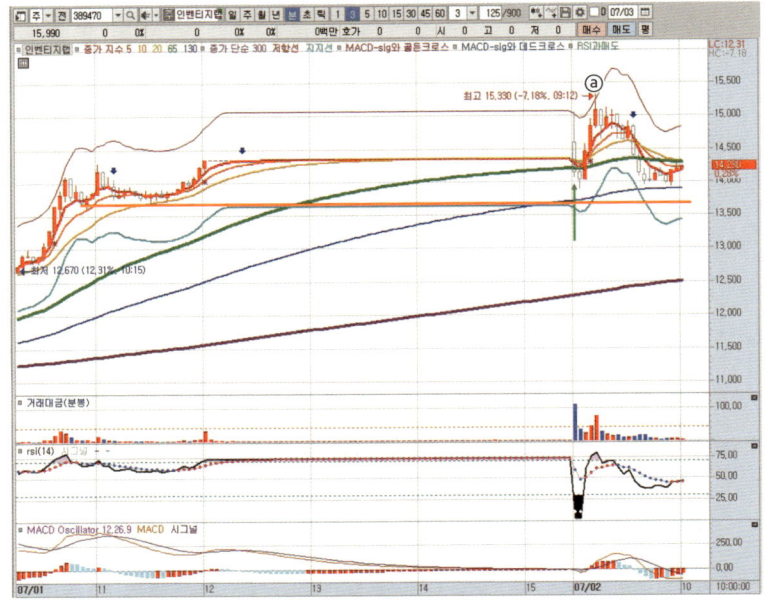

인벤티지랩 2024년 7월 2일 3분봉 차트(10시 3분까지)

서 RSI 과매도권 진입 신호로 2차 매수했다면 수익권인 상태입니다.

시장을 좀 더 지켜봐야 하겠지만 일단 오늘 아침의 이 움직임에서 전일 상한가를 만든 마지막 파동의 저가를 깰 생각은 없는 것으로 보입니다. 즉 조정이나 하락보다는 상승으로 시선을 두고 대응해야 할 것으로 보입니다.

상승을 지속해서 ⓐ에서 RSI 과매수권에 진입합니다. 익절합니다. 매매자에 따라서는 추가 상승을 기대하며 보유할 수도 있겠지만 오버솔드는 일단 신호가 나오면 어느 정도는 반드시 수익을 실현합니다. 갭 상승 시가에 1차 매수한 물량을 그대로 갖고 있던 분이라면 ⓐ의 종가 기준 3.3%, RSI 과매도권 진입 신호에서 음봉 종가에 매수한 분이라면 ⓐ의 종가 기준으로 6.7% 수익라인을 경험하게 됩니다. ⓐ에서 미처 매도하지 못했더라도 MACD-시그널선의 데드크로스

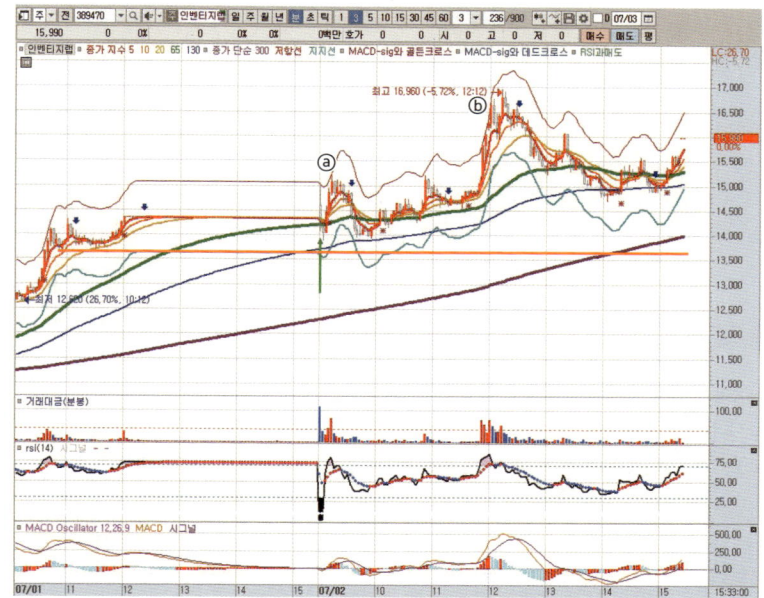

인벤티지랩 2024년 7월 2일 3분봉 차트(하루 전체)

가 발생하는 시점에는 보유물량을 0으로 만들어야 합니다.

ⓐ 이후 다시 주가는 하락하는데요. 전일 상한가를 만든 마지막 파동의 저가를 손절선으로 잡고 다시금 매수할 수 있습니다. RSI 과매도권 진입 및 이탈이나 MACD-시그널선의 골든크로스 발생이 매수의 기준이 됩니다.

ⓐ에서의 익절 이후 당일 저가권에서 전일 상한가를 만든 마지막 파동의 저가를 손절선으로 삼고 매수했다면, 그 물량은 RSI 과매수권으로 진입하는 ⓑ에서 모두 익절할 수 있었습니다. 10시 초반에 MACD-시그널선의 골든크로스가 발생한 것을 볼 수 있습니다. 수익라인은 약 18%입니다. 그 안에서 어느 정도 퍼센트로 익절하든 매매자의 기쁨입니다.

장 초반에 만들어지는 당일의 저가는 큰 의미를 갖습니다. 7월 1일 상한가에

인벤티지랩 2024년 7월 2일 일봉 차트

이어 D+1 데이인 7월 2일의 일봉 차트를 보겠습니다. 전일의 상한가를 만든 거래대금보다 거 큰 거래대금이 몰렸네요.

이번에는 한일단조 사례를 살펴보겠습니다. 2024년 10월 21일 윗꼬리 양봉 다음 날인 22일 한일단조는 상한가를 실현했습니다. 거래량은 전일 거래량의 416%에 달했습니다. 거래량이 붙으면서 변동성이 확대되었음을 알 수 있습니다. 윗꼬리 양봉 다음 날의 매매에 대해서는 후술하겠습니다. 우리의 관심사는 오직 상한가 다음 날인 23일 D+1 데이 매매를 할 수 있을지 여부입니다.

2.54% 갭 상승 시가로 시작하면서 잠재적인 손절매가가 크게 부담이 가지 않는 선입니다. D+1 데이 매매를 한다고 했을 때 시가부터 매수 개입을 할 수 있겠죠. 고점 기준 24.7%, 종가 기준 16.07% 상승 구간을 줍니다. 개인이 단타 매

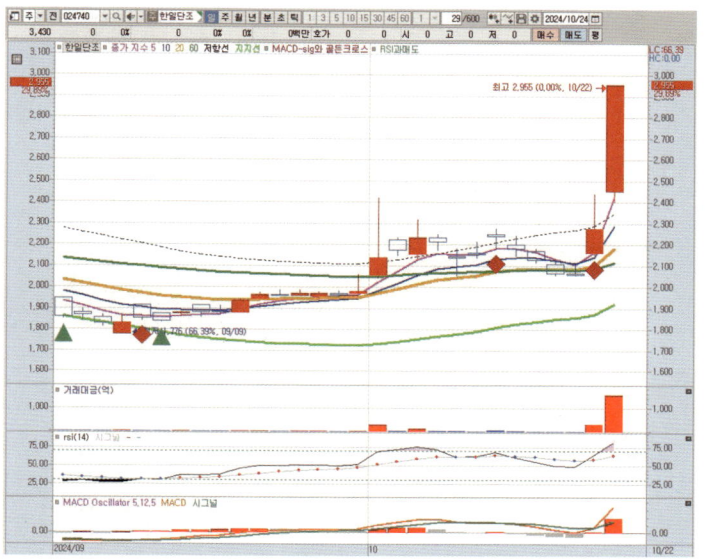

한일단조 2024년 10월 22일 일봉 차트

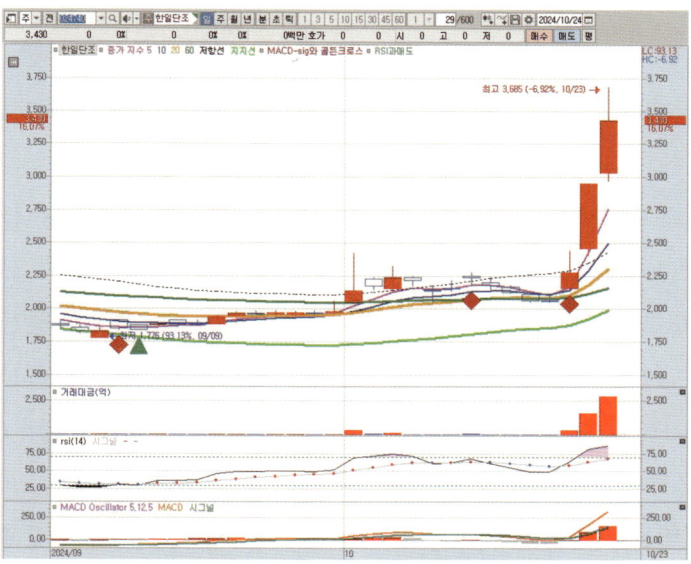

한일단조 2024년 10월 23일 일봉 차트

2장. 시가 단타 매매의 기술

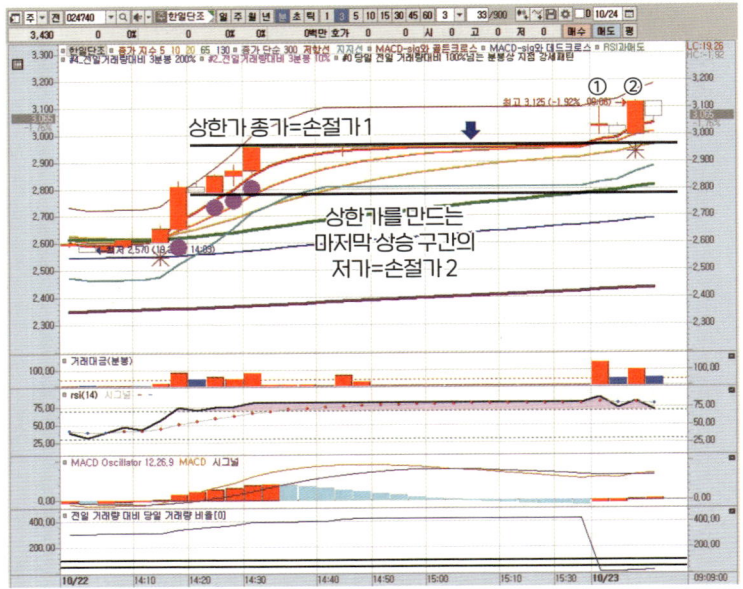

한일단조 2024년 10월 23일 3분봉 차트(9시 9분까지)

매로 원하는 수익의 폭은 다양하겠지만 많은 사람이 만족할 만한 정도의 상승이라고 봅니다.

3분봉 차트로 주가의 흐름을 살펴보겠습니다. 22일의 상한가 종가가 손절가 1, 그리고 그 상한가를 만들어낸 마지막 상승 구간의 저가를 손절가 2로 삼겠습니다. 23일 갭 상승 시가로 시작할 때 1차 매수를 합니다. 손절가 근처에서 2차 매수를 하면서 비중을 높일지, 1차 매수 분량을 손절매할지는 매매자의 성향과 판단에 따릅니다. 아예 1차 매수를 시가에 하지 않고 첫 3분봉이 마무리되는 것을 보고 할 수도 있습니다.

어찌되었든 첫 3분봉(①)에서 전일 상한가를 만들기 위해 오후 2시 10분 이후 각 3분봉에서 붙던 거래량 이상이 붙어주면서, 주가가 3분봉 차트상 5일 이동평균선 위에서 버텨주었기 때문에 정배열의 유지를 지켜보면서 홀딩할 수 있었습니다. ②와 같은 캔들이 작아 보여도 4%의 상승봉입니다. 매매자의 성향에 따라서는 이 정도에서 익절해도 충분하다고 느낄 수 있습니다.

상한가 D+1 데이 매매에 대한 경험을 쌓고 기술에 대한 신뢰가 생기기 전까지는 짧은 익절이라도 수익을 챙기는 연습을 하십시오. 차츰 경험이 더해지면서 수익 실현까지 충분히 기다릴 수 있는 여유가 생길 것입니다.

손절가를 깨지 않는 이상 ①에서 매수한 물량을 장 초반에 붙들고 있었더니 거래량이 붙으면서 상승이 이어졌습니다. D+1 데이 매매는 상승추세를 타는 매매 기술이므로 이동평균선의 정배열 유지나 MACD-시그널선의 골든크로스가 데드크로스로 바뀌는 지점까지 홀딩합니다.

③에서 MACD-시그널선이 데드크로스로 바뀌므로 익절할 수 있습니다. 모두 익절해주는 것이 좋습니다. 14.4%의 수익라인입니다. 한편 혹시나 싶어서 ③에서 전량 익절하지 않고 남겨놓은 물량이 있다면 20 이동평균선을 깨는 ④에서는 미련을 버리고 모든 물량을 매도하는 것이 좋습니다. 그래도 12.5% 정도의 수익라인입니다.

HTS에 여러 조건의 실시간 검색창을 띄워놓으면 매수할 만한 종목들이 계속 업데이트됩니다. 그러나 단타 매매를 하고 있는 이상 일단 한 종목에 들어가면 수익을 최종적으로 마무리할 때까지 다른 종목에 대한 관심은 잠시 꺼두고 집중하는 게 좋습니다. 매매에 익숙해지면 두세 종목을 오고가면서 매매할 수 있지만 초보자라면 한 종목에 집중하는 것이 좋습니다. 단타 매매에서는 매매자가 평정심을 유지하는 것이 매우 중요합니다.

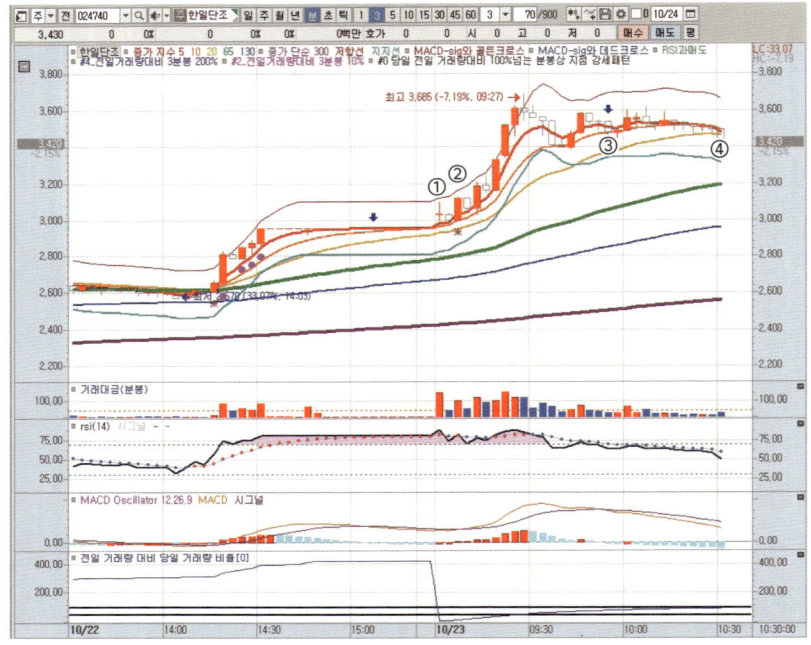

한일단조 2024년 10월 23일 3분봉 차트(10시 30분까지)

　시가에 매수한 물량을 ③이나 ④에서 모두 익절한 이후 하루 종일 주가가 어떻게 흘렀는지 확인해봅시다. 매도한 시점이 어느 정도는 당일 주가의 고점이었음을 알 수 있습니다.

　보유물량을 모두 수익 실현한 다음 당일 매매를 멈출 것인지, 다른 종목을 찾아갈 것인지, 아니면 그 종목을 계속해서 째려보면서 매수타점을 다시 찾을 것인지는 매매자의 선택입니다. 다만 전일 상한가에 이어 당일도 일정 수준 이상의 상승이 있었다면, 수익을 실현하고 싶어 하는 매도세를 압도하는 상당한 매수세가 들어와 있는 상태라고 해석할 수 있습니다. 이때는 조정 시 지지를 활용할 수 있습니다. 한일단조의 경우에도 기술이 능숙해지면 매매할 수 있는 포인

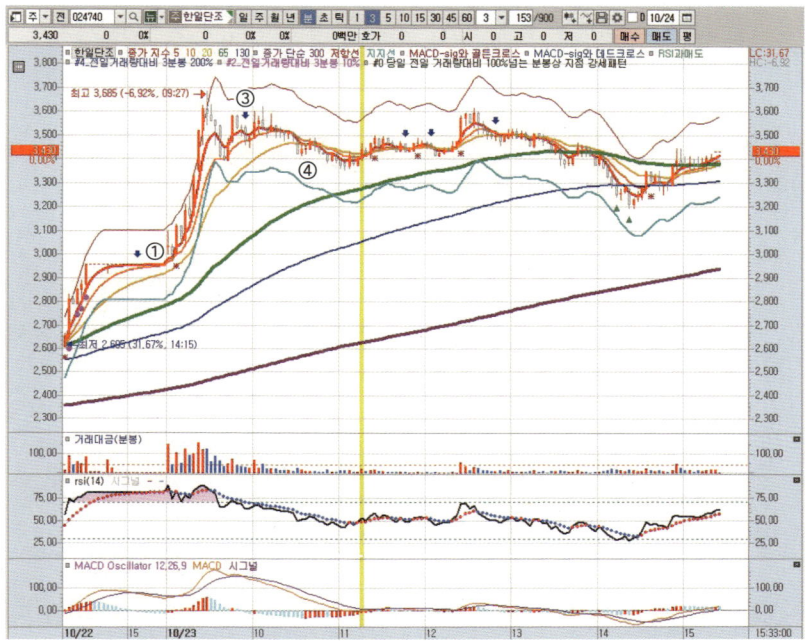

한일단조 2024년 10월 23일 3분봉 차트(하루 전체) ①

트들이 눈에 보이게 됩니다. 다음과 같이요.

　당일 고점에서부터 만들어진 하락추세선을 돌파하는 시점에서 매수해 전고점 근처에서 매도할 수 있습니다. 이때 손절가는 하락추세선을 돌파하기 전 저가로 삼습니다. 상한가를 만들고 추가 상승을 만들어내는 재료가 충분히 강하면 다시금 거래량이 붙으면서 당일 최고점인 전고점까지도 주가가 상승하게 되지만, 상승시키는 거래량이 장 초반 상승 시 거래량에 비해 부족한 상태입니다. 후속 매수세에 의한 추가 상승의 가능성이 떨어지고 있다는 뜻입니다. 많이 욕심내지 않더라도 이쯤 정리하면 어느 정도의 수익을 챙길 수 있습니다.

　이번에는 당일의 눈에 띄는 두 고점을 이은 하락추세선을 활용해 상단추세

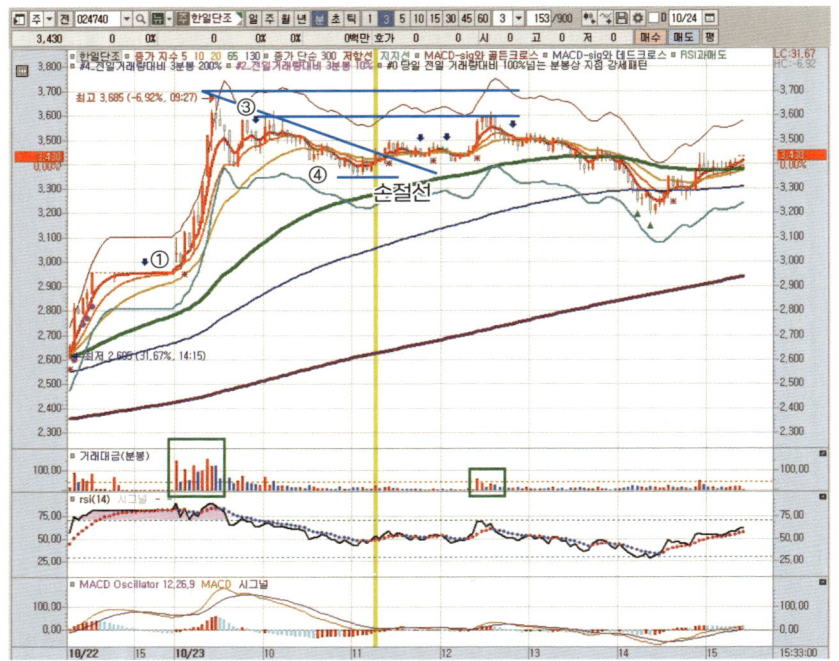

한일단조 2024년 10월 23일 3분봉 차트(하루 전체) ②

선을 그린 다음, 추가로 그에 평행한 하단추세선을 그려서 주가가 움직이는 채널을 만들어봅시다. ⑤나 ⑥과 같이 3분봉 차트상 RSI 과매도권으로 진입했을 때 매수할 만한 자리인지, 아닌지를 확인하는 데 도움을 받을 수 있습니다.

장 후반이므로 큰 비중을 갖고 매매하기에는 겁이 날 수도 있으니 매수물량은 적절히 조정할 수 있겠죠. ⑤나 ⑥에서 매수한 물량은 당일 종가 기준으로 5~6%의 수익라인에 있게 됩니다.

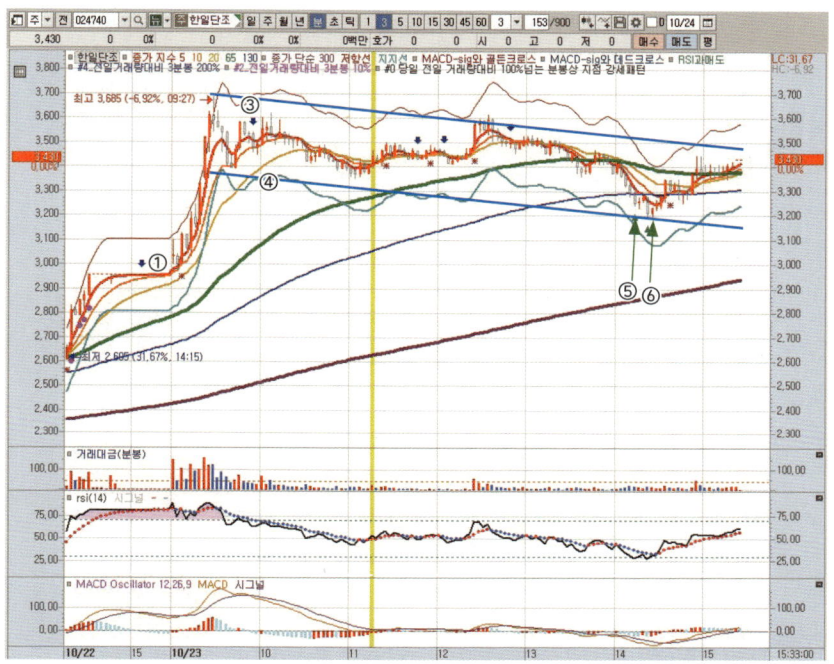

한일단조 2024년 10월 23일 3분봉 차트(하루 전체) ③

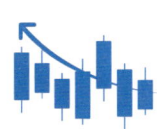

1-5
고려아연

2024년 9~10월 경영권 분쟁으로 떠들썩했던 고려아연. 경영권 확보를 위한 공개매수가 끝나자 지분 확보를 위한 장내매수 경쟁이 불붙었고 그에 대한 기대감으로 10월 24일 상한가로 장을 마쳤습니다. 보통의 매매자가 이러한 변동성을 활용해 많은 물량을 확보하기란 심리적으로 어려운 일이지만, 이런 종목에서도 D+1 데이 매매를 할 수 있었음을 알려드리고 싶었습니다.

D+1 데이인 10월 25일, 고려아연은 9.93% 갭 상승 시가로 시작해 고가 기준 29.17%까지 상승하고 긴 윗꼬리를 달며 장을 마쳤습니다. 변동폭이 있다는 말은 수익을 볼 수 있는 구간이 있었다는 말입니다. 3분봉 차트를 통해 자세히 살펴보겠습니다.

9.93% 갭 상승으로 시작한 주가는 3분 만에 20.91%까지 내달립니다. 경영권 분쟁이 걸린 종목은 경쟁구도가 정리될 때까지는 가격에 상관없이 누가 목적한 물량을 확보하는가가 중요하므로, 탄력을 받을 때엔 주가가 쉬지 않고 달리

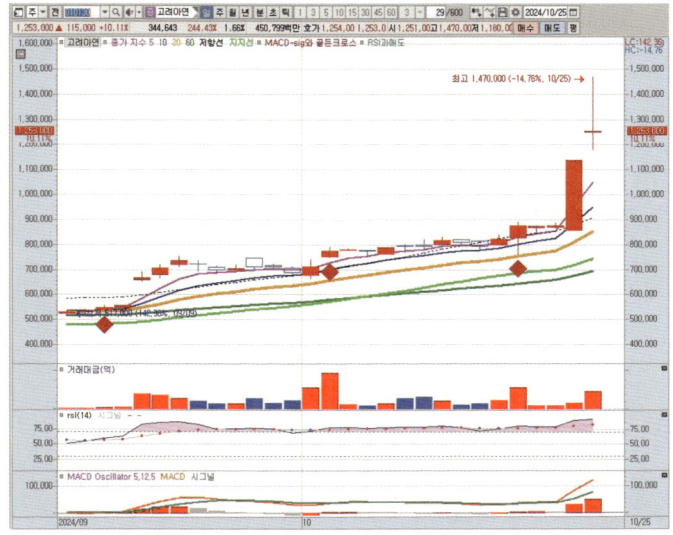

고려아연 2024년 10월 25일 일봉 차트

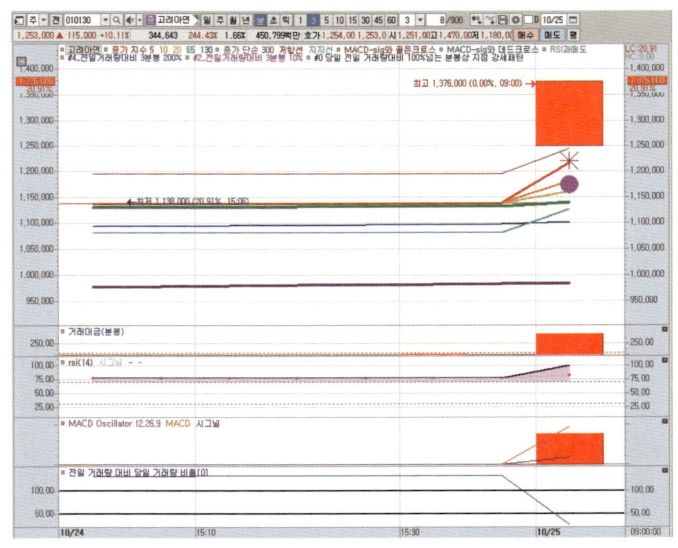

고려아연 2024년 10월 25일 3분봉 차트(첫 3분봉)

2장. 시가 단타 매매의 기술

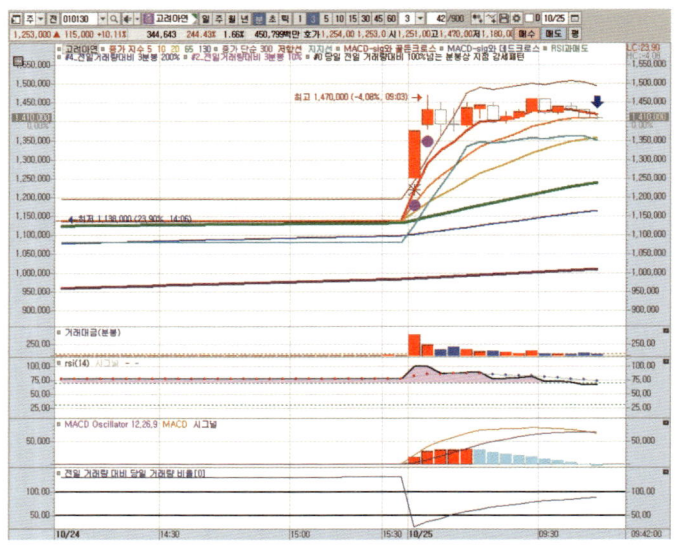

고려아연 2024년 10월 25일 3분봉 차트(9시 42분까지)

는 양상을 보입니다. 그 과정에서 단타 매매로 진입하기 좋은 구간을 많이 제공합니다. 다만 달리 말하면, 어떤 식으로든 경쟁이 정리되면 급락할 수도 있단 뜻입니다. 에스엠의 경영권을 두고 카카오와 하이브가 경쟁하다 서로 상처만 입은 사례도 있어 매우 조심해야 합니다. 따라서 일봉을 기준으로 한 매매보다는 단타 매매로 수익 구간만 챙기는 것이 좋습니다.

어쨌든 D+1 데이 시가에 매수한 물량이 이렇게 수익을 만들어주면 고마운 일입니다. 3분 만에 10% 수익을 보고 익절해 매매를 마무리할 수도 있고, 배짱이 있다면 이동평균선의 정배열을 보고 좀 더 기다릴 수도 있습니다. 어쨌든 시초가에 매수한 물량은 수익권이니까요.

장 시작 후 첫 3분봉에서 익절하지 않고 이동평균선의 정배열을 보면서 수익 실현의 유혹을 참아낼 수 있었다면, 추가로 첫 3분봉의 고점 대비 약 6% 정도의 추가 상승을 통해 평가이익이 늘어나는 모습을 흐뭇하게 지켜볼 수 있습니다.

'어? 오늘도 상한가 가나?'라는 희망 섞인 기대가 마음에 차오르기도 합니다. 그런데 이런 감정이 들면 허벅지를 한 번 꼬집으십시오. 이런 감정이 바로 적절한 순간의 매도를 못하게 만드는 함정이 되는 경우가 많습니다.

9시 42분에서 45분 사이의 캔들이 만들어질 때 MACD-시그널선의 데드크로스가 발생했습니다. '이틀 연속 상한가'에 대한 기대가 마음속에 있으면 왠지 저 지점에서 주가가 잠깐 쉬었다가 다시 상승할 것 같은 느낌이 들어서 매도를 망설이게 됩니다. 이미 많은 수익이 난 상태임에도 수익을 더 내고 싶은 '욕심'이 기술적 매매를 방해하는 것이죠. 이때 '어쨌든 신호가 이렇게 났으니 규칙에 따라 전량 수익 실현!'이라 생각하고 매도버튼을 누른 매매자라면 첫 3분봉 종가보다 2~3% 정도 수익률을 더한 상태로 당일의 매매를 마무리할 수 있습니다.

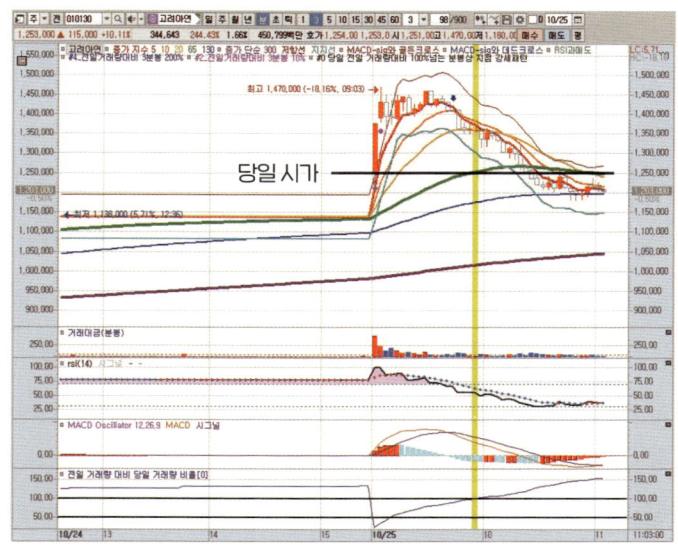

고려아연 2024년 10월 25일 3분봉 차트(11시 3분까지)

상승의 추세가 꺾인 이후 약 1시간 동안 주가가 어떻게 흐르는지 보십시오. 최종 익절이 가능했던 MACD-시그널선의 데드크로스 시점부터 15% 가까이 하락합니다. 당일 갭 상승 시가마저 깨고 하락합니다. 하락이 이어지는 과정에서 줄어든 수익을 보고 쓴웃음을 지으며 익절하면 다행입니다. 기대감이 매매자의 마음을 사로잡으면 심한 경우 '20 이동평균선에서는 반등하겠지' '65 이동평균선에서는 반등하겠지' 하면서 기약 없이 기다리다 매도 타이밍을 놓치기도 합니다.

'기대'와 '대응'은 구분이 필요합니다. 기대는 감정이지만, 대응은 매매 원칙에 따른 행동입니다. 장 초반 급등이 3분봉 차트상 5-10일 이동평균선의 정배열을 유지하면서 쭉쭉 올라가지 못한다면 언제든지 매도할 수 있어야 합니다.

고점 기준으로는 거의 상한가까지 갔던 종목이고, 시장의 주목을 받고 있기 때문에 한 번 정도는 반등을 노려볼 수 있을 것입니다. 일반적으로 센 종목은 30분봉 차트상 5 이동평균선에 해당하는 3분봉 차트상 65 이동평균선 근처에서 MACD-시그널선이 골든크로스를 만들면서 반등합니다. 더욱이 여기서는 당일 갭 상승 시가와 65 이동평균선이 거의 같은 가격대여서 반등이 일어나도 이상하지 않습니다.

다만 65 이동평균선에서 반등'할 테니' 미리 매수해야지가 아니라, 65 이동평균선까지 왔으니 반등의 신호가 될 수 있는 양봉이 나오는지 '지켜보고' 매수해야지가 올바른 대응입니다. 그리고 이번 사례에서는 65 이동평균선을 찍고 반등하는 양봉이나, 65 이동평균선을 잠시 깨지만 다시금 몸통으로 돌파하는 양봉이 발생하지 않았습니다. 즉 매수할 이유가 없는 상태인 것입니다. 그리고 한 단계 내려가서 130 이동평균선에서 양봉들이 슬쩍슬쩍 나오면서 MACD-시그널선의 데드크로스가 점점 골든크로스를 만드는 방향으로 진행 중임을 알 수 있습니다.

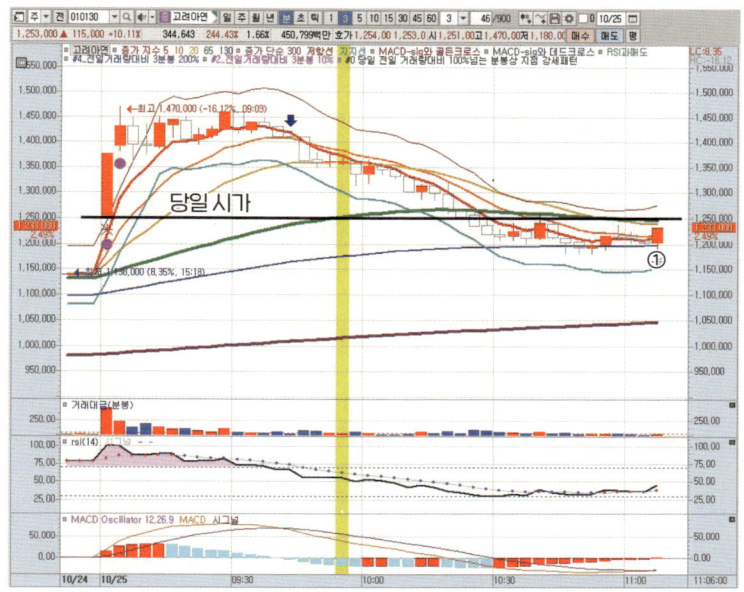

고려아연 2024년 10월 25일 3분봉 차트(11시 6분까지)

①에서 2.49%의 양봉이 만들어지면서 MACD-시그널선의 골든크로스가 발생합니다. 30분봉 차트상 10 이동평균선에 해당하는 3분봉 차트의 130 이동평균선에서는 일단 지지가 일어나고 있음을 알 수 있습니다. 이런 지점에서부터 비로소 매수 대응을 할 근거가 생기는 것입니다. ①캔들이 완성된 다음부터 이 캔들의 저가 또는 이 캔들이 만들어지기 전의 저가를 손절가로 보고 매수 대응할 수 있습니다. 다만 차트상 당일 시가나 ①캔들 위에 있는 65 이동평균선이 저항대로 작용할 수 있음을 짐작할 수 있습니다. 반등이 제한적일 수도 있다는 뜻입니다.

집중해서 매매해야 하는 위치임은 사실입니다. 당일 시가 위, 즉 65 이동평균선 근처에서 반등이 시작되었다면 이런 부담은 좀 덜 수 있습니다. 주당

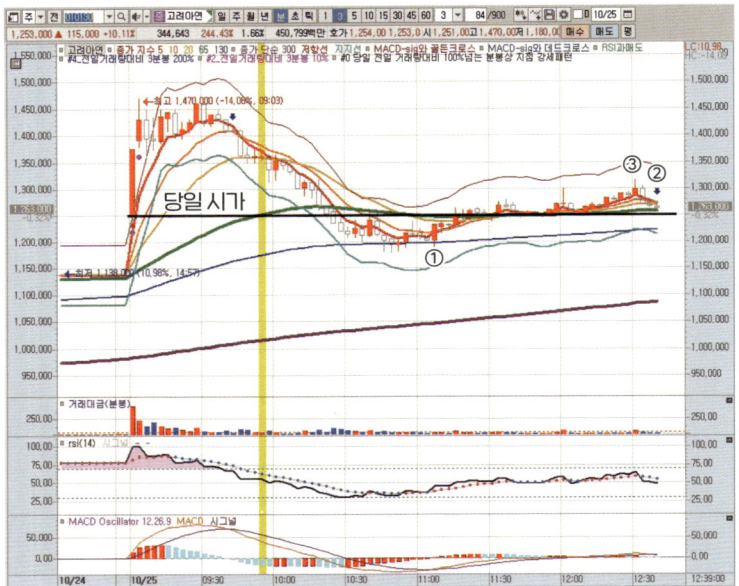

고려아연 2024년 10월 25일 3분봉 차트(12시 39분까지)

100만 원이 넘는 고려아연입니다. 추가 하락의 공포를 이겨내고 이런 지점에서 매수하는 게 쉽지만은 않을 것입니다. 오버솔드가 하고 싶은 말은 다른 종목에서도 상승 후 조정 시 매수하고자 한다면 반드시 이러한 근거들을 갖고 매수해야 한다는 점입니다.

①캔들이 완성된 다음, 여기서 매수한 물량은 당일 시가 및 65 이동평균선의 가격대에 부딪힌 다음 지루한 횡보를 이어갑니다. 그러다 한 단계 더 상승하고 나서 ②와 같이 MACD-시그널선의 데드크로스가 발생합니다. 무슨 뜻이냐면, 이제 반등의 추세가 종료되었다는 뜻입니다.

①의 종가 근처에서 매수해 ②에서 매도했다면 약 2.5%의 수익이 발생합니다. 그리고 MACD-시그널선이 만드는 상승추세 안에서의 고점인 ③까지는 약

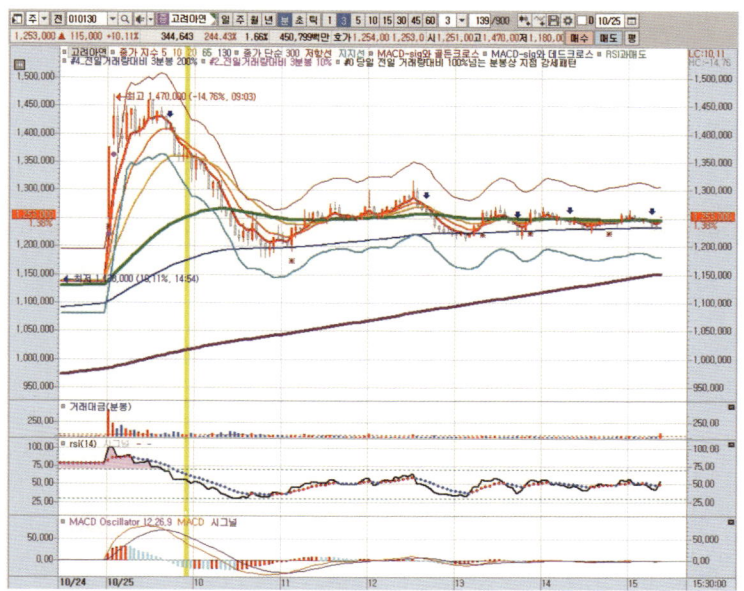

고려아연 2024년 10월 25일 3분봉 차트(하루 전체)

7.5%의 상승 구간이 만들어집니다.

이상적인 매매란 실전 상황에서는 실현하기 어렵습니다. 실제 오버솔드도 당일 시가와 65 이동평균선을 시원하게 뚫어내지 못하는 것을 보고 모두 익절했습니다. 1.5% 정도의 수익이었습니다. 좀 더 차분하고 배짱 있는 매매자라면 보다 나은 수익을 거둘 수 있는 기회를 만날 수 있다는 점을 강조하고 싶습니다.

하루 전체 3분봉의 흐름입니다. 1차 반등에 대해서도 익절로 대응한 다음 주가의 흐름은 지지부진했습니다. 기술적인 단타 매매에 매혹되다 보면 2차, 3차 반등에서도 단 1%라도 계속 발라먹으면서 수익을 내려고 덤비는 경우가 생깁니다. 이 차트에서도 '어? 130일 이동평균선은 계속 지지해주네?'라고 생각할 수 있습니다. 그러나 1차 반등의 강도가 장 초반의 상승에 비해 약하다면 그 이후 많은 경우 1차 반등의 저점을 뚫고 하락합니다.

장 초반의 상승에서 익절한 후 1차 반등까지 매매하는 경험을 늘리다 보면, 1차 반등이 굉장히 세게 일어나는 상황을 볼 수 있습니다. 많은 경우 이런 반등은 65 이동평균선에서의 지지에서 시작됩니다.

시장에는 우리보다 매매를 잘하는 수많은 고수가 있습니다. 기술적 매매가 충분히 숙련되지 않으면 1차 반등에서도 수익 실현이 쉽지 않습니다. 따라서 2차 반등부터는 고수의 영역으로 남겨놓고, 우리는 그 시간에 커피를 마시거나 산책을 하며 마음을 다스리는 편이 낫지 않나 싶습니다.

전일 새양봉을 기준으로 활용한 단타 매매

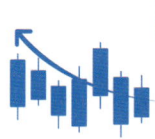

우리는 전작 『저가 매수의 기술』에서 양봉이 갖는 의미에 대해 제법 심도 있는 공부를 한 바 있습니다. 양봉은 우리가 생각하는 것 이상으로 중요한 의미를 갖고 있기 때문에 양봉에 대한 명확한 이해가 부족하다면 이 단원을 공부하기 전에 그 책을 다시 한번 읽어보기를 권합니다. 매매의 기술을 활용해 수익을 거둘 수 있는 시간은 앞으로도 충분하니, 이론적 배경을 다지고 또 다지기 바랍니다.

양봉은 바다 위의 섬처럼 하나가 만들어지고 끝나는 것이 아니라 매일의 시장 흐름 속에서 만들어집니다. 양봉은 다른 캔들과 관계를 맺고 있으며 현재 만들어진 양봉이 어떤 맥락에서 만들어졌는지를 이해할 수 있는 힘이 생기면 중장기 매매든, 스윙 매매든, 단타 매매든, 초단타 매매든 모든 매매에 확신을 갖고 임할 수 있습니다.

캔들은 그냥 빨간색이나 파란색으로 칠해놓은 것이 아니라, 많은 매매자의 매매가 반영된 결과를 나타낸 것입니다. 그 속에는 그들의 심리가 녹아 있습니

새양봉의 기본 형태

다. 따라서 각 캔들의 시가와 종가, 저가와 고가가 단타 매매에서 굉장히 중요한 의미를 갖는 가격대가 된다는 점을 기억하면 좋겠습니다.

매일매일 쌓인 거래의 결과가 캔들로 형성되지만, 그 어떤 캔들도 결국에는 이 패턴을 벗어나지 못합니다.

음봉-양봉-음봉
음봉-여러 개의 양봉-음봉

우리는 가능한 양봉을 기준으로 매매하려고 합니다. 왜냐하면 양봉이라는 것은 매도하려는 사람보다 매수하려는 사람들이 더 많은 돈을 써서 만들어낸 결과물이기 때문입니다.

오버솔드는 3분봉을 활용한 단타 매매 시 음봉 다음에 만들어지는 양봉에 주목합니다. 음봉으로 대변되는 하락 내지는 조정이 멈춘 자리이기 때문입니다. 이렇게 음봉 다음에 만들어진 양봉을 앞으로 '새양봉'이라고 부르겠습니다.

주가의 상승 구간에서의 새양봉

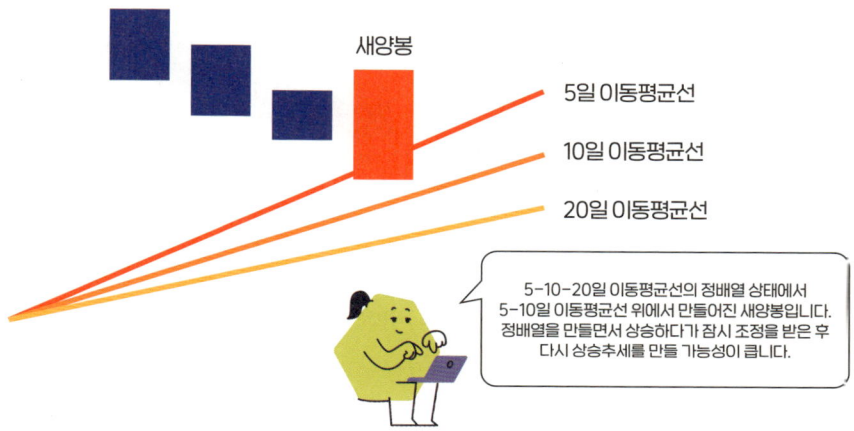

주가의 하락 구간에서의 새양봉

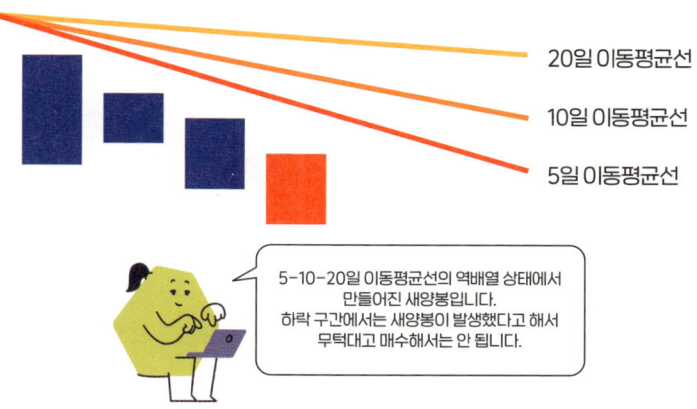

　　새양봉은 발생한 위치에 따라 의미가 달라지며, 이 위치성을 새양봉에 부여하는 것이 바로 이동평균선입니다. 새양봉은 주가가 상승하는 과정에서 발생할

수도 있고, 하락하는 과정에서 발생할 수도 있습니다. 상승하는 과정에서 발생하는 새양봉은 조정 이후 재상승을 암시하며, 하락하는 과정에서 발생하는 새양봉은 좀 더 정교한 조건을 붙여야겠지만 하락을 멈추고 반등할 수 있는 가능성을 보여줍니다.

상승과 하락을 규정하는 방법은 전문가마다 다양하겠지만 오버솔드는 간단히 5-10-20일 이동평균선의 정배열을 상승하는 구간으로, 역배열을 하락하는 구간으로 규정하겠습니다.

단타 매매에서의 성공률을 높이기 위해 상승 구간에서의 새양봉은 가능한 종가가 5일 이동평균선과 10일 이동평균선의 정배열 위에 위치한 것을 활용합니다.

단타 매매에서의 성공률을 높이기 위해 하락 구간에서의 새양봉에 좀 더 엄격한 조건을 붙입니다. 하락 과정에서 잠시 쉬고 다음 날부터 음봉을 만들며 추가 하락할 수 있기 때문입니다.

1. 전일 음봉의 고가보다 새양봉의 종가가 높을 것
2. 일봉상 RSI 과매도권 안에서 진행 중일 때 새양봉이 만들어질 것

하나씩 알아보겠습니다.

먼저 전일 음봉의 고가보다 새양봉의 종가가 높아야 합니다. 하락이 지속되며 만들어진 가장 최근 음봉의 고가는 어떤 의미에서는 가장 최근의 저항선입니다. 전체적으로 하락하고 있지만 가장 최근의 음봉이 만들어진 날에도 음봉의 고점에서부터 하락한 것이니까요. 이때 새양봉의 종가가 가장 최근 음봉의 고가를 뚫어냈다는 의미는 최소한 가장 최근의 저항선을 매수세가 돌파했다는 뜻입니다. 매수세가 드디어 매도세를 이겨낸 지점이 되는 것이죠.

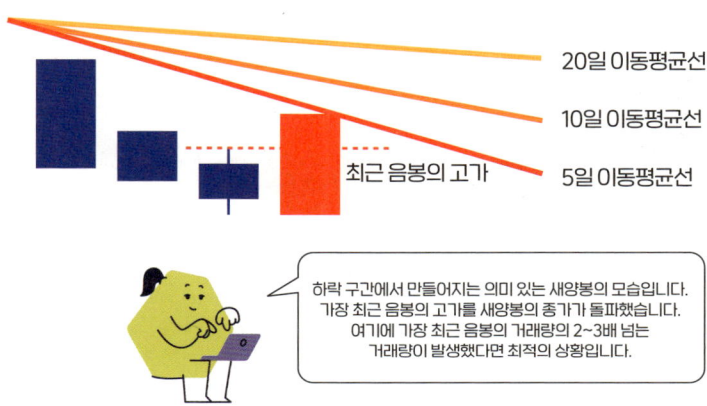

이러한 새양봉이 만들어지면 반등을 기대하면서 새양봉 다음 날 매매할 수 있는 조건이 충족되었다 말할 수 있습니다. 새양봉의 저가를 손절가로 삼고 매매합니다.

다음으로 일봉상 RSI 과매도권 안에서 진행 중일 때 새양봉이 만들어져야 합니다. 주가의 하락이 지속되어 RSI 과매도권에 진입한 이후 즉시 반등하지 않고 RSI 과매도권에 머물면서 추가로 하락하는 경우가 있습니다. 이런 구간에서 새양봉이 만들어지면 매수 개입하기 시작합니다.

이때 만들어진 새양봉이 앞서 설명한 첫 번째 조건(전일 음봉의 고가보다 새양봉의 종가가 높을 것)과 같은 형태를 갖고 있으면 더할 나위 없이 좋겠지만, 그렇지 않더라도 괜찮습니다.

참고로 새양봉을 기준으로 한 단타 매매의 기술에서는 상승하는 구간에서 발생한 새양봉만을 대상으로 삼습니다. 하락하는 구간에서의 매매에 대해 관심이 있다면 개인적으로 공부해보시 바랍니다.

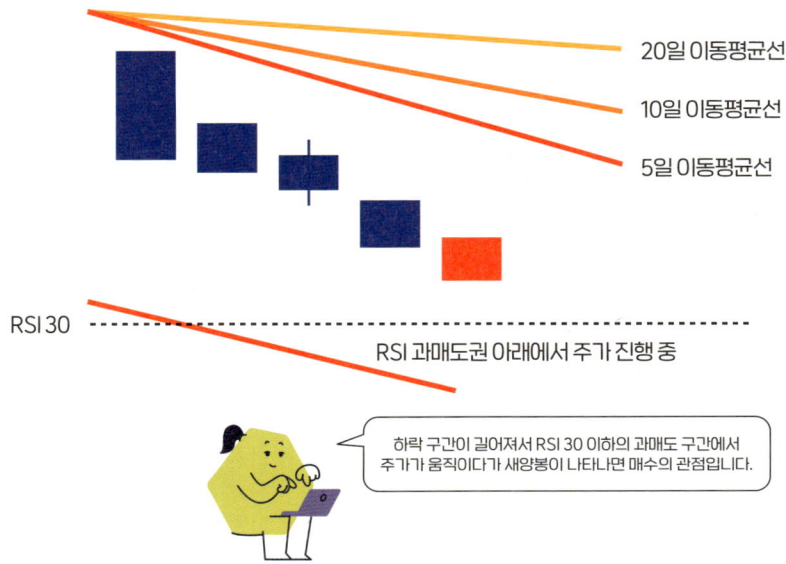

이제부터 새양봉을 활용한 3분봉 단타 매매의 기술을 설명하고자 합니다. 먼저 이 기술을 구사하기 위해 다음과 같이 새양봉의 기준을 세워놓도록 하겠습니다.

1. 일봉상 5-10-20일 이동평균선이 정배열 상태
2. 전일 캔들은 음봉
3. 캔들은 종가가 최소한 10일 이동평균선 위에서 끝난 양봉

상승 중이던 주가가 조정을 받다가 10일 이동평균선 위에서 조정을 마치고 다시 상승으로 방향을 틀 가능성이 높은 양봉을 새양봉이라 말할 수 있겠습니다. 우리는 이런 새양봉 다음 날 3분봉 차트를 활용해 단타 매매를 합니다.

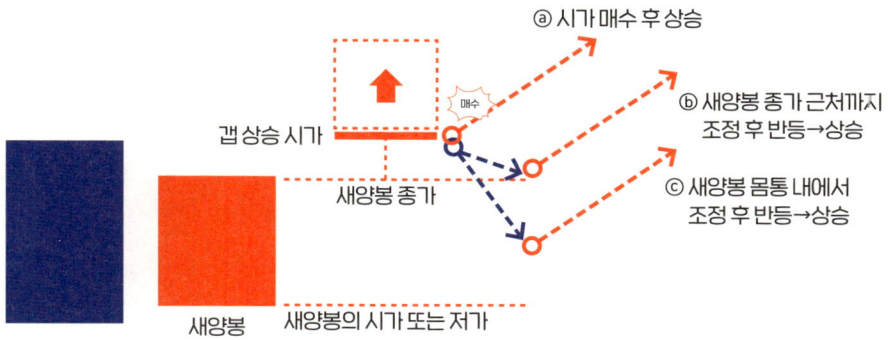

새양봉 다음 날 갭 상승 시가로 시작할 경우의 매매

　새양봉 다음 날 갭 상승 시가로 시작하면 장 초반 상승으로 진행될 확률이 높습니다. 물론 갭 상승 시가가 너무 높게 시작하면 전일 새양봉에 들어와 있는 매수자들의 수익 실현 물량이 나오면서 하락할 수 있으므로, 시가부터 매수 대응하기에는 조금 부담스러울 수 있습니다. 그렇지 않고 3%남짓 갭 상승 시가로 시작할 경우 시가에 1차 매수한 다음 그림과 같이 의미 있는 가격대를 기준으로 손절하거나 추가 매수하는 식으로 적절히 대응합니다.

　새양봉 다음날 갭 상승 시가로 시작할 경우 장 초반의 주가의 흐름은 ⓐ~ⓒ 세 유형으로 정리할 수 있습니다.

　먼저 ⓐ입니다. 갭 상승 시가에서 1차 매수합니다. 갭 상승이 만들어졌다는 것은 전일 새양봉을 만든 세력이 5-10일 이동평균선의 정배열을 유지하면서 주가의 상승을 도모하겠다는 뜻으로 해석할 수 있습니다. 갭 상승 시가 이후 바로 상승하거나 3분봉으로 1~2개 정도 밀리다가 바로 시가를 회복하고 상승으로 방향을 잡는 경우입니다.

　그다음 ⓑ입니다. 갭 상승 시가에서 1차 매수합니다. ⓐ에서와 달리 갭 상승 시가 직후 매수세들이 들어오지 않아 전일 새양봉을 만든 세력 외의 일반 매매자들이 수익 실현을 위해 매도하는 경우 주가가 밀리게 됩니다. 이 경우 가장 먼저 확인해야 하는 가격대는 새양봉의 종가입니다.

새양봉의 종가는 상승 후 조정을 마치고 추세를 돌리고자 하는 세력이 만드는 가격입니다. 주가 상승의 연속성을 유지하기 위해 가능한 훼손시키지 않고 지지가 일어날 가능성이 높습니다. 시장 전체에 부정적인 분위기가 있지 않는 한 새양봉의 종가 근처까지 장 초반 조정을 받는다면 가능한 매수의 관점에서 접근할 수 있습니다.

새양봉의 종가와 갭 상승 사이의 간격이 클 경우에는 손실에 대한 걱정이 커질 수 있지만, 3% 이내의 갭이라면 손절선으로 활용하기보다는 추가 매수선으로 활용할 수 있습니다. 전일 새양봉의 상승 흐름은 분봉상으로는 정배열로 진행되고 있는 중이기 때문에, 3분봉 차트에서의 이동평균선의 지지를 새양봉의 종가에서의 지지와 함께 기대할 수 있습니다.

마지막으로 ⓒ입니다. 달가운 형태는 아니지만 상승추세 속에서 만들어진 새양봉이기 때문에 당일 주가가 전일 새양봉의 종가를 깨고 하락하더라도 새양봉의 시가나 저가를 최종 손절선으로 봅니다. RSI 과매도권 진입 및 이탈 또는 MACD-시그널선의 골든크로스 발생과 같이 하락추세가 일단락될 수 있는 지점에서 추가 매수해 반등 시 수익 실현을 노립니다.

새양봉 발생 후 갭 상승 시가로 시작하는 경우 웬만해서는 이런 형태의 흐름은 나오지 않습니다. 다만 물량을 추가로 모으고자 세력이 주가를 누르는 경우 이런 모습이 나오기도 합니다. 갭 상승 시가 이후 새양봉의 종가나 시가(또는 저가)와 같은 의미 있는 가격을 깰 때 손절을 할 것인지, 추가 매수할지는 매매자의 위험회피성향과 관련된 것이라 지침을 내리기는 어렵습니다. 다만 적절히 비중을 조절해 분할 매수하는 식으로 큰 위험 없이 차근차근 대응할 수 있습니다.

새양봉의 몸통 구간에서 RSI 과매도권 찍고 반등

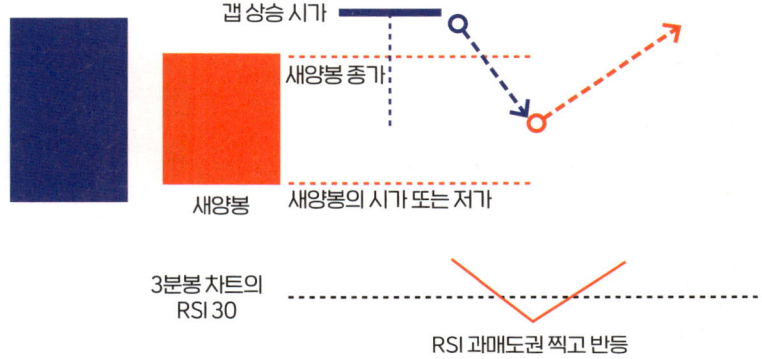

새양봉의 몸통 구간에서 MACD-시그널선의 골든크로스 만들면서 반등

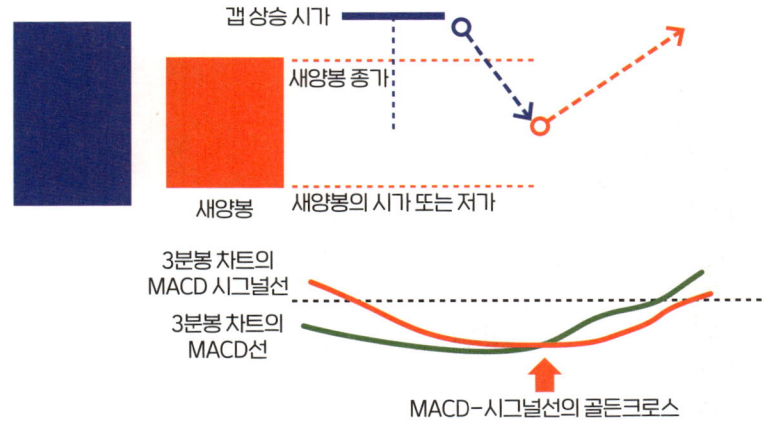

그럼 새양봉 다음 날 갭 하락 시가로 시작할 경우 어떻게 대응해야 할까요? 새양봉 다음날 갭 하락 시가로 시작하면 새양봉의 시가나 저가를 손절선으로 보고 갭 하락 이후 주가의 흐름에서 추세를 되돌리는 신호, 즉 RSI 과매도권 진입

2장. 시가 단타 매매의 기술

새양봉 다음 날 갭 하락 시가가 만들어지는 모습

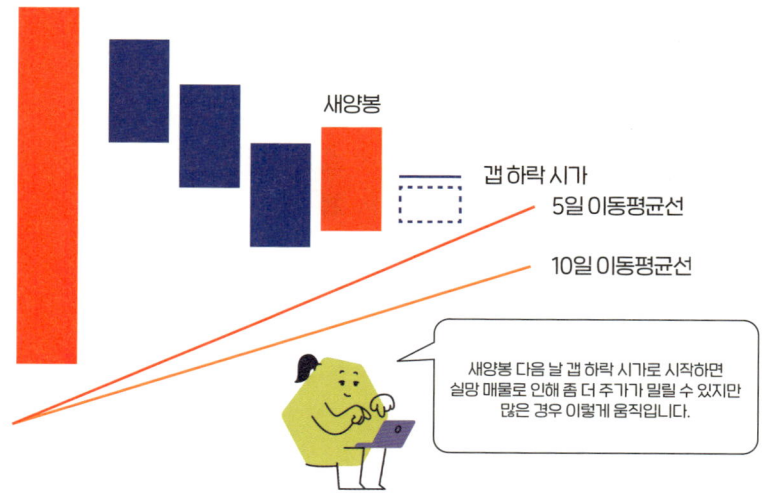

새양봉 다음 날 갭 하락 시가로 시작한 주가가 양봉으로 전환된 모습

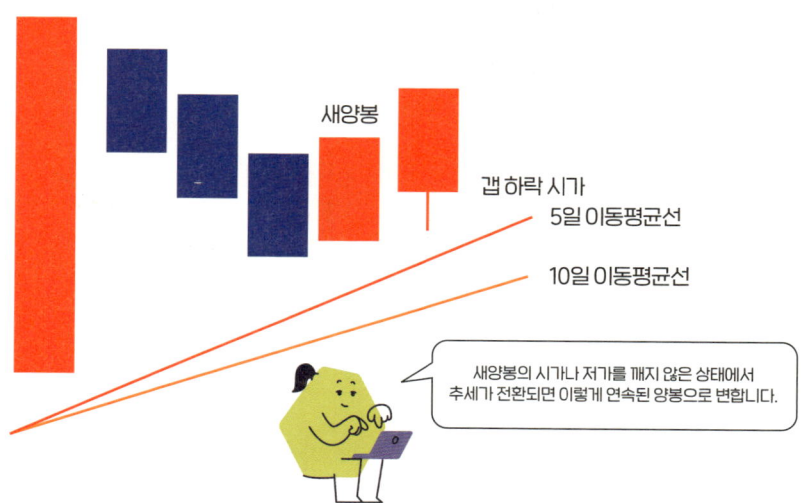

시 이탈이나 MACD-시그널선의 골든크로스 발생을 보고 조심스럽게 매수 개입하는 것이 좋습니다.

새양봉 다음 날 발생하는 갭 하락을 보고 '그럴 줄 알았어' '또 하락이네' 하고 단정 짓지 말고, 5-10일 이동평균선의 정배열이 보여주는 상승의 기조 속에서 잠시 조정을 받다가 조정을 멈춘 시점에 발생한 새양봉의 의미를 다시 한번 생각해보기 바랍니다. 그런 현상을 만들어주는 매수세가 빠져나가지 않는 이상 기회의 관점에서 바라보는 훈련을 해야만 합니다.

다만 갭 하락 시가가 어디에서 시작하느냐에 따라 대응의 방식은 조금 달라집니다. 갭 하락 시가의 시작 위치에 따라 다음과 같이 구분됩니다.

1. 새양봉의 시가(또는 저가) 위에서 갭 하락 시가로 시작되는 경우

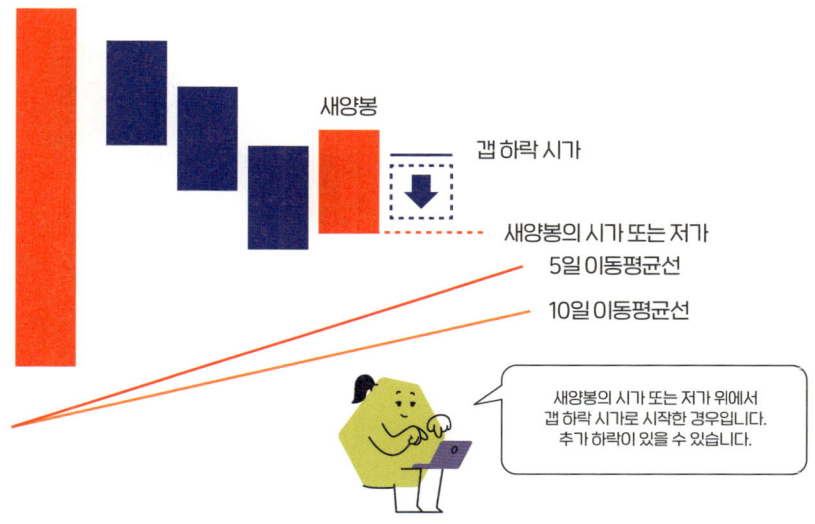

새양봉의 시가(또는 저가) 위에서 갭 하락 시가로 시작하는 모습

새양봉의 시가(또는 저가) 위에서 갭 하락 시가로 시작할 때 대응

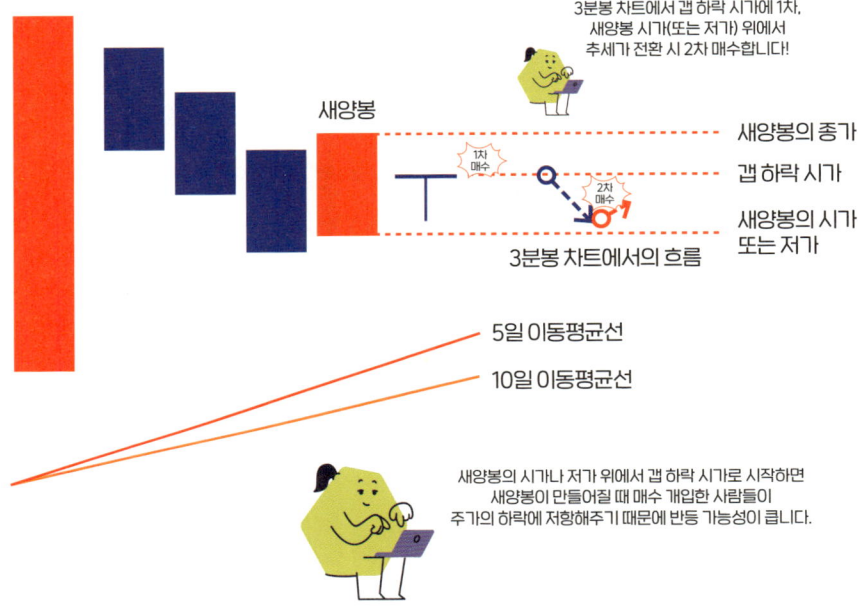

2. 새양봉의 시가(또는 저가) 아래에서 갭 하락 시가로 시작되는 경우

갭 하락 시가가 전일 새양봉의 시가(또는 저가) 위에서 시작한다는 뜻은 새양봉의 몸통 속으로 시가가 떨어진다는 말입니다. 이 몸통 속에는 매수하면서 주가를 올린 세력과 기타 매수자들이 모여 있습니다. 이들이 추가 하락을 막아주는 저항의 역할을 해줍니다. 새양봉의 시가(또는 저가)부터 이들이 모여든 것이므로, 이 가격을 깨지 않는 이상 오전 장에 매수 관점에서 접근할 수 있습니다.

이 조건에서의 갭 하락 시가에서 1차 매수, 그리고 새양봉의 시가(또는 저가) 위에서 추세의 전환을 알려주는 RSI 과매도권 진입 후 이탈이나 MACD-시그널선의 골든크로스 발생을 보고 2차 매수로 대응할 수 있습니다. 손절선은 전일 새양봉의 시가(또는 저가)로 삼으며, 자신이 감당할 수 있다면 5일 이동평균선이나 10일 이동평균선을 손절선으로 삼을 수 있습니다.

한편 갭 하락 시가에서 1차 매수했는데 추세 전환 신호가 발생하지 않고 새양봉의 시가(또는 저가)를 깨고 주가가 하락한다면 어떻게 해야 할까요? 이때는 손절매한 다음 추세 전환 신호가 나올 때까지 기다리는 것이 위험 부담을 줄이는 매매 요령이 되겠습니다. 검색기를 써서 매매할 경우 안정적인 수익을 위해 새양봉의 종가를 돌파하는 시점에서 포착되도록 해 추세가 완전히 돌아섰음을 확인하고 매매할 수 있도록 조건을 구성해야 합니다.

새양봉의 시가(또는 저가) 아래에서 갭 하락 시가로 시작되는 경우에는 어떻게 대응해야 할까요? 갭 하락 시가가 전일 새양봉의 시가(또는 저가) 아래에서 시작되는 경우 다시 하락추세가 시작될 가능성이 높습니다. 새양봉이라는 것은 어떤 가격부터는 더 이상 하락을 허락하지 않겠다는 뜻을 가진 캔들이며, 따라서 그 저가나 시가는 매우 중요한 지지선입니다. 그런데 그런 가격을 갭 하락으로 뚫어버렸다는 말은 세력의 의도가 어떻든 일반 투자자는 관심을 두지 않는 것이 좋습니다.

반등을 한다 하더라도 이미 깨고 내려온 새양봉의 시가(또는 저가)가 저항선으로 작동할 가능성이 있어 기대할 수 있는 수익이 제한적일 수 있습니다. 따라서 검색기를 써서 매매할 경우 안정적인 수익을 위해 새양봉의 시가(또는 저가)를 돌파하는 시점에서 포착되도록 해 추세가 완전히 돌아섰음을 확인하고 매매할 수 있도록 조건을 구성해야 합니다.

한편 전일 새양봉을 보고 당일 이 종목을 주력으로 매매하기로 마음먹었는데 새양봉의 시가(또는 저가) 아래에서 갭 하락 시가로 시작하게 되었다면, 일봉 차트상 5일 이동평균선과 10일 이동평균선의 정배열 구간이 지지대로 작동할

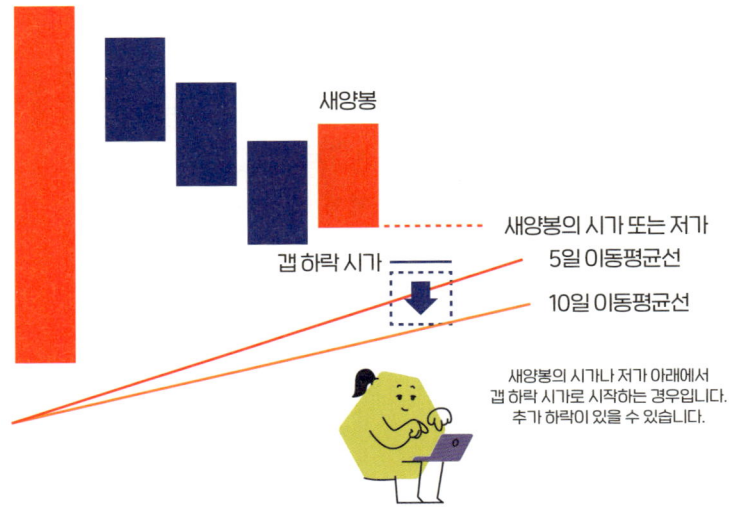

수 있습니다. 그래서 이런 구간에서 추세의 전환을 알려주는 RSI 과매도권 진입 시 이탈이나 MACD-시그널선의 골든크로스의 발생을 보고 조심스럽게 매수 개입할 수 있습니다.

그럼 이번에는 검색기를 만들어보겠습니다. 먼저 당일에 만들어진 새양봉을 찾아내기 위한 검색기를 만들어보겠습니다. 새양봉의 조건은 다음과 같습니다.

1. 일봉 차트상 5-10-20일 이동평균선 정배열
2. 전일 음봉
3. 당일 양봉
4. 당일 양봉의 종가가 전일 고가 위에서 끝날 것
5. 당일 양봉의 종가가 10일 이동평균선 위에 있을 것

새양봉의 시가(또는 저가) 아래에서 갭 하락 시가로 시작해서 반등할 때

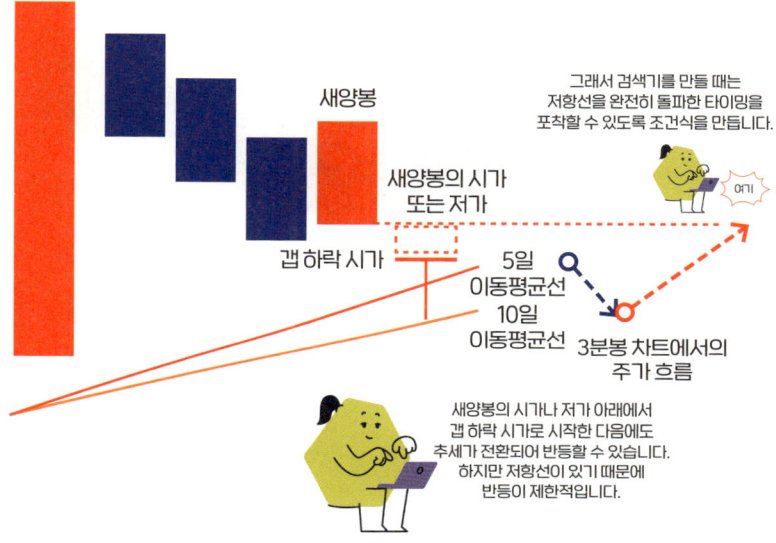

이와 같은 조건을 활용하면 예시 그림과 같은 상황에 놓인 새양봉을 찾을 수 있습니다.

여기서 잠깐 조건 4를 넣는 이유를 설명하겠습니다. 전일 음봉은 시가가 종가보다 높이 있는 것으로 하락추세가 이어져서 음봉이 만들어진 것입니다. 살짝 윗꼬리를 달아서 시가보다 높은 고가가 있는 음봉(윗꼬리 음봉)도 존재하지만, 으버솔드는 전일 음봉의 시가를 고가로 간주하고 중요한 저항선으로 봅니다. 새양봉이 만들어지더라도 이 전일 음봉의 시가를 돌파하지 못하는 한 음봉이 만든 하락추세에 갇혀 있는 셈이므로, 새양봉 다음 날의 매매 또한 그 영향을 벗어나기 어렵습니다. 따라서 전일 음봉이 만든 하락추세를 완전히 돌파함으로써 저항대를 벗어난 새양봉을 찾아서 다음 날의 단타 거래 시 매도매물에 대한 부담을

검색식에 의해 추출된 표준적인 새양봉의 모습

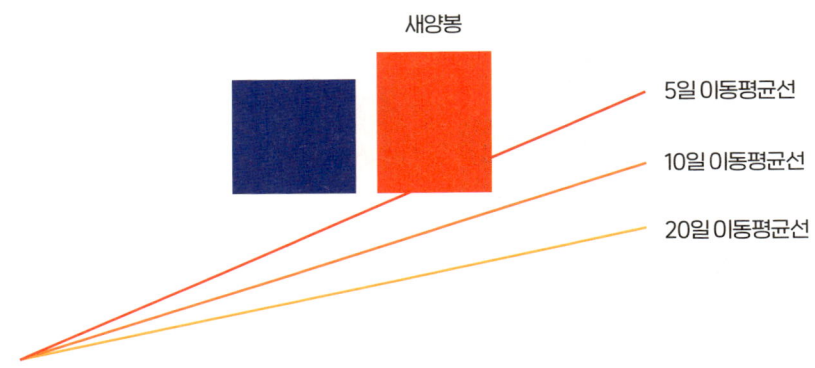

줄일 수 있도록 이 조건을 포함시킵니다.

조건 5는 5-10일 이동평균선의 정배열이 만드는 단기 상승추세 안에서 움직이는 종목을 찾기 위함입니다.

그러면 검색기에 포함시킬 조건식을 하나하나 만들어보겠습니다. 먼저 일봉 차트상 5-10-20일 이동평균선이 정배열인 종목을 검색해야 합니다.

조건 검색창에서 조건식 탭을 클릭하세요. 검색창(ⓐ)에 '주가이동평균'이라고 입력하고 검색해 '주가이동평균배열(3개)'(ⓑ)를 선택합니다. 우리는 지수이동평균선을 활용하므로 ⓒ와 같이 지수를 선택해줍니다. 이로써 일봉 차트상 5-10-20일 이동평균선의 정배열 조건을 완성했습니다.

이번에는 전일 음봉이었던 종목을 찾아보겠습니다.

조건 검색창에서 조건식 탭을 클릭하세요. 검색창(ⓓ)에 '주가비교'라고 입력하고 검색해 주가비교(ⓔ)를 선택합니다. 오른쪽에 나오는 조건설정 부분에서 전일에 대한 것이므로 모두 '1봉전'으로 한 다음, 음봉이므로 종가가 시가보다

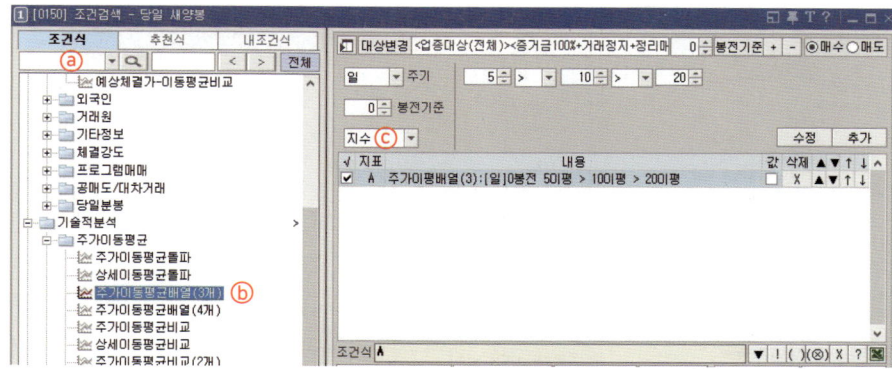

이동평균선 정배열 상태인 종목을 찾는 조건을 추가한 모습

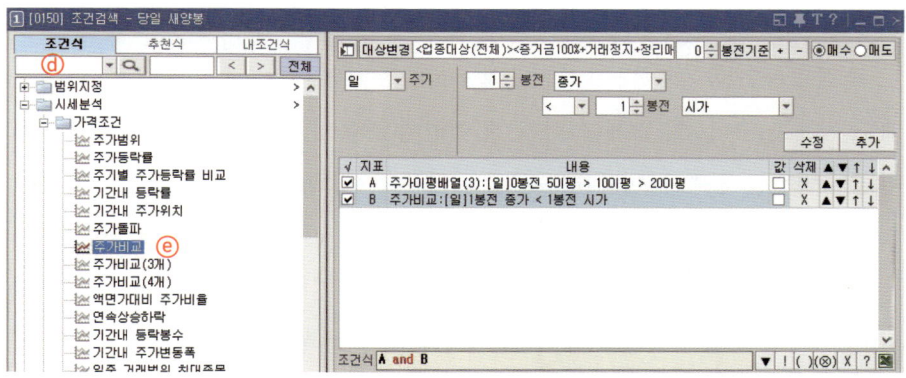

전일 음봉이었던 조건을 추가한 모습

작게 설정합니다. '추가' 버튼을 클릭해 설정한 조건을 추가해줍니다

이번에는 당일 양봉인 종목을 찾아보겠습니다.

음봉 때와 같이 당일 양봉 조건을 더하기 위해 '주가비교'를 선택합니다. 당일 캔들에 대한 조건이므로 모두 '0봉전'으로 만든 다음, 종가가 시가보다 크다는 조건을 설정해 양봉을 찾을 수 있도록 합니다.

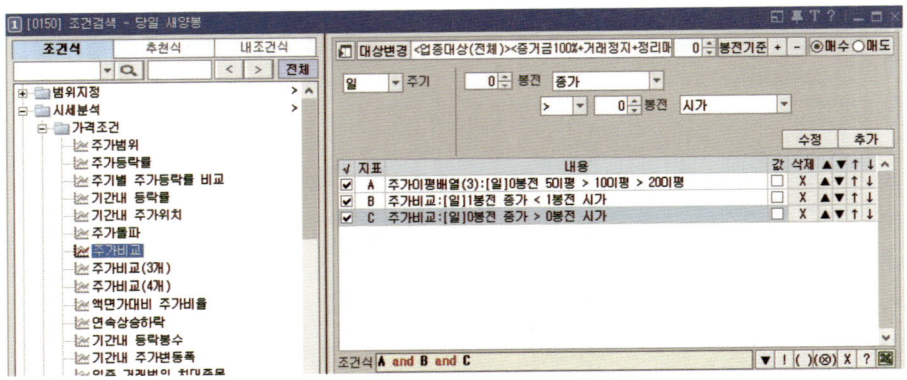

당일 양봉 조건을 추가한 모습

　조건 1~3(일봉 차트상 5-10-20일 이동평균선 정배열, 전일 음봉, 당일 양봉)만 적용해도 적게는 수십 개, 많게는 백여 개 이상의 종목이 추출됩니다. 조건을 좀 더 더해서 범위를 좁혀보겠습니다.

　조건 4는 당일 양봉의 종가가 전일 고가 위에서 끝나는 것입니다.

　전일 음봉의 시가와 당일 양봉의 종가를 비교하기 위해 '주가비교' 조건을 하나 더 추가합니다. 당일 종가와 전일 시가에 대해 날짜를 각각 '0봉전'과 '1봉전'으로 설정해줍니다. 당일 종가가 전일 시가보다 크게 조건을 설정합니다.

　이제 마지막으로 조건 5, 즉 당일 양봉의 종가가 10일 이동평균선 위에 있어야 한다는 조건을 추가합니다.

　조건 검색창에서 조건식 탭을 클릭하세요. 검색창(ⓐ)에 '주가이동평균'이라고 입력하고 검색해 '가격-이동평균비교'(ⓑ)를 선택합니다. 오른쪽에 나오는 조건설정 부분에서 '지수이동평균선'(ⓒ)으로 설정한 후, 종가 기준 10일 이동평균선(ⓓ)보다 당일의 종가가 높도록 조건을 설정한 후 '추가' 버튼을 클릭합니다. 또한 C와 D와 E는 당일 새양봉에 대한 것이므로 ⓔ와 같이 괄호로 묶어줍니다.

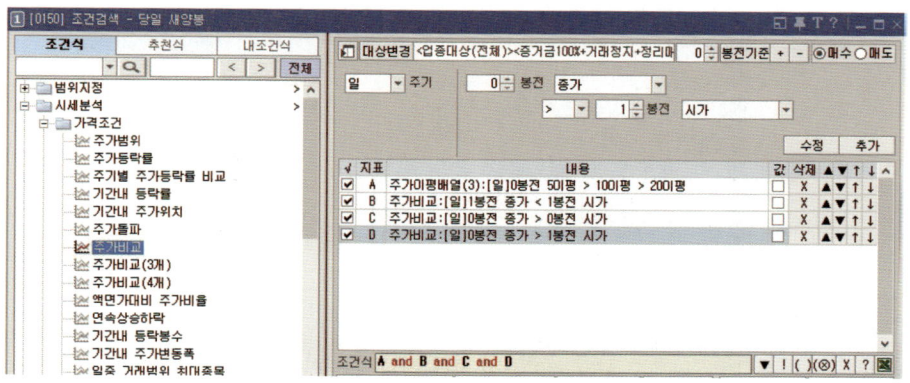

오늘 새양봉이 전일 음봉의 고가를 넘어야 한다는 조건을 추가한 모습

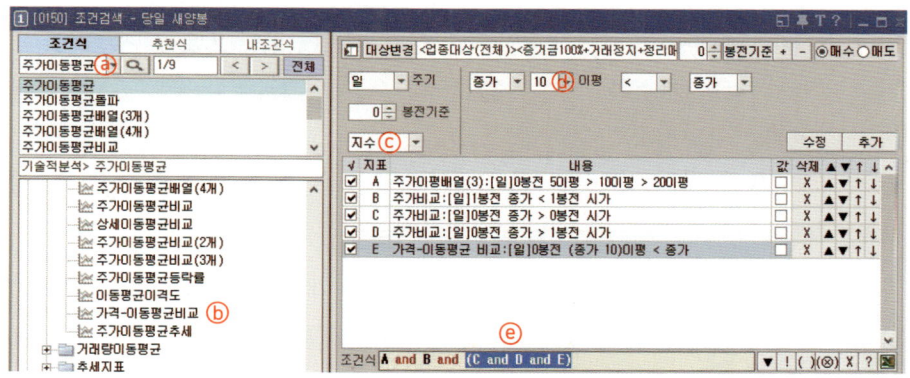

10일 이동평균선 위에 종가를 만든 당일 새양봉 조건을 추가한 모습

이로써 당일 새양봉 조건에 만족하는 종목들을 찾아볼 수 있게 되었습니다.

조건 1~5가 적용된 새양봉 검색기가 완성되었습니다. 2024년 11월 1일 기준, 해당 검색기로 추출된 종목은 12개입니다. 조건 4와 5를 추가해줌으로써 단기 상승추세를 담보하는 5-10일 이동평균선의 정배열 위에서 전일 음봉의 고가를 돌파한 새양봉들을 찾을 수 있었습니다.

2장. 시가 단타 매매의 기술

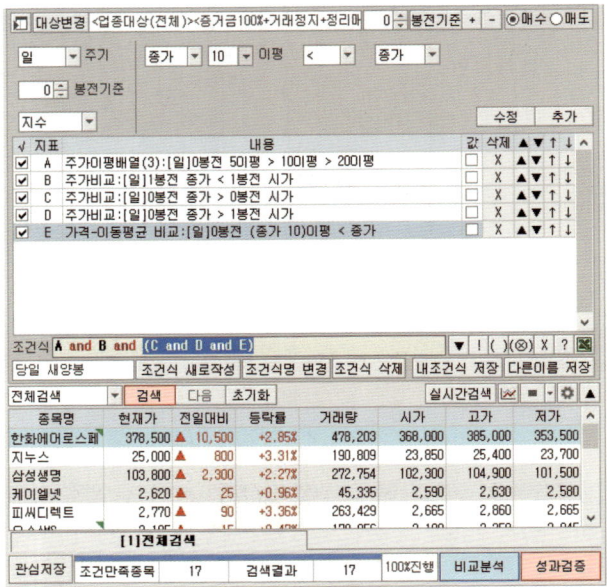

조건 1~5가 적용된 새양봉 검색기 완성

　　새양봉 다음 날 검색식에 의지하지 않고 차분하게 매매하고 싶다면, 장이 끝난 후 이 검색식을 통해 당일 만들어진 새양봉들을 하나씩 살펴보면서 다음 날 장 초반부터 매매에 개입할 종목을 미리 정해놓으면 좋겠죠? 예를 들어 검색기에서 추출된 한화에어로스페이스와 같은 종목은 전일 음봉의 시가뿐 아니라 이틀 전의 음봉의 시가마저 돌파하기 직전의 모습으로 저가부터 현재의 가격까지 매수세가 들어와 양봉을 만든 것을 알 수 있습니다.

　　하루만 더 하락해도 5-10일 이동평균선이 데드크로스가 날 뻔했는데, 세력은 5-10일 이동평균선을 몸통으로 돌파하는 새양봉을 만들면서 다시금 이동평균선의 정배열, 즉 상승 기조를 이어가고자 하는 의지를 보인 것입니다. 이런 식으로 다음 날 매매할 종목을 선정해놓는 것이죠.

한화에어로스페이스 2024년 11월 1일 일봉 차트

　이번에는 전일 새양봉을 찾는 검색기를 만들어보겠습니다. 전일 새양봉을 기준으로 당일 단타 매매를 하기 위한 조건 검색식을 만들기 위해서는 앞서 당일 새양봉을 찾는 검색기에 포함된 각 조건의 기준이 되는 날짜를 조정해주면 됩니다.
　전일 새양봉 조건 검색식에 당일의 시가 조건을 추가하게 될 것이므로, 전일 새양봉에 해당하는 조건들을 모두 하나의 괄호로 묶어놓아야 합니다.
　2024년 11월 1일 기준, 전일엔 새양봉이 57개나 나왔군요. 검색기에 기본적으로 거래량이나 거래대금 조건들을 더하면 보다 압축적으로 조건을 만족하는 종목이 추출될 것입니다.
　전일 새양봉으로 검색된 주성엔지니어링이라는 종목의 당일 주가 흐름을 보

2장. 시가 단타 매매의 기술

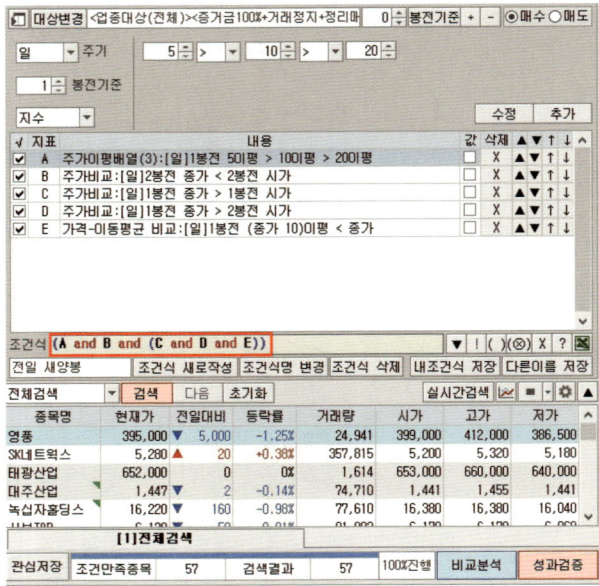

전일 새양봉 검색기. 당일 새양봉을 찾는 검색기에 포함된 각 조건의 기준이 되는 날짜를 조정하면 된다.

겠습니다. 좋은 상승을 보여주었네요. 전일의 새양봉을 보면 이동평균선이 정배열인 상태에서 새양봉 전일의 음봉 고가를 새양봉의 종가가 뚫어내어서 그림과 같이 매물의 부담 없이 상승하는 사례가 만들어진 것입니다.

   이번에는 전일 새양봉 검색기에 당일 갭 상승 시가 조건을 추가해보겠습니다. 당일 갭 상승 시가로 시작한 종목을 찾기 위해서는 장이 시작할 때 '전일 종가보다 당일 시가가 크다'는 조건을 전일 새양봉을 찾는 검색기에 더해주면 됩니다.

   2024년 11월 1일 기준 앞서 전일 새양봉을 찾는 조건 검색식의 결과로 50여 개의 종목이 추출되었는데, 이 중 당일 갭 상승 시가로 시작해야 하는 조건을 만족시킨 종목은 7종목뿐입니다.

주성엔지니어링 2024년 11월 1일 일봉 차트

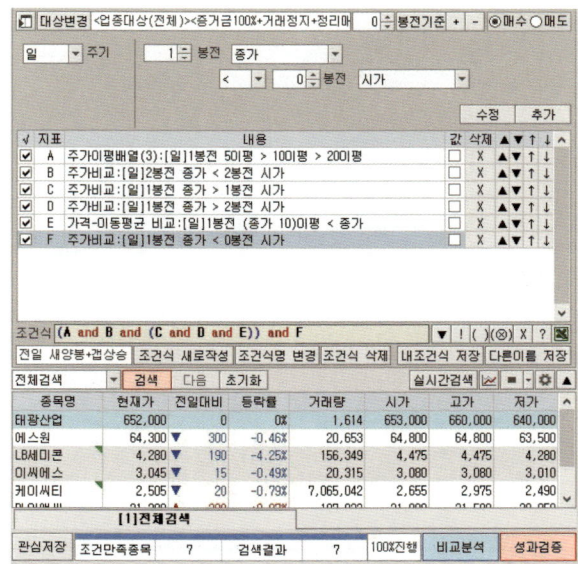

전일 새양봉이 만들어진 상태에서 오늘 갭 상승으로 시작하는 종목을 찾는 검색기

2장. 시가 단타 매매의 기술　199

케이씨티 2024년 11월 1일 일봉 차트

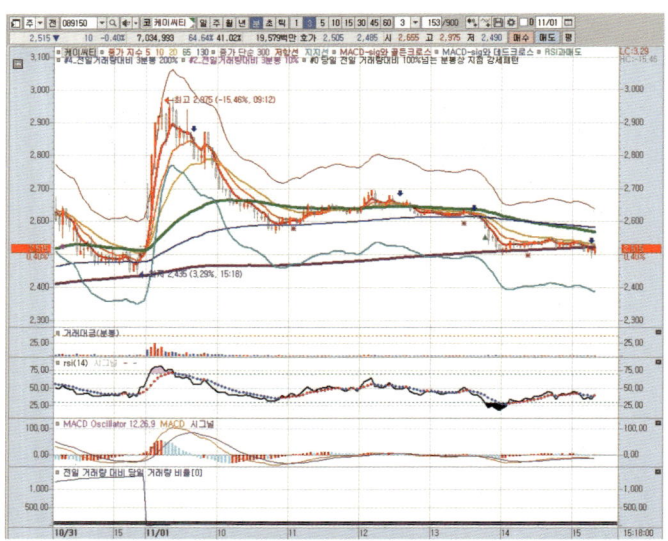

케이씨티 3분봉 2024년 11월 1일 3분봉 차트

3분봉 매매의 기술

장이 시작하면서 즉시 검색되기 때문에 새양봉 다음 날 갭 상승 시가로 시작하는 종목을 매매해야겠다고 생각했다면 빠른 종목 선정에 도움을 받을 수 있습니다.

해당 검색기로 찾은 종목 중 하나인 케이씨티를 살펴보겠습니다. 케이씨티의 차트를 보면 윗꼬리를 단 음봉이지만 +5.15% 갭 상승 시가로 시작해서 고가 기준 +17.82%까지 상승 구간이 있었습니다. 3분봉 차트에서 볼 수 있는 것처럼 단타 매매로 충분히 수익을 볼 수 있는 상황입니다.

이번에는 전일 새양봉을 찾는 조건 검색식에 전일 시가 위에 있는 당일 갭 하락 시가를 찾는 조건을 추가해보겠습니다.

당일 갭 하락 시가로 시작한 종목을 찾기 위해서는 장이 시작할 때 '전일 종가보다 당일 시가가 작다'는 조건을 전일 새양봉을 찾는 검색기에 더해야 합니다. 다만 갭 하락 시가가 전일 시가보다는 위에 있어야 하므로 '전일 시가보다 당일 시가가 크다'는 조건을 추가해줘야 합니다.

검색기에 새로운 조건이 추가될 것입니다. 조건 F와 G가 당일 갭 하락 시가의 위치를 정해줍니다. 괄호로 묶어서 보기 편하게 만들어주겠습니다.

검색을 해보니 2024년 11월 1일 기준 43개 종목이 추출되었습니다. 이 조

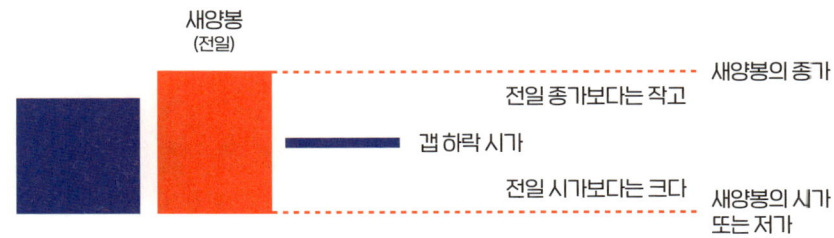

당일 갭 하락 시가의 위치

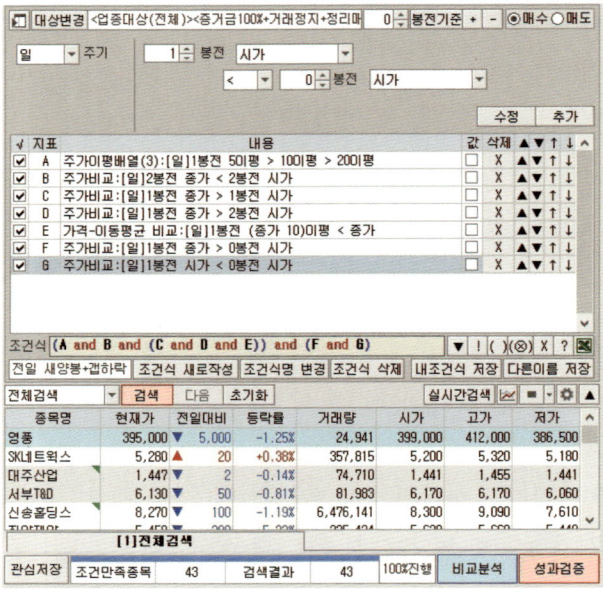

검색기에 당일 갭 하락 조건을 추가한 모습

건식만으로도 아침에 장이 시작할 때 적절하게 매매할 수도 있겠지만, 앞서 설명한 것처럼 갭 하락 시가로 시작했음에도 전일 새양봉의 저항대, 즉 종가를 돌파하면서 추세 상승을 도모하는 종목으로 매매 대상을 좁힐 수 있습니다.

갭 하락 시가의 조건에 '전일 종가보다 당일 종가가 크다'라는 조건을 추가해줍니다. 일주기로 검색을 할 경우에는 장중 당일의 종가는 당일의 현재가이므로, 갭 하락 시가로 시작했다가 당일의 현재가가 전일의 종가를 돌파할 때 검색기에 나타나게 됩니다. 주가비교 조건을 하나 더 추가하겠습니다.

전일 새양봉의 종가를 당일 현재가가 돌파하는 조건(H)을 추가했습니다. F와 G, 그리고 H는 당일 캔들에 대한 조건이므로 괄호로 묶어줍니다.

A~G까지의 조건으로는 36개 종목이 추출되었지만 조건 H를 더하자 10개

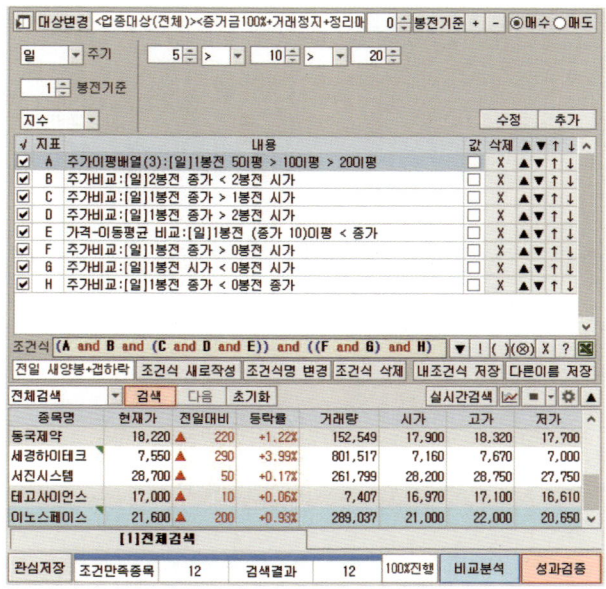

검색기에 전일 종가 돌파 조건을 추가한 모습

종목으로 매매 대상 종목이 압축되었습니다. 더욱이 실시간 검색창을 띄워놓으면 조건 검색의 결과가 장 시작과 동시에 나오는 것이 아니라, 현재가가 전일 새양봉의 종가를 돌파할 때 추출되기 때문에 좀 더 생각할 시간을 가지면서 매매할 수 있습니다.

예를 들어 율촌화학의 경우 갭 하락 시가로 시작했지만 전일 새양봉의 종가를 돌파하는 시점에 검색식에 추출되면서 그 이후 고점 기준으로 4.7%의 상승 라인이 만들어집니다.

율촌화학뿐만 아니라 세경하이테크, DS단석도 우리가 매매의 기준으로 삼는 패턴대로 움직였음을 알 수 있습니다. 당일 갭 하락 시가~전일 새양봉 종가까지의 수익률이 아깝게 느껴질 수도 있겠지만, 완전한 추세 전환을 통한 상승

율촌화학 2024년 11월 1일 일봉 차트

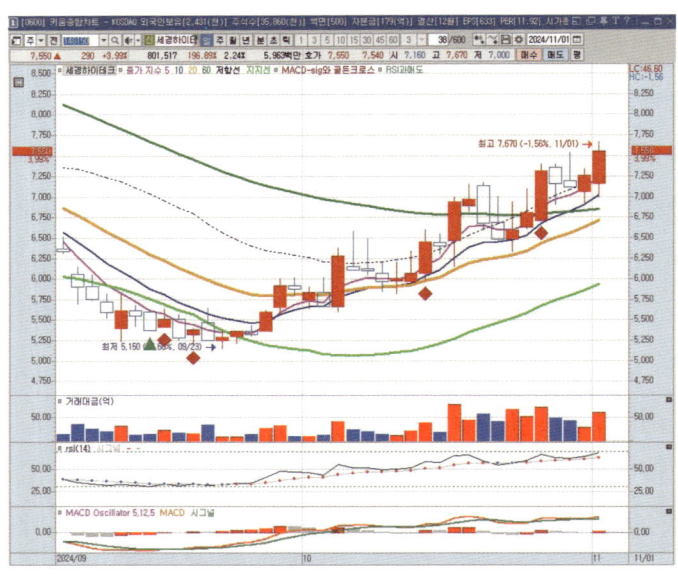

세경하이테크 2024년 11월 1일 일봉 차트

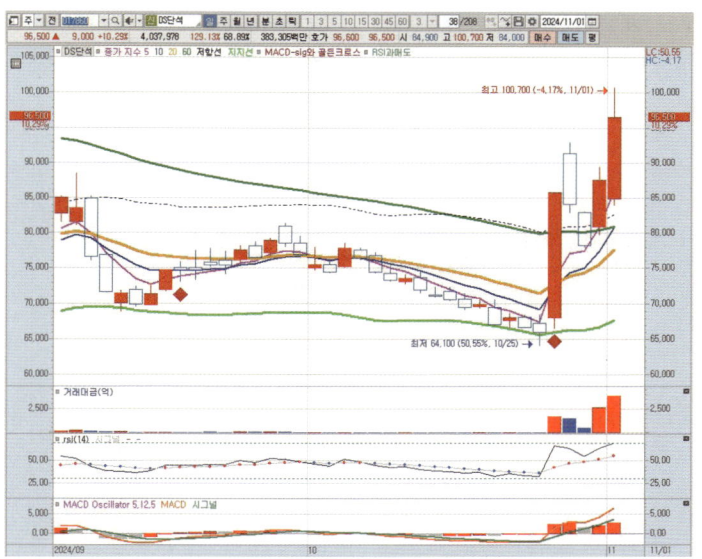

DS단석 2024년 11월 1일 일봉 차트

을 확인하는 비용이라고 생각해야 합니다. 그 구간을 매수로 채워준 매매자들에게 고마운 마음을 갖고 양보하고 우리는 그들이 채워준 가격 위에 올라타서 조금이라도 안정된 수익을 추구합시다.

물론 기대와 달리 전일 새양봉 종가를 돌파하면서 기쁜 수익을 주면서 상승하지 못하고 살짝 돌파한 정도에서 멈추기도 합니다. 그건 뭐, 그날의 운이 그 정도밖에 안 되는 것으로 생각해야 합니다.

이번에는 전일 새양봉을 찾는 검색기에 '당일 갭 하락 시가에서 3분봉 차트상 추세를 돌리는 신호'를 찾는 조건을 추가해보겠습니다.

앞선 검색기에서 당일 갭 하락 시가~전일 새양봉 종가까지의 수익률이 아깝게 느껴질 수도 있다고 말했지만, 해당 구간에서 3분봉 차트상 하락추세를 마무리하고 반등으로 전환하는 순간을 찾아내는 검색기를 만들 수도 있습니다. 이는

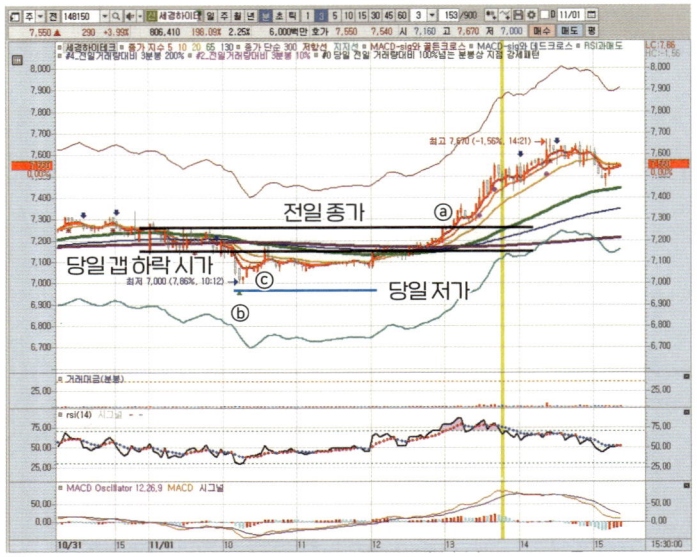

세경하이테크 2024년 11월 1일 3분봉 차트

당일 갭 하락 시가가 전일 새양봉의 시가(또는 저가) 위에서 시작되든, 아래에서 시작되든 적용할 수 있는 매매 기술입니다.

　예를 들어 앞서 검색된 세경하이테크의 3분봉 차트를 살펴봅시다. 차트에서 볼 수 있는 것처럼 당일 갭 하락 시가로 시작해 10시가 지나면서 RSI 과매도권에 진입해 당일 저가를 만들고 반등해 수익 구간을 만들어줍니다. 앞선 검색기는 전일 종가를 당일 종가가 돌파하는 시점(ⓐ)에서 종목을 찾아주지만, 욕심 많은(?) 우리 눈에는 당일 저가에서 ⓐ까지의 수익을 놓친 것이 아깝게 느껴질 수 있습니다. 이때 검색기를 조금 조정하면 하락추세가 마무리되었음을, 즉 추세의 반전이 일어날 것을 알려주는 신호인 RSI 과매도권 진입 후 이탈(ⓑ)이나 MACD-시그널선의 골든크로스(ⓒ)에서 종목이 추출되게 만들 수 있습니다.

　전일 새양봉을 기준으로 당일 갭 하락 시가로 시작한 종목을 저점에서 매수

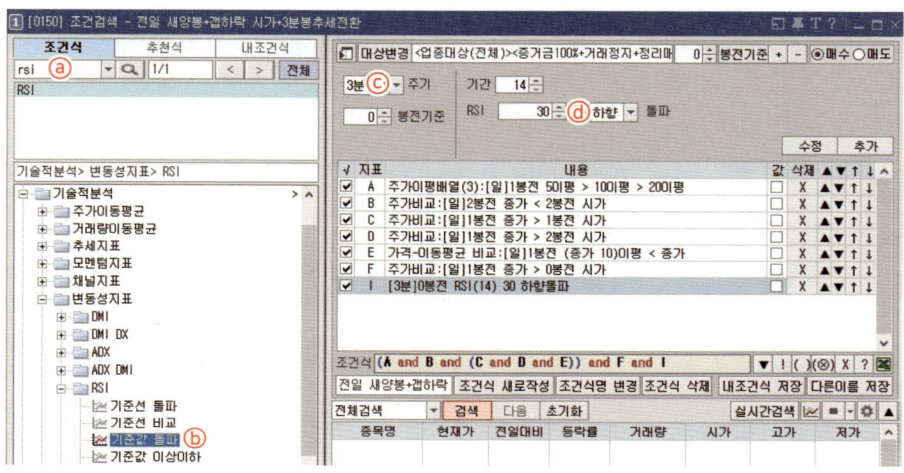

기존의 조건 G, H를 빼고, 3분봉 차트상 RSI 기준 과매도권에 집입한 종목을 찾는 조건을 추가한 모습

하게 되더라도 많은 경우 3분봉 차트에서는 이동평균선의 역배열 상태이기 때문에 장기 이동평균선의 저항을 염려해 ⓐ까지 가기 전에 매도하게 됩니다. 그러다 경험이 쌓이면서 새양봉이 주가의 흐름에서 갖는 의미를 깊게 이해하게 되고, 추세 전환된 흐름을 가능한 길게 타고갈 수 있게 됩니다.

그러면 검색기를 만들어보겠습니다. 우선 앞서 만든 조건식에서 갭 하락 시가가 전일 새양봉의 시가보다 위에 있어야 한다는 조건 G, 그리고 전일 새양봉 종가를 당일 현재가가 돌파하는 순간을 포착하는 조건 H를 빼야 합니다. 이렇게 조정된 조건 검색식에 필요한 조건을 추가하겠습니다. 우선 3분봉 차트상 현재가가 RSI 과매도권에 진입하는 조건을 추가해야 합니다.

조건 검색창에서 조건식 탭을 클릭하세요. 검색창(ⓐ)에 'RSI'라고 입력하고 검색해 '기술적분석→변동성지표→RSI'에서 '기준값 돌파'(ⓑ)를 선택합니다. 3분봉 차트를 기준으로 하므로 '3분주기'(ⓒ)로 설정한 후, RSI 과매도권의 기준

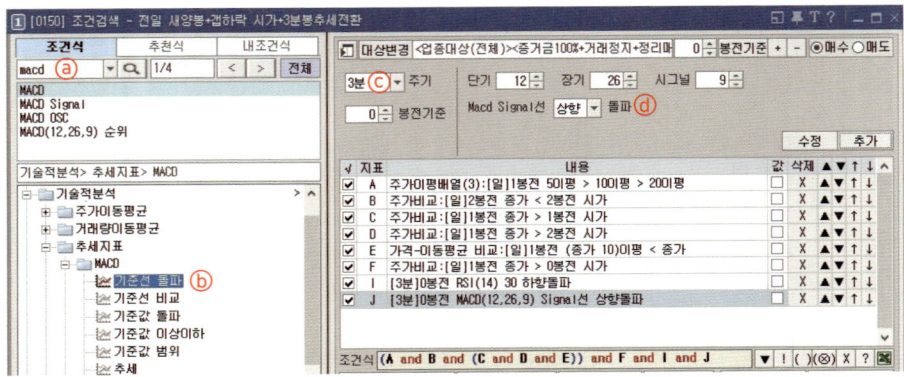

3분봉 차트상 MACD-시그널선 골든크로스 종목을 찾는 조건을 추가한 모습

인 30을 하향 돌파(ⓓ)로 조건을 조정해서 검색기에 추가해줍니다.

그림에서 해당 조건에 대한 지표가 I로 나온 것은 앞서 조건 G와 조건 H를 삭제한 다음 만들어진 조건이기 때문에 순서에 따라 붙여진 것입니다. 큰 의미를 두지 말고 해당 조건이 잘 만들어졌는지 확인하면 되겠습니다.

이와 비슷한 방식으로 3분봉 차트상 현재가가 MACD-시그널선의 골든크로스를 만든 순간을 찾는 조건을 추가하겠습니다.

조건 검색창에서 조건식 탭을 클릭하세요. 검색창(ⓐ)에 'MACD'라고 입력하고 검색해 '기술적분석→변동성지표→MACD'에서 기준선 돌파(ⓑ)를 선택합니다. 3분봉 차트를 기준으로 하므로 '3분주기'(ⓒ)로 설정한 후, MACD의 시그널선 상향 돌파(ⓓ)로 조건을 조정하고 검색기에 추가해줍니다.

이제 조건 I와 조건 J의 관계를 조정해줘야 합니다. 'I and J'가 된다는 뜻은 3분봉 차트에서 RSI 과매도권에 진입하는 동시에 MACD-시그널선의 골든크로스가 발생해야 한다는 것인데, 지표가 만들어지는 시간차의 문제로 이런 조건은 성사되기 어렵습니다. 따라서 당일 갭 하락(조건 F)한 주가가 3분봉 차트상 RSI

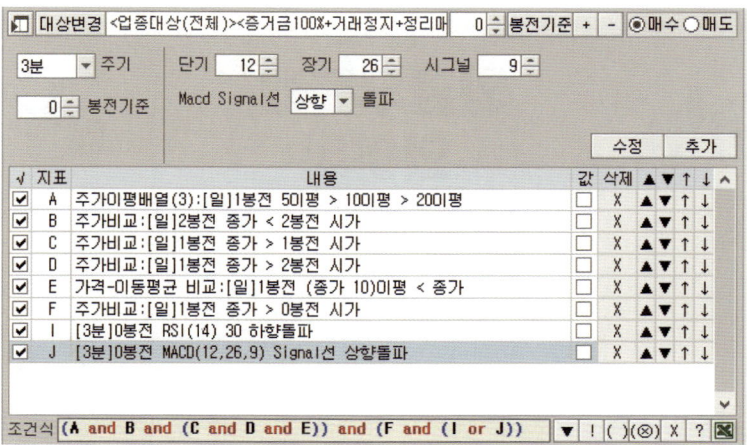

3분봉 차트상 MACD-시그널선 골든크로스 종목을 찾는 조건을 추가한 모습

과매도권에 진입(조건 I)하거나, MACD-시그널선의 골든크로스 발생(조건 J)할 경우를 찾아야 합니다. 따라서 'I and J'를 'I or J'로 바꿔줘야 합니다. 그다음 당일의 조건에 대한 것을 '(F and (I or J))'처럼 하나로 묶어줍니다.

이 검색식의 실시간 검색창을 띄워놓으면 장이 진행되면서 조건이 충족될 경우 그때그때 검색 결과를 내놓으므로 잘 살펴보고 매매에 임하면 됩니다.

여기까지 새양봉을 기준으로 한 단타 매매 기술의 이론에 대해 알아보고 검색기까지 만들어봤습니다. 이어지는 실제 사례를 통해 충분히 이해할 수 있도록 꼼꼼히 살펴보기 바랍니다.

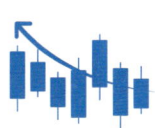
2-1 잉글우드랩, 와이씨

먼저 잉글우드랩의 사례입니다. 상승이 진행되다가 3일간 음봉을 만들었는데 2024년 5월 29일 새양봉이 만들어졌습니다. 양봉은 늘 더 이상의 하락은 허락하지 않겠다는 뜻을 내포하고 있습니다. 최근 3일간의 음봉을 보면 일정한 가격선(5일 이동평균선)에서 하락이 방어되고 있고, 29일도 5일 이동평균선을 깨긴 했지만 종가 기준으로는 양봉으로 마무리했습니다.

따라서 5월 30일의 주가가 이 양봉의 저가와 고가 사이에서 움직인다면, 즉 저가 2만 1천 원인 ⓐ 위에서 이를 깨지 않고 움직인다면 매수로 개입해야 합니다. 최대한 양보한다면 2만 650원인 ⓑ까지의 하락은 매수로 대응해야 합니다. 올라오는 10일 이동평균선의 지지 또한 예상할 수 있기 때문입니다.

5월 30일의 3분봉을 보겠습니다. 전일 양봉의 저점(ⓐ)인 2만 1천 원 라인을 긋고 여기에 가까이 오면서 저가가 만들어지거나 이 위에서 추세가 바뀌면 매수로 개입합니다. MACD와 시그널선이 골든크로스를 만드는 ⓑ나 ⓒ에서 매수 개

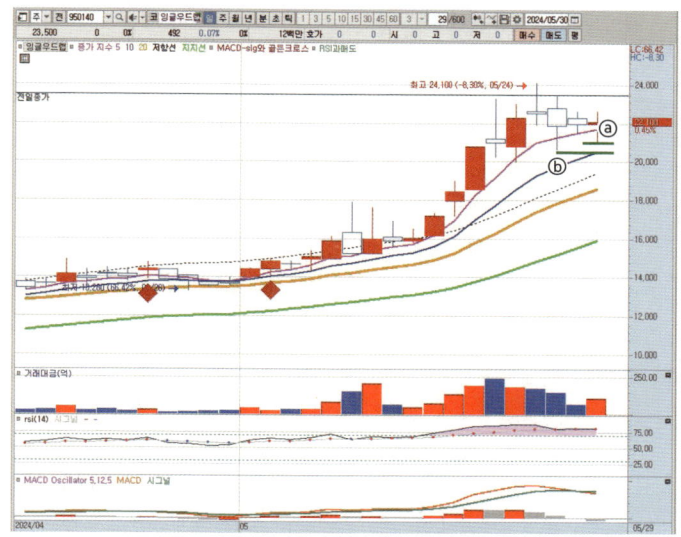

잉글우드랩 2024년 5월 29일 일봉 차트

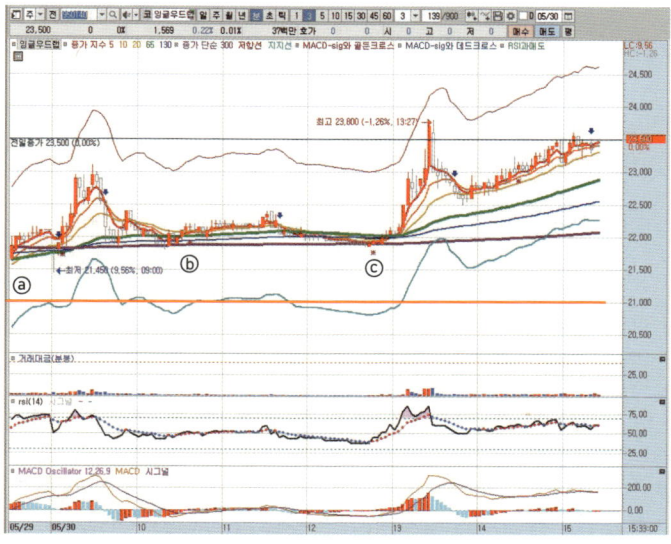

잉글우드랩 2024년 5월 30일 3분봉 차트

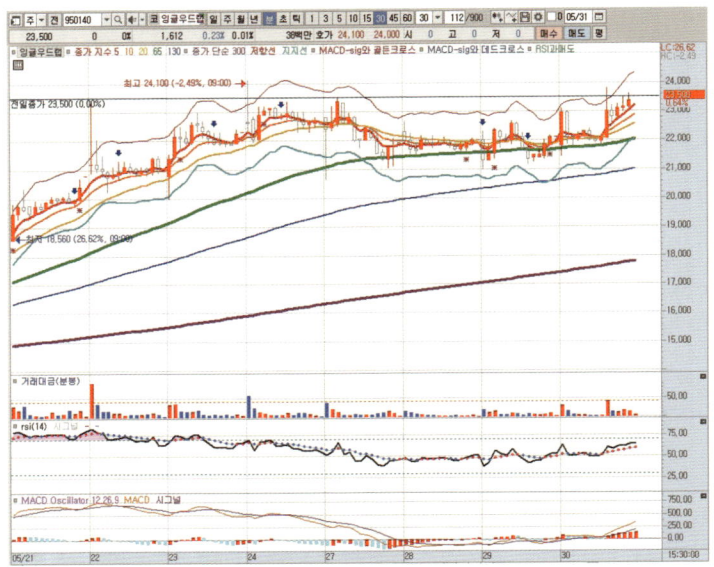

잉글우드랩 2024년 5월 30일 30분봉 차트

입할 수 있습니다. 3분봉 차트상 300일 이동평균선의 지지를 꾸준히 받아주고 있는 점이 추세 전환을 기다릴 수 있는 근거가 됩니다.

기다린 보람이 있어서 1시대에 급상승을 합니다. 약 8%의 수익라인이므로 당일 오전 전고점 부근에서 1차 익절, 그 이후 RSI 과매수권 이탈이나 5-10 이동평균선의 데드크로스, MACD-시그널선의 데드크로스 등을 기준으로 수익 구간 안에서 적절히 이익을 실현할 수 있습니다.

30분봉 차트에서 확인했을 때 일봉상 5일 이동평균선에 해당하는 65 이동평균선 부분에서 계속해서 지지가 일어나는 것을 볼 수 있습니다.

이번에는 와이씨 사례입니다. 2024년 6월 7일 와이씨는 3일 동안의 연속된 음봉을 이겨내고 새양봉을 만들어냈습니다. 3일간 연속해서 발생한 음봉을 살

와이씨 2024년 6월 7일 일봉 차트

펴보면 종가가 거의 비슷한 위치에서 만들어지고 있습니다. 5일 이동평균선과 10일 이동평균선의 정배열 상태를 침해하지 않는 상태에서 종가 기준으로 주가가 옆으로 흘렀음을 알 수 있습니다. 이런 점들이 새양봉의 의미를 더해줍니다. 이 종목의 주가 흐름을 만지는 세력이 새양봉의 저가는 지키겠다는 의지를 보여줬다고 생각되는 지점입니다.

현재의 가격대는 며칠 전의 장대양봉으로 전고점을 돌파한 구간입니다. 5일 이동평균선과 10일 이동평균선 근처가 하락을 허락할 수 없는 세력의 가격대일 수 있습니다.

다음 날인 10일 갭 상승 시가가 형성되면 새양봉의 종가나 시가 근처에서는 분명히 매수 접근해야 할 상황입니다. 시가가 전일 종가와 비슷하거나 갭 하락

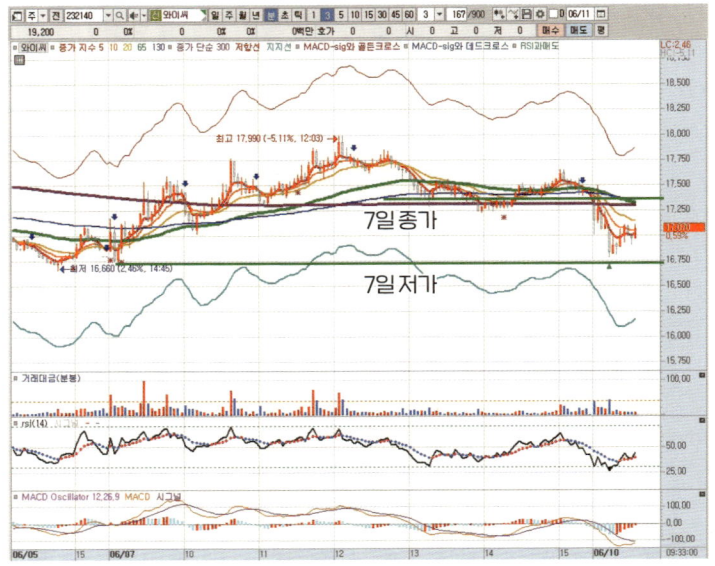

와이씨 2024년 6월 10일 3분봉 차트(10시 전까지)

시가로 시작하면 RSI 과매도권 진입과 같은 신호를 챙겨야만 합니다.

  6월 10일 시가는 전일 종가와 같은 선에서 시작했습니다. 그리고 전일의 장 후반 하락파동이 연속되면서 추가 하락합니다. 그러다 전일의 저가 부근에서 RSI 과매도권에 진입합니다. 망설일 필요 없이 매수해야 합니다. 일봉상 5일 이동평균선과 10일 이동평균선에서의 지지도 기대할 수 있기 때문입니다.

  장 시작 이후 RSI 과매도권 진입 시 매수한 물량은 RSI 과매수권에 진입(ⓐ)하거나 MACD-시그널선의 데드크로스 발생(ⓑ) 시 수익 실현합니다. 매수 시점에서 익절 시점까지 각각 6%, 8.5%의 수익라인이 만들어집니다. 장 시작 후 RSI 과매도권 진입 시 매수한 물량에 대해 10시 전에 300 이동평균선을 중심으로 장기 이동평균선(65 이동평균선, 130 이동평균선 등)이 밀집해 있는 구간에 닿은 시

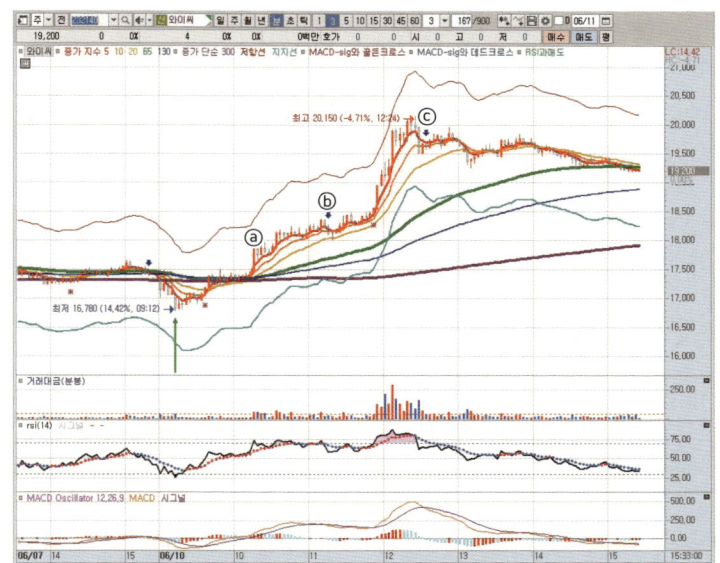

와이씨 2024년 6월 10일 3분봉 차트(하루 전체)

점에서 거래량을 수반하며 돌파하지 못하고 횡보할 때 일정 비중 익절하는 것도 좋은 선택입니다. 장기 이동평균선 아래에서 올라가는 상황이므로 저항을 받아 다시 하락할 수 있기 때문인데, 그런 상황이 발생하면 2차 매수로 접근할 수 있습니다.

한편 장기 이동평균선을 돌파한 뒤 RSI 과매수권 진입이나 MACD-시그널선의 데드크로스를 수익 실현 신호로 삼는 것은 안정적인 매매에 유리합니다. 그러나 이동평균선의 정배열이 지속된다면 보유를 이어가며 더 큰 수익을 노릴 수 있습니다.

당일 본격적인 상승이 유지되려면 30분봉 차트상 5 이동평균선 위에서 주가가 움직여야 합니다. 따라서 3분봉 차트상 65 이동평균선을 깨지 않는 동안은

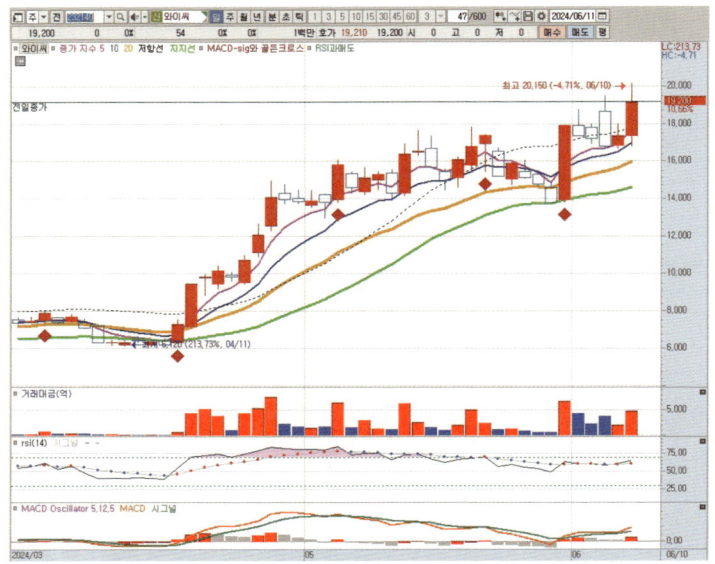

와이씨 2024년 6월 10일 일봉 차트

보유한 상태로 주가의 흐름을 지켜볼 수 있습니다. 11시 50분~12시 30분 정도의 구간처럼 RSI 과매수권으로 진입해서 크게 움직이다가 이탈하면서 MACD-시그널선의 데드크로스가 나오는 지점(ⓒ)에서도 만족스러운 수익 실현이 가능하겠죠. 약 17%의 수익라인입니다.

6월 10일의 일봉 차트입니다. 전일 연이은 음봉을 이겨내는 새양봉이 상승을 담보해주는 이동평균선 위에서 만들어졌으며 결국 상승으로 마감했습니다. 상승폭이 제법 있어서 다시금 5일 이동평균선과 10일 이동평균선의 이격을 벌리고 있습니다. 앞으로도 계속해서 조정 시 매수할 수 있음을 암시하고 있습니다.

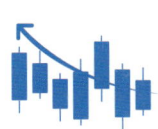
2-2
알테오젠, 에스티아이

2024년 6월 19일 알테오젠은 저가 기준 -7.5% 하락하면서 정배열 중인 5일 이동평균선과 10일 이동평균선을 몸통으로 깼습니다. 음봉이 만들어진 다음 날인 20일 다시 새양봉이 만들어지면서 5일 이동평균선과 10일 이동평균선이 달라붙는 것을 막아줬습니다.

 양봉 ⓐ 이후 며칠 동안의 조정은 양봉 ⓐ의 시가를 손절가로 간주했을 때 20일 발생한 새양봉으로 마무리되었다고 볼 수 있겠습니다. 이 새양봉의 저가가 지켜진다면 추세의 방향은 바뀌게 될 것입니다. 주가의 움직임이 더욱 탄력적이었다면 양봉 ⓐ 이후 조정에서 새양봉 ⓑ를 만들고 전고점을 향해 상승했겠지만, 이 시기 시장 상황 등의 영향으로 알테오젠에 매수세가 모이지 않았습니다.

 21일 주가가 손절선을 깨지 않는 이상 갭 상승 시가로 시작하면 하락할 경우 RSI 과매도권 진입이나 MACD-시그널선의 골든크로스 발생 시 매수로 대응할 수 있을 것입니다.

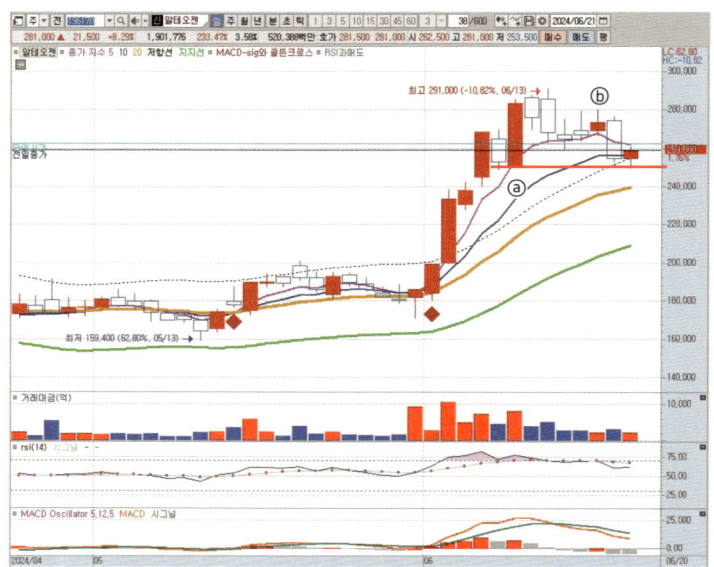

알테오젠 2024년 6월 20일 일봉 차트

    21일 1.16% 갭 상승 시가(ⓒ)로 시작합니다. 갭 상승 시가의 경우 그에 따른 기술적 대응을 합니다. 갭 상승 시가로 시작했지만 주가가 하락합니다. 그러나 이미 설정해놓은 손절선인 25만 500원을 기준으로 20일의 양봉 구간 내에서 주가가 진행하면 적절한 매수타점이 나올 때 매수 대응하면 됩니다. 오전 9시 24분 정도까지는 RSI 과매도권으로 들어오지 않았지만 65 이동평균선과 130 이동평균선의 지지를 보고 1차 매수한 다음, 추가 하락하면 RSI 과매도권 진입 시 추가 매수한다는 생각으로 대응합니다.

    장 초반의 용기 있는 기술적 매수는 상승으로 보답 받습니다. MACD-시그널선의 데드크로스가 발생하는 ⓓ까지 매수 타이밍에 따라 약 6% 정도의 수익 라인을 만들어줍니다. 3분봉을 활용한 단타 매매로 몇 시간 내에 얻는 수익치고

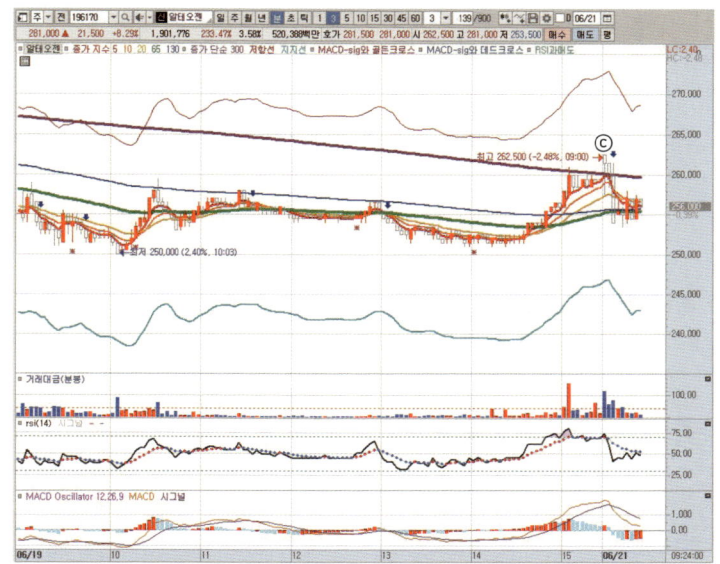

알테오젠 2024년 6월 21일 3분봉 차트(9시 24분까지)

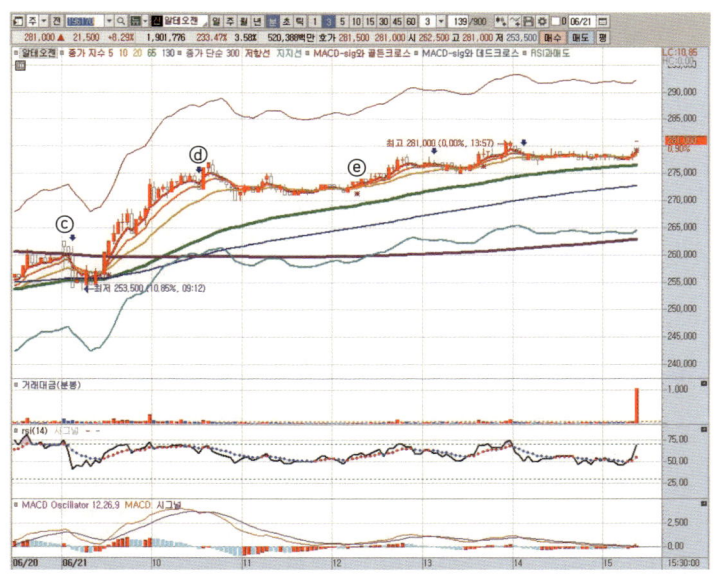

알테오젠 2024년 6월 21일 3분봉 차트(하루 전체)

2장. 시가 단타 매매의 기술   219

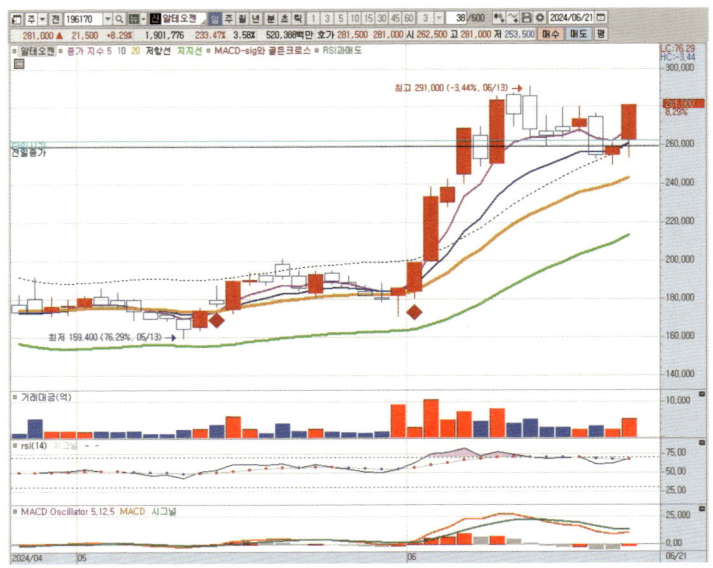

알테오젠 2024년 6월 21일 일봉 차트

는 괜찮지 않나요?

MACD-시그널선의 데드크로스가 발생하면 일반적으로 하락하게 되는데, 만약 차트의 ⓓ~ⓔ구간과 같이 65 이동평균선 위에서 일정 가격대를 지키며 움직여주고 있다면 MACD-시그널선의 골든크로스가 나올 때 매수 개입할 수 있습니다. 65 이동평균선을 손절선으로 잡고 MACD-시그널선의 움직임을 보면서 적절하게 익절하면서 매매를 마무리 지을 수 있습니다.

21일 알테오젠의 일봉을 보겠습니다. 다시금 전고점을 바라보는 위치까지 왔네요. 5일 이동평균선과 10일 이동평균선이 위로 방향을 꺾게 되었으므로, 21일 만들어진 양봉의 저가~고가 구간에서 조정이 발생해 RSI 과매도권에 진입하거나 MACD-시그널선의 골든크로스가 발생하면 역시 단타 매매로 접근할

에스티아이 2024년 6월 24일 일봉 차트

에스티아이 2024년 6월 24일 3분봉 차트

2장. 시가 단타 매매의 기술

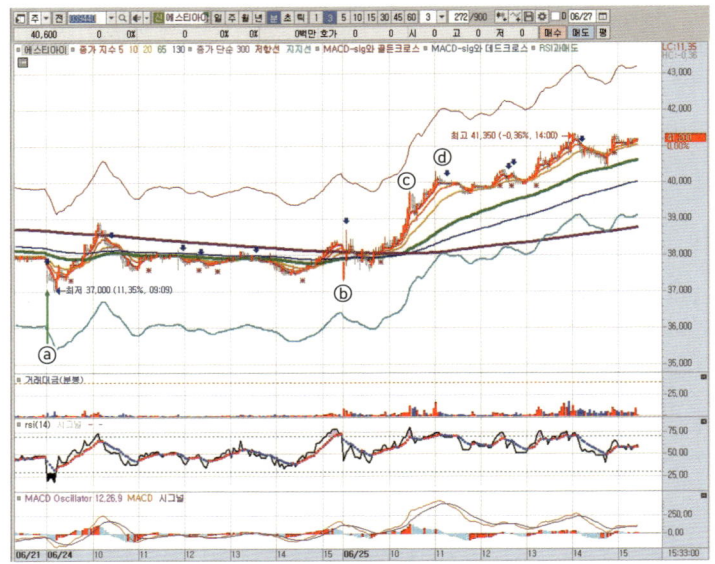

에스티아이 2024년 6월 25일 3분봉 차트

수 있을 것입니다.

이번에는 에스티아이 사례입니다. 2024년 6월 24일 에스티아이는 이틀 연속된 음봉 이후 새양봉이 만들어졌습니다. 6월 24일에 이 종목을 매매할 수도 있었습니다. 상승 이후 조정 구간에서 5일 이동평균선과 10일 이동평균선에서 반등을 보이면 대응할 수 있기 때문입니다.

6월 24일 3분봉 차트를 보면 장 시작 후 RSI 과매도권으로 진입할 때(ⓐ) 21일의 저점을 확인하면서 매수해 수익을 낼 수 있었습니다.

그러나 에스티아이를 당일 매매 종목으로 처음부터 생각하고 있지 않았다면 이런 매매는 할 수 없을 것입니다. 아마도 장이 끝나고 다음 날 매매할 종목을 찾을 때 음봉 이후 새양봉이 발생한 상태임을 알게 될 것이며, 이때 (공부를 통해)

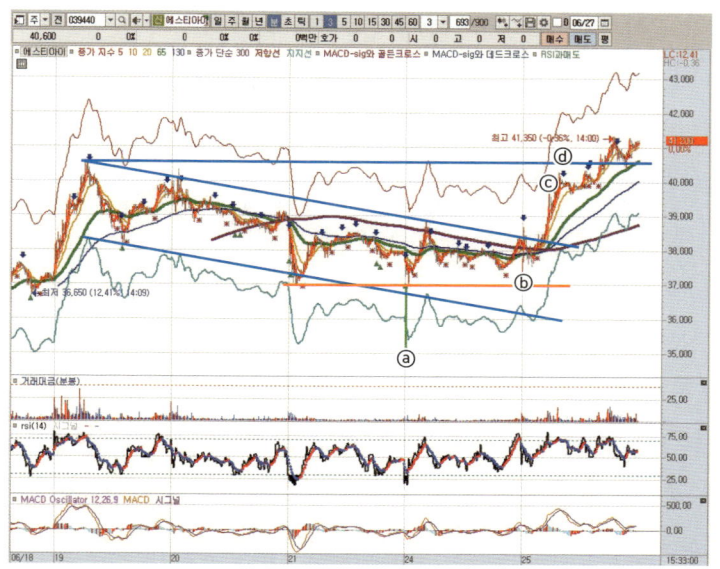

에스티아이 2024년 6월 19~25일 3분봉 차트

'상승 이후 조정이 마무리되고 다시 상승하기 위해 방향을 돌렸네?'라고 생각할 수 있다면, 새양봉의 다음 날인 25일에 어떻게 매매해야 할지를 궁리해야 할 것입니다.

21일과 24일의 저점을 손절매 가격으로 놓고 25일 시가에 1차 매수, 그리고 매수 이후 하락한다면 RSI 과매도 진입이나 MACD-시그널선의 골든크로스에 2차 매수하면서 대응하면 됩니다.

25일 -2.48% 갭 하락 시가로 시작합니다. 손절매 기준을 갖고 있으니 ⓑ에서 1차 매수합니다. 만약 더 하락한다면 RSI 과매도권으로 진입할 때 2차 매수를 염두에 둘 수 있습니다.

전일 만들어진 새양봉은 우리가 잠정적으로 손절가로 생각하고 있는 가격인

3만 7천 원은 지키겠다는 매수 세력의 의지가 발현된 것이기 때문에 그 의지에 기대는 것이죠. 그런데 첫 3분봉에서 갭 하락 시가 이후 양봉(ⓑ)이 만들어졌습니다. 매수 이후 바로 평가익이 나는 상태가 되니 기분이 좋습니다. 너무 서둘러서 익절할 필요는 없습니다. 왜냐하면 갭 하락 시가 이후 추가 하락하지 않고 하락을 돌려세우는 양봉이 나왔기 때문에 손절가를 깨지 않는 이상 세력은 상승으로 방향을 틀 가능성이 높아졌기 때문입니다.

10시 정도까지 주가는 탄력을 받고 있지 않으며 왠지 주가의 움직임이 실망스럽게 느껴집니다. 그러나 이런 과정 속에서 MACD-시그널선은 슬그머니 골든크로스를 만들고 주가는 장기 이동평균선 위로 올라타면서 정배열이 만들어집니다. 이후 상승하여 RSI 과매수권으로 진입하는 ⓒ까지 6%의 수익라인을, MACD-시그널선의 데드크로스 시점인 ⓓ까지는 7%의 수익라인을 만들어줍니다. 이동평균선의 정배열을 놓치지 마십시오.

3분봉을 활용한 단타 매매를 하는 입장에서는 이 정도 수익으로도 충분합니다. 중간에 매도하고 싶은 마음을 참고 6~7%까지 수익을 끌고 올 수 있는 능력도 대단한 것입니다. 매매의 경험이 좀 쌓이면 주가가 움직일 때 일봉상 조정을 마치고 다시 상승하는 것인지 조정 중에 잠시 양봉이 나온 것인지 알 수 있게 되고, 그에 따라 좀 더 버틸 수 있게 되기도 합니다.

차트에서와 같이 조정이 시작되면 고점에서부터의 추세선과 전고점 선을 그려놓으면 좀 더 명확히 타점들이 보입니다. 21일의 저가도 하락추세선 하단과 접하는 부분임을 알 수 있고, 24일 장 초반 저가권(ⓐ)이 만들어질 때 RSI 과매도권 진입도 보이지만 추가 하락하더라도 하락추세선의 하단에서 반등이 있을 것으로 예상할 수 있습니다.

그리고 25일 상승 시에도 하락추세선의 상단을 돌파했을 때 전고점을 향해 가는 ⓒ나 ⓓ 근처에서 거래량이 붙어줬기 때문에, 65 이동평균선을 지지선으

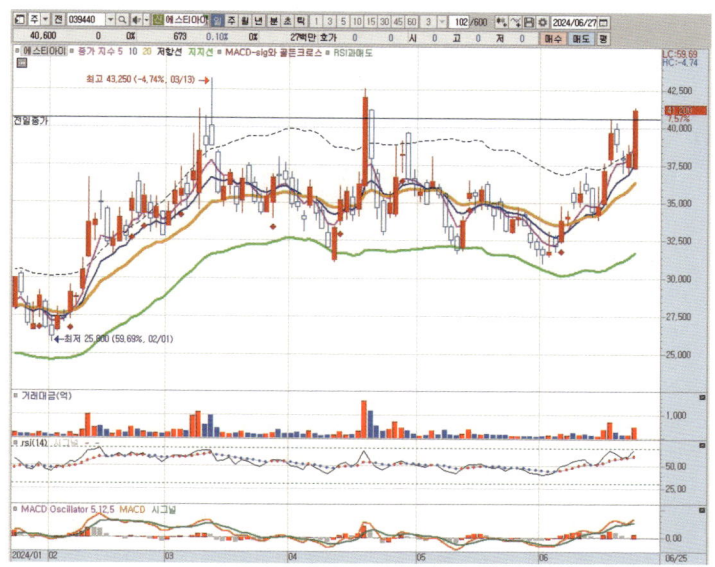

에스티아이 2024년 6월 25일 일봉 차트

로 삼고 전고점 근처까지 가는지 안 가는지를 계속 모니터링하면서 수익을 좀 더 갖고 갈 수도 있습니다. 물론 3분봉을 활용한 단타 기술로 ⓒ나 ⓓ에서 익절하고 마음 편히 뒤로 물러나느냐, 익절하지 않고 그 가격대에서 2시간 정도 횡보하는 모습을 마음 졸이면서 지켜볼 정도냐를 판단하는 것은 매매자의 성향에 달려 있습니다.

24일의 새양봉 이후 25일의 상승이 반영된 일봉 차트입니다. 5일 이동평균선과 10일 이동평균선 사이에 끼워 넣은 양봉 몸통 이후 상승하는 모습이 예쁩니다. 3월이나 4월의 전고점을 뚫을지 아닐지는 모르겠습니다. 다만 이 상승 구간에서 거래량이 붙고 조정 구간에서는 거래량이 줄어드는 상황이 반복되면 언제든지 단타 매매를 할 수 있는 기회가 있을 것입니다.

2장. 시가 단타 매매의 기술

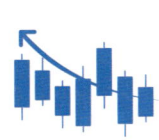 

2-3 한화에어로스페이스, LIG넥스원

한화에어로스페이스는 2024년 6월 19일 고점에서 하락하다가 27일 2.4% 짜리 새양봉을 만들었습니다. 그냥 양봉이겠거니 하고 바라보는 사람도 있었겠지만, 공부를 열심히 한 사람에게는 '어? 21만 원선부터 상승하다가 만들어진 조정의 한 단락이 끝났구나'라는 신호로 보일 것입니다. 더 눈치가 빠른 사람은 20일 이동평균선 근처에서부터 매수했을 수도 있죠.

어쨌든 새양봉이 만들어졌으니 이 양봉의 저가를 손절가로 생각하고 단타 매매를 할 수 있습니다.

27일의 새양봉 이후 28일 첫 3분간 아주 약간의 갭 상승 시가로 시작해 2% 정도 하락하면서 RSI 과매도권 진입 신호가 나오고 바로 아랫꼬리를 만들어줍니다. ⓐ에서 매수합니다. 왜 이렇게 아무것도 아닌 것 같은 지점에서 매수하는지 전일의 주가를 통해 확인할 수 있습니다.

27일 만들어진 새양봉의 저가와 고가를 그동안의 하락을 마무리하는 가

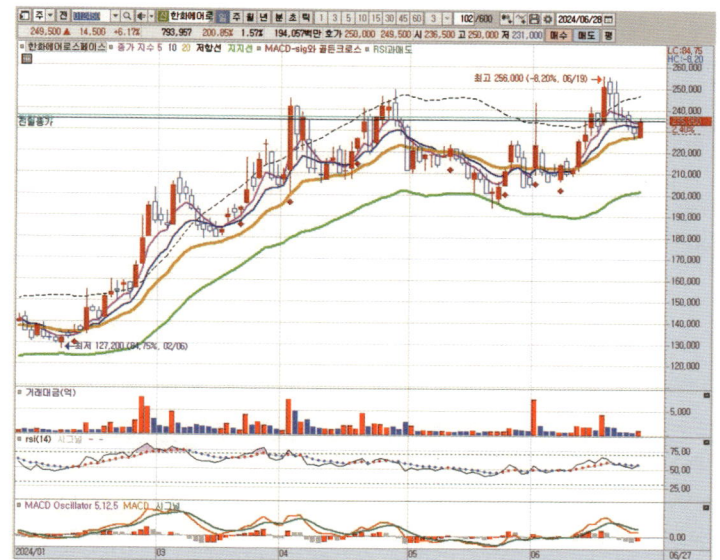

한화에어로스페이스 2024년 6월 27일 일봉 차트

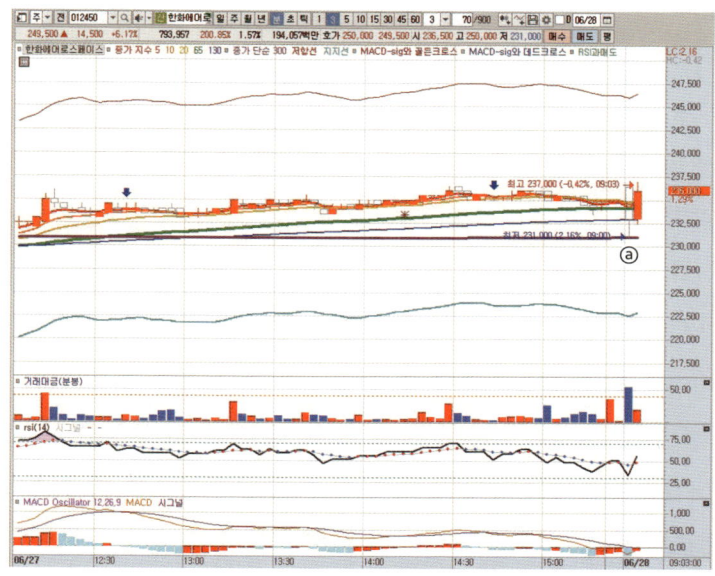

한화에어로스페이스 2024년 6월 28일 3분봉 차트(첫 6분)

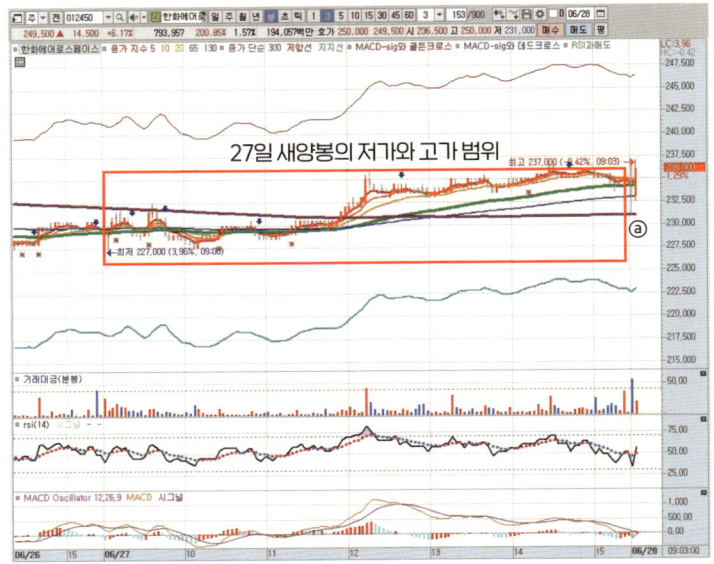

한화에어로스페이스 2024년 6월 27~28일 3분봉 차트

격대라고 보면, ⓐ에서 매수한 다음 추가 하락하더라도 전일의 저가인 22만 7,500원를 깨지 않는 이상 RSI 과매도권 진입과 같은 신호가 분명히 나올 것이므로 오히려 추가 매수가 가능합니다.

ⓐ에서의 매수 이후 주가는 이동평균선의 정배열을 만들면서 RSI 과매수권 진입 그리고 MACD-시그널선의 데드크로스가 만들어지는 ⓑ까지 상승합니다. 5%의 상승 구간이 만들어집니다.

6월 28일 하루 전체의 3분봉 차트를 보면 익절하지 않고 보유하고 있었다면 더 많은 수익을 거둘 수 있었을 것으로 보입니다. 27일의 새양봉 이후 상승추세가 만들어질 것이라고 믿는다면, 일봉 기준의 매매나 스윙 매매의 관점에서 5일 이동평균선을 지키면서 상승하는 것을 기다릴 수도 있을 것입니다. 다만 우리는

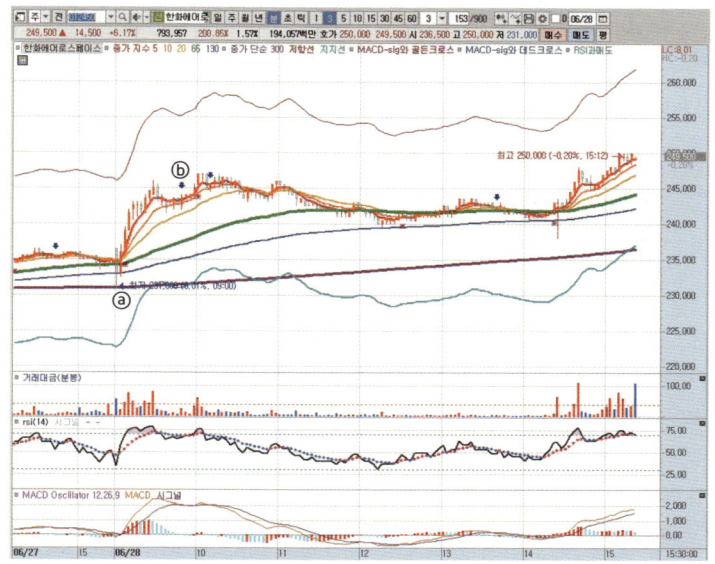

한화에어로스페이스 2024년 6월 28일 3분봉 차트(하루 전체)

 3분봉을 이용한 단타 매매를 하고 있으니 주어진 한 뼘의 상승폭만 기분 좋게 받아들고 매매를 마친 것입니다.
 다음으로 한화에어로스페이스의 30분봉 차트를 보겠습니다. 스윙 매매의 기술에 의하면 65 이동평균선을 갭 상승으로 뛰어넘는 종목은 매수로 대응할 경우 수익을 주는 경우가 많습니다. 30분봉 차트상 65 이동평균선과 130 이동평균선이 일봉상 주가 하락 기간에도 정배열을 유지하고 있다가 다시 간격을 벌리고 있습니다. 스윙 매매를 한다면 26일의 RSI 과매도권 진입 시 매수해서 28일 RSI 과매수권 진입 시 매도하는 전략을 사용할 수 있습니다. 28일 시가에서 130 이동평균선 근처까지 매수한 물량을 일봉 차트상 5일 이동평균선에 해당하는 30분봉 차트상 65 이동평균선을 유지하는 동안 끝까지 끌고 가볼 수도 있

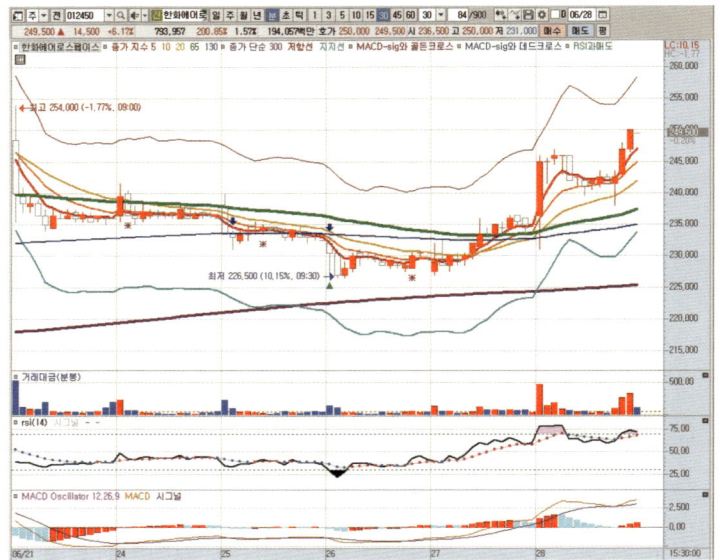

한화에어로스페이스 2024년 6월 28일 30분봉 차트

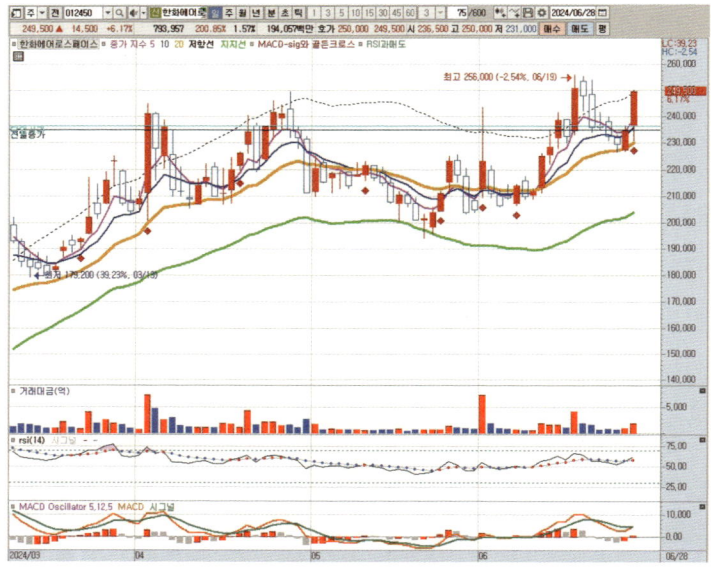

한화에어로스페이스 2024년 6월 28일 일봉 차트

을 것입니다.

　28일의 일봉을 보겠습니다. 27일의 새양봉을 소홀히 하지 않았다면 수익을 거둘 기회를 잡을 수 있었을 것입니다. 지난 4월에 만들어진 전고점을 돌파한 이후 조정을 마무리하고 다시금 6월에 만들어진 전고점을 돌파할 수도 있는 지점까지 올라왔고, 추세선상으로도 위쪽 공간이 열려 있음을 볼 수 있습니다.

　이번에는 방위산업 관련주인 LIG넥스원 사례입니다. 2024년 6월 27일 장중에 6월 25일의 고점 대비 -10% 가까이 하락한 후 10일 이동평균선에서 새양봉으로 하락을 멈춰 세웠습니다. 상승 중인 종목이 5일 이동평균선과 10일 이동평균선 사이에 양봉을 하나 끼워 넣으면 그 봉을 받침대 삼아 상승하는 경우가 많습니다. 5일 이동평균선과 10일 이동평균선의 정배열을 유지하려고 애쓰는 모습이기 때문입니다.

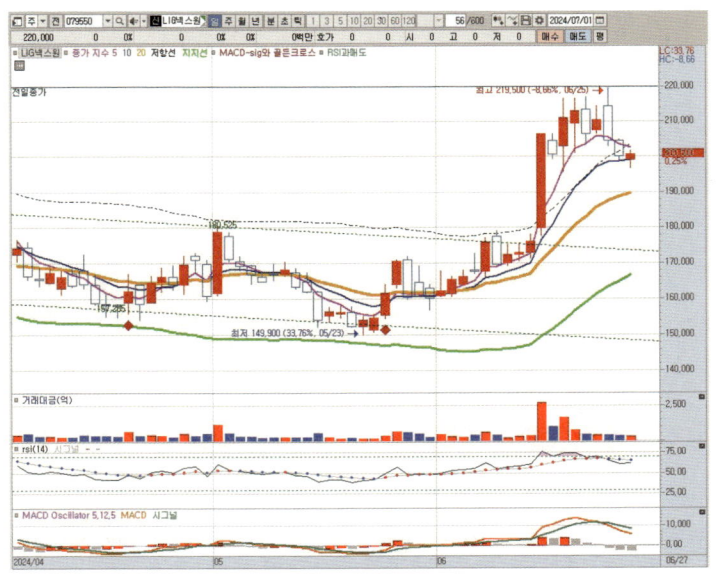

LIG넥스원 2024년 6월 27일 일봉 차트

LIG넥스원 2024년 6월 28일 3분봉 차트

    6월 28일은 새양봉의 저가를 손절선으로 삼고 시가가 크게 갭 상승해서 시작하지 않는 한 1차 매수, 그리고 3분봉 차트상 RSI 과매도권 진입이나 MACD-시그널선의 골든크로스가 발생하면 2차 매수하면서 대응하는 정도의 매매 계획을 세울 수 있습니다.

    6월 28일 0.75% 갭 상승 시가로 시작합니다. 1차 매수합니다. 만약 갭 하락해서 시작했다면 300 이동평균선의 저항을 돌파하기까지 약간의 시간이 더 걸렸을 텐데, 시가가 이미 300 이동평균선을 돌파해서 시작했기 때문에 그 아래의 모든 이동평균선은 지지의 역할을 할 수 있습니다.

    1차 매수한 물량만 갖고 있어도 되고, 위험 부담을 좀 더 안을 수 있는 성향이라면 손절매 가격으로 설정하고 있는 27일 새양봉의 저가까지 내려갈 때 2차

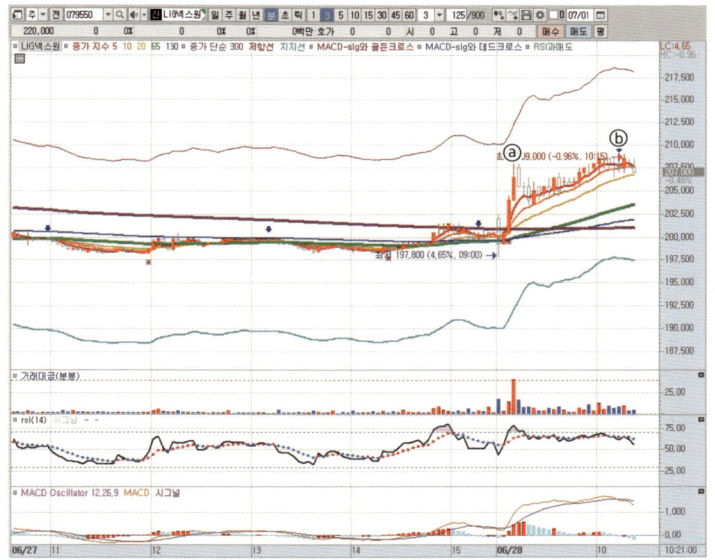

LIG넥스원 2024년 6월 28일 3분봉 차트(10시 24분까지)

매수할 수 있습니다. 한편 저가를 깨고 추가 하락한다고 해서 무조건 손절하기보다는 추가 하락이 발생하더라도 장 초반에는 RSI 과매도권 진입과 같은 신호를 보고 추가 매수할 수 있습니다.

장 시작 후 첫 3분이 지나자 상승합니다. ⓐ에서 RSI 과매수권으로 진입합니다. 시가에서 1차 매수만 했다 하더라도 ⓐ 종가 기준으로 2% 정도의 수익이 발생합니다. 여기서 익절해도 좋습니다. 한편 3분봉 이동평균선의 정배열이 눈에 들어올 정도로 경험이 생긴 분이라면 정배열이 유지되면서 MACD-시그널의 데드크로스가 발생한 ⓑ에서 익절할 수 있습니다. 3% 정도의 수익라인입니다.

6월 28일 3분봉 전체 차트입니다. 장 시작 후 ⓐ나 ⓑ에서 익절한 것이 억울할 정도로 추가 상승이 있었습니다. 다만 ⓐ나 ⓑ 시점에선, 장중 주가가 이렇게

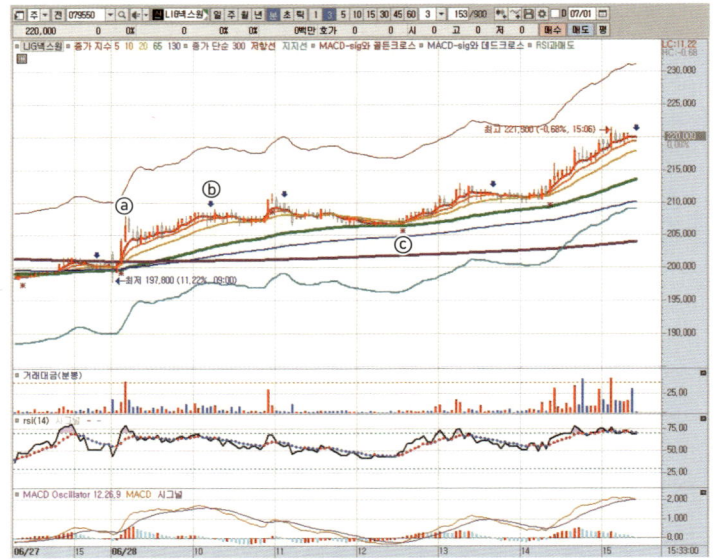

LIG넥스원 2024년 6월 28일 3분봉 차트(하루 전체)

계속 오를지 매매자가 알 수 없습니다. 상승의 단락을 유용하게 활용해 익절하는 것은 좋은 습관입니다. 물론 투자자별 매매동향을 통해 당일 상승을 만들고 있는 주체가 개인이 아닌 외국인이나 기관임을 파악했다면 매수한 물량의 일부를 남겨두는 식의 대응이 가능했을 것입니다.

한편 3분봉 차트상 모든 이동평균선이 정배열을 만들면서 상승할 때는 '추세'가 살아 있는 것으로 판단하고 MACD-시그널선의 골든크로스가 나오는 ⓒ와 같은 지점에서 매수 대응할 수 있습니다. 이 골든크로스가 65 이동평균선이나 130 이동평균선 근처에서 발생하면 30분봉 차트상 5 이동평균선 또는 10 이동평균선의 지지를 받고 다시 추세를 이어나간다는 뜻이 됩니다. 물론 이런 모든 상황을 한 번에 파악하기 위해서는 많은 경험을 쌓아야만 합니다.

일자	현재가	등락률	거래량	개인	외국인	기관계	금융투자	보험	투신	기타금융	은행	연기금등	사모펀드	국가	기타법인	내외국인
			누적순매수	-72,121	+54,473	+4,411	-746	-2,205	+12,378	-190	-395	-10,613	+5,181		+3,337	-100
24/06/28	220,000	9.73%	423,839	-13,669	+8,341	+5,330	+4,043	+461	+240		-167	+650	+78		+165	-167
24/06/27	200,500	0.25%	140,627	+2,122	+1,150	-3,709	-632	-112	-485		-12	-1,938	-530		+389	+48
24/06/26	200,000	-2.20%	168,064	+2,308	-2,048	-1,311	+943	-126	-46	-38	-58	-1,664	-320		+1,033	+18
24/06/25	204,500	-2.85%	190,246	+6,649	-3,124	-3,814	-1,059	-296	-39			-891	-1,529		+275	+15
24/06/24	210,500	1.94%	202,458	+1,832	-597	-1,029	-319	-358	+484	-1		-320	-516		-235	+28
24/06/21	206,500	-3.05%	230,734	+4,961	-2,849	-2,349	-1,108	+65	+397	-3	+96	-1,411	-406		+199	+18
24/06/20	213,000	0.95%	363,512	+2,378	-5,178	+2,765	-3,685	-168	+502	-2		+2,387	+3,751		+63	-28
24/06/19	211,000	5.24%	809,581	+2,091	-6,900	+4,191	+5,216	-88	+1,671	-21	-75	-1,636	-876		+619	-1
24/06/18	200,500	-2.91%	500,612	+5,638	-8,040	+1,845	+1,549	-466	-413	-13	+35	+451	+702		+509	+47
24/06/17	206,500	17.33%	1,396,562	-42,024	+33,373	+9,684	-607	+431	+4,134	+47	-443	+785	+5,337		-859	-174
24/06/14	176,000	1.73%	212,939	-4,022	+3,072	+585	+169	-1,570	+1,483			-26	+529		+395	-29
24/06/13	173,000	0.41%	178,877	+540	+2,266	-2,894	-5,616	-272	+4,375	-70		-302	-1,008		+100	-12
24/06/12	172,300	1.65%	128,161	-1,221	+1,020	-308	+374	-143	+1,096			-941	-694		+385	+125
24/06/11	169,500	-3.64%	233,713	+8,970	-8,044	-1,479	-165	-44	-712			-2,166	+1,608		+429	+124
24/06/10	175,900	4.95%	352,260	-25,478	+21,555	+4,145	+1,697	+666	+571		-39	+30	+1,220		-125	-96
24/06/07	167,600	0.90%	236,086	-5,487	+9,149	-3,803	-1,618	-18	-67	-114	-34	-2,108	+158		+131	+9
24/06/05	166,100	0.48%	164,298	-7,049	+8,785	-1,750	-229	-189	-287		+302	-1,296	-51		+22	-8
24/06/04	165,300	1.85%	176,160	-8,851	+10,325	-1,130	-284	+27	-413			-310	-150		-355	+11
24/06/03	162,300	1.31%	270,967	-1,831	+2,219	-558	+585	-24	-110			+113	-1,121		+196	+2
24/05/31	160,200	-0.37%	150,822	+1,576	-652	-741	+907	-509	-608			-431	-100		-99	-85

LIG넥스원 2024년 6월 28일 투자자별 매매동향

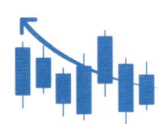
2-4 알테오젠, 보로노이

2024년 7월 10일 알테오젠은 이틀간의 하락을 끝내고 20일 이동평균선을 깨지 않고 새양봉을 만들어냈습니다. 다시 이 양봉을 기준으로 단타 매매를 할 수 있습니다.

기본적으로는 새양봉의 저가를 손절가로 생각하고 3분봉 차트상 RSI 과매도권 진입 및 MACD-시그널선의 골든크로스를 매수타점으로 보고 접근합니다. 지난 6월 초반의 상승 이후 일정한 가격대를 지키는 박스권이 만들어지고 있음을 잘 살펴보십시오.

새양봉이 만들어진 7월 10일 오후 3시경 고점을 찍고 하락한 추세가 7월 11일 장 초반에도 이어집니다. RSI 과매도권으로 진입하는 첫 번째 신호에서 1차 매수(ⓐ)합니다. 더 하락할지, 추세가 어디서 돌지 모르므로 그 이후로도 나오는 신호마다 추가 매수하기보다는 하락의 추세가 돌려지는 MACD-시그널선의 골든크로스 지점에서 2차 매수(ⓑ)하는 것이 좋습니다.

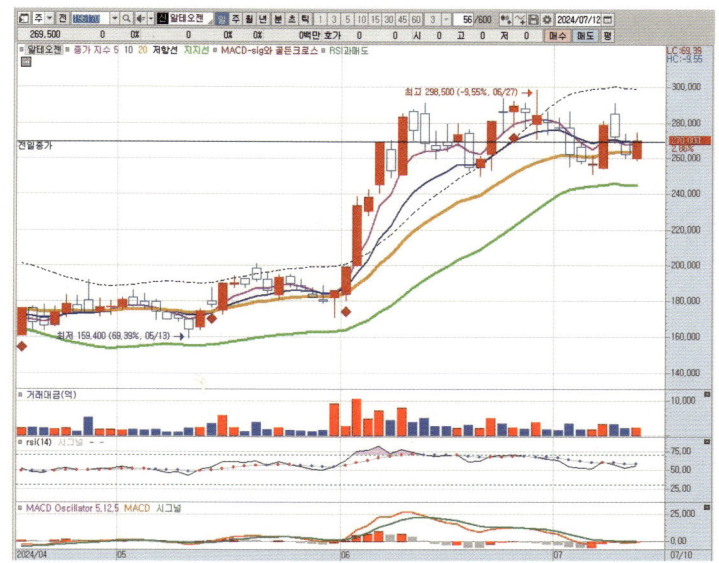

알테오젠 2024년 7월 10일 일봉 차트

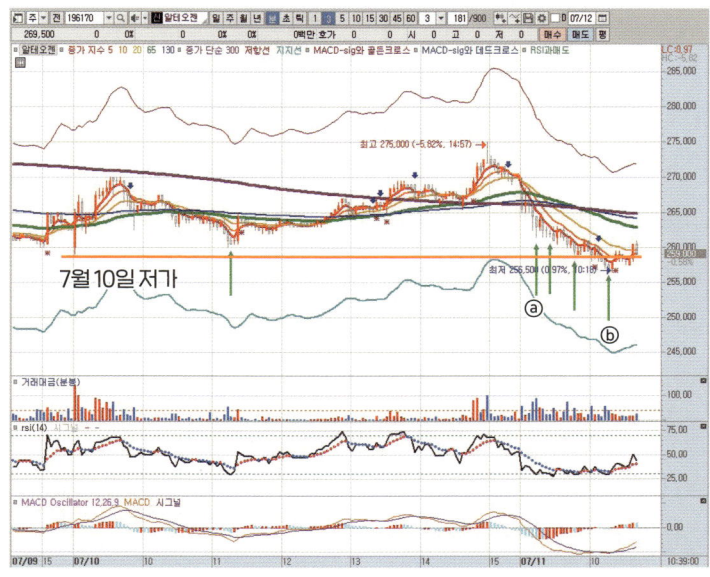

알테오젠 2024년 7월 11일 3분봉 차트(10시 42분까지)

2장. 시가 단타 매매의 기술   237

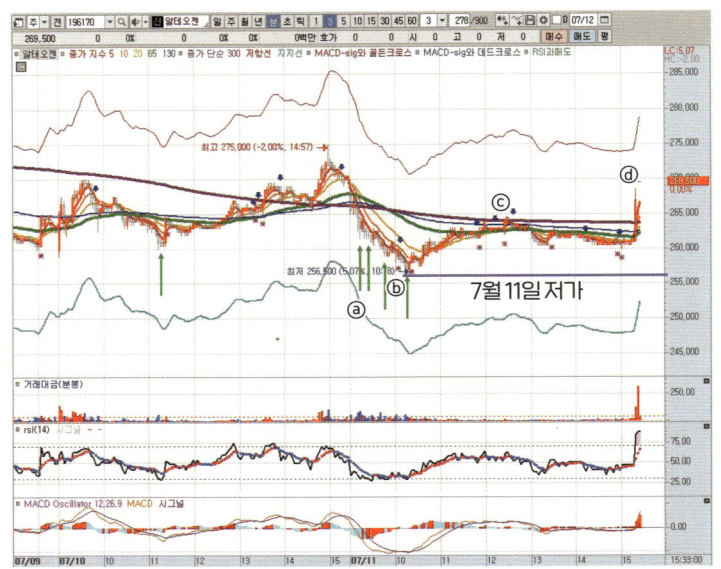

알테오젠 2024년 7월 11일 3분봉 차트(하루 전체)

    잠정적인 손절선으로 잡아놓은 7월 10일 새양봉의 저가선을 깨고 내려가는 모습을 볼 수 있습니다. 이런 지점이야말로 경험에 의한 판단이 필요한 순간입니다. 단타 매매 초보라면 1차 매수한 물량을 손절선을 깰 때 손절하고 다시 MACD-시그널선이 골든크로스를 만드는 타점(ⓑ)에서 매수해줍니다. 3분봉 차트상 RSI 과매도권에 여러 차례 진입하면서 하락의 강도는 약해졌으며, 하락추세를 마무리하고 상승으로 돌리는 추세 흐름이 예상되기 때문입니다. 많은 매매를 통해 경험을 쌓은 매매자라면 약 -1%남짓 평가손 상태에서 자를 것인지, 손절선에 주가가 접근했을 때 MACD-시그널선이 붙고 있기 때문에 골든크로스를 보고 참고 추가 매수할 것인지 판단해야 합니다.

    첫 번째 RSI 과매도권 진입 신호인 ⓐ와 MACD-시그널선의 골든크로스인

ⓑ에서 1차 매수와 2차 매수를 했다면, 이후 MACD-시그널선의 골든크로스가 유지되면서 반등하다가 65 이동평균선이나 130 이동평균선 또는 300 이동평균선에 접근하는 과정에서 이동평균선을 돌파하지 못하고 MACD-시그널선의 데드크로스가 나는 지점 등에서 작지만 익절할 수 있는 기회가 생깁니다. 약 1.5%의 수익라인입니다.

'1.5%의 수익, 누구 코에 갖다 붙이라고?'라고 생각할 수도 있습니다. 오버솔드도 처음에는 그런 생각을 했습니다. 하지만 계획과 규칙에 따라 꾸준히 반복하다 보면 이번 사례와는 달리 거래량이 붙으면서 장기 이동평균선을 가볍게 돌파하면서 더 큰 상승을 보이는 경우도 만날 수 있습니다. 어쨌든 당일의 저가에 가까운 가격에 매수해 손실을 보지 않는 매매를 반복해가면서 경험을 쌓아가는 것입니다.

한편 장 초반에 만들어진 7월 11일의 저가를 깨지 않는 이상 보유하겠다고 마음먹은 매매자라면 ⓒ 이후의 시간이 매우 지루하게 느껴졌을 것입니다. 그러다 장 막판의 상승이 매우 반갑게 다가옵니다. ⓐ와 ⓑ의 매수 평균가에서 ⓓ까지 약 3%의 수익라인이 만들어집니다.

단타 매매를 하다 보면 자신이 매매의 기준으로 삼는 시간대에 사로 잡혀서 전체적인 그림을 보기 어려워지고 조급한 매매를 하게 됩니다. 단타 매매의 기술상으로는 매도를 해야 할 지점이라면 그 이후 주가가 오를지 내릴지 알 수 없기 때문에 매도(익절)로 대응하는 것이 맞습니다. 다만 전량 매도할지, 일부만 익절하고 나머지를 좀 더 먼 시간대까지 보유할지는 매매자의 경험과 판단에 달려 있습니다. 오버솔드의 경험상 많은 경우 장 시작~10시 반 사이에 만들어진 저점에서 반등하기 시작한 주가는 좀처럼 그 저가를 깨지 않습니다.

7월 11일의 일봉 차트입니다. 7월 10일의 새양봉 이후 아랫꼬리를 달고 양봉으로 상승 전환했음을 알 수 있습니다. 20일 이동평균선에서는 이동평균선을

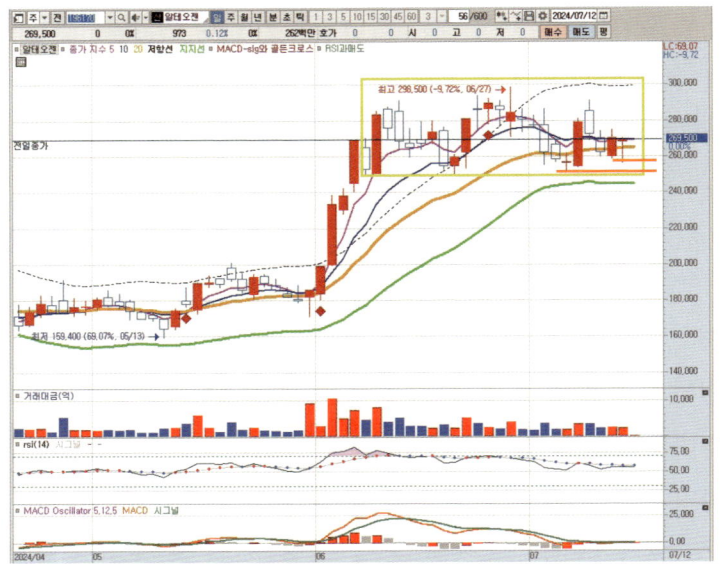

알테오젠 2024년 7월 11일 일봉 차트

깨지 않으려는 노력이 돋보입니다. 이후에도 7월 11일의 저가나 그 이전의 저가를 손절가로 생각하고 단타 매매를 할 수 있습니다.

한편 일봉 차트상 MACD-시그널선이 골든크로스를 만들려고 하는 모습이 보입니다. 5-10일 이동평균선도 이 지점에서 양봉이 하나 나오면 다시금 골든크로스를 만들 수 있을 것으로 보입니다. 여러모로 굉장히 의미 있는 시간임을 알 수 있습니다.

박스로 표시한 가격권에서 아래로 깨고 내려가서 하락하게 될 것인지, 박스 상단을 돌파하고 다시금 상승을 시작하게 될 것인지 궁금해집니다.

2024년 7월 16일, 밤새 악재(?)라고 생각할 만한 재료로 보로노이는 -12.14% 갭 하락 시가로 시작합니다. 10일 이동평균선의 지지를 받고 반등해

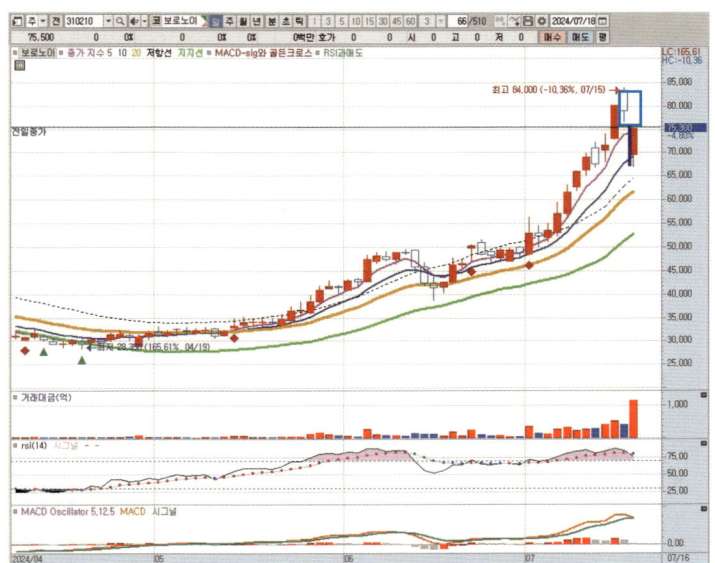

보로노이 2024년 7월 16일 일봉 차트

5일 이동평균선과 10일 이동평균선 사이를 몸통으로 메꿔주었습니다. 이미 이동평균선의 정배열이 잘 형성되어 있어 급락 시 단타 매매의 기술로 수익을 낼 수도 있지만, 장이 끝난 후 관심종목 등을 살펴보다 이런 모양을 보게 되면 다음 날 새양봉 매매로 접근해도 괜찮습니다.

조금 연구할 것이 있습니다. 윗꼬리를 단 양봉의 경우 다음 날 그 윗꼬리 부분을 채우면서 주가가 상승하는 경우가 많다면 아랫꼬리를 단 음봉은 어떨까요? 역시나 아랫꼬리 부분을 메꾸면서 음봉이 만들어지는 경우가 많습니다. 따라서 다음 날 매매를 계획했다면 손절가를 16일의 저가로 설정하고 갭 상승 시가로 시작하는지, 갭 하락 시가로 시작하는지 잘 살펴보세요. 특히 갭 하락 시가로 시작하면 일단 하락의 가능성이 높으므로 3분봉에서 하락 후 반등하는 시점

보로노이 2024년 7월 17일 3분봉 차트(10시 3분까지)

과 같은 매수 타이밍의 발생을 기다리면서 관망하는 것이 좋습니다.

7월 17일의 3분봉 차트를 살펴보겠습니다. +0.27%의 시가로 장 시작 후 주가가 하락합니다. ⓐ에서 아랫꼬리를 말고 올라왔지만 하락 중에 RSI 과매도권 진입 신호가 발생했습니다. 이 자리는 16일의 주가 흐름에서 지지 가격선이 만들어진 부분이기도 하므로 1차 매수할 수 있습니다. RSI 과매도권 진입 신호가 나올 때 매수할 수도 있고, 진입 신호가 나온 이후 다시 아랫꼬리를 말고 올라간 종가에 매수할 수도 있습니다. '아, 이 가격대 지지가 있구나!'라고 확인하면서요.

이후 주가는 상승해 300 이동평균선까지 올라갑니다. ⓐ에서 300 이동평균선까지는 약 7%의 상승라인입니다.

ⓐ에서 1차 매수한 물량을 300 이동평균선에서의 저항에 대비해 익절해야

보로노이 2024년 7월 17일 3분봉 차트(하루 전체)

하지만, 그렇지 않은 경우라도 MACD-시그널선이 데드크로스를 만들면 일단 물량을 정리하고 다음 기회를 살피는 것이 좋습니다.

　장 초반의 익절 이후 우리는 그 시점에서 당일 저가를 알고 있습니다. 이 저가 근처에서 RSI 과매도권 진입이나 MACD-시그널선의 골든크로스가 나오면 매수 관점에서 접근할 수 있습니다. 매수했는데 당일 오전의 저가를 깨면 손절하면 되고요. 매수했다면 RSI 과매수권으로 진입하는 ⓑ와 같은 곳에서 또 익절할 수 있는 기회가 생깁니다.

　상승하는 와중에 장기 이동평균선을 만나게 될 경우 웬만한 매수세가 들어오지 않고는 한 번에 돌파하면서 상승하기가 쉽지 않습니다. 이 사례에서 볼 수 있듯이 300 이동평균선까지는 기세 좋게 올라가더라도 이 이동평균선을 돌파

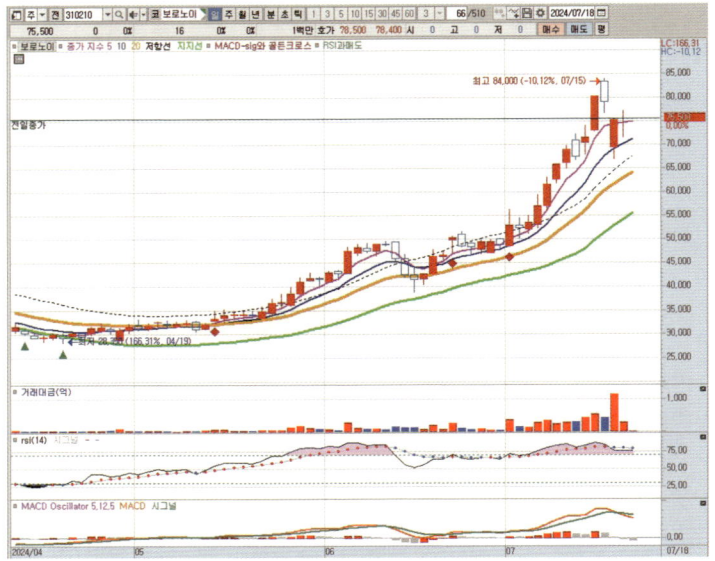

보로노이 2024년 7월 17일 일봉 차트

해낼 것이라는 낙관보다는 돌파하지 못할 것이라고 생각하고 익절하는 보수적인 접근 방식이 옳다고 생각합니다. 오버솔드라면 하락 이후 11시 40분경의 MACD-시그널선 골든크로스 발생 시점에 다시 매수할 수 있다 해도 ⓑ까지 상승하기 전 300 이동평균선과 접할 때 익절했을 것입니다.

　15일과 16일의 일봉을 하나의 아랫꼬리를 단 음봉으로 해석하고 17일 매매에 임했습니다. 16일과 17일의 일봉을 통해 이 가격대에 어떤 식으로든 지지대가 형성되어 있음을 확인할 수 있었습니다. 만약 18일의 주가가 5일 이동평균선과 10일 이동평균선 사이에서 움직인다면 16일의 저가를 손절가로 정하고 단타 매매를 도모할 수 있을 것입니다.

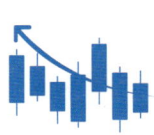 ## 2-5
한국화장품제조

2024년 7월 22일 한국화장품제조는 7월 11일의 고점에서부터 하락을 이어오다가 20일 이동평균선 지지를 받고 새양봉을 만들어냈습니다. 그냥 양봉도 아니고 5일 이동평균선과 10일 이동평균선을 돌파하는 시도를 한 양봉입니다.

30분봉 차트로 보면 22일의 주가 움직임을 더 정확히 알 수 있습니다. 19일 RSI 과매도권으로 진입한 후 일봉 차트상 20일 이동평균선에 해당하는 300 이동평균선을 지지 삼아 65 이동평균선과 130 이동평균선을 한 번 뚫고 난 뒤 그 근처에서 주가가 흘렀습니다. 23일에 갭 상승 시가로 시작하거나, 장 초반 음봉의 흐름이 생기더라도 22일의 저가 또는 300 이동평균선을 깨지 않으면 매수 타이밍을 찾아야 할 것입니다.

7월 23일 +2.63% 갭 상승 시가로 시작했습니다. 그리고 RSI 과매수권을 찍고 하락하면서 22일의 종가선도 깹니다. 이때 일봉 차트상에서 음봉이 나오기 시작합니다. 전일 새양봉의 매수세가 만들어낸 영역 안에서 조정이 시작된 것입

한국화장품제조 2024년 7월 22일 일봉 차트

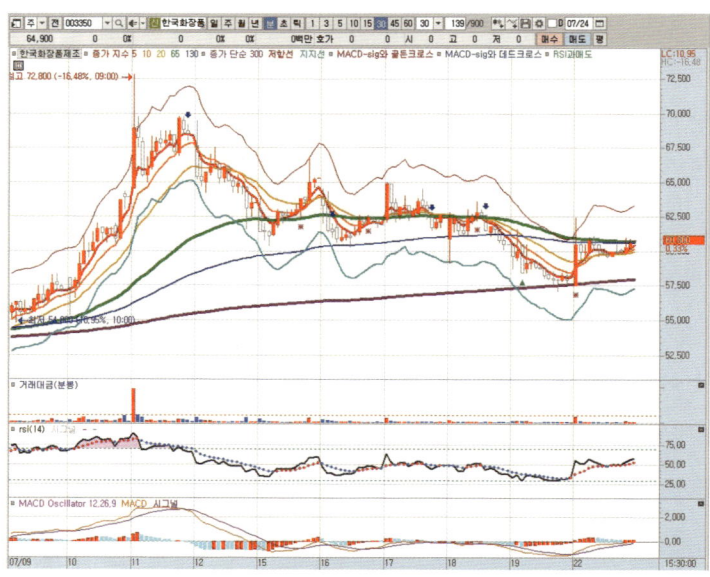

한국화장품제조 2024년 7월 22일 30분봉 차트

한국화장품제조 2024년 7월 23일 3분봉 차트(10시 33분까지)

니다. 전일의 저가선을 깨면 하락이지만 깨지 않는 동안은 조정입니다.

　22일 만들어진 새양봉에서의 가격 흐름을 보면 상승 후 조정을 받는 과정에서 지켜주는 선이 있습니다. 그 선까지 온 ⓐ에서 RSI 과매도권 진입 신호가 중중 발생합니다. 저가선을 손절선으로 봤을 때 이 지점에서는 1차 매수할 필요가 있습니다. 그다음은 저가선까지의 영역으로, 추가 하락하면 RSI 과매도권 진입 및 이탈 시 또는 MACD-시그널선의 골든크로스 시 2차 매수 등의 대응을 하면 될 것입니다.

　ⓐ에서 매수한 물량은 작지만 장중 꾸준히 평가익 상태를 유지하다가 1시 후반에 22일의 전고점까지 상승하면서 RSI 과매수권으로 진입합니다. ⓐ~ⓑ에서 약 4.5%의 상승라인이 만들어집니다. 전고점 저항을 걱정해서 이 지점에서

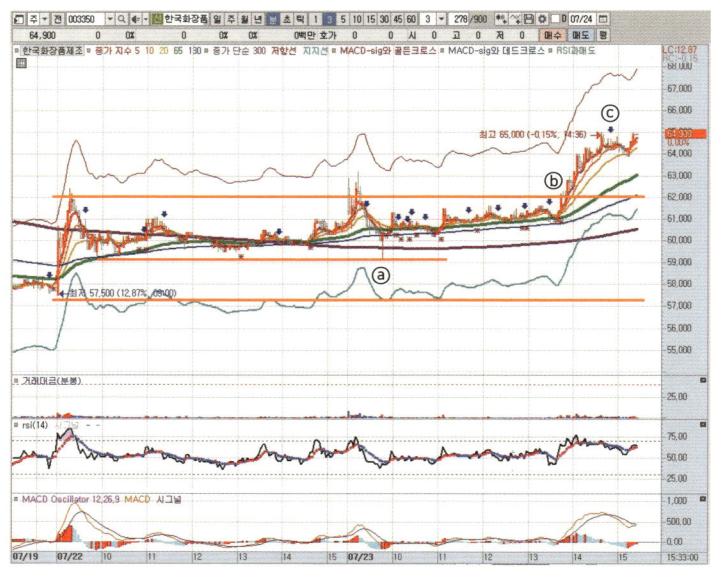

한국화장품제조 2024년 7월 23일 3분봉 차트(하루 전체)

매도해도 괜찮습니다. 한편 일부만 익절하고 나머지는 MACD-시그널선의 데드크로스를 매도 시점으로 생각해서 추세를 타고 가다 ⓒ에서 매도하면 더 큰 수익률을 거둘 수도 있을 것입니다. ⓐ~ⓒ는 약 9%의 상승라인입니다.

한편 65 이동평균선을 깰 때까지 보유하겠다고 생각한 사람에게는 아직 매도 시점이 아닐 것입니다. 단타 매매에서의 수익은 어떤 경우든 반드시 거두는 편이 낫습니다.

앞선 3분봉 차트에서 ⓐ~ⓑ 구간은 2시까지 만들어집니다. 30분봉 차트에서 보더라도 22일과 23일의 전고점 부근에 있는 것을 알 수 있습니다. 우리는 3분봉 차트에서 전고점 저항에 대한 우려를 갖고 매도하기도 했습니다만, 그림처럼 5-10-20 이동평균선을 위로 끌어올리는 이런 양봉이 나오면 많은 경우

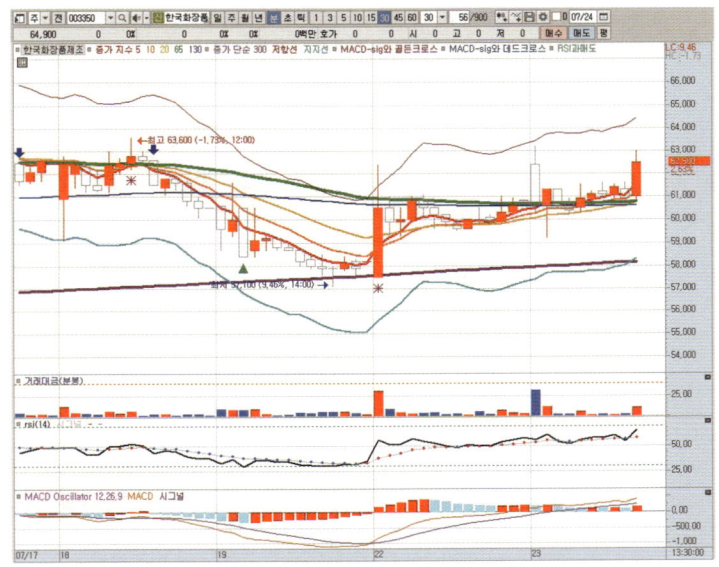

한국화장품제조 2024년 7월 23일 30분봉 차트(2시까지)

추가 상승을 합니다. 차트를 해석하는 눈과 자신의 위험 감수 정도에 따라 수익을 더 낼 수 있는 구간입니다. 실제로 23일 9시 30분까지의 첫 30분봉이 65 이동평균선 위 갭 상승으로 시작한 후 하락하지 않고 양봉인 상태로 버텨줬다면, 9시 30분부터의 이동평균선은 급격하게 위로 끌어올려지면서 상승의 기조를 더 빨리 잡을 수 있었을 것입니다.

22일의 새양봉 안에서 조정을 받고 반등한 양봉이 만들어졌습니다. 20일 이동평균선 근처에서 상당한 지지가 있음을 짐작하게 하는 대목입니다. 24일의 주가 흐름이 만약 오전 중 하락의 모습을 보인다면, 얼마 전의 ⓐ와 같이 조정 후 반등을 기대할 수도 있지 않을까 생각됩니다. 단타 매매자라면 관심을 가져야 하는 상황이라고 생각됩니다.

한국화장품제조 2024년 7월 23일 일봉 차트

윗꼬리 양봉을 기준으로 활용한 단타 매매

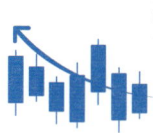
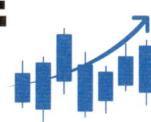

    윗꼬리 양봉을 기준으로 활용한 단타 매매는 전작 『초단타 매매의 기술』에서 D+1데이 매매라는 개념으로 일부 언급한 바 있습니다. 또 앞에서 매우 자세히 설명해놓았습니다. 이론은 앞부분을 참고해주시고 이번에는 검색기를 만드는 과정에 집중하도록 하겠습니다.

    먼저 당일 윗꼬리 양봉을 찾는 검색기를 만들어보겠습니다. 이 검색기를 만들 수 있게 된다면 종가 매매를 통해 다음 날 갭 상승 시가를 기대할 수 있습니다. 또한 이 검색기를 바탕으로 윗꼬리 양봉 다음 날의 단타 매매에 적절한 종목을 찾을 수 있습니다.

    다양한 형태의 윗꼬리 양봉이 존재하지만 오버솔드의 단타 매매에서 활용할 윗꼬리 양봉에서 중요한 것은 캔들 자체의 크기와 형태입니다. 우리는 최소한 1회 이상 VI가 발동할 정도로 상승했고, 몸통과 윗꼬리가 어느 정도 균형이 있는 윗꼬리 양봉을 찾고자 합니다.

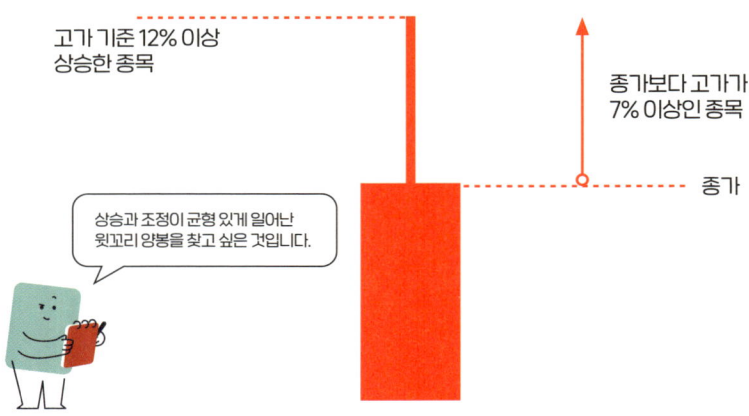

윗꼬리 양봉의 기본 형태

이를 위해 다음의 조건을 만족해야 합니다.

1. 고가 기준 12% 이상 상승한 종목
2. 고가와 종가 사이에 7% 이상 윗꼬리가 발생한 종목

고가 기준 12% 이상 상승한 종목이란 전일 종가 기준으로 당일 12% 이상 주가가 상승한 종목을 말합니다. 즉 10%나 11% 상승한 종목 역시 크게 상승한 것처럼 느껴지겠지만 윗꼬리 양봉의 선택 기준에서는 빼겠다는 뜻입니다. 15%, 20% 심지어 고점으로 상한가를 만든 종목이 첫 번째 조건에 해당하게 될 것입니다.

고가와 종가 사이에 7% 이상 윗꼬리가 발생한 종목이라는 뜻이 다소 헷갈릴 수 있겠으나, 종가를 기준으로 고가까지의 거리가 7% 이상 되어야 한다는 의미입니다. 예를 들어 당일 고가가 12.1%였는데 종가가 5%였다면 종가부터 고가

까지의 거리가 7.1%이므로 이 조건에 부합합니다. 고가에서부터 물량을 소화하면서 조정을 7% 정도 받으면서 캔들이 완성된 것이죠.

그렇다면 당일 고가가 12.1%였는데 종가가 8%라면 어떨까요? 종가부터 고가까지의 거리가 4.1%이므로 조건에 해당하지 않는 종목이 됩니다. 검색되어 나오지 않겠죠. 또는 당일 고가가 11.1%였는데 종가가 4%라면, 종가부터 고가까지의 거리가 7.1%이므로 조건에 해당하는 것처럼 보이겠지만 그렇지 않습니다. 고가 기준으로 12% 이상 상승한 종목이 아니므로 윗꼬리를 달았지만 검색되어 나오지 않습니다.

만약 독자께서 윗꼬리 양봉 매매를 할 때 고가 기준으로 더 크게 상승한 종목을 찾고 싶다면 12%를 15%나 17% 등으로 조정할 수 있습니다. 윗꼬리의 크기를 좀 더 짧게 조정하고 싶다면 7%가 아니라 5%나 4% 정도로 조건식을 만들 때 바꿀 수도 있고요. 오버솔드가 제시한 기본을 바탕으로 자신에게 맞게 미세 조정해보기 바랍니다.

그리고 검색식에서는 최종적으로 '양봉'임을 확정 짓기 위해 당일 종가가 당일 시가보다 크다는 조건을 포함시키게 될 것입니다.

윗꼬리 양봉에서의 매매 신뢰도를 높이기 위해 윗꼬리 양봉의 기본 형태에 몇 가지 조건을 추가하겠습니다.

3. 당일 거래대금이 300억 원 이상인 종목
4. 당일 거래량이 전일 거래량 대비 100% 이상인 종목
5. 종가가 일봉상 65일 이동평균선 위에 있는 종목
6. 당일 캔들의 고가가 전일부터 5일 전까지의 고가를 돌파한 신고가 종목

3, 4는 오버솔드의 주관적인 기준입니다. 당일 거래대금이 커질수록 돈이 많

이 들어와 있다는 뜻이니 거래대금이 적은 종목보다는 지지력을 믿고 안정적으로 매매할 수 있습니다. 거래량 또한 전일 거래량보다 많은 것이 좋습니다. 100%가 아니라 200%, 300%로 늘릴 수도 있습니다. 매매 대상이 될 종목이 시장의 관심을 받아 평소보다 더 많은 거래량이 발생했다는 조건으로 이해하면 되겠습니다.

한편 조건 5는 상승 중인 종목에서 발생한 윗꼬리 양봉을 찾기 위함입니다. 일봉에서의 이동평균선 정배열이 막 만들어지고 있는 상황에서 윗꼬리 양봉이 발생하면 추세 전환을 기대하며 스윙 매매나 중장기 매매로 들고갈 수 있지만, 우리는 윗꼬리 양봉을 이용한 단타 매매를 공부하고 있으므로 이동평균선 조건을 너무 까다롭게 잡지 않겠습니다. 캔들의 종가가 65일 이동평균선 위에만 있으면 만족하는 것으로 갈음합니다. 이는 간단히 말해 3개월 동안 보유자들의 평균 가격보다 주가가 높게 형성되어 있는 것으로, 그 기간 동안의 매물들이 어느 정도 소화된 상태란 뜻입니다.

마지막 조건 6 신고가 여부가 특히 중요하다고 생각합니다. 많은 경우 최근 5일 동안의 매물대를 소화했다는 뜻이며, 5일 이동평균선 위로 주가가 올라오는 모습을 보여주게 됩니다.

그럼 이들 조건을 활용해 당일 윗꼬리 양봉이 발생한 종목을 찾는 검색기를 만들어보도록 하겠습니다. 일봉 기준으로 검색하므로 '일주기'로 한 다음, 전일 종가 대비 당일 고가 등락률이 12% 이상이 되도록 설정해줍니다. 조건 검색식에서는 당일을 0봉으로 하기 때문에 전일은 '1봉전'이 됩니다. 당일의 주가 등락률은 전일의 종가가 기준이 되기 때문에 이와 같은 조건을 설정합니다.

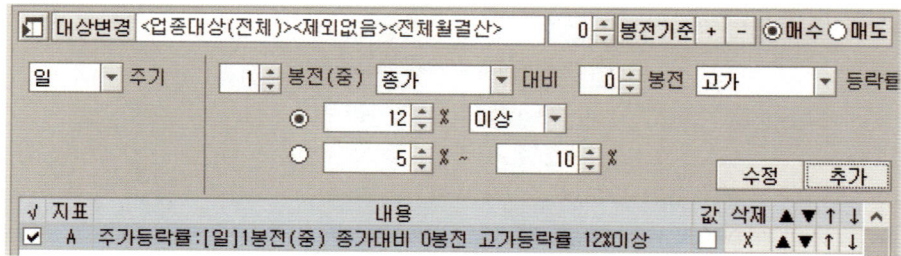

고가 기준 12% 이상 상승한 종목 조건을 입력한 모습

윗꼬리는 당일의 종가와 고가 사이의 관계입니다. 따라서 일봉주기 0봉전 (중) 종가 대비 0봉전 고가 등락률 7% 이상이라고 설정한 다음 '추가' 버튼을 클릭해 검색기에 포함시킵니다.

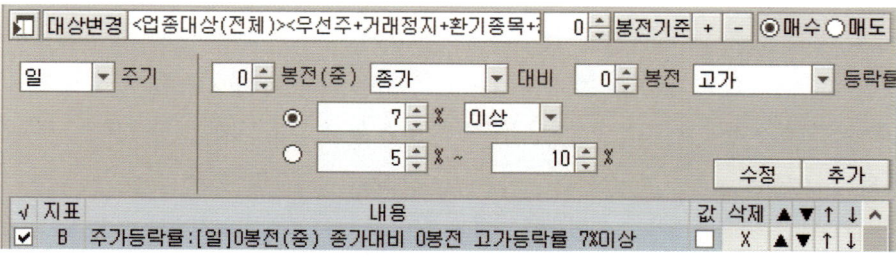

고가와 종가 사이에 7% 이상의 윗꼬리가 발생하는 종목 조건을 입력한 모습

이 두 조건으로 윗꼬리 양봉의 모양을 규정하기 때문에 검색기에서는 '(A and B)'로 정리해줄 것입니다.

당일 거래대금과 관련된 조건을 추가합니다. 일을 기준으로 할 경우 단위는 100만 원이므로 300억 원이 되려면 '30,000'을 입력해줘야 합니다. 상단은 9를

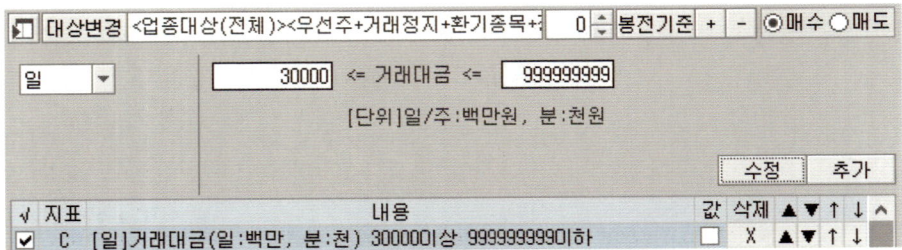

당일 거래대금 300억 원 이상 조건을 입력한 모습

칸이 다 찰 때까지 입력한 다음 '추가' 버튼을 클릭해 조건식에 포함시킵니다.

거래량 비율과 관련된 조건을 추가합니다. 전일 거래량 대비이므로 '일 주기'로 한 다음 전일을 뜻하는 1봉으로 숫자를 조정해주고, 상세옵션에서 '전'을 선택해서 '하루 전 거래량'을 설정합니다. 당일의 거래량에 대해서는 동일 주기 '0봉전'으로 설정하고 100% 이상으로 조건을 완성합니다.

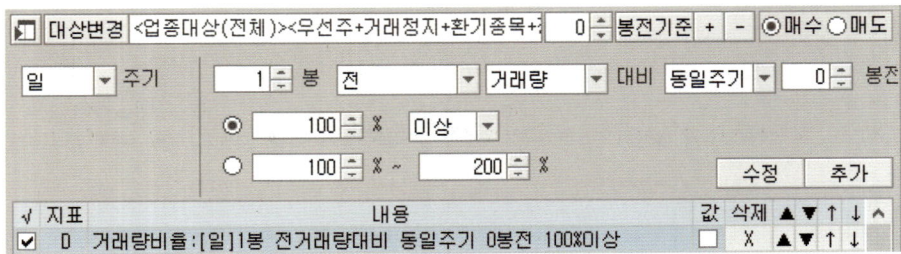

당일 거래량이 전일 대비 100% 이상인 종목 조건을 입력한 모습

종가가 일봉 차트에서 65일 이동평균선 위에 있어야 한다는 조건을 추가합니다. 일봉에 대해 당일 기준으로 종목을 찾아야 하기 때문에 '일주기 0봉전 기

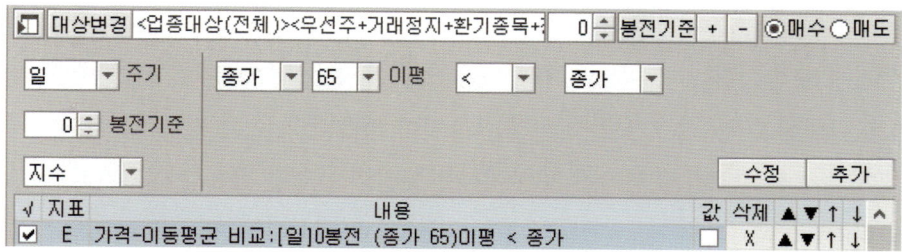

종가가 일봉상 65일 이동평균선 위에 있는 종목 조건을 입력한 모습

준'이라고 설정하고, 지수 이동평균선을 사용하므로 '지수'를 선택해줍니다.

그다음 당일의 종가가 종가 기준 65일 이동평균선 위에 있어야 하므로 그림과 같이 설정해줍니다. 검색식에는 이동평균선 부분의 숫자 옵션에 '65'가 없기 때문에 직접 '65'를 입력해야 합니다. 이 또한 '추가' 버튼을 클릭해 검색기에 포함시킵니다.

마지막으로 일봉에 대해 당일 기준으로 종목을 찾아야 하기 때문에 '일주기 0봉전 기준'이라고 설정하고, 신고가의 기준을 고가로 하기로 했으므로 '고가'를 선택해줍니다. 좀 더 상승이 확인된 종목으로 선정하고자 한다면 신고가 기준을 '종가'로 설정해줄 수도 있습니다. 이는 성향에 따라 조정할 수 있습니다.

당일 캔들의 고가가 전일부터 5일 전까지의 고가를 돌파 조건을 입력한 모습

그다음 오른쪽에서 '5봉 중 신고가'를 선택한 다음, '추가' 버튼을 클릭해 검색기에 포함시킵니다. 여기서 재미있는 조건이 있는데, 맨 아래를 보면 '최근 5봉 이내에 20봉 신고가 발생'이라는 조건이 있습니다. 이는 당일 기준 5봉 이내에 발생한 신고가의 성격이 20봉이라는 기간의 고점을 뚫어낸 신고가라는 뜻입니다.

이것이 우리가 선택한 '5봉 중 신고가'란 조건과 어떻게 다를까요? '5봉 중 신고가'는 당일 주가의 고가가 당일 포함 5일 동안의 고가보다 높은 경우만을 말합니다. 즉 주가가 추세를 갖고 계속적으로 하락(또는 상승)하다가 가장 최근 5일간 횡보하는 가운데, 즉 비추세 구간을 만드는 가운데 당일의 고가가 이 횡보 구간의 고가보다 높은 경우를 말합니다. 한편 '최근 5봉 이내에 20봉 신고가 발생'이라는 뜻은 당일 포함 5일 동안의 캔들의 고가가 20일 동안의 캔들의 등락이 만들어낸 상단을 뚫어낸 적이 있는지를 찾는 조건입니다. 이런 조건이면 20일 동안 하락추세가 계속 이어진 종목보다는 20일 동안 일정한 등락폭으로 횡보하던 종목이 검색될 가능성이 큽니다.

따라서 우리가 기본적으로 추가한 '5봉 중 신고가'라는 조건과 '최근 5봉 이내에 20봉 신고가 발생'을 'and' 조건으로 묶어서 쓰면, 최근 5일 사이에 20일 동안의 주가 고점을 깨서 상승의 분위기가 강한 가운데 오늘 발생한 고점이 최근 5일 사이의 고점을 다시 돌파했다는 뜻이 됩니다. 검색식을 보다 타이트하게 만들고 싶다면 두 조건을 함께 쓰면 되겠습니다.

최종적인 검색기에서는 당일 윗꼬리 양봉을 찾기 위한 추가 조건으로 C, D, E, F를 'and'로 묶어서 '(C and D and E and F)'로 나타내게 될 것입니다.

마지막으로 당일의 캔들이 양봉이 되도록 만들어줘야 합니다. 앞선 '(A and B)' 조건만 설정해놓으면 당일 고가 기준 12% 이상 상승한 종목이 최종적으로는 음봉이 되어도 고가와 종가 사이 7% 이상의 등락폭이 발생한 것이기 때문에

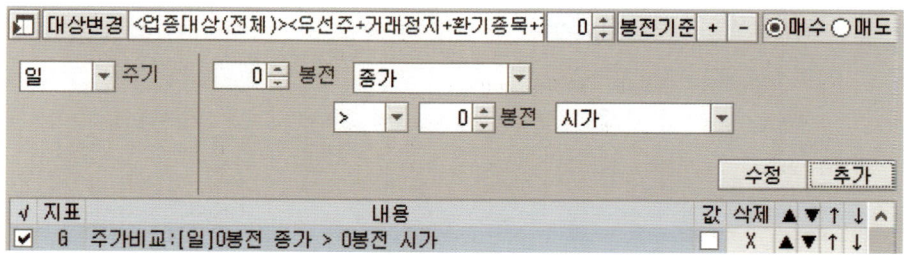

당일 캔들이 양봉인 종목 조건을 입력한 모습

검색식에 추출될 수 있습니다.

　음봉 형태의 매집봉에 대한 해석을 할 수 있기 전에는 윗꼬리 양봉만 매매 대상으로 삼아도 충분합니다. 당일 캔들의 양봉 조건 설정은 종가가 시가보다 크기만 하면 됩니다.

　위의 그림과 같이 설정해주십시오.

당일 윗꼬리 양봉 검색기 완성

2장. 시가 단타 매매의 기술　259

당일 윗꼬리 양봉 검색기 검색 결과

이렇게 만들어진 검색기로 검색해보면 2024년 10월 25일 종가 기준으로 티웨이항공, 한미사이언스, 보락 등의 종목이 검색됩니다. 윗꼬리 양봉의 성격에 대해서 깊은 이해를 하게 된 매매자라면 당일 장 마감 무렵 당일 윗꼬리 양봉을 검색해 다음 날의 시가 갭 상승을 노리고 종가 매수할 수 있을 것입니다. 오버솔드의 '조건검색실시간'에서 보이는 외국인 순매수 부분은 종목명 위에 있는 톱니바퀴 모양의 설정을 이용해 추가할 수 있습니다.

검색 결과를 보니 티웨이항공의 경우 외국인 순매수 수량이 상당하네요. 차트를 볼까요? 거래량이 전일 대비 754%로 최근 5일간의 주가 중 신고가, 거래대금은 2,880억 원으로 조건을 모두 만족시키고 있습니다. 몸통도 통통하고 당일 윗꼬리 길이나 10월 초순의 전고점 위치 등으로 볼 때 종가 매수 또는 다음 날 윗꼬리 양봉을 기준으로 한 단타 매매에 적절해 보입니다. 저 통통한 몸통에 외국인 매수가 꽉 차 있는 것이죠.

실제로 이 부분을 집필하는 시점에 티웨이항공은 최대주주인 예림당과 대명소노그룹 사이 경영권 분쟁 중이었습니다. 2024년 9월 기준으로 예림당(29.97%)과 대명소노그룹(26.77%)의 지분 격차는 단 3.2%p입니다. 대명소노그

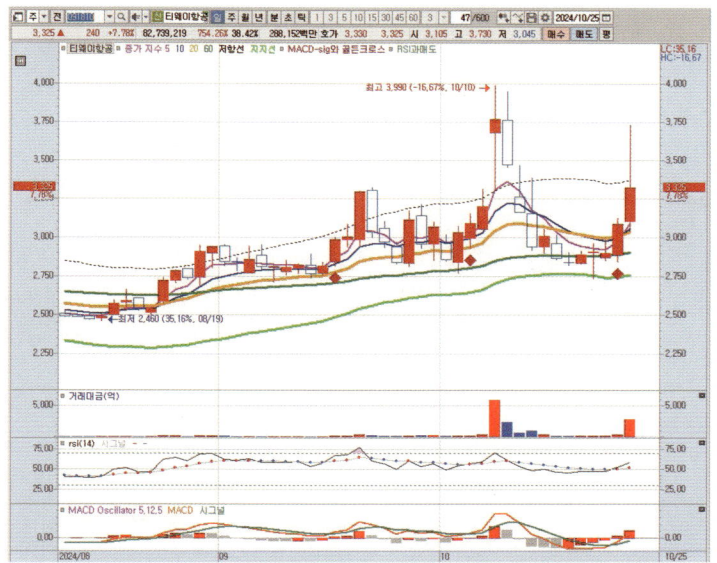

티웨이항공 2024년 10월 25일 일봉 차트

한미사이언스 2024년 10월 25일 일봉 차트

보락 2024년 10월 25일 일봉 차트

보락 2024년 10월 25일 투자자별 매매동향

룹은 티웨이항공 지분 5% 확보 신고를 하면서 '경영권 참여 목적'을 분명히 한 바 있기 때문에 일반 매매자는 적절한 타이밍에 매수, 매도하면서 수익을 노릴 수 있는 상태입니다. 검색 결과로도 티웨이항공뿐만 아니라 예림당과 대명소노시즌이 모두 올라와 있는 상태입니다.

참고로 원고 집필 시기와 출판 계약 이후 퇴고의 과정까지는 시차가 있습니다. 2025년 2월 17일 1대 주주 예림당 측이 2대 주주 대명소노그룹에 지분을 매각하기로 함에 따라, 대명소노그룹이 티웨이항공의 경영권을 갖게 되었습니다.

한미사이언스도 이 시기에 경영권 분쟁 중이었습니다. 25일에도 윗꼬리 양봉이 만들어졌지만 오히려 24일 윗꼬리 양봉이 매우 의미 있어 보입니다. 신고가 조건을 깔끔하게 넘어선 멋진 윗꼬리 양봉이어서 종가에 매수해도 달리 할 말이 없을 것입니다. 신고가를 만든 윗꼬리 양봉이라는 말은 5일간의 매물을 모두 소화했다는 뜻이기 때문입니다.

보락의 경우 당일 윗꼬리 양봉을 만들면서 고가 기준 당일 포함 5일 내 신고가를 만들어냈습니다. 20일 이동평균선에서 당당히 지지받고 매물대를 소화하는 모습입니다. 몸통으로 5일 이동평균선과 10일 이동평균선도 뚫어냈습니다. 전고점으로부터 내려오는 하락추세선의 저항으로 오늘 윗꼬리가 달린 것으로 보이지만, 이 윗꼬리 폭만큼은 다음 날의 상승에 무리가 없을 것으로 생각됩니다.

더욱이 전고점인 10월 10일 이후 투자자별 매매동향을 보면 외국인이 꾸준히 들어오고 있는 모습입니다. 이런 식으로 당일 윗꼬리 양봉을 보고 종가 매수나 다음 날 시초가 매매 등을 준비할 수 있을 것입니다.

전일 만들어진 윗꼬리 양봉을 기준으로 당일 3분봉을 활용한 단타 매매를 위한 검색기를 만들려면, 윗꼬리 양봉 다음 날 캔들의 형태를 분석해 매수 타이밍을 잡아낼 수 있도록 해야 합니다. 이번에는 그와 관련한 기술적 배경을 공부하도록 하겠습니다.

전일 윗꼬리 양봉 다음 날 세 가지 상황을 가정할 수 있습니다.

1. 갭 상승 시가로 시작할 때
2. 갭 하락 시가에서 전일 종가를 돌파할 때
3. 당일 3분봉 차트상 RSI 과매도권에 진입할 때

하나씩 살펴보겠습니다. 먼저 당일 갭 상승 시가로 시작하는 경우입니다. 전일 윗꼬리 양봉이 만들어지는 과정에서 물량이 충분히 소화되었다면 당일 갭 상승 시가로 시작하면서 윗꼬리 양봉의 고점까지 상승시키는 경우가 많습니다. 따라서 갭 상승 시가에서 1차 매수를 할 수 있습니다. 1차 매수의 비중을 너무 크게 넣으면 장 초반 주가의 흔들림에 냉정함을 잃을 수 있으므로 차분하게 대응할 수 있는 정도로만 매수합니다.

매수 이후 거래량이 붙으면서 상승으로 확실히 진행되는 것 같으면 2차 매수를 함과 동시에 익절 준비를 해야 하며, 만약 주가가 밀리면 하락하는 구간에서의 대응을 준비해야 합니다.

갭 상승 시가로 시작했는데 후속 거래량이 붙어주지 않으면 시가로부터 밀리는 현상이 나타납니다. 이때 시가에서 전일 윗꼬리 양봉의 종가까지는 추가 매수로 대응할 수 있습니다. 손절선은 바로 윗꼬리 양봉의 종가입니다. 추가 매수는 3분봉 차트로 볼 때 주가가 하락하는 구간에서 받아내는 것이 아니라, 하락하다가 주가가 돌아서는 신호로 보이는 부분에서 매수하는 것입니다. 예를 들어 하락이 진행된다는 뜻은 3분봉 차트상 주가가 5 이동평균선 아래에서 진행된다는 뜻입니다. 그러다가 5 이동평균선을 돌파하는 양봉이 보이면 매수로 대응하는 것입니다. 이 밖에 보조지표를 통해 하락에서 돌아서는 여러 신호를 포착할 수 있습니다.

전일 윗꼬리 양봉 다음 날 갭 상승 시가로 시작할 때의 대응

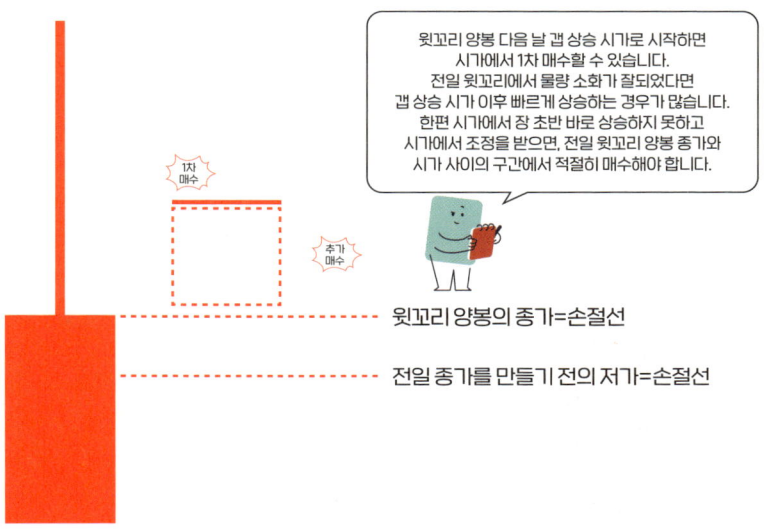

한편 전일 윗꼬리 양봉의 종가가 만들어질 때 장이 끝날 때까지 계속해서 하락하면서 종가가 만들어지는 것이 아니라, 저점을 만들고 상승(반등)해서 만들어진 경우라면 손절선을 그 저점 가격으로 삼아야 합니다. 당일 시가 이후 주가가 하락할 때까지 좀 더 기다릴 수도 있습니다.

검색기에는 갭 상승 시가가 검색될 수 있도록 조건을 설정해야 합니다.

우리가 윗꼬리 양봉의 조건을 다음 날 상승 가능성이 높은 형태로 잡고 추출했다고 하더라도 그다음 날 갭 하락 시가로 시작하는 경우도 있습니다. 전일 윗꼬리 양봉의 종가에서 매수해서 다음 날 갭 상승 시가를 기대했던 매매자라면 마음이 좀 아픈 상황입니다. 그러나 윗꼬리 양봉은 기본적으로 매집봉이자 추세를 만들기 시작하는 캔들이기 때문에 너무 당황하지 말고 차분하게 대응할 필요가 있습니다.

전일 윗꼬리 양봉 다음 날 갭 하락 시가로 시작할 때의 대응

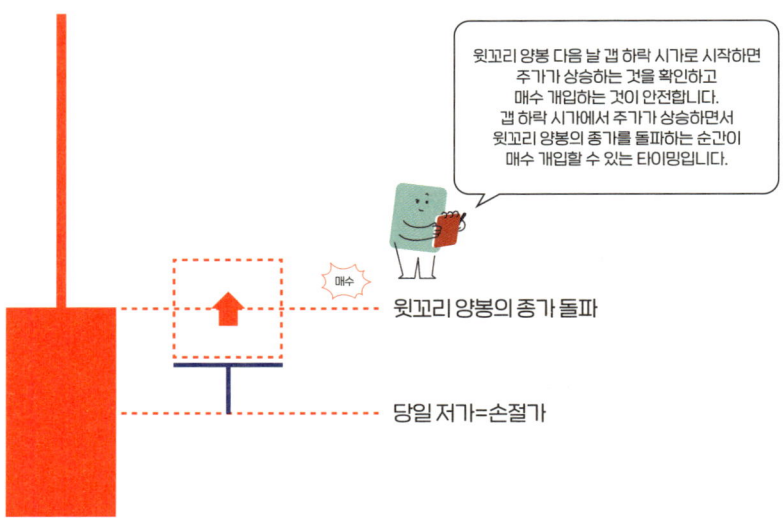

갭 하락 시가로 시작하는 경우 매매자의 성향에 따라 대응하는 방법은 다양합니다. 윗꼬리 양봉의 몸통 부분에서 주가가 진행될 경우 매집의 기회라고 생각하고 갭 하락 시가에서 매수한 다음 반등을 기다리는 식으로 어느 정도 위험 부담을 안고 매매할 수도 있습니다. 손절가를 윗꼬리 양봉의 저가로 보고 여유 있게 대응하는 방식입니다.

한편 단타 매매로 어떤 식으로든 당일에 수익을 보고 정리하겠다고 생각하는 매매자라면 실제로 의미 있는 상승을 하느냐, 마느냐를 확인해야만 합니다. 오버솔드는 의미 있는 상승의 기준을 바로 윗꼬리 양봉의 종가를 돌파하는 순간으로 삼고 있습니다.

세력이 윗꼬리 양봉을 만들면서 형성한 종가를 다시 회복하는 것이므로, 윗꼬리에서부터 당일 갭하락 시가 그리고 저가까지의 조정을 일단락하고 다시금 상승파동을 만들어낼 가능성이 높아졌다고 보는 것이죠.

3분봉 차트에서 확실히 돌파하는 모습을 확인한 후 매수 대응하고, 손절가는 당일의 저가로 삼습니다. 검색기에는 갭 하락 시가에서 시작해서 현재가가 윗꼬리 양봉의 종가를 돌파하는 순간을 포착할 수 있도록 조건을 설정합니다.

당일 3분봉 차트상 RSI 과매도권에 진입할 때는 어떻게 대응해야 할까요? 윗꼬리 양봉 다음 날 갭 하락 시가로 시작하는 경우와 맞물리게 되는 상황이 생기는데, 갭 하락 시가로 시작해 추가 하락이 진행될 때 3분봉 차트상 RSI 과매도권으로 진입하는 경우입니다. 3분봉 차트로 봤을 때 전일 윗꼬리 양봉의 고가는 RSI 과매수권 진입 후 이탈한 경우가 될 것이며, 고가에서부터 추세적으로 하락해 당일 RSI 과매도권으로 진입했다면 조정의 한 단락이 마무리된 것으로 볼 수 있습니다.

따라서 RSI 과매도권 진입 또는 이탈 시 매수 개입함으로써 반등 시 수익 구간을 확보하는 매매를 할 수 있습니다. 반등의 추세가 본격적으로 진행되면 당연히 전일 윗꼬리 양봉의 종가를 돌파하는 추세적 상승으로 이어질 수 있습니다. 즉 조건 2 '갭 하락 시가에서 전일 종가를 돌파할 때'의 경우보다는 좀 더 빠르게 매수 대응해야 하는 공격적인 매매 타이밍이 된다고 할 수 있겠습니다. 검색기에는 윗꼬리 양봉 다음 날 3분봉 차트에서 RSI 과매도권으로 진입하는 순간을 포착할 수 있도록 조건을 설정합니다.

이 세 가지 조건을 검색식에 포함시켜서 전일 윗꼬리 양봉을 기준으로 당일 매매 타이밍을 검색하는 검색기를 만들어봅시다.

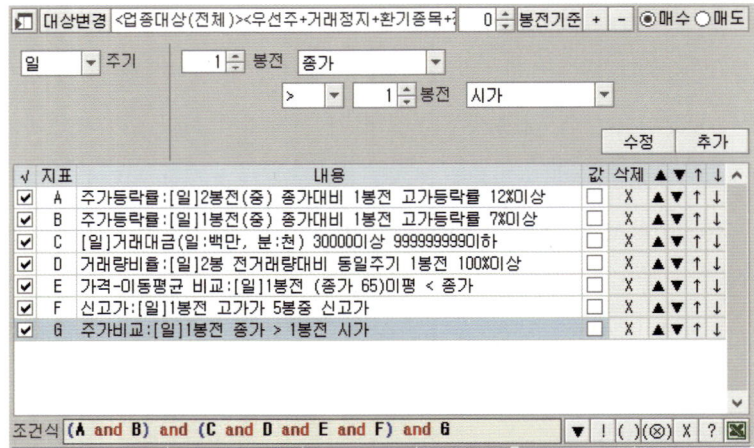

전일 윗꼬리를 단 종목을 찾는 검색기

앞서 공부한 당일 윗꼬리 양봉을 찾는 검색기에 포함된 조건을 활용하면 됩니다. 똑같이 검색기에 포함시키되 조건에 포함된 일자들만 하루 전으로 만들어주세요. 최종 검색기에서는 전일 윗꼬리 양봉의 조건을 하나의 괄호로 묶어서 '((A and B) and (C and D and E and F) and G)'로 정리하게 될 것입니다.

여기서 중요한 것은 C 조건입니다. 전일 윗꼬리 양봉의 조건을 그대로 활용하기 때문에 이 조건은 당일에 영향을 미칩니다(하루 전 거래대금을 조정할 수 없거든요). 따라서 그대로 놔두면 전일 윗꼬리 양봉으로 당일 거래량이 300억 원 이상 발생해야 이후 추가할 조건식에 의해 조건이 포착되기 때문에 매매 시 뒷북을 칠 수 있습니다. 장 시작과 거의 동시에 종목이 포착될 수 있도록 만들기 위해서는 이 조건의 거래대금 하한선인 300억 원을 1천만 원 정도로 조정해주면 됩니다. 즉 '10'으로 해주면 됩니다.

먼저 당일 갭 상승 시가로 시작한 종목을 찾아보겠습니다. 갭 상승 시가는 전일 종가보다 시가가 크면 됩니다. 따라서 '주가비교'에서 1봉전 종가, 즉 전일 윗

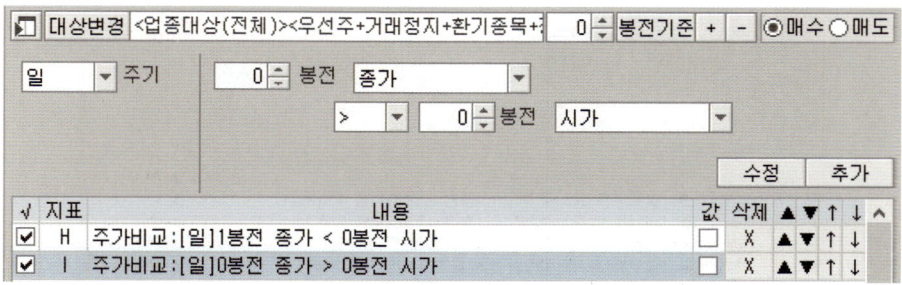

당일 갭 상승 시가 검색 조건

꼬리 양봉의 종가보다 당일 시가가 크다는 조건식을 만들어 추가합니다. 이 조건만으로도 갭 상승 시가로 시작하면 바로 검색기에 추출됩니다.

그러나 갭 상승 시가로 시작한 다음 하락하는 종목을 피하기 위해 조건을 하나 더 넣어줍니다. 갭 상승 시가로 시작한 다음 양봉을 만들고 있는 종목을 찾도록 하는 조건을 넣도록 하겠습니다. '주가비교'에서 0봉전 종가가 0봉전 시가보다 크게 해주면 됩니다. '추가' 버튼을 클릭해 조건식에 포함시킵니다.

이 두 조건이 당일 갭 상승 시가로 출발한 다음 밀리지 않고 양봉을 만드는 모양을 규정합니다. 검색기에서는 '(H and I)'로 정리해줄 것입니다.

그다음으로 갭 하락 시가에서 전일 종가를 돌파한 종목을 찾아보겠습니다. 갭 하락 시가는 전일 종가보다 당일 시가가 작으면 됩니다. 따라서 '주가비교'에서 1봉전 종가, 즉 어제 윗꼬리 양봉의 종가보다 당일 시가가 작다는 조건식(J)을 만들어 추가합니다. 이어서 주가 돌파 조건을 사용해 당일의 현재가가 전일의 종가를 돌파하는 조건을 더해주도록 하겠습니다. 그림과 같이 주가 돌파 조건(K)을 활용해 갭 하락 시가에서 시작한 상승의 과정에서 전일 종가를 돌파하는 순간을 포착할 수 있도록 합니다.

이 두 조건이 당일 갭 하락 시가로 출발한 다음 전일의 종가를 돌파하는 순

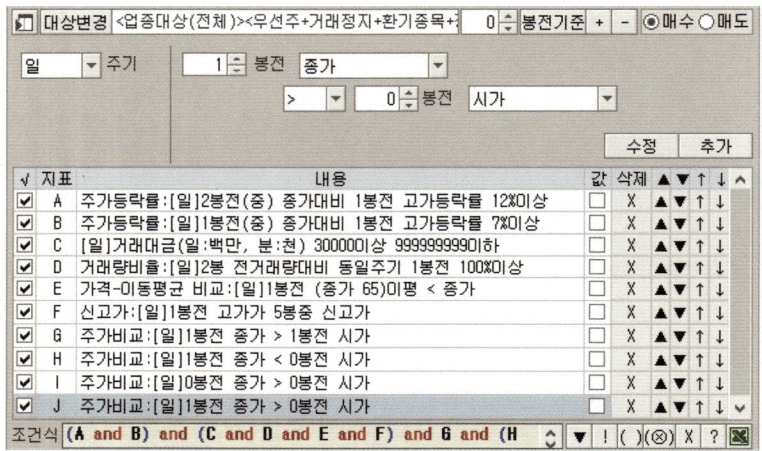

당일 갭 하락 시가 검색 조건을 추가한 모습

갭 하락으로 시작한 종목의 당일 현재가가 전일 윗꼬리 양봉의 종가를 돌파 조건을 추가한 모습

간을 규정합니다. 검색기에서는 '(J and K)'로 정리해줄 것입니다.

이번에는 당일 3분봉 차트상 RSI 과매도권 진입한 종목을 찾아보겠습니다. 전일의 윗꼬리를 만들면서 이어지는 하락추세가 당일 장 시작 후에도 계속된다면, 당일 갭 하락으로 시작한 다음 추가 하락하는 과정에서 RSI 과매도권으로 진입하는 경우 이를 추출하기 위해 조건을 하나 추가해야 합니다. 당일 종가가 전일 종가보다 작다는 조건을 하나 추가해줍니다. 당일 장중 주가의 현재가는 종

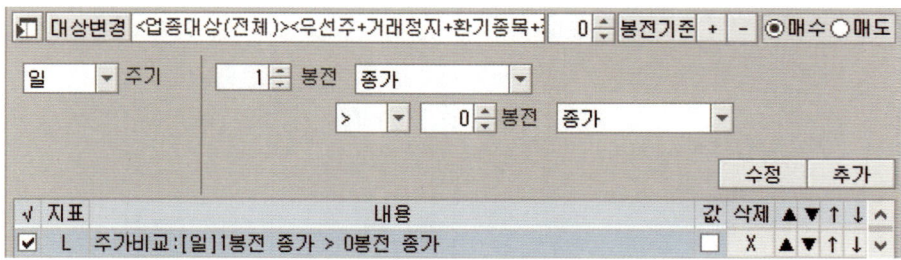

당일 갭 하락 시가로 시작해 계속 하락 중인 종목을 찾는 조건을 추가한 모습

가이기도 하므로, 전일 종가 아래에서 하락이 진행되는 경우 전일 종가를 넘어서기 전까지는 당일 종가 관련 조건을 검색기에 포함시킵니다.

  이 조건이 포함되면 전일 윗꼬리 양봉의 종가 이하에서 주가가 형성되고 있는 경우를 탐색하게 됩니다. 즉 전일 주요 매수 세력의 물량이 모여 있는 윗꼬리 양봉의 몸통 안에서 주가가 흐르는 것이므로 지지 후의 반등을 기대할 수 있는 확률이 높아집니다.

  마지막으로 3분봉 차트상 RSI 과매도권으로 진입하는 종목을 찾아낼 수 있도록 조건을 추가하겠습니다. '[0150] 조건검색'에서 조건식 탭을 클릭해 검색창에 'RSI'라고 입력하면 아래에 RSI와 관련된 조건을 추가할 수 있게 됩니다. 우리는 그중 '기준값 돌파'를 선택하고, 3분봉 차트로 살펴보는 것이므로 '3분 주기'를 선택한 다음, 기간은 '14'로, RSI는 '30'을 하향 돌파 하도록 조건을 설정하겠습니다. 그리고 '추가' 버튼을 클릭해 검색기에 포함시킵니다.

  이 두 조건이 하락추세가 이어져서 3분봉 차트상 RSI 과매도권으로 진입하는 순간을 규정합니다. '(L and M)'으로 조건식에서 정리해줄 것입니다.

  우리는 전일 윗꼬리 양봉의 형태를 규정하는 조건식을 '((A and B) and (C and D and E and F) and G)'로 정리했습니다. 그리고 당일 매매타점을 잡기

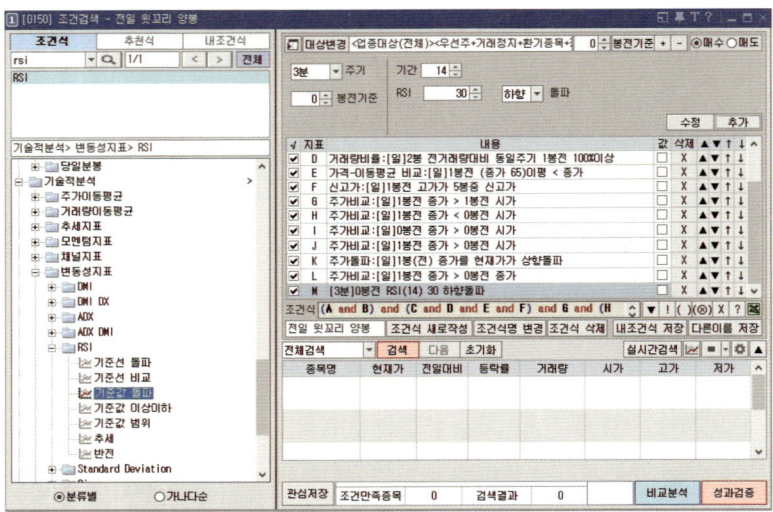

3분봉 차트상 RSI 과매도권에 진입하는 종목을 찾는 조건을 추가한 모습

위한 조건 1~3에 대해 '(H and I)' '(J and K)' '(L and M)'으로 조건을 만들었습니다. 이 세 조건을 동시에 만족시키는 것이 아니므로 우리는 조건 1~3을 'or' 로 연결한 다음, 이 조건은 당일에 대한 것이므로 모두 괄호로 묶을 것입니다.

((H and I) or (J and K) or (L and M))

이로써 모든 조건이 완성되었습니다. 전일과 당일의 조건식을 다음과 같이 최종적으로 'and'로 연결합니다.

((A and B) and (C and D and E and F) and G) and ((H and I) or (J and K) or (L and M))

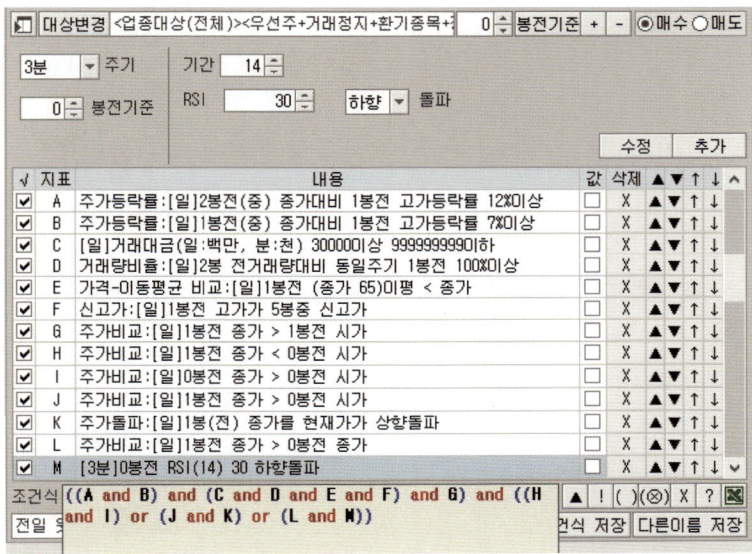

전일 윗꼬리 양봉 후 당일 매매타점을 잡기 위한 검색기 완성

검색기는 다음과 같이 완성됩니다.

이렇게 만들어진 검색기로 2025년 2월 17일 장 초반 검색을 해보니 포바이포, 이수스페셜티케미컬 두 종목이 검색되었습니다.

포바이포를 살펴볼까요? 2025년 2월 14일 고가 기준 27.52%, 종가 기준 16.28%로 기준이 되는 전일 윗꼬리 양봉이 발생했으며 당일 1.44% 갭 상승 시가에서 고점 기준으로 25.54% 까지 상승해주었습니다. 충분히 수익을 낼 수 있는 구간이 만들어졌음을 알 수 있습니다.

갭 상승 시가(ⓐ)로 시작했으므로 기본적으로는 매수의 입장에서 종목에 접근합니다. 이 지점부터 65 이동평균선(ⓑ)을 손절선으로 삼을 경우 약 5%의 구간이 생깁니다. 즉 '100만 원으로 시가에 매수했다면 손절매할 경우 5만 원을 손해 볼 수 있다'라는 정도의 감각으로 접근하는 것입니다. 다만 전일 윗꼬리가

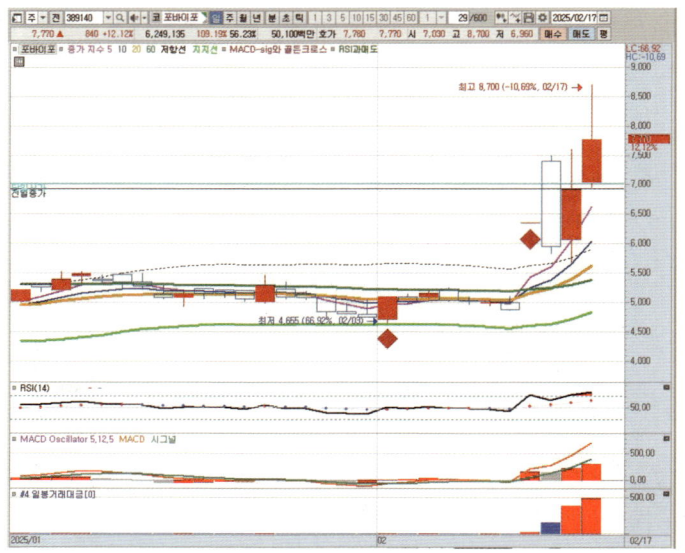

포바이포 2025년 2월 17일 일봉 차트

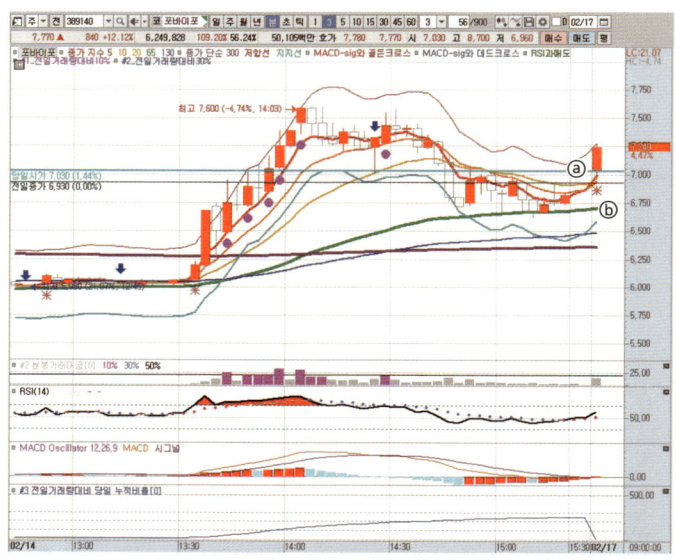

포바이포 2025년 2월 17일 3분봉 차트(첫 캔들)

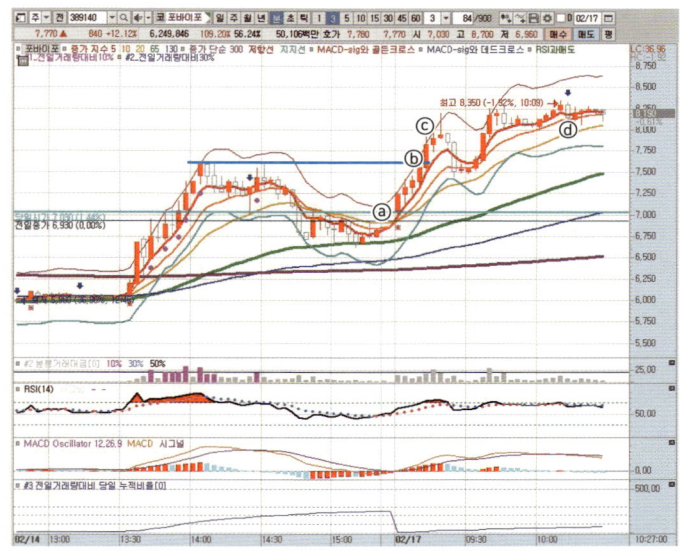

포바이포 2025년 2월 17일 3분봉 차트(10시 30분까지)

생길 때도 65 이동평균선에서 반등해줬으므로 주가가 시가에서 하락한다면 ⓐ ~ⓑ 구간에서 추가 매수로 접근할 수도 있을 것입니다.

시가인 ⓐ에서 첫 3분 동안 하락 없이 바로 양봉을 만들면서 장 초반 상승이 시작됩니다. 전일 윗꼬리의 고가가 전고점이므로 이 근처(ⓑ)에서는 저항을 고려해서 일부 익절할 수 있습니다. 약 7%의 상승라인입니다. 주가가 ⓑ까지 상승했을 때 추가로 더 상승할지 아닐지는 알 수 없기 때문입니다. 하지만 남겨놓은 물량이 RSI 과매수권으로 들어가는 ⓒ캔들 정도에서는 또 일부 익절할 수 있습니다. ⓒ의 종가까지가 약 11.5%의 상승라인입니다. 전량 매도하고 오전 매매를 마무리해도 괜찮겠지만 만약 남겨놓은 물량이 있다면 MACD-시그널선의 데드크로스인 ⓓ에서는 모두 익절하는 것이 좋습니다.

이어서 2월 17일 전체의 3분봉 차트의 흐름을 보겠습니다. 시가 ⓐ에서 매

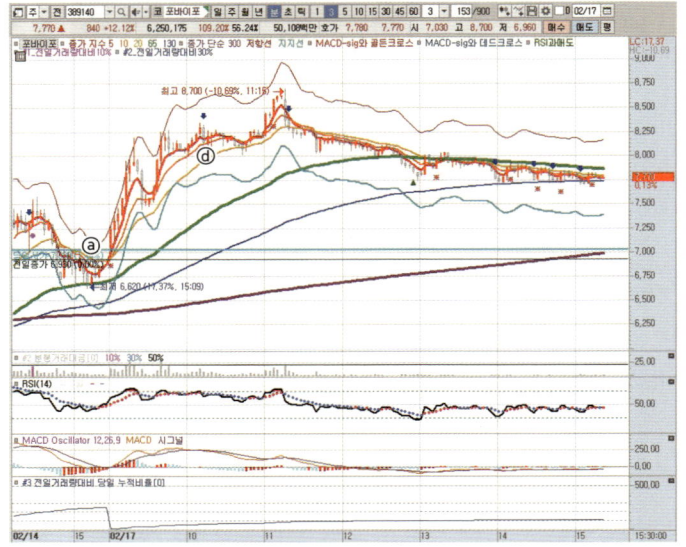

포바이포 2025년 2월 17일 3분봉 차트(하루 전체)

수한 물량을 최종적으로 ⓓ에서 익절함으로써 그날의 매매를 담백하게 마쳤다고 가정하겠습니다. 이후 추가 상승 구간이 있기는 했지만 최종적으로는 ⓓ보다 하락해서 끝났음을 알 수 있습니다.

단타 매매는 종목에 매수세가 강하게 들어올 때의 탄력을 활용하는 것입니다. 이러한 강한 매수세는 많은 경우 장 초반에 발생합니다. 하루 종일 매매해서 모든 수익을 다 갖고 싶단 욕심이 들 수 있지만, 성공적인 매매를 위해서는 집중력을 유지하는 것이 매우 중요합니다. 장 후반으로 갈수록 집중력이 흐려지기 때문에 돈을 벌겠다는 마음이 너무 앞서 오전에 거둔 수익을 까먹기 십상입니다.

거래량에 대한 공부가 더해지면 오전의 상승파동에서 익절하고 매매를 마칠 것인지, 수익 극대화를 위해 장 후반까지 끌고 가도 될 것인지 판단할 수 있게 됩니다.

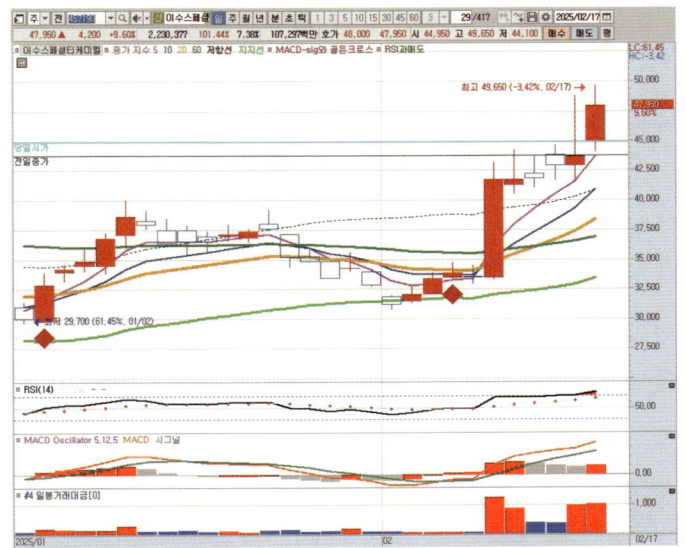

이수스페셜티케미컬 2025년 2월 17일 일봉 차트

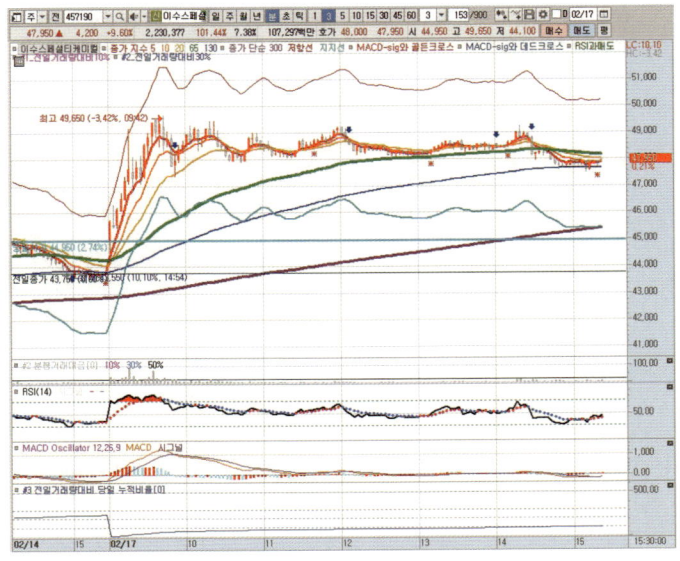

이수스페셜티케미컬 2025년 2월 17일 3분봉 차트

2장. 시가 단타 매매의 기술

검색식으로 추출된 이수스페셜티케미컬의 일봉 차트입니다. 3분봉 차트의 모습을 머릿속으로 그려보세요. 앞선 포바이포와 달리 2.74% 갭 상승한 다음 0.8%까지 2%p가량 하락했다가 주가가 다시 시가를 돌파하면서 상승합니다. 장 시작 후 첫 3분봉에서의 이동평균선 배열을 유심히 살펴보기 바랍니다. 또한 최종적으로 MACD-시그널선의 데드크로스가 나온 이후에는 하루 종일 주가가 추가 변동성 없이 흐르는 모습도 기억하십시오. 3분봉 단타 매매는 사실 오전에만 해도 충분합니다.

여기까지 윗꼬리 양봉을 기준으로 한 단타 매매 기술의 이론을 공부하고 매매에 활용할 수 있는 검색기를 만들어봤습니다. 이어지는 실제 사례를 통해 충분히 이해할 수 있도록 꼼꼼히 살펴보기 바랍니다.

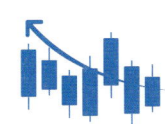
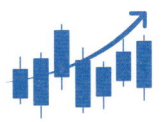

3-1
SK, 주성엔지니어링

SK 최태원 회장과 노소영 관장의 이혼 관련 판결이 나오면서 5월 30일, SK는 고가 기준 15.89% 상승한 후 윗꼬리를 달면서 +9.26%로 장을 마감합니다. 이때 오버솔드는 5월 29일에 이미 저가 매수의 기술을 활용해 일봉상 RSI 과매도권으로 진입한 시점에서 일정 물량을 매수해놓을 수 있었고, 그것이 하루도 안 되는 시간에 10% 넘는 수익을 가져다줍니다.

5월 29일 매수해놓았던 물량을 20일 이동평균선부터 5월 초의 매물대까지 분할로 익절해서 현금화한 후, 차트상 이 윗꼬리를 단 양봉의 의미를 해석합니다. 무엇보다도 거래대금이 2천억 원을 넘어섰으며, 일봉상 5-10-20일 이동평균선을 몸통으로 돌파했습니다. 이날 윗꼬리를 달면서 마감했지만 종가가 20일 이동평균선 위에 있다는 점이 중요합니다. 오늘의 윗꼬리는 4월 말에 형성된 고점에서부터 물려 있던 물량을 소화한 부분으로 해석됩니다. 약 20일 정도의 거래일 동안 손해를 보고 있던 물량이 2천억 원 넘게 터진 거래대금 속에서 해소

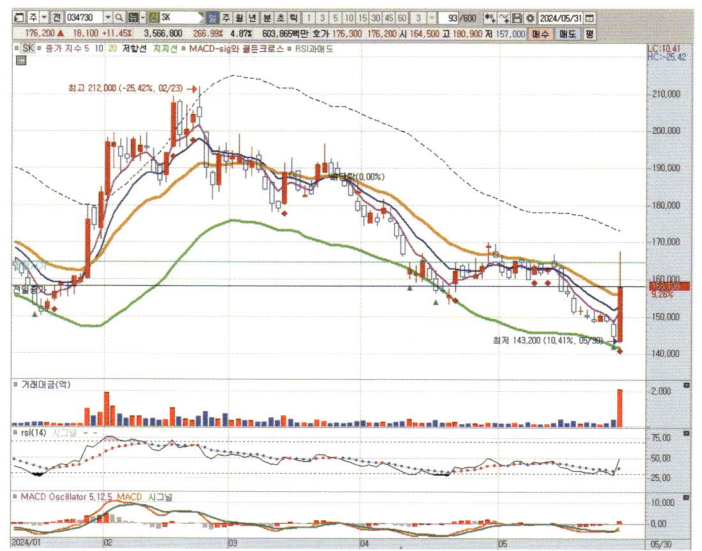

SK 2024년 5월 30일 일봉 차트

되었기 때문에, 현시점에서 최대로는 3월의 전고점까지도 상승할 수 있을 것이라고 전망할 수 있습니다.

29일에 저가 매수의 기술에 따라 RSI 과매도권 진입 시 매수했다면 아직 RSI 과매수권으로 진입하지 않은 상태이므로 매도의 이유를 찾기 어렵겠지만, 오버솔드도 사람인지라 SK와 같이 무거운 종목이 이 정도 상승한 상황에선 일단 수익을 실현하고 다음 수순을 밟습니다.

윗꼬리를 단 양봉입니다. 다음 날 시가가 형성되는 모습을 잘 살펴볼 필요가 있습니다.

5월 30일에 만들어진 윗꼬리를 단 양봉의 종가 위 +4.05%에서 31일 갭 상승 시가가 형성됩니다. 이로써 30일 종가와 31일 갭 상승 시가 사이의 조정 구간을 인지할 수 있고, 주가가 이 구간에 들어오면 적절하게 매수로 대응할 수 있

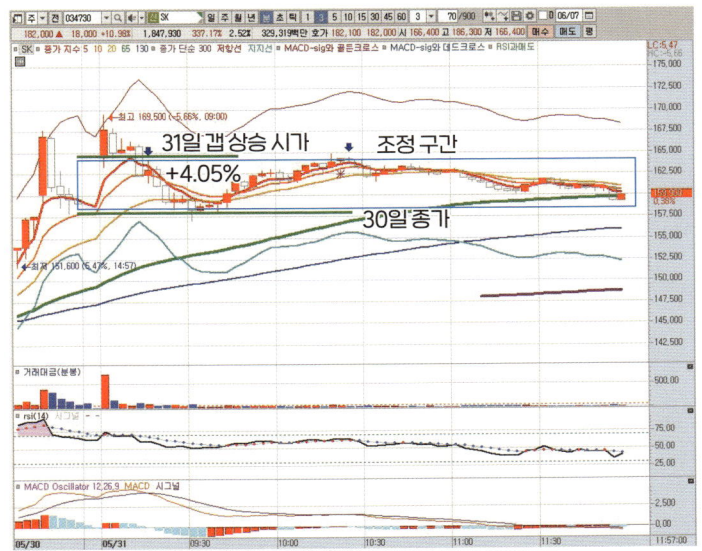

SK 2024년 5월 31일 3분봉 차트(장 초반)

음을 알 수 있습니다. 거의 12시까지 전일 윗꼬리 양봉의 종가를 건드리지 않고 주가가 흐르고 있습니다.

    오후 1시가 될 때까지 전일 종가와 당일 갭 상승 시가 사이의 조정 구간에서, 주가의 상승이 진행 중임을 담보해주는 30분봉 차트상 5 이동평균선을 의미하는 3분봉 차트상 65 이동평균선을 깨지 않은 채 거래량이 거의 없이 옆으로 흘렀습니다. 이러면서 65 이동평균선과 130 이동평균선이 계속 정배열을 유지하고 있죠. 매우 답답한 시간이지만 우리는 정해놓은 손절 기준이 있으니 계속 버팁니다. 이 흐름을 참고 기다리지 못한 개인 단타 매매자들이 내놓는 작은 물량은 외국인이나 기관 그리고 세력의 손으로 넘어가게 됩니다.

    이러한 과정을 거친 후 1시부터 주가는 기세 좋게 상승하기 시작합니다. MACD-시그널선의 데드크로스가 나오는 3시 10분경에 매도했다면 30일 윗꼬

2장. 시가 단타 매매의 기술   **281**

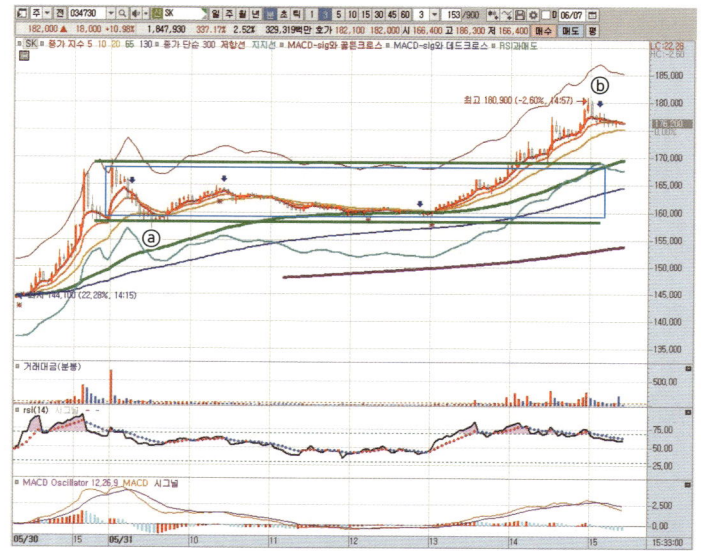

SK 2024년 5월 31일 3분봉 차트(하루 전체)

리 양봉의 종가인 ⓐ 지점에서 매수한 물량을 12%가량의 상승라인 안에서 익절하며 나름대로 수익을 얻을 수 있었을 것입니다. 매수단가가 아무리 ⓐ보다 높더라도 조정 구간에서 매수했다면 이보다는 낮을 수 있어도 제법 쏠쏠한 수익을 얻을 수 있었겠죠.

고점이 아닌 위치에서 만들어지는 윗꼬리를 길게 단 양봉은, 단타 매매로 다음 날 적절한 수익을 거둘 수 있는 기회를 주는 경우가 많습니다. 윗꼬리는 상승 이후 하락했다는 뜻입니다. 이때 '상승을 시킨 주체가 누구인가?'라는 질문에 답할 수 있게 된다면 윗꼬리 양봉이 3분봉 단타 매매자로서 놓치면 안 되는 중요한 캔들임을 납득할 수 있게 됩니다.

고점이 아닌 위치에서 발생하는 윗꼬리 양봉은 그 꼬리의 길이만큼 앞서 물려 있었던 물량이 누군가의 손에 들어갔다는 의미며, 윗꼬리 양봉이 만들어진

주성엔지니어링 2024년 6월 5일 일봉 차트

날의 거래량이 이전 일정 기간의 거래량과 비교해 폭발적으로 많다면 신뢰도는 더욱 높아집니다.

주성엔지니어링의 경우 2024년 6월 5일 장중 15.54%까지 상승했다가 5.02% 종가로 마감했습니다. 윗꼬리를 단 캔들의 모양만 볼 것이 아니라, 이날 윗꼬리 양봉이 몸통으로 5-10-20일 이동평균선을 뚫어냈다는 점을 잘 살펴야 합니다. 즉 캔들과 이동평균선을 같이 묶어서 해석할 수 있어야 합니다.

이 윗꼬리 부분에 걸쳐 있는 가격대와 거래량을 보면 최소한 4월 중순부터 5월 동안의 3만 3천~3만 6천 원대의 물량을 싹 쓸어 담은 누군가가 있는 것으로 보입니다.

다음 거래일인 6월 7일 갭 상승 시가로 시작한다면, 물량이 싹 청소된 윗꼬리 영역에서 안정적으로 상승할 수 있을 것으로 예상할 수 있습니다. 심지어 갭

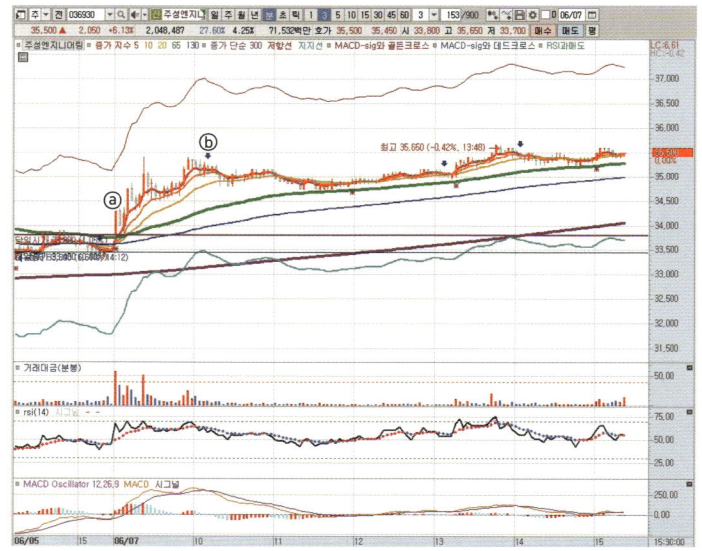

주성엔지니어링 2024년 6월 7일 3분봉 차트(하루 전체)

하락으로 시작하더라도 6월 5일의 저점을 깨지 않는 이상은 매수의 관점에서 접근할 수 있습니다.

6월 7일 1.05% 갭 상승 시가로 장이 시작되었습니다. 거의 전일 종가 근처에서 시작했다고 볼 수 있습니다. 이때 그저 '오늘 갭 상승으로 시작했다'가 아니라, 전일 고가에서 10% 가까이 하락시키면서 윗꼬리를 만든 매도세가 다음 날에도 연속적인 영향을 끼치면서 갭 하락을 만들지 않고 조금이라도 갭 상승 시가를 만들었다는 점에 주목해야 합니다. 이를 해석할 수 있는 능력이 중요한 것입니다.

우리는 갭 상승 시가에서 1차 매수한 다음 첫 3분을 보내면서 상승추세가 이어지고 있는 MACD-시그널선의 골든크로스가 유지되는 것, 그리고 첫 3분봉을 통해 오늘의 장이 이동평균선의 정배열로 시작되었음을 눈치 채야 합니다. 이 시가 근처부터 아래에서 올라오고 있는 300 이동평균선까지는 매수로 대응할 수 있습니다.

만약 전일의 하락추세가 이어져서 이 날도 갭 하락으로 시작되었다면 어떻게 대응해야 할까요? 즉 전일 하락을 만든 세력이 이 날도 시가부터 주가를 매도로 눌러서 시작한다면, 그러면 그런대로 3분봉 차트상 RSI 과매도권 진입이라는 새로운 매수 신호를 보고 매수로 대응할 수 있을 것입니다.

주가는 상승을 지속했으며 10시 9분의 3분봉에서 MACD-시그널선의 데드크로스 발생으로 장 시작 후의 상승 마디가 일단락되었음을 알려줍니다. 보유하고 있는 물량이 있다면 모두 수익 실현하고 나와야 하는 지점입니다. ⓐ~ⓑ까지 약 4%의 수익라인이 만들어집니다. 이동평균선이 정배열을 만들면서 진행하고 있기 때문에 주가가 상승을 담보하는 3분봉 차트 65 이동평균선을 깨지 않는 한 보유할 수도 있을 것입니다.

6월 7일의 주성엔지니어링 일봉을 보면 6월 5일 만들어진 윗꼬리 안에서 자리를 잘 잡은 모습이 인상적입니다.

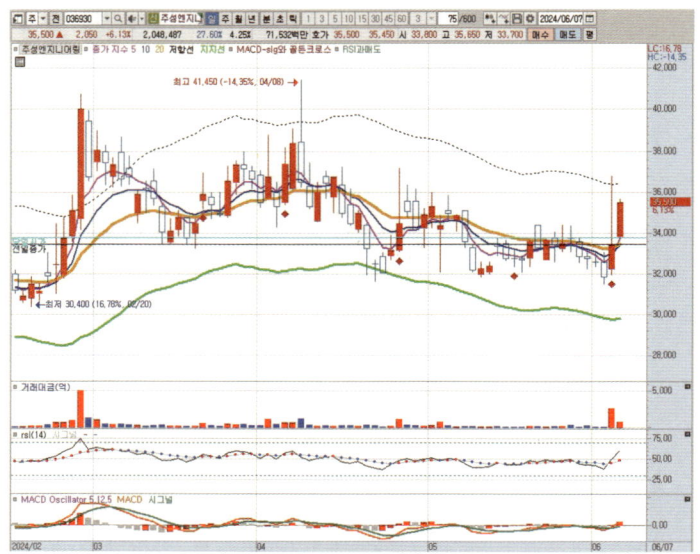

주성엔지니어링 2024년 6월 7일 일봉 차트

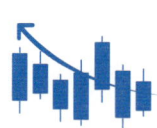
3-2
SDN, 포스코인터내셔널

    2024년 6월 11일 SDN의 일봉을 보겠습니다. 장중 14.98%까지 상승했습니다. VI를 한 번 발동시켰다는 말이 되겠죠. 20일 이동평균선의 저항을 맞고 상승세를 유지하지 못한 채 윗꼬리를 달았지만, 단타 매매를 하는 매매자라면 당일 고점에서 수익을 실현하고 다시 매수 포지션을 찾게 될 것입니다.

    거래량이 좀 더 폭발적이었다면 종가상 20일 이동평균선을 돌파하는 윗꼬리 양봉을 만들면서 다음 날 매매 근거에 대한 신뢰도가 높아졌겠지만, 일단 이 윗꼬리 양봉이 몸통으로 5일 이동평균선을 뚫어냈다는 점은 무시할 수 없습니다.

    다음 거래일을 갭 상승 시가로 시작하면 11일의 종가 근처에서는 추가 매수를 도모할 수 있습니다. 11일의 저가나 10일의 저가를 손절매 기준으로 삼고 3분봉 차트상 적절한 매수 타이밍을 찾아야 할 것입니다.

    갭 하락 시가로 시작한다면 바로 3분봉 차트상 RSI 과매도권으로 진입하며 매수 타이밍을 줄 것입니다. 어쨌든 10일과 11일 이틀간의 윗꼬리 양봉은 5월

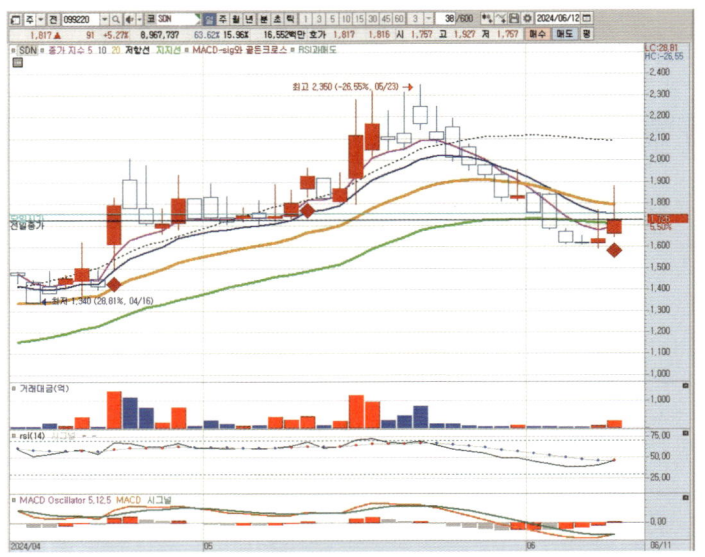

SDN 2024년 6월 11일 일봉 차트

SDN 2024년 6월 12일 3분봉 차트(10시 반까지)

SDN 2024년 6월 12일 3분봉 차트(하루 전체)

23일부터 지속된 하락이 일단락되었음을 웅변하는 상황입니다. MACD-시그널선이 다시 골든크로스를 만들게 된다면 추세적인 상승도 기대할 수 있을 것입니다.

6월 12일 시가는 1.8% 갭 상승해서 시작했습니다. 갭 상승 시가가 만들어졌을 때 매매자의 눈은 바로 5-10-20-65 이동평균선이 정배열을 만들었음을 확인하고 과감하게 1차 매수를 해야 합니다. 이후 11일의 종가까지 장 시작 후 빠른 시간 내에 하락하면 2차 매수도 할 수 있습니다. 상승의 발목을 잡는 매도물량이 전일 미리 비워졌기 때문에 11일의 윗꼬리 영역에서 주가가 상승하는 것을 볼 수 있습니다. RSI 과매수권 진입이나 이탈 시 또는 MACD-시그널선의 데드크로스가 나오는 지점까지 수익을 끌고나갈 수 있습니다.

매매자에 따라 5~10%의 수익을 거둘 수 있게 됩니다. 이렇게 수익을 내고 나면 굳이 다시 볼 필요는 없을 것입니다.

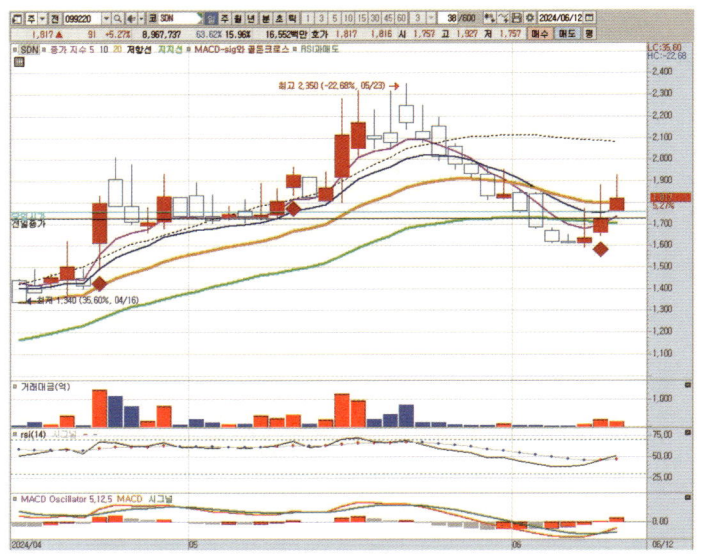

SDN 2024년 6월 12일 일봉 차트

    12일의 3분봉 흐름을 보면 10시 전에 만들어진 고가 이후 다시금 하락했음을 알 수 있습니다. 다만 시가까지는 내려오지 않고 윗꼬리를 단 양봉이 만들어졌음을 알 수 있습니다. 13일에도 12일에 매매했던 것처럼 할 수 있을까요?

    12일 마무리된 윗꼬리 양봉은 그저 윗꼬리 양봉으로 끝나는 것이 아닌 것으로 보입니다. 전일인 11일에 5일 이동평균선을 몸통으로 뚫고 10일 이동평균선과 20일 이동평균선에 걸쳐 있던 물량을 받았다면, 12일은 그 10일 이동평균선과 20일 이동평균선을 몸통으로 뚫어냈습니다. 종가상으로 20일 이동평균선마저 돌파했습니다. 거래량(대금)이 충분하지 않은 점이 공격적으로 이 종목을 매매하려는 의사결정을 망설이게 하는 옥의 티라고 할 수 있겠네요.

    최근 3일간의 연속된 양봉을 하나로 묶어서 보면 5-10-20일 이동평균선을 몸통으로 뚫은 양봉이 만들어진 셈입니다. 따라서 잠시 조정이 있다고 할지라도

포스코인터내셔널 2024년 6월 14일 일봉 차트

이 3일간의 양봉 안에서 주가가 움직인다면 3분봉 차트상 RSI 과매도권 진입이나 MACD-시그널선 골든크로스 등이 나올 경우 단타 매수로 접근할 수 있습니다. 일봉 차트상 MACD-시그널선의 골든크로스 상태가 이어지고 있습니다.

이번에는 포스코인터내셔널의 사례입니다. 2024년 6월 13일 포스코인터내셔널은 윗꼬리를 살짝 단 장대양봉으로 장을 마쳤습니다. 대왕고래 프로젝트로 알려진 동해석유개발 관련으로 한국가스공사와 함께 상승 중입니다. 5일 이동평균선 위로 이격을 한참 벌리면서 상승한 상태이기 때문에 많은 사람이 수익을 보고 있는 상황이며, 따라서 언제 수익 실현 물량이 나올지는 알 수 없습니다.

이렇게 주가가 상승하면서 5일 이동평균선과의 이격을 크게 벌리면 다음 날 갭 하락 시가를 만들 경우 5일 이동평균선까지는 하루나 이틀 정도 조정 구간이 만들어지는 경우가 많습니다. 즉 눌림목이 발생하는 것이죠. 그런데 다음 거

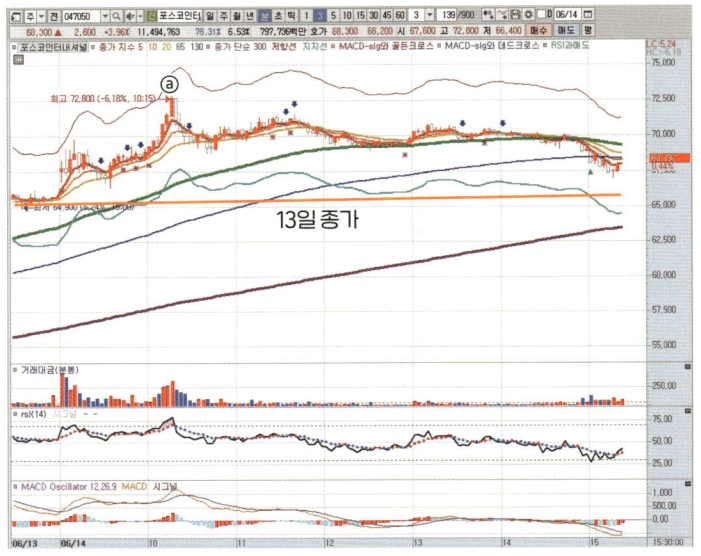

포스코인터내셔널 2024년 6월 14일 3분봉 차트

래일인 6월 14일, 이 종목은 2.89% 갭 상승 시가로 시작해 윗꼬리와 아랫꼬리를 단 양봉으로 장을 마쳤습니다. 갭 상승 시가로 시작한다는 것은 전일 종가 기준으로 시가까지 양봉이 하나 만들어졌다는 말이고, 전일 종가와 갭 상승 시가로 만들어진 이 눈에 보이지 않는 양봉이 깨지지 않는 이상 3분봉 단타 매매자는 매수 관점에서 접근할 수 있습니다.

3분봉 차트를 통해 6월 14일의 주가 움직임을 자세히 살펴보죠. 6월 14일 2.89% 갭 상승 시가 이후 주가는 살짝 상승했다가 다시금 시가 밑으로 내려오면서 음봉 전환하지만, 13일의 종가까지는 내려오지 않습니다. 즉 갭 상승 시가로 만든 눈에 보이지 않는 양봉이 깨지지 않았습니다. 많은 단타 매매자가 갭 상승 시가에서 바로 상승하지 않고 음봉으로 전환하면 겁을 먹고 손절하는데, 눈에 보이지 않는 양봉이라는 개념을 알고 있다면 저가가 전일 종가이기 때문에 매수 관점으로 접근할 수 있습니다.

공부했다면 시가에서부터 매수할 수 있는 자리가 두 차례 정도는 나왔음을 알 수 있습니다. 이렇게 매수한 물량은 RSI 과매수권으로 진입하면서 상승이 진행된 ⓐ까지 8%의 수익라인 안에서 마음껏 익절할 수 있습니다.

보통 9시 30분이 지나면 투자자별 매매동향이 집계되기 시작합니다. 매매자가 장 시작 후 30분 동안 저가라고 판단해서 매수한 물량을 상승으로 돌려줄 매수 주체가 누구인지 미리 확인한다면 당일 포지션에 대한 판단에 도움을 받을 수 있습니다.

이 종목 역시 갭 상승 시가 이후 첫 30분간 전일 종가 사이를 왔다갔다하면서 매수한 사람의 마음을 두근두근하게 만들었습니다. 9시 30분에 투자자별 매매동향을 통해 며칠간 계속해서 매수해준 기관계의 매수가 들어온 것을 확인하고 '보유물량에 대한 상승이 한 차례 있겠구나' 하면서 기다릴 수 있었습니다. 투자자별 매매동향을 보면 일반 투자자들만 팔고 있습니다. 즉 일반 투자자들은 수익이 나는 구간에서 이탈하고 있는 것이죠. 단타 매매자라면 상관없지만, 중

포스코인터내셔널 2024년 6월 14일 투자자별 매매동향

장기 투자자라면 저가에서 산 물량을 계속 쥐고 있으면서 수익을 극대화할 수 있는 구간입니다.

3-3 LK삼양, 한일단조

2024년 8월 19일 LK삼양에서 고가 기준 26.79% 상승한 다음 21%가량 하락한 윗꼬리 양봉이 만들어졌습니다. 평소 거래대금이 1억 원도 되지 않는 날이 많아서 아무에게도 추천하지 않고 오버솔드만 야금야금 수익을 내는 저금통과 같은 종목인데 공부를 위해 공개합니다.

    LK삼양은 이전에 '삼양옵틱스'라는 이름에서 사명을 바꿨습니다. 연간 200~300원을 배당해주기 때문에 1,800원 근처를 매수 평균가로 계획하고 매수하면 연간 10% 이상의 수익을 줍니다(다만 최근에는 실적과 이익 감소로 최대주주 배당을 전액 포기하고 소액주주에게만 배당금을 지급하는 차등배당을 단행했습니다).

    그런데 8월 19일 하루에 1억 원의 거래대금을 만들어내는 것도 힘들던 이런 종목에서 거래대금 110억 원이 집행되면서 윗꼬리가 달렸습니다. 종가는 1,641원입니다. 오버솔드는 이 윗꼬리를 지난 7월에 이어 두 번째 매집봉으로 해석했습니다. 어차피 큰 자금을 넣지는 않는 종목입니다. 중장기와 단타, 두 각

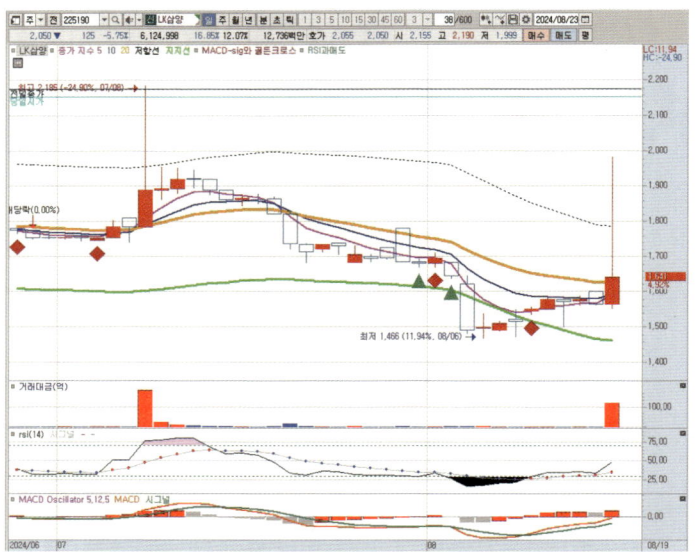

LK삼양 2024년 8월 19일 일봉 차트

도로 접근합니다.

매집봉을 통한 중장기 매매는 이 책의 설명 범위를 넘어가기 때문에 다루지 않습니다만, 이미 저가 매수의 기술상으로 8월부터 타점이 나왔습니다. 3분봉 단타 매매의 관점에서는 다음 거래일인 20일 시가에 1차 매수로 개입하며 19일의 저가를 손절가로 보고 매매합니다.

19일의 윗꼬리 양봉은 몸통으로 5-10-20일 이동평균선을 뚫어버렸고, 종가도 20일 이동평균선 위에서 끝났습니다. 이동평균선의 정배열을 만드는 초기의 전형적인 모습이며, 주가를 움직이기 위해 돈이 들어온 것입니다.

다음 거래일인 20일 -1.52% 갭 하락 시가로 출발합니다. 고가 기준으로 23%까지 상승했다가 19%가량 하락하면서 또다시 윗꼬리 양봉을 만들었습니다. 거래대금은 전일에 이어 181억 원입니다. 이틀 연속으로 윗꼬리 양봉이 만

LK삼양 2024년 8월 20일 일봉 차트

들어지면서 매집 중이라고 노골적으로 보여주고 있습니다.

20일의 3분봉 차트를 살펴보겠습니다. 갭 하락 시가에 매수한 물량을 홀딩합니다. 윗꼬리 양봉이 만들어졌다는 말은 윗꼬리만큼의 악성 매도물량이 제거된 상태란 뜻입니다. 많은 경우 윗꼬리를 메꾸며 상승합니다. LK삼양은 평소 거래물량이 아주 적은 종목입니다. 달리 말하면 시장에서 아무도 관심을 갖고 있지 않는 종목입니다. 한 번 더 돌려 말하면 이 종목을 관리하는 세력은 돈의 출입을 빠끔하게 꿰뚫고 있는 상태이며 자신들의 계획과 다른 돈이 갑자기 들어오면 기분 나쁘게 여길 가능성이 큽니다.

어쨌든 전일의 저가를 손절가로 삼고 홀딩하고 있는데 12시 30분경부터 갑자기 주가가 상승합니다. 그러면 이제부터는 적절히 수익을 실현할 궁리를 해야 합니다. 즉 이 종목에 관심을 갖는 매매자가 없을 때 저가에 사고, 누군가가 거

2장. 시가 단타 매매의 기술   297

LK삼양 2024년 8월 20일 3분봉 차트

래대금을 터트리며 주가를 올릴 때 거기다 던지면서 수익을 실현하는 것입니다. 익절의 기준은 RSI 과매수권 진입 및 이탈, MACD-시그널선의 데드크로스, 앞선 윗꼬리 양봉의 고점 등이 될 것입니다.

앞선 8월 20일의 일봉 차트를 보면 또다시 윗꼬리 양봉입니다. 21일도 시초가에 1차 매수, 20일 저가를 손절가로 삼고 진행합니다.

21일에도 -0.41% 갭 하락 시가로 시작해 -3.10%까지 하락한 다음 고가 기준 15.25%를 찍고 윗꼬리 양봉으로 끝났습니다. 거래대금도 100억 원에 가깝습니다. 3일 연속으로 무언가 일이 벌어지고 있습니다. 이 종목에는 뭔가 있습니다. 300억~400억 원이 들어왔습니다. 작은 돈으로 매매하고 있지만 수익에는 늘 기분이 좋습니다.

21일의 3분봉 차트를 함께 살펴보겠습니다. 시가에서 매수한 이후 4% 정도

LK삼양 2024년 8월 21일 일봉 차트

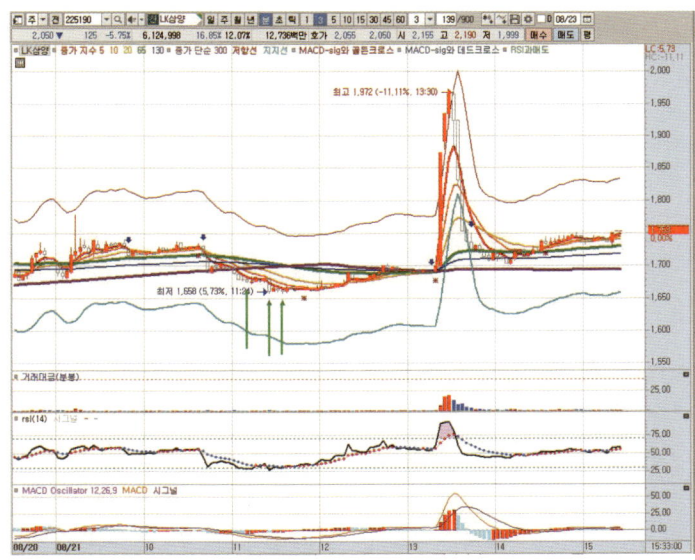

LK삼양 2024년 8월 21일 3분봉 차트

2장. 시가 단타 매매의 기술   299

의 상승이 있었고 하락하면서 RSI 과매도권에 진입하는 신호가 나왔습니다. 이틀 연속으로 윗꼬리 양봉을 만들면서 거래대금이 들어와 있는 상태이며, 손절선이 분명하니 3분봉을 활용한 단타 매매에서도 과매도권 진입 신호에서 적절히 추가 매수하고 기다립니다. 또 상승이 나왔습니다.

평소 거래대금이 매우 적은 종목이므로 배당을 목적으로 하는 매매가 아니라면 상승을 줄 때 손을 탁탁 털고 나와야 합니다. 매수 기준과 같이 매도 기준도 분명합니다.

윗꼬리 양봉이 또 생겼으므로 22일에도 시가에 1차 매수하고, 손절가는 21일의 저가로 삼고 매매합니다. 우리는 아직 윗꼬리 양봉 부분을 꽉 채우는 장대양봉을 보지 못하고 있습니다.

22일 시가는 21일의 종가와 같고 -2.97% 하락 후 드디어 장대양봉을 만들

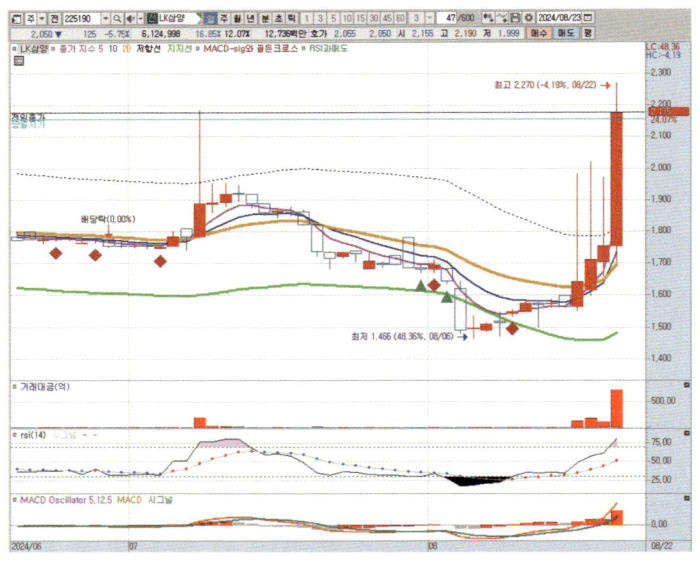

LK삼양 2024년 8월 22일 일봉 차트

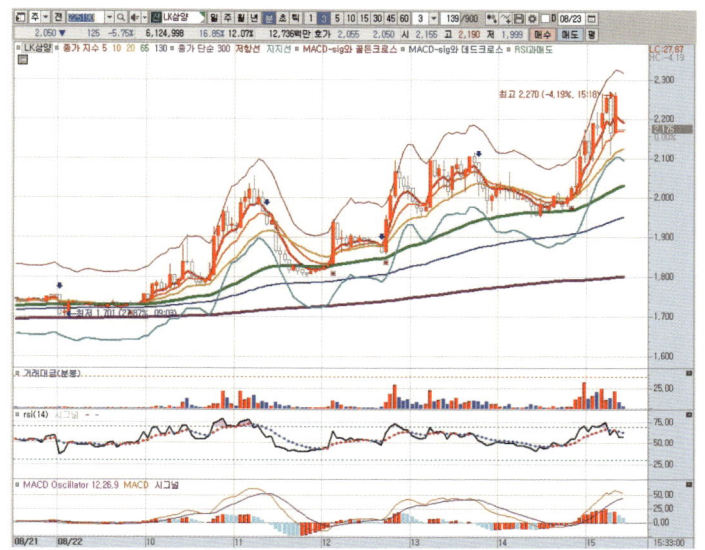

LK삼양 2024년 8월 22일 3분봉 차트(하루 전체)

어냅니다. 하락했지만 손절가로 삼은 21일의 저가까지는 하락하지 않았습니다. 736억 원의 거래대금이 만들어졌습니다. 앞서 7월의 윗꼬리 양봉까지도 꽉 채우는 큰 상승이 나왔습니다. 1,600원에서 2,170원 구간을 누군가가 완전히 자기 것으로 만들었습니다.

 22일의 3분봉 차트를 살펴보겠습니다. 시가 이후 하락했지만 추세적으로 상승해 11시 전후로 1차 상승이 만들어졌습니다. RSI 과매수권으로 진입하고 조금 후 MACD-시그널선의 데드크로스가 발생했으므로 이 근처에서 모두 익절합니다. 즉 오버솔드는 11시 이후의 큰 상승을 통한 수익을 확보하지는 못했습니다. 22일 전체의 차트를 보면 파동을 만들면서 상승한 것을 알 수 있지만 11시 무렵에는 이 정도 상승하고 다시 최근 며칠처럼 윗꼬리를 만들며 하락할 것으로 생각할 수밖에 없었습니다.

2장. 시가 단타 매매의 기술

윗꼬리 매집봉의 좋은 사례입니다. 그럼 23일에도 매수할까요? 대답은 'No'입니다. 이미 단타 매매를 하면서 중장기 보유물량을 제외하고는 LK삼양을 보유한 물량이 없습니다. 일봉 차트를 봤을 때 RSI 과매수권에 진입했고, 윗꼬리를 완전히 메꿔버렸기 때문에 한동안은 이 종목을 잊고 지내는 것이 좋을 것입니다.

이번에는 한일단조의 사례를 살펴보겠습니다. 2024년 10월 21일 한일단조에 윗꼬리 양봉이 나타났습니다. 고가 기준으로 18.45% 상승했으며 거래대금은 323억 원으로 거래량은 전일 대비 3,260%, 즉 326배 발생했습니다. 그리고 고점 기준으로 5일 내 신고가 기준도 해결했습니다. 무슨 이유에서인지 일단 돈이 들어왔으며, 우리의 검색 기준에 부합하므로 다음 날 조건만 적합하다면 검색기에 매매 가능 종목으로 나타날 것입니다.

다음 날 22일 7.91% 갭 상승 시가로 시작해서 종가 기준 상한가로 장을 마

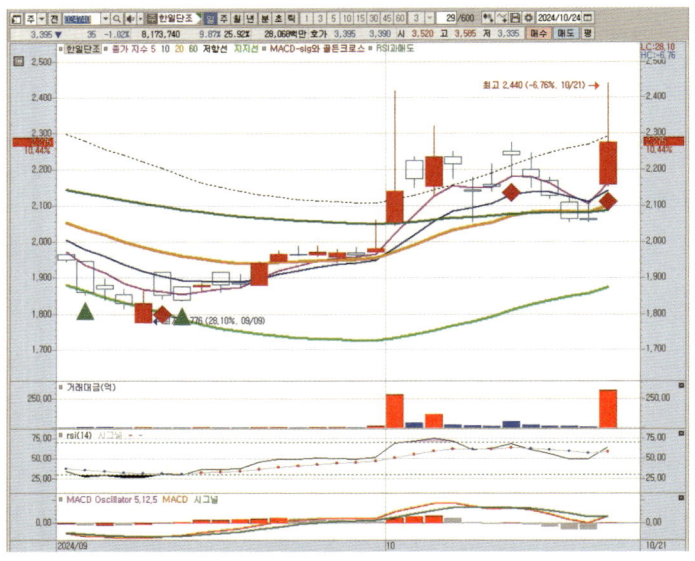

한일단조 2024년 10월 21일 일봉 차트

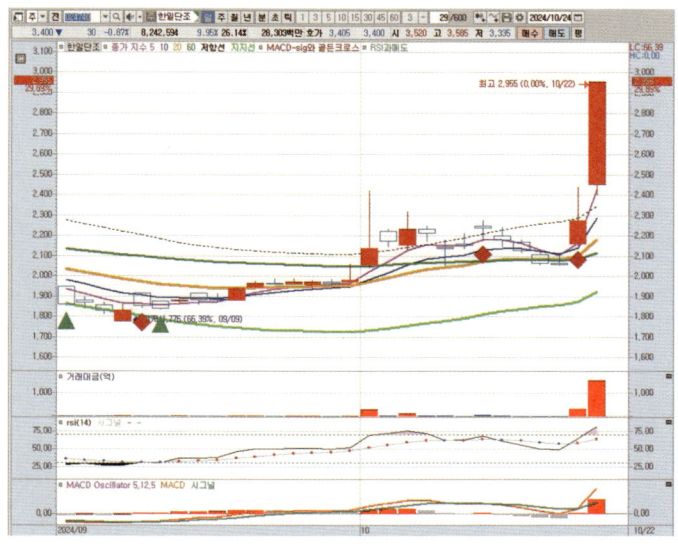

한일단조 2024년 10월 22일 일봉 차트

쳤습니다. 사례 분석을 통해 여러 유형의 윗꼬리 양봉을 기준으로 한 매매를 익히고 있는데요. 윗꼬리 양봉 다음 날의 시가가 윗꼬리 양봉의 종가를 기준으로 적절한 갭 상승 시가라면 많은 경우 윗꼬리의 고점을 전고점으로 간주합니다. 단타 매매 시 이 부근 정도에서 1차 익절하는 식으로 대응해야 합니다. 그런데 이 종목은 조금 다릅니다. 갭 상승 시가가 윗꼬리 양봉의 고점을 돌파해서 시작했기 때문입니다.

개인 투자자를 포함한 모든 시장 참여자가 관심을 가질 만한 재료나 이슈가 발생하면 이런 현상이 벌어집니다. 손절 기준으로 잡은 윗꼬리 양봉의 종가까지의 폭이 너무 커서 손절 시 큰 손해를 볼 것 같아 겁이 날 수 있습니다. 만약 그렇다면 단 1주라도 매수해서 주가의 흐름을 따라가보세요. 실제로 자기 돈을 넣고 해보는 것과 그냥 그림만 보는 것은 큰 차이가 있습니다.

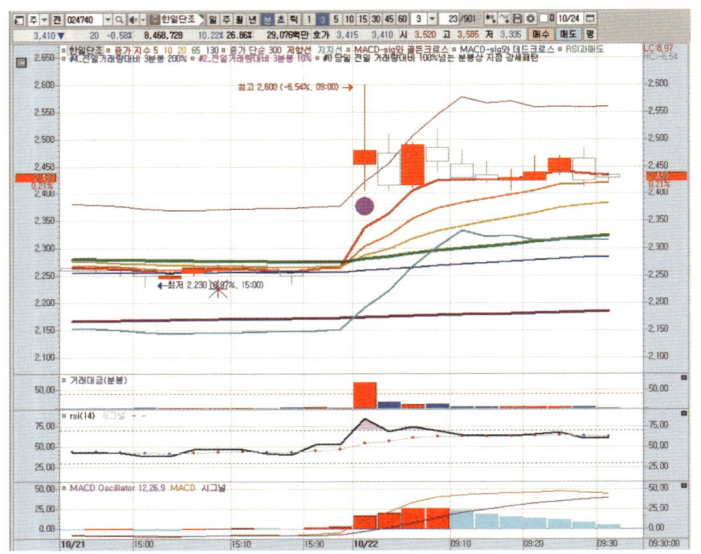

한일단조 2024년 10월 22일 3분봉 차트(9시 30분까지)

거래량이 전일 대비 416%, 즉 4.16배이고 거래대금으로는 1,566억 원이 들어왔습니다. 시가 이후 어디서 익절하던 수익이 났을 것이고, 만약 상한가까지 버티고 있었다면 익절을 할지 홀딩을 할지 고민되겠지만 단타 매매자라면 익절하고 리스크를 '0'으로 만드는 것이 좋다고 생각합니다.

3분봉 차트를 살펴보죠. 10월 22일 첫 3분봉이 갭 상승으로 시작해서 고가 기준 14.29%까지 상승한 이후 조정을 받고 있습니다. 7.91% 갭 상승 시가로 시작했으니 장 시작 후 3분 안에 6% 가까이 수익을 실현할 수 있는 기회가 발생합니다. 3분봉 단타 매매자라면 그냥 장 시작하자마자 3~5% 수익을 실현하고 그날 매매를 마치기도 합니다.

갭 상승 시가로 시작하면 항상 이동평균선의 배열을 주의 깊게 살펴야 합니다. 첫 3분봉이 완성되면서 3분봉 차트에서 5-10-20-65-130 이동평균선의

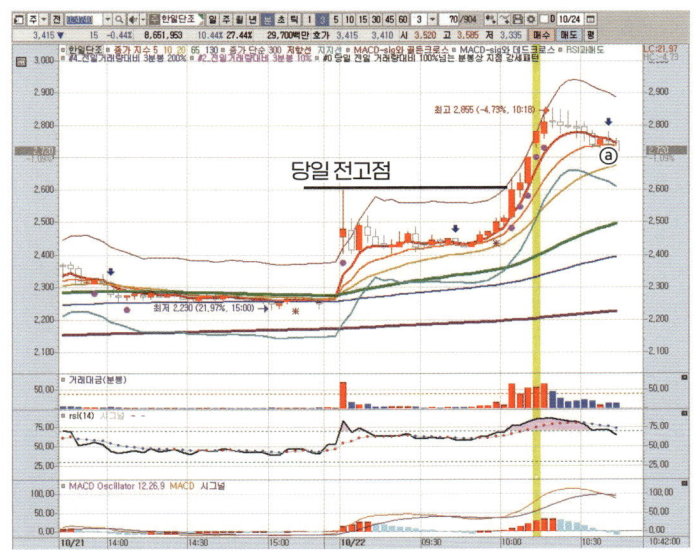

한일단조 2024년 10월 22일 3분봉 차트(10시 42분까지)

정배열이 예쁘게 만들어졌습니다. 이런 경우 설령 주가가 하락한다 해도 손절가를 전일의 종가로 보고 20이나 65 이동평균선에서는 받아주는 매매를 하면 됩니다. 그런데 차트에서 볼 수 있듯이 주가는 이동평균선의 정배열을 유지하면서 당일 저점을 깨고 있지 않습니다. 갭 상승한 시가의 위치가 전일 윗꼬리 양봉의 고가를 넘어선 것을 기억하십시오.

   3분봉 차트의 이동평균선 정배열이 유지되는 가운데 주가는 상승합니다. 10시를 지나면서 당일 장 시작 후 첫 캔들에서 만들어진 전고점까지 주가가 상승합니다. 저항을 받고 다시 밀릴 수도 있으므로 보유 중인 물량이 있다면 당일 전고점에서 이익을 일부 실현합니다.

   22일의 첫 캔들에서 발생한 거래량과 당일 전고점을 돌파하는 거래량이 비슷합니다. 돌파 시점에서 거래량이 더 붙어준다면 익절보다는 보유하는 쪽으로

2장. 시가 단타 매매의 기술   305

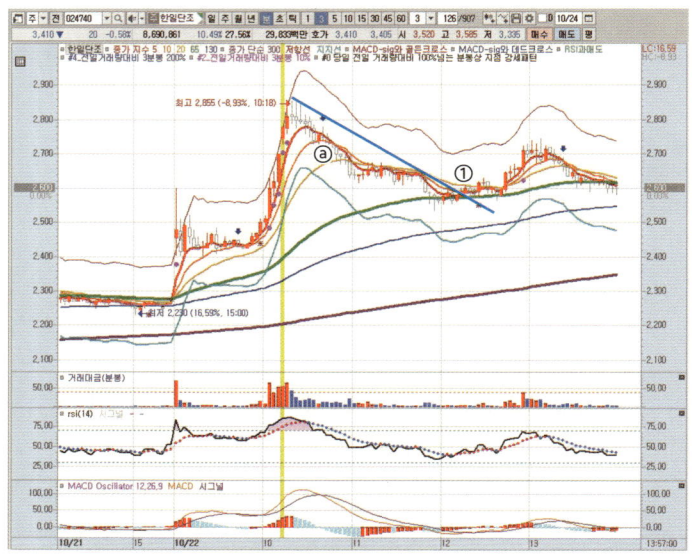

한일단조 2024년 10월 22일 3분봉 차트(1시 57분까지)

판단할 수 있지만 이 경우는 그렇지 않습니다.

나머지 보유물량은 5 이동평균선을 깨지 않고 추가로 상승합니다. 이 구간에서의 수익 실현은 매매자의 선택이지만 MACD-시그널선의 데드크로스가 발생하는 ⓐ에서는 보유물량을 모두 이익 실현하는 것이 오버솔드식 단타 매매입니다. 일봉으로는 상한가로 끝났지만 장중 매매에서는 주가가 상한가를 갈지, 안 갈지 알 수 없기 때문에 수익을 실현할 수 있는 구간에서는 수익을 실현하는 것이 좋습니다.

MACD-시그널선의 데드크로스가 발생한 ⓐ 이후 이 종목을 계속해서 지켜보는 경우라면 다시금 적절히 매수할 타이밍을 찾아야 합니다. 오전 장에서의 큰 상승 후 조정을 받더라도 세력이 다시금 상승시키려고 한다면 적절한 지점에서 조정이 멈춰지고 주가가 돌아설 것입니다. 센 종목이면 일반적으로 65 이동평균선을 깨지 않습니다. 즉 추가 상승을 위해서라면 3분봉 차트에서의 65 이동평균선은 매우 중요한 지지선입니다.

차트를 보면 65 이동평균선을 깨면서 주가가 하락하지 않고 65 이동평균선과 캔들이 비벼지다가 ①에서 하락추세선을 돌파합니다. 하락추세선이 돌파되면 다시금 당일 전고점을 향해 주가가 움직인다고 생각하면서 대응합니다. ① 이후 주가는 65 이동평균선을 밟고 상승했지만 추세를 크게 끌고 가지 못하고 MACD-시그널선의 데드크로스가 재차 발생했으므로 익절합니다. 작아 보여도 3.5%의 수익라인입니다.

이 짧은 반등을 통해 고점이 다시 하나 생겼습니다. 장 초반의 고점과 오후 1시경에 생긴 고점을 잇는 하락추세선을 다시 긋습니다.

다시금 하락하다 2시 20분경에 하락추세선을 돌파하는 캔들(①)이 만들어짐

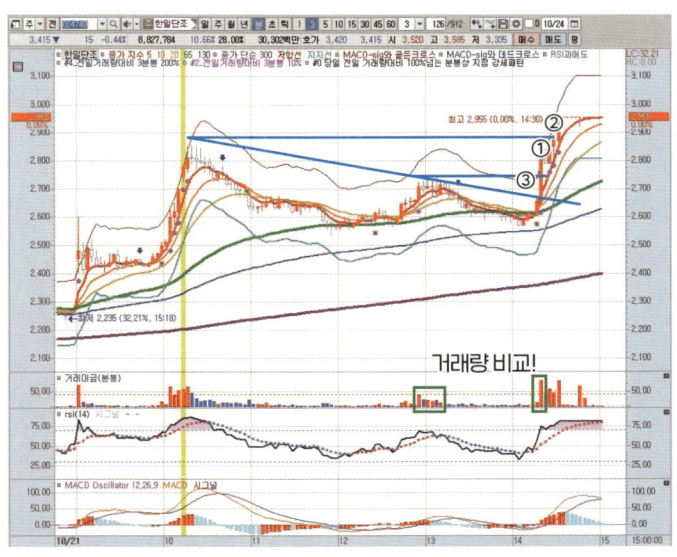

한일단조 2024년 10월 22일 3분봉 차트(오후 3시까지)

니다. 하락추세선을 긋고 종목을 지켜보다 보면 거래량이 붙으면서 하락추세선을 돌파하는 모습을 보게 됩니다. 즉 캔들이 완성된 지점에서 매수하는 것이 아니라 돌파하면서 발생하는 거래량을 믿고 매수하는 것입니다.

이 상태에서 ③과 같은 전고점 부분에서는 익절을 할지 말지 결정해야 합니다. 오전에도 비슷하게 판단해야만 하는 지점이 있었죠. 그런데 ③을 돌파하는 시점에서 거래량이 전고점을 만들 때의 거래량보다 많이 터졌기 때문에 익절보다는 홀딩을 선택할 수 있었습니다. 그리고 ①에서 하락추세선을 돌파할 때 매수한 물량을 당일의 전고점을 보고 상승 중이던 ②에서 모두 익절했습니다. 상한가를 가는지 안 가는지는 관심사가 아닙니다. 적절한 익절과 그 이후의 마음의 평화가 더 중요합니다.

결론적으로 오버솔드는 상한가를 보지 못하고 그 직전에 보유물량을 0으로 만들었습니다. "시가에 매수한 물량을 장이 끝날 때까지 갖고 있으면 상한가를 먹을 텐데요?"라고 물을 수 있지만 실전에서는 멘탈 관리가 쉽지 않습니다. 단타 매매를 하는 입장에서는 10시 초반에 전고점을 만든 다음 10% 가까이 하락할 때 당일 상한가에 대한 기대는커녕 수익이 줄어드는 것을 보면서 멘탈이 부서질 수밖에 없습니다.

상한가를 욕심내지 말고, 상한가를 만들려고 하는 세력이 만들어주는 주가의 파동을 자연스럽게 타는 것이 단타 매매의 비결입니다.

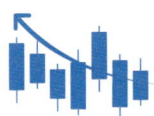

3-4
코콤, 퍼스텍

2024년 10월 24일 윗꼬리 양봉 검색기

2024년 10월 23일 코콤에 윗꼬리 양봉이 만들어졌습니다. 2024년 10월 24일 윗꼬리 양봉 검색기를 보면 코콤과 퍼스텍이 보입니다. 차례대로 알아보겠습니다.

 코콤은 고가 기준 21.03% 상승한 이후 윗꼬리를 달았습니다. 거래량은 전일 기준 300%가 나오고 거래대금도 855억 원이나 들어왔습니다. 고점 기준으로 5일 내 전고점을 돌파한 윗꼬리 양봉이라서 단타 매매를 하려는 당일 조건만 충

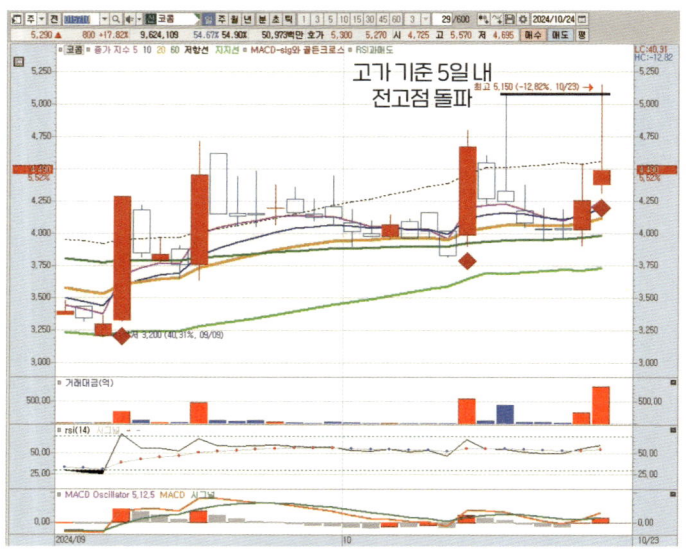

코콤 2024년 10월 23일 일봉 차트

족된다면 검색식에 나올 것입니다.

좀 더 살펴보면 5일 내 전고점뿐만 아니라 지난 9월부터 장대양봉들이 거래량(거래대금)을 붙이며 만든 고점들을 돌파하고 있음을 알 수 있습니다. 또한 전일의 윗꼬리 양봉이 5-10-20일 이동평균선을 몸통으로 뚫어내면서 다시금 이동평균선의 정배열이 유지되도록 만드는 상황에서, 23일의 캔들로 다시금 이동평균선의 정배열이 선명하게 되었다는 점도 매매에 대한 신뢰를 높여주고 있습니다.

코콤은 북한군의 우크라이나 전장 투입으로 전략자산 중 하나인 드론과 관련된 종목으로 꼽히며 주가가 움직이고 있는 중입니다.

10월 24일 오전 10시 35분의 일봉 차트를 보겠습니다. 윗꼬리 양봉 이후의 매매에 대해서 잘 공부한 분이라면 일봉 차트만 봐도 세 가지가 보일 것입니다.

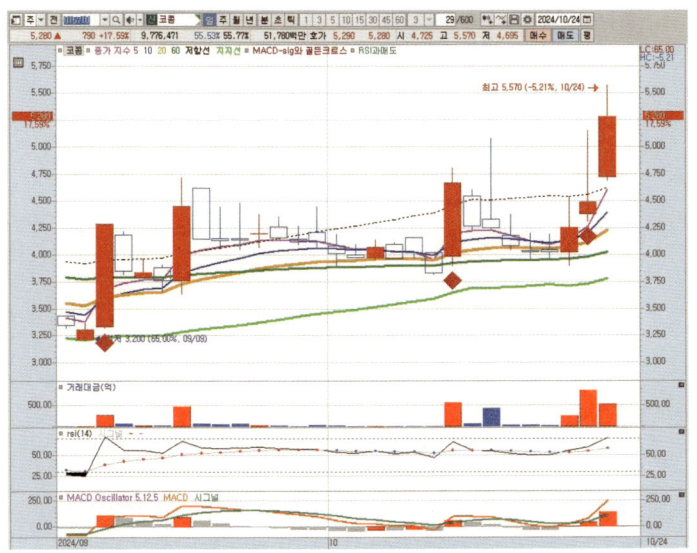

코콤 2024년 10월 24일 일봉 차트(10시 35분까지)

ⓐ 갭 상승
ⓑ 상승을 하기로 방향을 잡으면 전일 전고점(윗꼬리 고점)까지 상승→1차 익절
ⓒ 전일 전고점을 돌파하면 3분봉 차트상 이동평균선의 배열이나 MACD-시그널선의 정배열 유지 후 데드크로스 지점에서 최종 익절

이어서 10월 24일의 3분봉 차트를 살펴보겠습니다. 5.23%의 갭 상승 시가로 시작했습니다. '응? 너무 높게 시작하는데?'라는 느낌이 든다면 1차 매수의 비중을 평소에 일상적으로 행하는 비중보다 조절해서 매수 개입합니다. 그리고 전일 종가에서 당일 시가까지의 눈에 보이지 않는 양봉의 몸통 안으로 하락할 경우 추가 매수한다는 개념으로 대응합니다.

경험이 좀 쌓이면 갭 상승한 자리에서의 이동평균선들이 눈에 들어올 것입

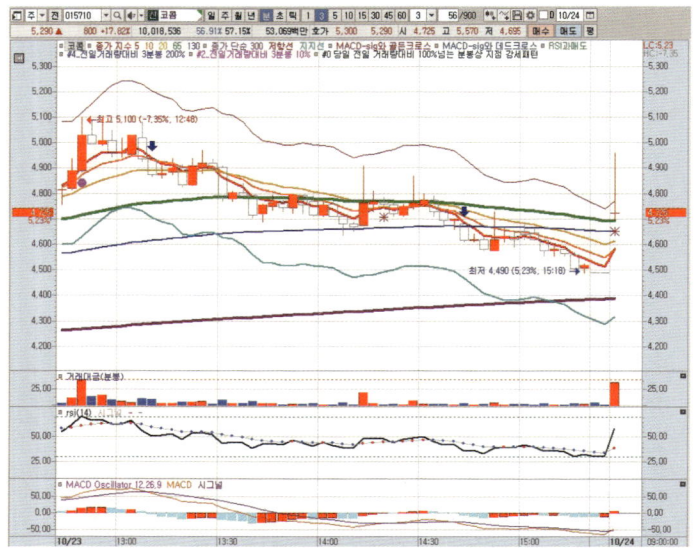

코콤 2024년 10월 24일 3분봉 차트(장 시작 첫 봉)

니다. 갭 상승으로 장기 이동평균선인 65 이동평균선과 130 이동평균선을 한 번에 뛰어넘고 장을 시작합니다. 일종의 돌파입니다. 경험이 쌓이면 갭 상승 시가가 너무 높아서 손절폭이 커지는 것을 걱정하기보다는, 이동평균선의 지지를 받으며 상승할 가능성이 높겠다는 식으로 매매 의식이 바뀌게 됩니다.

첫 3분봉으로도 10.47%까지 상승해 거의 5%의 수익구간이 만들어집니다. 그냥 이 첫 캔들이 만들어지는 동안에 익절해도 괜찮습니다. 하지만 이 첫 봉에서 거래량이 붙었고, 종가로도 65 이동평균선을 깨지 않고 있어 앞으로의 주가 흐름이 만만치 않을 것임을 예상할 수 있습니다.

첫 3분봉에 이어 두 번째 봉이 양봉을 만들면서 5-10-20 이동평균선을 정배열로 끌어올리고, 9시 6분에서 9분 사이에 만들어지는 세 번째 봉에서 23일의 윗꼬리 양봉 전고점까지 상승하고 심지어 돌파합니다. 손실이 날 때는 수년

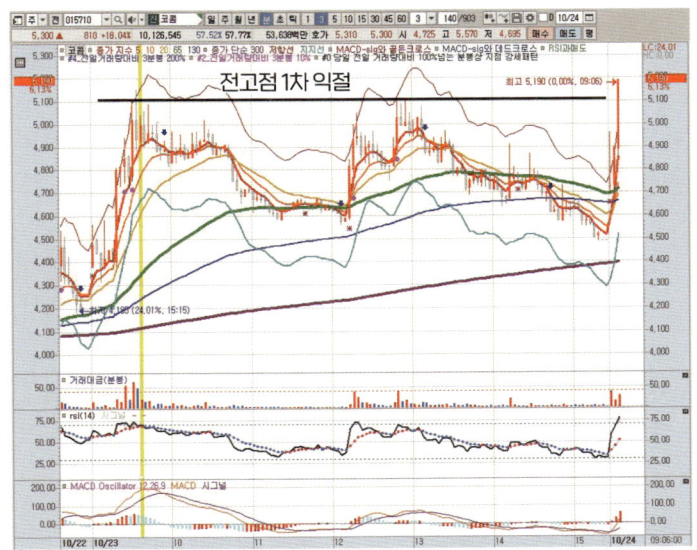

코콤 2024년 10월 24일 3분봉 차트(9시 6~9분)

도 버티는데, 수익이 날 때는 3분을 기다리는 것도 영원처럼 느껴집니다. 수익이 만들어지는 지점에서 버틸 수 있어야 수익을 극대화할 수 있습니다. 물론 매매 경험이 많이 쌓이면서 차트의 흐름에 익숙해지면 이 또한 자연스러워 질 것입니다.

    전고점을 돌파해서 더 상승할지 아닐지는 알 수 없습니다. 오버솔드는 전고점 근처에서는 항상 보유물량의 일부를 익절합니다. 약 8%의 수익라인입니다.

    전고점 근처에서 1차 익절한 후 나머지 물량은 MACD-시그널선의 데드크로스가 만들어지는 ⓐ에서 전량 익절합니다. 전일 윗꼬리 양봉의 전고점에서부터 약 3% 수익을 추가로 거두고 이 종목의 아침 매매를 마무리합니다. 윗꼬리 양봉이 만들어진 23일의 차트 흐름을 봐도 상승 후 하락 구간이 나오는 것을 알 수 있습니다. 거둘 수익은 거두고, 그다음 매매를 준비하는 것이 좋을 것입니다.

2장. 시가 단타 매매의 기술   313

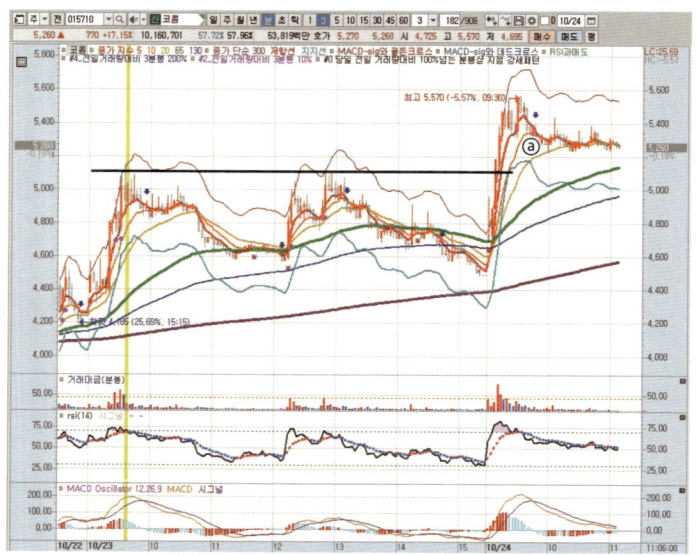

코콤 2024년 10월 24일 3분봉 차트(11시 6분까지) ①

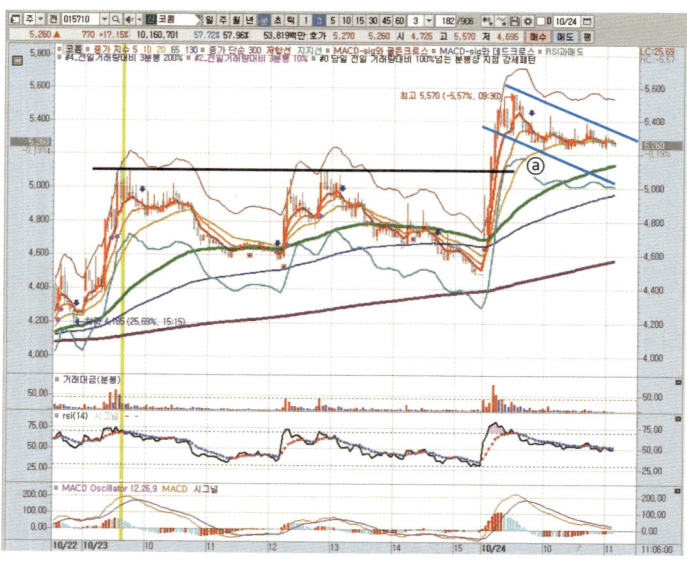

코콤 2024년 10월 24일 3분봉 차트(11시 6분까지) ②

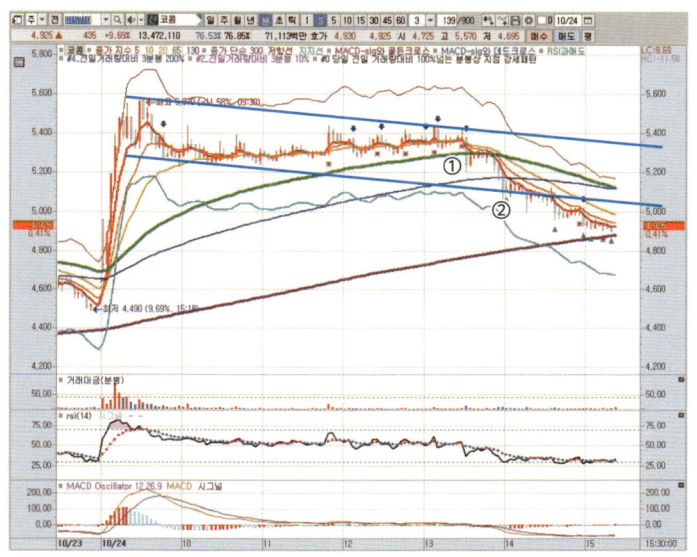

코콤 2024년 10월 24일 3분봉 차트(하루 전체)

익절 이후 해당 종목을 더 이상 쳐다보지 않고 다른 종목으로 눈을 돌릴 수도 있지만, 거래량이 들어오면서 어느 정도의 상승파동이 만들어지면 종목 내부에 지지 가격대 등이 형성될 수 있습니다. 이때는 조정 후 반등을 노리고 해당 종목만 계속해서 매매할 수도 있습니다.

MACD-시그널선의 데드크로스 상태가 유지되는 동안 일반적으로 주가는 고점을 낮추면서 하락하거나 횡보합니다. 이 구간에서 하락추세선을 그림과 같이 그을 수 있습니다. 11시 6분의 시점에서는 저가가 일정하게 지켜지며 횡보함을 알 수 있습니다.

이 상태가 유지되다가 갑자기 하락해 65 이동평균선이나 130 이동평균선 근처까지 오면 RSI로는 과매도권으로 진입하게 될 것이며, 동시에 하단 하락추세선에 접할 가능성이 큽니다. 전고점도 거래량을 붙이면서 돌파해놓은 상태라서 이 매수물량이 지지 세력으로 활약할 가능성이 있습니다. 무작정 매수하는 것이 아니라 차분하게 매매하는 습관을 들이십시오.

앞서 11시대에서 저점을 잘 지지하며 짧은 상승이 있었지만 하락추세선 상단을 돌파하지 못한 채 ①에서 65 이동평균선을 깼습니다. 주가가 오전의 1차 상승 후 조정이나 횡보를 하다가 다시 주가를 돌리려면 65 이동평균선 근처에서 거래량이 붙으면서 추세선을 돌파하는 움직임을 보여야만 합니다. 그런데 깨버렸죠. 그러면 오늘 이 종목은 끝났다고 생각하고 덮는 것이 좋습니다. 심지어 130 이동평균선인 ②도 깼습니다. 주요 이동평균선에서 지지를 받으면서 주가의 방향성을 되돌리지 않는다면 단타 매매자가 매수로 개입할 이유는 없습니다.

장 마감된 코콤의 일봉 차트입니다. 오전 중에 있었던 상승의 열기가 빠지면서 윗꼬리 양봉으로 마무리되었습니다. 단타 매매로 적절히 수익을 실현하면서

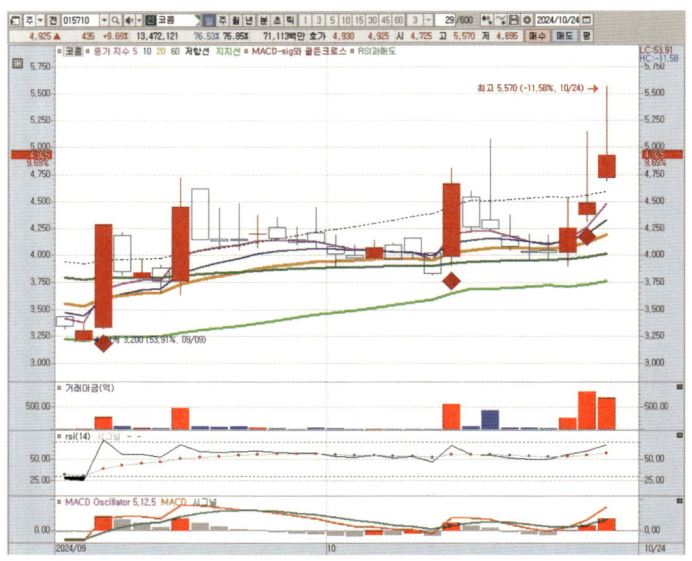

코콤 2024년 10월 24일 일봉 차트

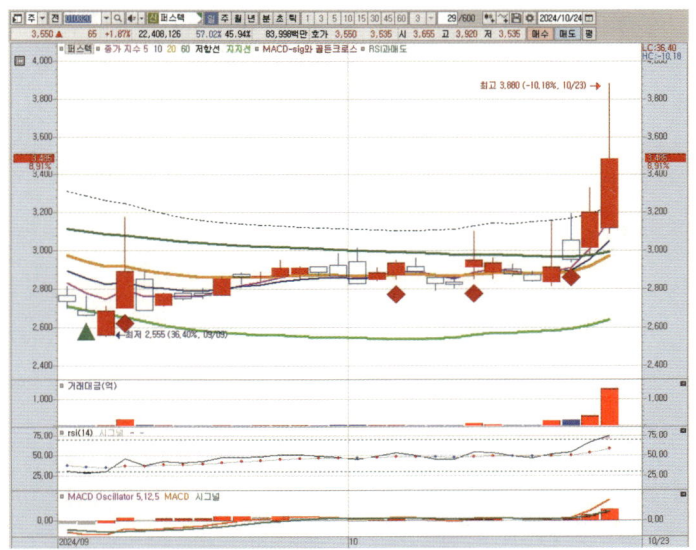

퍼스텍 2024년 10월 23일 일봉 차트

대응했다면 이런 모습이 아쉽게 느껴지지는 않을 것입니다.

아무래도 재료(이슈)의 연속성과 파괴력이 매수세를 계속 불러 모을 정도는 아니었던 것으로 보입니다.

이번에는 퍼스텍의 사례를 살펴보겠습니다. 2024년 10월 23일 고점 기준 21.25% 상승한 윗꼬리 양봉이 발생했습니다. 고점 기준으로 5일간 신고가이며, 이동평균선은 정배열을 만들고 있습니다. 거래대금도 1,400억 원이 들어왔습니다. 다음 날인 10월 24일 장 초반 조건이 적절하면 검색식에 걸려 나오게 될 것입니다.

10월 24일 4.88% 갭 상승 시가로 시작합니다. 원고를 쓰는 오전 11시 41분 현재의 캔들은 음봉이지만, 고가 기준 12.48% 상승했으므로 시가에서 고가까지 7.6%의 수익 구간이 윗꼬리 양봉 매매 기술에 따라 발생했음을 알 수 있습니다

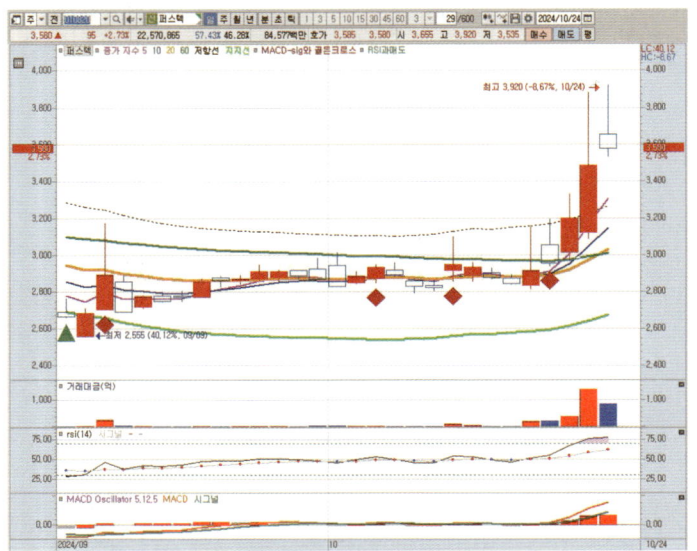

퍼스텍 2024년 10월 24일 일봉 차트(오전 11시 41분까지)

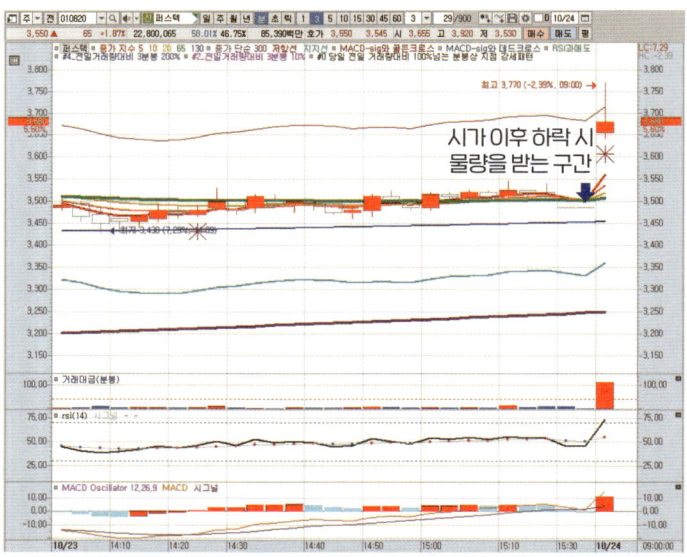

퍼스텍 2024년 10월 24일 3분봉 차트(9시 첫 봉)

3분봉 차트를 살펴보도록 하겠습니다. 갭 상승 시가가 만들어졌을 때 1차 마수합니다. 그림에서 보듯이 갭 상승 시가가 만들어지면 그 시가와 이동평균선의 관계를 살펴야 합니다. 어떠세요? 5-10-20-65 이동평균선이 이 첫 3분봉의 시가로 예쁘게 정배열이 만들어진 것을 볼 수 있습니다. 이렇게 되면 시가에서 밀리더라도 겁내면서 손절하는 것이 아니라 이동평균선 근처까지 하락해주면 2차 매수를 하면서 물량을 받아줘야 합니다.

윗꼬리 양봉에 대한 공부를 잘했다면, 윗꼬리 양봉은 윗꼬리만큼의 잠재 매물이 이미 소화된 상태일 가능성이 높은 상태라는 것을 알고 있을 것입니다. 이런 배경에서 나온 갭 상승 시가는 주가를 상승시키고자 하는 세력의 의지를 보여주는 것입니다.

시가부터 시작해서 이동평균선을 밟고 올라가면서 전일 윗꼬리 양봉의 전

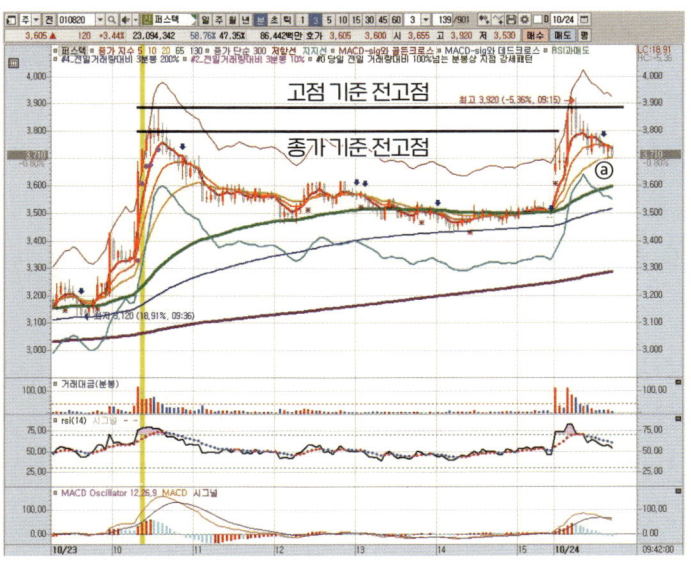

퍼스텍 2024년 10월 24일 3분봉 차트(9시 42분)

고점 영역까지 장 시작 후 15분 안에 진입합니다. 종가 기준 전고점을 기준으로 하든, 고점 기준 전고점을 기준으로 하든 일반적인 매매에서는 선을 긋고 하는 것이 아니라 적당히 전고점 근처에 도달하는 것으로 보이면 매도하게 됩니다. 초과수익을 노리는 자신의 욕심 때문에 전고점 부분에서 익절하지 못한 경우라도 MACD-시그널선의 데드크로스가 발생하는 ⓐ에서는 모든 물량을 처분하는 것이 맞습니다.

장 초반 상승이 MACD-시그널선을 만드는 추세를 유지하지 못하고 데드크로스가 발생하면 적당한 타점이 나올 때까지는 매수하려는 마음을 참아야 합니다. 보유한 물량이 있다면 모두 매도하는 것이 오버솔드식 단타 매매의 정석입니다. 그리고 MACD-시그널선의 골든크로스가 나오기 전까지 만들어지는 하락 구간(또는 조정 구간)에서는 고점끼리 이은 하락추세선의 상하단 채널을 만들어서 적절한 매수 타이밍이 나올 때까지 기다리는 것입니다.

빠른 수익에 길들여지면 이런 기다림이 지루하게 느껴질 수 있습니다. 따라서 아침에 이익을 실현한 종목에서 다시 새로운 매수타점이 나올 때까지 기다리지 말고 하루의 매매를 끝내는 것도 한 방법입니다.

장 초반에 크게 상승한 이후 조정을 받던 종목이 다시 반등해서 추가적인 주가 상승이 발생하는 경우, 보통은 65 이동평균선을 깨지 않은 상태에서 하락추세선 상단을 돌파하는 양봉을 만듭니다. 그렇게 되면 해당 3분봉 양봉의 저가나 65 이동평균선을 손절선으로 두고 매수 개입할 수 있습니다.

3분봉 차트에서 130 이동평균선을 추세 반등의 기준선으로 활용하기도 하지만 반등할 힘이 센 종목이라면 굳이 130 이동평균선, 즉 30분봉 차트상 10 이동평균선까지 주가를 밀 필요가 없습니다. 조정 후 재매수의 타이밍을 재는 척도로 130 이동평균선을 활용하고자 한다면 매수 비중을 좀 줄이는 것을 권합니다.

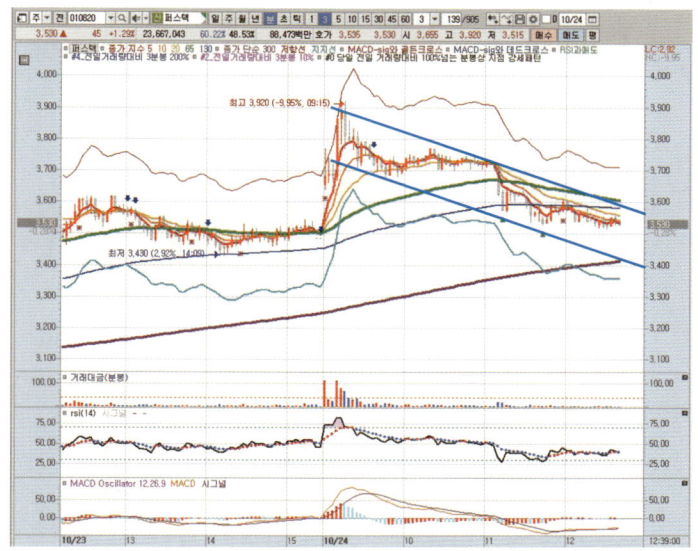

퍼스텍 2024년 10월 24일 3분봉 차트(12시 39분)

어쨌든 이 종목의 경우 65 이동평균선을 깨고 주가가 하락했기 때문에 당일 탄력 있는 주가 변동을 기대하기는 어렵겠다는 판단을 하게 됩니다.

퍼스텍의 하루 전체의 3분봉 차트를 보겠습니다. 앞서 이야기한 대로 장 시작 시점의 상승 이후 조정의 과정에서 65 이동평균선이나 130 이동평균선을 깨고 나니 장 후반에도 힘을 받고 반등하는 모습을 찾아보기 어려웠습니다. 물론 이렇게 가다가 갑자기 상한가를 가는 종목도 있기는 합니다. 다만 확률적으로 매우 드문 경우이며, 굳이 급반등을 기대하며 추세적 하락의 가능성이 높은 종목을 단타 매매할 필요는 없다고 생각합니다.

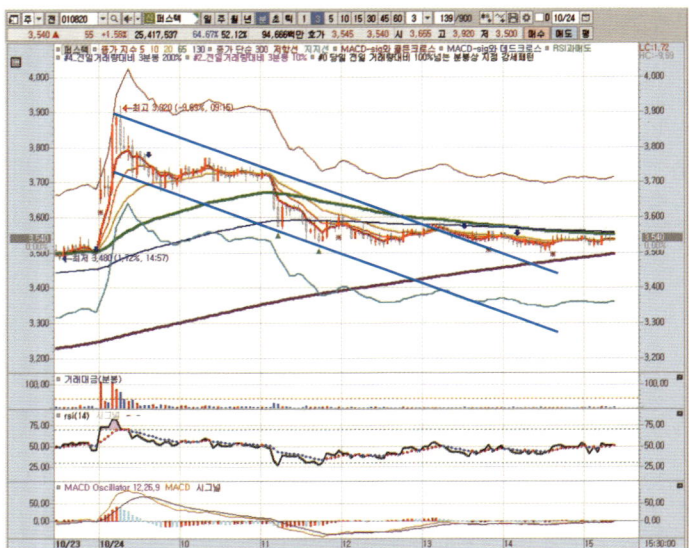

퍼스텍 2024년 10월 24일 3분봉 차트(하루 전체)

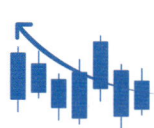
3-5
한미사이언스

2024년 10월 24일 한미사이언스에서 만들어진 윗꼬리 양봉을 보겠습니다. 한미사이언스는 한미약품과의 경영권 분쟁의 연기가 슬슬 피어오르는 상태였습니다. 당일 고점 기준 28.7%, 종가 기준 19.54%의 상승이 있었고, 거래대금은 1,566억 원으로 전일 거래량 대비 1,468%, 약 14.7배 늘었습니다. 누가 보더라도 돈이 들어와 있는 윗꼬리 양봉입니다.

윗꼬리 양봉 다음 날인 25일 1.02% 갭 상승 시가로 시작해 고가 기준 13.41%, 종가 기준 3.96%로 마무리했습니다. 시가부터 고가까지 꽤 적당한 수익 구간이 있었음을 알 수 있습니다. 또한 거래대금도 2,274억 원이 들어와 양일간 4천억 원 상당의 돈이 이 구간에 들어왔습니다.

이 종목은 경영권 분쟁이 지속되는 동안은 앞으로도 지속적으로 단타 매매를 할 수 있는 종목으로 보입니다.

10월 25일의 3분봉 차트를 살펴보겠습니다. 24일 윗꼬리 양봉의 종가와 그

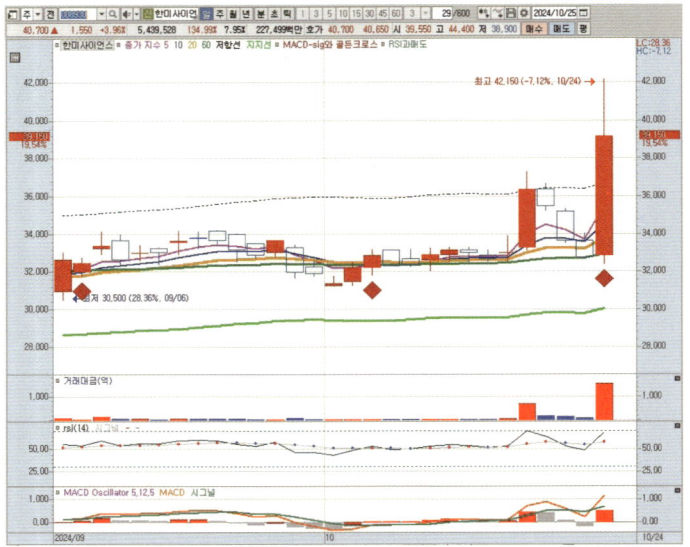

한미사이언스 2024년 10월 24일 일봉 차트

한미사이언스 2024년 10월 25일 일봉 차트

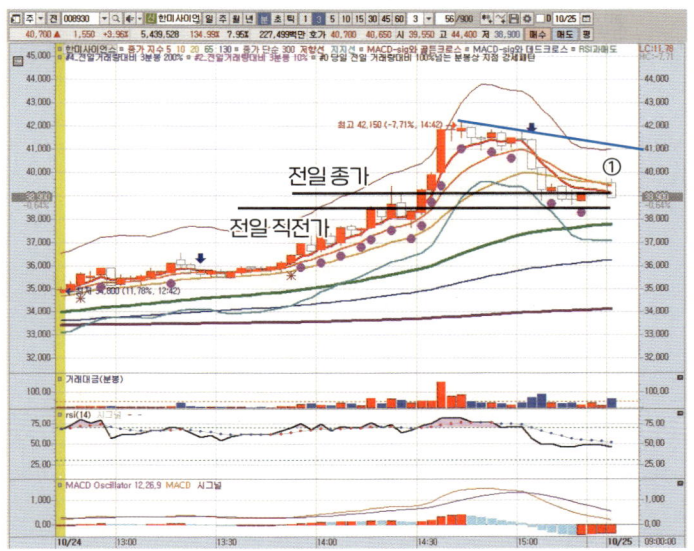

한미사이언스 2024년 10월 25일 3분봉 차트(첫 봉)

종가가 만들어지기 직전 저가가 표시되어 있습니다. 장 시작 때는 바쁘니까 저렇게 선 긋고 할 틈이 없겠죠. 그래서 매매창에 붙어 있는 일봉 차트를 보고 현재 주가를 가늠하게 됩니다. 기술적으로는 이런 기준으로 매매를 한다는 정도로만 이해하면 되겠습니다.

　25일 시가가 전일 종가보다 살짝 뜬 갭 상승 시가로 시작합니다. 3분 사이에 전일 종가를 깼습니다. 원칙적으로는 손절입니다만 전일 종가가 만들어지는 과정을 보면 반등으로 마무리되었기 때문에 종가를 만들기 직전 저가가 존재합니다. 전일에도 지지를 받은 가격대라는 뜻이므로, 단타 매매를 시도하는 당일드이 정도까지는 손절을 서두르지 않고 버틸 수 있습니다.

　저 지점마저 깨면 무조건 손절합니다. 손절한 다음에도 재료가 불식되지 않고 좀 더 올라갈 수 있다는 판단이 서면 다시 적절한 매수타점이 나올 때까지 기

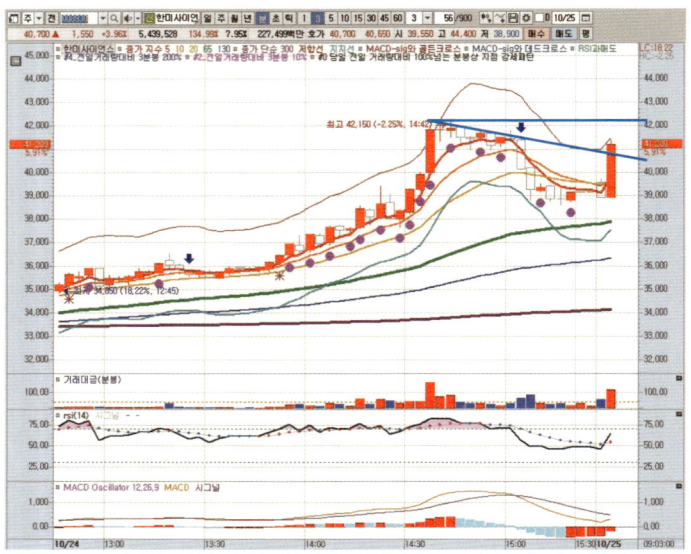

한미사이언스 2024년 10월 25일 3분봉 차트(두 번째 봉)

다려주면 됩니다. 예를 들어 MACD-시그널선의 골든크로스 발생 지점 같은 것을 기다리는 것이죠. 또는 전일 고가에서 진행되는 하락추세선을 돌파하는 시점을 기다리거나 65 이동평균선의 지지를 받는가도 중요한 판단 기준이 됩니다.

첫 3분봉에서 손절을 걱정하며 마음 졸이던 순간이 지나자 바로 다음 3분봉에서 6% 가까운 상승이 발생합니다. 3분 만에 마음이 활짝 핍니다. 사람 마음이 참으로 간사합니다. 어쨌든 이 3분 사이에 적절하게 익절할 수 있습니다. 전일 윗꼬리 고가에서부터 시작된 하락추세선에 부딪혔을 때 추세선의 저항을 의식해서 보유물량의 일부를 덜어내는 것은 매우 안정적이고 담백한 매매입니다.

3분봉 단타 매매를 시작해서 어느 정도 경험이 쌓이기 전까지는 매수·매도 호가창과 지금 집중해서 보고 있는 3분봉만 눈에 보이지 나머지 사항은 파악하기가 어렵습니다. 그러나 지금 이 시점에서 이 3분간의 양봉을 통해 5-10-20

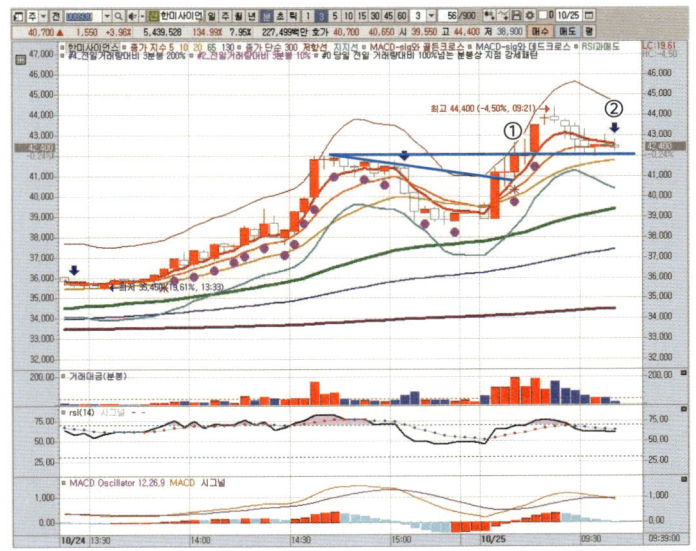

한미사이언스 2024년 10월 25일 3분봉 차트(9시 39분까지)

이동평균선이 다시금 정배열을 만들게 되었다는 점, 윗꼬리 양봉의 경우 윗꼬리는 매물이 비어 있는 경우가 많기 때문에 윗꼬리 양봉의 고가까지는 상승의 마찰이 적다는 점, MACD-시그널선이 골든크로스를 만들기 직전이라는 점이 눈에 들어오면 좀 더 수익을 위해 버틸 수 있습니다.

    하락추세선을 돌파하는 두 번째 캔들 이후 주가는 거래량을 붙이며 상승해 전고점을 돌파하는 캔들 ①이 나옵니다. 여기서 만족하고 익절하는 것은 왕도입니다. 두 번째 3분봉의 6% 정도에 상승을 더해 약 2% 정도의 추가 상승으로 장 초반 매매를 마칠 수 있습니다. 만약 여기서 이동평균선의 정배열이나 MACD-시그널선의 골든크로스 상태의 유지를 보며 더 버티겠다고 한다면, MACD-시그널선의 데드크로스가 나오는 ②에서는 모두 익절하여 보유물량을 0으로 만들어 놓는 것이 좋습니다.

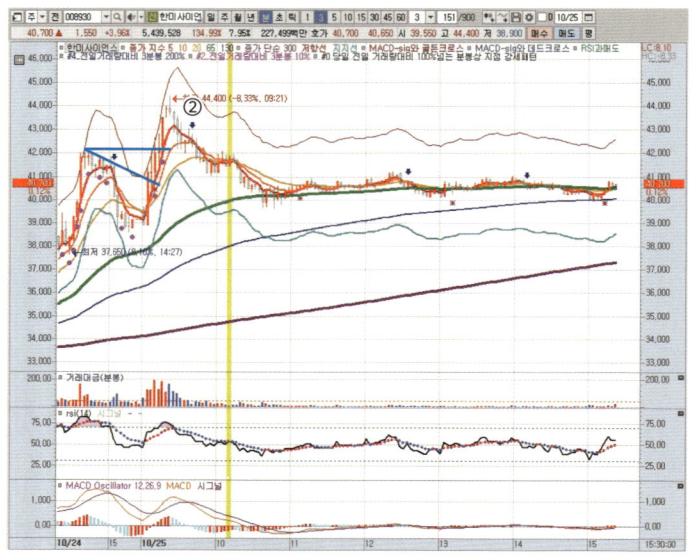

한미사이언스 2024년 10월 25일 3분봉 차트(하루 전체)

물론 당일 장 초반에 고가를 만든 다음 ②까지 조정을 받고 다시금 전일 윗꼬리 양봉의 고점을 지지선으로 삼아 반등해 추가 상승으로 이어질 수도 있습니다. 거래량을 붙이면서 전고점을 돌파했으니까 윗꼬리 양봉의 고점을 지지하려는 움직임이 있을 것이라는 추론은 충분히 가능합니다. 그러나 그렇게 자기 편한 위주로 시나리오를 짜서 미리 매수하기보다는 다시금 간격이 좁아지면서 붙어가는 이동평균선의 간격을 벌려주는 양봉이 나오는 등 상승을 확인할 수 있는 상황이 벌어질 때 대응하는 것이 좋습니다. 그것이 리스크에 대응하는 단타 매매자의 자세입니다. 지금은 시가부터 시작해서 고가 기준으로 12% 이상 만들어진 상승추세가 일단 마무리된 것으로 파악하고 재정비를 해야 하는 시점입니다.

장 초반의 상승추세가 마무리 된 ②에서 익절하고 보유물량을 0으로 가져간 것이 얼마나 다행스러운 판단이었는지는 하루 전체의 주가 흐름을 통해 알 수 있습니다. 한편 종가가 만들어지는 과정에서 24일과 같이 저점을 만들고 상승해준 것을 보고 '어, 다음 날도 적당히 매매할 수 있는 기회가 있겠구나'라는 짐작은 할 수 있습니다.

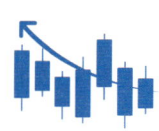 # 숨은 음봉을 활용한 단타 매매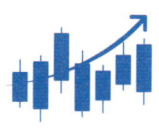

숨은 음봉을 활용한 단타 매매는 RSI 과매도권 진입 이후의 반등 및 추세적 상승 과정에서 수익을 내는 지금까지의 3분봉 매매의 기술과 달리, 상승 가능성이 높은 일봉의 흐름 속에서 3분봉으로 추세적 매매를 하면서 수익을 도모하는 기술입니다.

 지금까지는 주가가 RSI 과매도권에 진입하면 어떤 식으로든 반등 구간이 나온다는 점을 활용했으므로 손절에 대한 부담이 없었지만, 숨은 음봉을 활용한 매매의 기술에서는 주가가 계획한 대로 상승하지 않으면 곧바로 손절로 끊어내야 합니다. 주가의 고점에서 행하게 되는 단타 매매이기 때문에 충분한 훈련 없이 책만 보고 따라 하기에는 다소 위험 부담이 있는 방식입니다.

 숨은 음봉을 비롯한 일봉상의 상승 구간에서 여러 패턴을 활용하는 매매의 기술은 추후 출간을 염두에 두고 있는 '거래량 해석의 기술'에서 이야기할 예정입니다. 숨은 음봉은 오버솔드가 3분봉 매매 시 상당히 자주 사용하고 있는 비

기(秘技)로 이번 책에서 일부나마 소개하고자 합니다.

숨은 음봉은 다음 그림과 같이 이틀 전 상한가를 만들고 전일 음봉을 만든 후 매매하는 당일의 시가가 전일 음봉의 종가 위에서 시작하는 갭 상승 시가일 때, 높은 상승 가능성을 기대하면서 매매하는 패턴을 말합니다. 특히 상한가 다음 날 음봉이 만들어질 때 이 음봉의 시가와 종가가 모두 상한가의 종가보다 아래에서 형성되어야만 합니다. 좀 더 자세하게 숨은 음봉 패턴을 살펴보겠습니다.

먼저 첫 날의 상한가(당일 기준 이틀 전의 상한가)입니다. 상한가는 개인의 매수세가 만드는 것이 아닙니다. 종가는 해당 종목의 주인 또는 세력이 만드는 것이며, 특히 상한가는 아무것도 모르고 상한가 흐름에 올라탄 개인들이 상한가에서 수익을 실현하기 위해 매도하는 모든 물량조차 세력이 받아주면서 만들어집니다. 세력이 상한가가 깨지는 것을 막아내기 때문에 상한가 종가가 만들어질 수 있는 것입니다.

세력이 상한가 상황을 연출하면서 자신이 이전에 매집해놓았던 물량을 개인에게 떠넘기면서 수익 실현을 하려는 경우가 아니라면, 상한가 부근에서 쏟아지는 개인의 물량을 충분히 다룰 만큼 세력이 보유하고 있는 자금이 충분해야 합니다. 따라서 매도로 나올 물량이 적으면 적을수록 유리하기 때문에, 그런 이유에서 세력은 상한가를 만들기 전에 개인에게서 물량을 확보하고자 다양한 방법을 쓰게 됩니다. 심지어 상한가를 만든 이후에도 계획하고 있는 대로 추가 상승을 통한 수익 극대화를 도모하고자 개인들의 물량을 빼앗는 노력을 합니다.

상한가 이후 주가가 조정을 받으면서 하락하는 경우가 바로 이런 상황입니다. 상한가 이후 상승을 기대했던 개인들이 실망하면서 내놓은 물량을 세력이 받아내는 과정이라고 보면 되겠습니다. 상한가는 상당히 복합적인 의미를 갖고 있으며, 상한가가 만들어진 이후 주가의 흐름을 잘 활용하면 개인도 충분히 수익을 얻을 수 있는 기회를 가질 수 있습니다.

이번에는 첫날의 상한가 이후 둘째날의 숨은 음봉(당일 기준 전일의 음봉)에 대해 알아보겠습니다. 『초단타 매매의 기술』의 D+1 데이 매매에서 살펴본 것과 같이 세력이 제대로 들어온, 즉 자기 돈을 들여서 만들어낸 상한가라면 많은 경우 다음 날 갭 상승으로 시작합니다. 상한가를 보고 추가 상승을 기대하는 많은 개인이 장전 동시호가부터 몰려들면서 주가가 올라서 시작한다는 뜻입니다. 그런데 갭 상승으로 시작하기 위한 중요한 조건이 하나 있습니다. 상한가를 만들어낸 큰 물량을 쥐고 있는 세력이 매도해서는 안 되며, 설령 어느 정도 매도를 하더라도 최소한 개인이 매수하려는 의욕에 찬물을 끼얹는 정도가 아니어야 합니다.

상한가 다음 날 개인에게 매수할 기회를 주고 싶지 않은 세력은 아예 갭 상승 시가를 높게 형성시켜서 겁을 먹게 만들기도 합니다. 이 경우 개인들의 매도 물량 공백 상태를 이용해서 적은 자본으로 계속해서 상승시킵니다. 상한가를 만들기 전 매집을 잘 해놓은 경우입니다.

반면 자본이 많지 않은 세력은 거꾸로 개인들의 매수세를 활용해서 자전거래를 도모하기도 합니다. 즉 개인들이 몰려드는 환경을 만들어서 주가를 올리고 어느 정도 고점에서 자신의 보유물량을 이익 실현함으로써, 매수 주체가 없는 상태에서 주가가 하락하는 것을 기다렸다가 다시 저점에서 싼 가격으로 물량을 확보하는 방법을 씁니다. 상한가 이후 윗꼬리, 아랫꼬리가 달리는 종목이 이에 해당합니다.

그런데 상한가를 만들어놓고는 아예 시장에서 관심을 갖지 않게 만드는 경우도 있습니다. 그것이 바로 숨은 음봉입니다. 숨은 음봉은 상한가 다음 날 상한가 종가 아래에서 갭 하락 시가로 시작해서 만들어지는 음봉을 말합니다. 이 의미를 잘 해석하는 것이 중요합니다. 앞서 상한가가 만들어진 다음 날은 추가 상승을 기대하며 많은 개인이 몰려든다고 말했습니다. 그런데 장전 동시호가부터 매도호가에 매도물량을 크게 걸어놓아서 추가 상승을 기대하는 개인들의 기운을 빼며 주가를 누르기도 합니다.

물량을 제대로 확보하고 있는 세력은 이렇게 허매도를 걸어놓음으로써 갭 상승 시가를 기대하며 몰려드는 개인 투자자들이 하락을 겁내어 매수하지 못하게 만듭니다. 그리고 여기서 계속해서 허매도로 누르면 상한가가 만들어지는 도중이나 그 이전에 물량을 갖고 있던 개인이 실망 혹은 두려움을 느끼며 보유물량을 내놓게 되고, 세력은 이 물량을 차곡차곡 싼값에 받아 보유물량을 늘립니다. 이후 이 종목은 개인 투자자의 관심 종목에서 슬쩍 잊혀집니다.

물론 갭 하락 시가 이후 바로 주가가 상승하는 경우도 있고, 숨은 음봉이 만들어진 다음 날에도 음봉이 만들어지면서 추가 하락하는 경우도 있습니다. 이런 경우도 상한가 이후의 패턴으로 매매할 수 있는 규칙이 있습니다만, 이 부분은 후속작의 몫으로 남겨놓도록 하겠습니다.

숨은 음봉의 의미를 짧게 정리하면 이렇습니다.

"나(세력)는 주가를 올리고 싶은데 개인들을 데리고 가고 싶지는 않아. 개인은 제발 이 종목의 존재를 잊어줘. 그래야 내가 편하게 주가를 올릴 수 있어."

이번에는 상한가 이틀 후의 상승(전일 음봉 다음 날의 상승, 당일 상승)에 대해 알아보겠습니다. 전일 숨은 음봉이 발생한 종목이 당일 갭 상승 시가로 시작하게 되면 그날은 주가가 상승할 확률이 상당히 높다는 점을 이용한 3분봉 단타 매매가 가능합니다. 왜 이때 상승할 확률이 높은 걸까요?

숨은 음봉은 세력이 해당 종목을 개인 투자자들의 시야에서 의도적으로 감추기 위해 만든 결과물입니다. 세력은 목표 수익 구간에서 매도세로 나올 수 있는 개인의 물량이 충분히 소화되었다고 판단하면, 동시호가 때 매수물량을 넣어서 갭 상승 시가를 연출합니다. 만약 '어? 주가를 끌어올릴 때 개인들의 물량이 쏟아지겠는데?'라는 계산이라면 굳이 비싼 값을 주고 사 올릴 이유는 없으니 추가로 음봉을 만들게 됩니다.

숨은 음봉 다음 날 갭 상승 시가가 만들어지면 많은 경우 주가는 상승으로 방향을 잡습니다. 이러한 성질을 이용해서 이 상승에 동참하면 단기 수익을 도모할 수 있습니다.

지금까지 설명한 숨은 음봉 패턴은 다음 그림에서 보이는 당일 양봉 ①과 ②가 되겠습니다. 어떤 점이 다를까요? 먼저 당일 양봉 ②가 가장 표준적인 숨은 음봉 패턴의 주가 흐름입니다. 당일 양봉 ①은 전일 숨은 음봉의 종가 위에서 갭 상승 시가가 만들어졌고 숨은 음봉의 시가, 즉 전일 고가마저도 갭으로 넘어서

숨은 음봉 패턴의 당일 시가의 위치와 양봉의 형태

는 갭 상승 시가를 만들었습니다. 전일 숨은 음봉의 봉 크기에 따라 다르겠지만 어쨌든 제법 큰 갭 상승으로 시작했으니, 세력이 동시호가에서 매수물량을 세게 밀어 넣었다는 뜻이 됩니다. 다만 손절선인 전일 숨은 음봉의 종가까지의 거리가 멀리 떨어져 있으므로 리스크 관리를 위해 시가에 매수할 때에 너무 많은 물량을 한꺼번에 매수하는 것은 삼가야 합니다.

그런데 당일 양봉 ③과 같이 전일 숨은 음봉의 종가보다 아래에서 갭 하락 시가로 시작해 양봉을 만드는 경우도 있습니다. 이 경우 매수해서 수익을 보지 못하면 좀 아쉬울 테고, 그렇다고 갭 하락 시가에서 매수했다가 추가 하락을 맞을 수도 있으니 공격적으로 매수에 나서기도 어렵습니다. 따라서 잠시 후 검색

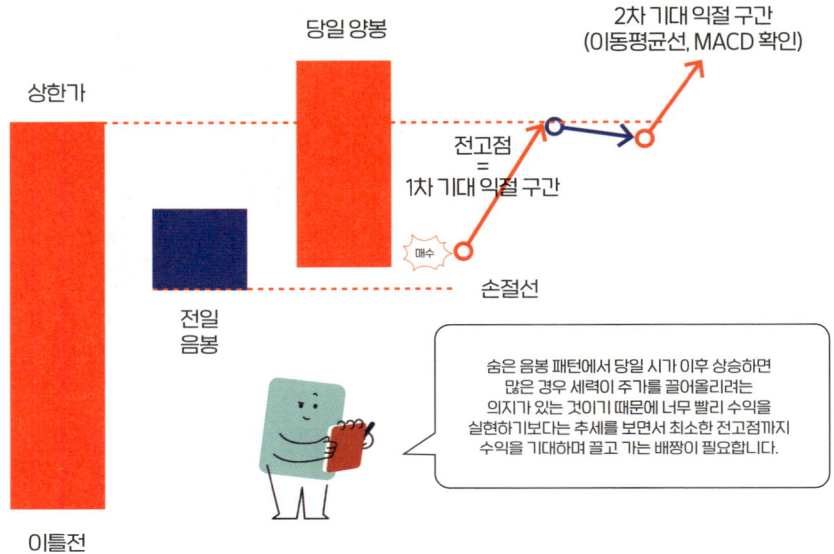

기를 만들 때는 양봉 ③과 같은 상황에서 상승으로 돌아섰다는 어느 정도의 확신을 가질 수 있는 매매타점을 조건에 포함시킬 것입니다.

숨은 음봉을 기준으로 한 매매에서 손절선은 숨은 음봉의 저가입니다. 1차 상승 목표는 이전 상한가까지의 전고점이며, 전고점 영역에서 매도 저항이 약해서 거래량을 동반하며 뚫어낸다면 3분봉 차트상의 5-10-20 이동평균선의 정배열이 유지되는 구간이나 MACD-시그널선의 골든크로스가 유지되는 동안은 최대한 버티면서 수익 극대화를 도모하겠습니다.

숨은 음봉을 이용한 단타 매매의 기술은 '상한가'를 전제로 하고 있습니다. 상한가를 만들어버릴 만큼 세력의 의지가 강하다는 점을 활용한 매매의 기술이

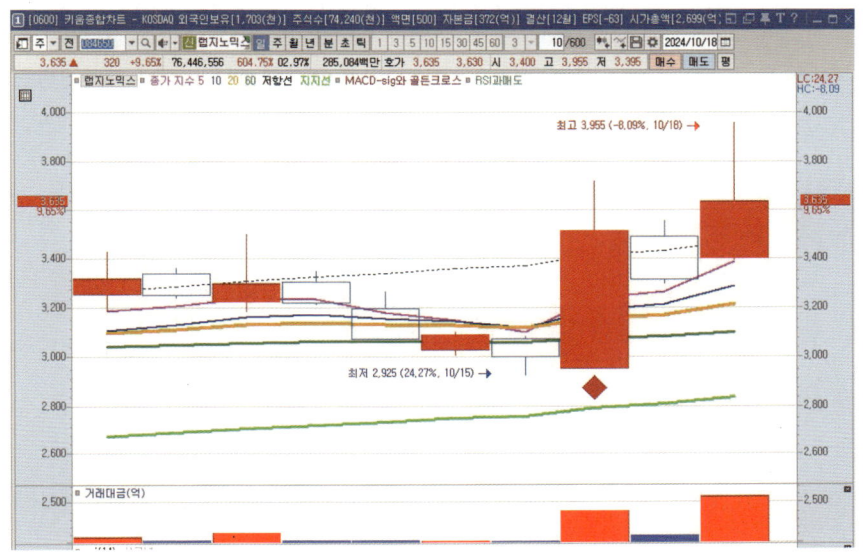

숨은 음봉의 변형 사례(랩지노믹스)

기 때문입니다. 그러나 세력의 상승 의지가 있다는 사실만 확인할 수 있다면 굳이 상한가에 얽매이지 않고서도 매매할 수 있습니다. 다음의 차트를 살펴보죠.

이 사례의 경우 이틀 전 상한가가 나오지는 않았지만 고점 기준 23.83%나 상승한 이후 윗꼬리를 단 장대양봉으로 마무리되었습니다. 그다음 날 숨은 음봉이 나왔고 당일 2.56% 갭 상승 시가에서 고가 기준 약 18% 상승하는 모습을 보여주었습니다. 완벽한 숨은 음봉 패턴이라고 하기에는 다소 부족함이 있지만, 우리가 목적으로 하는 당일 수익을 거두는 데는 문제가 없습니다. 즉 상한가가 아니더라도 '어느 정도'의 장대양봉이 만들어지면 그 장대양봉을 기준으로 이후 숨은 음봉의 패턴이 만들어지는지 살펴볼 수 있습니다. 오버솔드는 이 '어느 정도'를 종가 기준 17% 이상의 상승으로 삼겠습니다. 그러한 장대양봉을 숨은 음봉의 변형 패턴으로 포함시켜서 매매에 활용하고 있습니다.

자, 그렇다면 수많은 종목 가운데 숨은 음봉 종목을 어떻게 당일 매매에 활용할 수 있을까요? 숨은 음봉 패턴을 찾아내는 검색기를 만들어보도록 하겠습니다. 숨은 음봉의 기본 패턴만으로도 검색기를 만들 수 있겠지만, 실전에 적용할 수 있도록 몇 가지 조건을 추가하겠습니다.

1. 이틀 전의 상한가 캔들 검색식(종가 기준 17% 이상 장대양봉 포함)
2. 전일의 숨은 음봉
3. 당일의 양봉

우리가 만들 세 가지 검색식입니다. 먼저 이틀 전의 상한가 캔들 검색식(종가

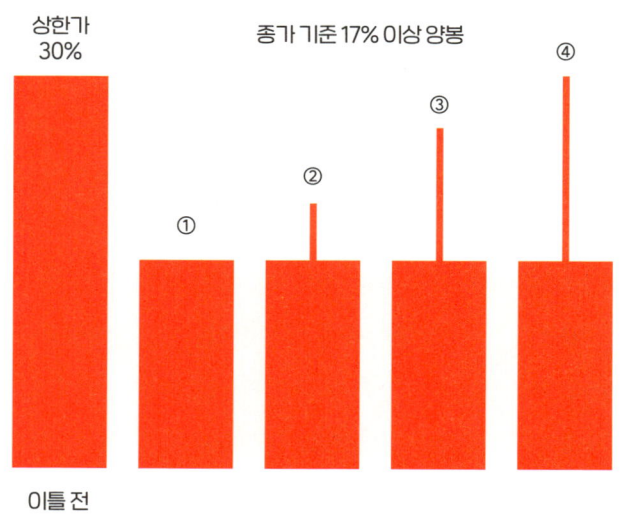

종가 기준 17% 이상의 양봉 유형

기준 17% 이상 장대양봉 포함)부터 만들어보겠습니다. 이틀 전 상한가 종목만 찾을 경우 검색의 빈도가 떨어질 수 있으므로 상한가를 포함한 장대양봉을 찾아내는 검색식을 만들고자 합니다. 종가 기준 17% 이상의 종목을 찾아내도록 기준을 세웁니다. 종가 기준 17% 이상이라는 말은 앞의 그림과 같은 캔들이 포함된다는 뜻입니다.

종가 기준 17% 이상이라는 뜻은 ①과 같이 종가가 딱 17%에서 끝나거나(그런 사례는 거의 없지만), ②와 같이 2~3% 정도의 윗꼬리를 달 수 있습니다. 즉 고가가 20% 정도에서 형성되었다가 조정을 받으면서 종가 기준으로 17% 이상에서 일봉이 형성되는 모습입니다. ③과 같이 고가가 20% 이상에서 형성된 이후 조정을 받아서 윗꼬리가 길게 만들거나, ④와 같이 상한가에 들어갔다가 상한가가 풀리면서 긴 윗꼬리를 다는 양봉이 만들어지기도 합니다.

그림에서는 윗꼬리의 모습을 강조하느라 종가를 모두 17%로 동일하게 설정했지만 종가가 18%든, 20%든 17% 이상이기만 하면 고가와 종가의 모습은 조금씩 변형될 수 있습니다. 예를 들어 ③의 경우 고가 26%, 종가 20%인 윗꼬리를 단 양봉이 만들어져도 종가 기준 17% 이상인 양봉이 된다는 말입니다.

검색 조건을 만들어보겠습니다. 이틀 전 캔들의 주가 등락률은 사흘 전 캔들의 종가를 기준으로 계산합니다. 따라서 주가 등락률 부분에서 다음과 같이 검색기에 추가합니다.

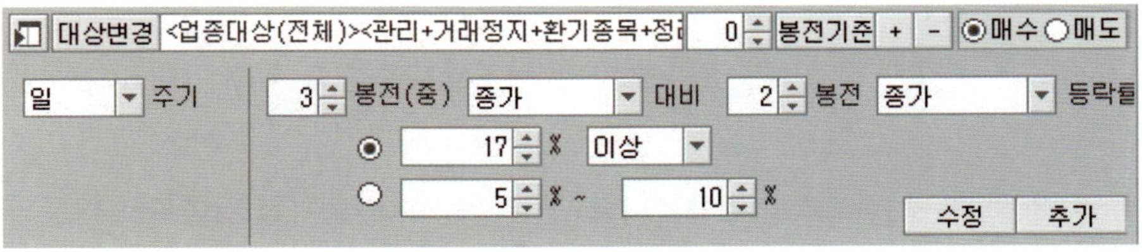

이틀 전의 장대 양봉을 찾는 검색기

전일 숨은 음봉의 상세한 모습

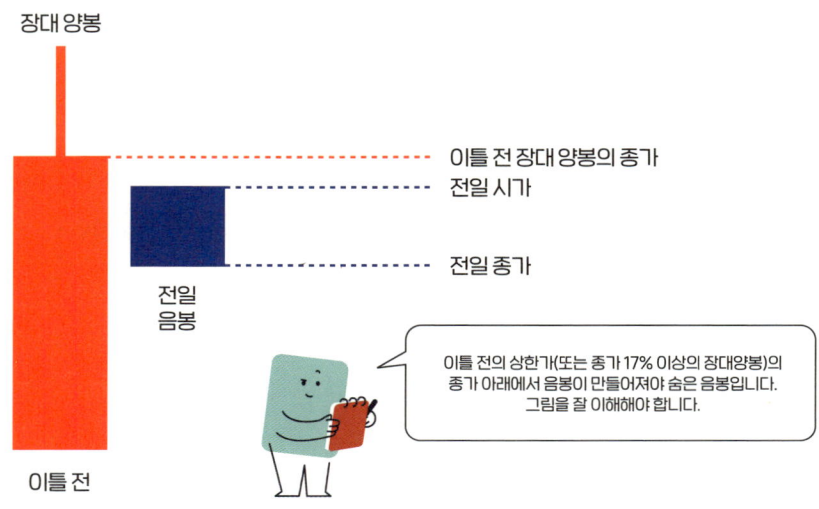

A 주가등락률: [일]3봉전(중) 종가 대비 2봉전 종가 등락률 17% 이상

이렇게 이틀 전 상한가를 포함한 장대양봉을 추출하는 검색식이 만들어졌습니다.

이번에는 전일의 숨은 음봉을 찾는 조건을 설정해보도록 하겠습니다. 우선 말 그대로 '음봉'이어야 하므로 주가비교에서 시가와 종가의 관계를 설정합니다. 음봉은 시가가 종가보다 높아야 합니다. 정확한 이해를 위해 그림을 참고해주세요.

이를 위해 '주가비교'를 활용합니다. 전일 음봉이 만들어진 것이므로 다음의 조건식이 추가됩니다.

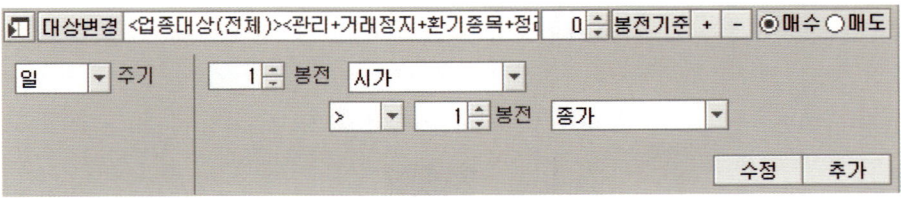

전일 음봉으로 끝난 종목을 찾는 검색기

B 주가비교: [일]1봉전 시가 〉1봉전 종가

그런데 전일 음봉 검색만 조건에 포함시키면 숨은 음봉 외에도 다양한 음봉이 검색될 수 있습니다. 다양한 종류의 음봉이 검색 대상이 될 경우 최종 결과로 추출될 종목에 편차가 생길 수 있고, 검색된 종목이 많아질수록 집중해서 매매하기 어려워집니다. 따라서 검색기를 만들 때는 원하는 사항을 먼저 정확히 규정한 다음 최대한 그에 맞춰 조건식을 짜야 합니다.

숨은 음봉에 대한 조건을 더욱 정교하게 포함시켜야만 할 것입니다. 숨은 음봉이 되려면 전일의 장대양봉의 종가 아래에서 음봉이 만들어져야 합니다. 즉 전일 음봉의 시가와 종가가 모두 이틀 전 장대양봉의 종가보다 값이 작아야 한다는 말입니다(달리 말하면 장대양봉의 종가가 음봉의 시가와 종가보다 커야만 합니다) 이 또한 주가비교식을 활용해 조건을 설정할 수 있습니다.

이틀 전의 장대양봉의 종가보다 전일 시가가 작아야 하므로 다음의 식이 추가됩니다.

C 주가비교: [일]2봉전 종가 〉= 1봉전 시가

음봉 조건만 넣을 경우 검색되는 다양한 음봉의 예

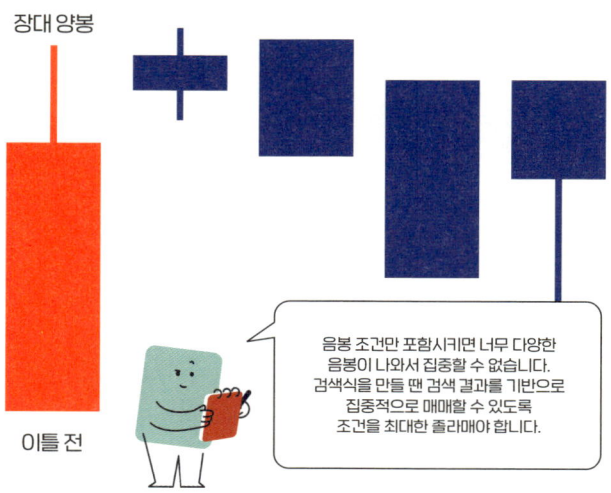

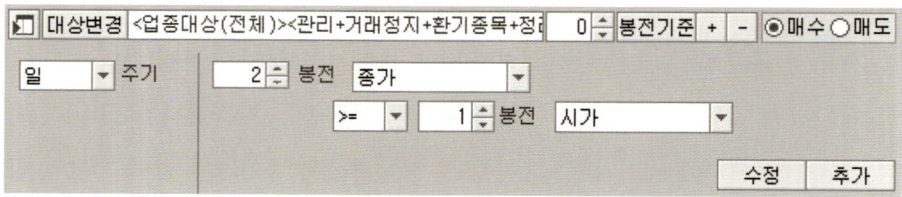

이틀 전 장대 양봉의 종가보다 시가가 아래에 있는 종목을 찾는 검색기

이틀 전의 장대양봉의 종가보다 전일 종가가 작아야 하므로 다음의 식이 추가됩니다.

D 주가비교: [일]2봉전 종가 > 1봉전 종가

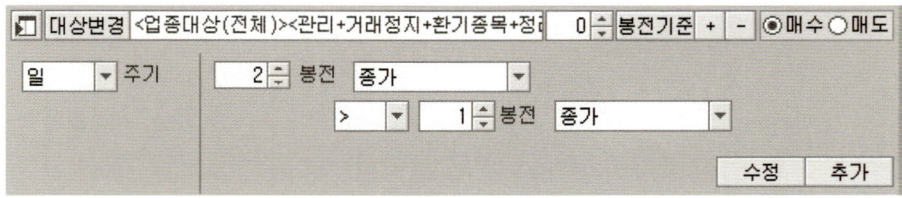

이틀 전 장대 양봉의 종가보다 종가가 아래에 있는 종목을 찾는 검색기

그러면 전일 숨은 음봉을 찾기 위한 조건식이 다음과 같이 검색기에 포함되었습니다.

B 주가비교: [일]1봉전 시가 > 1봉전 종가

C 주가비교: [일]2봉전 종가 >= 1봉전 시가

D 주가비교: [일]2봉전 종가 > 1봉전 종가

조건식 부분에서 괄호를 사용해 보다 명확한 의미를 갖게 해줍니다. '(B and (C and D))'로 정리하면 음봉이면서(B) 장대 양봉의 종가 아래에 있어야 한다(C and D)는 뜻이 되겠습니다.

보너스로 하나만 더 살펴보죠. 숨은 음봉만 있을까요? 숨은 양봉도 있습니다. 그림을 보면 숨은 양봉이 무엇인지 금방 이해가 됩니다. 숨은 음봉 패턴을 찾아내는 검색기에 숨은 양봉을 포함시킬 수도 있을 것입니다.

지금까지 이틀 전의 상한가(또는 종가 기준 17% 이상의 장대양봉)와 전일의 숨은 음봉 조건을 만들었습니다. 마지막으로 당일의 조건을 설정해서 검색기를 통해 매매할 수 있는 종목을 찾아내도록 하겠습니다. 당일 시가의 위치에 따라 조건식을 추가해야만 합니다. 먼저 숨은 음봉의 기본 패턴인 전일 종가보다 시가가

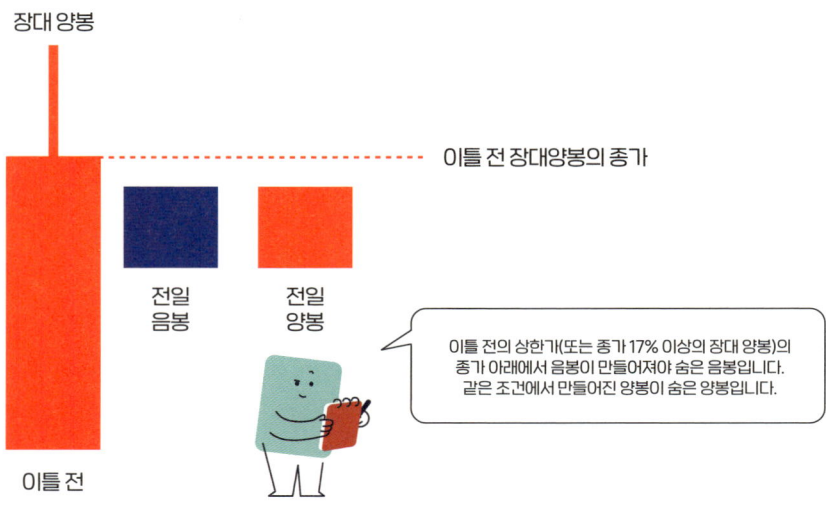

높게 시작하는, 즉 갭 상승 시가를 찾는 조건식을 만들어보겠습니다. 주가비교식을 활용해 조건을 추가해보겠습니다.

전일의 숨은 음봉의 종가보다 당일 시가가 커야 하므로 다음의 식이 추가됩니다.

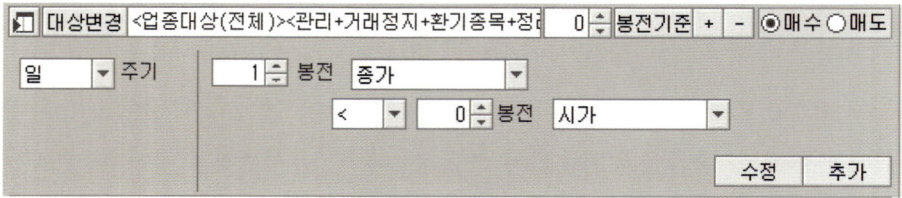

숨은 음봉 다음 날 갭 상승 시가인 종목 검색기

E 주가비교: [일]1봉전 종가 < 0봉전 시가

오버솔드가 숨은 음봉 검색기에서 당일 조건으로 추가하고 싶은 것은, 당일 시가가 전일 종가 밑에서 시작했지만 결국 전일 종가를 뚫어내면서 양봉으로 상승하는 종목을 찾는 검색식입니다. 숨은 음봉 다음 날에도 숨은 음봉 밑으로 갭 하락 시가를 만들어서 개인들에게 하락에 대한 공포심을 불러일으키고, 장대양봉을 만들 때 올라탔던 물량의 손절을 유도하면서 세력이 그 물량을 받아 올리는 사례입니다.

그림으로 보면 이런 상태입니다. ①과 같이 당일 갭 하락으로 시작했지만 ②

숨은 음봉 다음 날, 당일 갭 하락으로 시작하는 경우의 예

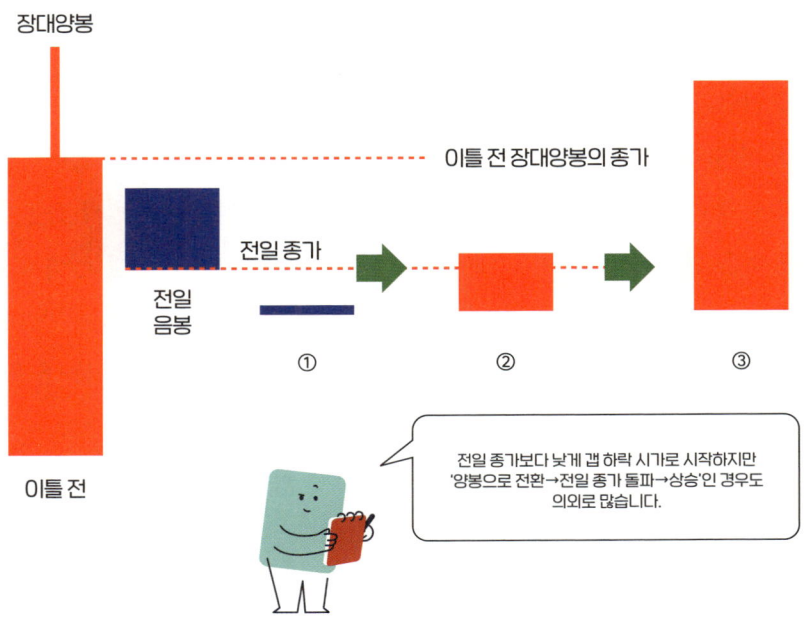

처럼 전일 숨은 음봉의 종가를 돌파해서 ③과 같이 상승하는 경우도 놓치기는 아까운 매매이기 때문입니다. 당일 갭 하락으로 시작하면 개인들은 겁을 먹을 수밖에 없습니다. 예를 들어 이틀 전 장대양봉이 만들어지는 시점에서 고가에 매수한 투자자라면, 윗꼬리를 만들며 하락하는 과정과 그다음 날인 전일 음봉이 만들어지는 구간에서 추가 하락을 맛보면서 어질어질한 상태일 것입니다. 혹시나 하면서 버텼더니 당일도 갭 하락으로 시작하면 '에이씨!' 하면서 감정적으로 변하고 손절할 수밖에 없습니다. 심지어 갭 하락한 다음에 아래로 주가를 더 눌러서 음봉이 만들어지면 어떨까요? 당해보지 않으면 알 수 없는 마음을 갖게 되기 십상입니다.

세력은 이런 상황에서 나오는 손절매 물량을 저가에서 받아서 싼값에 매수하게 되고, 결국 아랫꼬리를 만들면서 주가가 상승하면 앞서 손절매한 개인의 심리는 말 그대로 엉망진창이 됩니다. 소위 '내가 사면 내리고 내가 팔면 오르는' 이유가 바로 여기에 있습니다. 그런 억울함이 싫어서 손절하지 않고 버티다가 추가 하락하는 두 번째 음봉을 때려 맞기도 합니다. 도대체 어쩌라는 건지 모르겠습니다.

세력이 독하게 마음먹고 숨은 음봉 다음 날 한 번 더 아래로 눌러 음봉으로 끝내면, 장대양봉이 만들어질 때 미수로 접근한 사람들은 두 번째 음봉이 만들어진 다음 날 아침 모두 반대매매를 당할 수밖에 없어 손절매를 선택하게 됩니다(그러니 훈련되지 않은 상태에서 돈 욕심으로 무리한 미수 사용은 안 되는 것입니다). 세력은 그런 물량을 아주 저가에 쓸어 담을 수 있게 됩니다. '장대양봉-음봉-음봉' 패턴이 나오는 원리입니다.

어쨌든 숨은 음봉 다음 날인 당일 갭 상승 시가로 시작하면 시가에 매수할 경우 손절할 수 있는 기준선, 즉 숨은 음봉의 저가를 보면서 의사결정을 할 수 있습니다. 그런데 갭 하락 시가로 시작하면 상승할지, 하락할지 알 수 없기 때문

세력이 개인 투자자의 미수물량을 털어내는 구조

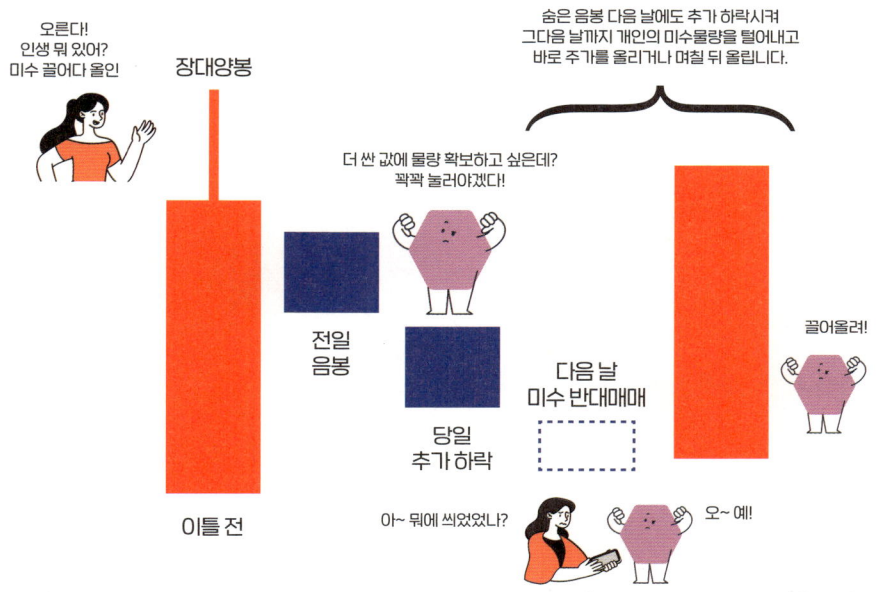

에 시가에 따라가는 매매를 해서는 안 됩니다. 그래서 오버솔드는 숨은 음봉 다음 날인 당일 갭 하락 시가로 시작할 경우, 그리고 당일 현재 가격이 숨은 음봉의 종가를 돌파하는 경우를 매수 개입할 수 있는 타점으로 보고 해당 사례를 검색할 수 있는 식을 검색기에 추가했습니다.

전일의 숨은 음봉의 종가보다 당일 시가가 작아야 하므로 다음의 식이 추가됩니다.

F 주가비교: [일]1봉전 종가 >= 0봉전 시가

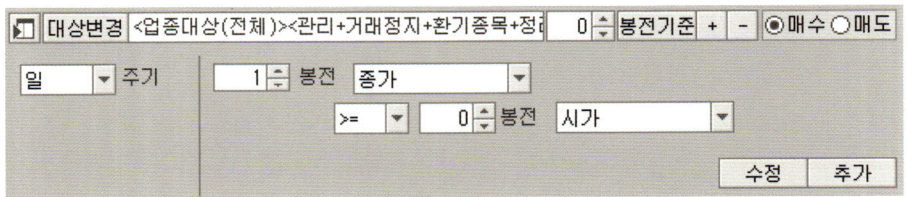

숨은 음봉 다음 날 갭 하락으로 시작하는 종목 검색기

마지막으로 당일의 현재가가 전일의 숨은 음봉의 종가를 돌파하는 순간을 잡아낼 수 있도록, 전일 숨은 음봉의 종가를 현재가가 위로 돌파하는 개념이므로 다음의 식이 추가됩니다.

G 주가돌파: [일]1봉(전) 종가를 현재가가 상향돌파

숨은 음봉의 종가를 돌파하는 시점을 찾는 검색기

그러면 당일 매수 개입할 수 있는 조건을 만족시키는 조건식이 다음과 같이 모두 포함되게 됩니다. 이 내용을 괄호를 사용해 보다 명확한 의미를 갖게 해줍니다.

E 주가비교: [일]1봉전 종가 < 0봉전 시가

F 주가비교: [일]1봉전 종가 >= 0봉전 시가

G 주가돌파: [일]1봉(전) 종가를 현재가가 상향돌파

'(E or (F and G))'로 정리하면, 숨은 음봉의 종가 위에서 갭 상승 시가를 만들거나(E) 숨은 음봉의 종가 아래에서 갭 하락 시가로 시작했지만 주가가 숨은 음봉의 종가를 상향돌파하는 순간(F and G)을 포착하라고 지시하는 조건식을 검색기에 포함시킬 수 있게 됩니다.

갭 하락 시가로 시작했지만 주가가 숨은 음봉의 종가를 상향돌파하는 순간(F and G)이 포착되는 과정은 그림과 같습니다. 갭 하락 시가로 시작해서 바로 양봉을 만들면서 올라가기도 하지만, 갭 하락 시가 이후 주가가 추가로 밀려서 음

전일 숨은 음봉의 상세한 모습

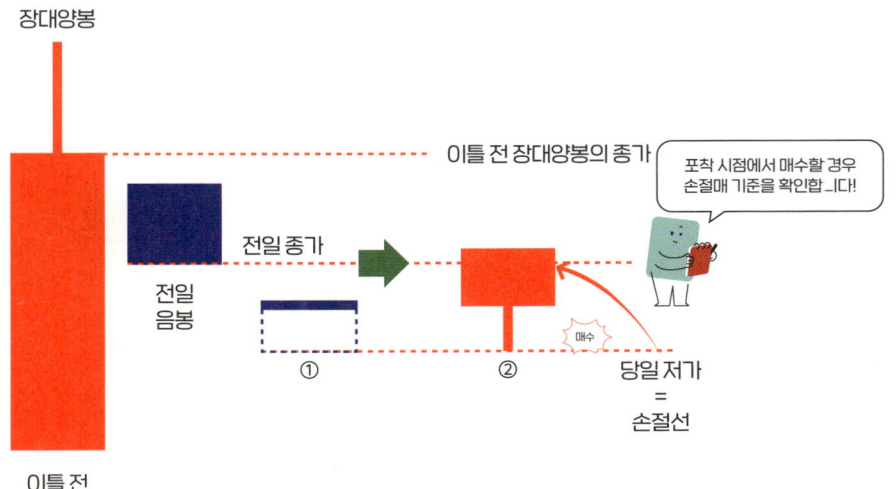

봉을 만든 후① 시가를 회복하면서 양봉을 만들고 추가로 상승해서 전일 종가를 돌파②하면 아랫꼬리가 달린 양봉이 되는 것입니다. 이 돌파 시점에 매수한다면 당일의 손절가는 당일의 저가가 됩니다.

장 초반의 하락에서 '더 이상 하락은 허락하지 않겠다'란 의미가 담긴 지점이 아랫꼬리를 만드는 당일 저점이기 때문에, 이 지점이 지켜지지 않으면 당일 주가는 하락한다고 보는 입장을 취하는 것이 보수적인 매매가 될 것입니다.

성격이 급하거나 리스크 관리에 자신이 있는 분이라면 숨은 음봉의 종가를 돌파하기 전에 갭 하락 시가에서 양봉으로 전환하는 순간을 포착하도록 할 수도 있습니다. 이때는 G를 '[일]0봉(전) 시가를 현재가가 상향돌파'로 바꿔주면 됩니다. 어차피 저가를 만들고 당일 시가를 회복해서 양봉으로 전환했다는 것은 곧 상승으로 방향을 잡았다고 볼 수 있으니, 숨은 음봉의 저가를 돌파해야 하는 만큼의 수익도 일찌감치 챙기기 위해 시가를 돌파하는 순간 매수한다는 뜻으로 받아들여주세요. 이 부분은 자신의 성향에 따라 조정 가능합니다.

한편 당일의 갭 하락 시가에 대해서 숨은 음봉의 종가 대비 갭 하락의 등락률을 제한하는 식을 검색기에 추가함으로써 종목 추출을 보다 정교하게 할 수 있습니다. 갭 하락이 −10%에서 시작하는 것과 −2% 정도에서 시작하는 것은 리스크가 다릅니다. 숨은 음봉의 종가를 돌파하는 순간에 매수할 경우 갖게 될 리스크에 차이가 있기 때문이죠. 이 부분은 따로 해보기 바랍니다.

이로써 모든 조건이 완성되었습니다. 이틀 전의 장대 양봉, 전일의 숨은 음봉, 당일의 조건을 다음과 같이 'and'로 연결합니다.

A and (B and (C and D)) and (E or (F and G))

최종적으로 오버솔드가 제시하는 숨은 음봉의 검색기는 이렇습니다. 이것을

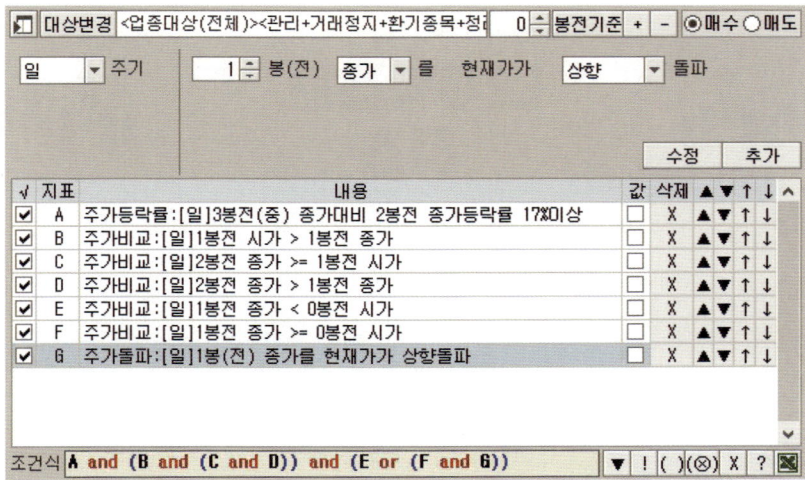

숨은 음봉 검색기 완성

기본으로 삼아 더 다른 조건들, 예를 들어 이동평균선과 주가의 관계나 거래량 등과 같은 조건을 더하면 점점 승률이 높아지는 검색기를 만들 수 있게 됩니다.

　여기까지 숨은 음봉을 활용한 단타 매매의 기술과 매매에 활용할 수 있는 검색기에 대해 배웠습니다. 이어지는 실제 사례를 통해 충분히 이해할 수 있도록 꼼꼼히 살펴보기 바랍니다.

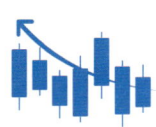

4-1
LIG넥스원, 하츠

2024년 6월 17일 LIG넥스원은 17.33% 상승하는 장대양봉을 뽑아냈습니다. 거래량을 터트리면서 만든 이 장대양봉으로 약 4개월간의 전고점도 돌파했습니다. 하락추세선의 하단에서 상단까지의 반등을 만든 수급과 관계없이 새로운 수급이 붙으면서 한 차원 위로 주가를 끌어올린 상태입니다. 숨은 음봉은 주로 상한가 종목에 대해서 활용하는 기술이지만 종목의 성격에 따라서는 15% 이상의 장대양봉이 나왔을 때도 적용 가능합니다.

 6월 18일 숨은 음봉의 조건에 따라 장대양봉의 종가 아래에서 갭 하락 시가로 시작해서 음봉으로 마감했습니다. 음봉의 봉 크기가 작아서 매도세가 제한적이었음을 알 수 있습니다(달리 말하면 일정 가격대에서 계속 매수로 하락을 방어하는 누군가가 있음을 알 수 있습니다). 3개월 이상 하락추세선의 상하단을 오르락내리락하면서 개인의 물량을 잘 소화시킨 것으로 보입니다. 그렇지 않으면 장대양봉 이후 수익 실현 물량이 나왔을 때 거래량 부분에서 눈에 띄는 움직임이 보여야 하

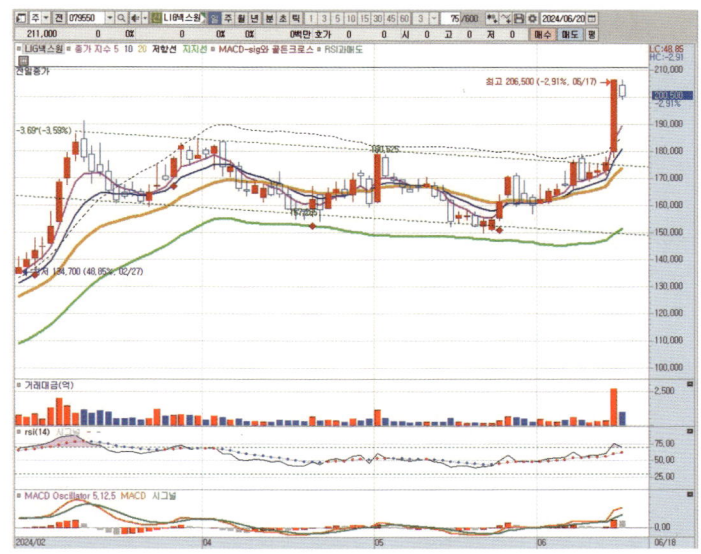

LIG넥스원 2024년 6월 18일 일봉 차트

는데 이 경우는 그렇지 않습니다. 일봉상 5일 이동평균선 위에서 마감했습니다.

숨은 음봉에서의 매매의 기술을 사용한다면, 다음 날인 19일은 5일 이동평균선을 깨지 않는 이상 3분봉 차트상 RSI 과매도권 진입이나 MACD-시그널선의 골든크로스 등이 나타나면 매수 개입해야 합니다.

1.25% 갭 상승 시가에서 -2.44%까지 하락합니다. 시가 매수부터 개입했다면 RSI 과매도권으로 진입할 때 2차 매수로 평균 매수가를 낮춰도 좋습니다. 장 초반 3분봉 차트상 RSI 과매도권으로 진입할 때 매수했다면 반등의 과정에서 MACD-시그널선의 골든크로스가 나오는 것을 볼 수 있습니다. 이 종목의 주가 흐름을 관리하는 누군가가 최소한 한 번의 파동은 약속해준 것입니다. RSI 과매수권에 진입하는 ⓐ까지 약 4~5%의 수익라인이 만들어지고, 당일의 저가를 깨지 않는 한 홀딩하겠다고 마음먹었다면 두 번째 RSI 과매수권에 진입하는 ⓑ 지

LIG넥스원 2024년 6월 19일 3분봉 차트(하루 전체)

점에서 7~8%의 수익라인이 만들어집니다.

한편 장 초반 첫 고가인 ⓐ에서 익절한 다음, 조정 구간에서 당일 오전의 저가를 깨지 않는 구간에서는 적절한 타점에서 매수 개입을 도모할 수 있습니다. 예를 들어 ⓒ와 같은 구간에서 65 이동평균선이나 130 이동평균선 근처에서는 매수할 수 있습니다. 이 가격대는 이동평균선뿐만 아니라 당일 시가가 형성된 가격대이기도 합니다. 시가 밑으로 하락했다가 다시금 시가를 돌파하면서 주가가 올라와줬기 때문에 한 번 돌파해낸 가격대는 그 구간을 만든 매수자들이 주가를 지지해주는 성향이 강합니다. 상승 시 거래량과 조정을 받는 ⓒ 구간의 거래량을 비교해보십시오.

30분봉 차트를 함께 띄워놓을 수 있는 환경이거나 매매하면서 3분봉과 30분봉을 번갈아볼 수 있는 정도가 되면 장 초반의 하락 시 판단할 수 있는 재

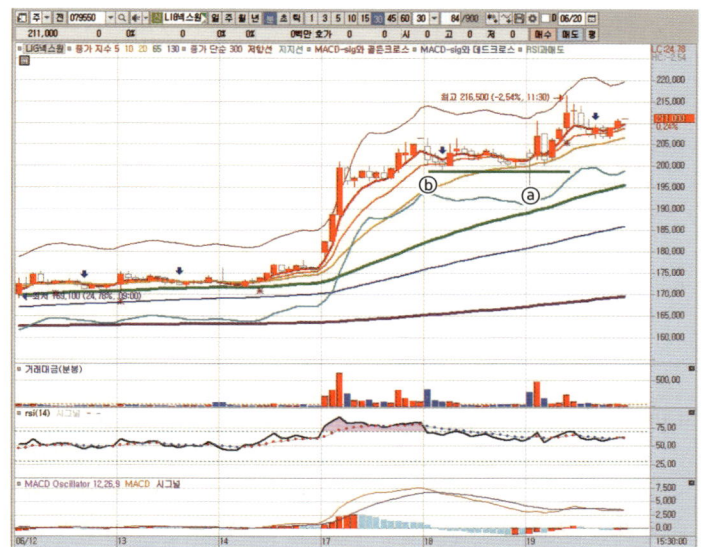

LIG넥스원 2024년 6월 19일 30분봉 차트

료가 하나 더 생긴다고 보면 되겠습니다. 숨은 음봉 패턴은 다음 날 주가의 흐름에서 숨은 음봉의 저가를 깨지 않고 움직여주는 것이 좋습니다. 즉 18일의 ⓑ라인을 깨지 않으면 더할 나위 없이 좋았을 텐데 본 사례에서는 ⓑ보다 더 하락했습니다.

숨은 음봉 패턴은 5일 이동평균선을 가장 큰 매매의 기준으로 삼기 때문에, 3분봉 차트상 RSI 과매도권을 찍으며 내려가던 상황인 30분봉 차트상 ⓐ에서 매수할 수 있었던 이유는 그 밑에 가장 중요한 지지선인 30분봉 차트상 65 이동평균선(일봉 차트상 5일 이동평균선에 해당)이 있었기 때문입니다. 만약 여기까지 내려온다면 정말 큰 비중을 실어도 됩니다.

19일 장 마감한 LIG넥스원의 일봉 차트입니다. 5일 이동평균선을 깨지 않고 숨은 음봉 매수 패턴이 보여주는 대로 좋은 상승을 만들어내었습니다.

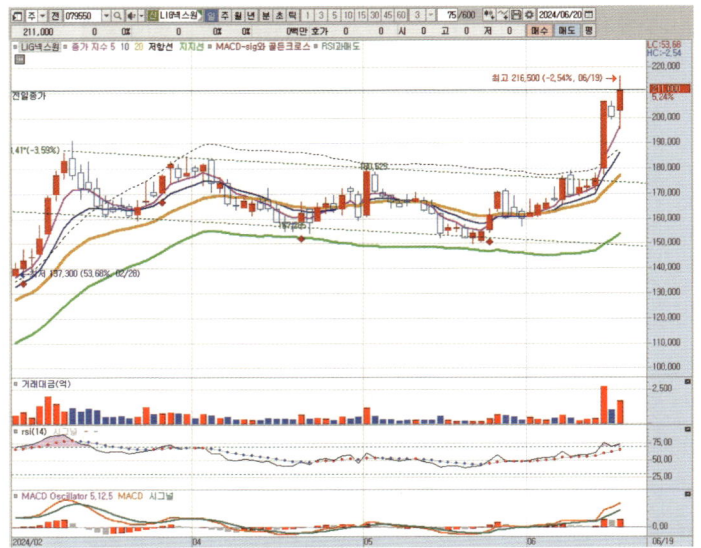

LIG넥스원 2024년 6월 19일 일봉 차트

이번에는 하츠의 사례를 살펴보겠습니다. 2024년 7월 31일 하츠는 상한가까지 갔다가 +26.48%로 장을 마쳤습니다. 8월 1일에는 숨은 음봉이 만들어졌습니다. 그리고 8월 2일 9.29% 상승한 이후 상승분을 모두 반납하고 종가는 시가와 거의 같이 끝났습니다.

5-10-20일 이동평균선의 정배열이 유지되는 가운데 5일 이동평균선 위에서 끝났습니다. 8월 2일의 매매타점은 어디였을까요? 8월 2일 −1.61% 갭 하락해 시작했을 때 3분봉 차트상 RSI 과매도권을 찍고 약 5% 상승하면서 RSI 과매수권 근처까지 갔습니다. 여기서 익절해도 무방하겠죠. 장 시작하자마자 5% 수익이니까요.

시가부터 매수할 수 있었던 가장 큰 이유는 3분봉 차트상 RSI 과매도권에 진입하면서 추가 하락해도 일봉 차트의 5일 이동평균선이 지켜주고 있기 때문에

하츠 2024년 8월 2일 일봉 차트

거기까지는 분할매수로 대응할 수 있다는 점이었습니다.

첫 3분봉에서 5% 정도의 수익으로 익절하지 않고 MACD-시그널선의 골든 크로스 등을 보면서 버틴 매매자라면, 9시 50분 정도까지 추가 급등하는 과정에서 다시금 RSI 과매수권에 들어가는 것을 확인하고 익절해 추가 수익을 거둘 수 있었을 것입니다.

한편 고점을 찍고 하락하다가 RSI 과매도권에 진입한 ⓑ에서 시가 매수와 같은 논리로 다시 매수 개입할 수 있습니다. 수익률은 크지 않더라도 추가 수익을 거둘 수 있었음을 알 수 있습니다.

3분봉 차트와 일봉 차트를 보면서 5일 이동평균선까지의 거리를 살펴볼 수도 있지만, 3분봉 차트의 움직임과 함께 30분봉 차트를 볼 수도 있습니다. 30분 봉 차트상 65 이동평균선이 일봉상 5일 이동평균선에 대응하기 때문입니다.

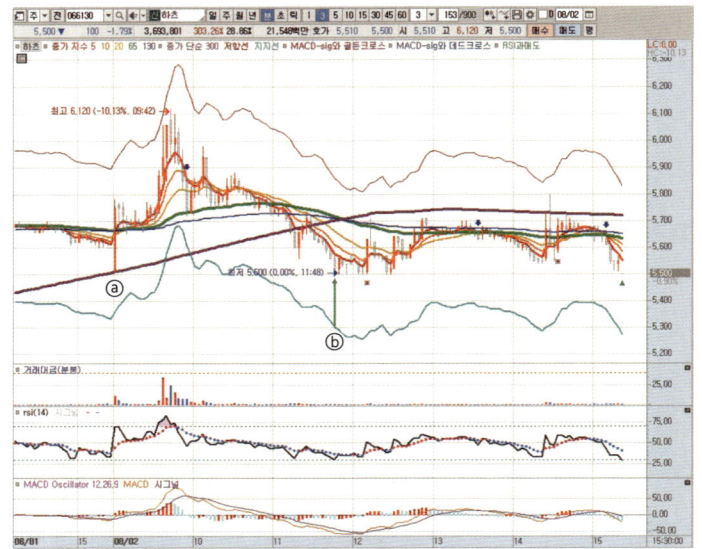

하츠 2024년 8월 2일 3분봉 차트(하루 전체)

하츠 2024년 8월 2일 30분봉 차트

시가가 갭 하락해서 시작했을 때 그 아래 30분봉 차트상 65 이동평균선이 버티고 있는 것을 볼 수 있습니다. 그러니까 시가부터 시작해서 하락하더라도 65 이동평균선 위에서 3분봉 차트상 RSI 과매도권 진입이나 MACD-시그널선의 골든크로스가 나오면 충분히 매수의 입장에서 접근할 수 있습니다.

한편 상승할 때는 전고점을 항상 의식해야 한다는 점을 이번 사례를 통해서도 배울 수 있습니다. 숨은 음봉이 나온 전일 장대 양봉의 전고점 근처까지 주가가 상승했지만 돌파하지 못하고 하락하는 것을 볼 수 있습니다. 단타 매매를 할 때는 종목에 애정을 가질 필요가 없습니다. 매매의 기준이 되는 이동평균선 위에서 굴러가는 동안만 내 종목이라고 생각하고 익절의 조건을 충족시키면 바로 매도해서 다시 현금을 갖는 행위를 반복해야 합니다.

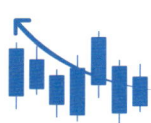 

4-2 신풍제약, 올릭스

신풍제약 일봉 차트를 보면 2024년 8월 12일 상한가 이후 8월 13일 숨은 음봉이 발생했습니다. 일봉 차트상 거래량을 볼 때도 상한가 이후 숨은 음봉이 만들어질 때의 거래량(거래대금)이 훨씬 작습니다(12일 거래대금은 1,830억 원, 13일 거래대금은 650억 원입니다).

많은 경우 장 시작 후 10시 정도까지의 거래량으로 당일과 전일의 거래량을 비교합니다. 12일 10시까지의 거래량과 13일 10시까지의 거래량을 보면 상승 시 만들어진 거래량이 아직 빠져나오지 않았음을 알 수 있습니다.

숨은 음봉이 만들어졌으므로, 30분봉 차트상으로도 13일의 저가 또는 65 이동평균선을 손절선으로 잡고 매매할 수 있음을 알 수 있습니다.

3분봉 차트를 통해 8월 13일에 만들어진 숨은 음봉의 저가선을 긋고 8월 14일에 단타 매매에 임할 수 있습니다. 14일 시가에 1차 매수 이후 저가선 근처에 올 때(ⓐ) 2차 매수하거나 시가 이후 주가의 흐름을 지켜보다가 하락할 때

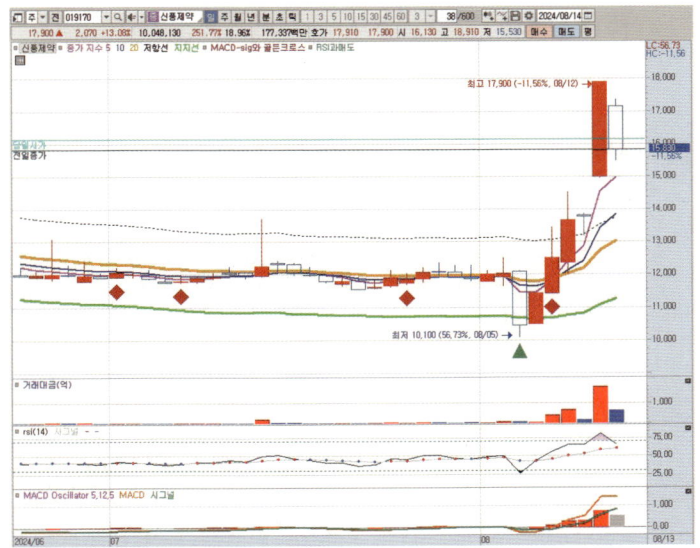

신풍제약 2024년 8월 13일 일봉 차트

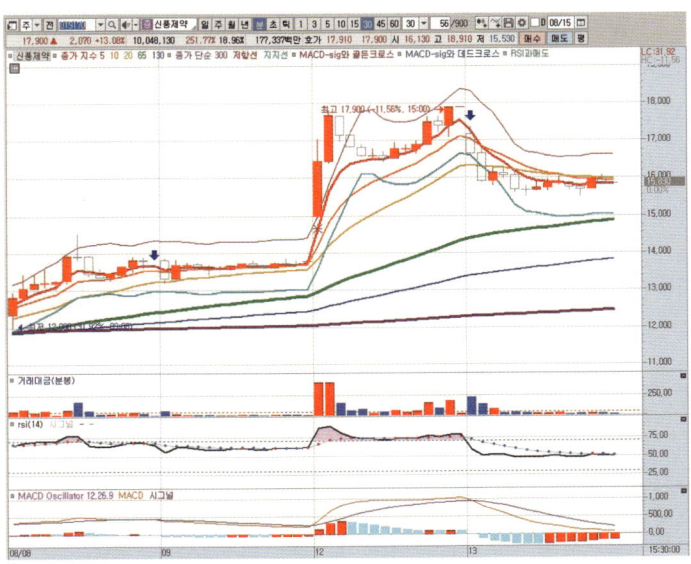

신풍제약 2024년 8월 13일 30분봉 차트

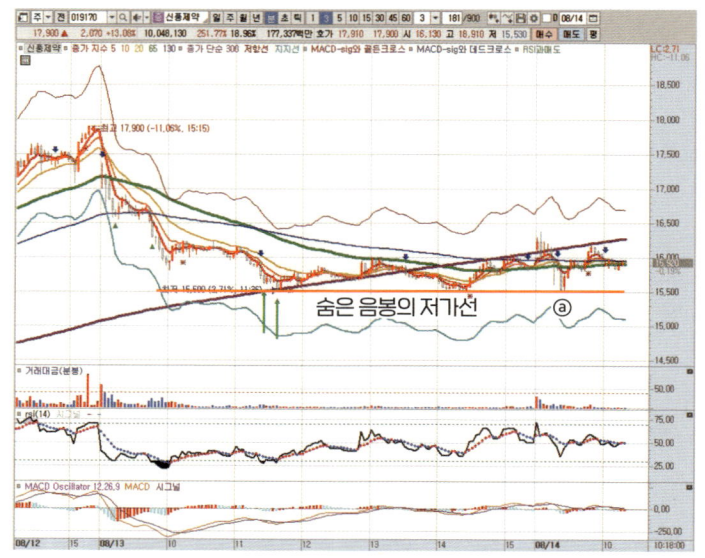

신풍제약 2024년 8월 14일 3분봉 차트(10시 21분까지)

RSI 과매도권 진입이나 MACD-시그널선의 골든크로스 또는 당일 시가를 회복하는 타이밍과 같은 적절한 위치에서 매수할 수 있습니다.

일단 시가에 1차 매수를 하는 이유는 숨은 음봉을 활용한 매매의 경우 시가에서 바로 날아갈 수도 있기 때문입니다. 이 사례의 경우 14일 시가에 매수했다면 숨은 음봉의 저가인 ⓐ까지 약 -3.5% 정도 평가손이 만들어집니다. ⓐ에서 같은 비중으로 2차 매수를 한다면 -1.7% 정도의 평가손에서 시장을 지켜볼 수 있게 됩니다. 숨은 음봉의 저가선을 깬다고 해도 RSI 과매도권으로 들어간다면 매도보다는 매수로 접근합니다.

장 초반 ⓐ에서 매수한 이후 반등해서 11시 30분 정도까지 13일 숨은 음봉의 종가 근처에서 계속 주가가 유지되다가 약 1시간 30분 동안 급격한 상승이 시작됩니다. 숨은 음봉을 이용한 매매의 기술은 주가를 움직이고 있는 세력이

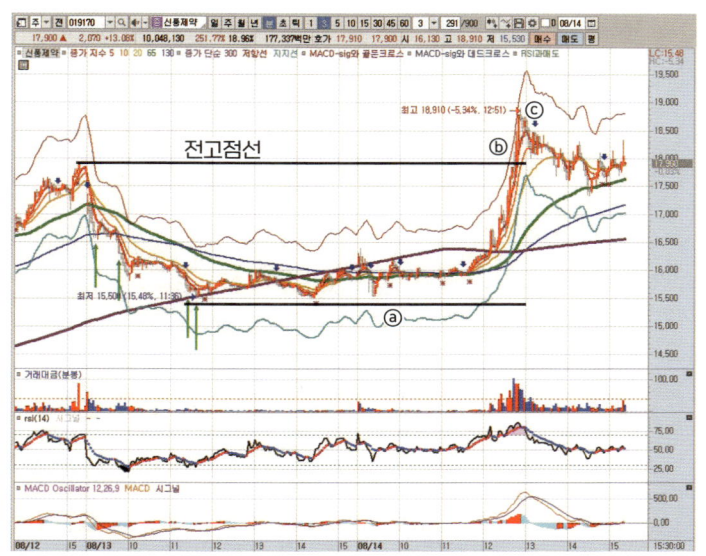

신풍제약 2024년 8월 14일 3분봉 차트(하루 전체)

다시 주가를 위로 날리기 위한 꿍꿍이가 있다고 생각하고 매매하는 것입니다. 따라서 미리 설정한 손절가를 깨지 않는 이상 홀딩합니다. 보통은 장 초반에 상승을 시키는데 이 종목은 조금 기다리게 했을 뿐입니다.

숨은 음봉을 이용한 단타 매매의 경우 3분봉 차트상 RSI 과매수권 진입 시점에 매도하더라도 적정한 수익을 거둘 수 있지만, 추세적으로 MACD-시그널선의 데드크로스까지는 지켜보면서 더 많은 수익을 추구해도 괜찮다고 보고 있습니다. 사례에서는 ⓒ가 되겠습니다.

한편 아무래도 전고점은 부담이 되니 전고점 부분(ⓑ)에서 익절하는 편이 안정적인 수익 관리를 위해 좋다고 보여집니다.

3분봉 차트가 만들어낸 8월 14일 신풍제약의 일봉입니다. 숨은 음봉 다음 갭 상승 시가로 시작해서 매수세가 있다는 것을 확인시켜주고는 전일의 저가를

신풍제약 2024년 8월 14일 일봉 차트

깨지 않고 상승했습니다. 실전에서는 12일의 시가를 손절선으로 잡고 12일의 시가와 14일의 시가 사이에서 매수 개입할 것입니다.

이번에는 올릭스의 사례를 살펴보겠습니다. 10월 8일 고가 기준 22.22%, 종가 기준 20.27% 상승한 이 종목은 10월 10일 음봉은 아니지만 시가와 종가가 장대양봉의 몸통 안에서 형성되어 숨은 음봉의 조건을 만족했습니다(정확히는 숨은 양봉이 만들어진 것이죠). 오히려 음봉으로 끝난 것이 아니라 장중 음봉이 만들어졌다가 양봉으로 전환되어 장을 마쳤기 때문에, 주가가 하락하는 것을 막아내는 매수세가 존재하고 있음을 알 수 있습니다. 이는 이러한 캔들을 만든 주체가 다음 날에도 주가를 그냥 하방으로 밀지 않을 것이라는 암시를 해준 셈입니다.

거래량을 수반하면서 전고점을 돌파한 장대양봉이 발생했으므로 손절가 역시 2만 원 근처의 전고점이나 10일의 저가인 2만 700원으로 잡고, 다음 날인

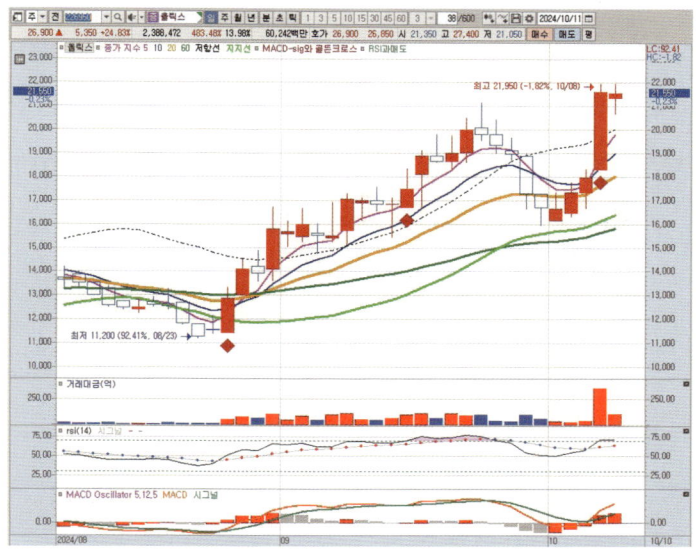

올릭스 2024년 10월 10일 일봉 차트

올릭스 2024년 10월 11일 일봉 차트

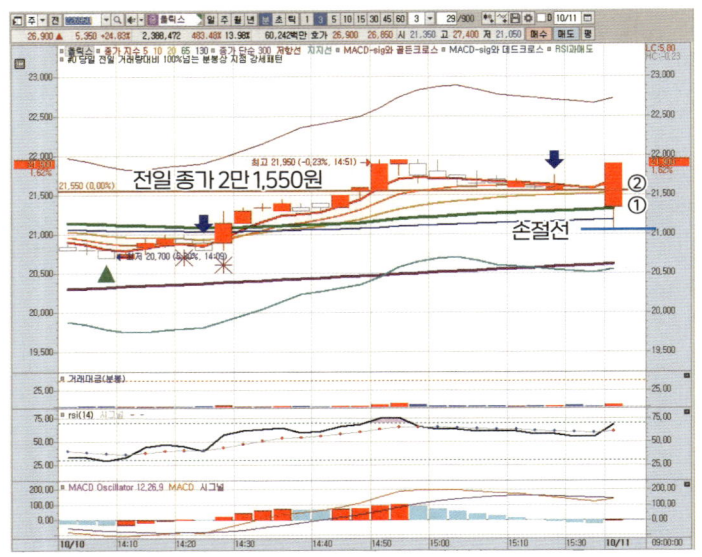

올릭스 2024년 10월 11일 3분봉 차트(9시~9시 3분 첫 캔들)

10월 11일에 갭 상승 시가로 시작하든 갭 하락 시가로 시작해 10일 종가보다 낮게 시작하든 그 종가를 돌파하는 시점에서는 매수 타이밍을 잡을 수 있습니다.

10월 11일의 일봉 차트를 보면 종가 기준 24.83% 상승했습니다. 시가는 -0.93%로 전일 종가보다 낮게 시작했지만 전일 종가를 넘어서는 순간 검색기에 포착되면서 매수 관심주로 부상하게 됩니다. 3분봉 차트를 살펴보겠습니다.

10월 11일 시초가는 전일 종가인 2만 1,550원 아래에서 시작(①)했지만 전일 종가를 돌파하면서 양봉이 만들어지는 때(②)에 검색기에 의해 추출됩니다. 우리는 이 첫 3분봉이 완성될 때까지 지켜보면서 일봉이 양봉으로 완성되는지, 아니면 잠시 올랐다가 하락하는지 지켜봅니다. 물론 ②에서 검색되었을 때 바로 매수할 수도 있겠지만 빠른 것보다는 침착하게, 차분하게 접근하는 것이 좋습니다.

손절선은 첫 3분봉의 저가로 잡습니다. 우리는 65 이동평균선과 130 이동평

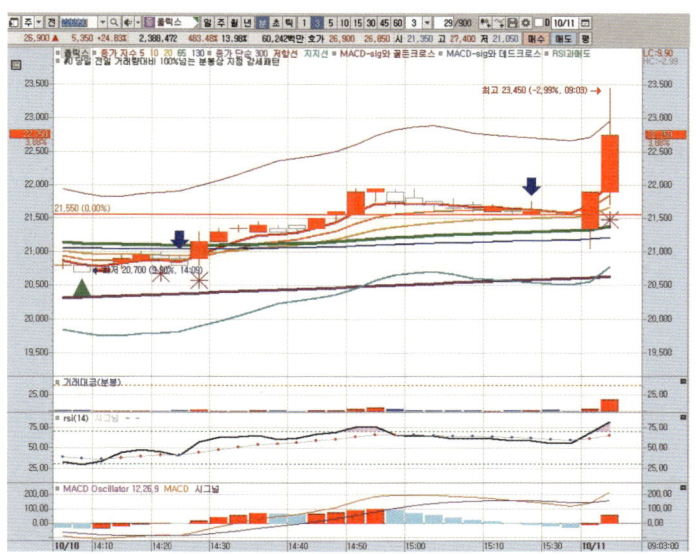

올릭스 2024년 10월 11일 3분봉 차트(9시 3분~9시 6분 두 번째 캔들)

균선이 주가를 지지해주고 있음을 알 수 있습니다. 9시 3분이 끝날 때 1차 매수, 그리고 하락할 경우 손절선을 깨기 전까지는 전일 종가(②)나 당일 시가(①) 부근에서 2차 매수로 대응합니다.

첫 3분이 지나고 두 번째 캔들이 만들어지는데, 3분 동안 고가 기준 7% 상승합니다. RSI 과매수권으로 진입하므로 익절해도 부족함이 없습니다. 그러나 숨은 음봉의 패턴은 급등을 내포하고 있으므로, 전량 익절하기보다는 일부만 익절하는 것이 좋습니다. 아예 배짱 좋게 이동평균선의 정배열이 유지되면서 5-10 이동평균선의 데드크로스가 발생할 때까지 또는 주가가 20 이동평균선을 깨기 전까지 홀딩하거나 MACD-시그널선의 데드크로스까지 홀딩한다는 매매 계획을 세울 수도 있습니다.

9시 45분에 완성되는 캔들에서 MACD-시그널선의 데드크로스가 발생했습

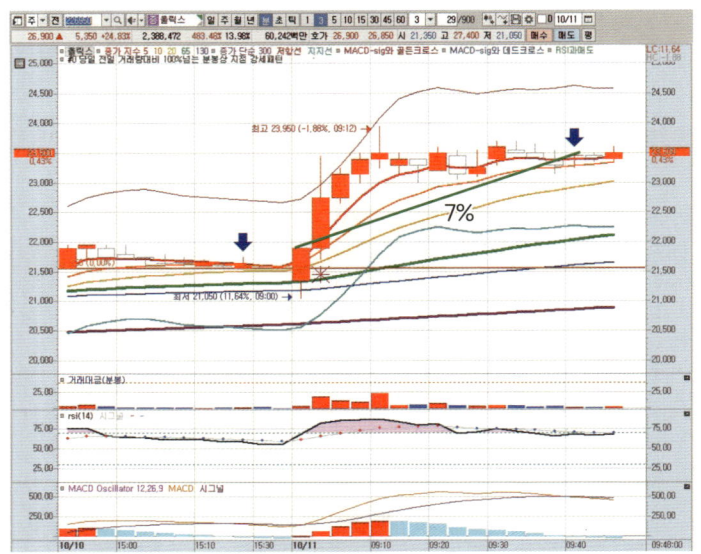

올릭스 2024년 10월 11일 3분봉 차트(9시 42분~9시 45분)

니다. 계속 보유하고 있던 물량의 일부는 익절하는 것이 맞습니다. 7% 수익을 확보할 수 있습니다. 다만 이동평균선은 계속 추세를 유지하고 있음을 알 수 있습니다.

상승 이후 이런 식으로 주가가 횡보하면 이동평균선이 밀집한 이후 거래량을 싣고 위로 한 단계 더 상승하거나, 주요 이동평균선을 깨는 음봉이 나오거나 둘 중 하나입니다. 시간을 갖고 기다립니다.

12시 15분에 완성되는 캔들에서 20일 이동평균선이 깨집니다. 잔여 보유물량을 전부 수익 실현합니다. 우리가 연마하고 있는 기술의 범위 안에서 상승이 꺾이는 것을 기다릴 수 있는 마지막까지 기다렸습니다. 주가는 계속 상승했지만 RSI는 다이버전스를 만들고 있으며, 상승을 담보해주는 이동평균선도 깨졌습니다. 이 시점 이후로는 조정이 생겨도 이상할 게 하나 없습니다. 여기서 추가 상

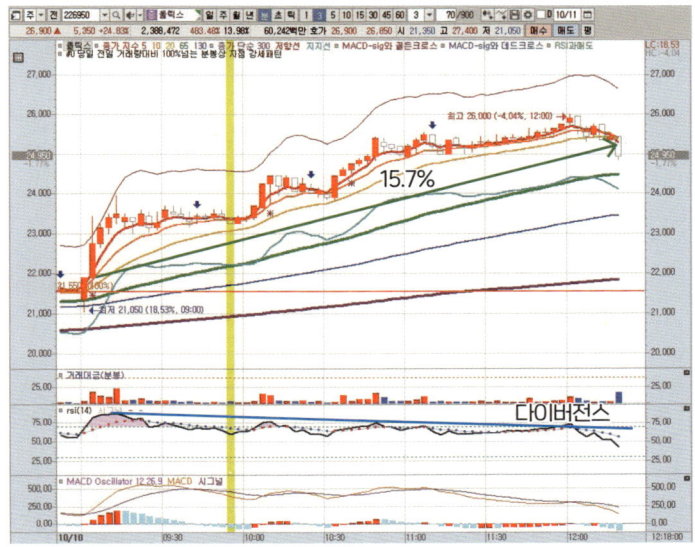

올릭스 2024년 10월 11일 3분봉 차트(12시 12분~12시 15분)

승한다면 우리가 갖고 있는 기술을 넘어선 새로운 영역입니다.

우리는 주가가 3분봉 차트의 20일 이동평균선을 깨는 ⓐ에서 모든 수익 실현을 마무리 지었습니다. 최종적으로는 주가가 다시 상승추세를 올라타면서 추가 상승한 것을 확인할 수 있습니다. 다시 한번 강조하지만 그것은 어디까지나 결과론적인 것이며, 차트를 섬세하게 시간 단위로 살펴보는 이유는 특정 시점에서 가장 최선의 선택을 하는 판단을 내리기 위한 훈련이 필요하기 때문입니다.

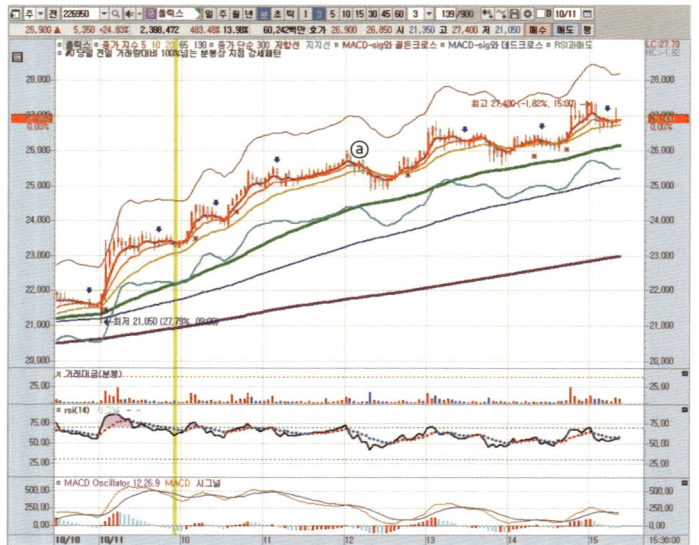

올릭스 2024년 10월 11일 3분봉 차트(하루 전체)

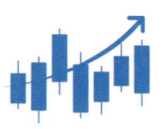

4-3
올릭스, LK삼양

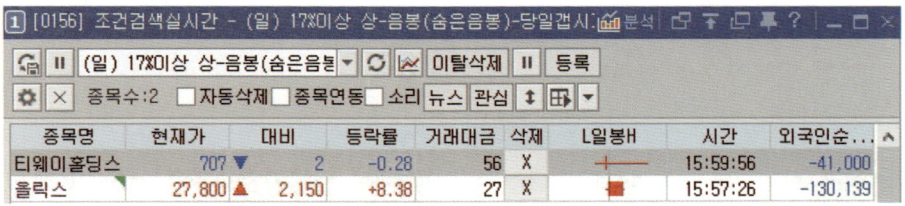

2024년 10월 15일 숨은 음봉 검색기

2024년 10월 15일 장 초반 올릭스가 숨은 음봉 검색기에 포착되었습니다. 종가 기준으로 8.38% 상승했습니다. 일봉 차트를 살펴보겠습니다. 일봉을 살펴보면 이틀 전 고가 기준 27%까지 상승한 장대양봉 후 전일 거래량이 줄어든 숨은 음봉이 만들어졌고, 매매 당일 시가는 전일 숨은 음봉의 종가와 같은 지점에서 시작했습니다. 숨은 음봉의 저가를 손절가로 삼고 매매할 수 있는 상황입니다.

올릭스 2024년 10월 15일 일봉 차트

다만 일봉상으로 살펴봤을 때 거래량이 전일의 거래량을 압도하는 상황이 아니어서 상승폭도 제한적이었습니다.

3분봉 차트를 살펴보겠습니다. 당일 시가에서 검색기에 포착될 때 1차 매수를 하게 된다면 전일 저가를 손절선으로 삼고 매수한 시가에서 하락할 경우 추가 매수를 통해 비중을 높여갈 수 있습니다. 이미 3분봉 차트상 정배열이 만들어지는 초기이며, 최악의 경우라도 300 이동평균선이 아래에서 받쳐주고 있습니다. 이 부분은 상당히 밀집되어 지지가 일어나는 구역입니다.

애당초 전일 저가에서부터 반등하면서 숨은 음봉의 종가를 만들었기 때문에 전일 저가~종가는 매수가 장악하고 있는 구역입니다. 숨은 음봉 다음 날인 매매 당일 주가가 시가에서 이 영역으로 하락한다고 해도 전일 이 영역을 장악한 매수세가 지지해줄 것임을 기대할 수 있습니다.

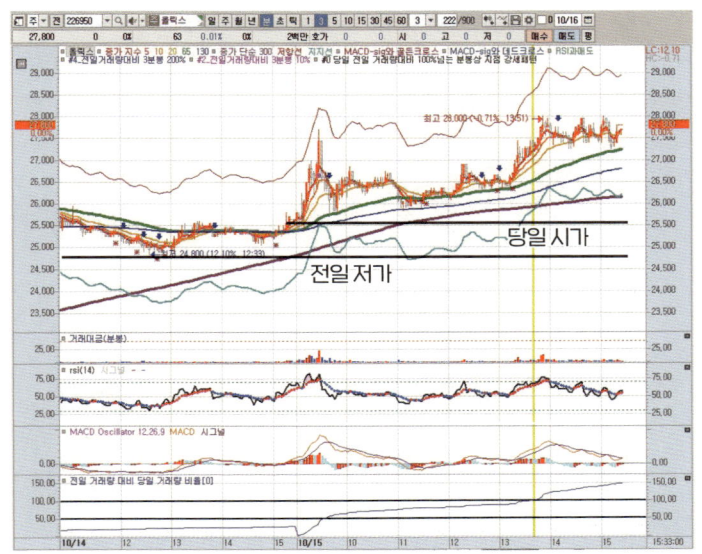

올릭스 2024년 10월 15일 3분봉 차트(하루 전체)

장 초반 9시 30분 정도까지 상승 이후 하락하는 구간이 있습니다. 숨은 음봉과 같은 패턴을 볼 때는 항상 전고점을 확인해야 합니다. 전고점에 부딪혀서 밀리는 것일 수 있습니다.

차트의 시간대를 넓혀보겠습니다. 15일 오전 상승의 절정은 숨은 음봉이 발생한 14일 전일인 11일의 고점이었음을 알 수 있습니다. 애매하게 붙잡고 있을 이유가 없습니다. 전고점 부근에서 거래량이 폭발하며 전고점을 뚫어내면 제일 좋은 경우지만 아쉽게도 그 정도의 거래량이 붙어주지는 않고 있습니다. 이익을 실현하고 다른 종목을 살펴보거나 이 종목에서 다음 매수타점이 나오는지를 지켜봐야 할 것입니다.

9시 30분 전후 지난 11일 기록한 전고점에서 익절 후 조정을 거친 주가가 65-130 이동평균선에서 지지를 받고 하락을 멈춘 뒤, 하락추세선을 돌파하는

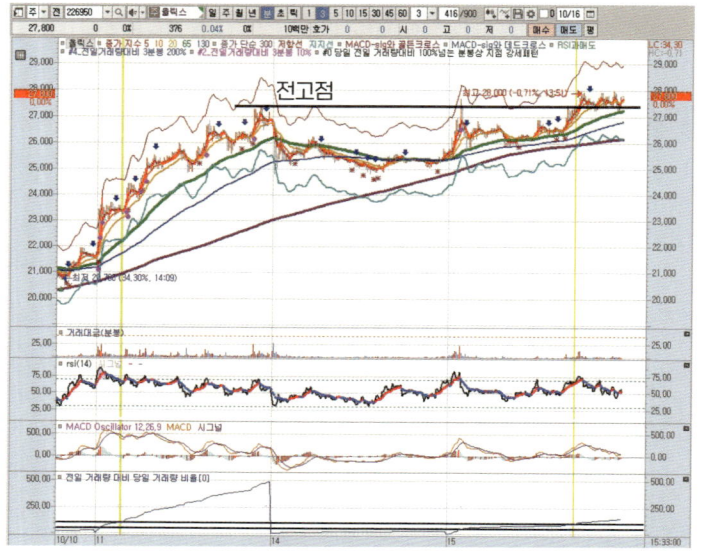

올릭스 2024년 10월 11~15일 3분봉 차트

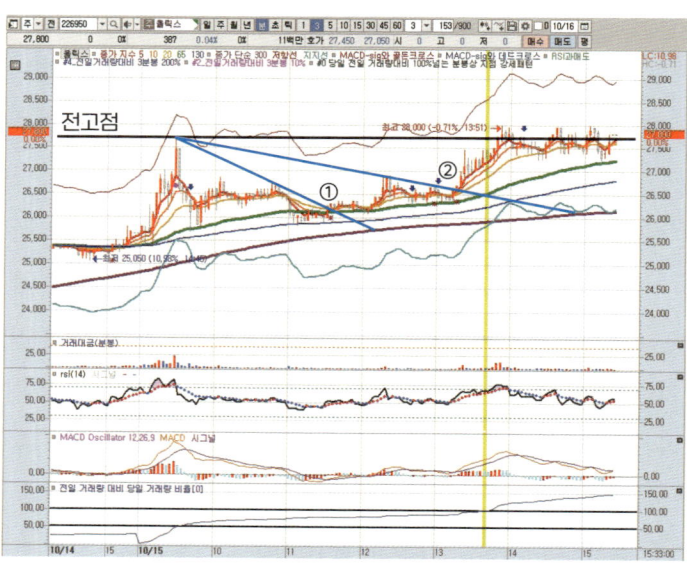

올릭스 2024년 10월 15일 3분봉 차트(하락추세 돌파)

① 구간은 재매수에 적합한 시점입니다. 65 이동평균선과 130 이동평균선이 만들고 있는 정배열 추세를 깨지 않겠다는 의지가 드러난 부분이기 때문입니다. 손절가는 130 이동평균선이나 아래에서 올라오고 있는 300 이동평균선으로 삼고 매수 개입할 수 있습니다. 이런 지점에서 전일 거래량 대비 10% 이상이 붙으면서 캔들이 양봉으로 길어지면 확실히 큰 상승으로 이어지는데, 이번에는 아쉽지만 거래량이 붙어주지 않았습니다.

같은 이유로 ②와 같은 지점도 매수할 수 있는 타점입니다. 이 경우 손절가는 65 이동평균선이나 아래에서 올라오고 있는 130 이동평균선이 됩니다. 당일 오전의 고점까지 상승을 해줘서 한 종목만으로도 두 번에 걸쳐 수익을 실현할 수 있음을 알 수 있습니다.

10분봉을 보면 9시 10~20분 사이에 만들어지는 캔들에서 전일 거래량 대

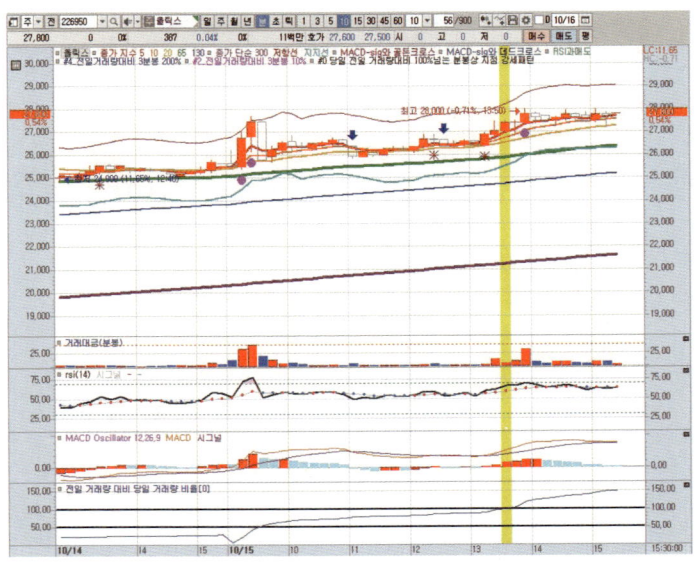

올릭스 2024년 10월 15일 10분봉 차트

비 10% 이상의 거래량이 발생합니다. 그래서 해당 종목이 숨은 음봉의 패턴으로 후속 거래량이 붙으면서 크게 상승할 것이라 기대했는데 그렇게 되지는 못했습니다. 그러나 잘 살펴보면 장 초반에 이 거래량이 붙은 캔들의 저가를 깨지 않고 하루 종일 주가가 움직였음을 알 수 있습니다.

이번에는 LK삼양의 사례를 살펴보겠습니다. 10월 16일 LK삼양에서는 이틀 전의 고가 기준 22.37%, 종가 기준 17.65%의 상승 이후 전일 상승 시 거래량보다 현저하게 적은 거래량으로 조정을 받으며 숨은 음봉이 나왔습니다. 그리고 당일인 16일 1.4% 갭 상승으로 장을 시작했습니다. 검색기에 종목이 추출되어 나옵니다.

16일 장 마감 시점에서의 차트는 윗꼬리를 단 음봉이지만, 장중에는 분명 고가까지 상승 구간에서 수익을 볼 수 있음을 알 수 있습니다. 일봉 차트상으로는

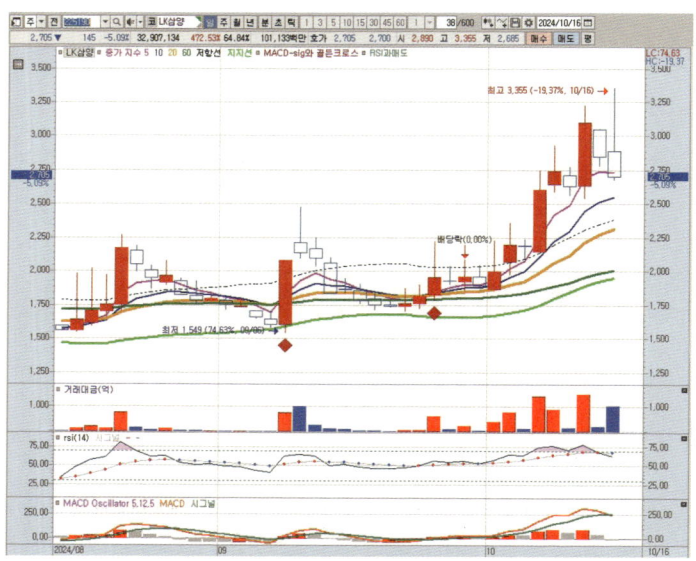

LK삼양 2024년 10월 16일 일봉 차트

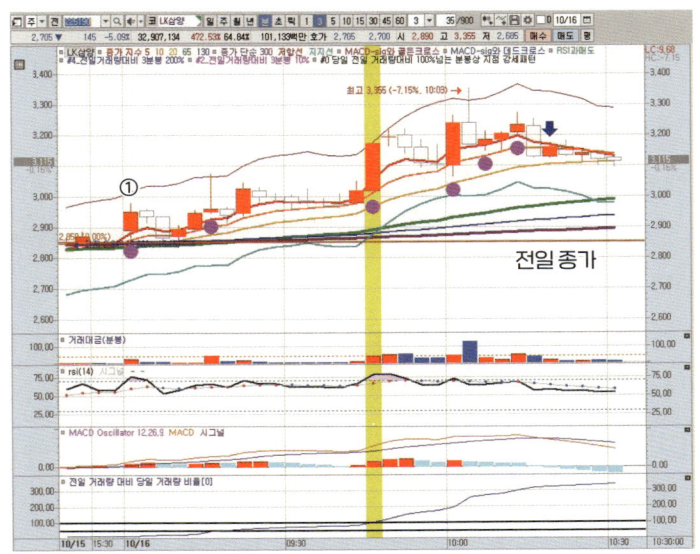

LK삼양 2024년 10월 16일 3분봉 차트(10시 30분까지)

이 음봉으로 RSI 과매수권 이탈, MACD-시그널선의 데드크로스가 나와서 상승 추세가 일단락되는 것이 아닌가 하는 생각을 하게 만들고 있습니다. 10월 16일 의 3분봉 차트를 살펴보겠습니다.

장 시작부터 10시 30분까지의 3분봉 차트를 살펴보겠습니다. 전일 종가 대비 갭 상승해서 시작한 것을 알 수 있습니다. 이때 3분봉 차트상 이동평균선의 정배열이 만들어지기 시작했다는 점에 주목하십시오. 첫 3분 동안의 캔들(①)에 서 양봉을 만들어주면서 전일 종가나 밀집한 65-130-300 이동평균선을 깨지 않는 이상은 매수한 다음 장 초반의 상승을 기다리며 보유해야 합니다.

숨은 음봉을 활용한 매매의 경우 상승추세를 타고 있는 종목에서 수익을 극대화하려는 목적을 갖고 있으므로, 3분봉 차트에서 RSI 과매수권에 진입할 때 너무 성급하게 보유물량에서 큰 비중을 익절해선 안 됩니다. 오히려 MACD-시그널선의 골든크로스 유지나 5-10 이동평균선의 정배열 구간이 깨지기 전까지는 보유한다는 마인드로 수익을 극대화하기를 권합니다.

일반적인 숨은 음봉 패턴은 장 초반에 급등하는 모습을 보여주는데, 이 사례에서는 중간중간 음봉이 나오고 마치 상승이 멈춘 듯이 가격의 등락이 거의 없는 구간도 있습니다. 이럴 때는 작은 수익이라도 익절하고 빨리 상승하는 다른 종목에 뛰어들고 싶겠지만, 아직 적절한 매도 타이밍이 오지 않았으니 참는 것이 좋습니다. 수익을 극대화하기 위해서는 성급한 익절을 참는 수밖에는 없습니다.

실제로 10시 이후에 5-10 이동평균선을 몸통으로 뚫는 음봉이 출현하고, MACD-시그널선의 데드크로스도 발생합니다. 이렇게 하나의 추세가 끝나는 것을 명확히 확인하고 보유한 물량을 정리해야 후회가 남지 않을 것입니다.

이후 16일 전체의 3분봉 차트 주가 흐름입니다. 장 시작부터 10시 30분 정

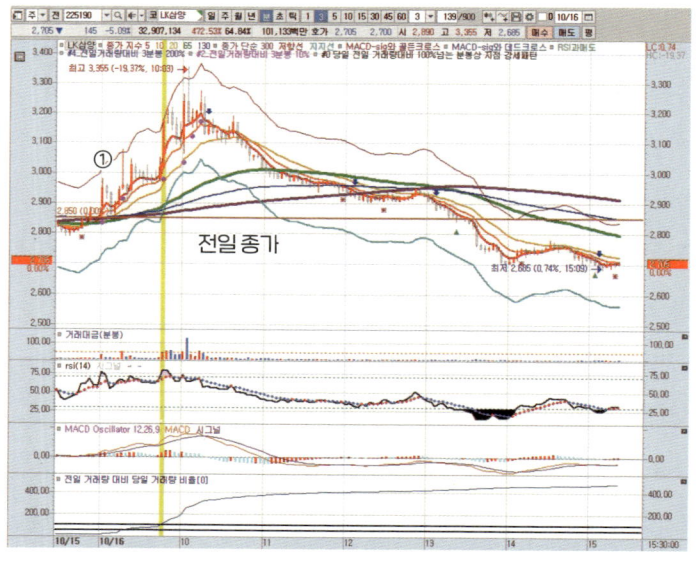

LK삼양 2024년 10월 16일 3분봉 차트(하루 전체)

도까지 상승이 제법 가팔랐음을 알 수 있습니다. 앞선 차트는 그 시간대만을 확대해서 봤기 때문에 상승의 기울기가 완만해보였지만 전체적인 흐름상으로는 급등이라고 해도 무방할 것입니다.

우리가 과연 잘 매도한 것일까요? 결과적으로는 그렇다고 말할 수 있습니다. 상승추세가 꺾인 이후 적절한 반등 없이 전일 종가를 깨고 오히려 음봉을 만들었기 때문입니다. 만약 이 종목이 장 초반의 상승 이후 조정을 받다가 다시금 상승을 하려 했다면 최소한 65 이동평균선 근처에서는 반등 시도가 있어야 했습니다. 65 이동평균선이 지지해주고 있다는 신호가 나와야만 하는데 그냥 미끄러졌습니다.

'다시 오르겠지'라고 막연하게 바라보지 말고 만약 11시대의 65 이동평균선 근처를 보고 있었다면, 주가가 이동평균선을 깨면서 밀려 내려가는 것을 보고 떠났어야 합니다. 당일의 성공적인 단타 매매를 위해서는 이렇게 리스크를 관리해야 합니다.

숨은 음봉 패턴의 경우 전고점은 매우 중요한 매도 판단의 기준이 됩니다. 10분봉 차트로 보면 16일의 상승도 결국 전고점을 넘어서지는 못했음을 알 수 있습니다. 14일의 상승 구간에서 만들어진 거래량보다 더 많은 거래량이 발생해야 전고점을 뚫을 수 있습니다.

전고점까지 상승하기 위해서 이전의 다른 매매자들의 매물을 받아가며 주가를 상승시키는 것과 전고점 자체를 뚫고 새로운 고점을 만들면서 상승시키는 것은 난이도가 다릅니다.

일봉과 분봉의 관계를 잘 설명해주는 30분봉 차트를 통해서 보면, 주가는 상승하려고 하지만 RSI나 MACD 같은 보조지표의 고점을 이은 선이 하락추세를 보이는 다이버전스가 발생하고 있습니다. 주가가 상승했을 때 그 힘과 추세가 지속될 것인지, 아니면 마지막 발산이 되는지 보조지표를 통해 확인하는 것이

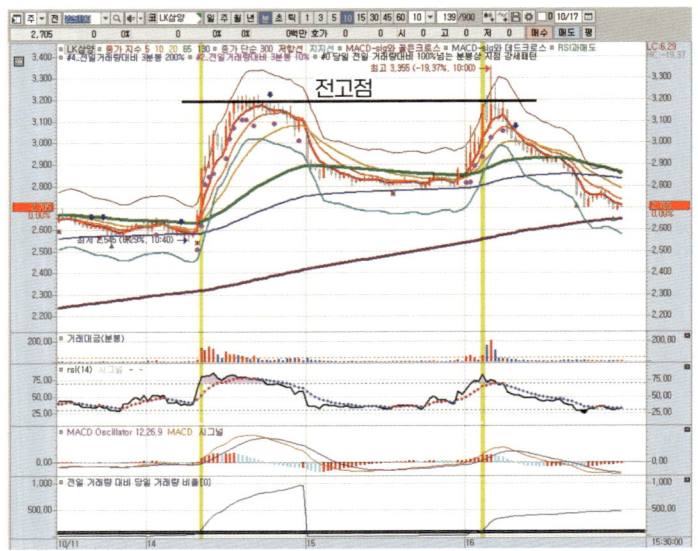

LK삼양 2024년 10월 14일~16일 10분봉 차트

좋습니다.

30분봉 차트상 65-130-300 이동평균선이 아직 정배열이라서 일봉상 5-10-20일 이동평균선의 정배열이 유지되고 있지만 이격도가 많이 벌어진 상태입니다. 성급한 매수보다는 최소한 30분봉 차트상 RSI 과매도권 진입이나 MACD-시그널선의 골든크로스로 새로운 추세가 만들어지기 전의 저가를 확인하는 것이 좋아 보입니다.

3분봉 단타 매매를 하다보면 어느 순간 큰 흐름을 놓치게 되기 쉽습니다. 종종 30분봉 차트를 살펴보는 습관을 들이는 것이 좋겠습니다. 어쨌든 당일 20% 이상 주가가 상승하는 수익 구간에서 이 단타 매매의 기술을 활용한 매매자는 일정 부분 수익을 확보할 수 있었을 것입니다.

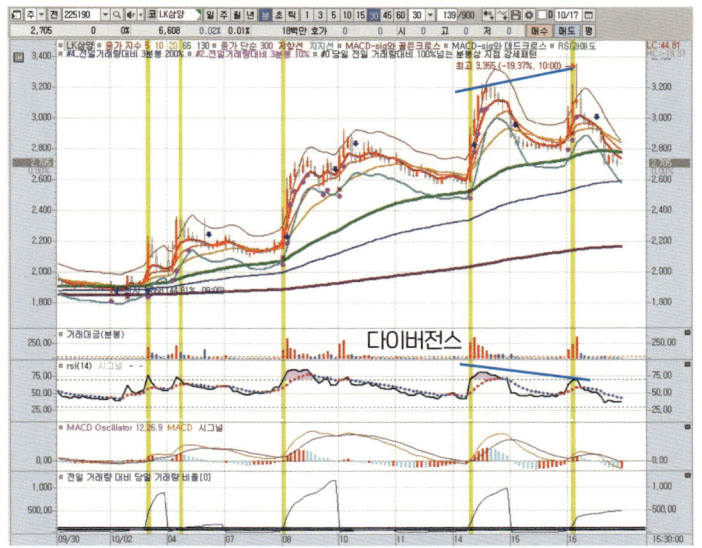

LK삼양 2024년 10월 16일까지 30분봉 차트

4-4
랩지노믹스,
에스와이스틸텍

2024년 10월 18일 숨은 양봉 검색기

10월 18일 장 시작 후 랩지노믹스가 검색기에 걸려 나옵니다(참고로 이미지는 검색기에 잡힌 시점이 아니라, 점심시간 이후에 잠시 짬이 나서 원고를 쓰기 위해 캡처한 것입니다).

    일봉 차트를 살펴보겠습니다. 10월 18일 오전 10시 39분의 일봉 차트를 보겠습니다. 이틀 전 고가 기준 23.85%, 종가 기준 17.17%의 장대양봉이 만들어

랩지노믹스 2024년 10월 18일 일봉 차트(10시 39분까지)

지면서 이동평균선을 정배열로 만들었습니다. 전일에는 거래량이 줄어든 음봉이 나왔습니다. 숨은 음봉의 패턴이 만들어지고 있습니다.

그리고 10월 18일 장 시작을 2.56% 갭 상승으로 시작했습니다. 검색기에 '철컥!' 하고 걸려 나왔겠죠? 매수한 다음에 전일 종가나 저가를 손절가로 삼고 주가 흐름에 동참하면 패턴에 따른 매매가 가능합니다.

10월 18일의 3분봉 차트를 살펴보겠습니다. 차트에서 볼 수 있는 것처럼 당일 갭 상승으로 시작하면서 만들어진 첫 3분봉이 양봉으로 마감하면서 장기 이동평균선(65-130-300 이동평균선)을 모두 돌파했고, 단기 이동평균선(5-10-20 이동평균선)은 정배열이 시작되었습니다.

이 상황은 간단히 말해 시가부터 1차 매수를 하든, 첫 3분봉이 양봉으로 마무리되는 것을 보고 1차 매수를 하든 매수 이후 주가가 하락해도 전일 종가와

2장. 시가 단타 매매의 기술   **383**

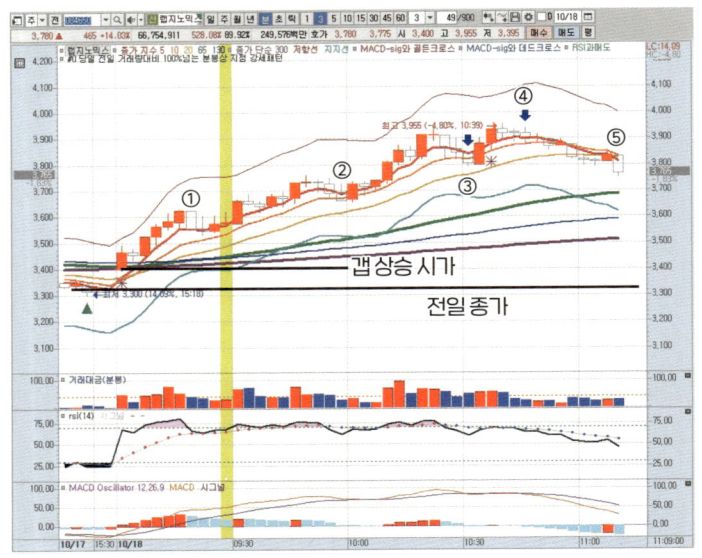

2024년 10월 18일 랩지노믹스 3분봉 차트(11시 9분까지)

당일 시가 사이의 밀집되어 있는 이동평균선이 지지의 역할을 해줄 가능성이 크다는 뜻입니다. 추가 매수할 근거가 충분합니다. 그리고 이동평균선을 깨지 않는다면 상승 흐름을 충분히 타면서 수익 극대화를 추구하는 것이 좋습니다.

실제로 9시 18분에 만들어지는 캔들까지 RSI 과매수권 속에서 상승을 지속하면서 약 6.5%의 수익라인을 만들어줍니다. 그리고 첫 음봉이 ①에서 발생하면서 RSI 과매수권을 이탈합니다. 이 정도에서 4~5% 정도의 수익을 실현하고 당일 매매를 마쳐도 괜찮습니다. 숨은 음봉 패턴의 상승률에 대해 경험을 많이 쌓으면서 신뢰를 갖게 되기 전까지는 자신의 그릇에 맞춰 수익을 실현하는 게 맞습니다. 나중에 거래량까지 해석할 수 있게 되면 홀딩해서 수익을 극대화할 수 있지만 이는 나중 문제입니다. 우선은 이동평균선을 중심으로 한 보조지표를 통해 매매 기준을 세워가도록 합시다.

숨은 음봉 패턴의 경우 기준이 되는 장대양봉의 전고점까지의 상승을 시야에 두고 차트를 살피게 됩니다. 이동평균선의 정배열, 특히 3분봉 차트상 5-10 이동평균선의 정배열의 유지나 MACD-시그널선의 골든크로스 상태 유지를 보면서 추세를 최대한 끌고 가는 습관을 붙여야 전고점까지의 상승을 볼 수 있습니다.

차트를 보면 ②와 같은 지점에서 몸통으로 5-10 이동평균선을 뚫는 캔들이 나오는 것을 보고 보유물량 일부 익절을 통해 비중을 덜어내는 판단을 할 수 있으며, ③도 마찬가지 판단을 내릴 수 있는 지점입니다. 더욱이 ③은 MACD-시그널선의 데드크로스가 발생한 지점이므로 보유물량을 모두 익절해도 좋을 것입니다. 참고로 ③은 오버솔드의 매도타점이었습니다. 11%의 수익라인입니다.

③에서 보유물량을 전량 익절하지 않더라도 ④에서는 해야만 합니다. 추세를 말해주는 MACD-시그널선의 데드크로스 신호가 자꾸 나온다는 것은 진행되던 추세가 반대 방향으로 꺾일 가능성이 크다는 말입니다. 보조지표가 보내주는 신호를 무시하면서 아무리 버텨본다 하더라도 ⑤와 같이 3분봉 차트상 20 이동평균선을 깨는 음봉이 나오면 미련 없이 정리해야 합니다. 이렇게 수익을 실현할 수 있는 구간이 충분히 있는데 익절해서 수익을 실현하지 못한다면 하락할 때 할 말이 없는 것이죠.

숨은 음봉 패턴에서 장 초반 상승 시 확인해야만 하는 지점은 숨은 음봉 전일의 장대양봉에서 만들어진 전고점입니다. 저항을 받을 가능성이 가장 큰 지점이기 때문이죠. 30분봉 차트로 살펴보면 이런 모양이 됩니다.

전고점 ①은 종가를 기준으로 한 것이며, 전고점 ②는 고가를 기준으로 한 것입니다. 10월 18일 첫 30분봉의 상승폭은 고가 기준 9.5%, 종가 기준 7.99%입니다. 즉 장 초반에 3분봉 차트로 보면서 자꾸 수익을 실현하고 싶은 구간이 나오더라도 이동평균선의 데드크로스나 MACD-시그널선의 데드크로스와 같이

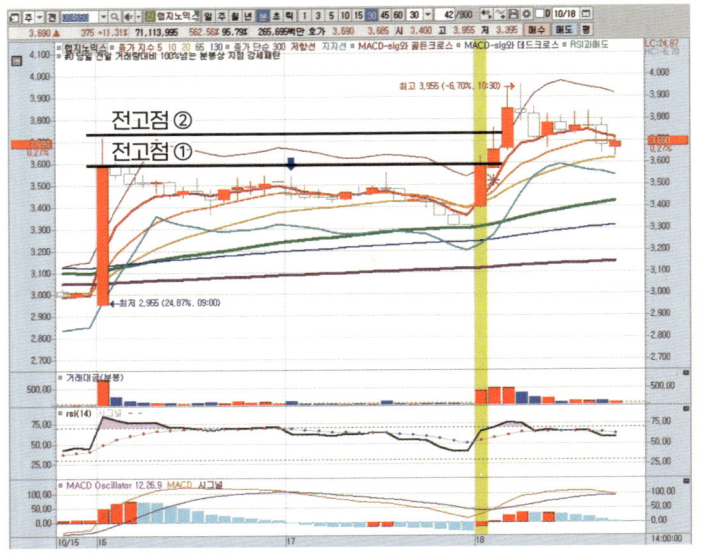

랩지노믹스 2024년 10월 18일 30분봉 차트(2시까지)

결정적인 매도 신호가 나오지 않는 이상은 전고점까지 버텨보라는 말입니다.

이번에는 에스와이스틸텍의 사례를 살펴보겠습니다. 에스와이스틸텍은 10월 18일 종가 기준 20.52%의 장대양봉 이후 다음 거래일인 10월 21일에 숨은 음봉을 만듭니다. 그리고 22일 0.97%의 갭 상승 시가를 만들면서 검색기에 포착되었습니다. 장 시작부터 매수 개입할 수 있습니다.

2024년 10월 22일 숨은 음봉 검색기

에스와이스틸텍 2024년 10월 22일 일봉 차트(9시 19분까지)

당일 오전 9시 19분의 일봉 차트를 보겠습니다. 숨은 음봉 패턴의 전형입니다. 18일의 전고점을 돌파하고 계속 상승 중입니다. 숨은 음봉 유형을 공부했으니 18일의 전고점이 1차 익절선임을 미루어 짐작할 수 있습니다.

이어서 10월 22일의 3분봉 차트를 살펴보겠습니다. 22일 시가에 매수하지 못했더라도 관심을 갖고 지켜봤다면 3분봉 차트에서 65 이동평균선과 130 이동평균선을 몸통으로 뚫고 거래량을 붙이며 상승하는 ⓐ에서는 매수를 해줘야 합니다. 이동평균선의 정배열은 그것이 3분봉 차트든, 10분봉 차트든, 30분봉 차트든, 일봉 차트든, 주봉 차트든 쉽게 만들어지는 것이 아닙니다. 의미가 있는 지점입니다.

더욱이 ⓐ에서 만들어진 양봉은 하락추세선까지 돌파하는 봉이므로 당일의 저가를 손절선으로 설정하고 과감하게 매수 개입해야 하는 지점임을 알 수 있습

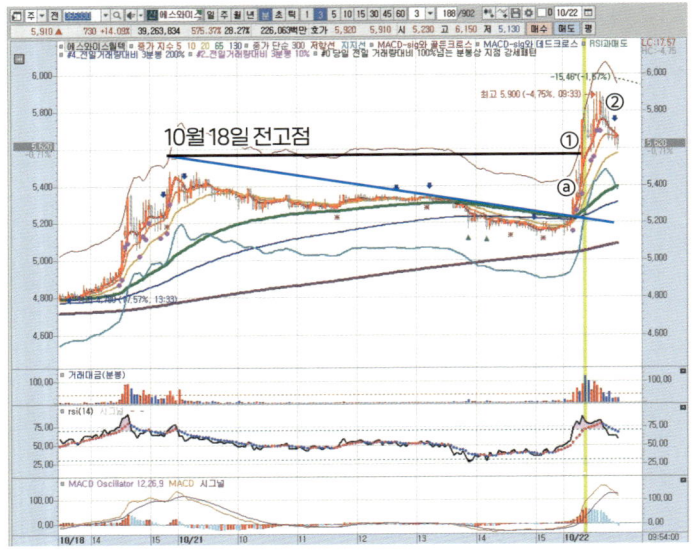

에스와이스틸텍 2024년 10월 22일 3분봉 차트(9시 54분까지)

니다.

실제로 이날 오버솔드는 시가에 신호가 나오자마자 보유자금의 5% 비중을 투여했는데, 매수 후 잠시 하락이 나오는 구간에서 겁을 좀 먹었습니다. 하지만 MACD-시그널선의 골든크로스가 유지되는 중이었기에 믿고 기다렸고, ⓐ캔들이 나오면서 긴장은 여유로 바뀌게 되었습니다. 보유하는 가운데 전고점인 ① 지점에서 일부 익절했으며, 남은 물량은 MACD-시그널선의 데드크로스가 나오는 ② 지점에서 전량 익절했습니다. 그렇게 오전의 매매를 마무리 짓습니다.

아침 10시 전의 급등을 이용해 수익을 내고 매매를 정리했지만, 하루 전체의 3분봉 차트를 보면 익절한 이후 하락했어도 다시금 주가가 상승해 새로운 수익 기회가 발생함을 알 수 있습니다. 하루 종일 단타 매매에 집중력을 갖고 임하기란 매우 어려운 일이므로, 오버솔드도 가능한 10시 이전에는 단타 매매를 마치

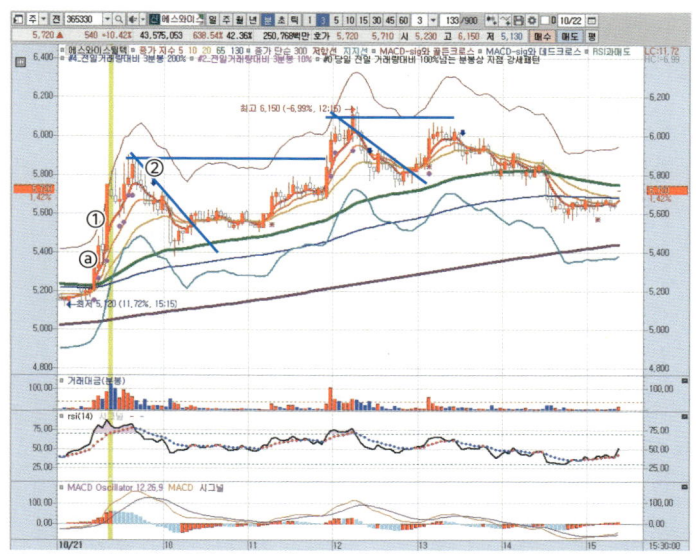

에스와이스틸텍 2024년 10월 22일 3분봉 차트(하루 전체)

려고 합니다. 일도 해야 하니까요. 그러나 이런 지점이 눈에 보이면 컨디션에 따라 매매에 임할 수도 있을 것입니다.

책 전체에 걸쳐 큰 상승 후 3분봉 차트에서의 65 이동평균선이 추가 상승을 가늠할 수 있는 매우 중요한 지점이라고 반복해서 강조하고 있습니다. 아침 장에 급등한 종목은 3분봉 차트상 65 이동평균선이나 130 이동평균선을 깨지 않으면 주가가 반등하거나 횡보하다가 추세를 돌리면서 다시 상승 구간을 만들게 됩니다. 하락추세선을 돌파한 지점부터는 돌파 전 저가를 손절선으로 놓고 매매할 수 있습니다. 2시쯤에 65 이동평균선을 깨고 130 이동평균선도 깨는 모습을 보입니다. 이럴 때 손에 쥐고 있는 물량이 있으면 안 됩니다.

3분봉 차트에서 하락추세선을 그리기 어렵게 느껴진다면 10분봉 차트를 사용하면 도움이 될 수 있습니다. 하락추세가 만들어지는 과정에서 캔들의 고점

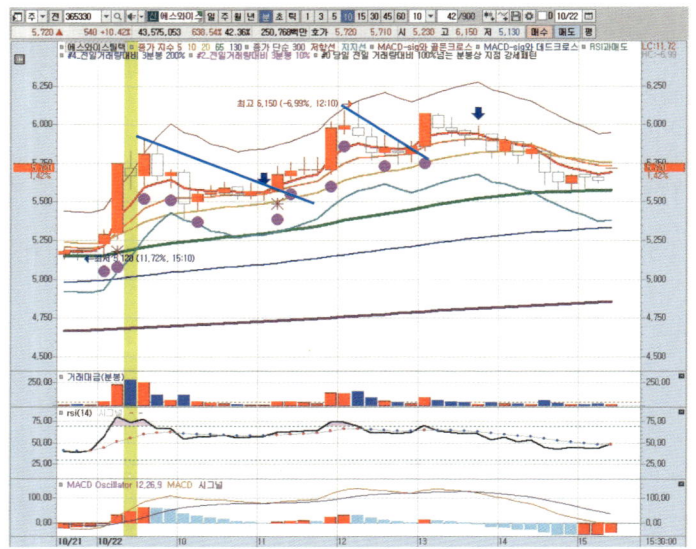

에스와이스틸텍 2024년 10월 22일 10분봉 차트(하루 전체)

이 더 명확하게 보이기 때문입니다. 3분봉 차트에서 하락추세선을 긋는 것보다 10분봉 차트를 이용하면 하락추세선의 고점끼리 보다 분명하게 이을 수 있습니다. 이렇게 10분봉 차트에서 추세선을 그은 다음 해당 차트를 3분봉 차트로 바꾸면 하락추세선이 깔끔하게 그어진 것을 확인할 수 있습니다.

오버솔드는 3분봉 차트를 활용한 단타 매매를 장중 주가의 흐름을 활용한 장중 단타 매매와 전일 일봉이 만들어낸 흐름의 연속성을 활용한 시가 단타 매매로 나눠서 접근하고 있습니다. 장중 단타 매매는 '20일 이평선의 반등을 활용한 단타 매매' '급등 후 65 및 130 이평선의 반등을 활용한 단타 매매' '5일 또는 10일 이평선의 반등을 활용한 단타 매매' '급락 시 반등을 활용한 단타 매매'로 구성되어 있습니다. 각 단타 매매에 대해서 이론적인 내용과 그 이론을 활용한 검색기, 그리고 실전 매매 사례를 다양하게 수록했습니다.

처음부터 모든 단타 매매의 유형을 마스터하겠다는 생각은 하지 않아도 됩니다. 오버솔드도 이들을 유형화하기 위해 많은 나날 매매를 하며 기록을 남겼습니다. 이론을 꼼꼼히 공부하고 납득하고 외울 수 있는 단계까지 가기 바라며, 자신의 매매 스타일에 맞을 것 같은 유형부터 하나씩 마스터하길 권합니다.

제 경험상 자신만의 확실한 매매 원칙이 없다면, 단타 매매 시 주가의 등락에 흔들리며 감정적으로 대응하게 되고 그 결과 손실을 보기 마련입니다. 책을 읽다 보면 각 유형별로 검색기를 만들게 되고, 검색되어 나오는 종목만 매수하면 돈을 벌 수 있을 것 같은 기분이 들 것입니다. 절대 그렇게 접근하지 마십시오. 하나의 유형을 마스터했다는 느낌이 올 때까지 하루 한 종목이라도 좋으니 붙들고 원칙대로 매매하는 훈련을 하십시오. 그 유형을 마스터했는지 어떻게 아느냐고요?

'마음이 흔들리지 않게 되었다면'

그러면 비로소 감정적인 매매가 아닌 몸으로 익힌 이성적인 매매를 할 수 있게 된 것입니다. 읽어나가다 보면 어떤 원칙의 반복이라는 점을 깨닫게 될 것입니다. 그 깨달음의 순간을 여러분과 함께 나누고 싶습니다.

3장.
장중 단타 매매의 기술

20일 이평선의 반등을 활용한 단타 매매

주식 공부를 시작하면 20일 이동평균선이 중요하다는 말을 많이 듣습니다. 그러나 20일 이동평균선을 제대로 활용하는 개인 투자자는 거의 없어 보입니다. 20일이라는 긴 시간의 폭을 활용하기에 개인 투자자는 너무 조급하기 때문입니다. 그러나 중장기 매매를 제대로 하기 위해서는 20일 이동평균선을 정확히 이해할 필요가 있습니다. 이에 대해서는 전작 『저가 매수의 기술』에서 상세히 설명하고 있으니 참고하기 바랍니다. 간단히 설명하자면 다음과 같습니다.

    일봉 차트상 이동평균선의 정배열이 진행되는 가운데 주가가 20일 이동평균선으로 조정을 받을 때, 20일 이동평균선의 지지를 받고 반등하면서 상승의 또 다른 파동이 나오는 경우가 많습니다. 즉 20일 이동평균선에서의 반등은 상승 2파 또는 상승 3파의 시작점으로 작동할 수 있으며, 최소한 조정 전 전고점 부분까지의 상승을 기대할 수 있습니다. 전고점을 돌파하면 상승 2파 혹은 상승 3파가 본격적으로 진행되는 것이며, 돌파하지 못하면 주가 상승의 힘이 빠진 것

20일 이동평균선의 지지를 받고 상승 2차 또는 3차 파동이 만들어지는 모습

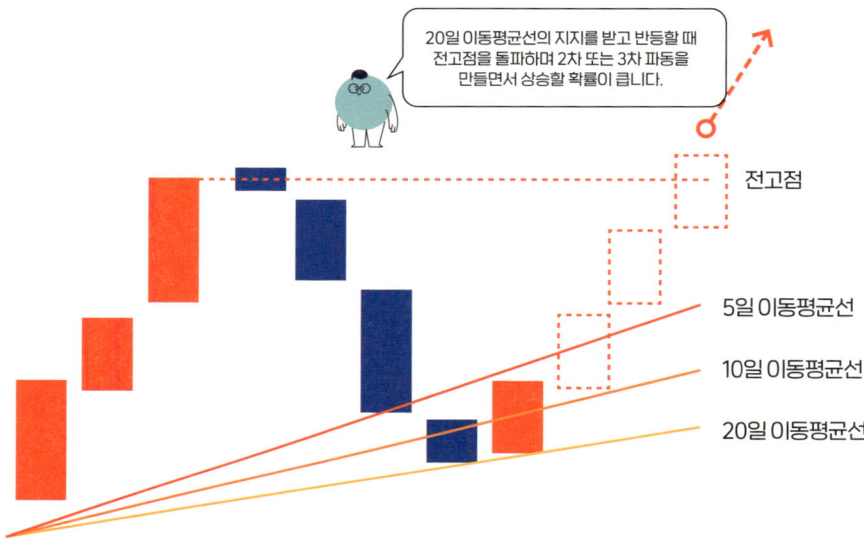

20일 이동평균선의 지지를 받고 반등했으나 전고점을 돌파하지 못한 모습

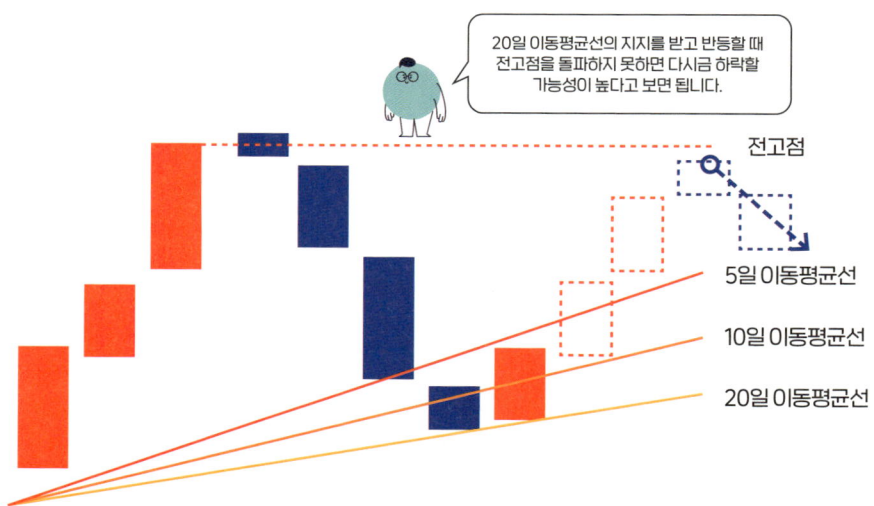

으로 파악해 적당한 선에서 익절해야 합니다.

즉 20일 이동평균선은 주가의 방향을 정하는 아주 중요한 지점이며, 이 구간에서는 20일 이동평균선을 지지하고자 하는 매수세가 들어올 가능성이 큽니다. 그러한 특성을 이용해서 단타 매매를 통한 수익을 도모할 수 있는 것이죠.

그림과 같이 주가가 20일 이동평균선 근처로 접근했을 때 3분봉 차트상 RSI 과매도권 진입-이탈 신호나 MACD-시그널선의 골든크로스가 발생한다면, 이전 상승파동의 조정이 마무리된 시점으로 파악할 수 있습니다. 단타 매매의 관점에서는 이때 새로운 상승파동의 시작을 기대하며 매수 개입합니다.

20일 이동평균선에서의 반등을 이용한 단타 매매를 할 때, 매매의 안정성을 담보하기 위해 다음과 같은 몇 가지 조건을 만족시키는 종목으로 매매 범위를 좁히고자 합니다. 이 조건이 검색식을 만드는 데 활용될 것입니다.

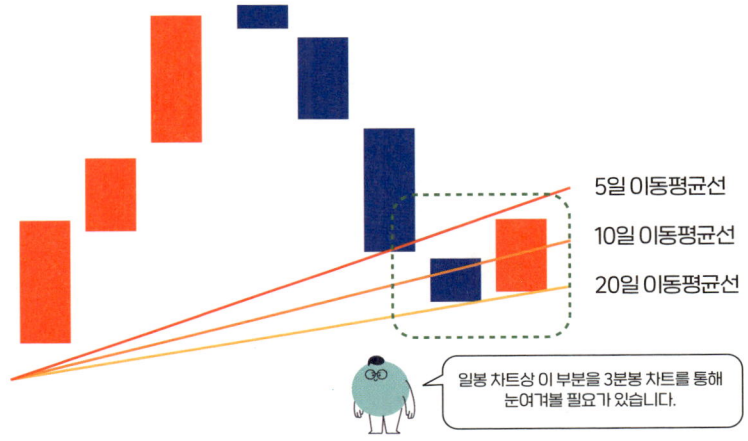

20일 이동평균선 근처에서 조정을 멈추고 반등하는 모습

5일 이동평균선
10일 이동평균선
20일 이동평균선

일봉 차트상 이 부분을 3분봉 차트를 통해 눈여겨볼 필요가 있습니다.

20일 이동평균선 근처의 주가 변화를 3분봉 차트 보조지표와 함께 살펴보기

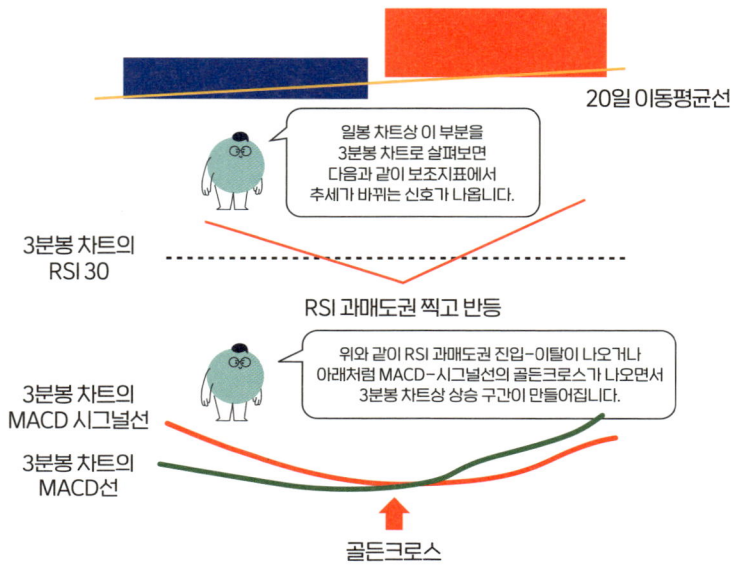

1. 일봉 차트상 이동평균선의 정배열
2. 일봉 차트상 조정 전 상승폭이 최근 10일 이내 20일 이동평균선을 기준으로 15% 이상 발생
3. 일봉 차트상 최근 10일 이내 최대 거래량 대비 전일의 거래량이 30% 미만
4. 일봉 차트상 20일 이동평균선의 -2~+1% 구간 내 주가가 위치
5. 3분봉 차트상 RSI 과매도권 진입
6. 3분봉 차트상 MACD-시그널선의 골든크로스 발생

그러면 각 조건이 갖는 의미를 하나씩 살펴보도록 하겠습니다.

먼저 1번 조건(일봉 차트상 이동평균선의 정배열)입니다. 20일 이동평균선 위로 주가가 상승한 다음 조정을 받는 상황을 이용하는 것이므로 최소한 일봉 차트상 5-10-20일 이동평균선은 정배열 상태여야 합니다. 조건을 좀 더 엄격하게 조정하고 싶다면 5-10-20-60일 이동평균선의 정배열 상태로 설정해놓습니다.

60일 이동평균선까지 포함시킨 정배열은 3개월(60일)간 매수자의 평균 매수가보다 당일을 기준으로 단기 매수자의 평균 매수가가 위에 있다는 뜻입니다. 20일 이동평균선 근처로 주가가 조정을 받더라도 20일 동안의 매수자뿐만 아니라 60일 동안의 매수자도 추가 하락을 방어하는 입장을 취할 가능성이 높습니다. 조건이 엄격해질 경우 검색식에서 추출되는 종목의 수가 다소 제한적일 수 있으나, 20일 이동평균선의 지지를 받고 반등할 때 장기 이동평균선인 60일 이동평균선의 저항을 받지 않으므로 탄력적으로 움직일 수 있습니다. 검색식에서는 5-10-20-60일 이동평균선의 정배열 상태를 찾는 조건을 사용하도록 하겠습니다.

이번에는 2번 조건(일봉 차트상 조정 전 상승폭이 최근 10일 이내 20일 이동평균선을 기준으로 15% 이상 발생)입니다. 조정을 받는 과정에서는 일봉 차트상 이동평균선의 간격이 벌어져 있으면 좋습니다. 각 이동평균선 사이사이는 다 누군가가 매수하면서 만든 가격대이며, 조정이 일어날 때 급격한 하락이 일어나지 않도록 받아주는 안전망 역할을 해주기 때문입니다. 그래서 세력이 강한 상승의 의지를 갖고 주가를 움직이는 종목은 5일 이동평균선이나 10일 이동평균선에서 지지를 받고 돌아서게 되며, 그렇지 못한 경우 조정이 20일 이동평균선까지 진행되는 것입니다.

이동평균선 사이의 간격이 넓으면 조정을 받을 때 여러 매수가격층에서 매수자와 매도자 사이의 주식 교환이 일어나면서 매도세의 힘이 약해지며, 20일 이동평균선 근처까지 오면 매수세가 어느 정도만 들어와도 매도세를 압도할 수 있는 상황이 됩니다. 일봉 차트상 이동평균선 사이의 간격을 벌리기 위해서는 정배열을 만들며 상승하는 구간에서 어느 정도 이상의 상승폭이 나와 줘야 합니다.

20일 이동평균선을 기준으로 15% 이상의 상승이 발생한 차트는 두 가지 유형으로 나눌 수 있습니다. 하나는 캔들 하나가 15% 이상의 상승을 만드는 장대양봉이 발생하는 유형이며, 다른 하나는 일정 기간 15% 이상의 상승을 만드는 연속적인 양봉이 발생하는 유형입니다. 보통은 전자가 20일 이동평균선까지의 조정 시 반등이 나올 확률이 더 높습니다.

오버솔드는 10일 이내에 20일 이동평균선을 기준으로 15% 이상의 상승이 발생한 조건을 만족시키는 종목을 찾을 것입니다. 좀 더 보수적으로 조건을 조정하고자 한다면 상승률을 15%에서 20%나 30%로 조정할 수 있습니다.

이번에는 3번 조건(일봉 차트상 최근 10일 이내 최대 거래량 대비 전일의 거래량이 30% 미만)입니다. 이 조건은 상당히 고급 조건에 속합니다. 거래량 해석은 이해하기 쉽지 않은 내용이지만 일단은 이 조건을 포함시키도록 합니다. 앞서 10일 이내에 20일 이동평균선을 기준으로 15% 이상의 상승이 발생한 종목을 찾는다고 했습니다. 이 상승은 며칠에 거쳐서 나올 수도 있고, 어느 하루 만에 15% 이상 상승을 할 수도 있습니다.

핵심은 상승을 시키는 거래량입니다. 상승을 만들어낸 주된 세력의 물량이 조정 기간 동안 빠져나가지 않았다면 조정 후 반등 시 나타날 매도물량과 관련된 고민이 덜어지게 됩니다. 주가가 급격히 상승하기 위해서는 거래량이 붙어줘야만 합니다. 즉 돈이 들어오면서 주가를 더 비싼 가격에 자꾸 사줘야 합니다. 따라서 급등하면서 이동평균선의 간격을 벌린 날의 거래량을 기준으로, 20일 이동평균선에 접근하는 전일의 거래량이 적은 상태인지 확인해야 합니다. 그래야 매수하려는 당일 거래량이 붙을 때 매도세를 걱정하지 않고 20일 이동평균선의 지지를 받는 반등을 기대할 수 있습니다.

예를 들어 일진전기라는 종목을 보면 2024년 10월 24일 ⓒ에서 20일 이동

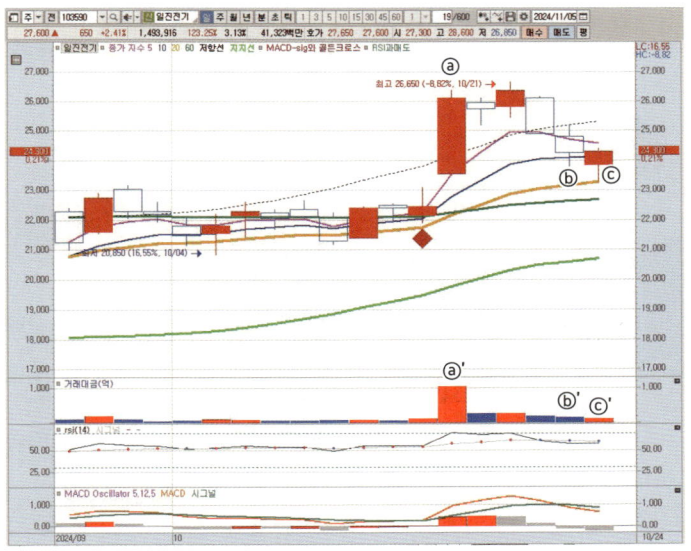

20일 이동평균선 근처에서의 거래량 확인하기

평균선의 지지를 받고 반등하는 모습을 볼 수 있습니다. 10일 이내에 ⓐ에서 종가 기준으로 16.25% 상승한 다음 조정을 받는데요, 매수일(ⓒ) 전일(ⓑ)의 거래량(ⓑ')과 ⓐ'를 비교해보면 ⓑ'는 ⓐ'의 약 15% 정도에 불과합니다. ⓐ 이후 조정 구간에서 상승을 만든 거래량만큼 매도세가 나오지 않았으니, ⓒ에서 좀 더 여유롭게 반등을 예상하며 매수할 수 있는 것입니다. ⓒ'가 ⓑ'보다 더 터져주면 금상첨화였을 것입니다.

 오버솔드는 최대 거래량 대비 30% 미만으로 조건을 정했지만, 보다 보수적으로 매매하고 싶다면 30%를 20%나 10%로 줄여도 될 것입니다.

 이어서 4번 조건(일봉 차트상 20일 이동평균선의 -2~+1% 구간 내 주가가 위치)입니다. 말 그대로 검색 조건에 걸리는 당일의 주가가 20일 이동평균선 가격을 중심으로 1%와 -2% 사이 구간에 위치하는 것입니다. 조정이 진행되면서 20일 이

주가가 조정을 받으며 20일 이동평균선을 기준으로 특정 가격권에 진입하는 모습

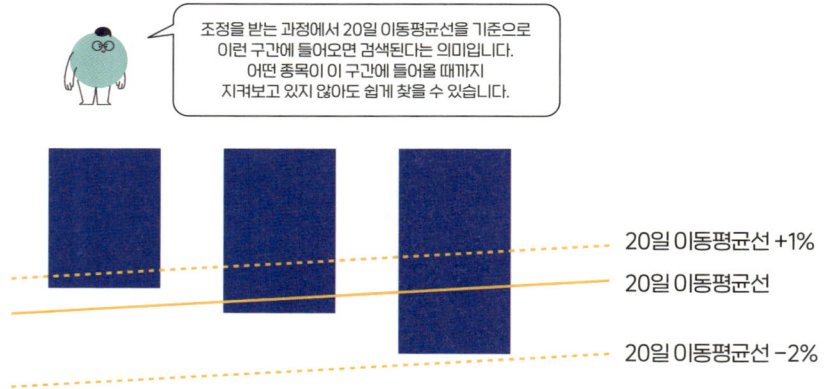

동평균선 값의 +1%선을 뚫고 들어오면 검색에 걸리며, 20일 이동평균선을 약간 깬다고 해도 그 값의 -2% 이내면 반등하면서 20일 이동평균선 값을 회복할 수 있다고 보는 것입니다.

이번에는 5번 조건(3분봉 차트상 RSI 과매도권 진입)입니다. 주가가 일봉 차트상 20일 이동평균선에 접근하는 상황에서 3분봉 차트상 하락하던 RSI가 과매도권으로 진입하는 조건입니다. 즉 20일 이동평균선까지의 하락추세가 3분봉 차트 안에서는 멈추고 반전할 수 있음을 알려주는 신호입니다. 일봉 차트상 20일 이동평균선 근처에 왔다고 무턱대고 매수하는 것이 아니라 이런 지점에서 매수하는 것입니다.

마지막으로 6번 조건(3분봉 차트상 MACD-시그널선의 골든크로스 발생)입니다. 주가가 일봉 차트상 20일 이동평균선에 접근하는 상황에서 3분봉 차트상 MACD-시그널선이 골든크로스가 되는 순간을 포착하는 조건입니다. 즉 20일 이동평균선까지의 하락추세가 3분봉 차트 안에서는 멈추고 반전할 수 있음을

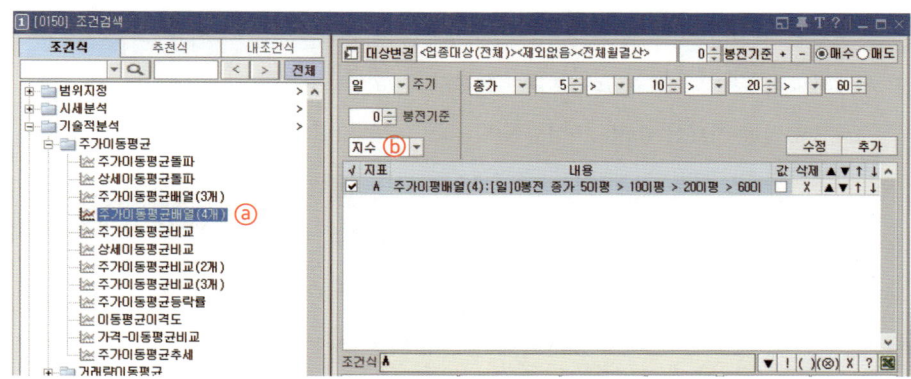

일봉 차트상 이동평균선의 정배열 조건을 추가한 모습

알려주는 신호입니다.

여섯 가지 조건을 적용한 검색식을 만들어보겠습니다. 먼저 조건 1(일봉 차트상 이동평균선의 정배열)입니다. 조건식 탭에서 '기술적분석→주가이동평균→주가이동평균배열(4개)'(ⓐ)를 선택한 다음, 우리는 지수 이동평균선을 활용하므로

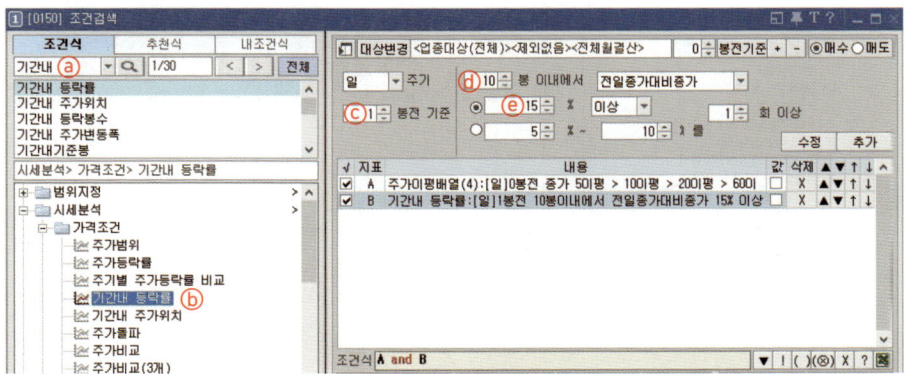

최근 10일 이내에 15% 이상 급등한 종목을 찾는 조건을 추가한 모습

지수(ⓑ)를 선택하고 이동평균선의 배열이 그림과 같이 되도록 합니다. 이로써 5-10-20-60일 이동평균선의 정배열 상태인 종목을 찾게 됩니다.

조건 2(일봉 차트상 조정 전 상승폭이 최근 10일 이내 20일 이동평균선을 기준으로 15% 이상 발생)를 적용해보겠습니다. 20일 이동평균선을 기준으로 15% 이상 상승한 종목을 찾는 조건이 키움증권 영웅문에는 없기 때문에, 일봉 차트상 이동평균선의 정배열 상태에서 10일 이내 특정일에 15% 이상 상승한 캔들이 발생한 종목을 찾는 조건으로 조정해서 활용합니다.

조건식 탭에서 검색창에 '기간내'(ⓐ)라고 입력하고 그중 '기간내 등락률'(ⓑ)을 선택한 다음, 전일(ⓒ)을 기준으로 10일 사이(ⓓ)에 15% 이상 상승(ⓔ)한 적이 있는 종목을 찾도록 조건을 조정한 후 검색식에 추가합니다.

3번 조건(일봉 차트상 최근 10일 이내 최대 거래량 대비 전일의 거래량이 30% 미만)도 추가해보겠습니다. 조건식 탭에서 '시세분석→거래량/거래대금→거래량비

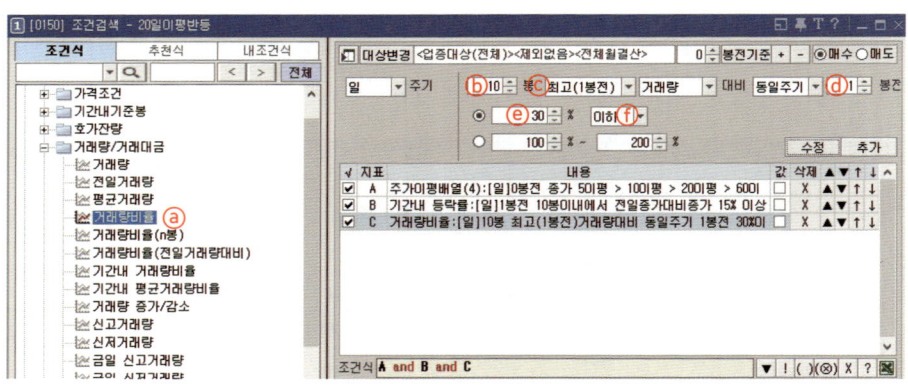

일봉 차트상 최근 10일 이내 최대 거래량 대비 전일의 거래량이 30% 미만인 조건을 추가한 모습

율'(ⓐ)을 선택한 다음, 전일부터 10일 동안(ⓑ) 최고 거래량(ⓒ) 대비 전일(ⓓ) 거래량이 30%(ⓔ) 이하(ⓕ)인 것으로 설정해주면 됩니다. 10일 동안 가장 많이 상승한 날의 거래량이 가장 많을 것이라고 가정하는 것입니다.

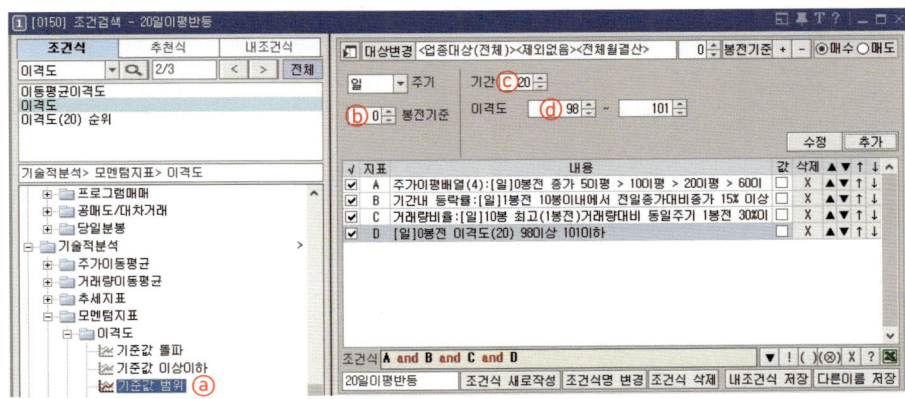

20일 이동평균선 기준 주가의 위치를 이격도로 파악하는 조건을 추가한 모습

4번 조건(일봉 차트상 20일 이동평균선의 -2~+1% 구간 내 주가가 위치)을 입력해보겠습니다. 조건식 탭에서 '기술적분석→모멘텀지표→이격도→기준값 범위'(ⓐ)를 선택한 다음, 당일(ⓑ) 기준 20일 이동평균선(ⓒ)에 대해 이격도를 -2~1% 범위로, 즉 '98~101'(ⓓ)로 설정한 후 검색식에 추가해줍니다.

이격도 조건에서의 20일 이동평균선은 지수 이동평균선이 아니기 때문에 지수 이동평균선을 사용하는 우리의 차트에서는 주가의 위치가 조금 다르게 보일 수 있습니다. 그렇지만 괜찮습니다. 우리는 결국 3분봉 차트를 활용해 타점을 잡게 될 테니까요.

이상 네 가지는 의미 있는 상승 이후 20일 이동평균선까지 조정을 받는 일봉

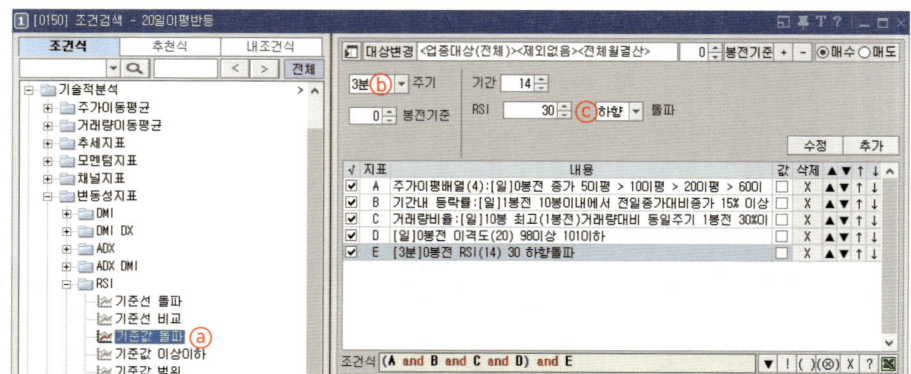

3분봉 차트상 RSI 과매도권 진입 조건을 추가한 모습

차트상의 조건을 정리한 것입니다. 따라서 모두 괄호로 묶어서 '(A and B and C and D)'로 보이게 될 것입니다

5번 조건(3분봉 차트상 RSI 과매도권 진입)을 입력해보겠습니다. 조건식 탭에서 '기술적분석→변동성지표→RSI→기준값 돌파'(ⓐ)를 선택한 다음 3분봉(ⓑ) 기준 RSI 과매도권으로 진입하는 30 하향 돌파(ⓒ)로 설정한 후 검색식에 추가해줍니다.

이로써 일봉 차트상 조정을 받아 20일 이동평균선에 근접한 주가의 3분봉 차트상 추세 전환 가능 지점을 포착할 수 있게 됩니다.

6번 조건(3분봉 차트상 MACD-시그널선의 골든크로스 발생)을 입력해보겠습니다. 조건식 탭에서 '기술적분석→추세지표→MACD→기준선 돌파'(ⓐ)를 선택한 다음 3분봉(ⓑ) 기준 MACD 시그널을 골든크로스 하는 조건인 상향돌파(ⓒ)로 설정한 후 검색식에 추가해줍니다.

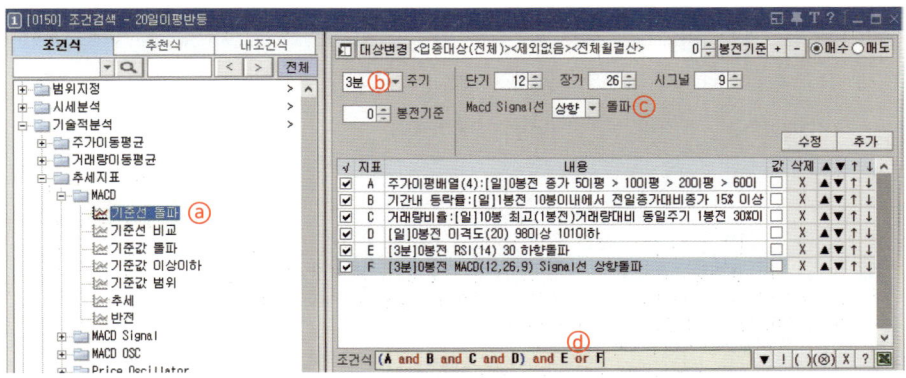

3분봉 차트상 MACD-시그널선의 골든크로스 발생 조건을 추가한 모습

이로써 일봉 차트상 조정을 받아 20일 이동평균선에 근접한 주가의 3분봉 차트상 추세 전환 가능 지점을 포착할 수 있게 됩니다.

앞서 추가한 조건인 RSI 과매도권 진입과 마지막으로 추가한 조건인 MACD-시그널선 골든크로스는 동시에 발생하지 않으므로 조건식 부분에서 'and'를 'or'로 바꿔줍니다(ⓓ). 이후 조건 E와 조건 F를 괄호로 묶어줍니다. 그러면 다음과 같이 일봉 조건인 '20일 이동평균선 위에서 10일 이내에 15% 이상 상승한 후 조정을 받아 20일 이동평균선에 접근'한 상태와 3분봉 조건인 '당일 하락추세를 반등으로 전환'시키는 종목을 찾을 수 있는 검색식이 완성됩니다.

(A and B and C and D) and (E or F)

이 검색식의 실시간 창을 띄워놓으면 장이 진행되면서 조건이 충족되는 종목을 결과로 내놓게 됩니다. 그때그때 살펴보면서 매매에 임할 수 있습니다.

여기까지 20일 이동평균선 기준으로 반등을 노리는 단타 매매 기술의 이론

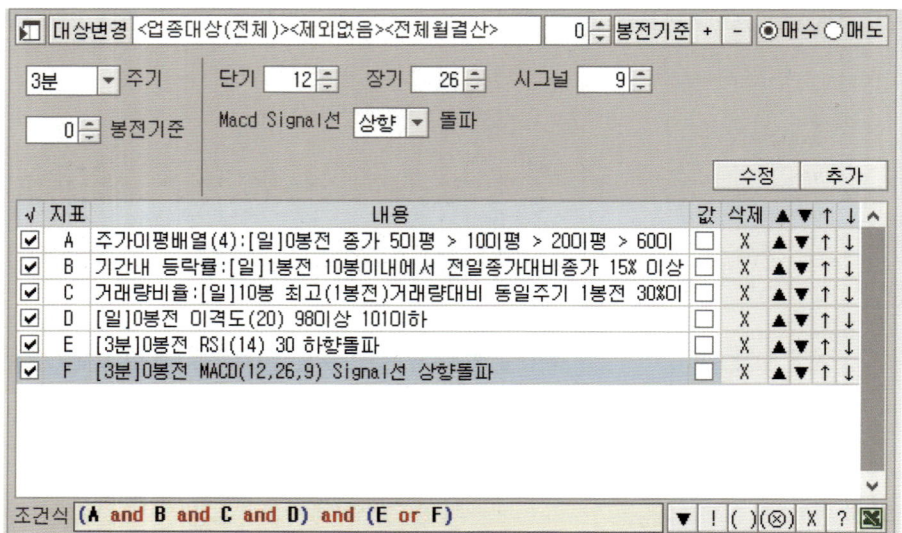

20일 이동평균선에서의 반등을 노린 단타 종목을 찾는 검색기 완성

을 공부하고, 매매에 활용할 수 있는 검색식을 만들어봤습니다. 이어지는 실제 사례를 통해 충분히 이해할 수 있도록 꼼꼼히 살펴보기 바랍니다.

1-1
삼화전기, 삼화전기

2024년 5월 23일 삼화전기는 20일 이동평균선과 -4.85% 정도 이격을 갖고 있습니다. 즉 아직 20일 이동평균선보다 5%가량 위에 있는 상태입니다. 이동평균선을 보면 5일 이동평균선과 10일 이동평균선이 데드크로스를 만들 것처럼 아슬아슬합니다. 5일 이동평균선 아래로 종가가 만들어지는 음봉이 하나 더 떨어지면 5-10일 이동평균선의 데드크로스가 발생하면서 상승추세가 꺾일 수 있습니다.

이때 20일 이동평균선까지 하락하면 반등을 염두에 두고 단타 매매를 할 수 있습니다. 20일 이동평균선의 가격은 약 6만 3천 원입니다. 앞서 ⓐ와 같은 지점에서도 20일 이동평균선의 지지를 받는 비슷한 움직임이 있었습니다.

이날 투자자별 매매동향을 살펴보면 외국인과 기관계, 연기금 등이 열심히 사 모은 것을 알 수 있습니다. 20일 이동평균선을 쉽게 깰 것 같지는 않습니다.

5월 24일 장 시작 후 얼마 되지 않아 3분봉 차트상 RSI 과매도권으로 진입

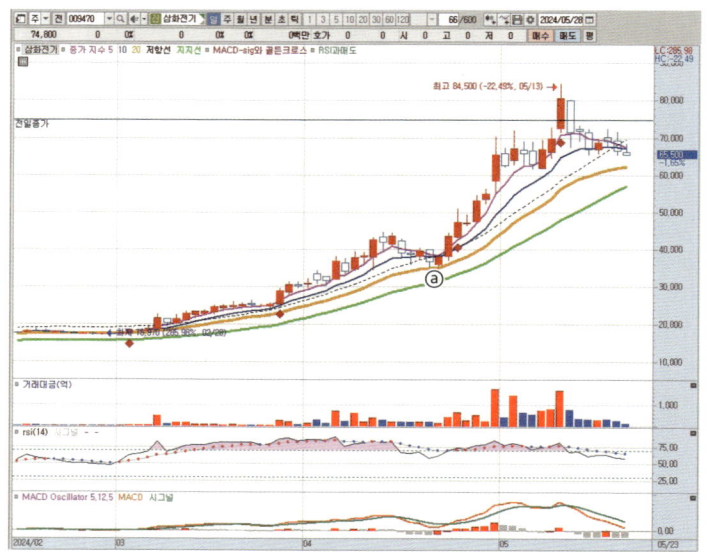

삼화전기 2024년 5월 23일 일봉 차트

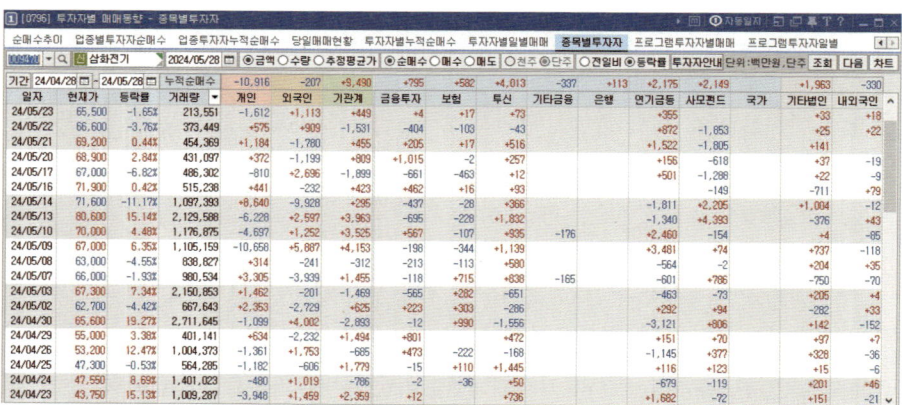

삼화전기 2024년 5월 23일 투자자별 매매동향

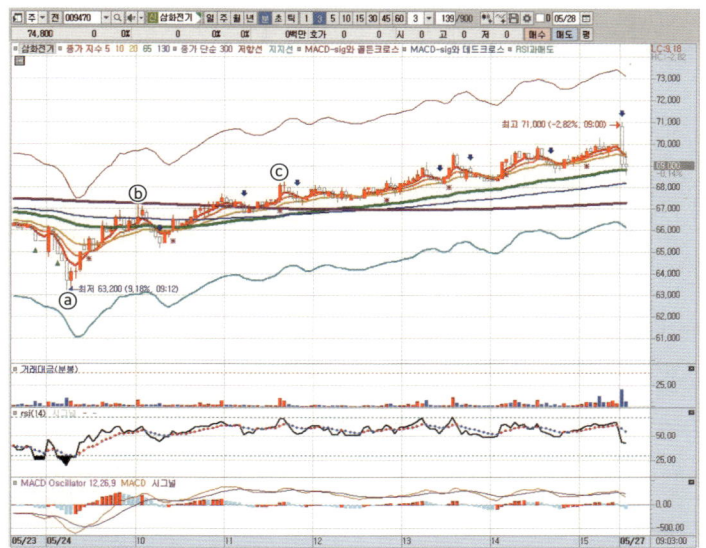

삼화전기 2024년 5월 24일 3분봉 차트

하고, 주가가 6만 3,200원, 즉 20일 이동평균선 근처(ⓐ)까지 하락한 다음 양봉을 하나 만들어줍니다. 여기서 버티겠다는 뜻으로 해석할 수 있습니다. RSI 과매도권부터 매수한 물량이 있다면 빠르게 수익권에 들어갑니다.

장기 이동평균선(300 이동평균선) 근처인 ⓑ에서 저항을 의식해 익절할 수도 있고, RSI 과매수권으로 들어가는 ⓒ에서 익절할 수도 있습니다. 3분봉을 이용한 단타 매매이므로 당일 보유한 물량은 가능한 당일에 청산해야 합니다. 각각 5%, 6.5%의 수익라인이 만들어집니다. 수익라인 안에서의 매도 수익률(익절)은 자신이 결정하면 됩니다.

한편 3분봉 차트상 65 이동평균선 위로 올라탔다는 것은 30분봉 차트상으로 주가가 5 이동평균선 위로 올라탔다는 말이며, 이는 단기 상승이 지속될 수 있는 기본 조건을 갖췄다는 말입니다. 오전에 ⓑ나 ⓒ와 같은 타점에서 매매를

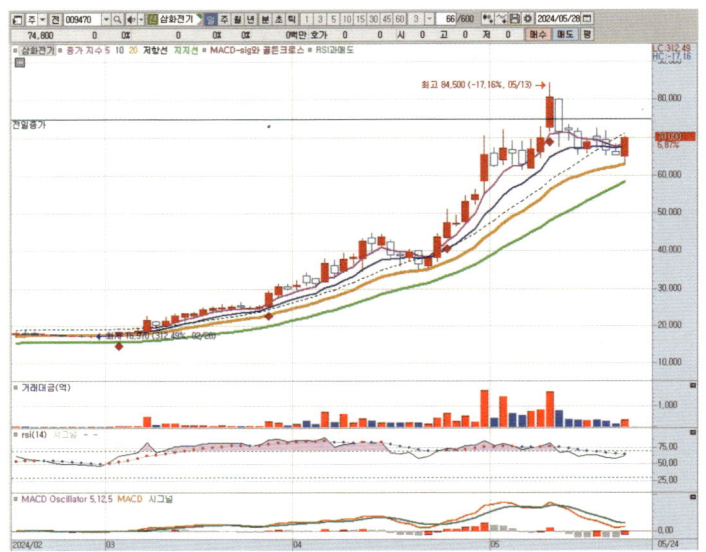

삼화전기 2024년 5월 24일 일봉 차트

끝내는 것이 아니라면, 이동평균선의 정배열을 의식하면서 65 이동평균선을 깰 때까지 보유하는 결정을 할 수도 있습니다.

일봉 차트로 보면 20일 이동평균선의 지지를 받으면서 반등했고, 5일 이동평균선과 10일 이동평균선의 골든크로스 상태가 유지되었음을 알 수 있습니다. 종가가 5일과 10일 이동평균선 위에서 끝났습니다. 이제 이 양봉을 기준으로 주가가 새로운 움직임을 보일 수 있으므로, 27일에 주가가 이 양봉 안으로 들어올 경우 분할 매수로 접근할 수 있습니다(새양봉! 기억나시나요?).

5월 27일 1.14% 갭 상승 시가로 시작합니다만 전일 이익실현 물량의 영향으로 하락합니다. 그러나 하락해도 크게 하락하지는 않았습니다. 3분봉 차트상 각 이동평균선의 정배열 상태가 유지되고 있기 때문에 65 이동평균선이나 130 이동평균선이 큰 지지의 역할을 합니다.

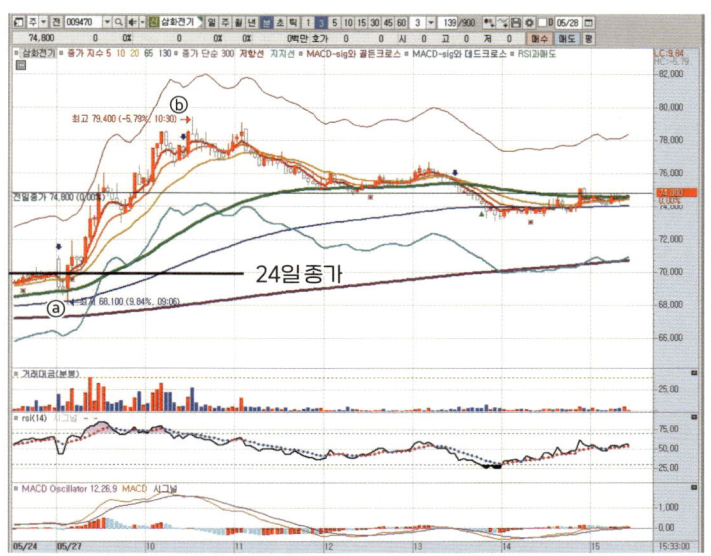

삼화전기 2024년 5월 27일 3분봉 차트

　24일 종가 아래에서 음봉을 만드는 ⓐ 구간에서 매수한 물량은 5-10-20 이동평균선이 정배열을 만들면서 움직이는 동안 계속 지켜볼 수 있습니다. 그리고 상승추세가 일단락되는 것으로 해석할 수 있는 MACD-시그널선의 데드크로스가 나오는 ⓑ에서 모두 익절하게 됩니다. 약 13%의 수익라인이 만들어집니다.

　이틀에 걸쳐 양봉을 만들어내면서 5일 이동평균선과 10일 이동평균선은 완전히 재차 정배열 폭을 넓히고 있습니다. 전고점이 눈앞에 있으며 이틀 동안 거래량이 증가하고 있습니다. 다음 날인 28일에도 이 종목을 매매하고자 한다면 27일의 저가를 손절선으로 잡고 오늘과 비슷한 매매를 할 수 있습니다.

　외국인이 계속 매수하면서 주가를 끌어올렸음을 확인할 수 있습니다. 투자자별 매매동향은 장중에도 계속 살펴볼 수 있으므로 매매의 의사결정에 도움이 됩니다.

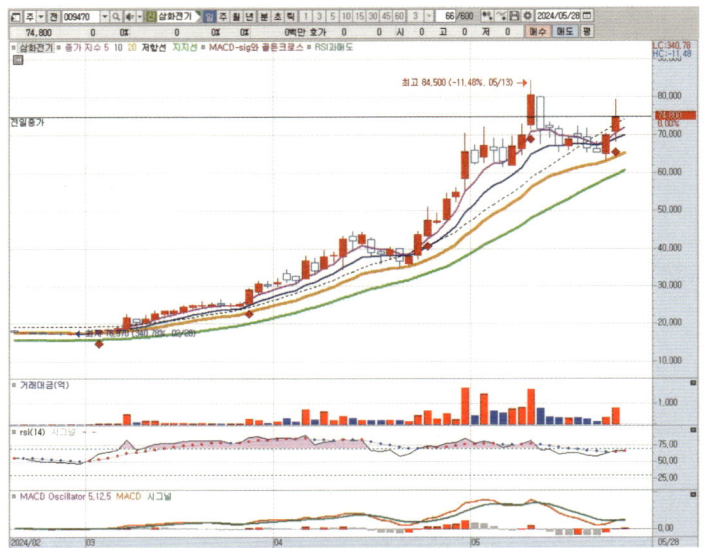

삼화전기 2024년 5월 27일 일봉 차트

삼화전기 2024년 5월 27일 투자자별 매매동향

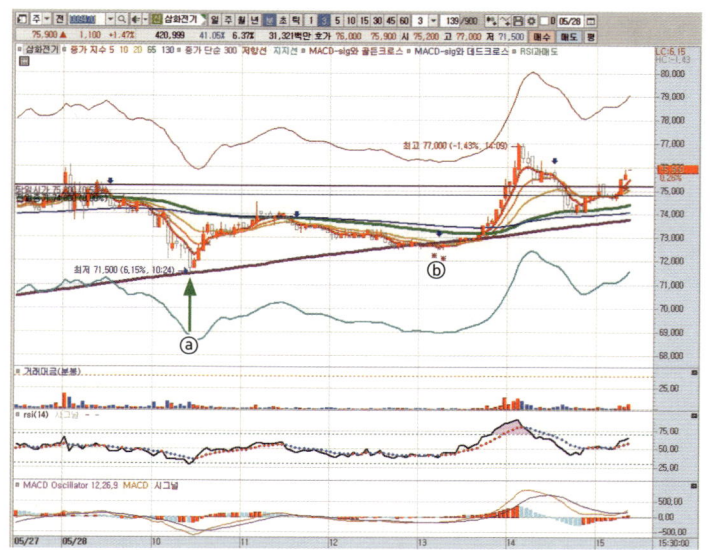

삼화전기 2024년 5월 28일 3분봉 차트

 3분봉 차트를 보면 27일 종가 근처에서 시작한 주가는 10시 30분 정도까지 흘러내려서 ⓐ 지점에서 RSI 과매도권에 진입합니다. 이 시점에서 지지하는 300 이동평균선을 확인하십시오. 3분봉 차트상 300 이동평균선은 30분봉 차트상 20 이동평균선의 위치에 해당합니다(더 정확히는 20 이동평균선과 65 이동평균선 사이). 하락하는 가운데에도 누가 매수하고 있는지 투자자별 매매동향 등을 통해 살핀다면 확신을 갖고 매수 개입할 수 있습니다.

 반등한 ⓐ 지점을 당일의 저가라고 생각하고, 반등 시 저항으로 작용할 수 있는 장기 이동평균선(65 이동평균선과 130 이동평균선)이 모여 있는 지점에서는 익절하는 것이 좋습니다. 이동평균선의 뜻을 잘 알고 있다면 이렇게 이동평균선이 겹쳐진 상태로 주가 위에 있을 때 강력한 저항이 될 수 있다는 점을 이해할 수 있습니다. 3% 정도의 수익라인이 만들어집니다.

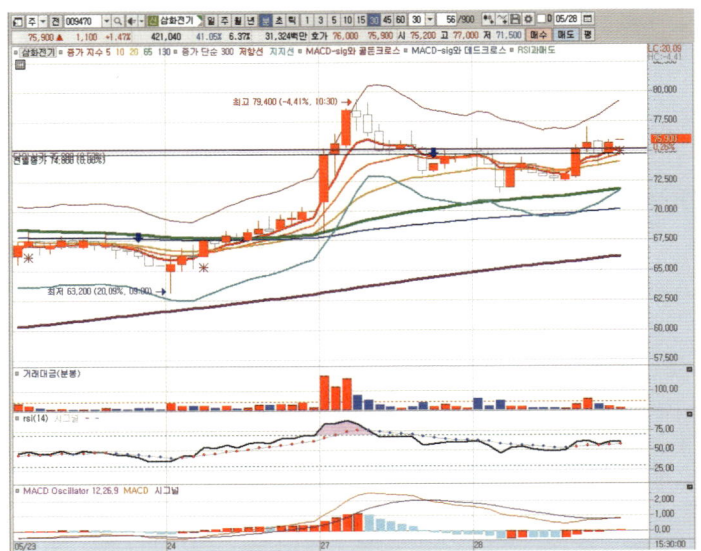

삼화전기 2024년 5월 28일 30분봉 차트

삼화전기 2024년 5월 28일 투자자별 매매동향

이후 이 종목을 벗어나 다른 종목을 매매할 수 있겠지만, 계속 이 종목으로 매매할 계획이라면 당일의 저점을 깨지 않는 이상 RSI 과매도권 진입이나 MACD-시그널선의 골든크로스가 발생하면 매수 관점에서 진입할 수 있습니다. MACD-시그널선이 골든크로스를 만드는 ⓑ 지점을 보면 당일의 저점인 ⓐ보다 높은 위치에서 형성되어 있으며, 300 이동평균선의 지지를 받는 것으로 보입니다. 당일 저점인 ⓐ 가격대를 손절선으로 삼고 매수한다면 다시 적절한 수익을 거둘 수 있음을 알 수 있습니다.

3분봉 차트상 매수타점이 30분봉 차트에서는 어떻게 보이는지 확인하십시오. 3분봉 차트상 300 이동평균선까지 접근한 10시 30분경, 30분봉 차트에서는 20 이동평균선을 깼지만 65 이동평균선의 지지를 받으며 해당 이동평균선 위에서 계속 주가가 움직이는 것을 볼 수 있습니다.

더불어 투자자별 매매동향을 보면 27일에 이어 28일에도 외국인과 기관계가 지속적으로 매수했음을 확인할 수 있습니다.

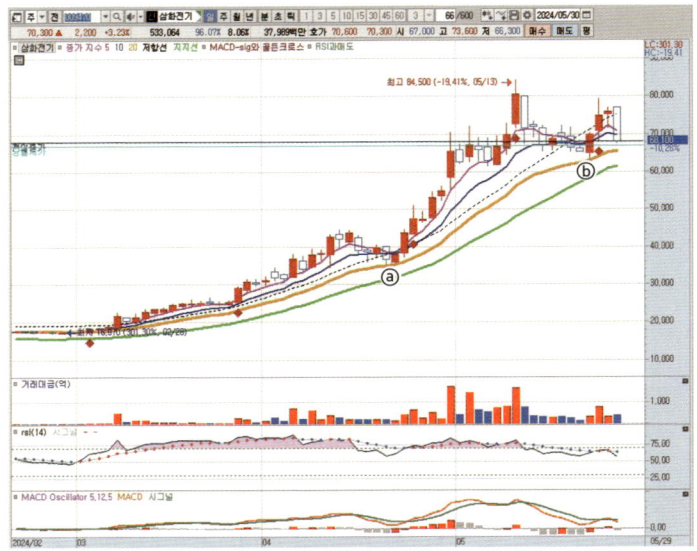

삼화전기 2024년 5월 29일 일봉 차트

　이어서 다시 한번 삼화전기의 사례를 살펴보겠습니다. 2024년 5월 29일, 삼화전기는 -10.28% 하락했습니다. 다음 날인 30일의 장 초반 하락 구간이 발생하면, 20일 이동평균선을 기준으로 한 반등세를 활용할 수 있는 좋은 단타 매매 기회가 될 것입니다. 이미 ⓐ와 ⓑ에서 20일 이동평균선까지 근접한 음봉을 만들고 다음 날 반등하는 사례를 볼 수 있습니다.

　다만 전체적으로 봤을 때 20일 이동평균선 근처에서 주가가 반등하지 못하고 종가상 20일 이동평균선 아래에서 끝나게 되면 5일 이동평균선과 10일 이동평균선의 데드크로스가 발생할 수 있습니다. 이미 주가의 고점이 낮아지면서 RSI의 고점도 낮아지고 있으므로 이 종목을 상승시키려는 강도가 약해지고 있다는 점을 의식해야 합니다.

　전일인 29일 종가 대비 -1.62% 하락하면서 시작했는데, 3분봉 차트상 RSI

삼화전기 2024년 5월 30일 3분봉 차트

과매도에 진입합니다. 일봉 차트로 봤을 때 이 가격에서 20일 이동평균선을 터치합니다. 1차 매수합니다. 반등해주면 상승추세를 따라가다 수익 실현하고, 이 지점에서 추가 하락하면 추세를 돌리는 MACD-시그널선의 골든크로스 정도에서 2차 매수해 본전에서 매도하거나 흐름을 보고 수익을 보면 됩니다.

일봉 차트상 20일 이동평균선은 힘이 있습니다. 장 시작 후 첫 3분간은 하락한 상태에서 머물다가 상승을 시작합니다. RSI 과매수권으로 진입하는 ⓐ 지점은 장기 이동평균선인 300 이동평균선이기도 하므로 저항을 의식해 일단 수익 실현하는 것이 좋습니다. 약 7.5%의 수익라인입니다. 전량을 매도해도 좋고 아직 3분봉 차트상 이동평균선들이 정배열이므로 MACD-시그널선의 데드크로스가 나올 때까지 버티다가 전량 익절하는 것도 고려할 수 있습니다. 해당 지점인 ⓑ까지는 약 8.5%의 수익라인이 만들어집니다.

3장. 장중 단타 매매의 기술   419

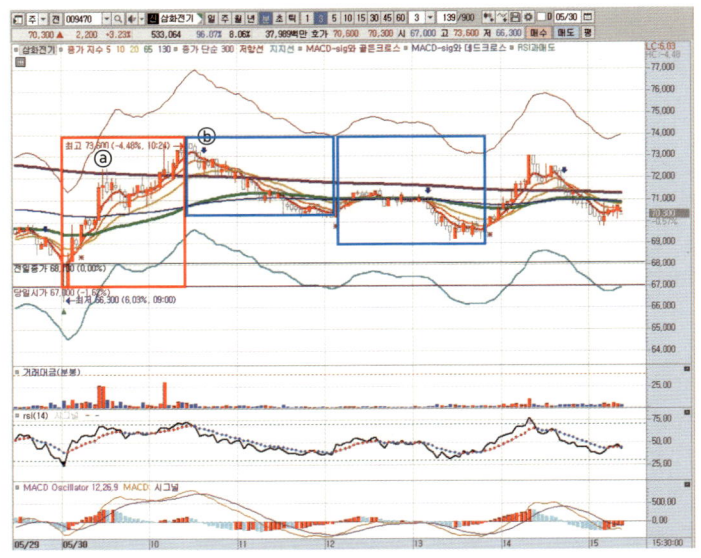

삼화전기 2024년 5월 30일 3분봉 차트에서의 추세 구간

    상승이 한 번 일어난 다음 MACD-시그널선의 데드크로스가 발생하면 조정 구간에 진입하는 것으로 간주하면 됩니다. 조정 구간에서 앞서 상승이 시작된 저점을 깨지 않고 RSI 과매도권 진입이나 MACD-시그널선의 골든크로스가 발생하면 조정의 마무리로 파악할 수 있습니다. 그리고 수익권을 향해 진입할 수 있습니다. 도식화하면 위와 같습니다.

    오전의 상승 이후 하늘색 박스 구간이 윗꼬리를 달면서 하락하는 구간입니다. 첫 번째 하락 구간의 끝에서 MACD-시그널선의 골든크로스를 동반한 반등은 그 강도가 약했지만, MACD-시그널선의 데드크로스로 시작된 두 번째 하락 구간에서는 RSI 과매도권 진입 이후 MACD-시그널선의 골든크로스로 다시 약 5%의 수익라인을 줍니다. 이 모든 저점 신호들이 당일 저가 위에서 만들어지고 있습니다.

삼화전기 2024년 5월 30일 30분봉 차트

당일 일봉상 양봉이 만들어지고 난 다음에는 주목하고 있다가 3분봉에서의 조정이 끝난 후 다시 매수 타이밍을 잡는 것이 회전율을 올리는 비결 중 하나입니다.

30분봉 차트로 보면 장 시작과 함께 300 이동평균선을 터치하는 것을 볼 수 있습니다. 이것이 일봉 차트상 20일 이동평균선에 해당하는 가격대입니다. 아직까지 65 이동평균선과 130 이동평균선이 골든크로스 상태를 유지하고 있으므로, 일봉 차트상으로도 5일 이동평균선과 10일 이동평균선의 골든크로스 상태임을 알 수 있습니다. 300 이동평균선에서 반등해 위의 65 이동평균선 정도에서 저항을 의식하고 익절하는 것이 매우 합리적인 매매입니다.

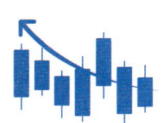

1-2 제룡전기, 삼화전기

2024년 5월 29일과 30일 양일간 제룡전기는 2개의 음봉을 만들었습니다. 31일에 10일 이동평균선의 지지를 받으면서 반등할지, 추가로 하락할지는 알 수 없습니다. 주가가 움직이는 대로 대응하면 될 것입니다.

이 종목은 ⓐ, ⓑ, ⓒ에서 볼 수 있는 것처럼 20일 이동평균선이 중요한 지지선의 역할을 하고 있습니다. 31일에도 주가가 하락해서 20일 이동평균선 근처에 진입한다면 3분봉 차트상 RSI 과매도권 진입이나 MACD-시그널선의 골든크로스를 살피면서 매수의 관점으로 접근해야 할 것입니다.

한 종목만 보고 있을 수는 없으므로 -4.5% 정도 아래에 위치한 20일 이동평균선 가격인 6만 8,200원 정도에 1주 정도 매수 주문을 걸어놓습니다. 이 가격에 체결되면 그때부터 적극적으로 대응하면 됩니다. 또는 검색식을 활용할 수도 있고요.

31일 장 시작과 함께 전일 종가보다 약간 하락하면서 시작합니다. 아무래도

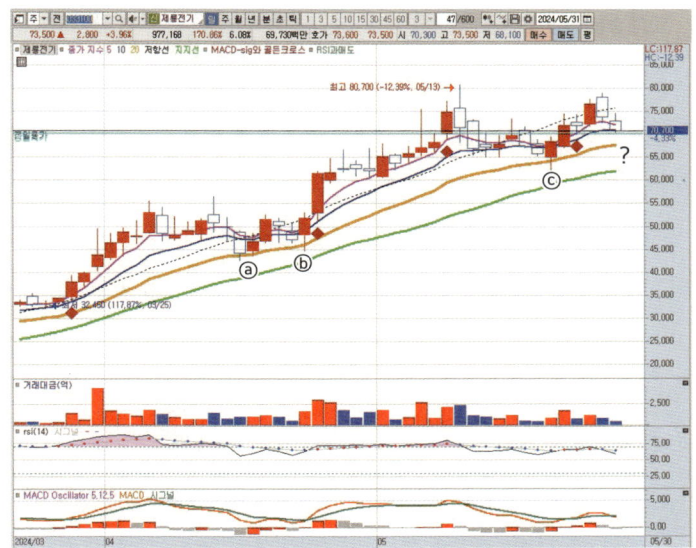

제룡전기 2024년 5월 30일 일봉 차트

제룡전기 2024년 5월 31일 3분봉 차트

이틀 연속으로 하락이 있었기 때문에 장 시작과 함께 시초가에서 잡기보다는 시간을 조금 두고 매수 타이밍을 살피는 것도 한 방법입니다(성격이 급한 분은 어쩔 수 없지만). 주가가 반등하며 상승하더라도 장기 이동평균선들이 위에 버티고 있다면 언제든 조정이 올 수 있습니다. 따라서 무작정 따라가기보다는 조정이 깊어져서 일봉상 20일 이동평균선 근처에서 3분봉 RSI의 과매도권 진입 혹은 MACD-시그널선 골든크로스와 같은 전환 신호를 확인하고 매수하는 편이 훨씬 안전합니다. 아예 20일 이동평균선 가격에 1주 매수 주문을 걸어놓고 딴 일을 해도 좋고요.

장 시작과 함께 RSI 과매도권에 진입했지만 그 가격보다 좀 더 하락하며 결국 20일 이동평균선 근처에 도달합니다. 여기서 더 하락하지 않을까 걱정이 될 수도 있습니다. 이런 상황에서의 매수 결정은 결국 경험치에 달려 있습니다. 공부하는 과정이라면 1주만이라도 매수해서 이후 주가 흐름이 어떻게 되는지 살펴보기 바랍니다.

하락하는 가운데 거래량이 터지면서 하락하는 것도 아니고, 주가의 저점은 낮아지고 있지만 RSI나 MACD는 우상향하는 모습을 보이고 있습니다. 다이버전스가 나타나고 있으므로 겉으로 보이는 주가는 하락세지만 내부적으로는 방향을 틀 준비를 하고 있는 것으로 이해하면 됩니다.

20일 이동평균선은 상승추세 안에서 만들어진 가장 많은 매매자의 평균 가격이므로 그에 따른 지지도 생각보다 강합니다. 반등이 이어지는데 굳이 너무 빨리 익절할 필요는 없습니다. 마음이 조마조마한 초보 투자자는 65 이동평균선과 닿는 지점이나 RSI 과매수권으로 들어가면서 130 이동평균선에 닿을 때 그냥 매도하고 싶을 것입니다. 이때는 미련 없이 매도해도 좋습니다.

처음에는 우연이 아닌 계획과 계산으로 거둔 수익이므로 뿌듯한 마음이 들 것입니다. 그렇게 단타 매매를 반복하다 보면 자신이 익절한 가격보다 주가가 더 올라가는 경우를 만나게 되고, 결국 '어떻게 하면 수익을 더 유지할 수 있을까?'란 고민을 하게 될 것입니다. 행복한 고민인 것이죠. 그런 과정을 통해 배포도 점점 커지게 됩니다.

전체적인 주가의 흐름은 잘 모르더라도 RSI 과매수권에 진입하면 일부 익절하고 나머지는 추세의 유지를 알려주는 MACD-시그널선의 골든크로스가 지속되는 동안 계속 보유하는 등 규칙을 세우고 꾸준히 지켜보세요. 실천을 거듭할수록 실패보다는 추가 수익을 얻는 성공의 경험이 점차 쌓여갈 것입니다. MACD-시그널선의 데드크로스가 발생하는 ⓐ 지점까지 약 7% 정도의 수익라인이 만들어집니다.

투자자별 매매동향을 이용해 해당 종목의 매수 주체를 확인할 수 있으면 좀 더 의지가 됩니다. 맨 위 '누적순매수' 부분을 보면 제룡전기의 주가 상승을 만드는 주축은 외국인과 연기금임을 알 수 있습니다. 매매를 한 5월 31일에도 역시 외국인과 연기금이 매수해주고 있습니다. 이들에게 업혀서 매매하고 수익을 낸 것이라 생각하면 됩니다.

제룡전기 2024년 5월 31일 투자자별 매매동향

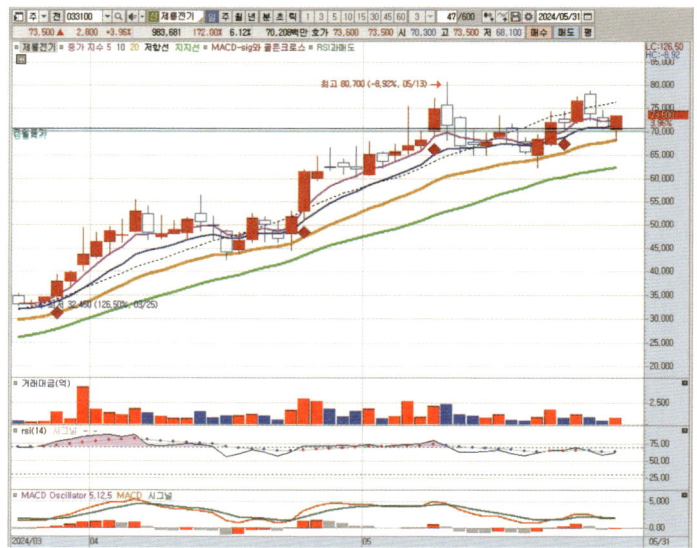

제룡전기 2024년 5월 31일 일봉 차트

5월 31일 일봉을 확인합니다. 20일 이동평균선 위에서 지지를 받고 다시 양봉을 만들어낸 것을 볼 수 있습니다. 오늘 만들어진 저점은 소중한 저점이며, 이 저점 위에서 주가가 조정을 받는다면 언제든지 매수의 관점에서 접근할 수 있습니다.

이번에는 삼화전기 사례를 살펴보겠습니다. 2024년 6월 5일 삼화전기 일봉 차트를 보면, -6.82% 하락한 저가에서 20일 이동평균선의 지지를 받고 6% 이상 상승해 보합권에서 장을 마친 것을 볼 수 있습니다. 3분봉을 활용하는 단타 매매의 기술을 몸에 익히고 있다면 이런 수익의 기회를 놓치지 않습니다.

장 시작 후 하락하다가 -3% 정도 하락한 ⓐ에서 RSI 과매도권으로 진입합니다. 1차 매수합니다. 바로 반등해도 이상하지 않은 하락폭이기 때문입니다. 비중 조절만 잘해서 들어가면 됩니다. 1차 매수 이후 추가 하락합니다. RSI 과매도

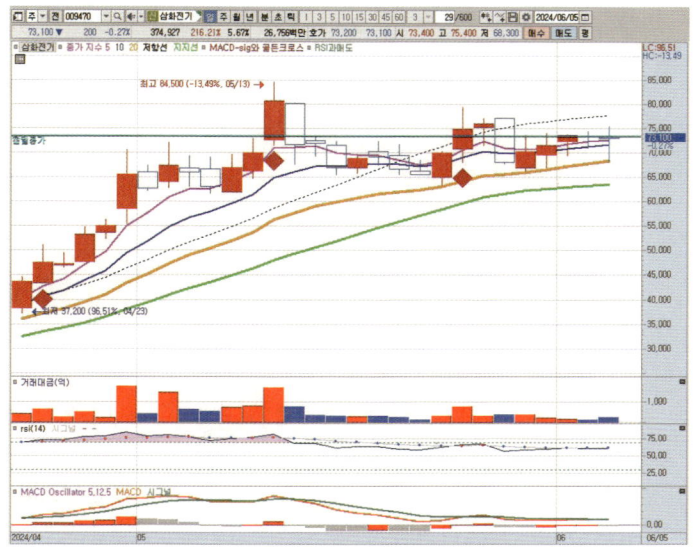

삼화전기 2024년 6월 5일 일봉 차트

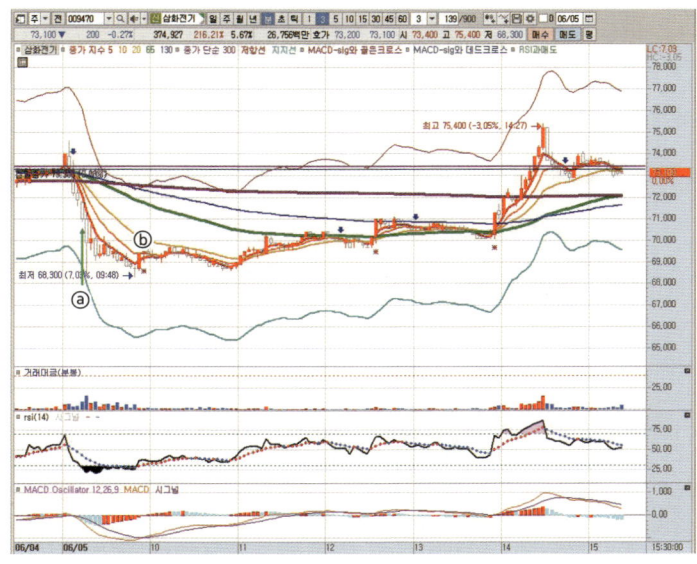

삼화전기 2024년 6월 5일 3분봉 차트

3장. 장중 단타 매매의 기술

권 진입 후 바로 이탈하기도 하지만 사례와 같이 과매도권 상태가 유지되기도 합니다. 이럴 때는 계속 매수하는 것이 아니라 RSI 과매도권 이탈 시나 하락추세가 마무리되고 다시 추세가 되돌아서는 MACD-시그널선의 골든크로스 시점에서 2차 매수합니다. 이 사례에서는 ⓑ가 바로 그런 곳입니다.

1차 매수 때와 동일한 비중으로 매수해도 되고 좀 더 비중을 실어서 매수해 평균 매수가격을 끌어내려도 됩니다. 이렇게 당일의 저점 가격대에서 물량을 확보하면, 이 가격을 깨지 않는 이상 RSI 과매수권 진입 또는 MACD-시그널선의 데드크로스를 반등 추세의 끝으로 보고 마음이 편해지는 지점에서 적절히 익절해나갈 수 있습니다.

실제로 ⓐ와 ⓑ에서 1~2차 매수를 진행했다면 반등해서 거의 본전까지 왔다가 10시 구간에서 하락하기 시작했을 때 마음이 꺾일 수 있습니다. '저점을 깨고 추가 하락하는 건 아닐까?' 하는 불안과 의심이 강하게 들겠죠. 그러나 지금의 하락이 만들어진 위치가 어디인지, 추세 전환 후 다시 하락하는 것 같은 10시대에 나오는 거래량이 어떤지를 본다면 좀 더 용기를 가질 수 있습니다.

10시 전에 만들어진 저가를 깨고 추가로 하락할 때 거래량이 쏟아지면 더 이상 미련을 갖지 말고 손절매하고 나오면 됩니다. 실제로 11시부터 계속해서 주가의 상승이 이어졌으며, 최종적으로 RSI 과매수권으로 진입하기까지 적절한 상승폭 안에서 익절하게 됩니다.

1-3 실리콘투, 그리드위즈

2024년 6월 28일 실리콘투의 일봉 차트를 보겠습니다. 그동안의 상승 이후 10일 이동평균선 근처에서 지지를 받다가 20일 이동평균선까지 하락했습니다. 차트를 보면 20일 이동평균선을 깼다가 아랫꼬리를 달고 반등한 것을 확인할 수 있습니다. 20일 이동평균선에서 지지를 받은 것입니다. 3분봉 차트를 보면 단타 매매를 할 수 있는 의미 있는 타점이 있을 것입니다.

장 시작 후 ⓐ에서 RSI 과매도권 진입 신호가 나옵니다. 1차 매수합니다. 그런데 더 밀립니다. 차분하게 지켜보면 됩니다. 20일 이동평균선 가격대가 4만 6천 원인데 이것을 깨면서 두 번째 RSI 과매도권 진입 신호가 나옵니다(ⓑ). 1차 매수 지점에서 -2.5% 정도 하락한 지점인데, 여기서 2차 매수해도 되고 좀 더 지켜봐도 됩니다. 가능하면 하락이 멈추는 것이 확인되는 지점을 찾아 2차 매수하는 것이 좋습니다.

일반적으로는 RSI 과매도권 이탈이나 MACD-시그널선의 골든크로스가 하

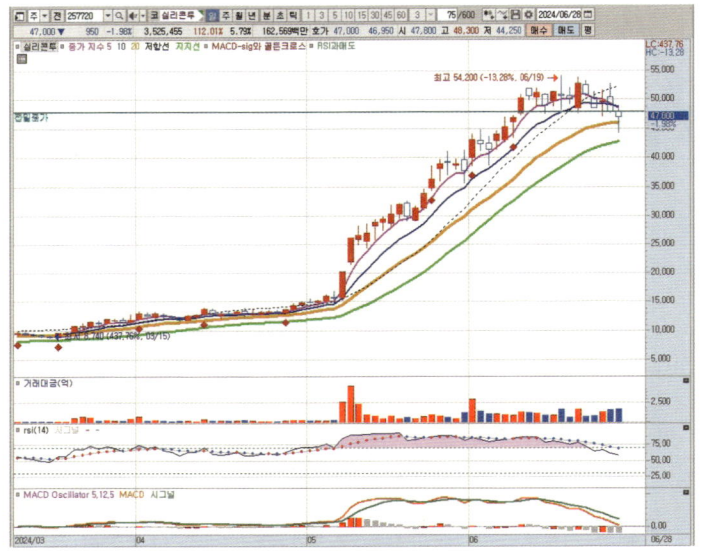

실리콘투 2024년 6월 28일 일봉 차트

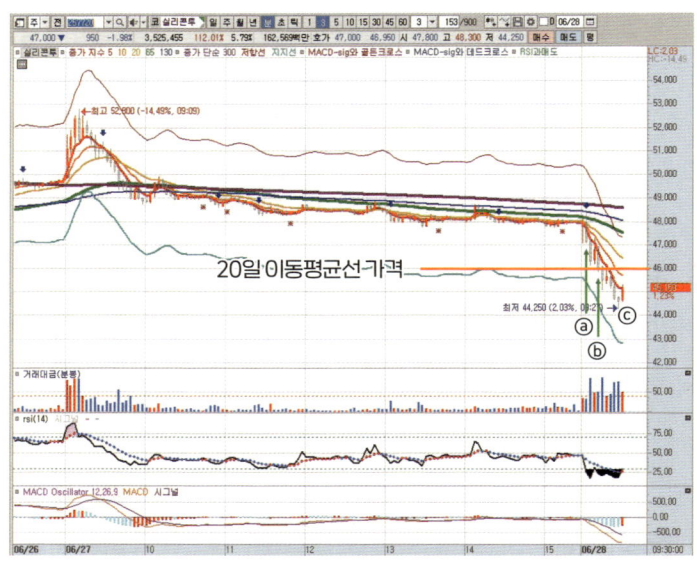

실리콘투 2024년 6월 28일 3분봉 차트(9시 30분까지)

락이 일단 멈추는 신호가 됩니다. 또는 하락 중에 5일 이동평균선을 회복해주는 양봉이 나오는 ⓒ와 같은 자리에서 2차 매수할 수 있습니다.

장 시작 후 9시 30분까지의 시점에서 주가는 20일 이동평균선을 깬 상태에 있으며, 매수한 매매자도 ⓐ를 기준으로 -4% 정도의 평가손 상태입니다. 어떤 식으로든 RSI 과매도권을 이탈하면 반등이 있을 수 있으므로 당일의 기준 저가는 당일 오전의 최저가(4만 4,250원)가 될 확률이 커 보입니다. 반등해서 수익이 나면 익절하고, RSI 과매도권을 이탈했는데 다시금 하락해서 당일 오전의 최저가인 4만 4,250원을 깨면 당일 저가를 깬 것으로 판단하고 손절합니다.

ⓒ 이후 반등해서 ⓓ까지 상승합니다. ⓐ에서 1차 매수만 하고 이후 2차 매수를 하지 않았다면 장기 이동평균선의 저항을 받는 ⓓ에서 본전 매도 또는 약손실 매도가 됩니다. 한편 RSI 과매도권을 이탈하는 ⓒ에서 2차 매수했다면 주

실리콘투 2024년 6월 28일 3분봉 차트(10시 45분까지)

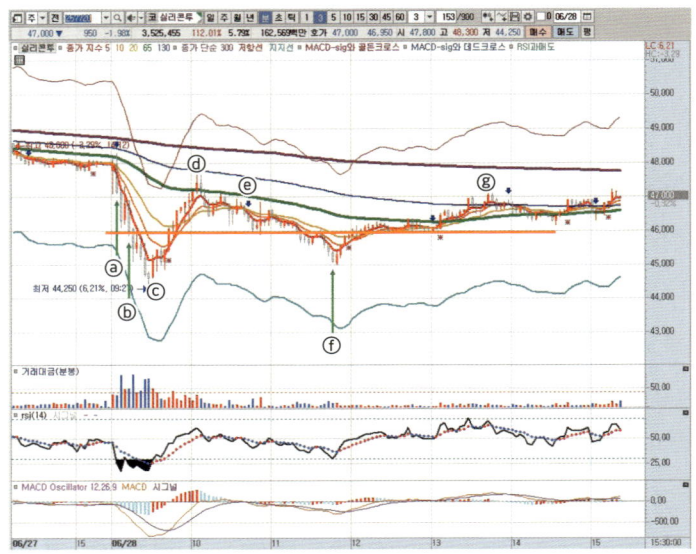

실리콘투 2024년 6월 28일 3분봉 차트

황색 매수 평균가에서 ⓓ까지 약 2.5% 정도 수익라인이 발생합니다. 매도하지 않고 홀딩하고 있었다 해도 우선 MACD-시그널선의 데드크로스가 생기는 ⓔ에서는 보유물량을 모두 매도합니다.

ⓔ에서 매도하지 않았다면 추가 하락을 겪었을 것입니다. 우리는 이 종목이 큰 상승 중에 하락해서 주가가 20일 이동평균선 근처에서 움직이고 있음을 알고 있습니다. 상승폭이 컸던 종목은 어지간한 악재가 아니면 20일 이동평균선에서 장대음봉으로 주가를 확 빼는 경우가 많지 않습니다. 제약바이오 관련 종목은 그런 움직임이 가끔 보이지만 실리콘투는 화장품 관련주입니다. 또 이 시기의 화장품 관련주에 대한 시장의 반응은 매우 긍정적인 상태였습니다.

다시 RSI 과매도권으로 진입하는 시점(ⓕ)이 나옵니다. 이 지점에서 우리는 당일 장 초반 저가의 위치와 비교해봅니다. ⓕ에서 다시 1차 매수합니다(우리는 모든 물량을 ⓒ에서 털어버린 상태입니다). 당일 장 초반 저가인 4만 4,250원을 깨면 손절매한다고 생각하면 됩니다. 하지만 반등해서 RSI 과매수권으로 진입(⑧)하네요. 약 4.5% 정도의 수익라인이 만들어집니다. 분할 매수를 통해 비중을 조절하면 많은 경우 수익으로 전환될 것이며 이를 반복하는 것이 단타매매의 묘미입니다.

처음에는 이러한 오버솔드식 3분봉 단타 매매에 대한 신뢰가 높지 않을 수 있습니다. 괜찮습니다. 매수 비중을 줄이고 계속해서 똑같은 행위를 반복하면서 기술에 대한 신뢰를 쌓아보세요. 신뢰가 충분히 쌓이면 보다 적절한 비중으로 매매할 수 있게 됩니다.

6월 28일 실리콘투 30분봉 차트입니다. 3분봉 차트를 이용해 단타 매매를 하고 있지만 장 초반 1차 매수 후 주가가 빠른 시간 내에 반등하지 않고 오히려

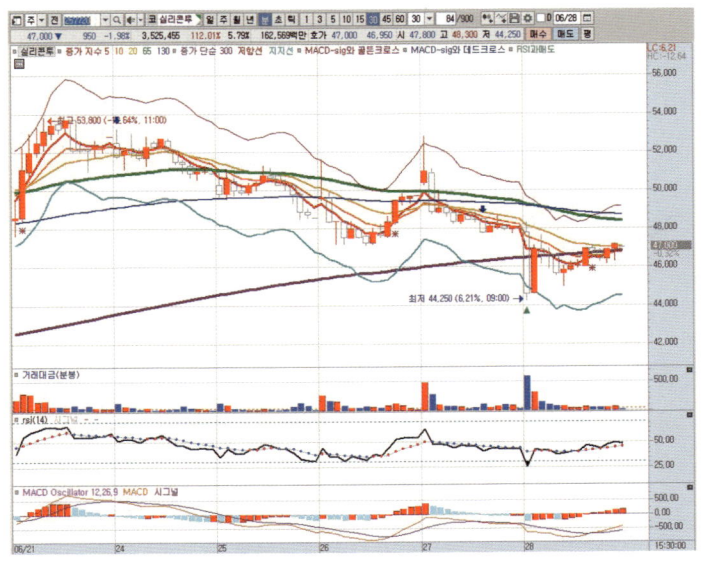

실리콘투 2024년 6월 28일 30분봉 차트

하락한다면, 그 폭을 가늠하기 위해 30분봉 차트를 볼 필요가 있습니다.

30분봉상 300 이동평균선은 일봉상 20일 이동평균선 근처에 해당합니다. 차트에서 볼 수 있는 짙은 갈색선이 300일 이동평균선인데요. 주가가 이 근처에 접근했을 때 매수하는 것은 기술적으로 매우 적절한 행위입니다. 매수 후 추가 하락한다고 해도 반드시 2차 매수점을 찾아야만 합니다. 첫 30분 음봉에서 RSI 과매도권으로 진입하는 신호가 나왔으므로 과감하게 2차 매수할 수 있습니다.

2024년 8월 23일 그리드위즈의 일봉 차트입니다. 그리드위즈는 8월 1일 인천 청라 아파트 단지 지하주차장에서 발생한 전기차 화재와 관련해 정부 정책 수혜 테마 종목으로 부각되며 주가가 움직이고 있었습니다. 이러한 일회성 사건과 관련된 테마주의 시세는 결국 어느 정도 시간이 지나면 호재 발생 전으로 회귀하기 마련이지만, 상승 후 20일 이동평균선에 접근하는 시점에 짧게 단타 매

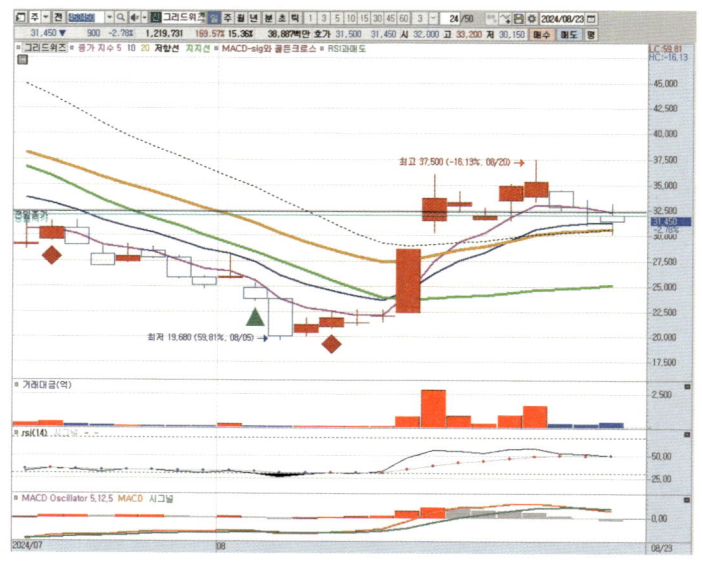

그리드위즈 2024년 8월 23일 일봉 차트

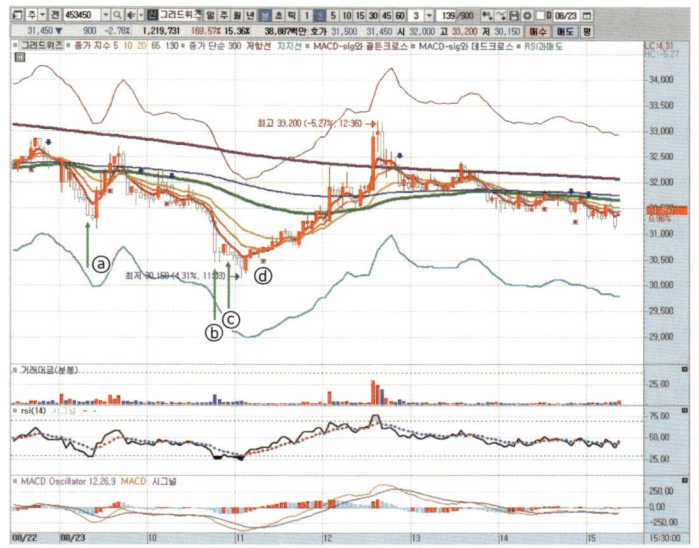

그리드위즈 2024년 8월 23일 3분봉 차트

매를 할 수 있는 기회가 있으니 살펴볼 필요가 있습니다.

일봉 차트에서 볼 수 있듯이 23일도 음봉으로 마무리하면서 하락이 3일째 이어지고 있습니다. 그러나 20일 이동평균선에서 지지를 받으면서 반등이 있었음을 알 수 있습니다. 3분봉 차트로 확인해보겠습니다.

일봉상 20일 이동평균선은 3만 600원 근처에서 형성되어 있는 상태에서 3분봉 차트에서 8월 23일 장 시작 후 하락과 함께 RSI 과매도권에 진입하는 첫 번째 신호(ⓐ)가 나옵니다. 매수해서 장 초반 반등 시 65 이동평균선이나 130 이동평균선에서 3~4% 익절이 가능합니다. 또는 20일 이동평균선까지는 신호가 나올 때마다 매집하겠다는 생각으로 1차 매수 포인트로 삼을 수 있습니다.

ⓐ에서 반등한 주가는 다시 흘러내립니다. 그도 그럴 것이 주가를 끌어올린 원동력이 '전기차 화재'라는 시장의 관심에 따른 수급이었기 때문입니다. 시장

의 관심이 다른 곳으로 돌려지면 주가는 빠질 수밖에 없습니다. 그래서 테마주의 경우 수익을 줄 때 단타로 빨리빨리 수익을 실현하는 순발력이 필요합니다.

흘러내린 주가는 ⓑ, ⓒ에서 RSI 과매도권에 다시 진입합니다. 일봉 차트상 20일 이동평균선 근처에서 3분봉 차트에서의 저가권 진입 신호가 나왔습니다. 신호가 나올 때의 주가가 비슷하므로 굳이 중복해서 매수할 필요는 없을 것입니다. 즉 ⓑ에서 매수했다면 가격이 비슷한 ⓒ에서 중복 매수할 필요는 없다는 말입니다. 왜냐고요? RSI 과매도권 진입 신호는 나왔지만 MACD-시그널선은 데드크로스가 이어지고 있기 때문에 추가 하락이 있을 수도 있다는 점을 조심하기 위해서입니다.

그러나 MACD-시그널선이 골든크로스를 만들어낸 ⓓ에서는 추가 매수를 할 수 있습니다. 장 시작부터 하락하던 추세를 일단은 누군가가 돌려세우고 있다는 신호이기 때문입니다. 이 물량은 3분봉 차트상 65 이동평균선(2.7% 수익)이나 130 이동평균선(3.7% 수익)에서 매도하거나, RSI 과매수권 진입 시 매도(7.4% 수익)하거나, MACD-시그널선의 데드크로스 시 매도(4.4% 수익)하면 됩니다.

다시 한번 강조하지만 시장에서 관심이 멀어지고 있는 테마주는 너무 오래 갖고 있을 필요가 없습니다.

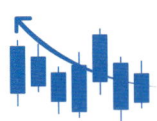

1-4
샤페론, 빅텐츠

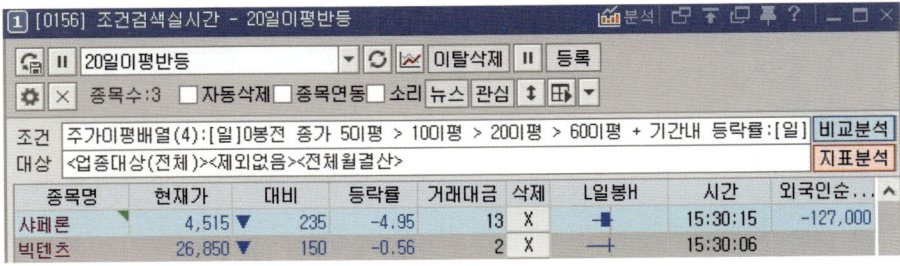

2024년 11월 6일 이동평균선의 반등을 활용한 단타 매매 종목 검색기

2024년 11월 6일 오전은 전일에 미국 대선 투표 개표가 진행되면서 매우 혼란스러운 장이었습니다. 이동평균선의 반등을 활용한 단타 매매 종목 검색기를 보면 샤페론, 빅텐츠 두 종목의 이름이 보입니다. 차례대로 살펴보겠습니다.

샤페론 일봉 차트를 보면 나흘간 상승추세를 만들다가 당일 20일 이동평균

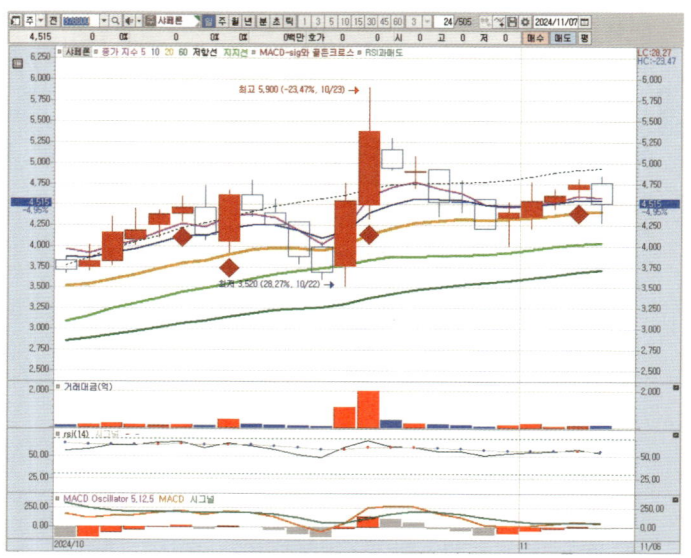

샤페론 2024년 11월 6일 일봉 차트

선을 살짝 깨고 아랫꼬리를 다는 모습을 볼 수 있습니다. 아랫꼬리는 달리 말하면 분봉상 반등 구간으로, 수익을 볼 수 있는 구간입니다. 0.21% 시가로 시작해서 저가 기준 -9.79% 하락했지만 검색식에 나오면 관심을 갖고 살펴봐야만 합니다.

앞서 10월에 2개의 큰 양봉이 각각 1천억 원대와 2천억 원대의 거래대금으로 만들어졌습니다. 그 거래량이 이익 실현을 위해 쏟아지지 않은 상황이라면 20일 이동평균선까지의 조정은 어떤 의미에서는 기회입니다.

9시 3분부터 6분까지 약 -11% 하락 음봉이 발생하면서 검색기에 포착되었습니다. 3분봉 차트상 RSI 과매도권에 진입하므로 ⓐ에서 1차 매수합니다. 하락 VI가 발동되었지만 풀리자마자 ⓑ에서 반등합니다. 약 6% 반등입니다. 3분봉 차트상 주가가 어떻게 흐를지는 아무도 알 수 없지만 확실한 것은 300 이동

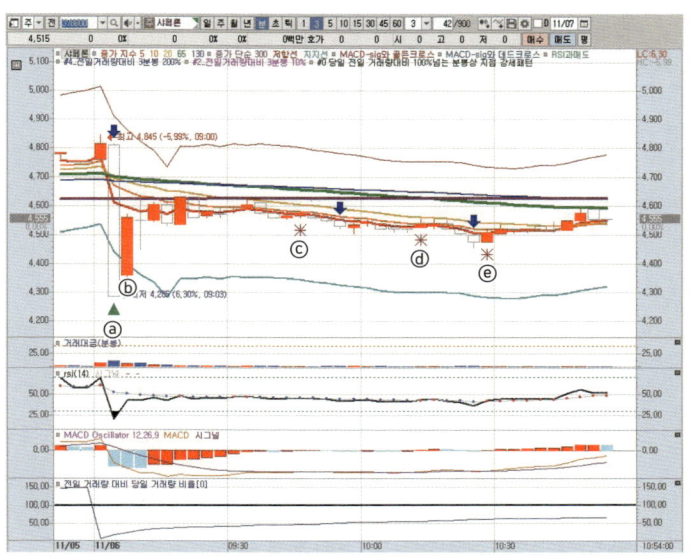

샤페론 2024년 11월 6일 3분봉 차트(10시 54분까지)

평균선, 130 이동평균선, 65 이동평균선 등이 주가 위에 모여 있어 저항의 역할을 할 것으로 보입니다. 이것을 돌파하기 위해서는 음봉 ⓐ가 만들어질 때의 거래량을 넘어서는 매수세가 들어와야 하므로, 일찌감치 수익을 실현하고 주가 흐름을 살펴보는 것이 좋습니다. MACD-시그널선은 아직 데드크로스 상태이기 때문입니다.

ⓑ에서 익절한 다음 MACD-시그널선의 골든크로스를 기다립니다. ⓒ, ⓓ, ⓔ에서 MACD-시그널선의 골든크로스가 나옵니다. ⓒ에서는 1차 매수를 하는 것이 맞으며 이후 ⓐ의 저가를 오늘의 손절선으로 삼고 ⓒ에서 매수한 물량만 갖고 익절 타이밍을 기다리거나, ⓓ나 ⓔ에서 2차 매수할 수도 있을 것입니다. 장기 이동평균선들이 아직 버티고 있지만 MACD-시그널선의 골든크로스가 나오면서 추세가 돌 것임을 암시하고 있으니 기다립니다.

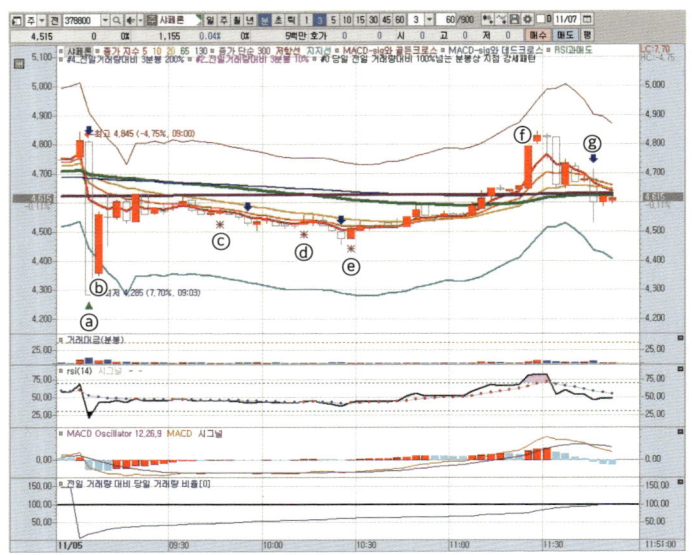

샤페론 2024년 11월 6일 3분봉 차트(11시 51분까지)

　　MACD-시그널선의 골든크로스가 만들어지는 구간인 ⓒ~ⓔ에서 매수한 물량들이 상승하면서 ⓕ에서 RSI 과매수권에 진입합니다. 익절하기 적절한 지점입니다. 약 5~6% 수익 구간입니다. 물론 ⓕ까지 보유하지 않고 상승하던 도중 65 이동평균선, 130 이동평균선, 300 이동평균선 근처에서 익절해도 무방합니다. 중요한 것은 우리가 감정으로 움직이지 않고 기본적인 규칙에 따라 동일한 행위를 반복한다는 점에 있습니다.

　　추가 수익에 대한 욕심으로 ⓕ에서 익절하지 않았더라도 RSI 과매수권을 이탈하는 지점이나 MACD-시그널선의 데드크로스가 발생하는 ⓖ에서는 보유물량을 모두 정리하는 것이 맞습니다.

　　20일 이동평균선을 기준으로 한 오전의 매매가 끝났습니다. 하루 전체의 3분봉 차트를 보면 얼마나 매수와 매도를 깔끔하게 하면서 수익을 냈는지 알 수

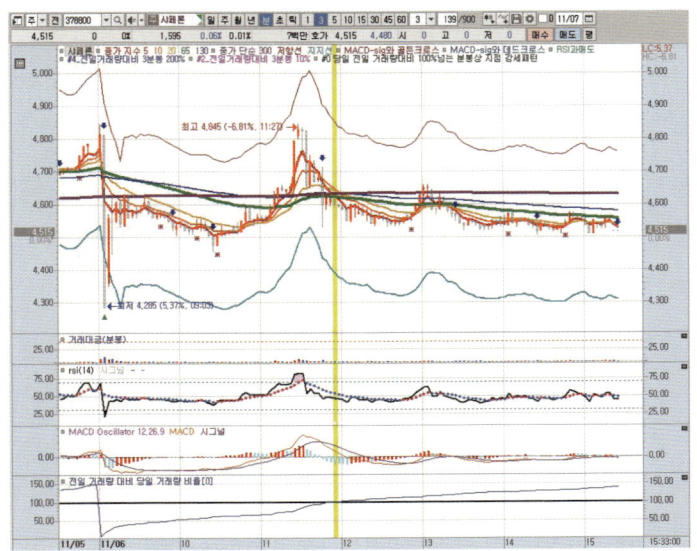

샤페론 2024년 11월 6일 3분봉 차트(하루 전체)

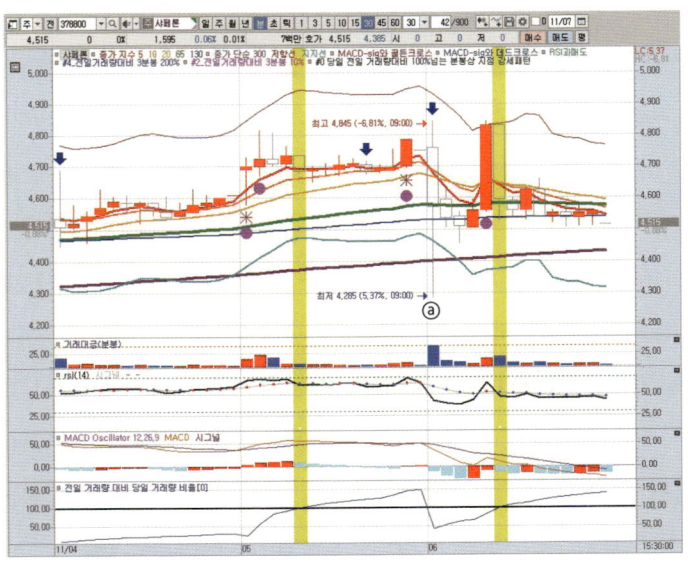

샤페론 2024년 11월 6일 30분봉 차트

3장. 장중 단타 매매의 기술

있습니다. 매수의 강도가 줄어들거나 추세가 반전되는 신호가 나오면 굳이 보유하고 있을 이유가 없습니다. 이는 일봉 차트를 기준으로 한 중장기 매매에서도, 3분봉 차트를 활용한 단타 매매에서도, 30분봉 차트를 활용한 스윙 매매에서도 마찬가지입니다.

일봉 차트상 20일 이동평균선에 접근할 때의 30분봉 차트를 살펴보면 ⓐ와 같이 300 이동평균선을 깨고 내려간 것을 볼 수 있습니다. 30분봉 차트상 300 이동평균선은 일봉 차트상 20일 이동평균선에 상당하는 것으로 보고 매매합니다.

이번에는 빅텐츠를 살펴보겠습니다. 거래대금이 아주 적은 종목이라 실전에서 매매할 경우 주의가 필요합니다. 검색기에 거래대금 관련 조건을 넣어서 이런 종목은 나오지 않게 하는 것도 리스크를 회피하는 한 방법입니다.

어쨌든 20일 이동평균선을 잠시 깨고 내려갔다가 거의 하루 종일 주가가 아랫꼬리를 만들면서 반등한 것을 볼 수 있습니다. 저가 대비 -13.15%였으므로 수익률 면에서는 좋은 결과를 보여줬습니다. 3분봉 차트를 살펴보겠습니다.

검색기에 추출되어 나오는 시점은 보통 20일 이동평균선 값인 2만 4,700원 근처지만, 우리는 지수 20일 이동평균선을 기준으로 하므로 좀 더 기다립니다. 지수 20일 이동평균선 값인 2만 4천 원 근처에 왔을 때 이 종목에 본격적으로 관심을 갖도록 합니다.

RSI 과매도권 이탈(ⓐ) 신호를 확인할 수 있습니다. MACD-시그널선의 골든크로스 발생은 아직입니다. 검색기에 추출된 이후 지수 20일 이동평균선 근처에서 매수하기 시작했다면 ⓐ 캔들 안에 자신의 매수가가 있을 것입니다.

ⓐ에서 매수한 물량은 하락추세 이후 반등 과정에서 적절한 수익을 가져다줍니다. 한편 MACD-시그널선의 골든크로스가 발생한 ⓑ에서는 저점 캔들인 ⓐ에서보다 좀 높은 느낌이 들어 하락 시 손실이 걱정될 수 있습니다. 매수 비중을 줄이고 손절선을 ⓐ 캔들의 저가로 삼아서 혹시 있을지 모를 하락에 대비합

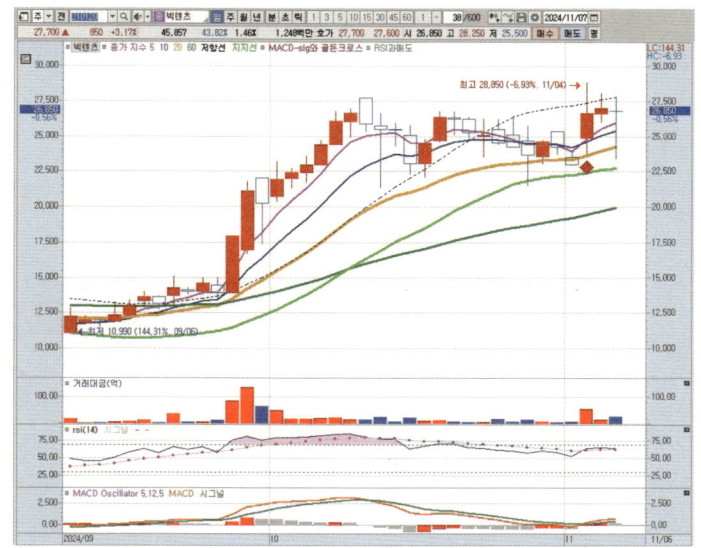

빅텐츠 2024년 11월 6일 일봉 차트

빅텐츠 2024년 11월 6일 3분봉 차트(9시 42분까지)

3장. 장중 단타 매매의 기술   443

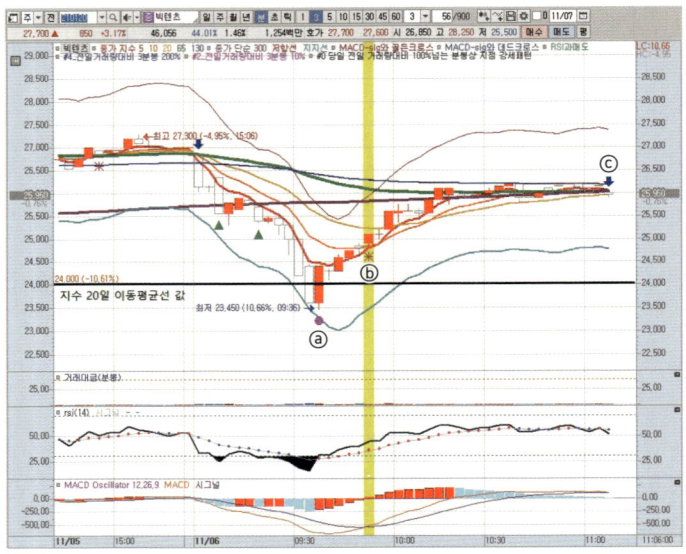

빅텐츠 2024년 11월 6일 3분봉 차트(11시 6분까지)

니다. 하락 시 지수 20일 이동평균선 값 근처에서 추가 매수한다는 계획을 세울 수도 있습니다.

20일 이동평균선까지의 급락으로 3분봉 차트상 이동평균선이 역배열 상태가 됩니다. 65 이동평균선이나 130 이동평균선이 저항으로 작용할 수 있으므로 적절히 익절하는 것이 좋겠습니다.

RSI 과매수권 진입이나 MACD-시그널선의 데드크로스까지는 지켜보겠다는 입장이어도 MACD-시그널선의 데드크로스가 나오는 ⓒ에서는 장 초반 매수를 마무리하면서 모두 익절하는 것이 좋습니다. 약 10%의 수익라인입니다. ⓒ에서 우리는 9시 30분 정도까지의 하락에서 반등이 마무리된 것으로 판단하지만, 설령 3분봉 차트상 장기 이동평균선인 65 이동평균선이나 130 이동평균선 또는 300 이동평균선을 돌파해서 더 상승하더라도 그냥 보내주면 되겠습니다.

빅텐츠 2024년 11월 6일 3분봉 차트(하루 전체)

장기 이동평균선이 밀집되어 있는 상태에서 이를 돌파하려면 거래량이 강하게 붙어줘야만 합니다.

ⓐ나 ⓑ에서 매수해 ⓒ에서 익절한 장 초반의 매매 이후에도 장기 이동평균선의 저항을 받으며 잠시 하락하다가 2시 이후에 반등해 한 차례 더 10% 가까운 수익 구간이 만들어집니다. 장 초반에 매수한 물량을 익절하지 않았다면 더 큰 수익을 볼 수 있을 것 같지만, 단타 매매는 단기간의 주가 흐름에 대응하는 것이므로 보조지표상 매도 신호가 나오면 익절하는 것이 좋습니다.

앞선 샤페론의 경우에는 장 초반 반등 이후 하루 종일 주가가 하락하는 모습을 보인 바 있습니다. 단타 매매자라면 일단 장 초반에 수익을 거두는 매매를 하는 습관을 들이십시오.

급등 후 65 및 130 이평선의 반등을 활용한 단타 매매

급등 후 65 및 130 이동평균선의 반등을 활용한 단타 매매에 대해 알아보겠습니다. 참고로 급등의 기준은 당일 20% 이상 상승한 종목입니다. 즉 당일 20% 이상 급등한 종목에서 조정이 나올 때 급등 종목의 대기 매수세를 이용해 수익을 도모하는 단타 기술입니다.

　급등의 고점이 만들어진 후 그저 음봉이 몇 개 나온 것을 조정이라고 간주해 감으로 매수하는 것이 아니라, 기술적 근거에 의해 반등의 '가능성'이 높은, 즉 곧 반등이 시작될 수 있는 조정의 끝자락에서 매수해서 수익을 내는 기술입니다.

　당일 매수세가 집중되면서 20% 이상 급등을 실현한 종목은 그 주체가 세력이든 누구든 시장에서 관심을 끌게 되어 있고, 고점 이후 하락 및 조정을 받을 때 특정 가격대에서 대기 매수세에 의한 지지를 받고 반등할 가능성이 높습니다.

　첫 번째 조정이 아닌 두 번째, 세 번째 조정은 반등의 가능성이 떨어진다는 점은 꼭 기억해주십시오.

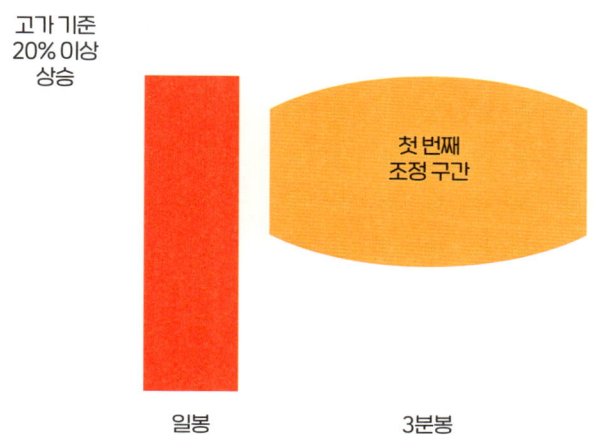

당일 20% 이상 급등한 종목의 첫 번째 조정 구간

급등이 나온다는 말은 주가가 VI를 발생시키면서 상승한다는 뜻이며, 당일에 이러한 급등이 나오는 상황의 구조에 대해서는 전작 『초단타 매매의 기술』에 자세히 기술해놓았습니다. 보다 더 직관적으로 이해할 수 있도록 차트를 하나 보겠습니다. 프레스티지바이오가 이날 왜 급등했는지는 모릅니다. 다만 18.62%의 갭상승 시가로 시작해서 상한가까지 도달했다가 시가 대비 약 -5% 하락하는 음봉으로 장을 마쳤습니다.

이처럼 갭 상승 시가가 너무 높게 뜨면 일반 투자자는 겁을 먹을 수밖에 없으며 매매할 엄두를 내기 어렵습니다. 장 시작부터 주가를 끌어올리는 세력의 의도를 명확히 알 수는 없으니까요. 동시호가 때 허매수로 시초가를 바싹 올린 다음 그걸 보고 들어오는 개인에게 그동안 매집한 물량을 확 떠넘기고 떠날 수도 있습니다. 또 다른 한편으로는 개인이 겁을 먹고 아예 들어오지 못하게 해놓

프레스티지바이오 2024년 7월 26일 일봉 차트

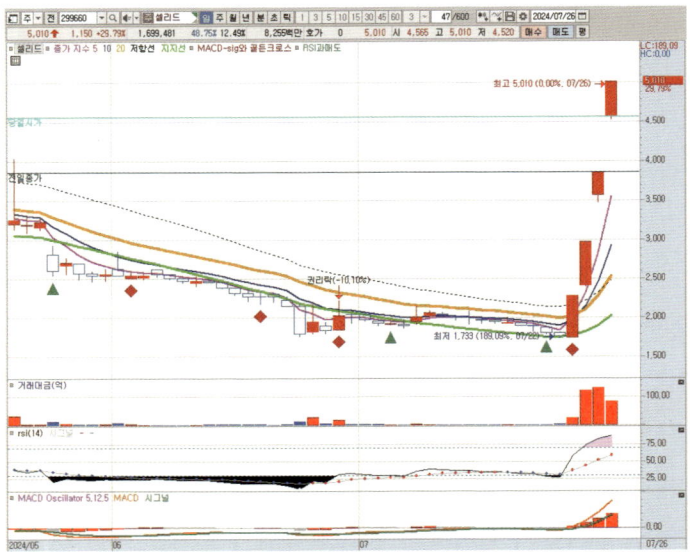

셀리드 2024년 7월 26일 일봉 차트

은 다음, 바로 주가를 위로 날리는 경우도 있고요. 셀리드의 사례가 바로 그런 경우입니다.

따라서 갭 상승 시가가 너무 높게 시작하면 끌어올린 주체의 의도를 알 수 있을 때까지 개인은 매수를 보류하는 것이 좋습니다. 높은 갭 상승 시가로 시작한 뒤 바로 주가가 밀리면서 음봉을 만들면 섣부르게 매수 개입하지 말고 침착하게 기다려야 합니다. 그러다 의미 있는 이동평균선상의 지지를 확인하고 매수하는 식으로 접근해야 합니다. 그러나 높은 갭 상승 시가로 시작해서 주가가 밀리지 않고 양봉을 만들면서 상승한다면 조정 구간에서 매수를 고려할 수 있습니다.

높은 갭 상승 시가가 만들어지는 이러한 사례들과 달리 전일의 종가 근처(보합권~낮은 갭 상승 시가)에서 시가를 만든 후 20% 이상 상승을 실현하는 종목은 주가를 끌어올리는 매수세가 확실하게 붙어 있단 뜻입니다. 그러므로 보다 높은

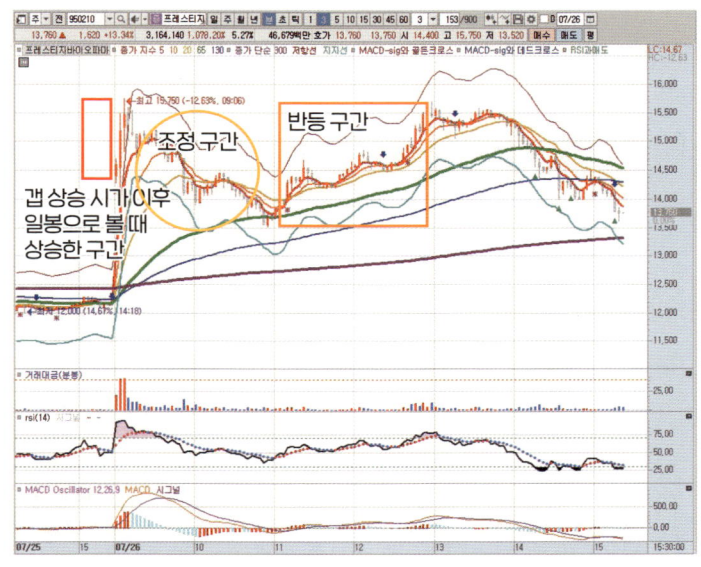

프레스티지바이오 2024년 7월 26일 3분봉 차트(하루 전체)

확률로 상승 중 조정 구간에서 수익을 낼 수 있는 기회를 찾을 수 있습니다.

앞선 프레스티지바이오의 일봉 차트를 보면 상당히 높은 갭 상승 시가에서 시작했는데도 추가로 상승한 흔적을 볼 수 있습니다. 단타 매매의 기술을 활용할 수 있는 구간이 있었음을 짐작할 수 있습니다. 이어서 3분봉 차트를 보겠습니다.

3분봉 차트를 보면 짐작할 수 있듯이 20% 이상 상승 구간에서 수익을 얻지 못했다 하더라도 조정 구간을 잘 지켜보다 반등 시점에 매수하면 수익을 낼 수 있었습니다. 결국 우리의 관심은 조정 구간의 끝이자 반등이 시작되는 포인트를 어떻게 잡아내느냐입니다.

당일 20% 이상 급등 종목에서의 주가 흐름의 모습은 다양하지만, 위험 부담을 최대한 줄이면서 매수 개입을 고려할 수 있는 포인트는 다음의 네 가지 원칙을 따릅니다.

1. 고점 대비 7% 하락 지점
2. 3분봉 차트상 주가가 65 이동평균선을 깰 때(또는 근처)
3. 3분봉 차트상 RSI 과매도권 진입
4. 1분봉 차트상 MACD-시그널선 골든크로스

프레스티지바이오의 3분봉 차트와 1분봉 차트를 참고하기 바랍니다. 각 조건에 대해 좀 더 구체적으로 알아보겠습니다.

먼저 조건 1(고점 대비 7% 하락 지점)입니다. 당일 급등으로 고가 기준 20% 이상 주가가 상승했다면 '조정의 폭'으로 반등 시작 구간을 살펴볼 수 있습니다. 당일 급등한 스타일에 따라, 즉 전일 종가 근처에서 시작해서 올랐느냐, 갭 상승해서 올랐느냐, 세력이 장난하는 것이냐 등에 따라 조정의 폭은 달라질 수 있습

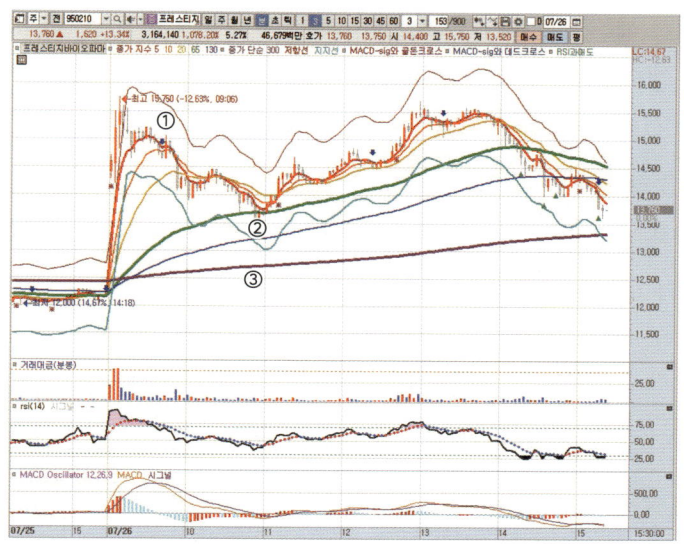

프레스티지바이오 2024년 7월 26일 3분봉 차트에서 매수 개입을 고려할 수 있는 타이밍

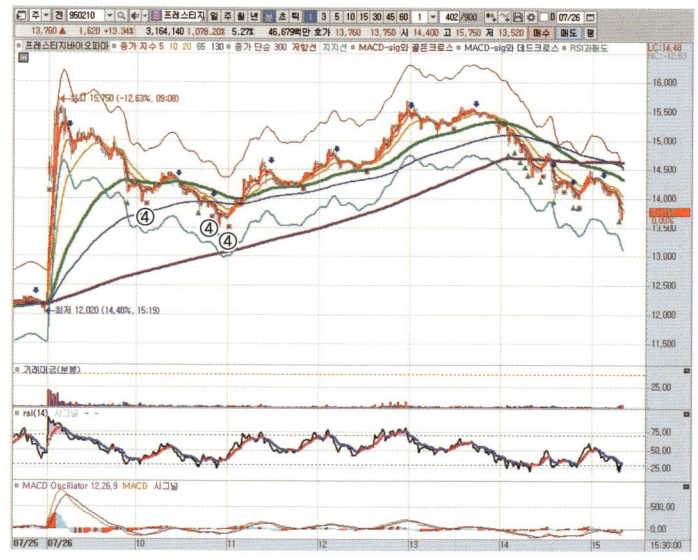

프레스티지바이오 2024년 7월 26일 1분봉 차트

니다. 일반적으로 고점 대비 -5%나 -10% 정도가 주가를 상승시키고 있는 세력이 매수를 잠시 멈출 때 하락할 수 있는 폭입니다.

따라서 그 중간인 -7% 지점을 알게 되면 조정 후 반등을 노리는 매수를 하는데 도움을 받을 수 있습니다. 고점 대비 -7% 지점에서 바로 매수하라는 뜻은 아닙니다. 이 정도 하락했다면 나머지 조건을 충족하는 지점에서 조정의 마무리 또는 반등의 시작을 바라며 매수할 수 있다는 의미입니다.

아무래도 고점까지의 상승과 고점을 찍고 하락하는 과정을 계속 지켜보고 있다 보면 고점 대비 -2~-3%만 하락해도 조정을 많이 받은 것처럼 느껴지기 마련입니다. 매수버튼에 손이 가기가 쉽지 않습니다. 이 사례에서도 고점 대비 -7% 정도 하락한 지점에서 바로 반등하지 않는 것을 볼 수 있습니다. 하락추세가 어느 정도 마무리되었음을 알 수 있게 해주는 3분봉 차트상 MACD-시그널선의 골든크로스나 RSI 과매도권 진입 등이 보이지 않기 때문에 '아직까지 하락이 남았지만 멀지 않았구나. 좀 더 기다리자.' 하는 판단을 해야 합니다.

조건 2(3분봉 차트상 주가가 65 이동평균선을 깰 때 또는 근처)입니다. 3분봉 차트상 65 이동평균선은 30분봉 차트상 5 이동평균선에 해당합니다. 이는 주가의 급격한 상승 시 상승 흐름의 유지 여부를 판단하는 아주 중요한 선으로 활용됩니다. 급등주는 많은 경우 30분봉 차트상 5 이동평균선을 지키려고 하며, 하락하더라도 30분봉 차트상 5 이동평균선에서 반등해 아랫꼬리를 만들고 양봉을 만드는 경우가 많습니다. 따라서 3분봉 차트상 65 이동평균선과 130 이동평균선 사이 구간은 언제든지 반등이 시작될 수 있는 구간이라고 생각하고 매매합니다.

3분봉 차트상 130 이동평균선(30분봉 차트상 10 이동평균선)은 단기 상승을 담보하는 마지막 선이라고 생각하고 이 지점에서 반등이 나오지 않으면 더 관심을 갖지 않는 것이 중요합니다.

조건 3(3분봉 차트상 RSI 과매도권 진입)은 특별한 설명이 필요 없습니다. 3분봉을 활용한 단타 기술에서도 RSI 과매도권 진입은 중요한 매수 포인트입니다.

조건 4(1분봉 차트상 MACD-시그널선 골든크로스)는 1분봉 차트로 살펴보겠습니다. 이 조건은 1분봉 차트상이 아닌 3분봉 차트상 MACD-시그널선 골든크로스로 바꿔도 됩니다. 다만 추세를 살피는 MACD-시그널선에서 신호가 약간 늦게 발생하는 경우가 있어서 1분봉 차트의 MACD-시그널선으로 살피는 것으로 이해하면 되겠습니다. 저점에서는 좀 더 추세 전환을 확인한다는 관점에서 3분봉 차트로 MACD-시그널선의 골든크로스를 살피게 되지만, 이 경우에는 고점에서 매매하는 것이므로 신호를 기다리는 시간을 좀 줄일 필요가 있습니다. 3분봉 차트상 MACD-시그널선의 골든크로스 시 3분봉에서 1~2%의 상승봉이 나오는 시점에서 매수했다가 다시 하락하면 멘탈이 흔들릴 수 있습니다.

이러한 여러 조건에 해당하는 종목을 찾아내기 위해서 계속해서 수많은 종목의 차트를 돌려봐야 하는지 의문이 들 수 있겠습니다. 아무래도 힘들겠죠. 그래서 검색기를 활용하는 것입니다. 검색식을 만드는 방법에 대해서는 잠시 뒤에 설명하겠습니다.

이렇게 조정의 끝자락에서 잘 매수해서 평가익 상태가 되기 시작하면 이익 실현을 위해 다음과 같은 포인트를 머릿속에 둬야 합니다.

1. 전고점(당일 고점)
2. 3분봉 차트상 RSI 과매수권 진입
3. 3분봉 차트상 MACD-시그널선 데드크로스
4. 3분봉 차트상 5-10 이동평균선 데드크로스
5. 3분봉 차트상 주가가 65 이동평균선을 깰 때

매수 후 상승 구간에서 이런 지점들이 나오면 나름의 판단을 내려야 할 것입니다.

이제 키움증권 영웅문을 기준으로 검색기를 만들려 합니다. 다른 증권사 HTS를 사용할 경우에도 대부분 비슷합니다. 어렵지 않으므로 차근차근 따라서 만들어보세요.

먼저 당일 고가 기준 20% 상승한 종목을 찾기 위한 조건입니다. 당일 고가 기준으로 20% 이상 상승한 종목을 찾기 위한 기준은 전일의 종가와 당일의 시가로 나누어 생각할 수 있습니다. 당일 시가가 전일 종가 이상에서 갭 상승 시가로 시작한다면 전일 종가 기준으로 20% 이상 상승하는 종목을 찾는 조건을, 당일의 시가가 전일 종가 아래에서 갭 하락 시가로 시작한다면 당일의 시가 기준으로 20% 이상 상승하는 종목을 찾는 조건을 적용합니다.

첫 번째 조건을 추가하기 위해 '[0150] 조건검색'에서 조건식 탭을 클릭해

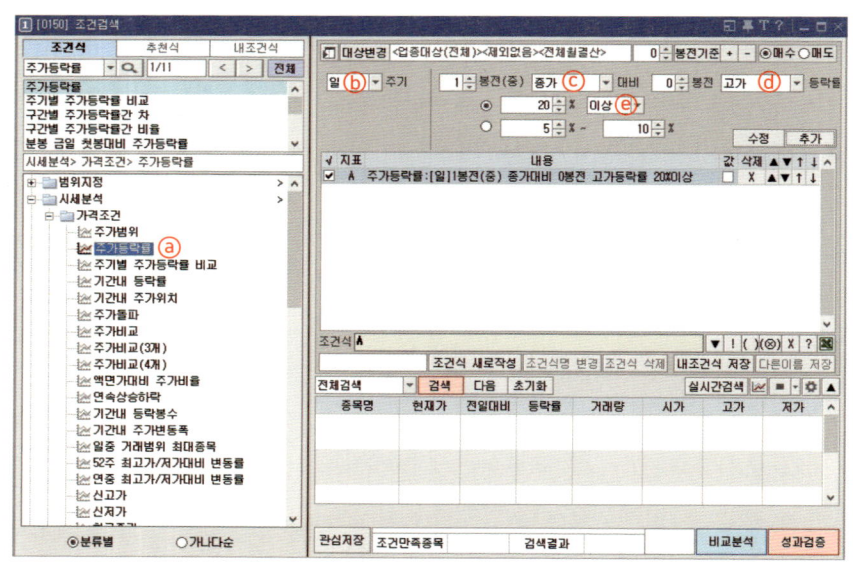

당일 고가 기준 20% 상승한 종목을 찾는 조건을 추가한 모습

'가격조건'에서 '주가등락률'(ⓐ)을 선택합니다. 그러면 오른쪽에 설정 부분에서 상세하게 조건을 설정할 수 있습니다. 일봉을 기준으로 상승을 판단하므로 일주기(ⓑ)로 설정한 다음, 전일의 종가(ⓒ) 대비 당일의 고가(ⓓ) 등락률이 20% 이상(ⓔ)인 조건을 설정해줍니다. 검색기에서는 당일을 뜻하는 것이 '0봉'입니다. 따라서 전일은 '1봉전'이 됩니다. '수정' 버튼을 클릭해서 변경사항을 반영합니다.

첫 번째 주가등락률 조건 설정이 끝났으면 '추가' 버튼을 눌러서 두 번째 주가등락률 조건 설정을 합니다. 전일 종가 기준 당일 갭 하락 시가로 시작했지만 20% 이상 상승한 종목을 찾기 위해 당일 시가(①) 대비 당일 고가(②)가 20% 이상인 것으로 설정합니다. '수정' 버튼을 클릭해서 변경사항을 반영합니다.

이렇게 두 조건을 설정하면 조건식 창에 'A and B'로 나오게 될 것입니다. 'A and B'를 선택한 다음 '( )' 버튼을 클릭합니다. 그다음 'and' 위에 마우스를 대

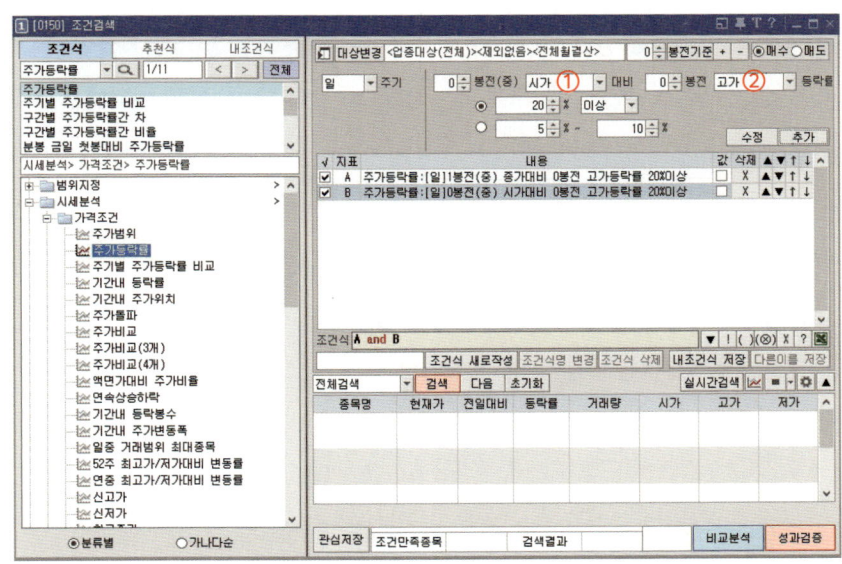

당일 시가 기준 20% 상승한 종목을 찾는 조건을 추가한 모습

3장. 장중 단타 매매의 기술   455

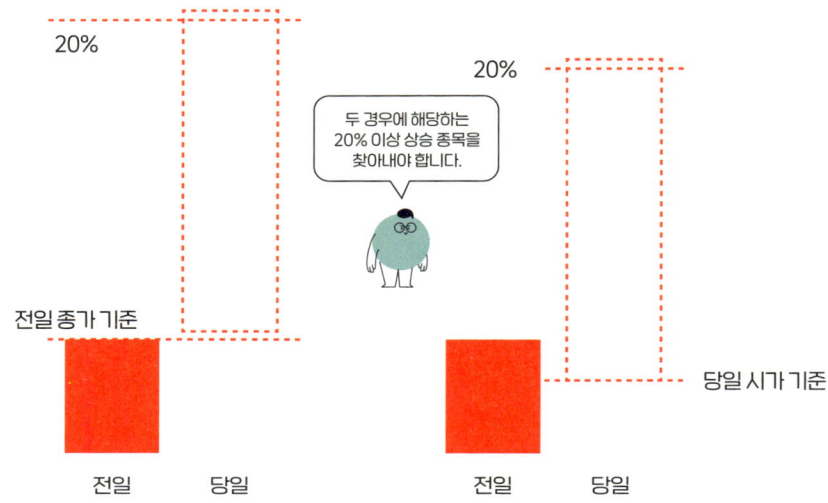

고 클릭하면 'or'로 바뀝니다. 이 조건식이 찾게 될 조건을 그림으로 표현하면 이렇습니다. 이렇게 상승의 조건을 만든 다음 조정의 조건을 만들게 됩니다.

이번에는 주가등락률을 하나 더 추가해 당일 고점에서부터 -7% 하락한 조건을 설정합니다. 0봉전 고가(ⓐ) 대비 0봉전 종가(ⓑ) 등락률 -7% 이하(ⓒ)로 설정합니다. '수정' 버튼을 클릭해서 변경사항을 반영합니다.

예를 들어 만약 당일 고점이 20%라면 13%까지 하락했을 때 이 조건식이 종목의 타이밍을 포착하게 될 것입니다. 순서대로 따라 하고 있다면 해당 조건은 'C'로 검색식에 표시될 것입니다.

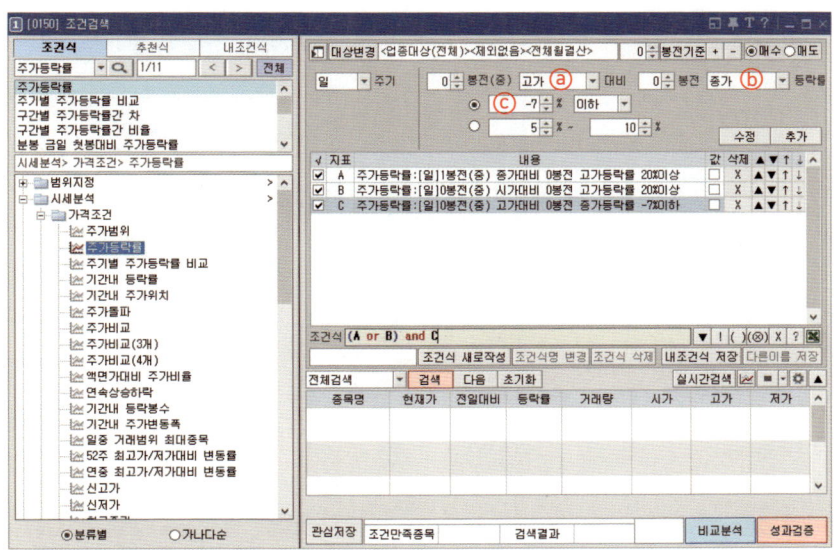

당일 고점에서 7% 하락한 종목을 찾는 조건을 추가한 모습

이번에는 3분봉 차트상 주가가 65 이동평균선을 깰 때(또는 근처) 조건을 추가합니다. 조금 수월하게 식을 만들기 위해 이격도라는 개념을 적용하려 합니다. 왼쪽의 조건식 탭에서 '이격도'로 검색을 하면 '기술적분석→모멘텀지표→이격도→기준값 범위(①)'를 선택할 수 있습니다.

세부 조건을 정리합니다. 3분봉 차트에서 종목을 찾는 것이므로 3분 주기(②)를 선택하고, 기간은 65 이동평균선을 기준으로 하므로 '65'(③)라고 직접 써주고, 이격도를 '98'(④)~'101'(⑤)로 설정한 다음 '수정' 버튼을 클릭해서 변경사항을 반영합니다. 앞서 만든 조건 C와 지금 만든 조건 D 사이의 'and'를 클릭해서 'or'(⑥)로 만들어줍니다.

오버솔드는 지수 이동평균선을 사용합니다만, 검색기의 이격도는 단순 이동평균선만 설정할 수 있게 되어 있습니다. 따라서 검색 결과와 실제 지수 이동평

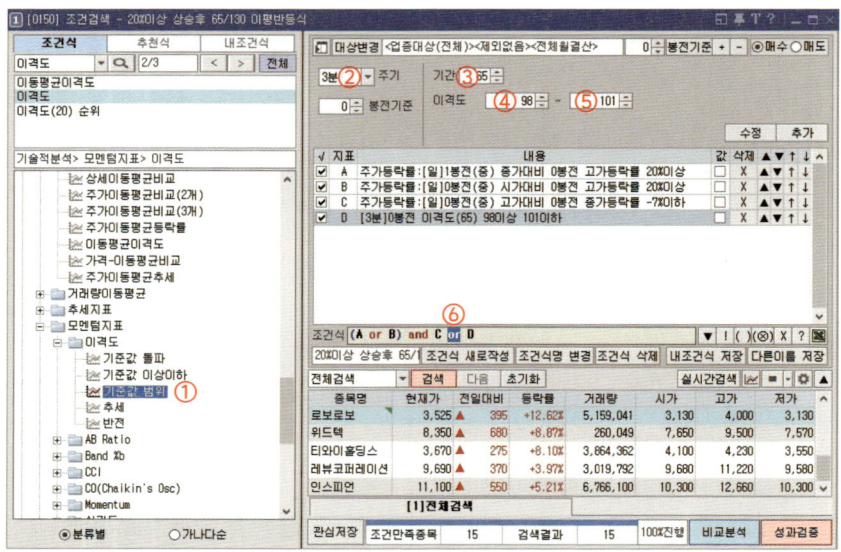

3분봉 차트상 65일 이동평균선 근처로 오는 타이밍을 찾는 조건을 추가한 모습

균선을 적용한 차트 사이에는 약간의 차이가 있을 수 있습니다. 그러나 신호가 나오면 곧바로 '매수'하는 것이 아니라 매수할 만한지 아닌지 '이제부터 보자'는 관점에서 바라본다면 매매에 있어 결과에 큰 차이는 없을 것입니다.

이격도는 기준이 되는 이동평균선을 기준으로 현재의 주가가 얼마만큼 떨어져있는지를 알려주는 지표입니다. 이격도가 100이면 주가가 기준이 되는 이동평균선에 딱 붙었다는 뜻입니다. 따라서 범위를 설정할 때 101이라고 한 것은 주가가 65 이동평균선보다 1% 위라는 뜻이며, 98이라고 한 것은 주가가 65 이동평균선보다 2% 아래라는 뜻입니다. 우리가 만든 이 조건은 주가가 조정을 받을 때 65 이동평균선을 기준으로 1% 위, 2% 아래 안에 주가가 위치하게 되면 조건을 만족하는 것으로 파악해 추출한다는 뜻입니다.

주가가 이 정도까지 조정을 받게 되면 RSI나 MACD-시그널선을 잘 살피거

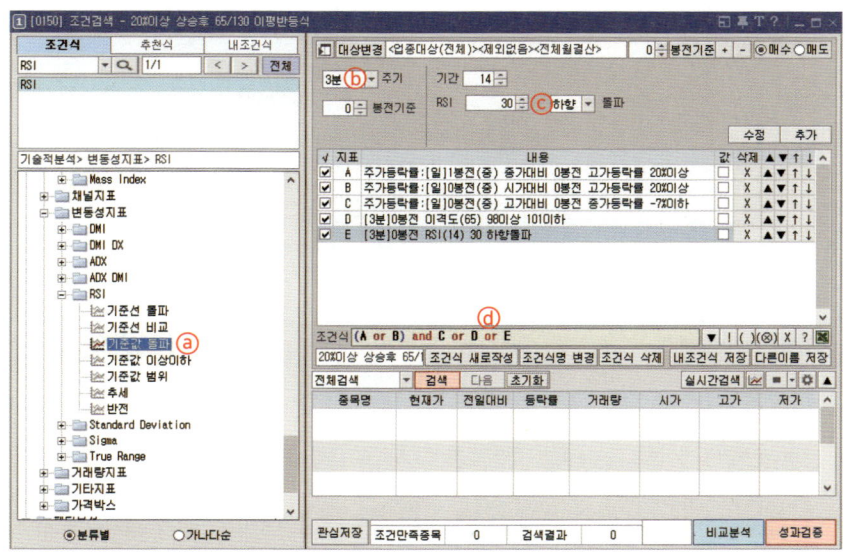

3분봉 차트상 RSI 과매도권에 들어가는 타이밍을 찾는 조건을 추가한 모습

나 고점에서부터 그린 하락추세선을 돌파하는지 살펴서 적절한 매수 타이밍을 재야 합니다. 순서대로 설정하고 있으면 이 조건은 D가 됩니다.

이번에는 3분봉 차트상 RSI 과매도권에 진입하는 타이밍을 포착하겠습니다. 왼쪽의 조건식 탭에서 RSI로 검색해 기준값 돌파(ⓐ)를 선택한 다음, 오른쪽 설정창에서 3분봉 차트(ⓑ)에서 RSI 30을 하향 돌파(ⓒ)하는 과매도 조건을 설정한 후 '수정' 버튼을 클릭해서 변경사항을 반영합니다. 그리고 마지막으로 '추가' 버튼을 클릭합니다. 이후 앞서 만든 조건 D와 지금 만든 조건 E 사이의 'and'를 클릭해서 'or'(ⓓ)로 만들어줍니다. 순서대로 설정하고 있다면 이 조건은 E가 됩니다.

왼쪽의 조건식 탭을 클릭한 다음 검색창에 'MACD'를 입력(①)해서 '기술적 분석→추세지표→ MACD→기준선 돌파(②)'를 선택한 다음, 오른쪽 설정창에서

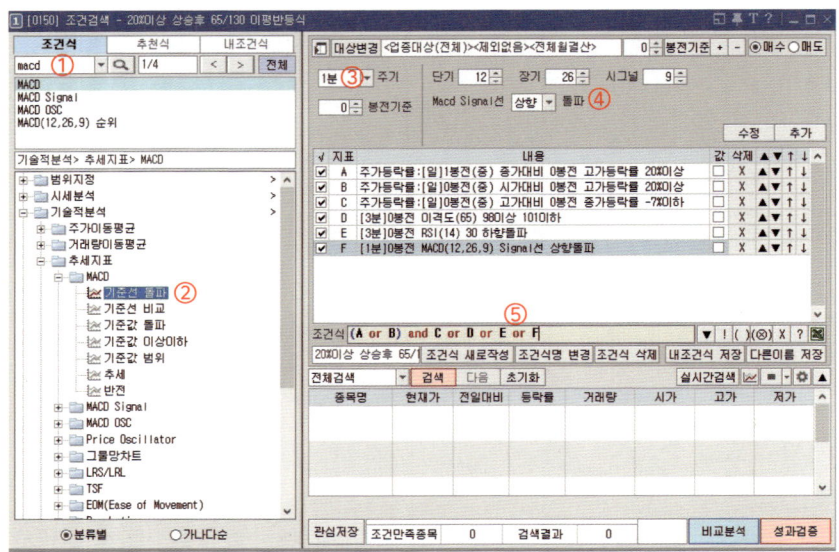

1분봉 차트상 MACD-시그널선의 골든크로스 타이밍을 찾는 조건을 추가한 모습

1분 주기(③)에서 MACD 시그널선 상향돌파(④)하는 조건을 설정합니다. '수정' 버튼을 클릭해서 변경사항을 반영한 다음 '추가' 버튼을 클릭합니다. 이후 앞서 만든 조건 E와 지금 만든 조건 F 사이의 'and'를 클릭해서 'or'(⑤)로 만들어줍니다. 순서대로 설정하고 있으면 이 조건은 F가 됩니다.

지금까지의 과정을 올바르게 따라 했다면 조건식은 다음과 같이 되어 있을 것입니다.

(A or B) and C or D or E or F

마지막으로 'C or D or E or F'를 선택해서 '( )' 버튼을 클릭해 하나로 묶습니다. 최종적으로 조건식은 이렇게 완성될 것입니다.

(A or B) and (C or D or E or F)

그다음 '내조건식 저장' 버튼을 클릭해서 자신의 취향에 따라 검색식 이름을 적어주면 됩니다. 그렇게 당일 고가 기준 20% 이상 상승 후 3분봉 차트상 65 이동평균선 또는 130 이동평균선에서 반등하는 종목을 찾는 검색기가 완성됩니다.

장 시작과 함께 이 검색기를 선택해서 '실시간검색' 버튼을 클릭해 창을 띄워 놓으면 장이 진행되는 동안에 조건에 맞는 종목을 찾아내줄 것입니다.

2024년 7월 26일 우리가 만든 검색기가 찾아낸 종목들입니다. 조건에 맞는 종목이 검색창에 나타나면 클릭해서 그 종목의 3분봉 차트를 살펴보고, 아직 타점이 아닌 것 같다면 'X(삭제)'를 눌러서 없애 종목을 압축하면 됩니다.

지금까지 당일 20% 이상 상승 후 주가가 조정을 받을 때 3분봉 차트상 65 이동평균선이나 130 이동평균선 근처에서의 조정 마무리 및 반등을 노리는 단타 매매 기술 이론을 공부하고, 매매에 활용할 수 있는 검색기를 만들었습니다. 이

2024년 7월 26일 20% 이상 급등 후 조정 종목을 찾는 검색기 검색 결과

어지는 실제 사례를 통해 충분히 이해할 수 있도록 꼼꼼히 살펴보기 바랍니다.

마지막으로 노파심 삼아 조언을 남긴다면, 이 매매의 기술은 9시에서 10시 30분 정도까지 20% 이상 장대양봉을 만든 종목에서 발생하는 첫 번째 조정에서만 활용하는 것이 좋습니다. 시간이 흐를수록 종목에 대한 집중도가 떨어지게 되어 있기 때문에 장 후반에 검색되어 나오는 종목은 그냥 흘려보내십시오. 해당 검색기를 12시까지만 사용하거나, 오전에 몇 차례 매매했다면 의도적으로 쉬어가는 등 의식적으로 제약을 걸어놓아도 좋겠습니다.

결과를 보다 보수적으로 추려내고 싶다면 당일 거래대금 조건을 검색식에 추가해주거나(예를 들어 당일 거래대금 300억 원 이상), 일봉 차트상 이동평균선의 정배열 조건을 추가하거나, 신고가 조건을 추가하면 됩니다(예를 들어 당일 고가 기준 100일 이내 신고가 돌파). 이를 통해 주가의 하락을 유도하는 매도물량이 나타날 부담이 적은 상태로 상승한 종목을 찾아내게 됩니다. 이런 종목에서는 조정이 일어나도 반등이 수월하게 일어난다는 점을 경험을 통해 알 수 있게 될 것입니다. 결과를 보수적으로 추려낼 수 있는 조건에 대해서는 부록에서 자세히 설명하겠습니다.

또 이 검색기로 추출된 종목들은 장중 반등해 당일의 고점을 돌파하지 못하더라도, '윗꼬리 양봉을 기준으로 활용한 단타 매매'와 연결해 당일 종가 매매나 다음 날 시가에서부터 매수 개입하면서 계속 기회를 주게 될 것입니다.

당일 고가 기준 20% 이상 상승 후 조정받는 종목을 매매한다는 것은 일반 매매자의 입장에서는 겁이 날 수밖에 없다는 점을 인정합니다. 사람에 따라 다른 것 같아요. 고가권에서 날아다니는 긴장감을 즐기는 매매자가 있는가 하면, 사면 물릴 수 있다고 싫어하는 매매자도 있을 것입니다. 오버솔드는 각자의 성향과 매매 스타일에 맞는 방식을 사용할 수 있도록 이 책을 통해 3분봉 차트를 활용한 다양한 단타 매매의 기술을 소개하고 있습니다.

코스피 2024년 8월 2일 일봉 차트

당일 고가 기준 20% 이상 상승 후의 조정을 이용한 매매를 좀 더 정교하게 구사하고 싶다면 전작 『초단타 매매의 기술』에서 소개한 60틱 차트를 이용한 매매를 활용하는 것이 좋습니다. 『초단타 매매의 기술』에서 소개한 타점과 3분봉 차트를 이용한 당일 20% 이상 상승 후 65 이동평균선이나 130 이동평균선까지 주가가 조정되는 값이 중복되면 매우 신뢰할 수 있는 타점이라 말할 수 있겠습니다.

2024년 8월 2일, 미국 나스닥이 -2.3% 하락했고 특히 반도체 업종이 -7% 가량 하락하면서 우리나라 코스피와 코스닥도 각각 -3.65%, -4.20% 하락했습니다. 양 시장의 거의 모든 종목이 하락한 날입니다.

종목코드	종목명	현재가	대비		등락률
241820	피씨엘	1333	▲	174	15.01
060900	DGP	1461	▲	93	6.8
347700	라이프시맨틱스	2990	▲	255	9.32
221800	유투바이오	4165	▲	260	6.66
109820	진매트릭스	2875	▲	405	16.4
299660	셀리드	5640	▲	910	19.24
098660	에스티오	2140	▲	215	11.17
033560	블루콤	3525	▲	255	7.8
005870	휴니드	7750	▲	1070	16.02
253840	수젠텍	7810	▲	1600	25.76
160190	하이젠알앤엠	11880	▲	1630	15.9
417860	오브젠	15840	▲	220	1.41
047770	코데즈컴바인	1438	▲	39	2.79
060260	뉴보텍	2845	↑	655	29.91
053950	경남제약	1201	▲	31	2.65
129920	대성하이텍	5390	↑	1240	29.88

2024년 8월 2일 20% 이상 급등 후 조정 종목을 찾는 검색기 검색 결과

    하지만 이런 날에도 당일 고가 기준 20% 이상 상승 후 조정을 받고 반등해 상한가를 가는 종목이 있습니다. 몇 가지 단타 매매의 기술을 몸에 확실히 익혀 놓으면 이렇게 장이 나쁠 때도 일정한 수익을 만들어갈 수 있습니다.

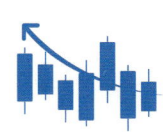
2-1 삼천리자전거, 태성

2024년 5월 29일 삼천리자전거는 고가 기준 24.8%까지 상승한 후 윗꼬리를 달고 14.4%에서 마감했습니다. 3분봉 차트에서의 움직임을 살펴보겠습니다.

　10시 후반부부터 VI를 발생시키면서 주가가 급등했습니다. 초단타 매매의 기술을 활용하면서 이 상승 구간에서 수익을 낼 수도 있지만, 놓쳤다고 하더라도 조정 후 반등을 노려볼 수 있습니다. 이동평균선 정배열을 만들면서 주가가 크게 상승하는 경우 3분봉 차트상 65 이동평균선과 130 이동평균선은 당일 시세를 만들어가는 대단히 중요한 지점이며, 이 부분에서 반등이 일어나면 일정 정도 상승 구간을 만듭니다.

　3분봉 차트상의 65 이동평균선과 130 이동평균선은 각각 30분봉 차트상 상승추세를 유지하는 5 이동평균선과 10 이동평균선에 해당합니다. 따라서 65 이동평균선과 130 이동평균선이 정배열을 유지하면서 상승을 계속 시키느냐 마느냐의 관점으로 지켜봐야 합니다.

삼천리자전거 2024년 5월 29일 일봉차트

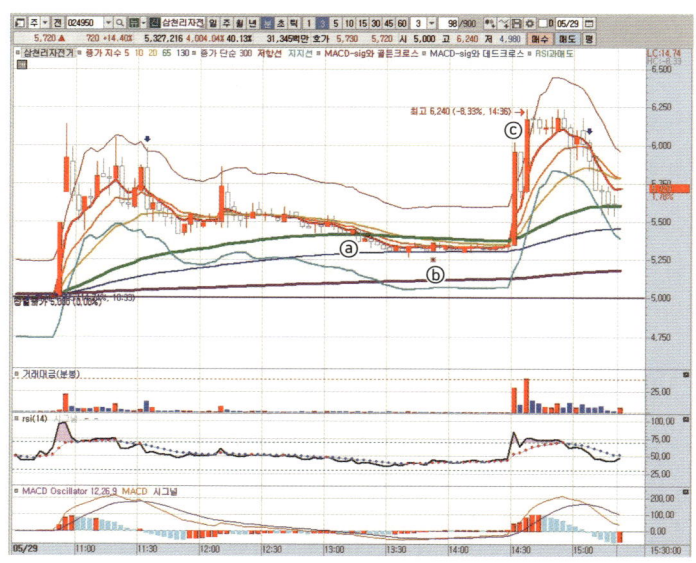

삼천리자전거 2024년 5월 29일 3분봉 차트

65 이동평균선에 닿는 ⓐ 지점에서는 반등의 기미를 찾을 수 없습니다. 최소한 RSI 과매도권 진입이나 MACD-시그널선의 골든크로스가 만들어지는 것을 봐야 하는데 아직까지 하락이 좀 남았다고 봐야 합니다.

ⓐ 지점에서 좀 더 하락하지만 130 이동평균선에서의 지지가 이어지다가 ⓑ 지점에서 MACD-시그널선이 골든크로스를 만듭니다. RSI 과매도권까지 밀리지는 않았지만 하락의 추세가 끝나고 반등으로 돌려지고 있습니다. ⓑ에서 매수한 이후 30분 정도 지루하고 긴장되는 시간을 보내야만 했지만 거래량을 터트리면서 ⓒ에서 RSI 과매수권으로 진입합니다. 약 12%의 수익라인입니다. 이미 큰 수익이므로 만족하고 거래를 마쳐도 될 것이며, 정배열이 만들어졌으니 MACD-시그널선의 데드크로스까지 기다려볼 수도 있겠습니다.

30분봉 차트를 보겠습니다. 3분봉 차트에서 오후 1시 30분~2시 30분 구간에

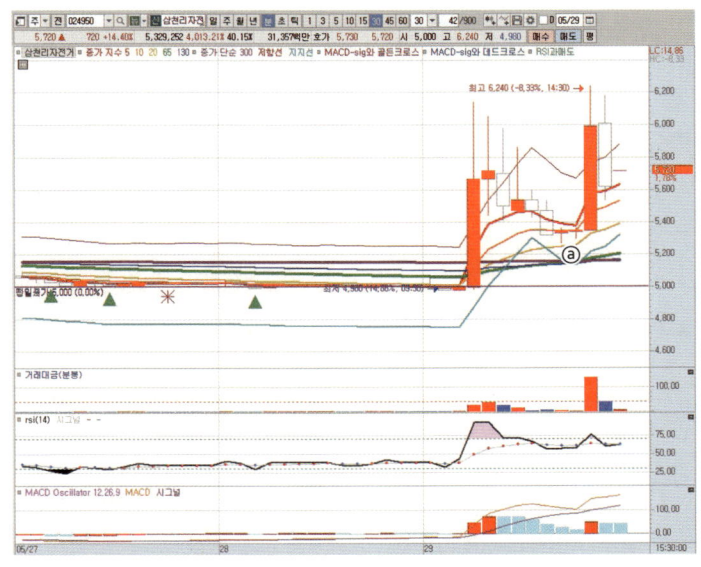

삼천리자전거 2024년 5월 29일 30분봉 차트

서 130 이동평균선을 유지하면서 움직이던 부분이 바로 30분봉 차트에서 10 이동평균선 근처라는 것을 알 수 있습니다. 비록 크기가 작더라도 양봉이 만들어지고 있다는 것은 조정을 여기까지만 받겠다는 뜻입니다. 이 짧은 양봉의 저점 또는 30분봉 차트상 20 이동평균선을 손절가로 삼고 매수할 수 있습니다.

이번에는 태성의 사례입니다. 손대기 겁날 정도로 상승하고 있는 종목입니다. 얼마 전 상한가 다음 D+1 데이 매매로 3분봉 단타 매매의 기술을 활용해 수익을 낼 수 있었는데, 6월 12일에 고가 기준 16.1% 정도 상승한 이후 윗꼬리를 달고 하락했습니다. 당일 VI를 발동시키면서 상승하는 종목이 조정을 받을 때, 상승추세를 계속 유지하려고 하는지 여부는 30분봉 차트상 5 이동평균선에 해당하는 3분봉 차트상 65 이동평균선 근처에서 반등하는지 여부로 판단할 수 있습니다.

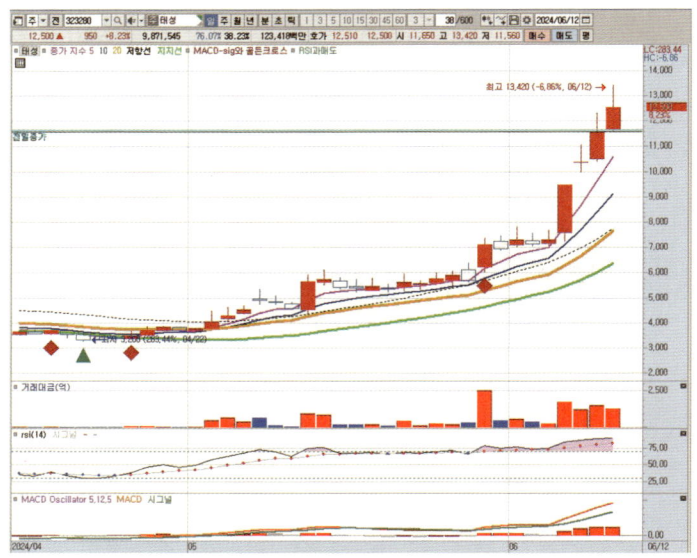

태성 2024년 6월 12일 일봉 차트

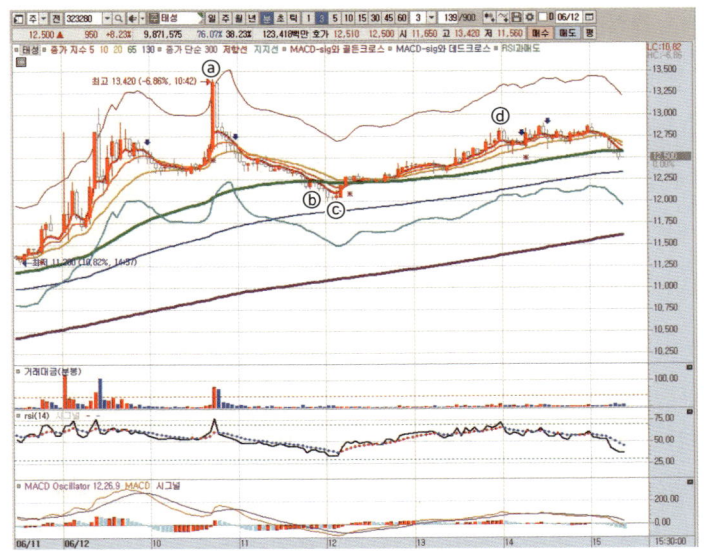

태성 2024년 6월 12일 3분봉 차트

당일 급상승한 종목의 3분봉 차트상 65 이동평균선으로의 접근은 매수 타이밍으로 해석할 수 있습니다. 3분봉 차트를 살펴보겠습니다. 6월 12일 태성의 3분봉 차트입니다.

오전에 고점인 ⓐ까지 상승하는 과정은 따로 설명하지 않겠습니다. 다만 ⓐ에서 매수하면 안 되는 이유는 알겠죠? RSI 과매수권으로 들어갔기 때문에 그 이후로는 적절한 조정을 기다려야 하며 ⓐ 이후 더 상승하면 그냥 보내주면 됩니다.

RSI 과매수권으로 진입하면서 당일 고점을 만든 이후 주가는 하락합니다. 그러면서 65 이동평균선에서 양봉(ⓑ)을 하나 만듭니다. 여기까지가 고점 대비 약 -9% 하락입니다. 우리가 만든 검색기에서는 이보다 먼저 종목이 추출되겠지만 바로 매수하는 것이 아니라 고점 대비 -7% 지점에서 검색되었을 때부터 관심을 갖고 지켜봐야 합니다. 양봉(ⓑ)을 기준으로 주가는 반등할 수 있으며 하락한다고 하더라도 RSI 과매도권으로 진입하면 2차 매수를 계획할 수 있습니다.

ⓑ에서 1차 매수를 할 수 있는 이유 중 하나는 하락하면서 거래량이 터지지 않았기 때문입니다. 거래량이 터지면서 장대음봉으로 내려가는 상황이라면 매수해서는 안 되겠죠. 상황을 보면 ⓑ에서 매수한 물량이 반등하지 못하고 다시금 하락합니다. 이럴 때는 좀 아쉽지만 ⓒ 지점에서 장중 RSI 과매도권으로 진입했을 때 2차 매수를 진행했습니다. 그리고 반등이 진행되어 ⓓ에서 RSI 과매수권으로 진입합니다. 이 구간이 약 5.5% 수익라인입니다.

3분봉 차트상의 ⓑ, ⓒ에 해당하는 지점이 30분봉 차트에서 화살표로 표시한 2개의 양봉입니다. 3분봉 차트상 65 이동평균선에서 바로 반등하지 않고 130 이동평균선 근처까지 내려온 것이 30분봉 차트에서는 5 이동평균선과 10 이동평

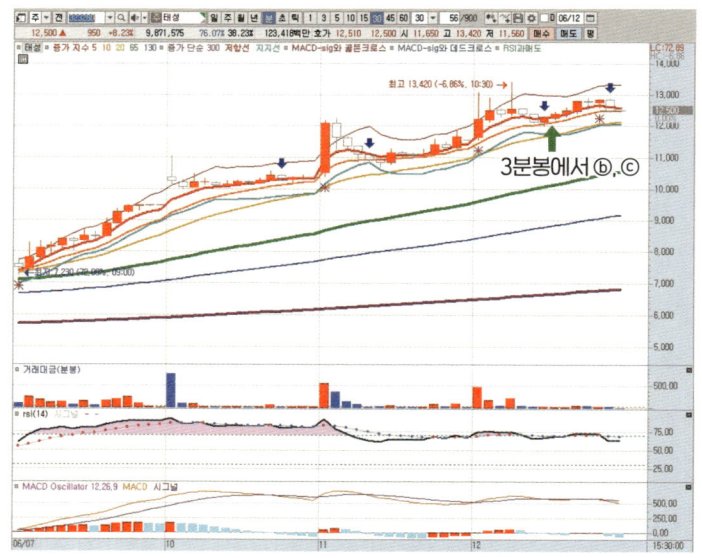

태성 2024년 6월 12일 30분봉 차트

균선 사이에서 주가가 움직인 것으로 나타납니다.

　30분봉 차트상 5 이동평균선과 10 이동평균선이 정배열 상태를 유지하면 기본적으로 상승추세가 유지됩니다. 이렇게 두 이동평균선 사이에서 양봉이 하나 만들어지면 이동평균선이 아래로 못 내려오게 막는 역할을 합니다. 잘 봐두면 좋겠습니다.

　5% 수익이 시시하게 느껴질 수도 있겠습니다. 그러나 단타 매매는 회전율이 중요하며, 부지런한 자금 회전으로 작은 수익이라도 꾸준히 모아가는 것이 중요합니다. 원칙에 기반한 기술적 매매를 하지 않는다면 고점(ⓐ)에서 물려서 ⓑ나 ⓒ에서 손절할 수밖에 없을 것입니다.

2-2
한국가스공사, 선진뷰티사이언스
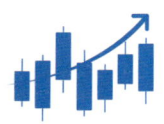

한국가스공사는 일봉 차트상 RSI가 과매수권에 들어가 있는 고가권에서 6월 13일 일봉으로 고가 기준 16.38%의 상승이 있었습니다. 저가 매수의 기술상으로는 고점이니까 보유물량이 없거나, 있더라도 그 비중이 적어야 합니다. 하지만 단타 매매로 적절한 매수타점을 파악할 수만 있다면 시장의 관심이 모이고 있는 종목이니 충분히 매매가 가능합니다. 1조 원 가까운 거래대금이 몰렸습니다. 3분봉 차트를 함께 살펴보겠습니다.

   오전 10시 30분 정도까지의 상승이 일단락되고, RSI 과매수권 이탈과 MACD-시그널선의 데드크로스로 인해 한동안 주가가 하락할 것임을 알 수 있습니다. 우리의 관심은 그 하락이 어딘가에서 멈추고 반등할 것인지, 아니면 하락이 계속 이어질 것인지를 아는 것입니다.

   많은 경우 VI를 발생시키면서 상승한 종목은 3분봉 차트상 65 이동평균선이나 130 이동평균선 근처에서 RSI 과매도권 진입이나 MACD-시그널선의 골든

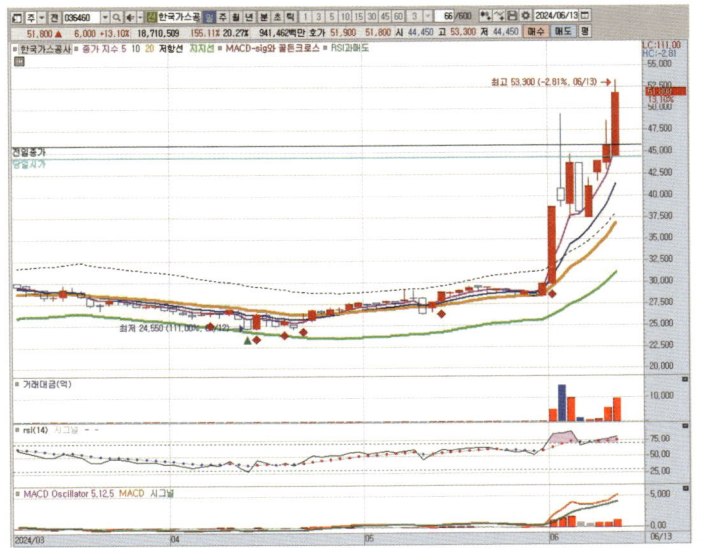

한국가스공사 2024년 6월 13일 일봉 차트

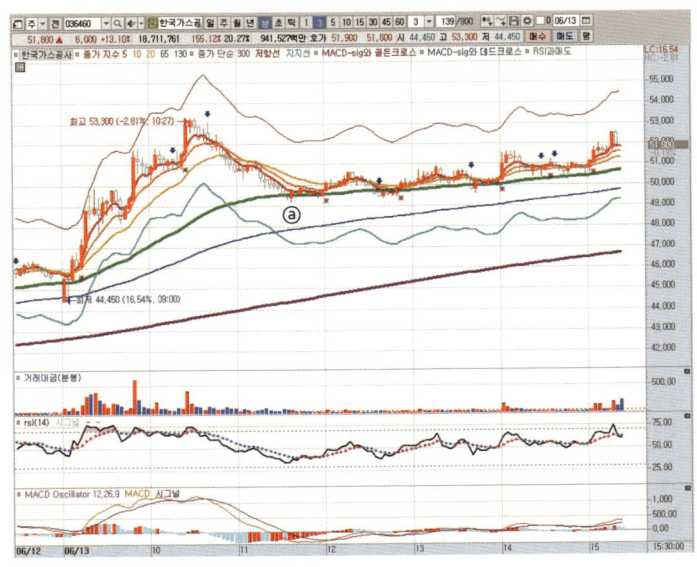

한국가스공사 2024년 6월 13일 3분봉 차트

3장. 장중 단타 매매의 기술

한국가스공사 2024년 6월 13일 투자자별 매매동향

크로스 등으로 하락추세가 마무리되는 신호가 나올 때 반등을 기대하며 매수 개입할 수 있습니다. ⓐ 지점이 바로 그러합니다. 일봉상으로도 너무 고점이라 떨릴 수 있는데, 주가를 16% 이상 돈의 힘으로 들어 올렸으니 고점에서 하락하는 조정 구간에서는 매도물량이 그다지 나오지 않았습니다.

이날의 상승은 외국인과 기관의 매수를 통해 만들어졌습니다. 연기금이나 사모펀드도 돈을 싸들고 왔네요. 그래서 ⓐ에서 매수할 수 있는 것입니다. 하지만 과감하게 물량을 싣기에는 역시 겁이 납니다. 1차 매수 후에 하락한다면 130 이동평균선으로 향하는 길에 RSI 과매수권 진입을 살펴서 2차 매수한다는 생각으로 매수합니다.

운이 좋았는지(?) 65 이동평균선을 깨지 않고 주가는 장 후반까지 꿈틀거리며 상승해 약 6%의 수익라인을 만들어줍니다.

3분봉 차트에서 거래량과 연동해 설명하자면, 상승 구간에서 외국인과 기관이 매수하면서 주가를 올리는 모습을 볼 수 있습니다. 투자자별 매매동향을 보

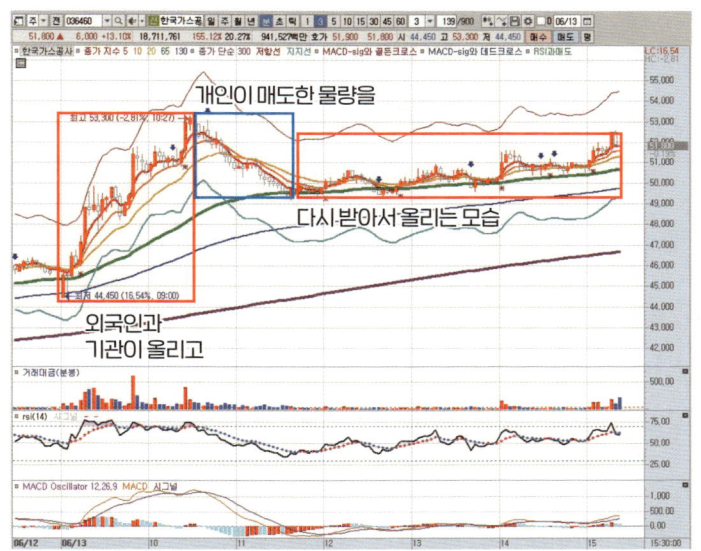

한국가스공사 2024년 6월 13일 3분봉 차트(수급에 따른 변동)

면서 이 상승을 누가 이끄는지 확인하는 습관을 들이는 것이 좋습니다. 고가권을 형성한 다음 하락하는 구간에서 수익을 봤다고 생각하는 일반 매매자들이 매도를 합니다. 그 매도가 어느 정도 끝나는 시점부터 다시 외국인과 기관이 매도 물량을 받으면서 주가를 상승시키고 있습니다.

2024년 6월 화장품 종목에 매수세가 몰리는 가운데, 13일 선진뷰티사이언스는 자기자본 대비 24.71%에 상당하는 180억 원을 신규사업 OTC(일반의약품) 전용 화장품 ODM·OEM 공장 및 물류창고 증축을 위해 투자한다는 공시를 냅니다. 그 결과 시간외거래에서 상한가를 실현했습니다. '장사가 잘 되니까 거금을 투자해서 생산시설을 확충하는구나?'라고 시장은 해석한 것이죠.

13일 시간외거래의 상한가 추세를 받아 14일에도 12% 가까이 갭 상승 시가를 만들면서 장 초반 급등하는 모습을 보여줬습니다. 시가부터 따라붙기에는 다

선진뷰티사이언스 2024년 6월 14일 일봉 차트

소 높은 상승이었기 때문에 3분봉 차트상 적절한 매수 타이밍이 올 때 우리가 만들어서 사용하는 검색기에서 추출되기를 기다립니다.

14일의 캔들을 보면 당일 위아래로 큰 변동성이 있었음을 알 수 있습니다. 이런 데서 박자를 잘못 맞추면 누구는 버는 상황에서 본인은 큰돈을 잃을 수도 있습니다. 3분봉 차트를 살펴보겠습니다.

13일 종가 라인에서 14일 시가는 확실히 높이 떠서 시작했습니다. 만약 이런 식으로 시가가 만들어졌는데 그동안 이 종목에 물려 있던 투자자들이 물량을 확 쏟아내면 어떻게 될까요? 시가부터 하락시키면 5 이동평균선이나 10 이동평균선에서 그 물량을 받으면서 당일 갭 상승을 시킨 세력의 매수세에 의한 기대 수익을 도모할 수 있지만, 이 사례에서는 그렇지 않기 때문에 당일 자신의 매매 컨디션(정신적 집중력)을 봐야 합니다. 자신의 매매 컨디션에 따라 갭 상승 시가

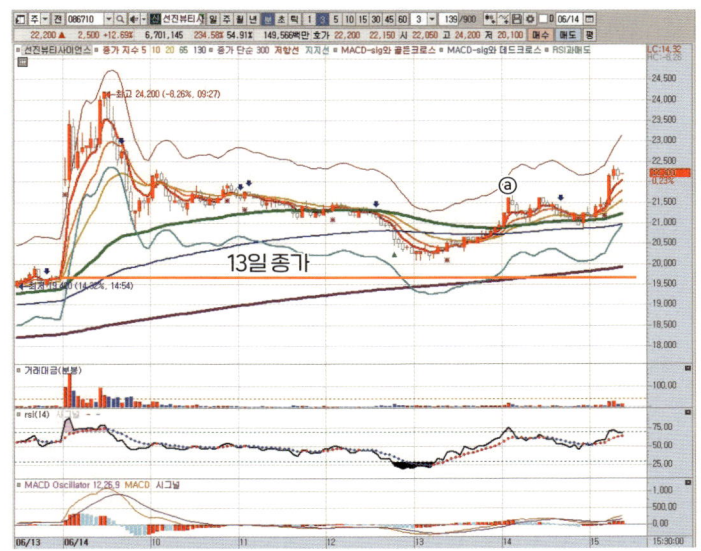

선진뷰티사이언스 2024년 6월 14일 3분봉 차트

부터 적극적으로 매수 개입할지 말지 결정해야 합니다(용감하게 매수했다면 물론 수익이 많이 났겠죠).

　9시 30분이 지나면서 RSI 과매수권 이탈 및 MACD-시그널선의 데드크로스가 발생했습니다. 이렇게 되면 이제부터 매수 타이밍을 줄 때까지 기다리는 것입니다. 괜히 '고점에서 몇 퍼센트 하락했으니 곧 반등 아니겠어?' 이런 식으로 자기 위주로 생각해서 매수 진입하면 정말 눈에서 눈물이 마를 날이 없게 됩니다. 이 종목을 끌어올리는 매수세의 강도를 나타내는 RSI도 김이 빠졌다고 말하고 있고, 상승추세의 유지 여부를 알려주는 MACD-시그널선의 골든크로스도 데드크로스로 변하면서 하나의 추세가 마무리되었다고 말하고 있습니다. 이럴 때 왜 매수해야 합니까?

　하락이 쭉 이어지다가 12시 40분대에 RSI 과매도권 진입 신호가 발생합니다. 이 자리가 130 이동평균선과 닿는 자리입니다. 1차 매수하기에 부족함이 없습니다. 전일 종가선을 손절 기준선으로 삼고 RSI 과매도권 이탈이나 MACD-시그널선의 골든크로스가 발생하면 2차 매수할 수 있습니다.

갭 상승 시가는 장 시작 시점을 기준으로 전일 종가와 갭 상승 시가 사이에 양봉이 만들어진 것으로 해석할 수 있습니다. 이 경우 갭 상승 시가와 전일 종가 사이에서 매수 포인트를 찾을 수 있는 기본기를 잘 이해하고 있으면 손해 보는 매매를 하지 않게 됩니다. 늘 그렇듯이 기술에 근거해 RSI 과매도권 진입 시 1차 매수, MACD-시그널선 골든크로스에 2차 매수를 했다면 RSI 과매수권 진입하는 ⓐ에서 수익을 실현할 수 있게 됩니다. 5~6%의 수익라인이 발생하고, 만약 종가까지 홀딩했다면 8.3% 정도의 수익라인 위에 있는 셈입니다. 다만 단타 매매자로서 종가까지 홀딩할 근거를 찾기 어려웠기 때문에 오버솔드는 ⓐ에서 매매를 마무리했습니다.

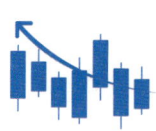 

2-3 선진뷰티사이언스, 우리기술

6월 21일에 고가 기준 19.87% 상승한 이후 윗꼬리를 만들며 13.83% 종가로 마무리한 선진뷰티사이언스의 일봉입니다. 3분봉 차트를 함께 살펴보겠습니다.

장 시작부터 상승한 고점까지는 몰랐다고 하더라도 우리가 만든 검색기가 실시간으로 검색하고 있으니 65 이동평균선 근처에 접근했을 때 검색기에 추출되며, 추출 시점에 급하게 매수하는 것이 아니라 그 시점부터 주가의 흐름을 지켜보면 오후 2시가 조금 지나 RSI 과매도권에 진입했다는 신호를 볼 수 있게 됩니다.

당일 VI가 발생할 정도로 상승을 했다가 조정을 받을 때 3분봉 차트상 65 이동평균선이나 130 이동평균선 근처에서 RSI 과매도권 진입의 신호가 나타나면 단타 매매자는 기본적으로는 매수 관점에서 종목을 살펴봐야 합니다.

이 사례에서는 RSI 과매도권 진입 시점에서 130 이동평균선까지 깨서 조금 갸웃할 수 있는데, 그 아래 300 이동평균선을 손절라인으로 잡고 1차 매수를 해

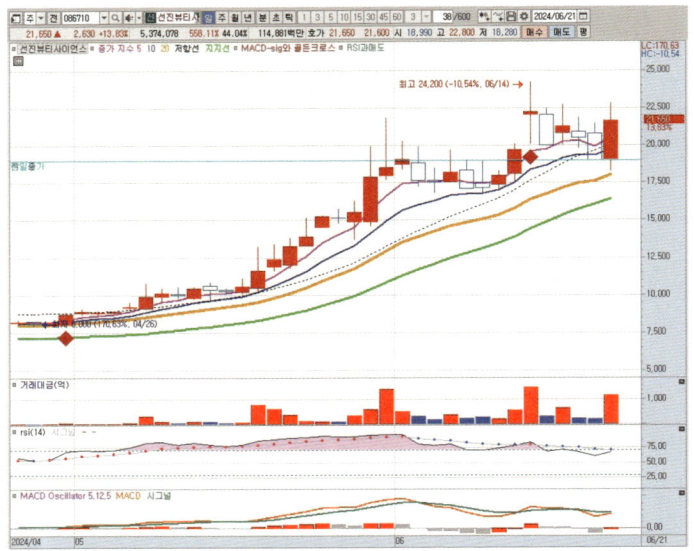

선진뷰티사이언스 2024년 6월 21일 일봉 차트

선진뷰티사이언스 2024년 6월 21일 3분봉 차트

야 합니다. 보통 당일 고점에서 -5~-10% 하락한 지점에서 RSI 과매도권 진입 상황이 발생하는데, VI 가격에 표시를 해놓으면 좀 더 근거 있는 매수를 할 수 있습니다.

1차 매수 이후 약간 하락하기는 하지만 곧 RSI 과매도권을 이탈하고 MACD-시그널선도 골든크로스를 만들면서 130 이동평균선을 회복하고 반등합니다. 반등 이후 고점까지는 약 6%의 수익라인이 만들어지는데, 3분봉을 이용한 단타 매매이므로 적절히 익절함으로써 다음 날 혹시 있을지 모르는 리스크를 회피할 수 있고, 현시점에서는 아직 RSI 과매수권 진입과 같은 상승 마디가 나오지 않았으니 홀딩할 수도 있습니다.

이번에는 우리기술의 사례입니다. 7월 8일 종가 기준 20.93% 장대양봉으로 마감한 우리기술입니다. 역배열 중인 5-10-20일 이동평균선을 몸통으로 돌

우리기술 2024년 7월 9일 일봉 차트

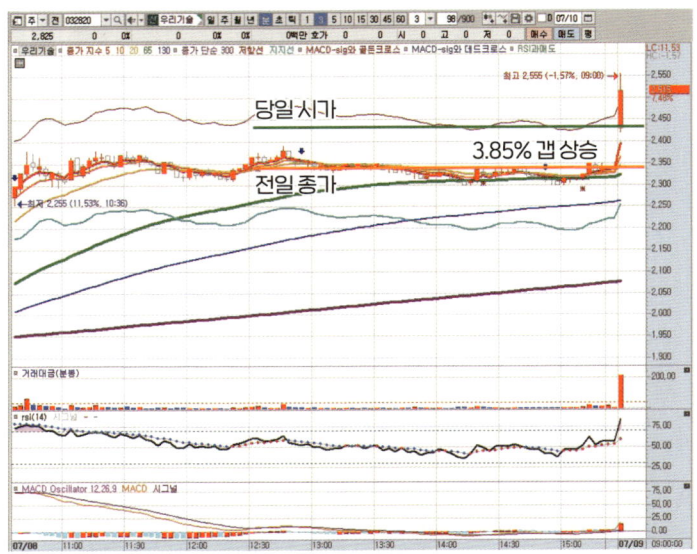

우리기술 2024년 7월 9일 3분봉 차트(9시 3분까지)

파해냄으로써 6월 중순 이후 20일 이동평균선 밑에서 물려 있었던 물량들을 다 받아내었습니다.

7월 9일 3.85% 갭 상승 시가로 시작한 주가는 종가 기준 20.73%의 장대 양봉으로 마감했습니다. D+1 데이 매매를 갭 상승의 해석과 함께 진행할 수 있는 종목이었지만, 일봉 차트에서 보이는 것처럼 시가부터 고가까지 한 번에 가는 일은 좀처럼 없습니다. 어떻게 매매할 수 있었는지 3분봉 차트를 통해 단타 매매타점을 확인해보겠습니다.

7월 9일 3.85% 갭 상승 시가로 시작합니다. 갭 상승에 대한 이해를 충분히 한 상태라면 전일종가까지를 분할 매수 구간으로 보고 시가부터 매수할 수 있습니다. 시가 이후 밀리지 않고 4%가량 상승할 정도로 매수세가 매우 셉니다.

일반적으로 갭 상승 시가에서 1차 매수하면 전일의 수익을 실현하려는 매도

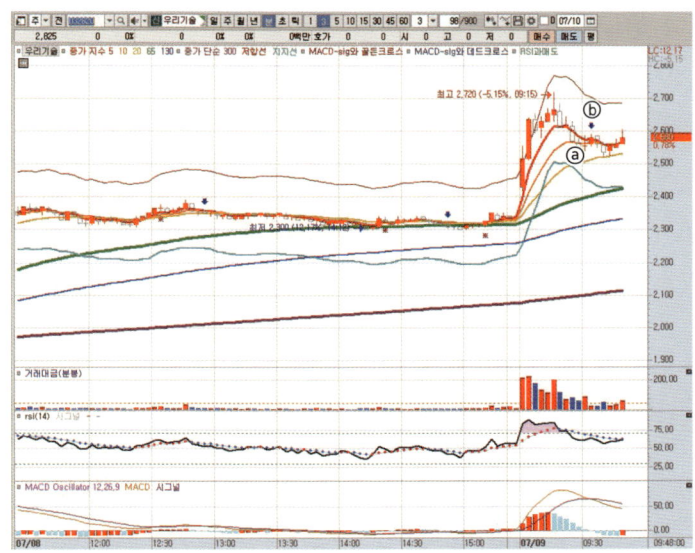

우리기술 2024년 7월 9일 3분봉 차트(9시 51분까지)

세에 의해 주가가 하락하면서 2차 매수의 기회를 주곤 합니다. 이 사례에서는 1차 매수 직후 바로 상승합니다. RSI 과매수권으로 진입하지만 바로 익절하지 않아도 괜찮습니다. RSI 과매도권 진입 이후 반등 및 상승으로 RSI 과매수권에 진입한 것이 아니라, 주가를 지지하는 매수세의 힘이 강한 상태에서 얕은 조정을 마치고 다시 상승하는 것이기 때문입니다.

RSI 과매수권 이탈 시 또는 MACD-시그널선의 데드크로스 시점에서 매도하면 됩니다.

RSI 과매수권 이탈(ⓐ)이나 MACD-시그널선의 데드크로스(ⓑ)에서 매도하면 갭 상승 시가에서 1차 매수한 물량을 적절히 익절할 수 있습니다. 3분봉의 종가 기준으로 약 6%의 수익 구간입니다.

고가까지 16.24% 상승한 이후 조정받는 모습입니다. 3분봉을 이용한 단타 매매자는 여기서 스스로에게 물어봐야 합니다.

"나는 이 종목의 매매를 여기서 끝낼 것인가? 아니면 이 종목의 상승 기세가 꺾였다는 징조가 나오기 전까지는 다음 매수타점을 찾을 때까지 기다리며 지켜볼 것인가?"

오버솔드의 경험상 당일 오전 10시에서 10시 30분 이전까지 20% 내외 혹은 그 이상 급등한 종목은 고점을 찍은 뒤 조정을 거칠 때, 3분봉 차트상 65 이동평균선 또는 130 이동평균선 근처에서 RSI 과매도권에 진입하거나 MACD-시그널선의 골든크로스가 발생할 경우 매수로 개입하면, 이후 2차 상승을 통해 수익으로 이어지는 때가 많았습니다.

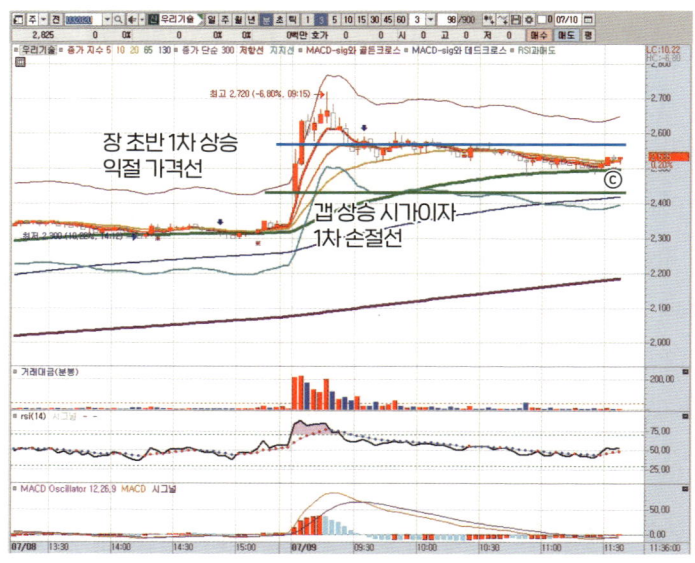

우리기술 2024년 7월 9일 3분봉 차트(11시 39분까지)

9시 30~36분 정도에 시가에서 1차 매수한 물량을 익절한 매매자는 다음 매매 가능 신호가 나올 때까지 기다려야 합니다. 오늘의 손절선을 전일 종가에서 갭 상승 시가로 옮겨서 생각합니다. 이 구간 안에서 RSI 과매도권 진입이나 MACD-시그널선의 골든크로스가 발생하면 다시 매수할 수 있습니다.

　ⓒ에서 65 이동평균선을 깨지 않은 채 MACD-시그널선의 골든크로스가 만들어집니다. 지켜보고 있지 않아도 검색기에서 알려줄 테니 그때 위치를 확인하면 됩니다. 3분봉 차트상 65 이동평균선은 30분봉 차트상 5 이동평균선에 해당합니다. 이 시점에서의 30분봉 차트를 볼까요? 차트에서 볼 수 있듯이 30분봉 차트상 고점부터 시작한 하락이 5 이동평균선에서 지지되고 있음을 알 수 있습니다.

　ⓒ에서 물량을 확보할 당시만 해도 마음이 조마조마할 수 있습니다만, 이 지

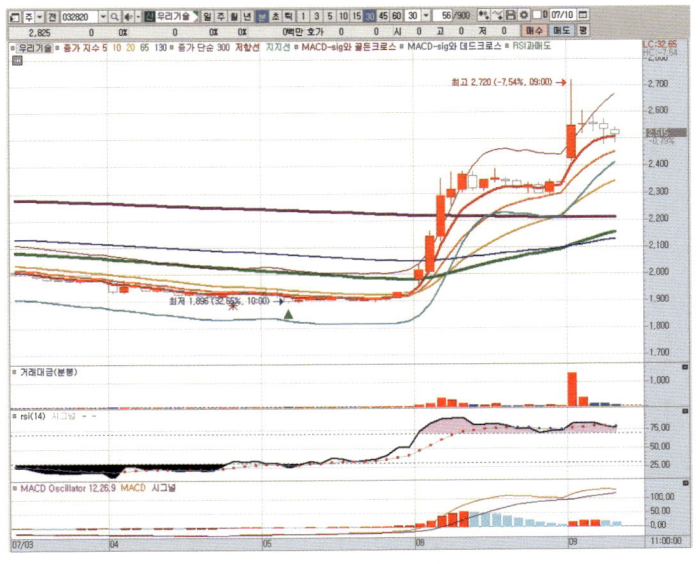

우리기술 2024년 7월 9일 30분봉 차트(11시 30분까지)

점에서 MACD-시그널선의 골든크로스가 의미하는 것은 1차 상승 이후 조정을 마무리하고 다시 상승하겠다는 뜻입니다. 그것을 증명하는 것은 바로 거래량입니다.

이 상승이 어떻게 진행될지 ⓒ와 같은 매수 시점에서는 알 수 없지만, 자신의 매매 경험에 따라 다양한 익절의 기준을 준비하고 있어야 합니다.

1. MACD-시그널선의 골든크로스에서 매수했으니 데드크로스가 나오면 매도하겠다.
2. 당일 1차 상승의 전고점에서 매도하겠다.
3. 65 이동평균선 근처에서 매수했으니 이 이동평균선을 깰 때 매도하겠다.
4. RSI 과매수권 진입 시 매도하겠다.
5. RSI 과매수권 이탈 시 매도하겠다.

경험이 붙을수록 매도타점은 매수타점보다 점점 위로 자리 잡게 될 것입니다. 또한 분할 매도를 하면서 수익을 붙여나갈 수도 있을 것입니다.

ⓒ에서 매수한 물량은 장 초반의 전고점인 ⓓ까지 약 8%의 수익라인을 그리며, RSI 과매수권을 이탈하는 ⓔ까지는 약 11.5%의 수익라인을 그립니다. 전고점을 돌파하면서 다시금 거래량이 붙는 모습이 인상적입니다.

당일 20% 이상~상한가로 상승한 종목의 경우 오전의 1차 상승 이후 조정을 받는 과정에서 특정 이동평균선의 지지를 받고 반등해 2차 상승을 만드는 경우가 많습니다. 따라서 장 초반의 급등주 가운데 시장이 큰 관심을 갖는 이유가 있다면 장중에 지속적으로 살펴보는 것이 좋습니다.

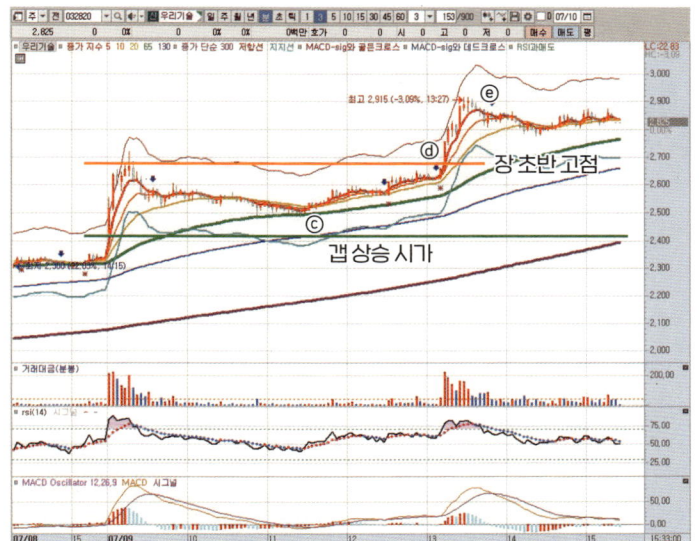

우리기술 2024년 7월 9일 3분봉 차트(하루 전체)

2-4 펩트론, 현대에버다임

펩트론은 2024년 7월 18일에 5일 이동평균선과 10일 이동평균선을 한 번에 깨면서 하락해 20일 이동평균선의 지지를 간신히 받아냅니다. 이후 7월 19일에는 －4.06% 갭 하락 시가로 시작했습니다. 전일 20일 이동평균선의 지지를 받았으므로 갭 하락했을 때 3분봉 차트상 저가 매수 신호가 발생했다면 매수한 후 하루를 보낼 종목이라 할 수 있겠습니다. 종가 기준으로는 26.56%까지 상승했는데요. 이날 코스피는 －1.02% 하락했고, 코스닥은 0.76% 상승했습니다. 3분봉 차트를 함께 보며 매수타점을 알아보겠습니다.

    갭 하락 시가로 시작했지만 주가의 흐름은 이미 RSI도 과매수권으로 향하는 상태였기에 냉정하게 말해서 기술적으로는 매수 신호가 발생하지 않았습니다. 주가는 10시 전까지 고가 기준으로 19% 가까이 상승했습니다. 일봉 차트상의 20일 이동평균선의 지지를 믿고 갭 하락 시가부터 매수 개입한 매매자라면 적절히 수익을 실현할 수 있는 구간이지만 이번 챕터에서는 그 부분은 논의하지

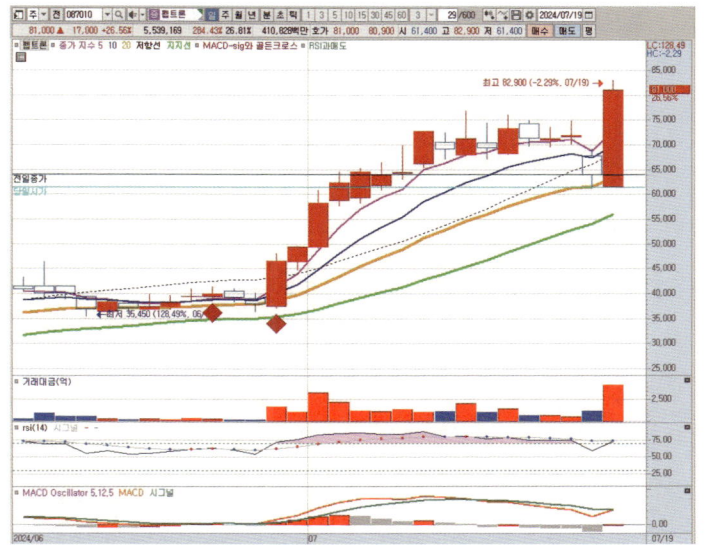

펩트론 2024년 7월 19일 일봉 차트

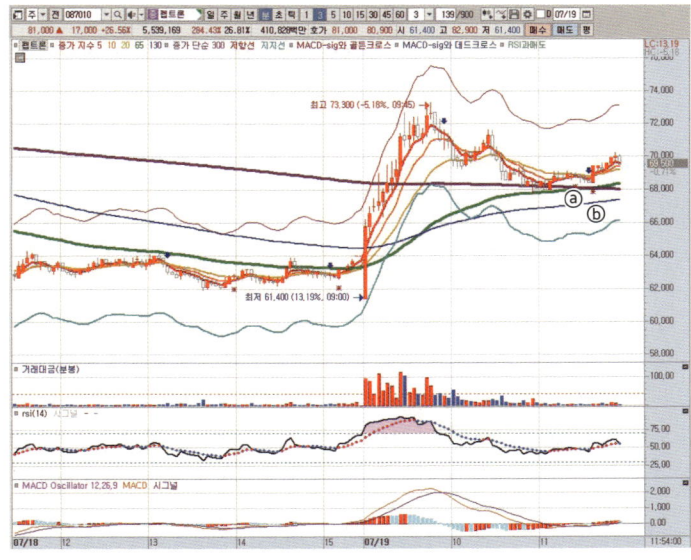

펩트론 2024년 7월 19일 3분봉 차트(11시 57분까지)

않습니다. 문제는 장 초반 20% 가까이 상승한 주가의 흐름이 이후 어떻게 될 것이며, 그 가운데 매수타점을 찾을 수 있는지 여부 입니다.

장 초반의 상승 구간 이후 MACD-시그널선이 데드크로스를 만들면서 상승 추세가 멈췄음을 알려주고 조정에 들어갑니다. 거래량을 꾸준히 붙이면서 세력이 올려붙인 주가는 좀처럼 한 번에 무너지지 않습니다. 조정하는 구간은 일반 매매자들의 달아오른 열기를 잠시 식히는 시간이라고 여기는 것이 좋습니다.

3분봉을 활용한 단타 매매의 기술은 당일 저가를 손절매가로 생각하고, 조정 중 RSI 과매도권으로 진입하면 매수해 이후 진행되는 반등 및 추세적 상승 구간에서 수익을 낸다는 기본 전제에 바탕을 두고 있습니다. 그러나 조정을 받는 중에도 상승하려는 압력이 은근히 존재해 RSI 과매도권으로 진입하지 않고 주가가 돌려지는 경우가 있습니다. 보통 장기 이동평균선인 65 이동평균선이나 130 이동평균선 근처에서 발생하는 MACD-시그널선의 골든크로스에서 시작됩니다.

차트에서는 ⓐ나 ⓑ 지점에서 MACD-시그널선의 골든크로스가 발생했으며 여기서 조정이 진행되던 하락추세가 멈추고 주가가 돌아서면 MACD-시그널선의 골든크로스 유지를 지켜보면서 익절의 기회를 찾아야 합니다. 반등의 추세가 진행되다가 전고점 근처까지 주가가 상승한다면 거래량을 집중해서 살펴야 합니다. 거래량이 붙으며 전고점을 깨면 본격적인 2차 상승이 진행됩니다.

손절은 65 이동평균선을 깰 때 칼같이 실행합니다.

매수한 이후 약 2시간에 걸쳐 천천히 상승합니다. 무척 지루할 수 있습니다. 한 1~2% 정도에 익절하고 빨리 수익이 날 수 있는 다른 종목으로 뛰어들고 싶겠지만, 이 종목을 올리는 세력은 전혀 지루하지 않습니다. 주가를 올리는 주체는 자기 자신이니까요. 단타 매매를 할 때 많은 분이 자기가 생각하는 만큼 주가가 빨리 상승하지 않는 데 조급함을 느끼곤 합니다. 지지해야 할 지점만 깨지 않으면 어느 정도 시간은 투자해야 합니다. 우리가 매수한 시점에서 65 이동평균

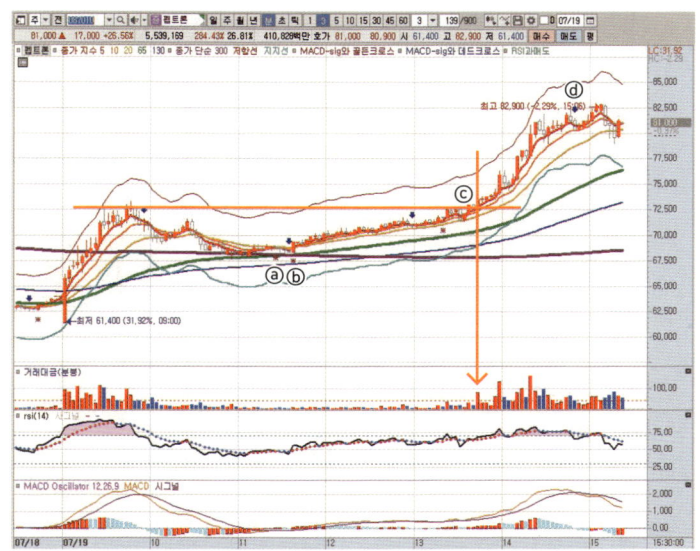

펩트론 2024년 7월 19일 3분봉 차트(하루 전체)

선을 깼나요? 아니죠. 그러면 그냥 버티는 겁니다.

드디어 ⓒ에서 전고점에 다다릅니다. 전고점까지 매수 시점부터 약 7%의 수익라인이 만들어집니다. 여기서 보유물량을 다 털고 홀가분해질 수도 있습니다. 그런데 주가가 상승하면서 MACD-시그널선이 계속 골든크로스를 지키고 있으니 좀 더 버텨도 될 것 같습니다. 거래량도 다시 붙기 시작하는 것을 볼 수 있습니다.

단타 매매는 항상 그때그때 매도를 결정해야만 하는 판단의 연속입니다. 기본적으로는 적은 수익률이라도 수익을 내기만 하면 되며, 자신을 갈고닦아 얼마나 더 수익률을 높일 수 있느냐로 진화해가는 게임입니다.

MACD-시그널선의 데드크로스가 만들어진 ⓓ에서는 다 매도해야 하겠죠. 약 18% 정도의 수익라인입니다.

3장. 장중 단타 매매의 기술   491

현대에버다임 2024년 7월 25일 일봉 차트

이번에는 현대에버다임의 사례입니다. 미국 대선 구도에 따라 우크라이나-러시아 전쟁 재건 관련주로 분류되면서 고가 기준 26.11%까지 상승하고 긴 윗꼬리를 단 음봉으로 장을 마쳤습니다. 모두가 손해를 본 것처럼 느껴지는 날이지만 자세히 살펴보면 수익을 볼 수 있는 장중 매수타점이 있습니다. 당일 20% 이상 상승한 종목이 한 번에 -20% 하락을 때리는 일은 드물기 때문입니다. 3분봉 차트를 살펴보겠습니다.

10시까지의 큰 상승 이후 RSI 과매수권 이탈(ⓐ) 및 MACD-시그널선 데드크로스(ⓑ)가 발생합니다. 장 시작 때 보유한 물량이 있다면 ⓐ나 ⓑ에서는 수익 실현을 해야만 합니다. 중요한 것은 그다음입니다.

하락이 진행되는 동안은 건드리지 않습니다. 그러다 RSI 과매도권 진입이나 MACD-시그널선의 골든크로스가 나오면 하락의 마디가 끝났다고 판단하고 매

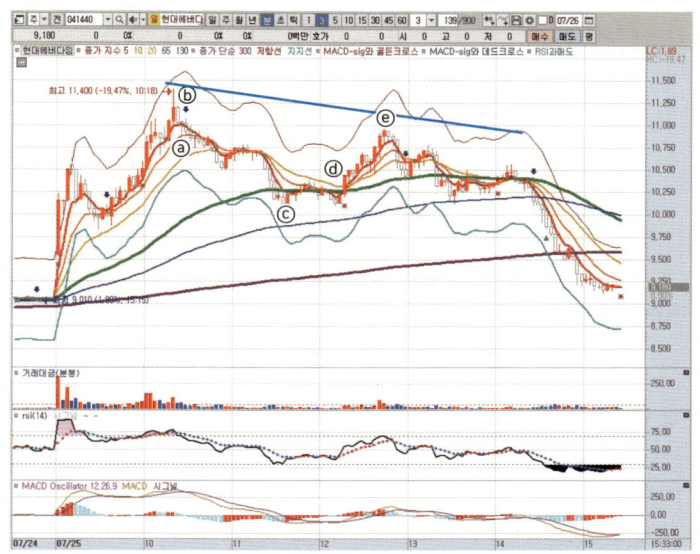

현대에버다임 2024년 7월 25일 3분봉 차트

수 개입을 할 수 있는데, 이렇게 당일 20% 이상 급등한 종목의 경우 3분봉 차트상 65 이동평균선과 130 이동평균선 근처에서 그런 신호가 나오면 더 확신을 갖고 매수 개입할 수 있습니다. 3분봉 차트상 65 이동평균선과 130 이동평균선은 30분봉 차트로 치면 5 이동평균선과 10 이동평균선입니다. 당일 20% 이상 급등이 나온 종목은 많은 경우 30분봉 차트상 5-10 이동평균선의 골든크로스를 유지하면서 주가가 움직입니다.

따라서 상승한 주가가 조정 중일 때 3분봉 차트상 65 이동평균선이나 130 이동평균선에 접근한다는 것은, 이 종목을 바라보고 있는 많은 시장 참여자가 해당 종목의 주가가 계속해서 상승할지 말지를 고민하고 있는 지점이란 뜻입니다.

30분봉 차트에서 봤을 때 3분봉 차트에서의 ⓒ나 ⓓ가 바로 이런 지점입니다. 급등 후 3분봉 차트상 처음으로 65 이동평균선이나 130 이동평균선에 접근

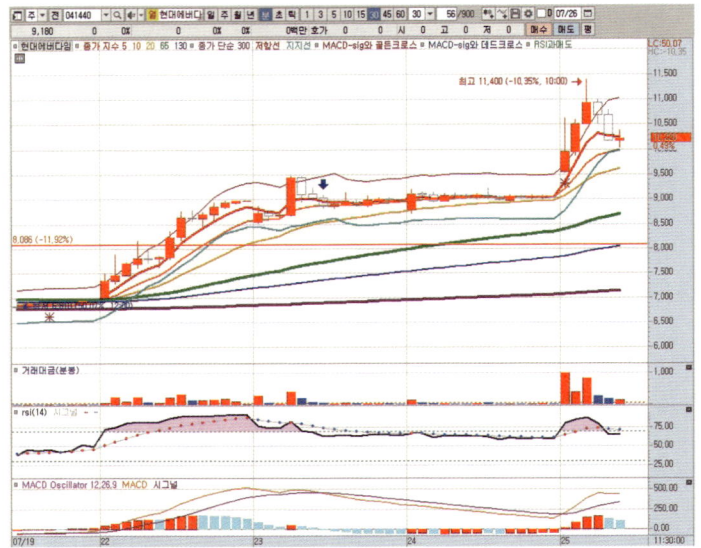

현대에버다임 2024년 7월 25일 30분봉 차트

할 때 RSI 과매도권 진입 또는 MACD-시그널선의 골든크로스가 나오면 반등 및 추세적 상승을 기대하고 매수할 수 있는 타점이 됩니다.

3분봉 차트에서 보면 RSI 과매수권으로 진입한 ⓔ에서 ⓒ 또는 ⓓ에서 시작한 상승 구간이 마무리되는 것을 알 수 있습니다. 이때 고점끼리 이어서 우하향하면 이 하락추세선을 돌파하지 않는 이상은 더 이상 위로 쏠 생각이 없다는 뜻으로 판단하면 됩니다. 세력의 움직임은 변화무쌍합니다. 다시 급상승할 수도 있지만 단타 매매는 중장기 매매보다 철저히 위험을 관리할 필요가 있습니다. 적절한 수익을 얻었다면 의미 있는 타점이 나올 때까지는 그 종목을 떠나는 것이 좋습니다.

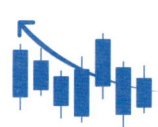
2-5 다스코

다스코가 2024년 7월 25일 상한가를 실현했습니다. 상한가였습니다만 지난 5월과 6월의 큰 상승 이후 윗꼬리를 달고 하락한 모습에서 볼 수 있듯이, 단타 매매자가 당일 시가나 저가에서 시작해서 상한가까지 수익을 물고 가는 경우는 거의 없습니다.

단타 매매의 기술을 수련하고 있는 우리는 상승하는 과정 곳곳에 있는 매수 타이밍에서 매수해 적절한 수익을 실현하고 나오면 됩니다. 3분봉 차트를 함께 살펴보겠습니다.

오전의 큰 상승 이후 RSI 과매수권 이탈, MACD-시그널선 데드크로스 이후 약 10% 가까이 하락하다가 65 이동평균선과 130 이동평균선 사이에서 RSI 과매도권에 진입했다 이탈(ⓐ)합니다(장중이라 차트에는 신호가 안 나왔습니다). 그리고 MACD-시그널선의 골든크로스(ⓑ)가 발생했으며, 추세가 이어져 RSI 과매수권으로 진입(ⓒ)하는 모습을 볼 수 있습니다. ⓐ~ⓒ는 약 10%의 수익라인, ⓑ~ⓒ

다스코 2024년 7월 25일 일봉 차트

다스코 2024년 7월 25일 3분봉 차트(하루 전체)

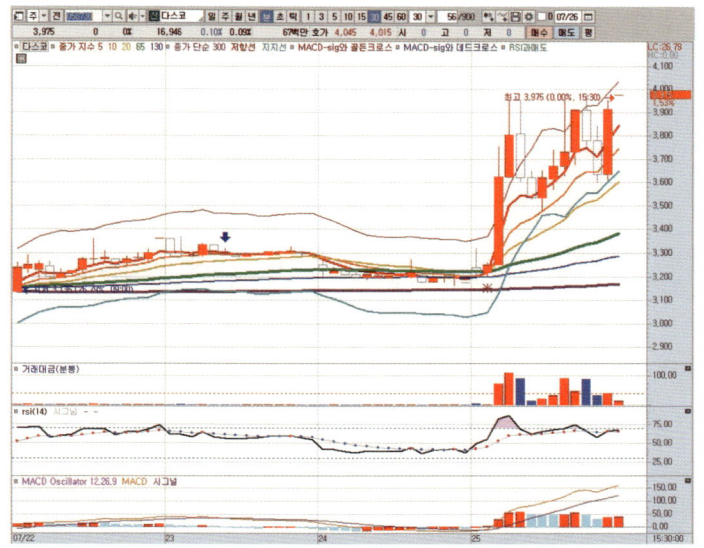

다스코 2024년 7월 25일 30분봉 차트

는 약 8%의 수익라인입니다.

　차트를 더 살펴보면 2024년 7월 25일 같은 매매의 기술을 사용한 현대에버다임의 경우 전고점 근처까지 상승하지 못한 채 전체적으로 하락했지만, 이 종목은 전고점까지 반등하면서 키를 맞췄습니다. 즉 조정 후 반등을 이끌어낸 세력이 나머지 수익을 일반 투자자에게 떠넘기고 빠져나오기 위한 것이 아니라, 꼭 당일이 아니더라도 이후 추가 상승을 위해 전고점까지 물량을 채워 넣었다고 해석할 수 있습니다. 그렇다면 이 반등 단락의 저점은 깨지지 않을 가능성이 높습니다(물론 깨지면 손절하면 되고요). 집중력이 있는 매매자라면 수익 실현 후 주가의 흐름을 다시 살피면서 매수·매도 할 수 있지 않을까 생각됩니다.

　30분봉 차트를 보겠습니다. 3분봉 차트상 65 이동평균선과 130 이동평균선에 해당하는 30분봉 차트상의 5 이동평균선과 10 이동평균선 부분에서 주가가

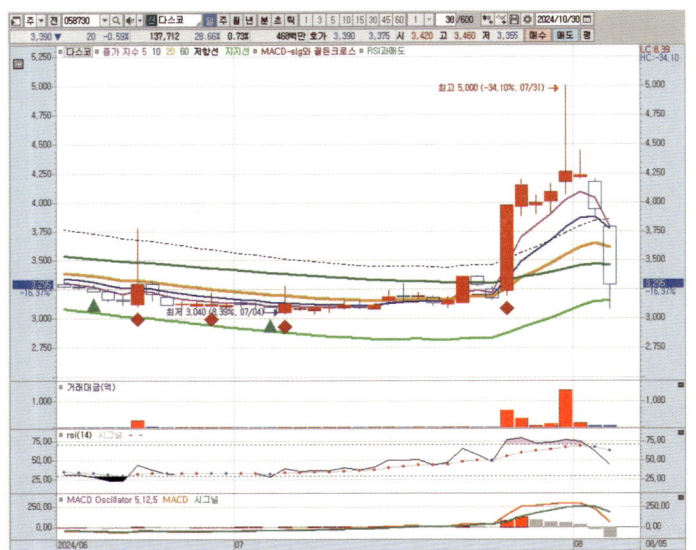

다스코 2024년 7월 25일 일봉 차트

어떻게 움직였는지를 잘 살펴보면 공부가 될 것입니다.

    7월 25일 이후 주가의 흐름을 살펴보면, 우리가 앞서 해석할 수 있었던 것처럼 상한가로 마무리한 이후 추가 상승이 있었음을 알 수 있습니다. 3분봉을 활용한 여러 단타 매매의 기술 유형을 공부해왔기 때문에, 상한가 다음 날에는 D+1 데이 매매로 수익을 얻을 수 있음을 알 수 있습니다.

5일 또는 10일 이평선의 반등을 활용한 단타 매매

일봉 차트상 급등 추세에 있는 종목들은 5일 이동평균선과 10일 이동평균선의 정배열 상태를 깨지 않고 상승을 유지합니다. 5일 이동평균선과 10일 이동평균선의 정배열 위에서 주가가 급등하는 과정에서도 3분봉 차트는 상승과 하락을 반복하며 파동을 만들고, 우리는 이러한 현상을 활용해서 단타 매매를 할 수 있습니다.

주가가 상승하는 과정에서는 수급적으로 어느 지점에서든 수익을 실현하고 싶어 하는 매도세가 나타나기 마련입니다. 그중 특정 지점에서, 즉 일봉 안에서 만들어지는 분봉 차트에서의 작은 상승파동 안에서도 고점이라고 여겨지는 지점에서부터 매도세가 본격적으로 나오면서 하락이 시작됩니다. 하락을 진행시키는 이러한 매도세를 압도하는 대기 매수세가, 해당 종목을 이미 보유하고 있으면서 추가 매수 타이밍을 찾는 투자자나 신규 매수를 위해 지켜보고 있던 투자자들 사이에서 '저가'라는 공감대가 형성되는 지점에서부터 들어옵니다. 그

고점에서 거래량이 터진 음봉

결과 3분봉 차트에서 등락의 흐름이 만들어지며 일봉 차트로는 상승하게 되는 것입니다.

수익을 실현하고 싶어 하는 매도세의 성격은 크게 둘로 나눌 수 있습니다. 충분한 수익을 거뒀다고 판단한 세력의 매도와 일반 투자자들의 자잘한 매도입니다. 이는 거래량의 크기로 어느 정도 짐작할 수 있습니다.

어느 정도 주식 투자의 경험이 쌓이면 투자할 때 해서는 안 되는 일에 대해서도 이런저런 경로를 통해 듣게 됩니다. 그중 하나가 고점에서 거래량이 터진 음봉은 매수하지 말라는 말입니다. 고점에서 거래량이 왜 터질까요? 세력은 큰 수익을 보기 위해 본격적으로 주가가 상승하기 전~상승 초반의 구간 동안 물량을 모읍니다. 이를 매집이라 합니다. 이렇게 매집한 물량을 수익 실현을 위해 고점에서 매도하므로, 매일의 평균 거래량을 뛰어넘는 큰 거래량의 형태로 차트에 나타나는 것입니다. 이러한 세력의 매도물량을 개인들의 자금력으로는 받아내면서 버틸 수 없기 때문에 음봉이 만들어지는 것입니다. 고점에서 거래량이 터진 음봉은 많은 경우 긴 윗꼬리를 단 음봉의 형태를 보입니다.

세력이 주가가 상승하는 중에 자신이 보유하고 있던 많은 물량을 팔아서 수익을 내려고 할 경우, 주가가 더 오를 것이라고 기대하며 받아줄 매수세가 없다면 세력은 수익률 면에서 손해를 보면서 매도할 수밖에 없습니다. 따라서 세력은 자신들이 최대한 고점에서 빠져나가기에 충분한 매수세가 들어올 수 있도록 개인들을 꾀내는 작업을 많이 합니다. 고점에서 나오는 호재성 뉴스가 바로 개인을 꾀내는 신호입니다. 소문에 사서 뉴스에 팔라는 말이 바로 이런 현상을 함축적으로 표현한 것입니다.

이런 호재성 뉴스에 반응한 개인들의 매수세가 들어오면서부터 주가는 상승을 시작합니다. 세력이 일정 수준 이상의 물량을 갖고 있기 때문에 그들이 매도하지 않는 이상 고가권에서의 매도세는 제한적이며, 개인들의 매수세로도 주가가 어렵지 않게 상승합니다. 나쁜 세력은 이런 고점에서 장 시작 전 동시호가 때 갭 상승 시가를 만드는 척 허매수 물량을 쌓아놓습니다. 일반 투자자로 하여금 매수하고 싶어 못 견디게 만드는 것이죠. 이런저런 세력의 공작에 의해 매수세가 어느 정도 들어오면 바로 거기에 세력은 자신의 보유물량을 던져버리고 수익을 확정 짓는 것입니다.

다음 그림은 주가가 고점에 있는데 갭 상승으로 시작하는 경우를 보여주고 있지만, 세력이 굳이 갭 상승을 시키지 않더라도 좋은 뉴스가 이어지면 개인들이 주가를 끌어올리는 양봉이 만들어지기도 합니다. 개인들이 더 이상 쫓아오지 못하게 세력이 갭 상승시키면서 주가를 올리는 경우도 있기 때문에 저런 형태가 무조건 세력이 물량을 터는 형태라고 말할 수는 없습니다. 다만 주가 고점에서 음봉이 나오면 십중팔구 세력이 일반 매매자에게 물량을 떠넘긴 것이므로 회복

주가 고점에서 장 초반 고가로 시작하는 메커니즘

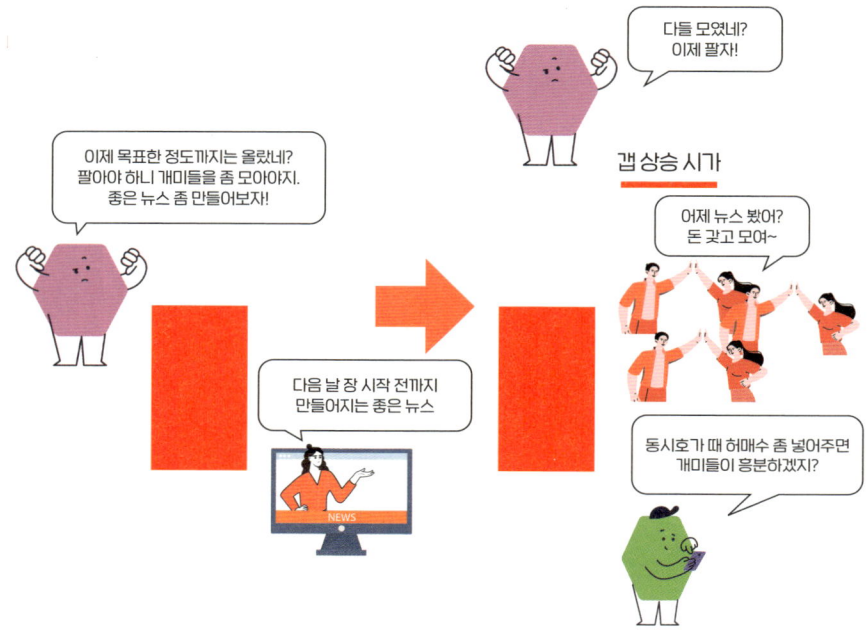

하기가 어렵습니다. 주의하는 게 좋겠죠.

따라서 개인은 어떤 구간에서 어떤 기술을 활용해서 수익을 거둘 것인지 분명한 입장을 가져야만 합니다. 저가 매수의 기술을 활용해서 주가의 저점에서 매수한 물량을 RSI 과매수권 진입이나 MACD-시그널선의 데드크로스가 나오는 고점에서 매도함으로써 수익을 챙기는 매매를 하면, 앞서 설명한 고점에서의 무리한 매수로 물릴 위험을 피할 수 있습니다.

한편으로는 고가권에서도 단타 매매의 기술을 활용해 고가의 고가에서 매수하는 것이 아니라, 고가 안에서 저가를 찾아 매수함으로써 변동성을 이용한 수익을 낼 수 있습니다. 그림에서는 직관적으로 이해할 수 있도록 세력이 한 방에 자신의 모든 물량을 개인에게 던지는 것처럼 표현했지만 세력은 일정 정도의 물량을 익절한 다음, 하락한 주가를 다시 조금 올려주면서 보다 많은 개인을 유혹하는 식으로 흐름을 만듭니다. 일봉 차트에서 눈에 띄는 큰 거래량이 터지기 전까지는 고가권에서도 3분봉 차트에서의 저가를 찾아 매수함으로써 수익을 누적해갈 수 있는 것이죠.

주가 상승의 시작과 끝은 모두 세력이 만들어내는 작품입니다. 상승의 흐름을 만드는 한편 일반 매매자들의 자잘한 익절 물량을 받아주면서 상승이 유지되도록 만들어주던 세력의 매수세가 사라졌으니, 이제 일반 투자자들끼리 서로 다투고 매도하다 주가는 하락하고 음봉을 만들게 됩니다. 이것이 고점에서 만들어지는 거래량 터진 음봉, 더 명확히 말하면 윗꼬리 음봉의 실체입니다.

이러한 내용에 대한 해석이 어렵게 느껴진다면 아예 고점에 있는 종목은 손대지 않는 것이 좋습니다. 어떻게 고점인지 알까요? 이에 대한 부분은 『저가 매수의 기술』을 참고하기 바랍니다. 일봉 차트상 RSI 과매수권 진입 후 이탈, MACD-시그널선의 데드크로스가 나온 종목은 고점을 만들고 하락하는 흐름이라고 보고 매매하지 않으면 됩니다. 종목이 아무리 나를 유혹해도 모른 척하면 됩니다. 당장은 오르는 것 같아도 수주 뒤 그 종목의 차트를 보면 빤하게 하락했음을 확인할 수 있습니다.

여기까지의 설명을 통해 개인이 세력의 덕으로 마음 편하게 수익을 낼 수 있는 구간이 어느 선까지인지 대략 알게 되었습니다. 세력이 주가를 상승시키기 시작한 지점부터 고가권으로 진입시키는 구간까지가 바로 그러한 구간입니다. 오버솔드가 3분봉을 활용한 단타 매매에 즐겨 살피는 패턴이 바로 이러한 구간의 특성을 활용한 것입니다. 5일과 10일 이동평균선이 골든크로스를 유지하면서 RSI 과매수권 진입하기 전까지 상승하는 종목이 당일 5일 이동평균선이나

10일 이동평균선까지 조정을 받을 때, 3분봉 차트상 저가에 매수해서 대기 매수세나 상승을 유지하고자 하는 세력이 지지해주는 매수세를 활용해 수익을 내는 방법입니다.

5일 이동평균선과 10일 이동평균선이 정배열을 유지하면서 상승하는 유형은 크게 다음의 두 가지로 구분할 수 있습니다.

1. 5일 이동평균선과 10일 이동평균선을 몸통으로 뚫는 장대양봉이 만들어진 후 추가 상승하거나 얕은 조정으로 이동평균선 간격을 벌리는 유형
2. 5일 이동평균선과 10일 이동평균선이 정배열을 만든 상태에서 5일 이동평균선 위에서 계속해서 양봉을 만들면서 상승하는 유형

먼저 유형 1부터 살펴보겠습니다. 일봉상 종가 기준으로 15% 이상의 장대양봉을 만들면서 몸통으로 5-10-20일 이동평균선을 돌파하는 모습은 기술적 분석에서 매우 중요한 의미를 갖습니다. 최소한 20일 동안의 매매자들이 모인 가격대를 돌파한다는 뜻이며, 그러기 위해서는 그들이 내놓는 물량을 다 받아내면서 장대양봉을 만들어야 하기 때문에 거래량이 평소보다 몇 배나 늘어날 수밖에 없습니다.

거래량을 해석해낼 수 있는 기술은 안정적인 매매를 하기 위해 매우 중요하며, 어느 정도는 자기만의 기준을 갖고 있어야 합니다. 어쨌든 여러 이동평균선을 한 번에 돌파해버리는 장대양봉이 만들어지면 그 양봉을 만들어낸 물량은 많은 경우 지지의 역할을 하게 됩니다(이런 장대양봉을 과연 누가 만들까요?).

이런 장대양봉이 만들어진 이후 양봉이 계속 이어지면서 주가가 상승하는 경우도 있지만, 이 장에서는 다루지 않겠습니다. 주목해야 하는 주가의 흐름은 바로 여러 이동평균선을 몸통으로 돌파한 장대양봉 이후 개인들의 자잘한 물량

장대양봉으로 이동평균선 정배열을 만든 다음
얕은 조정으로 이동평균선 간격을 벌리며 상승하는 유형

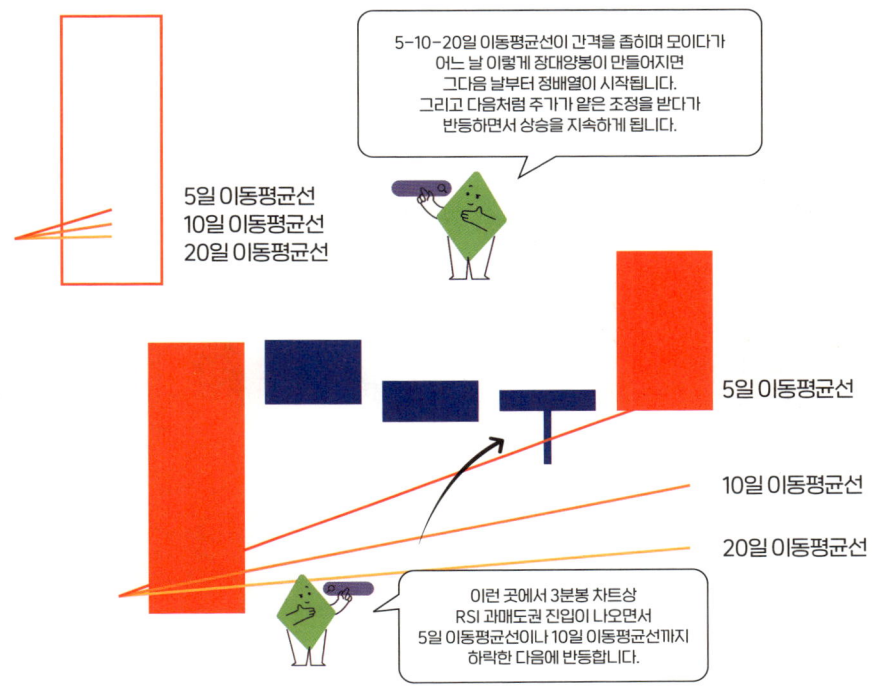

을 소화하면서 만들어지는 얕은 조정입니다. 장대양봉의 종가 근처에서 짧은 음봉이나 양봉을 만들면서 주가가 옆으로 흐르는 가운데, 이동평균선들은 서로의 간격을 벌리면서 확산하기 위한 자리를 잡게 됩니다(장대양봉은 VI를 만들어야만 하며, VI를 만들 때의 카운터밸런스에 대해서는 『초단타 매매의 기술』에서 자세히 설명하고 있습니다. 결국 장대양봉을 만든 첫 VI 가격대 위에서 얕은 조정이 진행되는 것입니다).

얕은 조정이 진행되는 중 주가가 5일 이동평균선이나 10일 이동평균선에 닿게 되는 날이 있는데, 이때 많은 경우 3분봉 차트에서는 RSI 과매도권에 진입하

5일 이동평균선 위에서 연속으로 양봉을 만들며 상승하는 가운데 이동평균선의 정배열을 유지하는 유형

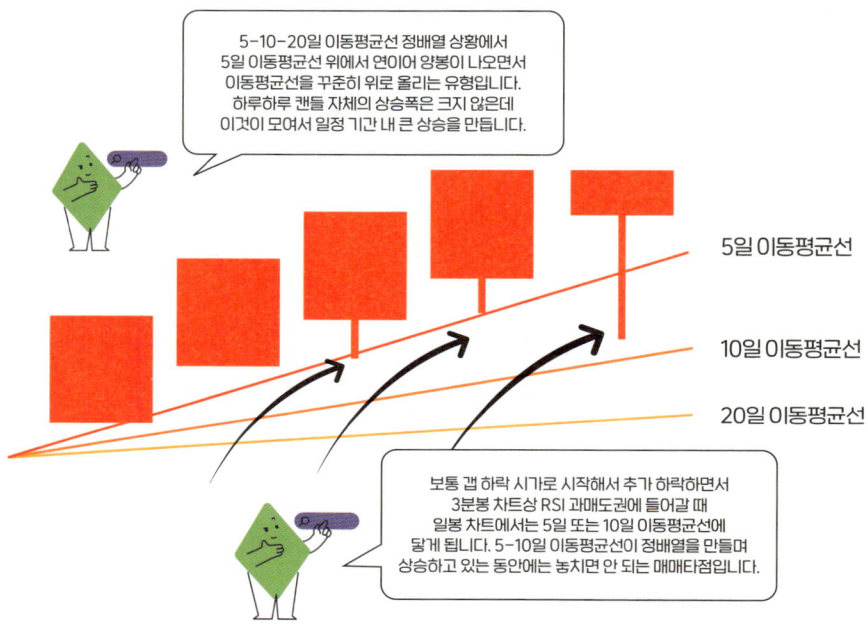

는 모습을 보이게 됩니다. 이런 위치에서 조정이 마무리되고 반등이 시작하면서 앞선 장대양봉이 만든 전고점을 돌파하면서 다시 상승파동이 시작됩니다. 따라서 이런 자리는 놓치기 매우 아까운 매수타점이므로 단타 매매에 적극 활용해야 할 것입니다.

단 장대양봉 이후 얕은 조정을 받는 과정에서 음봉의 거래량은 장대양봉을 만든 거래량보다는 작아야만 합니다. 앞서 설명한 것처럼 조정이 깊어지지 않도록 장대양봉을 만들며 들어온 매수 보유자들이 지지해줘야 하는데, 매도물량이 많다는 말은 이 매수 보유자들의 지지력이 뚫리고 있다는 뜻이기 때문입니다.

이번에는 유형 2를 알아보겠습니다. 두 번째는 한 번에 '빡!' 장대양봉으로 주가를 상승시키는 것이 아니라 시간을 두고 슬금슬금 주가를 상승시키는 유형입니다. 세력이 주가를 올리고 있는 모습을 개인들에게 들키고 싶지 않을 때 이런 유형이 나옵니다. 하지만 일정 기간 꾸준히 양봉을 만들며 주가를 상승시키면 어느새 주가가 높이 올라가게 됩니다. 이런 상태에서 뉴스를 터트리면서 개인들의 매수세를 유입시키고, 세력은 보유물량을 모두 수익 실현하게 됩니다.

이동평균선은 정배열인데 캔들은 전일 양봉 종가 아래에서 갭 하락 시가로 시작해 장중에 양봉을 만드는 경우가 많습니다. 갭 하락 시가로 시작해서 추가 하락할 경우 3분봉 차트상 RSI 과매도권으로 진입하면서 5일 이동평균선이나 10일 이동평균선에 접근하는 모습을 보입니다. 작은 단타 수익을 꾸준히 모아 가기에 좋은 유형입니다.

이 두 유형에 대해서 검색기를 만들어보도록 하겠습니다.

먼저 5-10-20일 이동평균선의 정배열 상태 위에서 캔들이 만들어지는 조건입니다. 당일 매매할 종목을 찾는 것이므로 우선 당일 주가의 위치를 정해줘야 합니다. 최소한 5-10-20일 이동평균선이 정배열인 상태에서 종목이 검색되

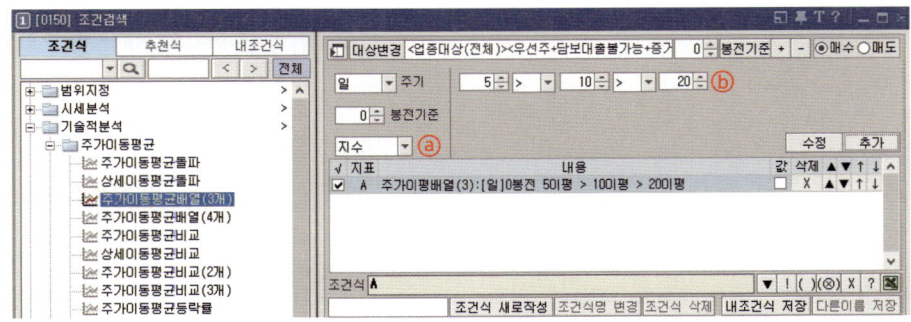

이동평균선 정배열 조건을 추가한 모습

도록 해야 하므로 조건식에서 '기술적분석 → 주가이동평균 → 주가이동평균배열(3개)' 조건을 선택, 지수 이동평균선(ⓐ)에 대해 정배열(ⓑ)이 되도록 설정해 줍니다.

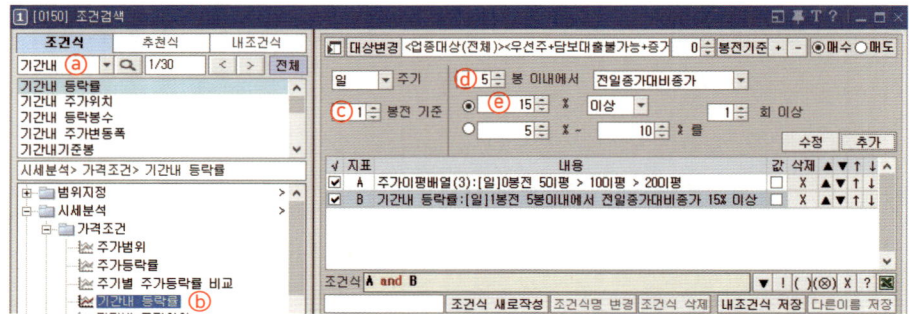

15% 이상 장대양봉 조건을 추가한 모습

조건식 검색창에서 '기간내'(ⓐ)라고 입력하고 검색하면 '기간내 등락률'(ⓑ)이라는 조건을 찾을 수 있습니다. 조건식을 선택해 미세 조정을 합니다. 전일(ⓒ)을 시작으로 5일 이내(ⓓ)에 종가 기준으로 15% 이상(ⓔ) 1회 이상 상승한 종목을 찾을 수 있도록 설정해 검색기에 추가합니다. 더 강한 상승이 있었던 종목을 원하면 15%의 숫자를 조정할 수 있을 것입니다.

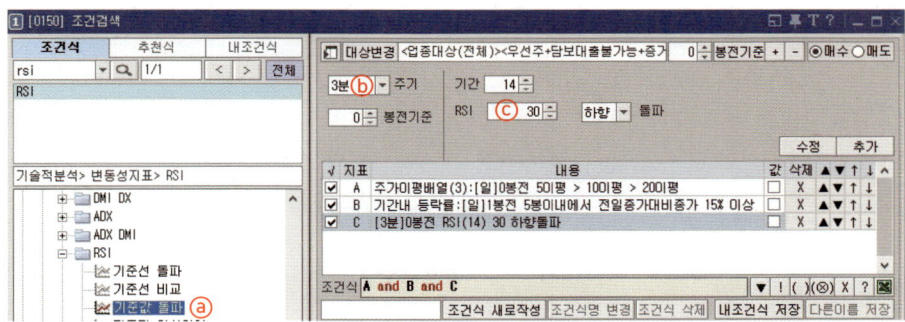

3분봉 차트상 RSI 과매도권에 진입한 종목을 찾는 조건을 추가한 모습

이번에는 3분봉 차트상 RSI 과매도권에 진입하는 종목을 찾아보겠습니다. '기술적분석→변동성지표→RSI'에서 기준값 돌파(ⓐ) 조건을 선택한 후, 3분봉 차트에서 RSI 과매도권 진입을 찾고자 하므로 3분 주기(ⓑ)로 RSI 30을 하향돌파(ⓒ)하도록 조건의 미세 조정을 마친 후 검색기에 추가합니다.

이 조건을 실시간 검색창으로 띄워놓으면 장을 지켜보고 있는 내내 조건어 해당하는 종목을 추출해주게 됩니다. 특히 장이 시작한 지 1시간 이내에 검색 결과가 나오면 이는 당일 저가를 형성하면서 반등할 가능성이 크므로 놓치지 말고 매매에 임해야 할 것입니다.

이번에는 일정 기간 동안 연속된 양봉으로 주가 상승 중 조정 시 3분봉 차트 상 RSI 과매도권에 진입한 종목을 찾아보겠습니다.

먼저 이동평균선 정배열 조건식을 만들어야 합니다. 이 부분은 앞서 검색기에 추가하는 법을 배웠으니 넘어가겠습니다. 다음으로 일정 기간 연속된 양봉이 만들어져야 한다는 조건을 추가하겠습니다.

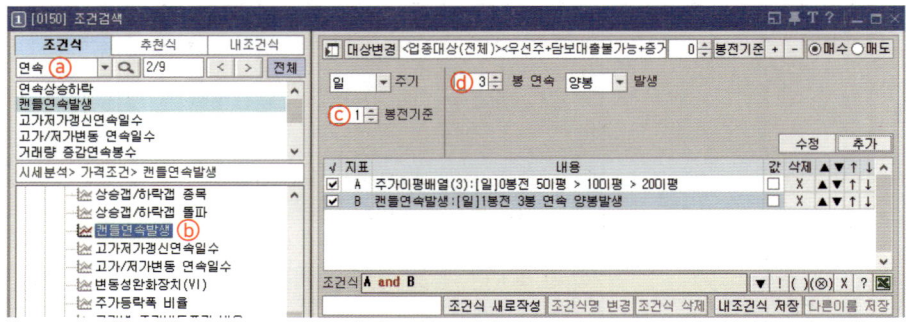

양봉이 연속적으로 발생하는 종목을 찾는 조건을 추가한 모습

　　조건식의 검색창에 '연속'(ⓐ)이라는 검색어를 입력한 후 캔들연속발생(ⓑ)을 선택합니다. 전일을 기준으로(ⓒ) 3일 동안(ⓓ) 연속으로 양봉이 발생한 조건을 입력해줍니다. 똑같은 방식으로 다음과 같이 '4봉 연속 양봉 발생'과 '5봉 연속 양봉 발생' 조건을 추가한 다음 세 조건을 'or'로 연결해 괄호로 묶어줍니다.

　　해당 조건으로 검색기를 돌려보니 2024년 11월 24일 기준 총 28개 종목이 추출되었습니다. 종목을 좀 더 제한적으로 추출하고 싶다면 책 후반부에 있는 신뢰할 수 있는 종목의 기본 조건들을 검색기에 포함시켜서 활용해보세요.

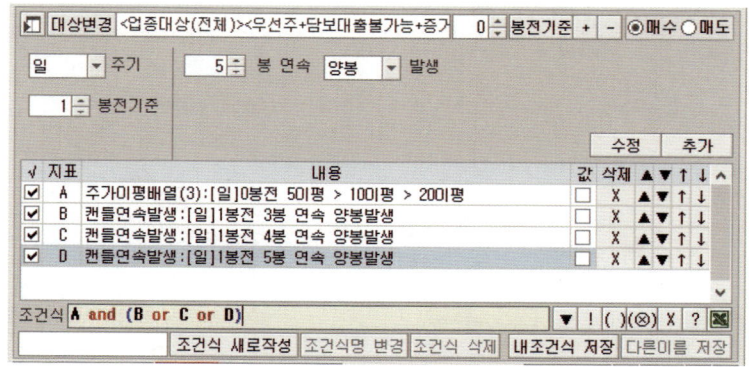

3일 연속, 4일 연속, 5일 연속으로 양봉이 발생하는 종목을 찾는다.

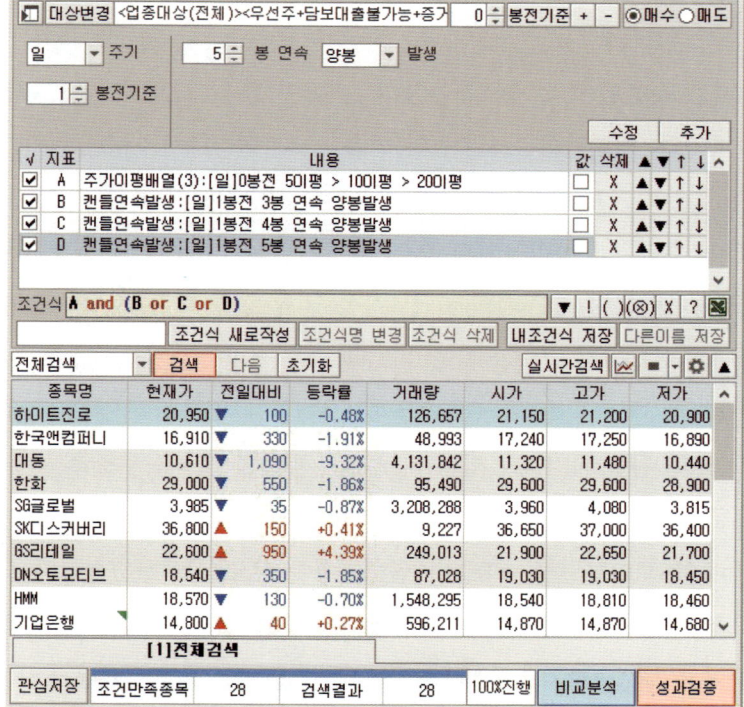

2024년 11월 24일 검색기 추출 결과

3장. 장중 단타 매매의 기술

KB금융 2024년 11월 22일 일봉 차트

검색기로 추출된 종목 중 KB금융의 2024년 11월 22일 주가 흐름을 보겠습니다. 당일인 ⓐ 전일까지 4일 동안 연속되어 양봉이 만들어졌습니다. 당일은 5일 이동평균선 근처까지 하락하지 않았습니다만, 전일인 ⓑ를 기준으로 보면 3일 동안 연속되어 양봉이 만들어졌으므로 검색기에 추출되었습니다. 5일 이동평균선까지 하락하며 매수 기회가 있었음을 알 수 있습니다.

지금까지 만들어진 검색기에 당일 3분봉 차트상 RSI 과매도권으로 진입하는 종목을 찾아낼 수 있도록 해당 조건을 더해줍니다. 이 조건을 실시간 검색창으로 띄워놓으면 장을 지켜보고 있는 내내 조건에 해당하는 종목을 추출해주게 됩니다.

앞서 보았던 KB금융을 11월 21일 3분봉 차트로 살펴보겠습니다. 2024년 11월 21일 9시 3분~6분 사이의 캔들에서 RSI 과매도권 진입(ⓐ) 신호가 발생합니다. 이 부분이 우리가 앞서 KB금융의 일봉 차트에서 살펴본 5일 이동평균선에 닿는 순간입니다. 여기서 매수했다면 RSI 과매수권으로 진입하는 ⓑ나

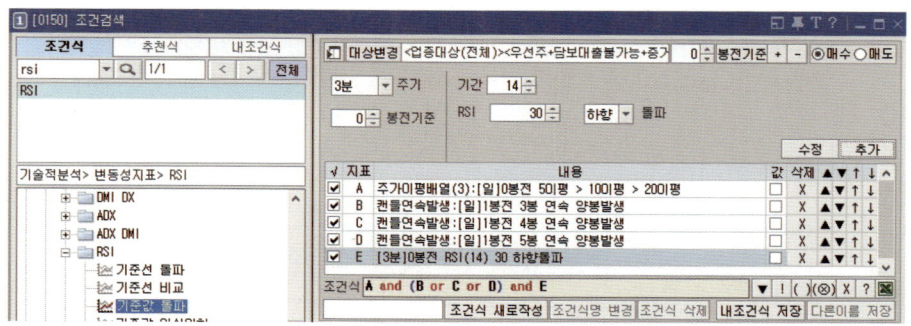

3분봉 차트상 RSI 과매도권에 진입한 종목을 찾는 조건을 추가한 모습

MACD-시그널선의 데드크로스가 발생하는 ⓒ에서 각각 2.9% 및 2.5%의 수익을 거둘 수 있게 됩니다.

여기까지 일봉 차트상 급등 후 조정받는 과정에서 5일 또는 10일 이동평균선 기준으로 발생하는 반등을 노리는 단타 매매 기술의 이론을 공부하고, 매매에 활용할 수 있는 검색기를 만들었습니다. 이어지는 실제 사례를 통해 충분히 이해할 수 있도록 꼼꼼히 살펴보기 바랍니다.

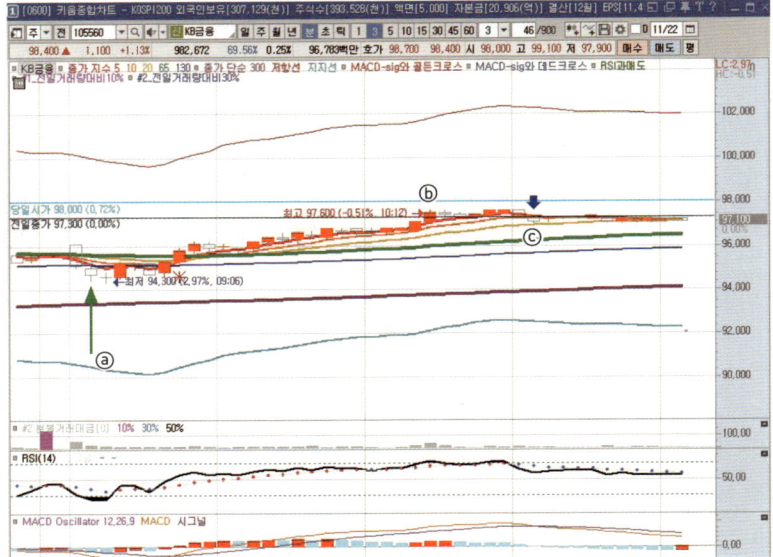

KB금융 2024년 11월 21일 3분봉 차트

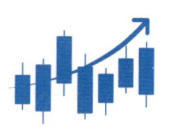

3-1
우리기술, 잉글우드랩

일봉상 5일 이동평균선과 10일 이동평균선의 정배열이 유지되면서 급등하는 종목은 3분봉을 활용한 단타 매매를 할 때 안정적으로 좋은 타점을 많이 가져다줍니다. 상승이 진행되는 가운데 조금이라도 조정이 들어오면, 매수하고 싶어 기다리던 매매자들이 이동평균선 근처에서 매수를 통해 하락이 일어나지 않도록 받쳐주는 경우가 많기 때문입니다.

2024년 5월 29일, 원자력 발전 관련 종목 중 대장주인 우리기술이 3일간의 과열 단일가 매매 기간 동안에도 계속 주가가 상승하더니 -11%에 달하는 하락을 보였습니다. 아무런 매매 원칙 없이 그냥 시가에 사면 주가가 오르겠지 하던 매매자라면 장중 내내 진행된 하락에 정신을 차리기 어려웠을 것입니다. 심지어 상승을 주도하던 5일 이동평균선도 약간이지만 종가 기준으로 깨졌습니다. 다음날에도 단기적으로는 추가 하락이 있을 수도 있겠다는 생각이 듭니다. 이때 갭 하락으로 시작하면 일봉상 10일 이동평균선에서의 반등을 기대하며 매수 개

우리기술 2024년 5월 29일 일봉 차트

입하는 시나리오를 짤 수 있습니다.

3분봉을 활용한 단타 매매는 주가가 얼마나 오르든지 딱 주는 만큼만 먹고 나온다는 개념으로 수익률을 쌓아가는 기술입니다. 이렇게 하락하는 날에도 시가에서 종가까지 줄곧 일방적으로 하락이 진행되는 것은 아닙니다. 3분봉 차트를 살펴보겠습니다.

29일 갭 상승 시가로 시작했지만 적극적으로 매수할 구간은 아닙니다. 이미 3분봉 차트의 RSI는 과매수권에 들어섰기 때문에 보유하고 있는 상태가 아니라면 새로 매수할 필요는 없고, 보유하고 있는 매매자라면 적절하게 익절해야만 하는 상황입니다.

우리기술 2024년 5월 29일 3분봉 차트

    급등하는 종목의 경우 3분봉을 활용한 단타 매매를 하게 되면, 주가 조정 시 65 이동평균선이나 130 이동평균선 근처에서 RSI 과매도권 진입-이탈 신호나 MACD-시그널선의 골든크로스가 나오면 이동평균선의 지지를 받고 반등할 가능성이 높다고 보고 매수할 수 있습니다. 그런데 이날은 RSI 과매도권 진입 신호가 65 이동평균선이나 130 이동평균선 근처에서도 쉽게 나오지 않다가 11시 50분대에 비로소 나왔습니다. 매수를 도모할 수 있는 이유는 일봉 차트를 기준으로 한 큰 그림상 아직까지는 주가의 상승이 유지되고 있다고 보기 때문입니다.

    30분봉 차트상 5 이동평균선과 10 이동평균선의 역할을 하는 3분봉 차트상의 65 이동평균선과 130 이동평균선이 정배열인 상태에서 RSI 과매도권 진입 신호가 나온 것이라, 이 지점을 기준으로 상승을 유지하고 싶은 대기 매수세가 들어올 것으로 기대할 수 있습니다. 하지만 하락의 강도가 제법 세기 때문에 욕심을 내기보다는 짧은 수익으로 진행합니다.

65 이동평균선(ⓐ)이나 RSI 과매수권 진입(ⓑ) 정도에서 매도할 수 있을 것입니다. 각각 2.5%, 5% 정도의 수익라인이 발생합니다. 강한 상승이 진행 중인 종목이라면 아무리 하락이 진행되더라도 정신만 차리면 수익을 낼 수 있는 구간이 있다는 말입니다. 다시금 하락해서 ⓒ에서 과매도권으로 진입합니다. 단타 매매를 하는 매매자라면 다음 날의 갭 상승을 통한 수익을 기대하기보다는 갭 하락으로 손실을 볼 것을 걱정하며 리스크를 없애고자 매수하지 않습니다. 오히려 이 지점 근처는 다음 날 상승한다면 조정받을 수 있는 저가라고 생각하고 기록해놓는 것이 낫습니다.

결국은 리스크를 어떻게 감수할 것인가가 문제입니다. 5월 30일 갭 하락 시가로 시작하면서 RSI 과매도권으로 진입(ⓓ)한 이후 반등합니다. 29일 장 후반에 RSI 과매도권 진입 시 리스크를 감수하면서 매수하지 않는 근거 중 하나는, 고점에서의 하락이 외국인과 기관의 매도세에 의한 것이기 때문입니다. 주가가

우리기술 2024년 5월 29일 투자자별 매매동향

우리기술 2024년 5월 30일 일봉 차트

하락하는 동안 개인들이 많이 샀습니다. 이는 추가 상승을 막아서는 매물대로 작동할 가능성이 큽니다. 우리에게 적절한 매수 가격대를 줄 때까지는 참아야 합니다.

5월 30일 일봉 차트상으로는 10일 이동평균선을 깨지 않고 지지를 받으면서 정리되었습니다. RSI는 과매수권에서 이탈했고, MACD와 시그널선에서도 데드크로스가 발생했습니다. 기본적으로는 상승의 한 단락이 마무리 된 상태라고 판단해 단타 매매라 할지라도 매수는 조심스럽게 하는 것이 좋습니다.

다만 이틀 동안의 하락에서 발생한 거래량이 상승 시 발생한 거래량에 비해 크지 않으므로 주가의 상승을 주도한 세력들이 아직 무언가를 기다리고 있는 중

우리기술 2024년 5월 31일 3분봉 차트(하루 전체)

이라 볼 수 있습니다. 보유물량을 모두 털지 않은 상태라고 해석합니다. 이날의 저점과 10일 이동평균선을 기준선으로 삼고, 주가가 하락하면서 이 선을 심각하게 깨지 않으면 30일에 매수한 물량은 쉽게 버리지 않는 것이 좋습니다.

    5월 30일 개장과 함께 RSI 과매도권 진입 신호를 기준으로 매수했을 때 반등을 통한 수익라인이 만들어졌지만, 12시 이후 RSI 과매도권 진입 신호를 발생시키면서 주가가 하락합니다. 12시대에 나오는 첫 RSI 과매도권 진입 신호에서는 매수하는 게 맞습니다. 당일 오전의 저점 근처에서 RSI 과매도를 찍었기 때문에 이 저점을 지지하면서 하락하지는 않을 것이라고 생각할 수 있기 때문이죠. 생각대로 반등을 하긴 했지만 그 상승폭이 작아서 주가가 매수가 근처로 오게 된다면 본전 매도를 하거나 계속 홀딩한다는 판단을 할 수 있습니다.

3분봉 차트상으로는 하락이지만 그보다 큰 일봉 차트상으로는 10일 이동평균선이 버텨주고 있습니다. 하락이 지속되다가 MACD-시그널선의 골든크로스가 발생하는 지점이 나옵니다. 쭉 이어지던 하락의 추세가 마무리되고 주가가 반대 방향으로 움직이게 된다는 뜻이므로 이런 지점에서도 추가 매수할 수 있습니다.

5월 31일, 주가는 RSI 과매수권으로 진입하면서 전일 각자의 매수타점과 비중에 따라 다를 수는 있으나 약 8% 전후의 수익을 거둘 수 있는 기회를 줍니다. 전일인 30일의 장 후반의 저점권에서 31일의 ⓐ까지 주가가 흐르는 동안의 이동평균선을 해석해보세요. 주가는 일봉 차트상 전체적으로 상승하고 있지만, 3분봉 차트에서는 65 이동평균선과 130 이동평균선이 역배열인 상태고 그 위에 300 이동평균선까지 있습니다. 즉 단기적인 상승 진행을 담보해주는 30분봉 차트상의 5-10-20 이동평균선이 역배열 상태라는 뜻입니다. 3분봉 차트상 ⓐ까지 상승하기 전이라도 130 이동평균선 정도에서는 일부 익절해주는 것도 조심스러운 매매의 방법이 되겠습니다.

30분봉 차트에서 볼 수 있는 것처럼 주가가 일봉 차트상 상승을 힘 있게 하는 5일 이동평균선에 해당하는 65 이동평균선에 올라타지 못하고, 20-10-5 이동평균선이 역배열 상태에 있는 것을 볼 수 있습니다. 앞선 3분봉 차트에서 ⓐ에서 고점을 형성한 이후, 11시대로 들어가면서 65 이동평균선과 130 이동평균선이 골든크로스를 만들고 주가의 하락을 지지하다가 MACD-시그널선이 골든크로스가 만들어지는 ⓑ 가격이 나옵니다.

30분봉 차트상 5 이동평균선을 깨지 않으면서 주가가 진행되고 있었음을 확인할 수 있습니다. 결과론적인 이야기가 될 수 있겠습니다만 "10시 직전에 고점 ⓐ에서 하락하면서 65 이동평균선에 닿을 때 매수하면 되지 않느냐?"라고 이야기할 수도 있겠습니다. 하지만 그 단계에서는 아직 RSI도 과매도권에 진입하지

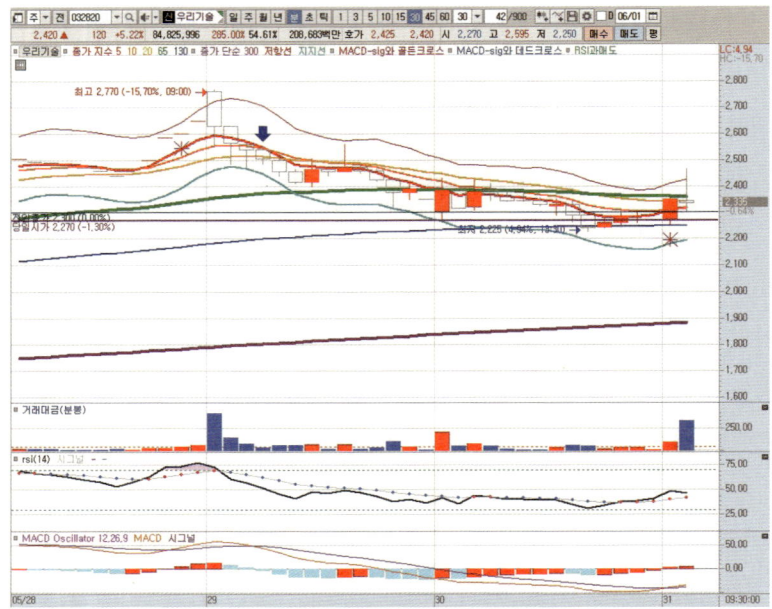

우리기술 2024년 5월 31일 30분봉 차트(오전 10시까지)

않았으며 MACD-시그널선의 데드크로스 상태도 해소되지 않았습니다. 시간을 두고 좀 더 확인하는 과정이 필요한 것입니다.

ⓐ에서 ⓑ 구간 동안 시간이 흐르면서 65 이동평균선과 130 이동평균선이 골든크로스를 만드는 부분에서 30분봉 차트를 확인해야 합니다. 30분봉 차트상 5-10 이동평균선이 골든크로스를 만드는 것이 확인되면 단기적으로 신뢰할 수 있는 상승을 기대할 수 있다는 점을 기억해주세요.

ⓑ에서의 매수 이후 주가는 상승하는데요. MACD-시그널선이 데드크로스를 만드는 ⓒ 지점까지 약 7.5%의 수익라인이 만들어집니다. 이런 매매를 자신감을 갖고 할 수 있었던 이유는 바로 외국인과 기관계가 31일 장중 내내 매수해주었기 때문입니다.

우리기술 2024년 5월 31일 투자자별 매매동향

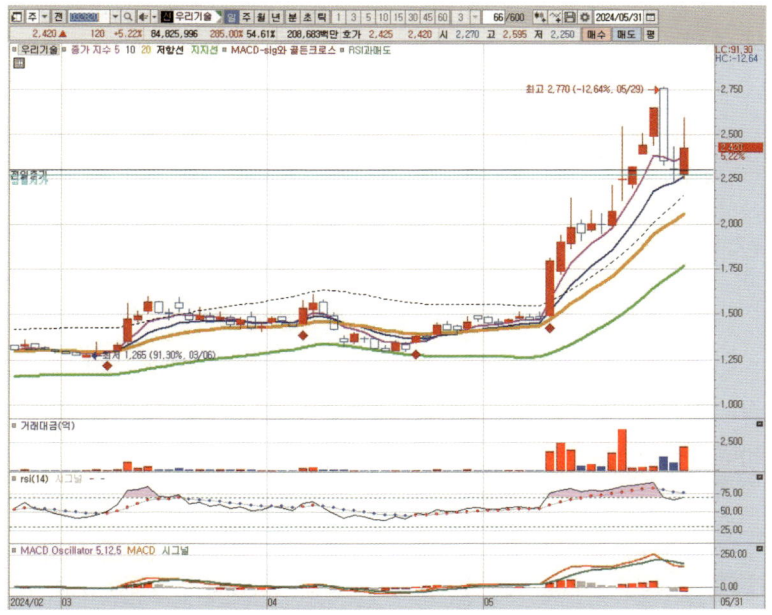

우리기술 2024년 5월 31일 일봉 차트

3장. 장중 단타 매매의 기술   523

5월 31일 일봉 차트를 보면 10일 이동평균선을 지지하면서 이틀간의 하락을 멈춰 세웠고, 종가는 5일 이동평균선 위에서 끝나면서 5일 이동평균선과 10일 이동평균선의 간격을 다시금 만들어놓았습니다. 다음 날 단타 매매를 한다면, 물량을 받아주면서 걸리적거린 매물을 치운 윗꼬리 부분에서 시가가 시작하면 31일의 종가와 저가를 기준으로 매매타점을 살필 수 있을 것입니다. 다만 MACD-시그널선의 데드크로스의 상태는 변하지 않았습니다.

　　2024년 6월 5일 잉글우드랩이라는 종목의 장 마감 후 일봉의 모습입니다. 이동평균선상 5일 이동평균선과 10일 이동평균선이 정배열 상태를 유지하면서 상승하고 있는 가운데, 이날도 10일 이동평균선을 밟고 반등하는 모습을 볼 수 있습니다. 어떻게 단타 매매를 할 수 있었는지 3분봉 차트를 살펴보겠습니다.

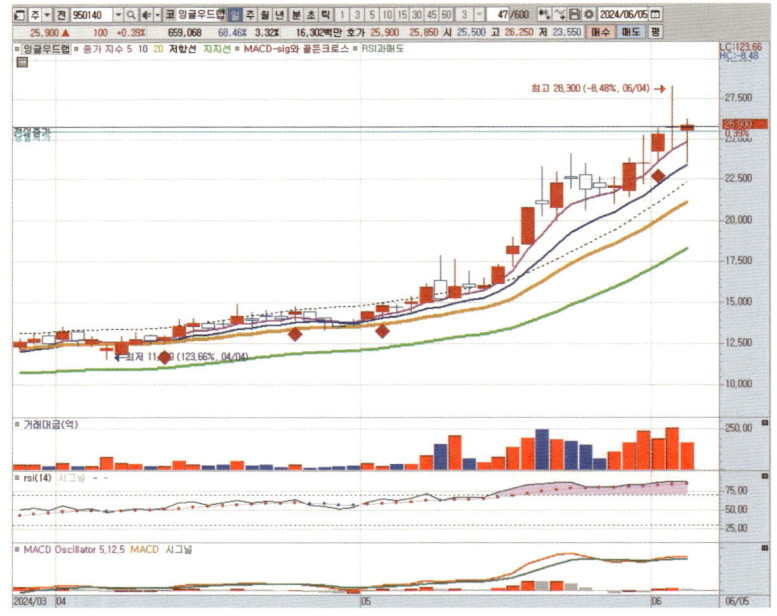

잉글우드랩 2024년 6월 5일 일봉 차트

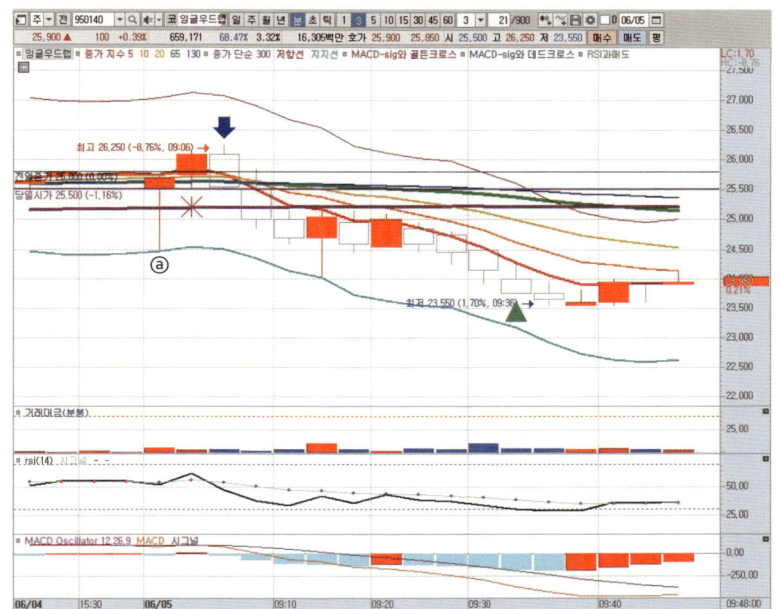

잉글우드랩 2024년 6월 5일 3분봉 차트(9시 51분까지)

    6월 4일 종가에서 -1.16% 갭 하락해서 주가가 시작합니다. 이 단계에서는 어떠한 매매 신호도 확인할 수 없기 때문에 매수할 이유가 없습니다. 물론 손이 빠른 매매자라면 갭 하락 시가에서 -5% 정도까지 급하게 하락했을 때 감각적으로 매수해 장 초반 반등으로 수익을 낼 수 있었겠지만, 장 시작 후 세 번째 캔들에서 음봉이 나오면서 MACD-시그널선의 데드크로스가 발생했습니다. 여기서부터 추세는 하락으로 진행될 것이라 생각하면 됩니다. 그다음 캔들도 음봉이 만들어지며 3분봉 차트상 5-10-20-65 이동평균선의 역배열이 진행됩니다. 하락이 어느 정도 진정되기 전까지는 매수해서는 안 됩니다.

    RSI 과매도권으로의 진입 또는 MACD-시그널선의 골든크로스의 발생을 통

잉글우드랩 2024년 6월 5일 3분봉 차트(10시까지)

해 단타 매매자는 하락이 어느 정도 진정되기 시작했음을 알 수 있습니다. 9시 33~36분에 만들어지는 3분봉에서 RSI 과매도권 진입 신호가 나왔습니다. 이런 곳에서 매수해야 혹여 손절하는 경우가 생겨도 짧은 손절로 빠져나올 수 있습니다. MACD-시그널선은 아직 하락추세가 지속되는 것으로 보여주고 있으니 1차 매수에 너무 많은 비중을 싣지 말아야 할 것입니다.

RSI 과매도권 진입에서 1차 매수를 한 다음 ⓑ와 같이 양봉이 나오기 시작하는 지점은 주의를 기울여야 합니다. RSI 과매도권 진입은 일정 구간 동안의 매도세에 의한 하락이 거의 다 끝난 상태임을 의미하는데, 여기서 양봉이 만들어진다는 말은 매도세를 이기는 매수세가 들어오기 시작했다는 뜻입니다. MACD-

시그널선의 골든크로스가 바로 만들어지진 않았지만 MACD 오실레이터의 색이 변한 것을 보면서 그 간격이 좁혀지고 있음을 기대하고 2차 매수할 수 있습니다.

　이 내용은 오버솔드가 아무리 설명해도 매매자가 실전에서 경험해보지 않으면 믿고 매수하면서 진입하기 어려운 지점입니다. 이런 흐름을 자꾸 보면서 눈에 익숙해지기 바랍니다. ⓑ에서부터 반등이 시작되어 드디어 57분부터 만들어지는 3분봉에서 MACD-시그널선의 골든크로스가 이뤄집니다. 이후 저점 ⓑ와 MACD-시그널선의 골든크로스가 만들어진 봉 사이의 가격대, 즉 박스로 표시한 ⓒ 구간으로 주가가 들어오면 ⓑ를 손절선으로 잡고 추가 매수할 수 있습니다. 아침 장 초반에 오늘의 저가를 확인했다는 의미로 받아들이는 것이죠.

　주가의 위치가 어느 수준인지 3분봉 차트만으로는 알기 어렵습니다. 30분봉 차트를 보겠습니다. 9시 30분까지의 첫 음봉에서 30분 차트상 65 이동평균선에 닿았습니다. 이 지점은 일봉 차트상 5일 이동평균선에 해당합니다. 그리고 9시 30분부터 10시까지의 캔들에서 130 이동평균선까지 하락하다가 돌려냈습니다. 이 구간에서 우리는 3분봉 차트에서 RSI 과매도권 진입을 확인하고 매수할 수 있었습니다.

　ⓑ 근처에서 매수한 물량은 RSI 과매도권을 중심으로 매수했으니 원칙적으로는 RSI 과매수권으로 진입할 때(ⓒ)까지 기다리는 것이 맞습니다만, 당일 장 추세에 따라 적절하게 익절하면서 마음의 부담을 덜어가는 기술도 필요합니다.

　예를 들어 ⓑ에서 매수한 비중의 일부는 65 이동평균선이나 130 이동평균선(ⓓ)에 다다르면 저항을 의식하며 익절해줍니다. 거래량이 폭발하면서 이들 이동평균선을 돌파해주면 그럴 필요가 없겠지만, 저가에서 반등시키며 주가를 올리고 있는 거래량도 매도세를 압도하는 느낌의 물량은 아니거든요. 여기서 당일 저가부터 장기 이동평균선 저항권 정도까지 6% 정도의 수익라인이 만들어

잉글우드랩 2024년 6월 5일 30분봉 차트(10시까지)

잉글우드랩 2024년 6월 5일 3분봉 차트(하루 전체)

집니다.

　이 부분의 해석은 이렇습니다. 만일 저가(ⓑ) 부근에서 매수했다면 이후로는 계속해서 수익을 보는 구간입니다. 저가만 깨지 않으면 RSI 과매수권에 갈 때까지 지켜봅니다. 장 시작 후 저가까지의 하락 구간을 하나의 음봉 캔들, 저가에서부터 반등하는 구간을 하나의 양봉 캔들로 보면 우리가 일부 익절한 가격대부터 주가가 하락할 경우 평가익이 줄어들긴 해도 계속해서 수익권이므로 마음이 불편하지는 않습니다. 오히려 이 양봉 구간 내에서 조정을 받을 때 또다시 RSI 과매도권 진입이나 MACD-시그널선의 골든크로스가 발생한 시점에 추가 매수할 수도 있는 것입니다. 당일의 저가가 확인된 이후의 매매는 상당히 편안하게 임할 수 있습니다.

　ⓑ에서 매수했던 물량을 일부 익절하고, RSI 과매수권에 진입한 ⓔ에서 매도했다면 8% 정도의 수익라인이 만들어집니다. 매도한 다음 더 가는 것은 마음 편하게 보내주면 되지 않을까요?

　3분봉을 이용한 단타 매매 시 30분봉 차트를 통해 주가의 위치를 적절하게 확인해주면 좋습니다. 10시까지 65 이동평균선 근처에서 저가를 만들고 난 다음에는 장이 진행되는 동안 65 이동평균선을 깨지 않고 양봉으로 지지하는 것을 볼 수 있습니다. 이것은 일봉 차트상으로는 5일 이동평균선을 깨지 않고 버티고 있음을 알려줍니다. 3분봉 차트와 비교하면서 자꾸 공부하기 바랍니다.

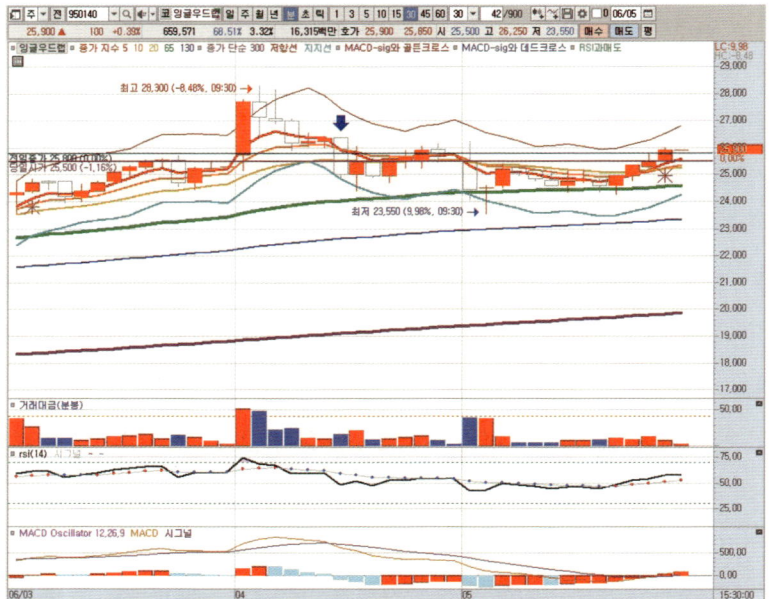

잉글우드랩 2024년 6월 5일 30분봉 차트(하루 전체)

 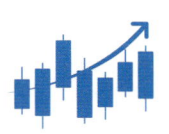

3-2
한국가스공사, SKC

2024년 6월, 대통령의 동해 유전 가능성에 대한 발표로 한국가스공사가 6월 3일 상한가를 만들었습니다. 발견만 된다면, 수십 년간 사용할 수 있는 가스가 매장되어 있다는 내용이었습니다.

 6월 4일 그 재료를 바탕으로 거의 상한가까지 상승(약 28%)했다가 하락하면서 음봉으로 마무리되었습니다. 초단타 매매의 기술에 따른 D+1 데이 매매를 갭 상승 시가부터 했다면 좋은 수익을 거둘 수 있었을 것입니다. 다만 자신만의 매매 기준 없이 설렁설렁 투자한 일반 투자자들의 비명이 묻어 있는, 보는 입장에서는 무척 마음이 아픈 음봉입니다.

 누구나 그럴 것(상승할 것)이라고 생각하는 재료에 의지해서 매매를 하게 되면 주가가 하락할 때 적절한 타이밍에 손절하지 못하고 계속 재료에 의지하면서 손실이 커지는 것을 지켜만 보게 됩니다. 따라서 매매의 기준을 분명하게 세우기 전까지는 이런 급등주 매매는 하지 않는 것이 좋습니다.

한국가스공사 2024년 6월 4일 일봉 차트

그러나 3분봉을 활용한 단타 매매의 기술을 몸에 익힌 사람이라면 이야기가 다릅니다. 6월 4일의 음봉으로 마감한 하락추세가 6월 5일에 이어질 때 분명히 저가가 나올 것이라는 계획을 갖고 반등을 활용한 수익을 노리며 장에 임할 수 있을 것입니다. 특히 이런 긴 윗꼬리를 단 음봉이 나왔음에도 3일의 상한가 종가를 건드리지도 않았다는 점은 이 윗꼬리를 만들면서 장차 매도세로 나타날 수 있는 많은 물량을 미리 치워놨다고도 해석할 수 있습니다. 오히려 큰 기대감으로 시장에 임할 수 있는 것이죠.

3분봉 차트를 보겠습니다. ⓐ에서 RSI 과매도권으로 들어왔기에 1차 매수를 합니다. 1차 매수 이후 추가 하락한다면 개인의 성향에 따라 손절매하거나, 아니면 RSI 과매도권 이탈이나 MACD-시그널선 골든크로스에 2차 매수를 해서

한국가스공사 2024년 6월 5일 3분봉 차트

매수평균가를 낮추고 수익으로 전환되는 상황을 맞이하면 됩니다. 이 사례에서는 RSI 과매도권에 진입하자마자 바로 이탈해주면서 상승을 시작했고, 우리는 RSI 과매수권 진입이나 MACD-시그널선의 데드크로스가 나오는 지점까지의 상승라인을 머릿속에 그리고 주요 이동평균선과 거래량을 보면서 익절해나가면 됩니다.

실제 11시 초반에 MACD-시그널선의 데드크로스가 나오는 ⓑ 지점까지 약 9.5%의 상승라인이 만들어지는 가운데, 65 이동평균선이나 130 이동평균선의 저항을 의식하고 적절히 익절해도 충분히 수익을 볼 수 있었음을 알 수 있습니다.

하나의 상승 마디가 끝나면 ⓐ~ⓑ 구간을 하나의 양봉으로 파악한 다음, 주

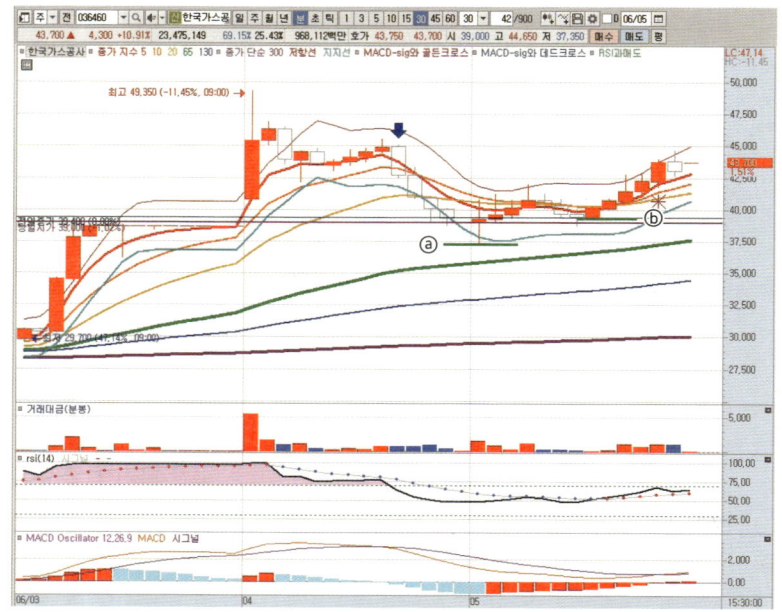

한국가스공사 2024년 6월 5일 30분봉 차트

가가 하락하며 조정을 보일 때 당일 장 초반에 만들어진 저가, 즉 양봉이 시작된 시작점을 깨지 않는 이상 다시 매수 관점에서 시장 대응을 합니다. 주가가 하락하다가 RSI 과매도권 진입이나 MACD-시그널선의 골든크로스의 발생이 장 초반의 저가 위에서 만들어진다면 매수 타이밍입니다. 사례에서는 당일 시가ⓒ까지 조정받을 때 매수했습니다.

두 번째로 매수 개입한 이후 다시 고가권으로 가는 ⓒ~ⓓ 구간에서 또 8% 정도의 수익라인이 만들어집니다. 하나의 기본 원칙을 계속해서 반복하는 것이며, 그 과정에서 손절이라는 무기도 적절히 사용하면 됩니다.

3분봉 차트를 활용한 단타 매매지만 단기적인 신호에 대해 아직 신뢰하기 어렵다면 30분봉 차트를 활용할 수 있습니다. 나중에 스윙 매매의 기술에서 더

한국가스공사 2024년 6월 5일 일봉 차트

자세히 배울 수 있을 것입니다. 보통 3분봉 차트에서 저가를 만들고 주가를 하락에서 상승으로 반전시키게 되면 30분봉이 양봉으로 끝나는 경우가 많습니다. 늘 말씀드리듯이 양봉이 만들어지면 '하락을 막겠다'는 의지가 투영된 것이기 때문에 그 양봉의 저가를 손절가로 생각하고 다음 봉부터 매수하면 됩니다.

6월 5일 첫 30분 동안 3분봉 차트만 보면 왠지 마음이 급할 수 있습니다. 30분간 캔들 10개가 나오는 셈이니까 10번 판단을 해야 하죠. 하지만 30분봉 차트를 살펴보면 전일의 하락을 이어받는 음봉이 될지, 하락이 일단 마무리되는 양봉이 만들어질지 캔들 하나로 판단할 수 있습니다.

6월 5일의 첫 30분봉이 양봉으로 마무리되었기 때문에 9시 30분 이후로는 저가 ⓐ를 깨지 않는 이상 매수한다와 같이 접근할 수 있습니다. 3분봉을 활용하는 단타보다는 좀 더 비싸게 매수하게 되겠지만, 나름 확신을 갖고 매수할 수 있는 근거가 됩니다. 마찬가지로 초록색 저가 ⓑ도 음봉이 이어지다가 추세가 멈췄음을 알려주는 양봉의 저가이므로, ⓑ를 손절가로 삼고 다음 캔들부터는 매수 관점에서 접근할 수 있습니다.

6월 5일의 단타 매매는 일봉으로 정리하면 5일 이동평균선에서의 반등으로, 6월 3일의 상한가 종가를 살짝 깼지만 다시 주가를 그 위로 돌려세운 날이라고 볼 수 있겠습니다.

이번에는 2014년 6월 내내 단타 수익을 주고 있는 SKC입니다. 시가 및 시가 아래에서 매수 자리를 줄 때 매수하면 거의 매일 수익을 보게 됩니다. 6월 14일도 장을 마친 후 일봉 차트로 보면 쉽게 수익을 낼 수 있었던 것으로 보입니다.

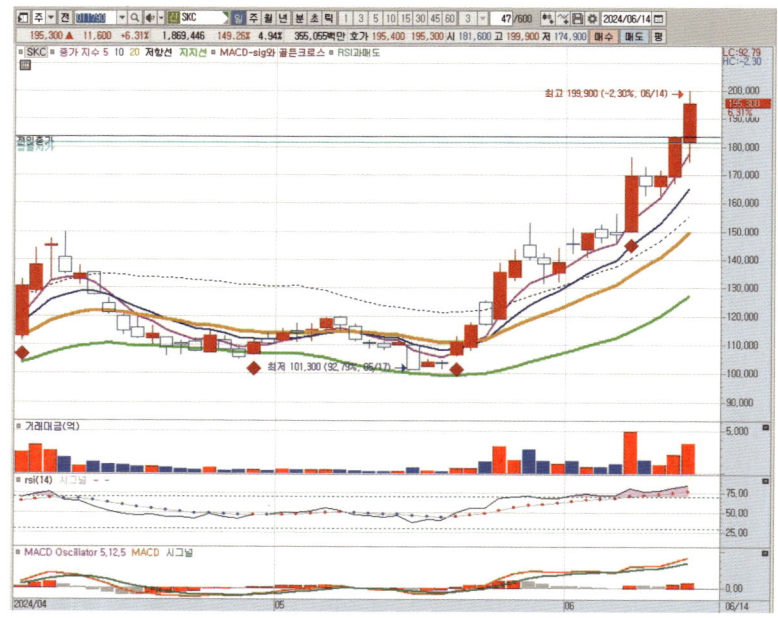

SKC 2024년 6월 14일 일봉 차트

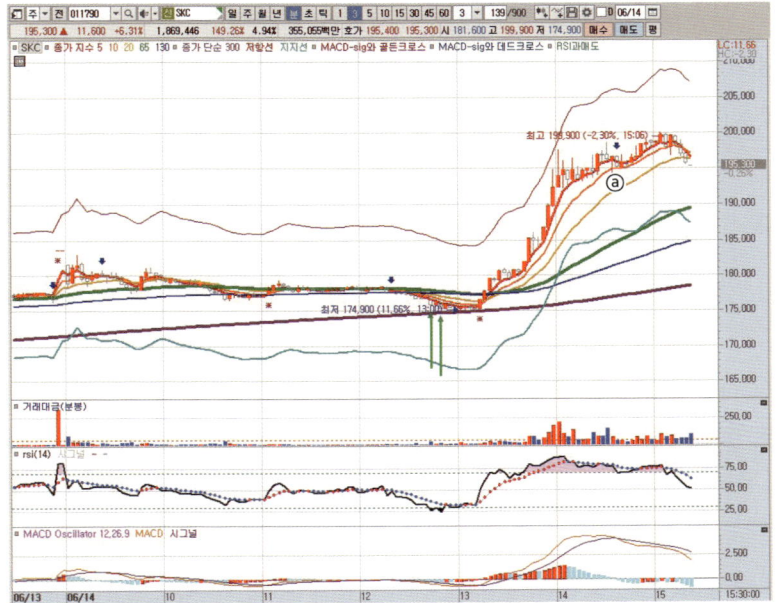

SKC 2024년 6월 14일 3분봉 차트(하루 전체)

    5일 이동평균선의 지지를 받으면서 양봉을 만들어냈으니까요. 그러나 당일 갭 하락 시가에서 매수한 물량이 음봉을 만들면서 주가가 하락하는 구간에서는, 훈련이 안 된 사람이라면 두근거리는 마음을 움켜쥐어야만 했을 것입니다.

    이 양봉 캔들 안에는 어떤 주가 흐름이 있었을까요. 3분봉 차트를 통해 살펴보겠습니다. 6월 14일 갭 하락 시가로 시작합니다. 이때 RSI는 전일 종가에 만들어진 과매수권 진입에서 이탈했습니다. 매수로 대응하기보다는 갭 하락 이후의 조정 구간이 만들어질 수 있으니 관망하는 것이 좋을 것입니다. 시가 이후 시간이 좀 지나자 MACD-시그널선도 데드크로스가 발생합니다. 이러한 보조지표의 모습은 전일 양봉을 만든 이후 후속 매수세가 공격적으로 들어오기보다는 조정 구간을 만들며 쉬어가게 됨을 의미합니다.

오전 시간을 횡보로 다 잡아먹으면서 65 이동평균선과 130 이동평균선에 찰싹 붙어서 주가가 진행됩니다. 이런 주가의 흐름이 진행되면 바싹 긴장해야만 합니다. 갑자기 거래량을 붙이면서 양봉을 만들고 상승시킬 수도 있고 그 반대로 갈 수도 있기 때문입니다. 그런데 12시 반부터는 하락으로 방향을 잡습니다. 여느 때와 같은 상승을 기대하던 일반 투자자들이 있었다면 지쳐서 매도하고 다른 종목으로 가거나, RSI 과매도권으로 진입하는 하락에 '어, 역시 고점이니 하락 시작인가? 내가 매수하면 언제나 하락이니까…' 하며 손절하는 포인트입니다.

저가 매수의 기술을 통해 차트에 RSI와 MACD를 열어놓지 않은 일반 매매자는 도무지 하락하는 연유를 알 수 없습니다만, 오버솔드와 함께 하는 독자 여러분이라면 이것이 오늘 장 초반 RSI 과매수권 이탈 이후 기다리고 기다리던 RSI 과매도권 진입이라는 것을 알 수 있을 것입니다. 게다가 300 이동평균선의 지지가 보입니다.

이에 더해 거래량을 보세요. 13일 장 끝에 300억 원 정도의 매수가 발생하면서 종가를 상승으로 마무리 지었고, 14일 1시 근처까지 주가가 계속 흘러내리기는 했지만 음봉을 만들면서 매도가 쏟아지는 큰 거래량은 눈에 띄지 않습니다. 주가를 올린 누군가가 수익을 실현하려면 덩어리 돈이 풀려야 합니다. 지루한 조정 구간에서는 기다리다 지친 일반 투자자의 물량이 나올 뿐입니다. 12시 후반에 RSI 과매도권에 진입하죠. 매수 타이밍입니다.

장 시작부터 오후 1시까지 그저 이 종목만 지켜보는 일이 매우 지루할 것입니다. 그렇기 때문에 다른 종목을 매매하다가 검색기를 통해 RSI 과매도권에 진입하는 신호가 나올 때 이런 종목에 접근하면 됩니다. 지금까지 설명한 내용은 검색기에서 종목이 추출되었을 때 1분 정도의 시간 동안 차트를 해석하는 상황을 설명한 것입니다.

매수 이후 300 이동평균선을 깨지는 않을까 조마조마하며 지켜보던 가운데

MACD-시그널선이 골든크로스를 만듭니다. 매매를 해보면 알겠지만 이 두 신호가 연이어 나오면 마음을 놓아도 됩니다. 이 신호들을 기점으로 주가가 상승하면서 본격적으로 거래량이 붙습니다. 일반 투자자들이 무슨 생각을 하고 있는지 훤히 보고 갖고 노는 기분이 듭니다. 일반 투자자는 심리상 이런 지점에서 절대 매수하지 못합니다. 올라가는 것을 보면서도 다시 떨어질 것이라 생각하기 때문입니다.

하지만 최소한 전일의 종가까지는 당일 이 시간까지 이어지던 일반 투자자들의 매도를 통해 매도세 걱정 없이 주가를 올릴 수 있는 길이 열려 있기 때문에, 세력들이 조금만 돈을 써도 훅 하고 올라갈 수 있습니다. 그 이후에 거래량을 더 붙이면 이렇게 상승하는 것입니다. MACD-시그널선의 데드크로스가 나오는 ⓐ까지 약 11.3%의 수익라인이 열립니다. 그때까지 RSI 과매수권에서 주가가 움직이는데, 어느 지점에서든 매매자는 익절할 수 있습니다.

일반적으로 65 이동평균선 아래에서 3분봉 차트상 RSI 과매도권 진입 등으로 보여지는 저가권에서 매수하고 나면, 반등할 때 상승을 막아서는 것 같은 65 이동평균선이 눈에 거슬리고 왠지 저항이 심해서 하락할 것 같아 1~2% 수익만 내고 도망가고 싶어질 때가 많습니다. 이런 지점에서 조금만 더 견뎌보세요. 만약 65 이동평균선을 돌파하는 양봉이 나오면 3분봉 차트로도 정배열이 만들어지기 시작합니다.

정배열 초기에는 '정말 5-10-20-65 이동평균선이 정배열을 만들면서 상승할까?' 싶겠지만, 훈련하는 기간에는 마음이 편해질 수 있는 정도의 물량만 남겨서 버티는 연습을 해보세요. 단 1주만 남겨놔도 괜찮습니다. 65 이동평균선 아래에서 주가가 올라오면서 5-10-20 이동평균선이 모이는 모습이 보이게 되는데, 이것은 3분봉 차트상 15분-30분-60분 동안 매매한 매매자들의 평균가가 모여 있다는 뜻입니다. 이 구간을 '탁!' 틔우면서 65 이동평균선을 돌파하는 컨들은 개인들이 만들 수 없는 캔들입니다. 즉 15분-30분-60분 동안의 매매자들의 물량을 자신의 물량으로 만들고 나서 주가를 올리는 '돈 있는' 형님들의 멋진 플레이인 것이죠.

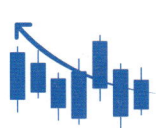
3-3
코스메카코리아, LIG넥스원

    5일 이동평균선의 지지를 받으며 며칠간 상승을 유지해오던 코스메카코리아. 2024년 6월 14일에도 저가 기준 -6.31%의 하락으로 5일 이동평균선을 깨고 하락했다가 다시 보합권으로 반등하는 모습을 보였습니다. 하루의 매매가 끝난 이후 캡처한 일봉 차트와는 달리 장중에는 파란 음봉이 -7~-8% 하락을 나타 냈기에 매매자라면 머리가 어질어질했을 것입니다.

    3분봉 차트상 검색기를 통해 RSI 과매도권 진입 시 추출되도록 실시간 검색창을 열어놓았다면 매수타점이 나왔을 것입니다.

    3분봉 차트를 살펴볼까요. 14일 시가에 매수 개입했다고 가정할 경우 '하루 내내 보유할 수 있는가?'라고 질문한다면 대답은 부정적일 것입니다. 왜냐하면 시가 매수 후 첫 3분봉에서는 상승했지만 두 번째 3분봉에서 음봉이 나오면서 RSI 과매수권을 이탈했습니다. 이는 전일의 상승을 만들던 흐름이 한 번 정리됨을 뜻합니다.

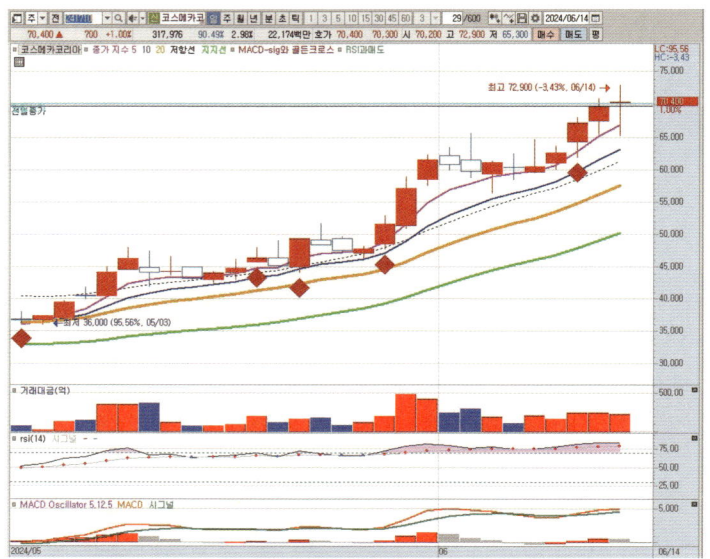

코스메카코리아 2024년 6월 14일 일봉 차트

코스메카코리아 2024년 6월 14일 3분봉 차트(하루 전체)

두 번째 봉에서 시가에 매수한 물량을 매도하고 빠져나오지 못했다면 계속 하락이 이어질 때 겁이 덜컥 날 것입니다. 다행히 한 번 반등해줬지만 여기서 '그렇지! 다시 올라야지' 하고 넋 놓고 있으면 안 되는 것입니다. 시가를 돌파한 다며 다시 추가 매수해서는 더더욱 안 될 말이고요. 이런 지점은 시가 매수물량을 못 팔고 있었던 보유자에게 빠져나올 수 있는 마지막 기회와 같은 것입니다.

잠시 반등한 것처럼 보이지만 다시금 RSI 과매수권으로 진입할 정도로 거래량이 붙어주지도 않았고, 짧은 상승 이후 바로 MACD-시그널선의 데드크로스가 발생했습니다. 아무리 봐도 보유를 계속할 만한 신호는 보이지 않습니다. 이런 상태에서도 보유해서 상승하게 되었다면 그것은 그것대로 납득하고 그러한 행운을 얻은 사람에게 양보하면 됩니다. 우리는 위험 부담을 최대한 제거하면서 매매하자고요.

MACD-시그널선의 데드크로스를 기점으로 주가가 하락합니다. 300 이동평균선도 아주 가볍게 박살내면서 하락하네요. 기다리던 RSI 과매도권 진입 신호가 발생합니다. 검색기에 포착되는 시점입니다. 여기서부터는 겁내지 말고 매수 접근해야겠습니다. 10시 이전 장 초반에 어느 정도의 폭이 있는 하락을 통해 RSI 과매도권으로 진입하는 경우 나머지 시간을 반등에 할애할 가능성이 큽니다. 더군다나 우리가 지금 어느 위치에서 매매하고 있나요? 정배열 상승 구간에서도 가장 위인 5일 이동평균선 위에서 매매하고 있는 것입니다. 누구나 다 주목하고 있는 구간이고, 미처 보유하고 있지 못한 잠재적 투자자들이 기회만 노리고 있는 상태입니다.

매수 이후 MACD-시그널선의 데드크로스가 나오는 ⓐ에서 익절할 경우 6%의 수익을 거두게 되며, 만약 고점까지 운 좋게 홀딩할 수 있었다면 9.3%의 수익라인 위에 있게 됩니다. MACD-시그널선의 골든크로스 유지를 계속 지켜보는 동안에 이동평균선이 정배열을 만드는 것을 확인할 수 있고, 그런 상황에서

코스메카코리아 2024년 6월 14일 30분봉 차트

는 이동평균선의 정배열 유지 상황과 RSI 과매수권 진입 및 이탈을 보면서 보유할 수 있습니다.

　단타 매매에서는 매수와 매도의 박자를 냉정하게 챙길 수 있어야 합니다. 3분봉 차트상 RSI 과매도권으로 진입하는 하락 구간에서, 하락의 멈춤이 어디서 일어났는지 상대적 위치를 파악하고 싶다면 30분봉 차트를 살펴보면 됩니다. 30분봉 차트를 보니 65 이동평균선에 닿고 반등하는 모습을 볼 수 있습니다. 30분봉 차트상 65 이동평균선은 일봉상 5일 이동평균선에 상응합니다. 즉 6월 5일부터 항상 반등을 주던 5일 이동평균선 근처에서 이날도 반등할 것이라고 보고 매매할 수 있다는 말입니다.

　이번에는 LIG넥스원의 사례입니다. 2024년 6월 19일 5일 이동평균선까지 조정 후 반등한 것처럼, 20일에도 5일 이동평균선까지 하락했다가 반등하면서 수익을 줬습니다. 3분봉 차트에서 어떻게 단타 매매 자리가 나오는지 살펴보겠습니다.

 6월 20일 장 시작 후 하락한 주가는 RSI 과매도권에 진입하며 매수 신호를 보입니다. 1차 매수합니다. 그러면서 2차 매수는 전일 저가를 깨지 않는 범위에서 MACD-시그널선의 골든크로스로 삼습니다. 손절라인은 전일 저가로 삼습니다. 일봉 차트상 5일 이동평균선 위에서 상승하고 있는 만큼 지지선이 탄탄하다고 판단할 수 있으며, 20일 장 초반 하락 시의 거래량 또한 전일 상승 구간에서 발생한 거래량이 빠져나온 것이라고 보기 어려울 만큼 적은 거래량입니다. 이 부분을 보고 매매에 임합니다.

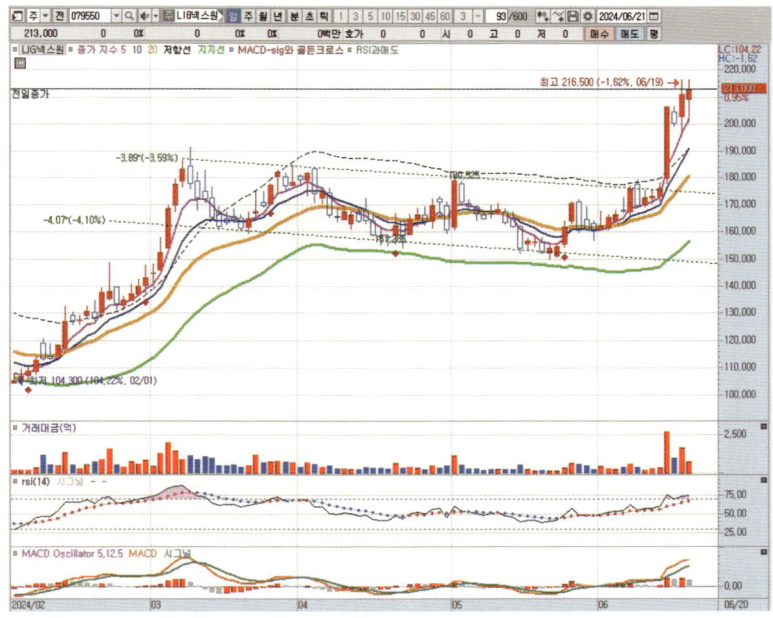

LIG넥스원 2024년 6월 20일 일봉 차트

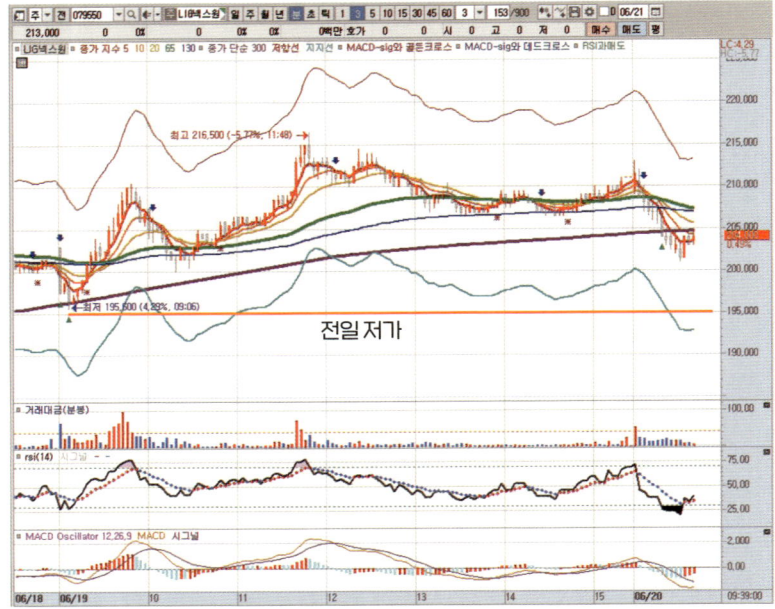

LIG넥스원 2024년 6월 20일 3분봉 차트(9시 40분까지)

    장 초반 RSI 과매도권 진입 후 이탈, MACD-시그널선 골든크로스를 연이어 만들면서 주가는 RSI 과매도권 진입 구간을 당일 저가로 하여 상승합니다. 상승하면서 RSI 과매수권에 거의 접하는 ⓐ까지는 3%, RSI 과매수권에 진입하는 ⓑ까지는 4.5%의 수익라인이 만들어집니다. RSI를 기준으로 단타 매매할 경우에는 이 정도 수익으로도 충분하며, MACD-시그널선의 데드크로스나 3분봉 차트 상 65 이동평균선 등을 기준으로 좀 더 수익을 끌고갈 수도 있을 것입니다.

    19일에서 20일까지의 3분봉 차트상 주가의 흐름을 지지선, 추세선 등으로 정리해봤습니다. 이후 차트까지 보니 ⓐ와 같은 지점에서의 매도가 너무 빠른 것은 아닌가 싶을 수 있겠지만, ⓐ 이후를 모르는 시점에서는 일부라도 수익을

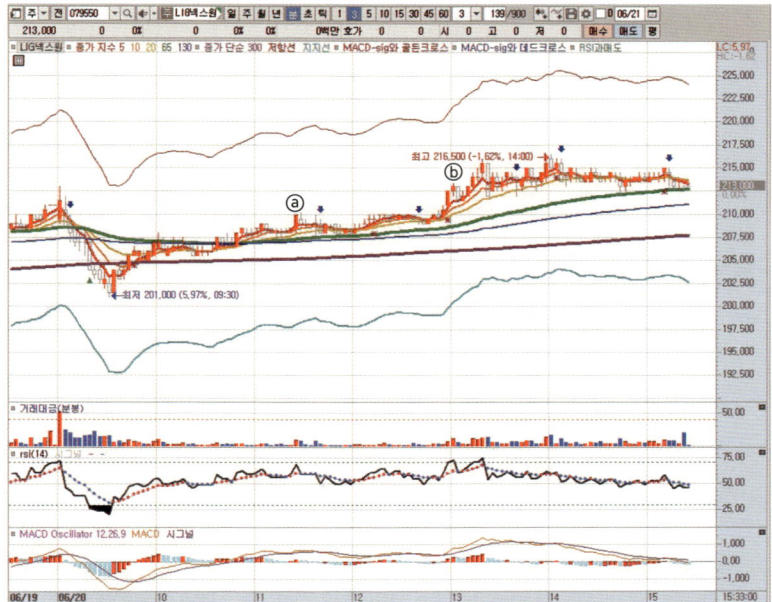

LIG넥스원 2024년 6월 20일 3분봉 차트(하루 전체)

확보하는 것이 현명한 판단입니다. 이미 하락추세선의 상단에 닿았기 때문에 저항을 의식해야 합니다.

단타 매매 경험이 쌓이면 이동평균선이 눈에 들어오는 때가 옵니다. ⓐ까지의 상승으로 인해 장기 이동평균선인 65-130 이동평균선의 정배열이 만들어진 것을 보고, 65 이동평균선을 손절선 삼아 보유 판단을 내릴 수 있습니다.

LIG넥스원 2024년 6월 19~20일 3분봉 차트

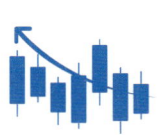 

3-4 코스메카코리아, 삼성공조

2024년 6월 20일 코스메카코리아의 일봉 차트입니다. 계속해서 양봉을 만들면서 상승하던 이 종목은 20일에 10일 이동평균선까지 장중 -7.5% 하락했다가 반등하면서 아랫꼬리를 만들었습니다. 꼬리는 수익을 낼 수 있는 구간이 있었다는 뜻입니다. 3분봉 차트를 통해서 매매를 살펴봅니다.

장 초반 RSI 과매수권 진입 후 이탈(ⓐ)했습니다. 따라서 오버솔드는 조정이 끝날 때까지 다른 종목을 매매하고 있었습니다. 검색기에 11시 23분경 추출되어 살펴보니 -4.5% 정도 하락한 다음 아랫꼬리를 만들고 캔들이 끝났습니다(ⓑ). 윗꼬리 양봉이 만들어지면 윗꼬리 부분에 매도물량이 사라져 길이 트이는 것처럼, 아랫꼬리 음봉이 만들어지면 꼬리 구간에서는 하락을 염두에 두고 주의해서 매수해야 합니다.

RSI 과매도권으로 진입한 상황이지만 아랫꼬리만큼 하락할 수 있는 공간이 만들어졌기 때문에 무작정 매수하는 것이 아니라, 3분봉 차트상 하락이 일단 덤

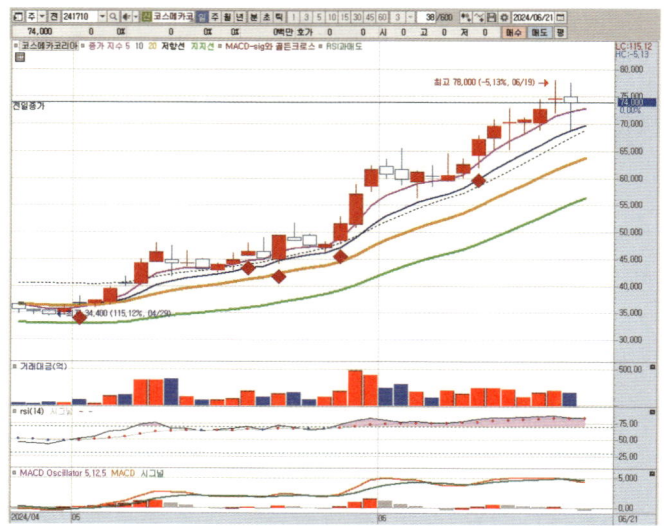

코스메카코리아 2024년 6월 20일 일봉 차트

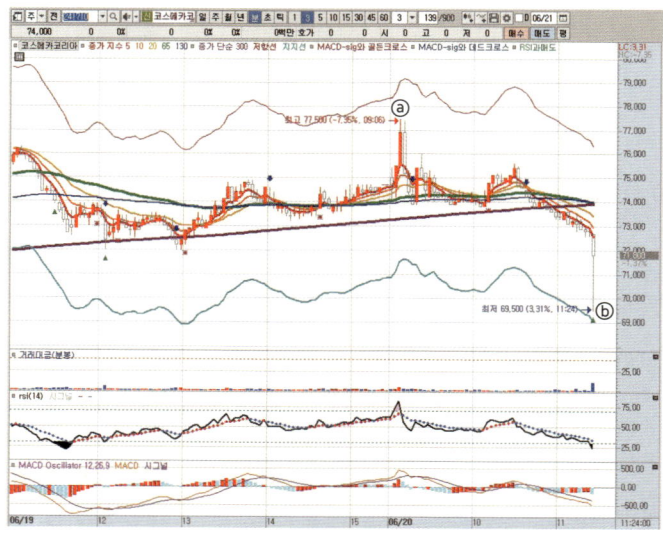

코스메카코리아 2024년 6월 20일 3분봉 차트(11시 24분까지)

코스메카코리아 2024년 6월 20일 3분봉 차트(11시 26분까지)

쳤다는 신호가 될 수 있는 양봉이 나타날 때까지 기다린 다음 매수하거나, RSI 과매도권 이탈 시 또는 MACD-시그널선의 골든크로스 등으로 확인하는 시간을 갖는 것이 좋습니다.

RSI 과매도권으로 진입했던 아랫꼬리 음봉 다음의 3분간도 하락폭이 제법 되는 음봉이 발생했다가 아랫꼬리를 말고 올라갑니다. 공부를 열심히 했다면 이 두 아랫꼬리 음봉의 저가가 지지되고 있음을, 즉 대기 매수세가 있는 자리임을 알 수 있습니다. 여기를 손절매 기준가로 삼고 ⓐ와 같이 양봉이 나올 때 1차 매수할 수 있습니다. RSI 과매도권에 아직 머물고 있기는 하지만 손절폭이 짧으니까요.

ⓐ에서 1차 매수한 이후 15~20분이 지나자 RSI 과매도권을 이탈하고,

코스메카코리아 2024년 6월 20일 3분봉 차트(하루 전체)

MACD-시그널선의 골든크로스가 발생(ⓑ)하면서 반등했으며 ⓒ 정도에서 RSI 과매수권에 재진입을 한 번 합니다. ⓐ에서 ⓒ까지 약 3%의 수익라인이 만들어집니다. 장기 이동평균선인 300, 130, 65 이동평균선들이 모여 있는 구간이라 저항을 의식해서 익절하는 것이 좋습니다. ⓒ 이후 조금 지나 MACD-시그널선의 데드크로스도 발생합니다. 차트에서는 그 이후에도 상승했지만 장중에는 그 상승을 알 수 없으므로 ⓐ~ⓒ 또는 MACD-시그널선의 골든크로스가 발생한 ⓑ에서 MACD-시그널선의 데드크로스가 발생하는 구간을 하나의 상승 마디로 파악해 익절합니다.

전일 19일과 당일 20일의 3분봉 차트를 전체적으로 보면 RSI 과매도권에서

코스메카코리아 2024년 6월 19~20일 3분봉 차트

매수한 다음, RSI 과매수권에서 매도할 때 그 고점과 고점끼리 이은 추세선으로 상하단의 폭이 만들어지고, 그 안에서 20일의 매수타점도 존재했음을 알 수 있습니다.

    삼성공조는 9천 원부터 시작해서 100% 이상 상승한 상태입니다만, 이틀간 매일 2,500억 원 이상 거래대금을 붙이면서 급상승한 상태에서 2024년 6월 27일 -5.81% 하락한 음봉으로 마무리되었습니다. 하락 시의 거래대금이 상승 시의 거래대금보다는 많지 않은 상태입니다. 따라서 단타 매매자라면 다음 날인 28일 장중 저점이 5일 이동평균선이나 10일 이동평균선 근처에서 만들어지면 3분봉 차트에서 매수할 타점을 잡아야 할 것입니다. 당일 단타 매매 관심종목에

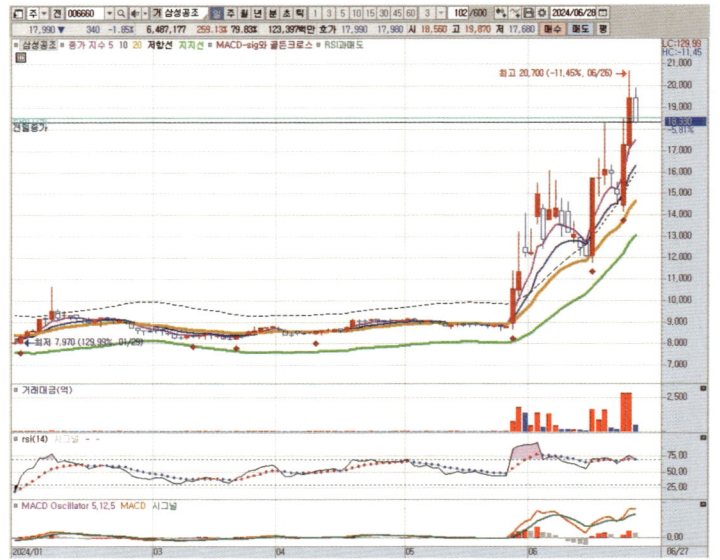

삼성공조 2024년 6월 27일 일봉 차트

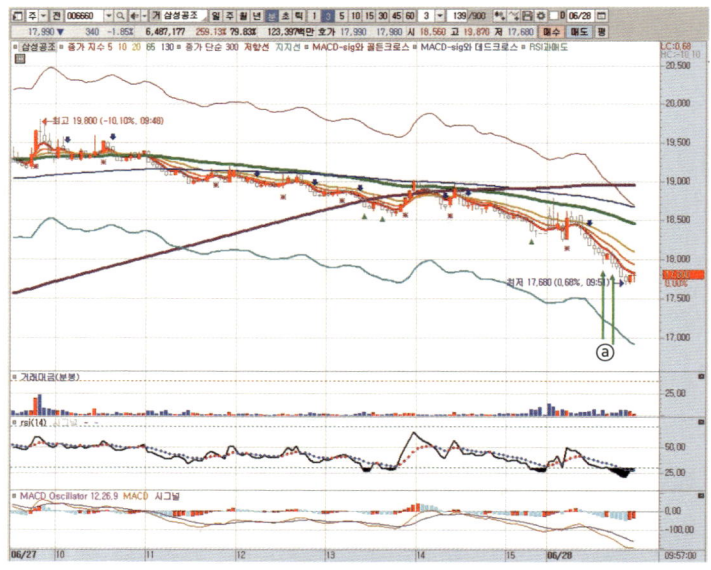

삼성공조 2024년 6월 28일 3분봉 차트(10시까지)

554　3분봉 매매의 기술

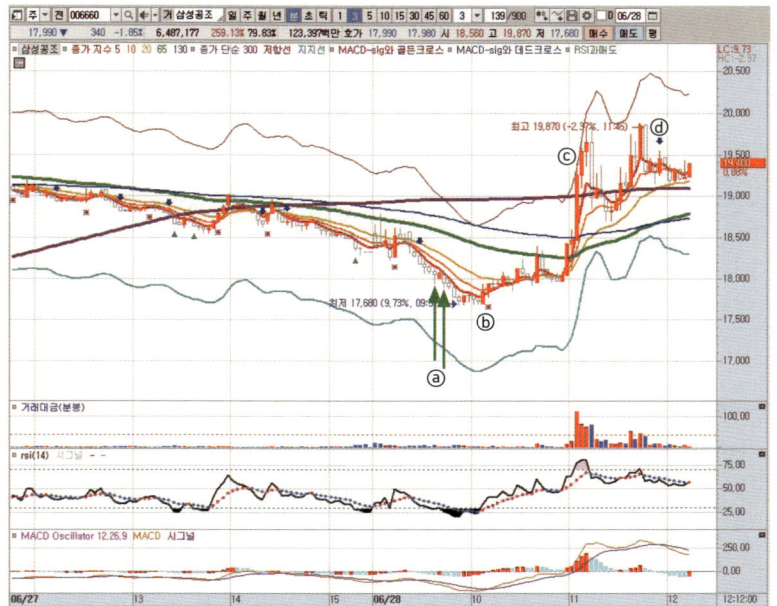

삼성공조 2024년 6월 28일 3분봉 차트(12시 15분까지)

넣어놓고 지켜보고 있거나 검색기를 가동시켜놓습니다.

전일 종가 기준으로 5일 이동평균선은 1만 7,500원 근처입니다. 다른 종목을 매매하면서 힐끗힐끗 오늘의 단타 매매 관심종목을 보니 장 시작 후 하락이 계속되는 것 같아 3분봉 차트를 열어봅니다. RSI 과매도권에 1만 8천원 대에서 진입합니다(ⓐ). 1차 매수를 합니다. 2차 매수는 계획하고 있던 5일 이동평균선 근처인 1만 7,500원이나 RSI 과매도권 이탈 또는 MACD-시그널선의 골든크로스에서 진행합니다.

ⓐ에서의 1차 매수 이후 약간의 추가 하락이 있었지만 1만 7,500원선까지는 하락하지 않고 ⓑ와 같이 MACD-시그널선의 골든크로스가 발생합니다. ⓐ에서

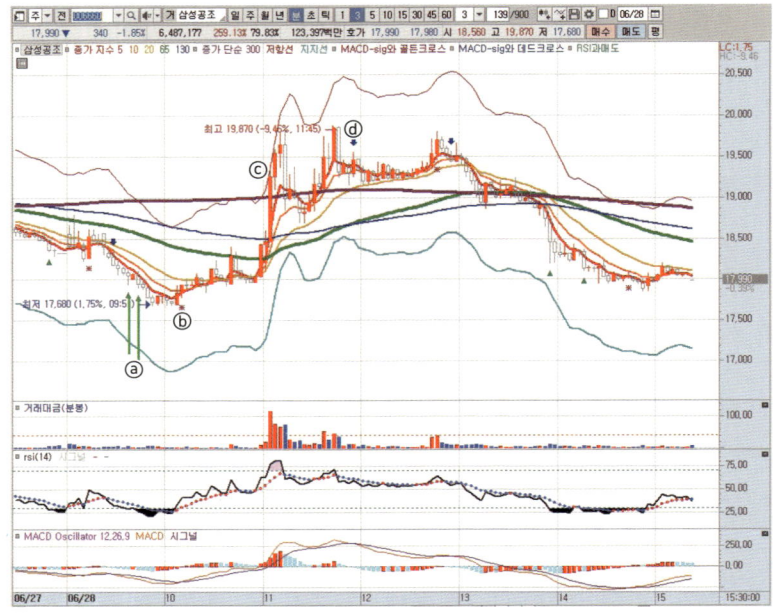

삼성공조 2024년 6월 28일 3분봉 차트(하루 전체)

1차 매수한 금액 근처에서 전일부터 이어지던 하락의 한 단락이 끝났다는 말입니다. 2차 매수해도 되고 겁이 나면 안 해도 무방합니다.

    MACD-시그널선의 골든크로스를 통해 추세가 바뀌었음을 확인했으므로 RSI로 상승 강도를 확인하며 매도타점을 잡습니다. ⓒ에서 거래량을 터트리면서 RSI 과매수권으로 진입합니다. ⓐ~ⓒ 구간에서 약 7.5%의 수익라인이 만들어집니다. 강도를 넘어서 추세까지 타면서 수익을 실현하겠다는 마음을 갖는다면 MACD-시그널선의 데드크로스까지 버티면 됩니다. 여기서는 ⓓ가 되겠고 그 지점은 ⓒ와 거의 차이가 없네요. 아마 ⓒ에서 매매를 끝내지 않고 더 버텼다면 ⓒ 이후 멘탈이 살짝 흔들릴 수 있습니다. 하지만 추세가 이어지면서 RSI도

삼성공조 2024년 6월 28일 일봉 차트

과매수권 진입 이후 과매수권에 머물면서 쭉 상승하는 경우도 있거든요. 참 쉽지 않습니다. 그렇기에 매수도 분할매수, 익절도 분할익절하는 것입니다.

아침 저가에 매수해서 ⓒ에서 수익 실현하면서 일부 물량을 남겨두었다고 하더라도, ⓓ에서는 전량 매도해 보유물량을 0으로 만들어야 합니다. MACD-시그널선의 데드크로스가 발생하면서 상승의 한 단락이 끝났음을 말해주고 있기 때문이죠. 미련을 갖지 마세요. 단타 매매는 딱 필요한 만큼만 매매하고 이탈해야 합니다. 굳이 희망과 바람으로 계속 보유하고 있을 필요가 없습니다.

만약 '반등하겠지'라고 희망하며 장 초반 저가에 산 물량을 계속 보유하고 있었다면 다시 본전 수준이 되었을 것입니다. 상승을 하는 것처럼 보이지만 RSI의 고점은 계속 낮아지고 있고, MACD-시그널선은 데드크로스를 만든 이후 골든크로스를 만들 기색을 여간해서 보여주지 않고 있습니다. 스윙 매매를 위해 매수한 것인지, 중장기 투자를 위해 매수한 것인지 계속 보유하려면 그에 대한 이유가 분명해야 합니다.

6월 28일의 일봉 차트입니다. 윗꼬리를 단 음봉으로 마무리했습니다. 마음이 가벼운 사람은 적절하게 익절해서 수익을 냈을 것이고, 단타 매매로 매수했으면서 보유는 스윙이나 중장기 감각으로 하는 사람이라면 손실 중일 것입니다. 다음 날 주가는 어떻게 될까요? 하락할 경우 다시금 매수 타이밍이 나타날 수 있다는 점을 기억하면 좋겠습니다.

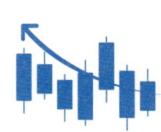 

3-5
현대글로비스

2024년 7월 1일 고점 기준 13.24% 상승한 현대글로비스는 7월 2일에 5일 이동평균선 근처까지 하락한 다음 아랫꼬리를 달고 하락폭을 모두 회복했습니다. 3분봉을 활용한 단타 매매를 구사했다면 어떤 매매타점에서 수익을 낼 수 있었을까요?

　장 시작 후 약 30분간 RSI 과매도권 진입 신호들이 나옵니다. 이 지점이 일봉 차트상 5일 이동평균선 지점입니다. 크게 겁먹지 않고 매수합니다. 이 당시 현대글로비스에는 상당한 재료가 있었기 때문에 물량을 확보하고 싶어 하는 매매자들이 많을 수밖에 없었습니다. 물론 단타 매매에서는 이런 재료에 너무 의지하지 않는 것이 좋습니다.

　RSI 과매도권은 이탈했으며 MACD-시그널선의 골든크로스가 나오게 되면 7월 1일의 고점부터 하락한 추세가 멈추고 최소한 반등을 통한 수익을 얻을 수 있음을 기대할 수 있습니다.

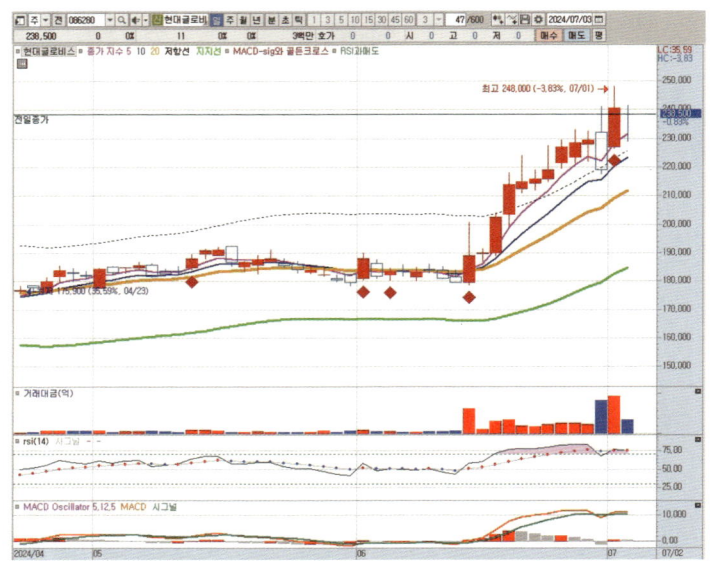

현대글로비스 2024년 7월 2일 일봉 차트

현대글로비스 2024년 7월 2일 3분봉 차트(9시 27분까지)

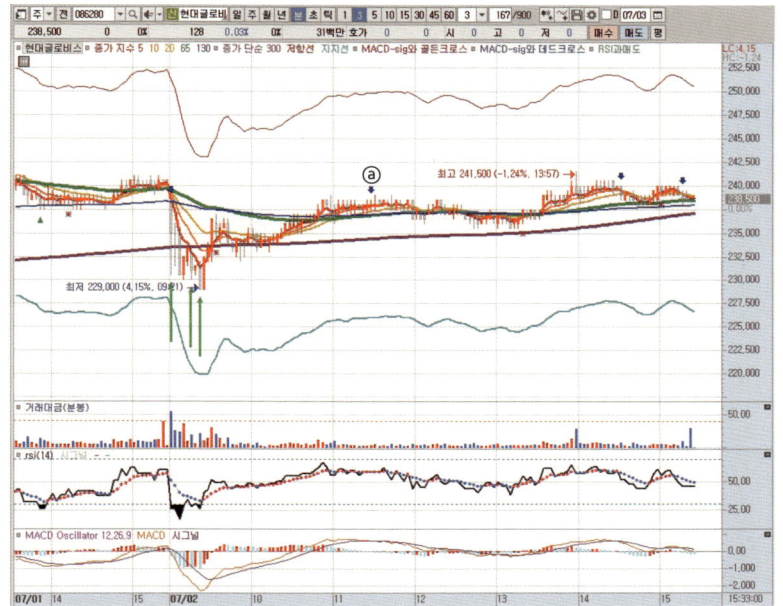

현대글로비스 2024년 7월 2일 3분봉 차트(하루 전체)

　　장 초반 30분 동안에 매수한 물량들이 반등해 ⓐ에서 MACD-시그널선의 데드크로스가 발생합니다. 장 초반 확보한 물량을 모두 익절합니다. 약 3%의 수익라인입니다.

　　단타 매매에서도 저가매수의 기술을 적용하지 못하는 일반 투자자들은 오히려 ⓐ와 같은 지점에서 매수해 다시 조정받을 때 겁먹고 손절하기도 합니다. 전체적인 주가의 상승세 안에서 단기적으로 저가가 만들어졌을 때 매수해 상승세를 유지하려는 세력의 편을 드는 것이 편안하게 수익을 낼 수 있는 요령입니다.

3장. 장중 단타 매매의 기술

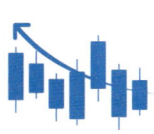
급락 시 반등을 활용한 단타 매매

3분봉 차트를 활용한 오버솔드식 단타 매매의 핵심은 일봉 차트상 상승추세에 있는 종목이 단기 조정으로 3분봉 차트의 저가권에 들어섰을 때 매수, 조정을 기다리며 대기하고 있던 대기 매수세의 힘을 등에 업고 반등할 때 적절한 수익을 내는 것입니다. 단타 매매를 하기 위해서는 단기적인 상승추세를 만들고 또 유지할 수 있는 힘이 붙어 있는 종목을 선정하게 됩니다. 보통 5-10-20일 이동평균선의 정배열 상태가 유지되는 가운데 주가가 5일 이동평균선 위에서 양봉을 만들면서 상승하는 종목입니다. 65일 이동평균선까지 정배열에 힘을 더하고 있으면 더할 나위 없겠습니다.

이런 단기적인 상승추세 속에서 3분봉 차트상 RSI 과매도권으로 진입하는 순간을 일봉 차트와 연동해 파악해보면, 보통 주가가 5일 이동평균선이나 10일 이동평균선에 접근하는 상황임을 알 수 있습니다. 그래서 이들 5일 이동평균선이나 10일 이동평균선의 지지를 받고 반등하는 주가의 움직임을 활용해서 단

단기 상승 중인 주가가 3분봉 차트상 RSI 과매도권에 진입하는 조정을 받는 상황

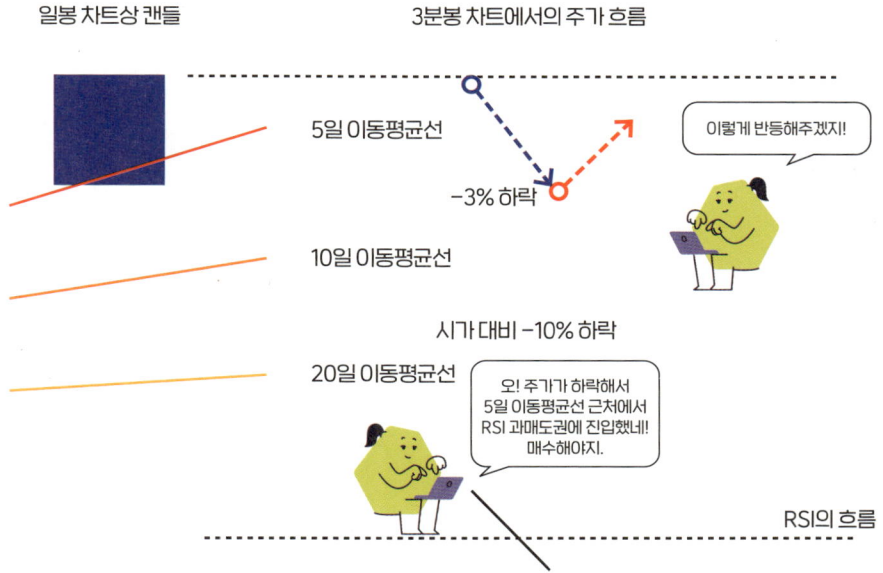

3분봉 차트상 RSI 과매도권 진입 시 1차 매수했는데 추가로 급락이 나오는 상황

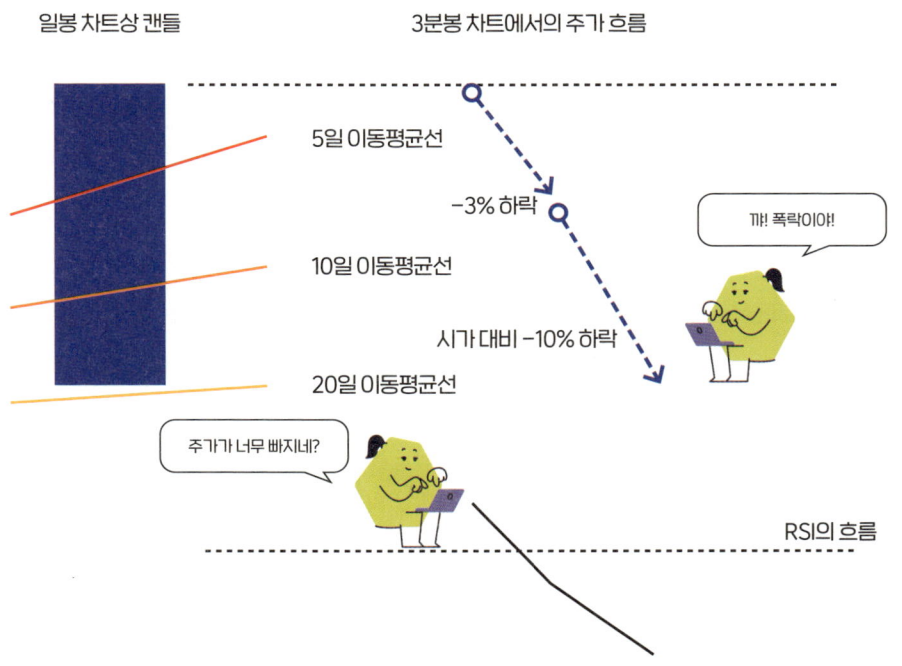

급락 이후 RSI 과매도권 이탈 지점에서 2차 매수함으로써 매수평균가를 낮춤

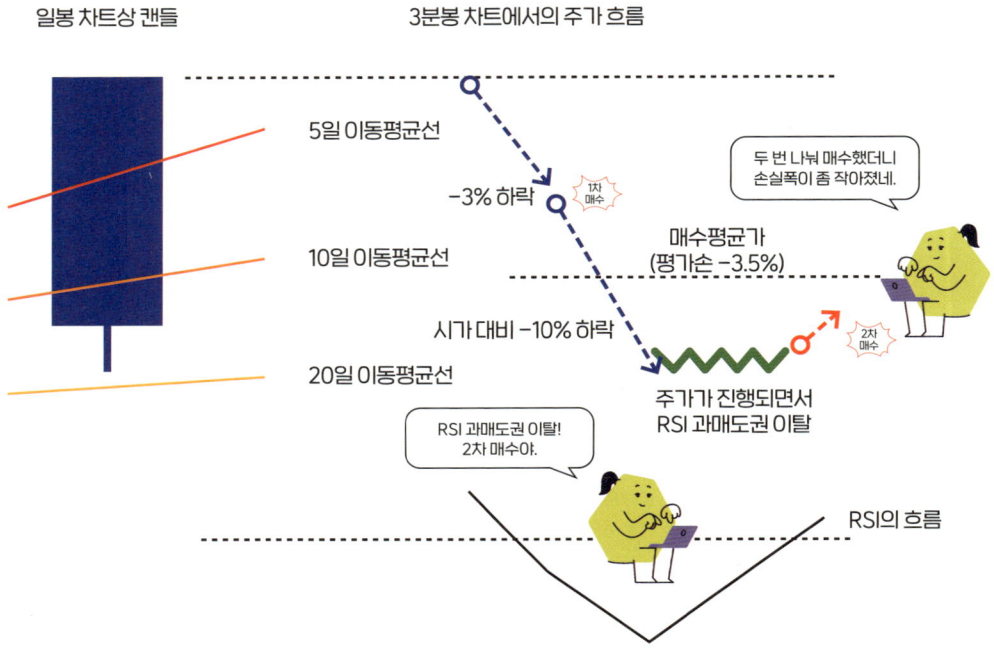

타 매매자는 반복적으로 수익을 취할 수 있게 됩니다. 이것이 일반적입니다. 그런데 진행되는 상승추세와는 관계없이 돌발적으로 그리고 발작적으로 주가가 -10% 가까이 급락하는 경우가 있습니다.

오버솔드식 단타 매매의 기술을 연마하는 매매자는 단기적인 상승추세상에서 3분봉 차트의 RSI가 과매도권으로 진입하는 순간 1차 매수를 하게 되는데, 반등을 기다리고 있는 상황에서 갑자기 추가 하락이 급격하게 진행되면 당황할 수 있습니다. 자신이 감당할 수 없는 손해라고 판단되면 손절매하고 수습할 수 있겠지만, 급락이 멈추는 지점에서 2차 매수를 함으로써 매수평균가를 낮추고 반등을 이용해 손해를 최소화하거나, 본전 처리를 하거나, 수익을 낼 수도 있습니다. 그림을 참고하기 바랍니다.

그런데 주가가 정배열 중인 이동평균선을 깨면서 추가로 하락하는 경우가 가끔 발생합니다. RSI가 과매도권으로 더 깊이 내려갑니다. 시가 대비 -10~-15% 정도 하락하는데 그냥 놀라고만 있을 것이 아니라 정신을 바싹 차리고 대응할 준비를 해야 합니다.

1차 매수의 비중이 커서 1차 매수가에서 추가로 -7% 이상 하락할 경우 손실이 너무 커져 수습이 곤란할 것 같다면, 10일 이동평균선을 깰 경우 손절로 대응하고 반등 시 재매수 타이밍을 노릴 수 있습니다. 1차 매수의 비중이 적절해서 추가 하락에 대해서도 충격이 크지 않은 경우 저가권이 확인되는 순간에 2차 매수함으로써 매수평균가를 낮춰줄 수 있습니다. 즉 평가손 비율이 낮아지는 것이죠.

일봉차트상 정배열을 만들며 상승 중인 주가가 한 방에 하한가까지 직행하는 경우는 거의 없습니다. 이동평균선들이 지지선 역할을 해주기 때문입니다. 그러나 적절하게 매집되어 각 이동평균선에 걸친 세력의 보유 비중이 많은 경우라도, 세력만이 알 수 있는 이유로 하락을 만들기로 결심했다면 지지물량을 받치지 않습니다. 어쨌든 일봉상 정배열 상태에서는 주가가 급락하더라도 10일 이동평균선과 20일 이동평균선 사이에서는 숨을 고르게 되어 있습니다.

하락하던 주가는 일봉 차트상 상승 구간에서 미처 충분한 물량을 확보하지 못했던 세력이 추가로 물량을 받아놓고 싶은 가격대에서 멈추게 되며, 잠시 시간을 보내면서 RSI가 과매도권을 이탈하는 모습을 보여줍니다. 우리가 기다리던 저가권이 확인되는 순간이며 이때 2차 매수를 하게 됩니다.

-3%선에서 1차 매수를 하고, 거기서 -7% 추가 하락한 -10%대에서 2차 매수를 하면 -3.5% 평가손인 상태가 됩니다. 반등의 흐름을 보면서 손실을 최

2차 매수 후 반등 흐름에서 익절

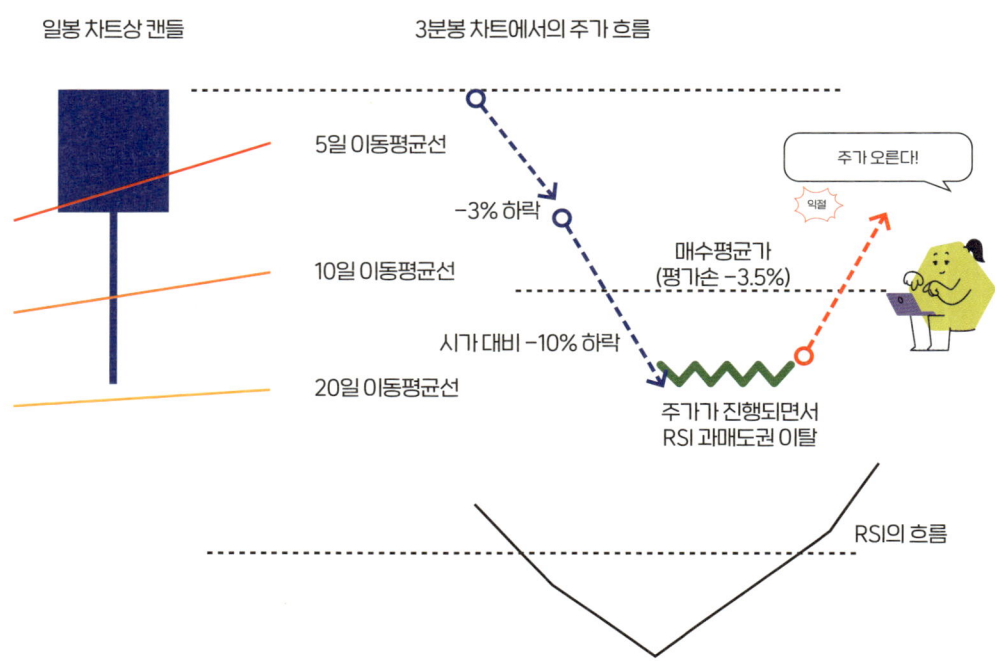

소화하거나, 본전으로 손실 없이 빠져나오거나, 심지어 익절까지도 할 수 있습니다. 뒤에서 공부하게 될 사례들을 자세히 읽어보십시오.

한편 빠르고 간단한 이해를 위해 RSI만으로 설명하고 있습니다만, 오버솔드는 독자 여러분께 주가 흐름의 강도와 추세를 살필 수 있도록 RSI와 MACD를 반복해서 강조하고 있습니다. 보통 급락이 나오는 경우 주가의 하락 흐름의 강도가 세다는 뜻으로, RSI 과매도권으로 진입하더라도 하락하는 힘에 의해 추가 하락이 일어날 수 있습니다. 따라서 급락 시 당일 저가권이 확인되었는지를 보려면 MACD-시그널선의 골든크로스를 기다리는 것이 좋은 방법입니다.

최종적으로는 이런 패턴으로 급락한 후 반등으로 마무리됩니다. 당일 급락주는 대응의 논리가 분명하다면 수익을 볼 수 있는 확률이 제법 높은 단타 매매를 할 수 있는 기회를 제공하기 때문에 아예 급락주 관련 검색기를 만들어서 활용할 수도 있습니다.

당일 시가 대비 -10% 이상 급락한 이후 추세가 전환된 종목을 찾는 검색기를 만들어보겠습니다. 당일 하락 중 3분봉 차트상 RSI 과매도권 진입 시 매수한 이후 추가 하락으로 인한 급락에 대응하는 것이 아니라, 아예 처음부터 급락한 종목에서 추세가 전환되는 타이밍을 찾아 매수하기 위한 검색기입니다. 다음과 같은 조건들을 포함시켜야 합니다.

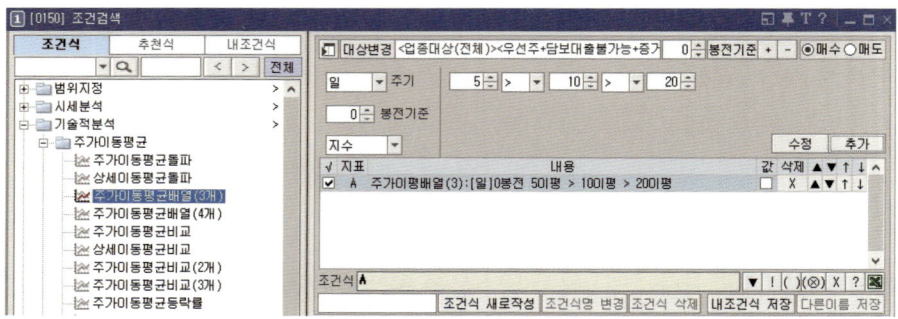

이동평균선 정배열 조건을 추가한 모습

먼저 5-10-20일 이동평균선의 정배열 상태 조건입니다. 앞서 여러 차례 다뤘습니다. 책에서는 이동평균선 3개의 배열로 설정했습니다만, 좀 더 보수적으로 매매하고자 한다면 '주가이동평균배열(4개)'을 활용해 65일 이동평균선까지 포함시킬 수 있습니다.

시가 기준으로 -10% 이하로 하락하는 종목을 찾는 조건을 추가하겠습니다. 시가는 정배열인 이동평균선 중에서도 5일 이동평균선 위에서 시작하는 종목을

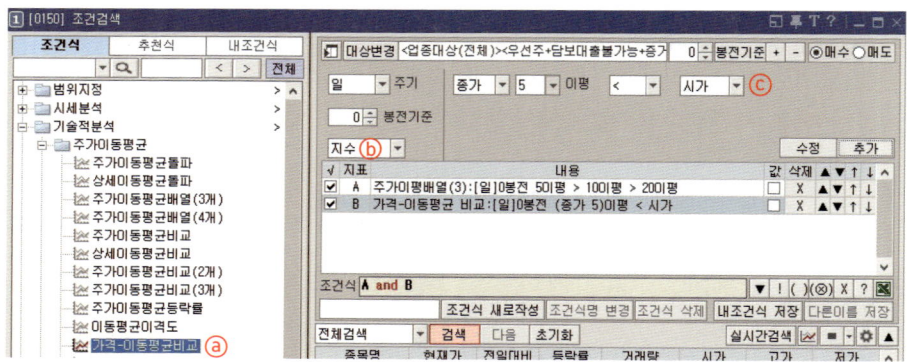

당일 시가가 5일 이동평균선 위에서 시작하는 조건을 추가한 모습

찾는 조건을 더합니다. '가격→이동평균비교'(ⓐ)를 선택한 다음 지수 이동평균선(ⓑ)에서 시가가 5일 이동평균선 위(ⓒ)에 있도록 조건을 조정합니다.

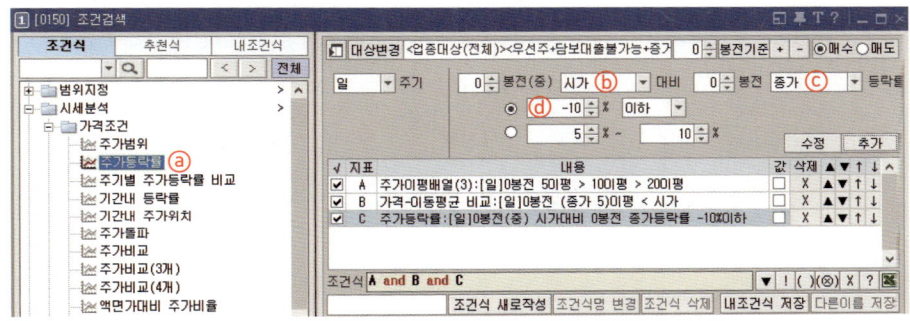

시가 대비 현재가의 하락폭이 -10% 이하 조건을 추가한 모습

여기에 시가부터 하락해 현재가가 -10% 이하인 종목을 찾는 조건식을 더합니다. 주가등락률(ⓐ)을 선택해서 세부 조건을 다음과 같이 조정합니다.

당일의 시가(ⓑ)에서부터 하락해 현재가(ⓒ)의 등락률이 -10% 이하(ⓓ)인 종목을 찾도록 조정합니다. 장중에는 일봉 캔들의 종가가 현재가이므로 ⓒ에서 종가를 선택합니다. -10% 이하가 너무 빡빡해서 종목 추출이 잘 되지 않는다면 -7%나 -8% 정도로 수정할 수도 있습니다. 또는 -7~-11%과 같이 하락률의 범위를 조정해서 조건을 추가할 수도 있겠습니다. 이 부분은 매매하면서 자신에게 맞게 수치를 조정하면 될 것입니다.

이제부터는 당일 3분봉 차트에서의 움직임에 대한 조건을 추가하도록 하겠습니다. 이론에서 공부한 것과 같이 RSI가 과매도권 진입 이후 주가 하락과 함께 우하향선을 만들며 하락하다가 반전하는 순간을 찾고자 합니다.

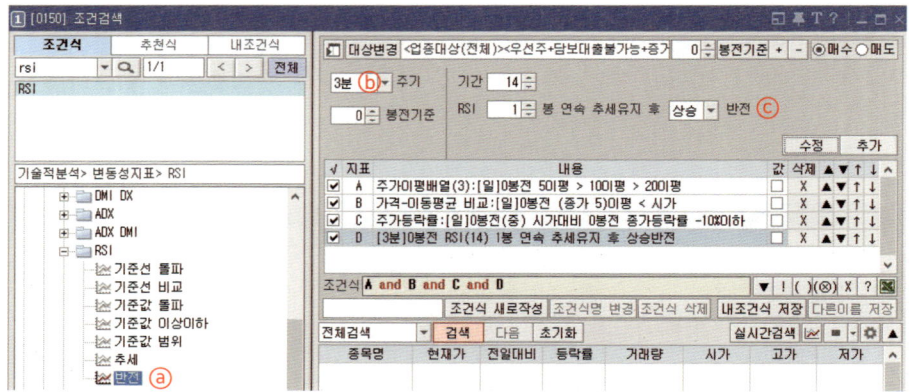

RSI 상승 전환 조건을 추가한 모습

'기술적분석 → 변동성지표 → RSI'에서 반전(ⓐ)을 선택한 후, 3분봉 차트상 (ⓑ) 현재가(즉 0봉전 기준) RSI가 하락하다 상승 반전(ⓒ)하는 타이밍을 찾아내도록 조건을 조정해 검색기에 추가합니다.

3분봉 차트상 RSI 과매도권에 진입한 이후 추가 하락하던 주가의 흐름에서 RSI 과매도권을 이탈하는 타이밍을 찾는 조건을 추가합니다.

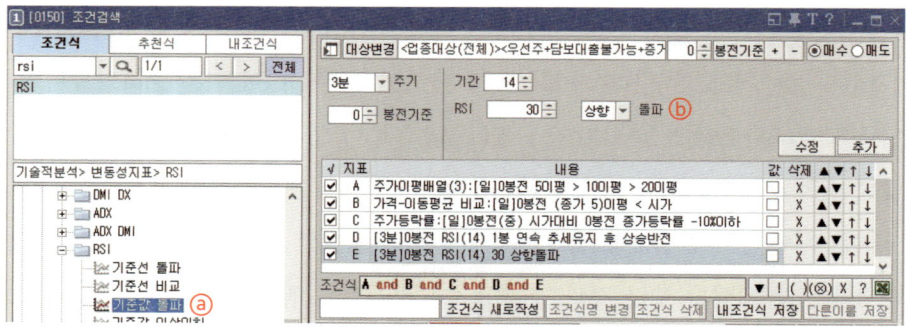

RSI 과매도권 이탈 조건을 추가한 모습

'기술적분석→변동성지표→RSI'에서 기준값 돌파(ⓐ)를 선택한 후 3분봉 차트상 현재가(즉 0봉전 기준) RSI의 과매도권인 30을 상향돌파(ⓑ)하는 타이밍을 찾아내도록 조건을 조정해 검색기에 추가합니다.

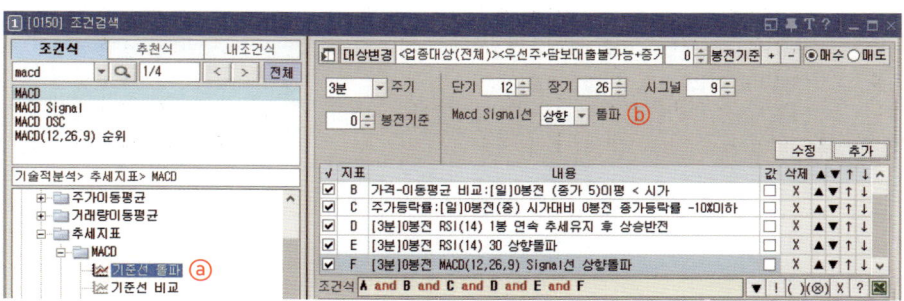

MACD-시그널선의 골든크로스 발생 조건을 추가한 모습

추세지표인 MACD 조건을 추가하도록 합니다. 이를 통해 하락하던 주가의 흐름의 추세가 바뀌는 순간을 포착하겠습니다. '기술적분석〉추세지표〉MACD'에서 기준선 돌파(ⓐ) 조건을 선택한 후, MACD-시그널선의 골든크로스(ⓑ)를 포착하도록 조건을 조정한 후 검색기에 추가합니다.

조건식 D, E, F까지는 3분봉 차트에서 타이밍을 포착하기 위한 조건이며, 이들을 'or'로 묶어서 매매자가 적절한 판단에 의해 매매할 수 있도록 하겠습니다. 최종적으로는 다음과 같이 검색기가 완성됩니다.

이 검색기를 활용했을 때의 사례를 살펴보겠습니다. 앞서 조건식 C까지 완성한 다음 검색했을 때 넥스틸이라는 종목이 포착되었습니다. 넥스틸의 일봉 차트입니다. 이동평균선은 정배열이고, 당일의 시가는 5일 이동평균선 위에서 시작되었으며, 종가상 -13.44%까지 하락했으니 3분봉 차트상 분명히 검색기에

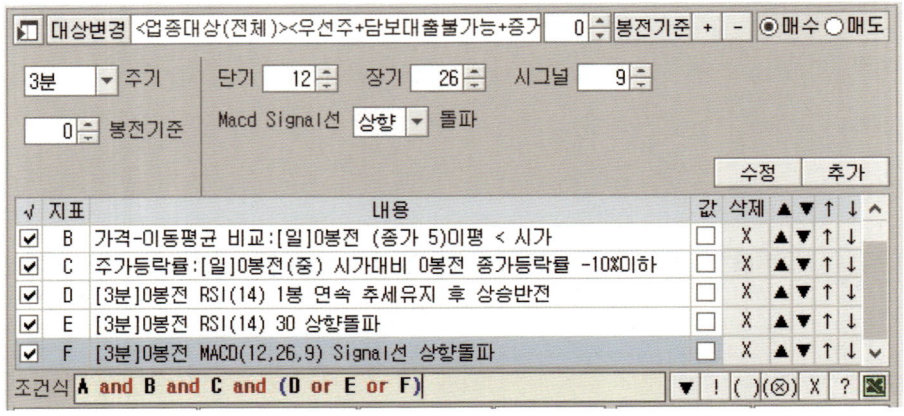

-10% 이상 급락하는 종목의 3분봉상 추세 전환 타이밍을 잡는 검색기 완성

포착되었을 것입니다.

    넥스틸의 3분봉 차트를 함께 보겠습니다. 장 초반의 첫 3분봉에서 저가 기준 -11.39% 하락했습니다. 첫 3분봉과 두 번째 3분봉 사이에서 RSI가 반전되므로 검색기에 추출될 것이며, 이때 매수하지 않았더라도 RSI 과매도권을 이탈하는 ⓑ에서도 검색기에 추출됩니다. 그리고 MACD-시그널선의 골든크로스가 발생하는 ⓒ에서도 검색기에 추출됩니다. 이렇게 추출될 때마다 매매할 것인지를 판단하면 됩니다. 하락 이후 반등 추세에서 매수타점에 따라 조금씩 다르겠지만 2.5%~5%의 수익구간이 만들어짐을 알 수 있습니다.

    한편 우리가 조건식 C에서 설정한 '시가 대비 현재가의 하락폭이 -10% 이하'인 조건과 함께 '전일 종가 대비 현재가의 하락폭이 -10% 이하'인 조건 또한 포함시킬 수도 있습니다. 예를 들어 전일 5일 이동평균선 위에서 상한가를 만든 종목이 당일 갭 하락 시가로 시작해 -10% 이하로 밀리는 경우, 5일 이동평균선 위에서 주가가 위치할 수 있으므로 상한가를 만들면서 변동성이 갖춰진

넥스틸 2024년 11월 27일 일봉 차트

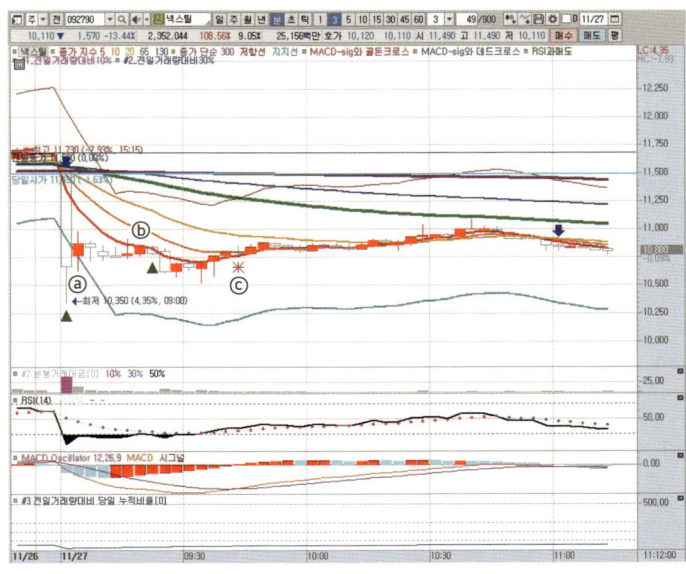

넥스틸 2024년 11월 27일 3분봉 차트(11시 12분까지)

3장. 장중 단타 매매의 기술 573

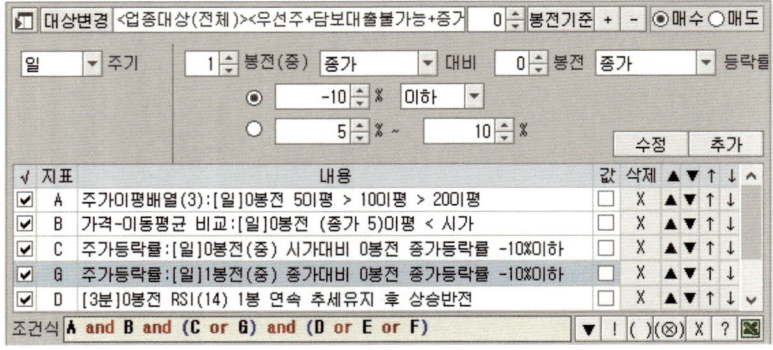

-10% 이상 급락하는 종목의 3분봉상 추세 전환 타이밍을 잡는 검색기 최종 완성

종목의 반발 매수세를 활용해 수익을 낼 수 있습니다.

해당 조건을 포함시킨 검색기는 다음과 같이 정리될 수 있습니다. 조건 C와 G를 하나의 괄호로 묶고 'or'로 연결해줌으로써 당일 시가 대비 또는 전일 종가 대비 -10% 이상 하락한 종목을 찾을 수 있게 됩니다.

2024년 11월 28일의 부산산업의 일봉 차트를 보겠습니다. -8.95% 갭 하락 시가로 시작해 -10% 이하 하락했습니다만, 일봉 차트상으로는 5일 이동평균선 위에 있습니다. 앞서 전일 종가 대비 -10% 이하로 하락한 조건을 포함시킨 검색기에 의해 추출될 것입니다. 3분봉 차트를 보면 당일 시가가 -8.94% 갭 하락으로 시작해 추가 하락 후 RSI 과매도권에서 추세 반전 및 이탈, MACD-시그널선의 골든크로스가 발생한 이후 당일 시가 위로 반등했음을 알 수 있습니다. 매수타점에 따라 다르겠지만 5~6%의 상승라인이 만들어졌습니다.

지금까지 살펴본 검색기는 등락률을 이용해 급락의 조건을 설정했습니다. 우리가 등락률 자체를 정했기 때문에 그 범위를 넘어가는 종목은 검색되지 않게 됩니다. 즉 -9%까지 하락한 다음에 반등하는 종목은 추출되지 않습니다. 한편

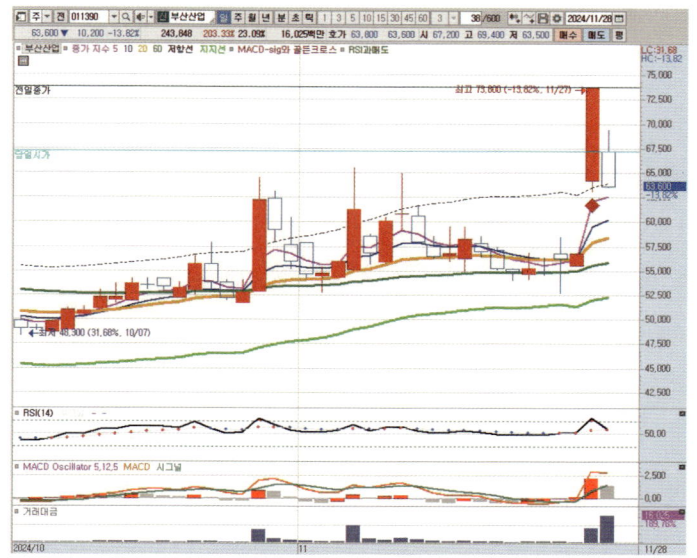

부산산업 2024년 11월 28일 일봉 차트

부산산업 2024년 11월 28일 3분봉 차트

3장. 장중 단타 매매의 기술 575

으로 드물기는 하지만 검색기가 알려주는 타이밍에 매수했지만 계속 주가가 흘러내리는 경험을 하게 되기도 합니다.

우리는 급락하는 주가가 다시금 반등해 급락 이전으로 돌아가고자 하는 성질을 이용해 수익을 내고자 궁리하고 있습니다. 이럴 때 사용하기에 적절한 것이 바로 이격도입니다. 이격도는 특정 이동평균선을 기준으로 주가가 얼마만큼 떨어져 있는가를 알려주는 보조지표입니다. 주가와 이동평균선의 값이 같을 경우를 100으로 삼고, 주가가 이동평균선 위에 있을 때엔 100 이상, 이동평균선 아래에 있을 때엔 100 이하의 수치로 표시됩니다. 예를 들어 20일 이동평균선을 기준으로 한 이격도가 95라고 한다면 20일 이동평균선 값보다 5% 아래에 주가가 위치한다는 뜻이 되겠습니다.

이와 같은 이격도의 정의를 활용해 3분봉 차트상 65일 이동평균선을 기준으로 이격도가 90인 종목을 찾는다고 하면 어떤 뜻일까요? 3분봉 차트상 65일 이동평균선은 30분봉 차트상 5일 이동평균선에 상응합니다. 5-10-20일 이동평균선이 정배열을 만들며 주가가 상승하고 있는 경우 단기적인 상승이 지속적으로 유지되고 있음을 상징하는 중요한 선이라고 말할 수 있겠습니다.

이때 3분봉 차트상 65 이동평균선과의 이격도가 90이라면, 현재 65 이동평균선 값보다 -10% 하락한 상태라는 뜻이 됩니다.

이제부터가 중요한 이야기가 되겠습니다. 주가는 이동평균선을 기준으로 상승하거나 하락하면 다시금 이동평균선으로 되돌아가고자 하는 성질을 보입니다. 평균값으로 회귀하려는 특성을 보이는 것이죠. 이런 성질을 이용해서 엔벨로프 지표 등을 활용한 매매를 하는 것입니다. 따라서 하락이 정리되고 반등해 이동평균선으로 향하는 순간을 이격도를 활용해서 포착할 수 있게 된다면 무척 멋진 매매를 할 수 있게 될 것입니다. 그림을 보면 더 쉽게 이해할 수 있을 것 같네요.

3분봉 차트에서의 65 이동평균선을 기준으로 한 이격도 움직임과 매매

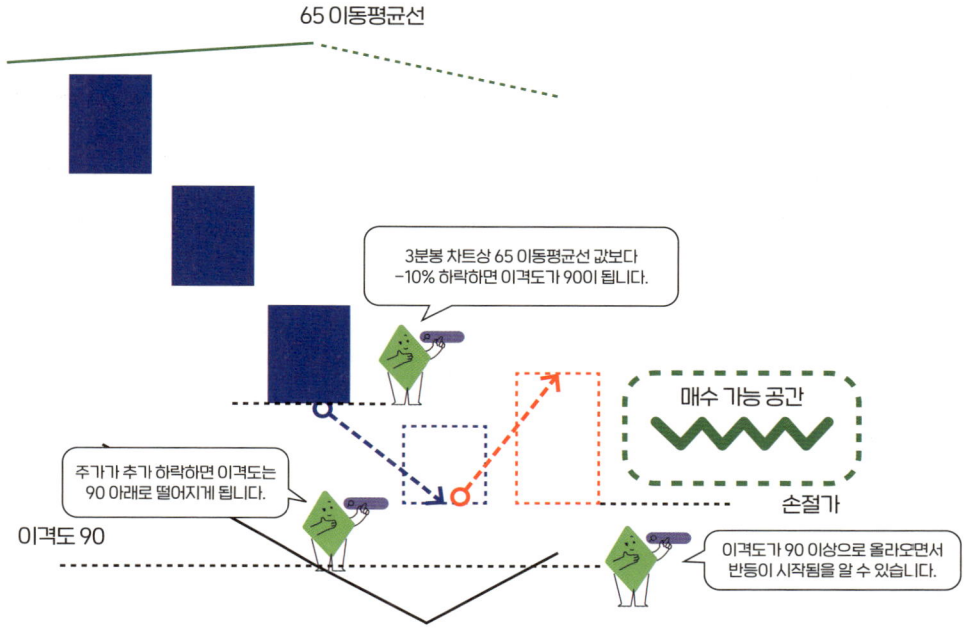

즉 우리는 3분봉 차트상 65 이동평균선을 기준으로 이격도가 90 위로 돌파하는 순간을 급락 이후 반등이 시작하는 타이밍으로 보고, 그러한 3분봉 캔들의 저가를 손절가로 삼고 매수한다고 말할 수 있겠습니다.

1. 5-10-20일 이동평균선의 정배열 상태
2. 3분봉 차트상 65 이동평균선 기준 이격도 90을 상향 돌파

조건식은 의외로 간단합니다. 조건 1(5-10-20일 이동평균선의 정배열 상태)은

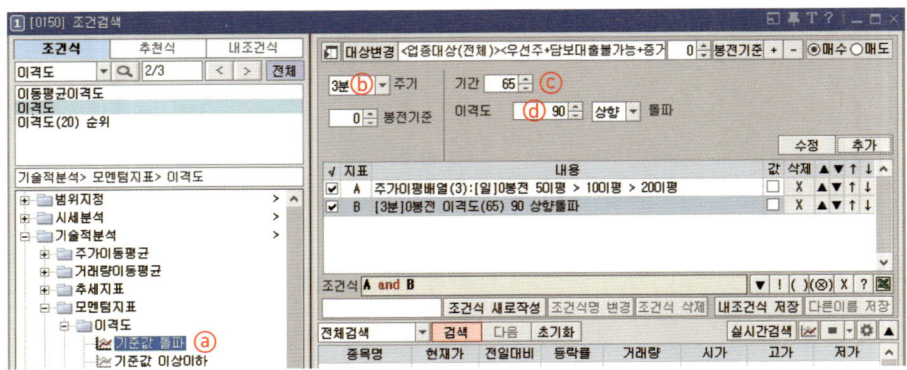

3분봉 65 이동평균선 값보다 -10% 이하인 급락 종목을 찾는 검색기 완성

앞서 설정하는 방법을 자세히 설명했으므로 여기서는 생략하겠습니다.

조건식 검색창에서 이격도로 검색하면 '기술적분석→모멘텀지표→이격도'에서 기준값 돌파(ⓐ)를 선택할 수 있고 여기서 3분봉 차트상(ⓑ) 65 이동평균선을 기준으로(ⓒ) 이격도 90을 상향돌파(ⓓ)하도록 조건을 조정해 검색기에 추가하면 됩니다.

앞서 검색식을 검증했을 때의 종목인 부산산업의 급락 상황으로 살펴보겠습니다. 차트의 제일 아래에 이격도가 있습니다. 오버솔드가 제시한 차트처럼 굳이 이격도를 포함시킬 필요는 없습니다. 이격도 90 돌파 시 주가가 어떻게 흐르는지를 쉽게 이해할 수 있도록 차트를 만들었습니다.

차트의 ⓐ 부분에서 이격도 90을 상향으로 돌파하는 것을 볼 수 있습니다. 이때 매수하면서 앞서 당일의 최저가를 손절가로 놓고 매매하면 될 것입니다. 65 이동평균선을 기준으로 이격도가 90 아래로 떨어졌다가 시간이 흐르면서 90을 돌파하고 나면 일정 정도 이동평균선과의 이격을 줄이면서 주가가 상승하는 것을 볼 수 있습니다.

부산산업 2024년 11월 28일 3분봉 차트

우리는 지수 이동평균선을 사용하지만 이격도에서는 보통 이동평균선을 사용합니다. 그래서 ⓑ 부분에서 65 이동평균선에 주가가 닿지 않았지만 이격도는 100이 나온 것을 알 수 있습니다. 여기서 궁금할 수 있습니다. '이격도는 100이지만 주가는 90을 돌파했을 때와 비슷한데, 이격도가 100이 되면 주가도 많이 올라야 하는 것이 아닌가?' 하고요.

당일의 주가가 급락을 하고 나면 즉시 반등하면서 급락폭을 메꾸지 않는 이상, 일봉 차트의 하위 시간대 차트의 이동평균선은 하락하게 되어 있습니다. 즉 이격도 90을 상향돌파하는 ⓐ 때의 65 이동평균선 값에서 계속해서 하락하여 ⓑ 때는 이격도가 100이지만 65 이동평균선 값은 하락해 있는 것이죠. 급락 종목의 단타 매매는 장 초반 수급이 불안정할 때 빠르게 진행하는 것입니다.

여기까지 급락 시 반등을 노리는 단타 매매 기술의 이론을 공부하고 매매에 활용할 수 있는 검색기를 만들어봤습니다. 이어지는 실제 사례를 통해 충분히 이해할 수 있도록 꼼꼼히 살펴보기 바랍니다.

4-1
한미반도체,
한미반도체

2024년 6월 3일, HBM 관련 핵심 종목으로 상승을 이어가던 한미반도체는 독점적 지위를 누리던 TC본더 시장에 한화정밀기계가 경쟁자로 나서게 되었다는 소식과 함께 일중 장 시작부터 -14.59% 하락하는 모습을 보입니다. 그러나 가만히 생각해보면 새로운 경쟁자가 나타났다고 해서 한미반도체가 지닌 기존의 위상이 곧바로 바뀌는 것은 아닙니다. 수율과 안정성이 검증되기 전까지 SK하이닉스와 같은 대기업에서 곧바로 거래처를 갈아치우지는 않기 때문입니다. 물론 시장에서 어느 정도 경쟁은 하게 되겠지만 말입니다.

    대기 매수세가 들어오는 것을 기다리면서 매수를 준비하면, 이런 급락 시에도 수익을 거둘 수 있습니다.

    6월 3일 갭 하락 시가로 시작한 이후 3분 동안 하락해 RSI 과매도권에 들어가는 신호가 나옵니다. 이 타이밍에서는 무슨 이유로 이런 상황이 발생했는지 알기 어려울 수도 있습니다. 다만 상승을 꾸준히 유지하던 이 종목에서 -6% 이

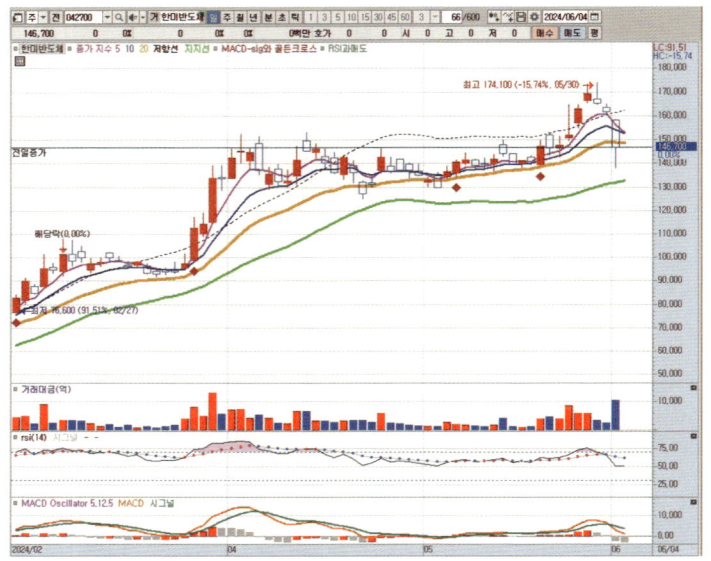

한미반도체 2024년 6월 3일 일봉 차트

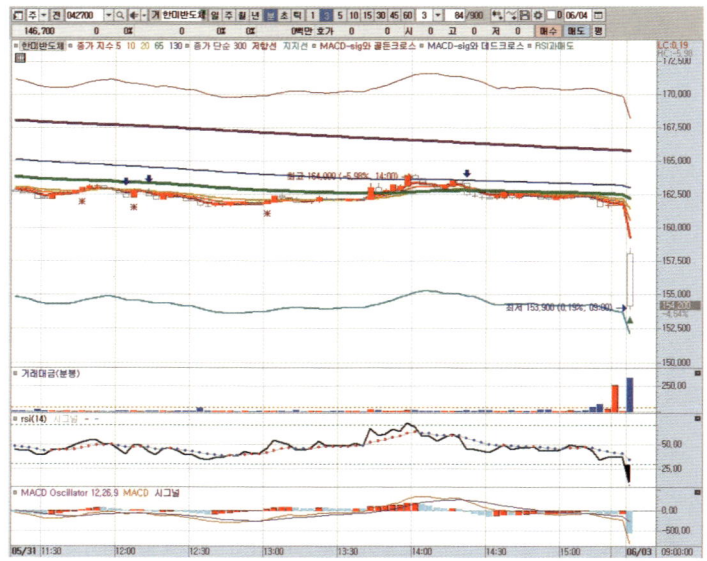

한미반도체 2024년 6월 3일 3분봉 차트(9시 3분까지)

상의 급락이 아침부터 발생했기 때문에 1차 매수를 감행하고 이 지점 근처부터 반등하기를 기다리는 전략을 사용합니다. 평소의 등락폭을 뛰어넘는 상황이 발생했기 때문에 2~3차 매수를 계획할 경우 RSI 과매도권 이탈 또는 MACD-시그널선의 골든크로스 교차 등 하락추세의 마무리를 확인하고 매수해야 합니다.

3분봉 차트상 RSI 과매도권 진입 신호에 1차 매수한 이후 적절한 매수 신호는 나오지 않습니다. 1시간 정도가 지난 10시 18분봉에서 RSI 과매도권을 이탈하고 MACD-시그널선도 골든크로스를 만드는 것을 확인할 수 있습니다. 2차 매수를 감행합니다. 1차 매수 이후 -8% 정도 추가 하락이 진행된 시점입니다. 하락하는 도중에 멘탈이 부서질 수도 있습니다만, 손절을 하지 않았다면 계획대로 진행합니다. 1차 매수와 같은 비중으로 2차 매수했다면 평가손은 -4% 정도

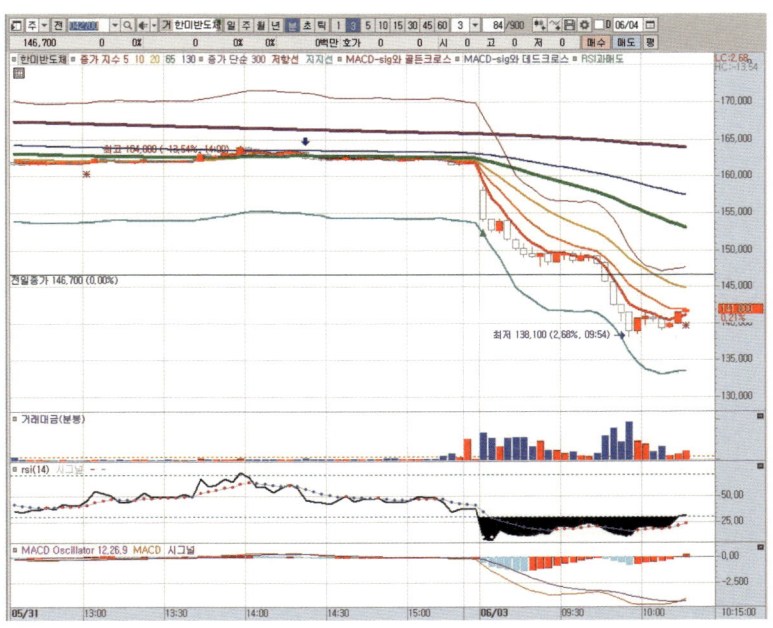

한미반도체 2024년 6월 3일 3분봉 차트(10시 18분까지)

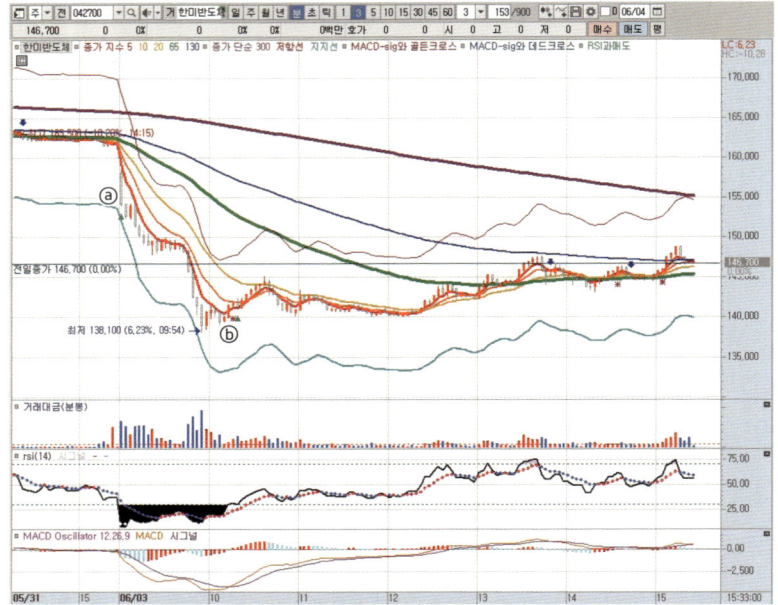

한미반도체 2024년 6월 3일 3분봉 차트(하루 전체)

가 될 것입니다.

오전에 하락이 마무리된 후 최저점을 깨지 않은 채 계속 반등이 진행되면서 평가손이 없거나 약간의 평가익인 상태에서 시장을 마무리하게 됩니다. 이런 경우 장 끝에서 어떻게 할 것인지 판단하는 것이 중요합니다. 다음 날도 하락할 것 같은 무서운 생각이 든다면 당연히 본전 정도에서 손실 없이 포지션을 0으로 만들면 됩니다.

이어서 다시 한번 한미반도체 사례입니다. 미국의 엔비디아가 현지시간 6월 21일부터 3일 연속으로 하락해서, 6월 25일 한국장이 시작하기 전 6월 24일 미국장에서 -6% 가까이 하락하며 총 -15.5%가량 낙폭을 키웠습니다. 따라서 관

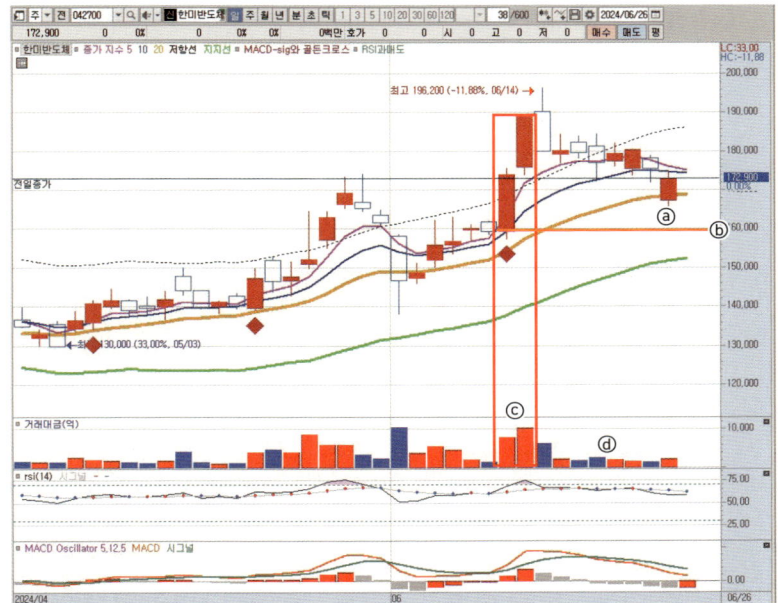

한미반도체 2024년 6월 25일 일봉 차트

련주인 한미반도체도 영향을 받을 것으로 예상할 수 있었으며 -4.62% 갭 하락 시가로 시작했습니다. 이날 장을 마친 이후의 일봉 차트를 보면 갭 하락 시가로 시작했지만 양봉으로 마감한 것을 볼 수 있습니다.

아침의 갭 하락 시가를 볼 때 매매의 기술을 열심히 공부한 분이라면 이런 부분이 보였을 것입니다.

1. ⓐ에서 20일 이동평균선의 지지가 있을 수 있겠다.
2. ⓑ에서 최근의 강한 상승을 만든 시가의 지지를 받을 수 있겠다. 따라서 25일 시가에서 ⓑ까지의 구간에서 RSI 과매도권 진입 또는 MACD-시그널선의 골

든크로스가 나오면 반등 추세를 탈 수 있겠다.
3. 최근(ⓒ) 강한 상승을 만든 거래량에 비해 조정을 받는 ⓓ 구간의 거래량은 별로 나오지 않았다. 주가를 상승시키는 주된 세력은 이탈하지 않은 것으로 보인다.

　그럼 장 초반 급락 시 3분봉 차트를 활용해 단타 매매를 어떻게 진행할지 살펴보겠습니다. 다음 페이지 상단 3분봉 차트를 봐주세요.
　ⓐ에서 갭 하락 시가로 시작하면서 RSI 과매도권 진입할 때 1차 매수합니다. 1차 매수 이후 약 1.5% 정도 추가 하락하지만 추가 매수할 정도의 하락폭은 아닙니다. 맨 아래 오렌지색 수평선이 앞선 일봉 차트의 ⓑ라인, 즉 상승이 시작된 가격으로 이 선까지는 추가 매수의 기회가 오면 추가 매수하고 이 선이 깨지면 손절합니다. ⓐ에서의 1차 매수 이후 시간이 흐르면서 RSI는 과매도권 이탈을 하고 ⓑ에서 볼 수 있듯이 MACD-시그널선도 골든크로스를 만듭니다.
　리스크 관리를 할 수 있는 사람이라면 ⓑ를 2차 매수 시점으로 삼을 수 있으며 이 과정을 통해 당일의 기준 저가는 장 시작 후 36분간 만들어진 주가의 흐름 속에 있는 ⓒ가 될 것입니다. 이제 ⓐ 및 ⓑ에서 매수한 물량은 주가가 ⓒ를 깨면 일단 손절 대응하며 다시 ⓒ와 맨 아래 오렌지색 수평선 사이에서 매수 기회가 오면 매수해야 합니다.
　다음 페이지 하단 하루 전체 3분봉 차트를 보겠습니다. 장 초반 9시~10시 사이에 저가권에서 방향을 틀면 일정 정도의 수익을 가져다주는 경우가 많습니다. 우리가 한 것은 일관된 기준에 따라 매수한 것밖에 없습니다. 주가는 오전장 내내 상승해서 MACD-시그널선이 데드크로스를 만드는 ⓓ 지점에서 매도할 수 있었습니다. 약 4% 정도의 수익라인이 발생했습니다.

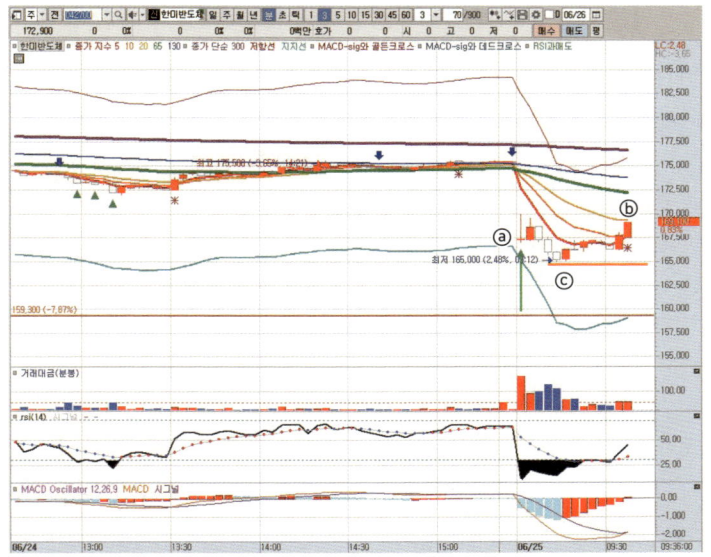

한미반도체 2024년 6월 25일 3분봉 차트(9시 36분까지)

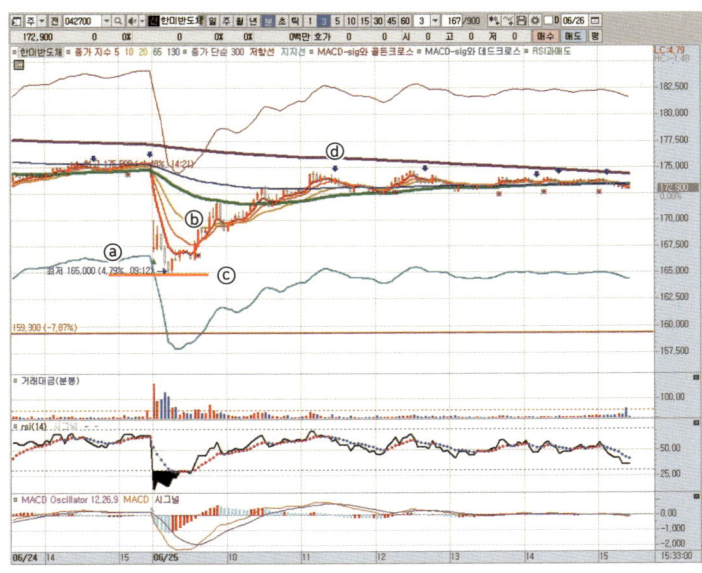

한미반도체 2024년 6월 25일 3분봉 차트(하루 전체)

3장. 장중 단타 매매의 기술

이 수익라인 안에서 자신의 매매 경험과 리스크 대응의 기술에 따라 65 이동평균선이나 130 이동평균선의 저항을 의식해서 미리 익절하는 것도 괜찮습니다. 단타 매매는 수익 확보를 최우선으로 합니다.

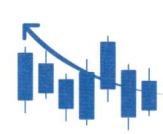
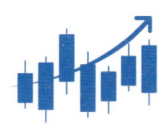

4-2 코스메카코리아, 두산

화장품 관련주로 상승세를 이어오던 코스메카코리아가 2024년 7월 2일 -1.86% 갭 하락으로 시작해서 장중 저가를 기준으로 -10.79% 하락한 다음 시가 근처로 회복했습니다. 차트를 보면 알 수 있듯이 저 긴 아랫꼬리는 누군가에게는 수익을 주는 상승 구간입니다.

일봉 차트상 20일 이동평균선을 찍고 반등했습니다. 3분봉 차트에서 어떻게 단타 매매를 할 수 있는지 함께 살펴봅니다.

ⓐ에서 RSI 과매도권에 진입합니다. 1차 매수합니다. 이 지점이 일봉 차트상으로는 10일 이동평균선 근처 가격이었기 때문에 10일 이동평균선 지지를 받는 반등이 있을 것으로 생각할 수 있습니다. 또 RSI 신호로 봤을 때도 앞서 한 번 과매도권에 진입한 이후 두 번째 진입하는 것이라 반등에 대한 경험치도 있습니다. 그런데 -5.7% 추가 하락 이후 당일 저가선을 만들게 됩니다. 1차 매수 이후 -5.7% 하락하면 마음이 흔들릴 수 있습니다. 실제로 이렇게 되면 어떻게 손실

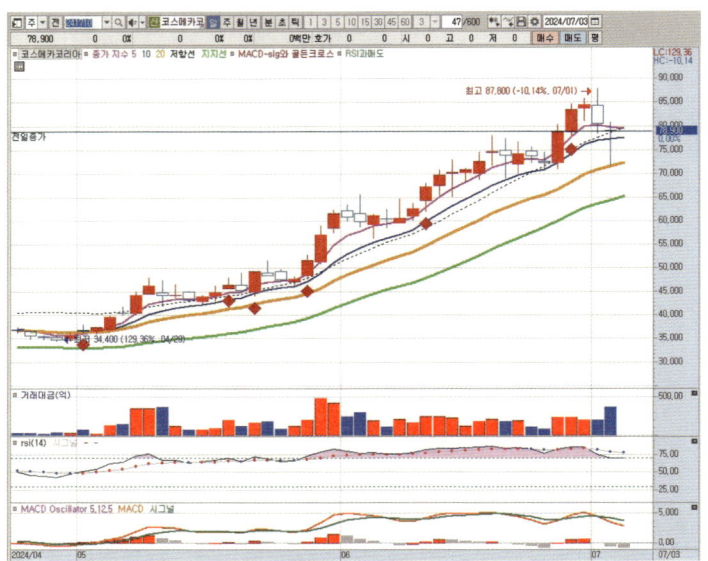

코스메카코리아 2024년 7월 2일 일봉 차트

코스메카코리아 2024년 7월 2일 3분봉 차트

을 최소화할까가 관건입니다. 다만 RSI 과매도권에 진입했을 때 매수했다면 RSI 과매도권 이탈 시 2차 매수 이후 주가의 반응을 지켜보는 것이 기술적 매매자로서의 루틴이라 할 수 있습니다.

ⓑ에서 RSI 과매도권을 이탈합니다. 2차 매수할 수 있습니다. 이제 ⓐ와 ⓑ에서 1·2차 매수한 물량은 당일 저가선을 깨면 미련 없이 손절하고, 추세가 돌아 나오면 RSI 과매수권 진입이나 MACD-시그널선의 데드크로스의 발생 시 익절합니다. -10% 가까운 급락이 나왔기 때문에 바로 10% 급등하기는 어렵습니다. 반등 시 65 이동평균선이나 130 이동평균선과 같이 장기 이동평균선이 나오면 저항을 의식해 어느 정도 보유물량을 비워주는 것이, 즉 익절하는 것이 좋습니다. ⓒ 지점에서 익절합니다. ⓐ와 ⓑ에서 1·2차 매수했다면 4.3%의 수익 라인 위에 놓이게 됩니다.

이 정도로 급락 종목에서 수익을 실현하고 매매를 마칠 수 있다면 성공한 매매입니다. 일봉에서 본 것처럼 하락폭만큼 전부 반등한 수익을 거두면 두말할 나위 없이 좋겠지만, ⓒ와 같은 지점에서 저항을 받고 다시 하락할 수 있습니다. 이미 하락 중인 종목을 매매하는 것이라 매매자의 심리는 두려움에 사로잡히기 쉽습니다. 따라서 이익이 보이는 지점에서 익절하는 것이 심리를 관리하는 데 도움이 됩니다.

한편 우리는 ⓒ에서 익절한 다음 다시금 물량을 조금 담을 수 있었는데, 그 이유는 바로 익절한 다음 살펴본 투자자별 매매동향에 있습니다. 기관이 상승을 주도하고 있는 종목입니다. 7월 2일 하락 후 반등하는 시점에서도 기관계의 매수세가 꽤 들어온 것을 확인할 수 있었습니다. 3분봉 차트상 당일 저가선 또는 일봉상 20일 이동평균선의 지지를 보면서 12시 15~18분 사이의 하락에서 매수할 수 있었습니다.

이 물량은 65 이동평균선이나 130 이동평균선에서 다시 대부분 익절할 수

코스메카코리아 2024년 7월 2일 투자자별 매매동향

있었으며, 남은 몇 주는 종가에 매도했습니다.

    2024년 7월 11일 장이 끝나고 두산그룹의 지배구조 조정에 대한 발표가 있었습니다. 두산밥캣을 인적분할해 두산로보틱스 자회사로 편입한다는 내용이었습니다. 매년 10조 원의 매출을 내며 1조 원이 넘는 영업이익을 내는 캐시카우 역할을 하던 두산밥캣을 100% 자회사로 편입시키면, 두산로보틱스의 기업가치가 올라갈 것은 분명했습니다. 그로 인해 두산로보틱스는 7월 12일 24%에 가까운 상승을 보입니다.

    이 정도 간단한 해석은 기사만 봐도 판단할 수 있는 내용입니다. 단타 매매자라면 두산로보틱스에 접근해서 수익을 볼 수 있습니다. 다만 두산을 어떻게 해석해야 할지에 대해서는 명확하지 않았습니다. 두산이 보다 지배적으로 지분을 갖고 있는 두산로보틱스 밑으로 두산밥캣이 들어오게 되는 것이니 두산로보틱스로부터의 배당이 더 들어오게 된다는 사실 외에는 크게 바뀌는 내용은 없다고 판단했습니다. 그래서 9.11%의 갭 상승 시가를 그냥 지켜봤습니다.

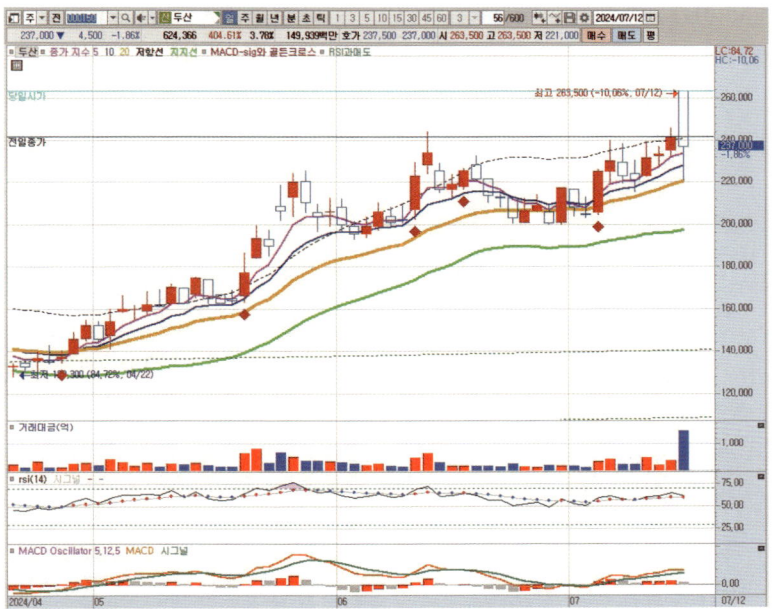

두산 2024년 7월 12일 일봉 차트

　갭 상승 시가 이후 더 상승하면 언젠가 조정을 줄 때 들어가면 되는 것이고, 그렇지 않고 갭 상승 시가 이후 조정을 받는다면 일봉 차트상 5일 이동평균선이나 10일 이동평균선에서 적절한 저가가 확인될 경우 매수해 일정 정도의 수익을 내는 단타 매매를 설계합니다.

　일봉 차트에서 살펴볼 수 있듯이 갭 상승 시가부터 급락이 있었고, 20일 이동평균선까지 하락한 이후 반등하며 아랫꼬리를 달았습니다. 저가에 매수할 수 있다면 수익을 볼 수 있는 상황임을 알 수 있습니다.

　3분봉 차트를 살펴보겠습니다. 갭 상승 시가 이후 계속 음봉이 이어집니다. 하락을 멈춰 세우는 매수세가 없는 상태입니다. 이럴 때 돈도 얼마 없는 우리 자

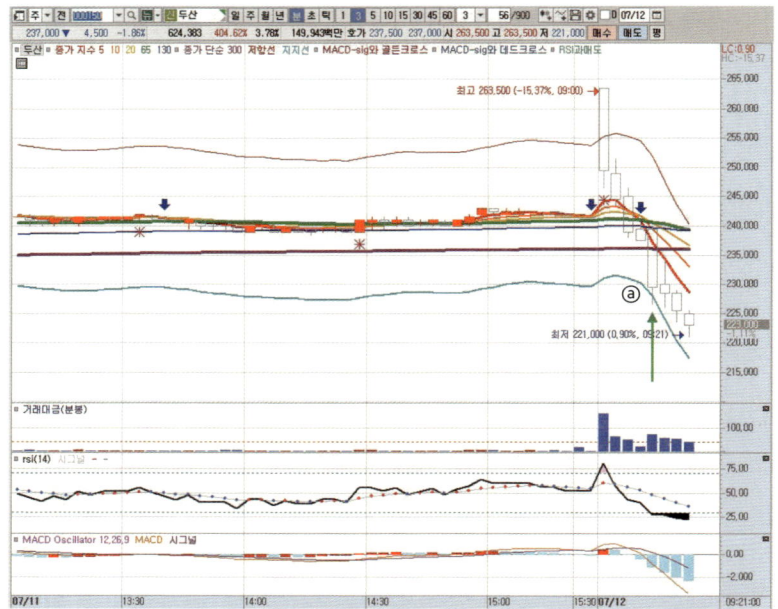

두산 2024년 7월 12일 3분봉 차트(9시 24분까지)

신이 매수세가 되어 하락을 막아설 수는 없지 않습니까? 급한 성격을 갖고 매매를 하는 많은 분이 하락하는 가운데 아무 데서나 매수를 하는데, 최소한 3분봉 차트상 양봉을 하나라도 보고 매수 개입을 해야만 합니다.

실제로 갭 상승 시가를 만들 때 RSI 과매수권에 들어갔으니 이전에 매수해서 보유하고 있던 사람이라면 갭 상승 시가 자리는 수익을 실현해야 하는 자리지, 단타든 뭐든 매수로 들어가기에는 무서운 자리입니다. 양봉 없이 하락이 이어지다가 MACD-시그널선도 데드크로스가 났습니다. 도대체 매수할 자리가 전혀 나오지 않는 급락입니다.

ⓐ에서 RSI 과매도권에 진입합니다. 1차 매수합니다. 종가 기준으로 시가

두산 2024년 7월 12일 3분봉 차트(9시 27분까지)

대비 -13% 하락한 지점입니다. 매수했다면 RSI 과매도권 이탈 타이밍이나 MACD-시그널선의 골든크로스의 발생 시 2차 매수할 수 있습니다.

종종 강도와 추세 사이의 시차는 매수 타이밍을 고민하게 만듭니다. 현 차트에서는 ⓐ 이후에도 추가 하락하고 있지만, 이 지점은 시가에서부터 -13%나 하락하면서 ⓐ에서 RSI 과매도권으로 진입했으니 언제 반등해도 이상하지 않기 때문에 분할해서 매수평균가를 조정하는 방법을 사용하는 것입니다.

ⓐ에서 1차 매수 후 -3% 정도 하락이 지속되다가 양봉이 하나 나옵니다(ⓑ). 이 자리에서 하락이 멈춘 것입니다. 이 양봉과 함께 RSI 과매도권을 이탈합니다. 2차 매수합니다. 올랐다가 다시 하락할 수도 있겠지만, 이제는 MACD-시그널

선을 지켜보면서 추세가 돌아가기만을 기다려서 2차 매수 후 급격한 반등이 일어나지 않으면 MACD-시그널선의 골든크로스 발생 시 3차 매수도 고려할 수 있습니다.

ⓑ에서 RSI 과매도권을 이탈한 이후 주가는 반등합니다. 주가 상승의 강도가 세지면서 RSI 과매수권으로 다시 진입할 때까지 기다리거나 반등하는 상승추세가 마무리되는 MACD-시그널선의 데드크로스까지 기다려서 매도하면 됩니다.

ⓑ에서의 매수 이후 횡보하면서 추세의 반전을 기다리지 않고 매수 강도가 붙으면서 멱살을 잡고 추세를 끌어올립니다. MACD-시그널선의 골든크로스가 나오는 지점이 ⓑ 대비 3.5% 정도 상승한 지점이라 3차 매수까지는 하지 않습니다.

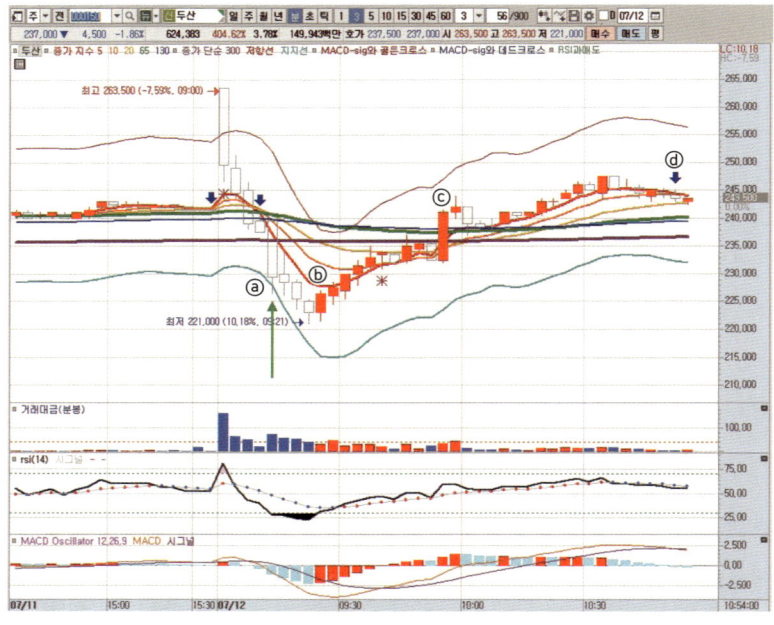

두산 2024년 7월 12일 3분봉 차트(10시 57분까지)

주가가 반등하면서 3분봉 차트상 65, 130, 300 이동평균선이 모여 있는 지점을 돌파하는 상승이 3분 만에 일어납니다. 이러한 장기 이동평균선의 밀집 구간을 뚫고 나면 힘이 빠지는 경우가 종종 있기 때문에 ⓒ와 같은 지점에서 일부 익절하는 것도 한 방법입니다. ⓐ부터 ⓑ~ⓒ 사이가 약 6.5%의 수익라인입니다.

ⓒ에서 익절을 하면서도 보조지표를 살펴보면 MACD-시그널선의 골든크로스가 유지되면서 계속 상승추세가 진행되고 있음을 알 수 있습니다. 약 2시간 정도 지나 MACD-시그널선의 데드크로스가 발생합니다. 여기까지 홀딩하던 물량이 있었다면 약 7.5%로 전량 수익을 실현합니다.

'RSI 과매수권으로 진입하지 않았는데 다 팔아야 하나?'라는 궁금증이 있을 수 있습니다. 상승의 강도를 알려주는 RSI가 위로 쭉쭉 올라가면서 상승추세를 유지하게 되는 것인데, 추세를 유지할 정도로 매수세가 들어오지 않는다고 해석하고 물량을 모두 비우는 것입니다.

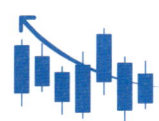
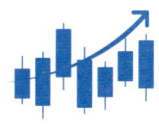

4-3 두산, 현대차

두산은 이틀 전의 급락에서처럼 2024년 7월 16일에도 급락이 나왔습니다. 저가 기준으로는 -13.57%까지 하락했습니다. 그리고 반등합니다. 매수타점은 어디였을까요? 3분봉 차트를 통해 단타 매매할 수 있었던 타점을 찾아보겠습니다.

7월 16일 두산을 매매 관심종목으로 삼고 장 시작부터 지켜봤다면 첫 3분 동안의 음봉에서 RSI 과매도권으로 진입한 ⓐ에서 매수하는 것이 기법상 맞습니다. 그러나 그 이후 반등하지 않고 MACD-시그널선의 데드크로스가 이어지다가 ⓑ에서 비로소 하락이 일단락되었음을 알게 해주는 MACD-시그널선의 골든크로스가 나왔습니다. ⓐ에서 매수했다면 ⓑ에서도 매수를 해야 할 것이며, 장 시작 시 다른 종목을 매매하다가 두산이 급락한 것을 알아차렸다면 ⓑ에서는 1주라도 매수해야 할 것입니다.

ⓐ에 매수했다면 생각대로 안 되었을 경우 손절해도 되지만, 분명히 하락추세를 돌리는 매수타점이 나올 것으로 생각해서 그 타점을 기다릴 수 있습니다.

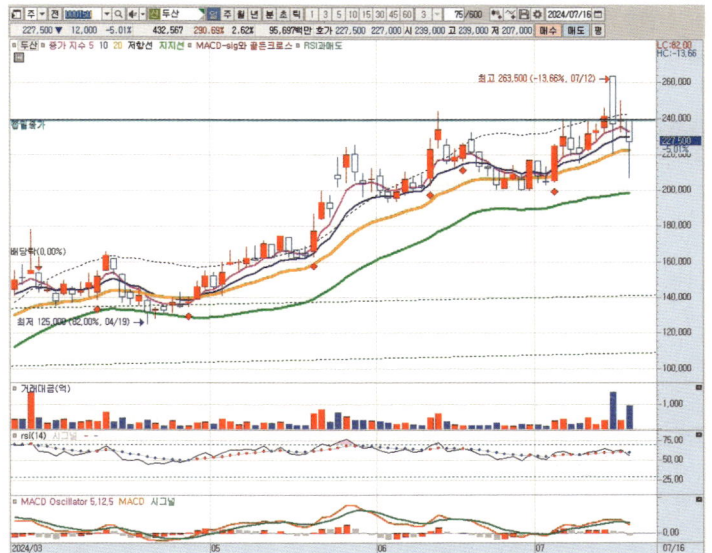

두산 2024년 7월 16일 일봉 차트

두산 2024년 7월 16일 3분봉 차트(10시 30분까지)

3장. 장중 단타 매매의 기술

두산 2024년 7월 16일 3분봉 차트(하루 전체)

사례에서는 MACD-시그널선의 골든크로스가 발생한 ⓑ가 그 지점이 될 것입니다. ⓐ에서 매수한 후 기다릴 때 이처럼 10% 가까이 추가로 하락하리라고는 예측하기 어려운 일입니다. 따라서 비중 조절과 분할매수는 단타 매매에서도 매우 중요합니다.

첫 매수 이후 이토록 큰 하락이 나오게 되면 2차 매수의 비중을 높여서 매수평균가를 낮춰놓는 것도 한 방법입니다. ⓐ와 ⓑ에서 매수를 했든, ⓑ에서만 매수를 했든 매도타점은 65 이동평균선이나 130 이동평균선과 같은 장기 이동평균선에 닿을 때나 RSI 과매수권 진입 또는 MACD-시그널선의 데드크로스가 됩니다. 사례에서는 65 이동평균선에 닿는 ⓒ 지점이 적절한 매도타점이 될 것입니다. ⓒ 이후 가격이 더 상승할 수도 있겠지만 이 시점에서는 확신할 수 없습니다. 더욱이 급락 이후 ⓒ까지 8% 가까이 상승했으므로 반등하는 힘이 빠질 수도

두산 2024년 7월 10~16일 30분봉 차트

있기 때문입니다. 여기서 매도해도 ⓐ와 ⓑ에서 같은 비중으로 매수했다면 약 2%, ⓑ에서만 매수했다면 약 6%의 수익라인이 만들어집니다.

    RSI 과매수권 진입 시 매도하겠다고 생각한 사람에게는 ⓓ와 같은 타점이 매도 지점이 될 것입니다. 다만 ⓓ까지의 상승은 MACD-시그널선의 데드크로스 이후 다시 골든크로스가 만들어지면서 발생한 것으로, 이러한 경우에는 RSI를 보는 것이 아니라 MACD-시그널선의 데드크로스를 살펴보면서 매도타점을 잡는 것이 유리합니다. 장기 이동평균선인 65 이동평균선(ⓒ)에 부딪힌 후 주가가 돌파하지 못하고 조정을 받는데, 그 조정의 폭이 매우 얕았기 때문에 MACD-시그널선의 골든크로스를 신뢰할 수 있는 것입니다.

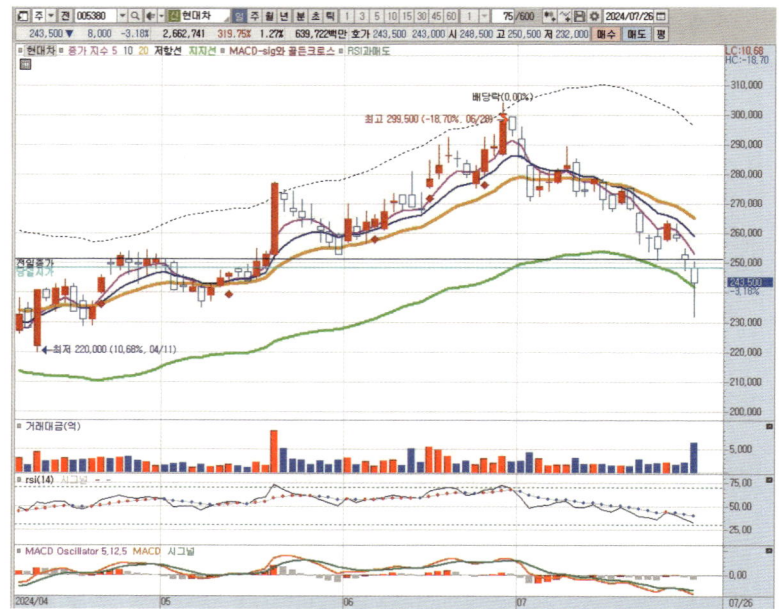

현대차 2024년 7월 26일 일봉 차트

급락 후 한 방에 하락폭의 상당 부분을 만회하는 상승이 나오기는 어렵습니다. 어느 정도 반등하더라도 급락의 잔상 속에서 겁을 먹고 있는 매도자들이 있기 때문입니다. 30분봉 차트를 보겠습니다. 12일의 급락 시 주가의 흐름, 그리고 16일의 급락 시 주가의 흐름을 잘 보면 좋겠습니다.

이번에는 현대차의 사례입니다. 2024년 7월 26일, 현대차는 새벽에 끝난 미국 시장에서 GM의 -5% 가까운 하락의 영향을 받아 당일 저가 기준 -7.75%까지 하락했습니다. 장이 끝난 이후의 일봉 차트에서는 아랫꼬리를 말아 올리면서 반등했음을 알 수 있습니다.

현대차와 같은 종목이 정말 어마어마한 외부 악재가 아니면 당일 -10% 이

현대차 2024년 7월 26일 3분봉 차트

상 하락하는 일은 거의 없습니다. 따라서 -3~-4%만 하락해도 저가를 잡아서 수익을 낼 궁리를 해야 하는 종목 중 하나입니다.

저가를 만들 때 일봉 차트상에서 RSI 과매도권까지 진입했었습니다. 여러모로 매수타점이 나오기는 했습니다. 급락에 대한 이론을 공부했을 때는 일봉 차트상 5-10-20일 이동평균선의 정배열 위에 주가가 위치하고 있다가 발생하는 급락 사례를 다뤘지만, 현대차와 같은 대형주가 내부적인 문제가 아닌 이유로 이런 하락이 나올 때엔 주가의 위치가 역배열에 있더라도 한 번 뛰어들어볼 만합니다.

3분봉 차트를 함께 살펴보겠습니다.

장 시작 후 하락하면서 ⓐ에서 RSI 과매도권에 진입합니다. 새벽에 끝난 미국 시장의 악재 등 변수가 있었다면 개장할 때 바로 덥석 매수하지 말고 좀 참아야 합니다. 즉 미국 시장의 악재로 인한 충격을 어느 정도 소화한 다음에 매수해도 늦지 않다는 말입니다. 한국 시장은 25일에도 급락한 바 있어 26일에도 조심스럽게 접근했어야 하며, 현대차의 경우 엎친 데 덮친 격으로 미국 GM의 급락이란 변수가 있었기에 강도가 아닌 추세를 확인해야 하는 것입니다.

실제로 좀 참고 있자니 9시 50분대에 RSI 과매도권을 이탈하고 또 MACD-시그널선이 골든크로스를 만듭니다(ⓑ). 매수한다면 여기서 하는 것이죠. 그래서 하락폭을 줄이며 반등하는 과정에서 RSI 과매수권 진입이나 MACD-시그널선의 데드크로스(ⓓ)가 발생하는 지점에서 수익을 실현해주면 됩니다.

한편 장 시작 후의 급락이 겁나는 매매자라면 반등 가운데 장기 이동평균선인 65 이동평균선(ⓒ)이나 130일 이동평균선에서의 저항을 의식하면서 익절할 수도 있을 것입니다. 3~4%의 수익을 거둘 수 있는 급락 대응이었습니다.

4-4
퓨처켐, 피에스케이홀딩스

2024년 9월 30일 퓨처켐의 일봉 차트를 보겠습니다. 엿새 전 거래량을 터트리며 장대양봉이 나온 뒤로 그 양봉의 폭 안에서 조정을 받아왔습니다. 5-10-20일 이동평균선의 골든크로스가 유지되고 있는 상태에서 오늘 시가 대비 약 -10%가량 20일 이동평균선까지 하락하는 급락이 나왔습니다. 바이오 관련 종목은 악재가 출현해 하락하면 하한가까지 가는 것도 흔한 일이기 때문에 장 초반 이런 하락이 발생하면 겁날 수밖에 없습니다.

 장이 마무리된 일봉 차트에서는 급락을 회복하고 양봉으로 마무리한 것을 확인할 수 있지만, 장중 어떤 일이 벌어졌고 매수 타이밍이 있었는지는 3분봉 차트를 열어봐야만 알 수 있습니다.

 자신이 어떤 종목을 갖고 있는데 장 시작 후 3분봉 차트상 RSI가 과매수권으로 진입하면 항상 수익 실현을 염두에 둬야 합니다. 이날도 5.69% 갭 상승 시가로 시작해서 첫 6분간은 양봉이 만들어졌습니다. 그런데 자꾸 연달아 윗꼬리를

퓨처켐 2024년 9월 30일 일봉 차트

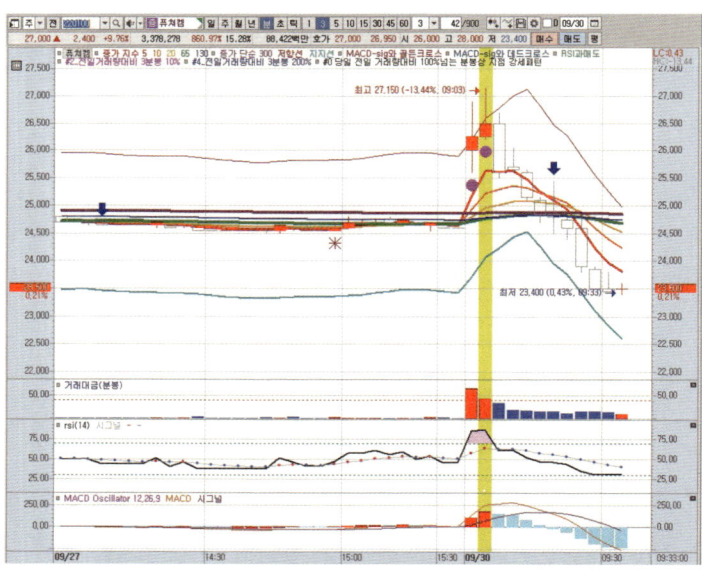

퓨처켐 2024년 9월 30일 3분봉 차트(9시 33분까지)

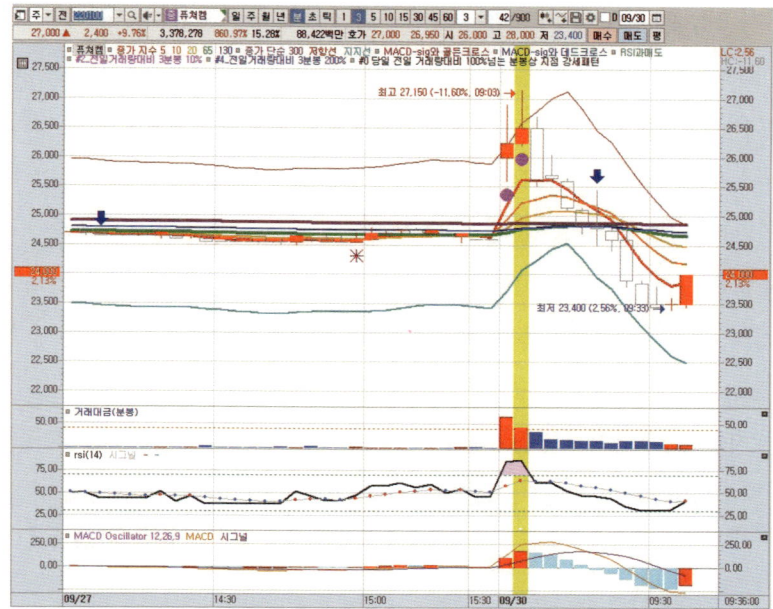

퓨처켐 2024년 9월 30일 3분봉 차트(9시 36분까지)

다는 모습은 밀어 올리는 힘을 누르는 매도세가 있음을 암시합니다.

RSI 과매수권에 들어갔는데 자꾸 윗꼬리가 나온다면 그냥 바라만 보고 있기에는 꺼림직한 신호입니다. 만약 며칠간의 조정을 마치고 장 초반부터 주가를 올려서 전고점을 돌파시키려고 한다면, 갭 상승 이후 매도세를 압도하는 양봉들이 나와줘야 합니다. 윗꼬리가 있더라도 아주 짧거나 3분봉의 종가가 고점인 형태로 힘 있게 올라가주는 것이 좋습니다.

RSI 과매수권을 이탈합니다. 장 초반의 상승이 거래량을 터트리며 강력한 모습을 보였다면 이동평균선에서의 지지를 기대하며 중간중간 매수할 수 있습니다. 다만 차트를 보면 퓨처켐은 그런 모습이 보이지 않았습니다. 따라서 RSI 과매도권에 진입할 때까지 기다려야만 합니다.

시가 대비 약 -10% 하락한 지점에서 RSI 과매도권 진입 신호가 나왔고 이후 아주 작은 양봉 캔들이 하나 나왔습니다. 리스크를 감당할 수 있는 분이라면 이 지점에서 1차 매수할 수 있으며, 겁이 나면 좀 더 확실한 크기의 양봉이 나오는 것을 기다려야 할 것입니다.

9시 36분부터 3분간 만들어진 캔들에서 2.13%짜리 양봉이 나타납니다. RSI도 과매도권을 살짝 닿은 다음 꺾어 올렸고, MACD 오실레이터도 다시 상승을 예고하듯이 하락 막대기의 크기가 줄어들었습니다.

매매자는 최저점인 2만 3,400원을 손절가로 놓고 이 3분봉의 종가에서 매수하거나, 이 3분봉이 만들어지는 과정에서 매수하게 됩니다. 짧게는 이 캔들의

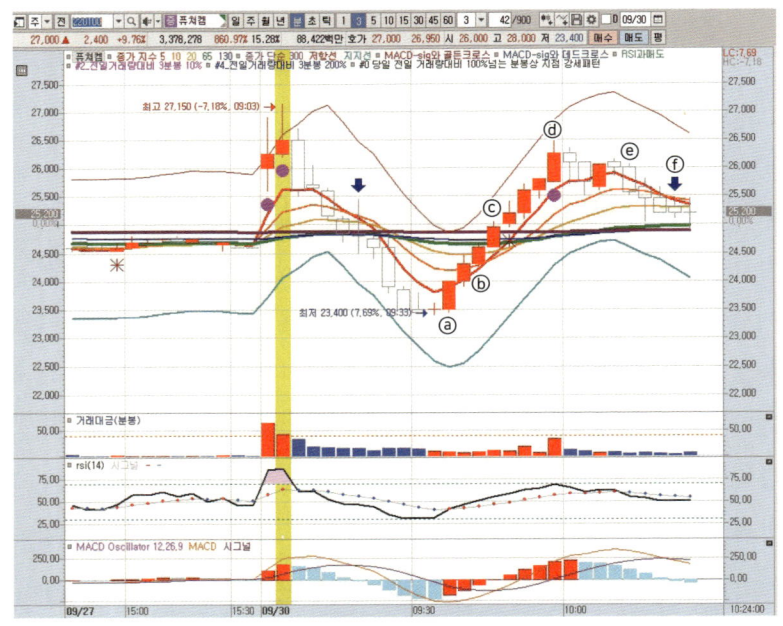

퓨처켐 2024년 9월 30일 3분봉 차트(10시 24분까지)

위로 보이는 65-130-300 이동평균선 근처까지를 상승 구간으로 보고 익절을 계획하며, 길게는 RSI 과매수권 진입까지 기대합니다.

ⓐ의 종가에서 매수한다면 앞선 하락으로 인해 겁이 나기도 하겠지만 약 2.5% 정도의 손절매를 각오하고 매수 개입을 하는 것입니다. 65 이동평균선에 닿는 ⓑ까지가 약 2.5% 수익라인이고, 130 이동평균선을 돌파하면서 300 이동평균선까지도 뚫는 ⓒ까지가 약 3.9%의 수익라인입니다. ⓐ의 종가에 매수한 물량 전체를 익절하는 의사결정을 내려도 차트에서 ⓒ까지만 보이는 상황에서는 옳은 판단이라 말할 수 있을 것입니다. 왜냐하면 이미 앞에서 지지선 역할을 해줘야 하는 장기 이동평균선이 깨졌기 때문에 이번에는 오히려 저항선으로 작용해 다시금 상승이 제한당하며 주가가 하락할 수도 있기 때문입니다.

따라서 ⓐ의 종가에서 매수한 물량의 일부를 익절함과 동시에 손절가를 9시 33분의 최저가 2만 3,400원이 아니라 ⓐ의 종가로 바꿔놓고, 나머지 물량을 RSI 과매수권 진입이나 5-10 이동평균선의 정배열 위에서 상승하다 첫 번째 음봉이 나오는 곳에서 모두 익절하는 것과 같은 계획을 세울 수 있습니다.

손절가를 바꾸어놓는다는 점이 중요합니다. ⓒ에서 주가가 더 이상 상승하지 못하고 남겨놓았던 물량이 장기 이동평균선을 저항선으로 받아들이고 하락한다면, 돈을 잃지 않고 본전으로 매매를 마칠 수 있게 환경을 만들어놓는 것입니다.

퓨처켐은 ⓒ 이후로도 상승을 계속해 RSI 과매수권에 진입(ⓓ)합니다. 목적한 구간에 이르렀으니 전량 익절하는 것이 맞겠죠. 종가 기준 약 9.2%의 수익라인입니다. 장 시작 후 -10%에 가까운 하락 구간에서 손절한 사람들은 속상할 수밖에 없는 주가의 움직임입니다. 3분봉 차트를 이용한 단타 매매는 빠른 의사결정으로 바탕으로 매매를 반복한다고 생각하는 것이 좋습니다. 수익 날 때는 수익을 내주고, 손절할 때엔 손절을 빨리 해야 합니다. 장 초반 RSI 과매수권을 이탈했을 때 '조금 있으면 오르겠지?' 하는 생각으로 버티는 순간, -10% 하락을 맞는 것입니다.

수익이 나기 시작할 때는 규칙적으로 익절해주는 것이 좋습니다. 3분봉 단타매매를 함에 있어 RSI 과매도권에서 RSI 과매수권까지의 한 사이클이 완성되었는데 추가 상승을 기대하며 수익 실현을 미루는 것은 지양해야 합니다. 추가 상승을 기대하더라도 하락의 가능성이 있는 만큼 보유물량의 일부는 익절해주는 것이 좋습니다.

ⓓ까지 왔을 때 추가 상승을 기대하며 미련을 갖는 이유는 두 가지입니다. 5-10 이동평균선의 정배열이 유지되고 있으며 MACD-시그널선의 골든크로스가 유지되고 있다는 점입니다. 그렇다면 보유를 하더라도 그 전제가 깨지면 모두 매도해야만 합니다.

ⓕ에서 MACD-시그널선의 데드크로스가 나왔으므로 모두 익절해서 수익화하는 것이 맞습니다. 그리고 ⓔ에서처럼 5-10 이동평균선의 데드크로스가 나오기 전이라도 5-10 이동평균선을 몸통으로 뚫어내는 음봉이 나오면 이번 추세는 끝난 것이라고 해석하는 것이 좋습니다.

우리는 9시 30분부터 10시 30분 정도까지 1시간 동안 매매를 했고, 수익을 보면서 다시 현금을 갖게 되었습니다. 이후 장이 어떻게 흐를지는 알 수 없습니다. 다만 ⓕ까지 오면서 더 이상 보유할 이유가 없는 상태가 되었습니다.

차트상으로도 이번 상승은 아침의 전고점을 돌파하지 못했고, RSI 과매수권으로의 진입한 고점 역시 장 시작 후의 그것보다는 낮아졌습니다. 모든 상황이 추가 상승보다는 하락을 암시하고 있습니다.

우리는 10시 30분 이전에 해당 종목의 매매를 마쳤습니다만, 하루 전체를 놓고 봤을 때 전고점을 넘어선 상승이 발생했음을 알 수 있습니다. 그러나 앞서 말한 바와 같이 우리는 10시 반까지의 주가의 흐름 속에서 최대한 기술적인 대

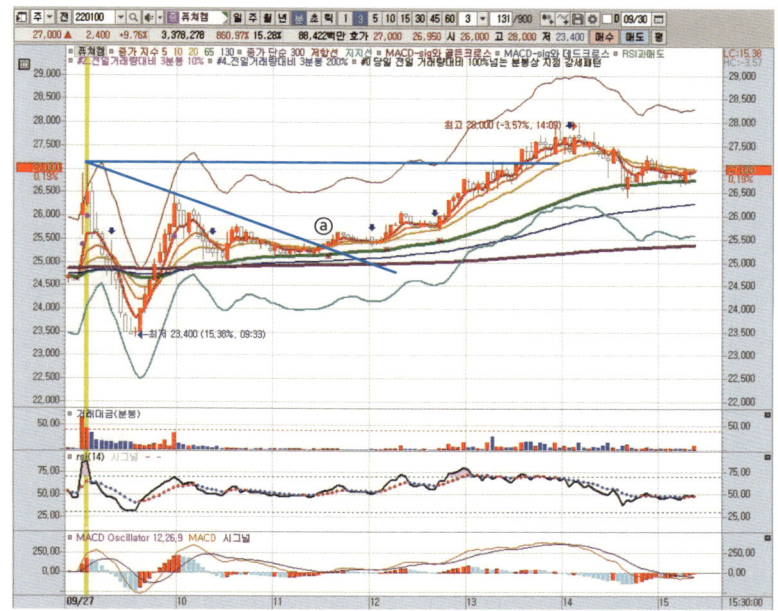

퓨처켐 2024년 9월 30일 3분봉 차트(하루 전체)

응을 했고 수익을 냈습니다. 잘 한 것이고 후회할 필요는 없습니다.

다만 하루 종일 시장을 지켜볼 수 있는 전업 투자자라면 관점이 조금 다를 수 있습니다. -10% 하락시키고 다시 10% 상승시키는 것은 '절대' 일반 투자자가 감내할 수 있는 매매가 아닙니다. 만약 실력이 늘어서 '무언가가 있다'라는 감을 갖게 된다면 9시 30분 이후의 반등 구간 뒤의 하락을 조정의 관점에서 바라보고 계속 주시할 수도 있을 것입니다.

우리가 모두 익절한 10시 30분 이후에 주가가 장기 이동평균선인 65-130-300 이동평균선을 깨고 내려갔다면 말이 안 되지만, 버텨주고 있으며 오히려 정배열을 만들고 있습니다.

장 초반의 고점과 9시 30분에서 10시까지의 반등 구간에서 만들어진 고점을 이은 하락추세선을 긋습니다. 이 라인이 오늘 이 주가의 상승을 막는 라인이 됩니다. 11시 30분 정도까지 이 하락추세선을 뚫지 못합니다. 상승이 제한되어 있는 것입니다. 다만 65-130-300 이동평균선이 주가의 하락을 막아주고 있습니다. 이 이동평균선 아래로 뚫리게 되면 오늘 더 이상의 상승을 기대할 수 없게 되는데 그렇지는 않다는 것이죠. 그리고 마침내 ⓐ에서 하락추세선을 뚫어냅니다.

이렇게 그냥 시간이 가다 보면 하락추세선을 돌파하게 되는 것일까요? 아니요. 주가가 가야할 길, 달리 말하면 세력이 주가를 보낼 길을 만들 때 하락추세선을 뚫어내는 것입니다. ⓐ에서 매수하면서 손절가는 65 이동평균선이나 130 이동평균선으로 삼으면 됩니다. 이후 상승에서 RSI 과매수권 진입이나 MACD-시그널선의 데드크로스까지 홀딩하면 됩니다.

9시 30분의 급락 이후 반등 시와 어떤 점이 달라졌나요? 아침에는 장기 이동평균선이 저항의 역할을 했는데 돌파해냈고, 돌파한 이후로는 장기 이동평균선이 지지의 역할을 해주고 있습니다. 일반적으로 전고점끼리 이은 하락추세선을 깨고 상승한다는 것은 전고점 돌파를 염두에 둔 주가의 흐름이라고 보게 됩니다. 돌파까지는 못해도 근처까지는 간다고 볼 수 있습니다.

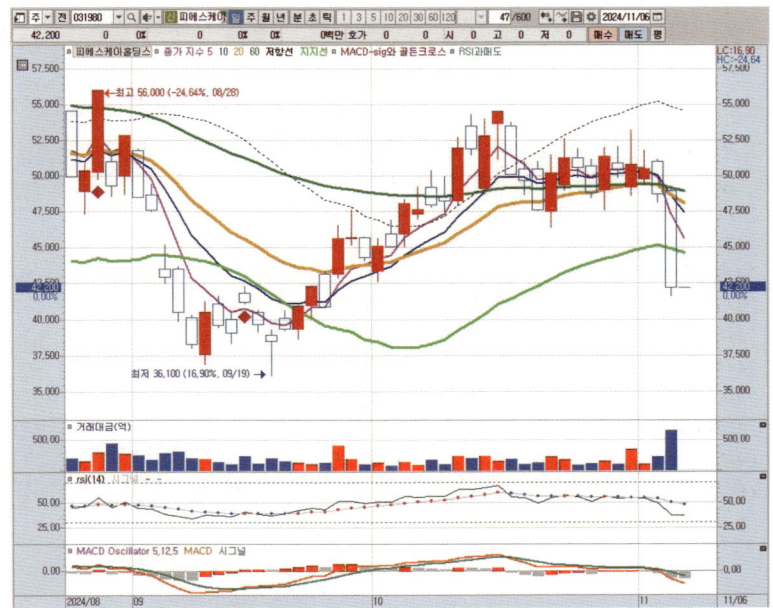

피에스케이홀딩스 2024년 11월 5일 일봉 차트

　이번에는 피에스케이홀딩스의 사례입니다. 지난 주 정도만 해도 60 이동평균선을 돌파한 이후 지지를 잘 받고 있던 피에스케이홀딩스가 2024년 11월 5일 저가 기준 -14.67% 급락했습니다.

　전일까지의 투자자별 매매동향을 봐도 기관계와 외국인이 매수를 제법 꾸준히 해주고 있어서 이런 하락이 나올 것이라고는 짐작하기 어려웠습니다. 하지만 발생한 일은 발생한 일이고 어떻게 대응하는가가 중요하겠죠. 이어서 3분봉 차트를 보겠습니다.

　만약 아침부터 오늘 매매 대상으로 이 종목을 선택하고 있었다면 ⓐ와 같은 RSI 과매도권 진입 신호에서 손이 바로 나갈 수도 있겠지만, 우리는 이 시점에

피에스케이홀딩스 2024년 11월 5일 투자자별 매매동향

서 지지를 담보해줄 일봉상 어떠한 이동평균선도 찾아볼 수 없음을 알고 있습니다. 비중 조절과 분할매수에 익숙해 리스크를 관리할 수 있는 매매자라면 1차 매수를 하고 그다음 대응을 준비하겠지만, 그렇지 않은 경우라면 조심하는 것이 좋습니다. 지지를 기대하기 힘들면 하락 시 가속이 붙을 수 있으므로 설령 이 지점에서 반등을 해서 매수하지 못한 것을 후회한다고 해도 매수를 서둘러서는 안 됩니다.

한편 검색기를 통해 급락 종목이 선정되었다면 ⓐ 신호는 걸리지 않을 것입니다. 우리는 하락이 충분히 진행된 이후 RSI의 과매도권 이탈(ⓑ)이나 MACD-시그널선의 골든크로스(ⓒ)를 보고 급락 이후의 반등 구간을 노리고 매수합니다. 이 지점에서 매수하게 되면 손절가는 지금까지의 최저가인 4만 1,600원이 될 것입니다.

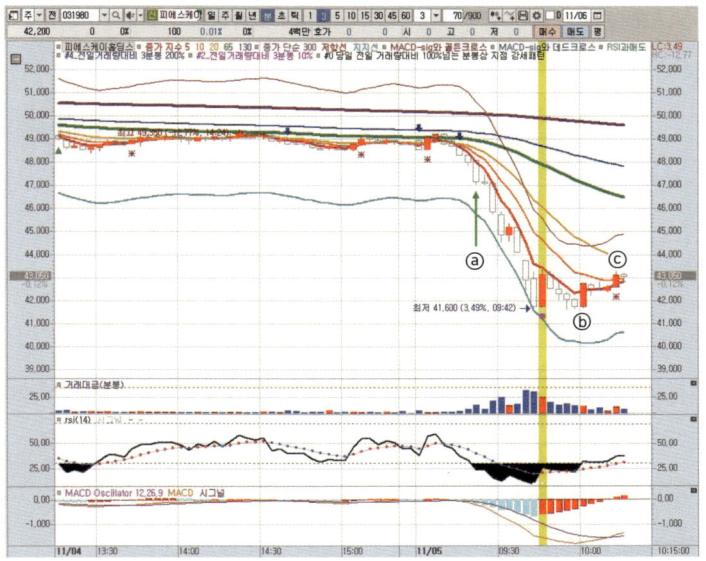

피에스케이홀딩스 2024년 11월 5일 3분봉 차트(10시 15분까지)

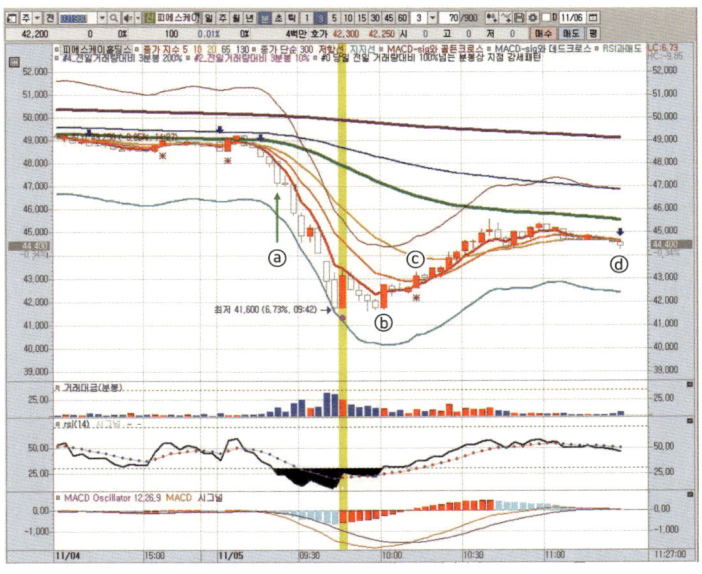

피에스케이홀딩스 2024년 11월 5일 3분봉 차트(11시 27분까지)

3장. 장중 단타 매매의 기술

위에서 내려오고 있는 장기 이동평균선인 65 이동평균선이나 130 이동평균선이 반등 시 익절할 주요 지점이 될 것입니다.

ⓑ 또는 ⓒ에서 매수한 이후 반등 구간이 만들어지는데, 65 이동평균선 근처에서 돌파하지 못하고 머뭇거리는 모습이 포착되며 ⓓ에서 MACD-시그널선의 데드크로스가 발생하면서 이 반등 구간이 마무리되었음을 알려줍니다. 하락 구간에서 반등만 이용하고 나오는 기술이므로 욕심 내지 않고 이런 신호에서는 모두 매도해주는 것이 좋습니다. 이미 매도세가 나오는 큰 하락이 있었기 때문에 매수를 위한 거래량이 새롭게 밀고 들어오지 않는 이상 상승은 어렵습니다. 그래도 이 구간에서 종가 기준으로 ⓑ~ⓓ까지는 3.81%, ⓒ~ⓓ까지는 3.08%의 수익라인이 만들어집니다.

신호에 따라 욕심을 덜고 적절히 대응한 결과가 만족스럽습니다. 이 종목은 오전의 반등 이후 다시 하락을 이어갔습니다. 3분봉 차트이기는 해도 장기 이동평균선이 머리 위에 있는 것은 그다지 보기 좋지 않습니다. 상승을 제한하기 때문입니다. 다만 차트상으로는 쌍바닥이 만들어지는 모습이므로 65 이동평균선을 돌파하게 되면 어떤 식으로든 300 이동평균선까지는 상승이 열려 있는 것으로 볼 수 있습니다.

피에스케이홀딩스 2024년 11월 5일 3분봉 차트(하루 전체)

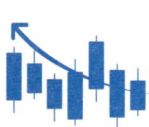

4-5
펩트론

2024년 11월 21일, 바이오 섹터의 대장 격이었던 알테오젠의 급락 여파로 상승 이후 조정 중이던 여러 바이오 종목이 급락했습니다. 펩트론의 경우 저가 기준으로 -13.21% 하락했지만 하락폭을 전부 회복하고 심지어 약간 상승한 채로 끝났습니다. 알테오젠, 보로노이와 같은 종목도 비슷하게 이날 아랫꼬리를 달고 반등했습니다.

펩트론의 3분봉 차트를 함께 살펴보겠습니다. 장 시작 후 두 번째 3분봉에서 RSI 과매도권으로 진입(ⓐ)합니다. 우리가 매매하는 기술상으로는 여기서 1차 매수를 실행합니다. 이 시점에서 바이오 종목들이 당일 급락할 것이라고는 아무도 예상하지 못하기 때문입니다. 특히 펩트론은 일봉상 하락 과정에서도 여러 차례 RSI 과매도권 진입 이후 반등이라는 패턴을 보여줬습니다.

따라서 ⓐ에서 1차 매수하는 것은 우리의 매매 기술에 벗어나지 않습니다. 다만 여기서 좀 더 보수적인 매매를 원하시는 분들을 위해 꼭 남겨놓고 싶은 팁

펩트론 2024년 11월 21일 일봉 차트

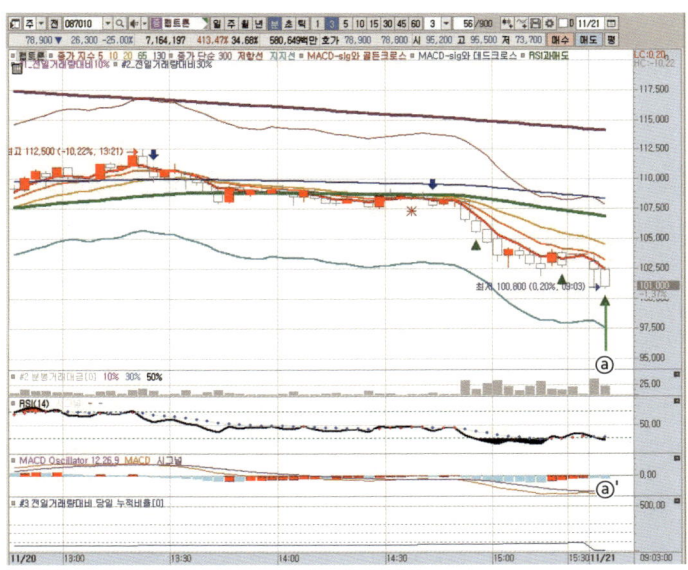

펩트론 2024년 11월 21일 3분봉 차트(9시 6분까지)

3장. 장중 단타 매매의 기술

펩트론 2024년 11월 19~20일 3분봉 차트

이 있습니다. 현재 이동평균선의 배열을 보면 65-130-300 이동평균선이 역배열인 상태입니다. 30분봉 차트로 보자면 5-10-20 이동평균선이 역배열인 상태임을 짐작할 수 있으며, 이는 단기적으로도 상승의 추세가 아님을 뜻합니다. 이런 역배열 상태에서는 RSI 과매도권 진입만을 보고 바로 매수하지 않고 MACD-시그널선의 골든크로스를 볼 때까지 매수를 기다릴 수 있습니다. 이는 보조지표의 특성과 관련된 것입니다.

RSI는 강도 지표이므로 하락의 강도가 RSI 과매도권 진입으로 바로 풀리지 않고 유지될 수도 있습니다. 3분봉 차트의 이동평균선 정배열 상황에서 RSI 과매도권에 진입했다면 받쳐주는 매수세들이 더 강한 상태이므로 큰 의심 없이 매수할 수 있지만, 역배열 상황에서는 매도세들이 더 강한 상태이므로 RSI 과매도권으로 진입하더라도 그것이 빠른 반등으로 이어짐을 의미하지는 않습니다. 좀 더 밀릴 수 있으니 추세를 알려주는 MACD-시그널선의 골든크로스를 진입 시점으로 생각하는 식으로 보수적인 매매를 해야 합니다.

RSI 과매도권으로 진입한 ⓐ에서 매수한 이후 20분 정도의 시간에 −8.15% 추가 하락이 이어집니다. ⓐ에서 매수할 때의 MACD-시그널선은 ⓐ'와 같이 데드크로스 상태였으며 추가 하락과 함께 데드크로스가 유지됩니다.

이런 하락에는 다음의 두 가지 방법 중 하나를 선택해서 대응합니다.

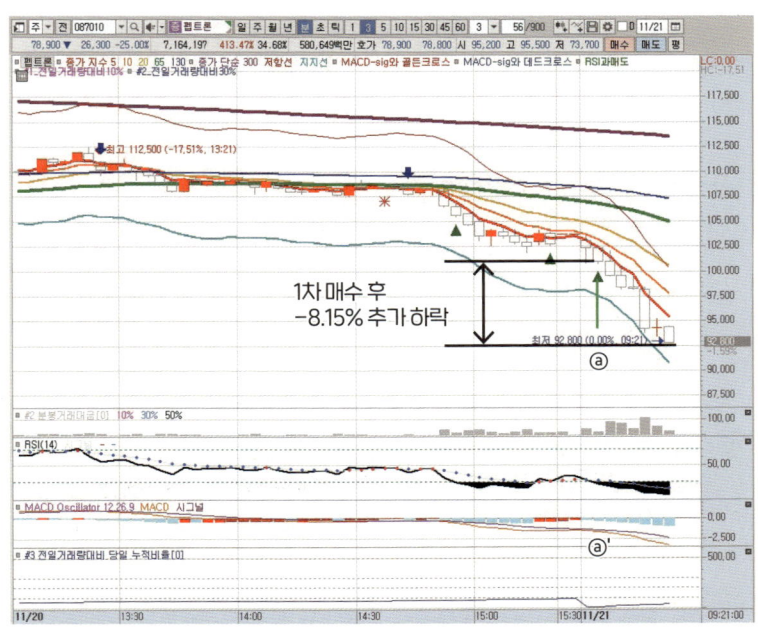

펩트론 2024년 11월 21일 3분봉 차트(9시 24분까지)

1. 매수 후 일정폭의 손실이 생기면 손절 후 적절한 타점에서 다시 매수
2. 추세 전환점에서 2차 매수를 통해 매수평균가를 낮춰서 반등 시 본전에 매도하거나 익절

앞서 설명한 바와 같이 이 종목은 하락 중에도 항상 반등을 시켜주는 대기매수세가 있었기 때문에 2의 방식으로 접근합니다. 또한 ⓐ에서 1차 매수를 하지 않고 기다릴 수 있었던 분에게는 절호의 매수 기회가 찾아올 것임을 알 수 있습니다.

ⓑ에서 약 3%짜리 양봉이 발생합니다. 이런 지점에서 검색기에 추출되어 나오게 됩니다. 새양봉 매수에서 공부했던 것처럼 이 양봉은 그냥 양봉이 아닙니

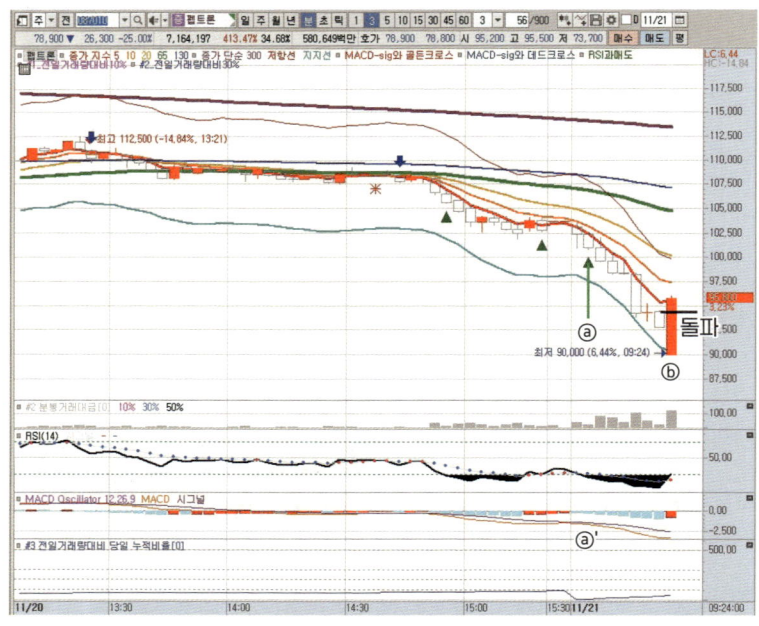

펩트론 2024년 11월 21일 3분봉 차트(9시 27분까지)

다. 하락추세를 만들던 마지막 음봉의 고가를 돌파해주는 양봉입니다. 검색기에서는 65 이동평균선과의 이격도 조건과 콤비네이션되어 돌파 전부터 추출됩니다. 즉 우리는 ⓑ 양봉의 곳곳에서 매수하게 됩니다. ⓐ에서 1차 매수한 매매자라면 이곳에서 2차 매수함으로써 매수평균가를 낮출 수 있습니다. 이 지점에서 드디어 RSI 과매도권을 이탈하기까지 합니다.

ⓐ와 ⓑ에서 1·2차 매수한 매매자나 ⓑ에서 1차 매수한 매매자나 손절가는 ⓑ의 저가로 상정해야 합니다. 하락추세에 새로운 매수세가 의미 있게 저항한 자리이므로 이 자리가 깨지면 걷잡을 수 없게 됩니다. 이 내용은 다르게 말하자면 ⓑ의 저가가 깨지기까지는 보조지표를 활용해 적절한 익절 타점이 나올 때까지 버텨야 된다는 뜻이기도 합니다. ⓑ에서의 매수 후 다음 캔들에서 다시금 음

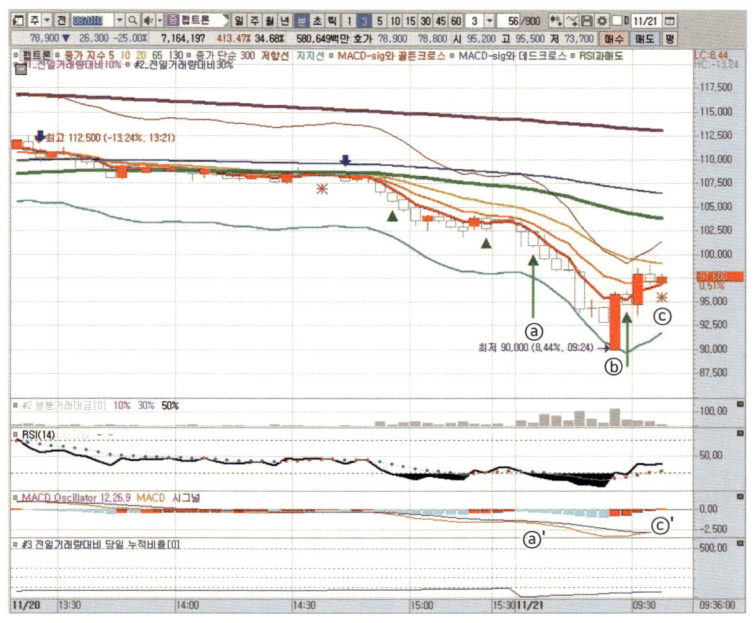

펩트론 2024년 11월 21일 3분봉 차트(9시 39분까지)

봉이 나오는 것 같아 마음이 불안한 시간이 이어지지만 마침내 ⓒ에서 MACD-시그널선의 골든크로스까지 발생합니다. ⓐ'와 ⓒ'의 느낌을 기억하십시오. ⓐ'는 매수하더라도 '응? MACD가 아직 하락 중이라고 하는데…' 하는 뒤끝이 남지만 ⓒ'는 매수할 때 '오, MACD-시그널선 골든크로스!'라며 개운한 마음이 듭니다.

RSI 과매수권 진입이나 MACD-시그널선의 데드크로스가 발생하기 전까지의 상승 마디에서 신경 써야 할 부분은 위에서 내려오고 있는 65 이동평균선이나 130 이동평균선에서의 저항 정도입니다. ⓑ에서 매수하지 못한 분이라도 ⓒ에서는 매수해야 합니다. 추세가 바뀔 것임을 알려주고 있기 때문입니다. ⓒ에서 매수한 매매자도 손절가는 당일의 저가인 ⓑ의 저가입니다.

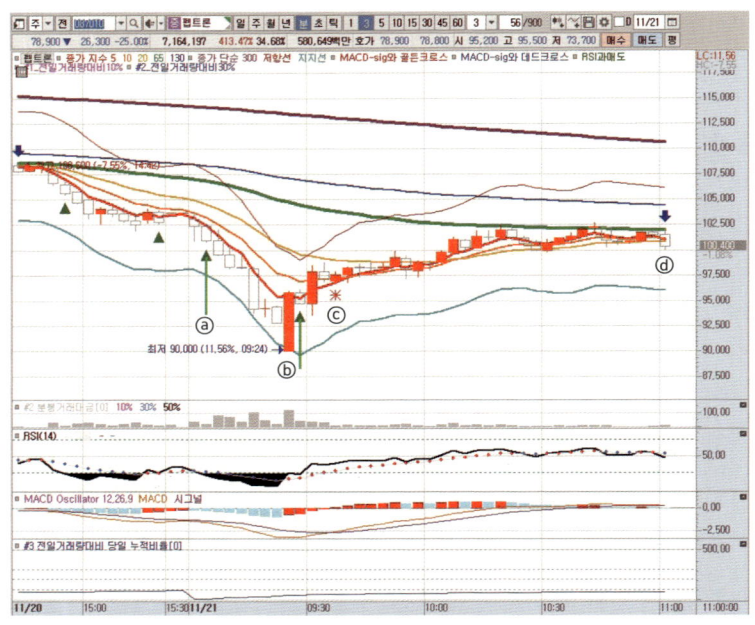

펩트론 2024년 11월 21일 3분봉 차트(11시 3분까지)

오전 시간이 흘러갑니다. 10시 15분경부터 65 이동평균선에 접근하며 부딪히지만 돌파하기는 어려운 것 같습니다. 시장 상황이 안 좋은 상황이어서 매수세가 한꺼번에 붙기는 어려운 것이겠죠. 그러다 결국 MACD-시그널선의 데드크로스가 발생(ⓓ)합니다. 이만큼이 오전 장에서의 상승파동인 것입니다. 보유 물량을 모두 매도합니다.

ⓐ와 ⓑ에서 1·2차 매수한 매매자는 약 5.5%, ⓑ에서 매수한 매매자는 8.5%, ⓒ에서 매수한 매매자는 5.3%의 수익을 거두게 됩니다. ⓑ의 저점에서 ⓓ의 종가까지는 하락에 저항해서 이겨낸 매수세가 존재하는 구간입니다. ⓓ 이후 다시 하락한다 하더라도 ⓑ의 저점까지의 구간에서 RSI 과매도권 진입이나 MACD-시그널선의 골든크로스가 발생한다면 다시금 매수가 가능합니다. 일봉

펩트론 2024년 11월 21일 3분봉 차트(하루 전체)

차트에서 하락폭 전체를 회복하고 거기에 추가 상승했음을 확인했지만, 장이 진행되는 동안은 아무것도 확실한 것이 없기 때문에 기준에 따라 매매할 뿐입니다.

ⓓ 이후 하락했지만 이후 MACD-시그널선의 골든크로스가 발생하면서 상승하는 것을 볼 수 있습니다. 비슷한 움직임을 보여준 앞선 알테오젠이나 보로노이의 3분봉 차트는 다음과 같습니다.

알테오젠 2024년 11월 21일 3분봉 차트(하루 전체)

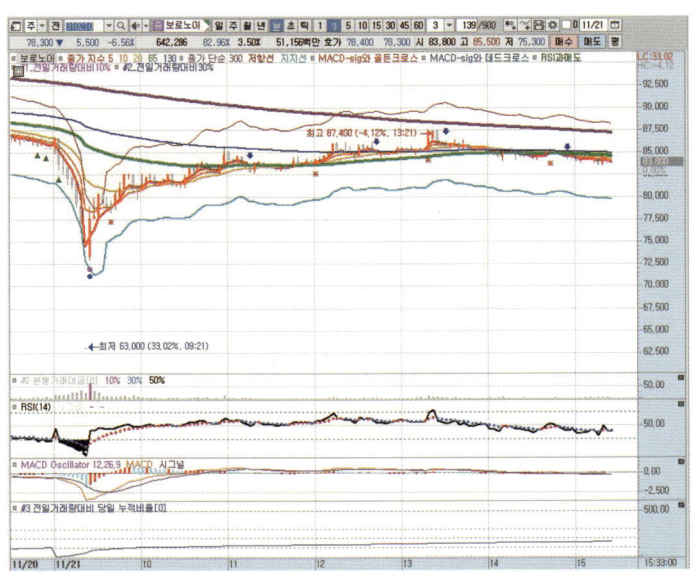

보로노이 2024년 11월 21일 3분봉 차트(하루 전체)

부록

검색식으로 종목 찾기

지금까지 3분봉 단타 매매에 유리한 환경을 만들어주는 여러 유형을 공부하면서 우리는 반복적으로 검색식을 만들 수 있었습니다. 꾸준히 공부하다 보면 독자 여러분도 자신이 원하는 검색식을 만들어갈 수 있을 것입니다. 어쩌면 벌써 '이런 건 어떻게 검색식을 만들어보면 좋을까?'라고 생각하기 시작했는지도 모르겠습니다.

이번 책을 마무리하며 검색식 만들기에 관심을 갖기 시작한 독자 여러분께 작은 선물을 하나 드리고자 합니다. 사실 3분봉 단타 매매는 어떤 종목이든 그 종목에 들어온 돈(=에너지)에 의해 활성화되는 변동성을 활용하는 것이 원칙이지만, 종목에 따라서는 잘못 손댔다가 빠져나오지 못하는 경우도 있습니다. 그러니 익숙해지기까지 검색되는 종목에 어느 정도 안정성을 담보해주는 조건을 걸어두는 것이 좋습니다.

결국 균형의 문제입니다. 검색식을 너무 단단하게 만들어놓으면 탄력 있는 종목이 잡혀 나오지 않는 경우도 생기기 때문에 기다리는 시간이 지루하게 느껴질 수 있습니다. 선택적으로 사용하길 바랍니다. 오버솔드가 잔소리하지 않더라도, 나름대로 조합해서 사용하게 될 것이라 생각합니다.

아마 이 부록은 3분봉 단타 매매보다 오버솔드가 다음 출간을 위해 준비하고 있는 30분봉 스윙 매매의 기술에서 더 적절히 적용될 것 같다는 생각을 합니다. 30분봉 스윙 매매는 '당일의 변동성'을 활용하는 것이 아닌 '단기 수급'을 활용하는 것이므로, 크고 무거운 종목들에서도 적절히 활용될 수 있기 때문입니다. 어쨌든 주식 매매의 경험(성공이든 실패든)이 부족한 분들에게는 어렵게 느껴질 수도 있는 책이었습니다. 여기까지 오셨으니 그 탄력을 놓치지 마시고 끝까지 읽어주시기 바랍니다.

대상변경 기능으로 검색 범위 좁히기

검색식을 만들 때, 맨 위의 '대상변경'이라는 메뉴를 사용해 검색 대상의 범위를 사전에 조정할 수 있습니다. 검색식 만들기에 대해 이야기를 나누다 보면 많은 분이 '전 종목'을 대상으로 검색식을 만드는 것을 볼 수 있는데, 이는 오버솔드의 관점에서는 욕심에 지나지 않는다고 생각합니다. 하지만 그러고 싶지 않아도 '대상변경' 기능을 몰라서 어쩔 수 없이 전 종목을 대상으로 검색하는 경우도 있을 테니 대상을 압축하는 방법에 대해서 공부하는 것이 좋겠습니다.

제 경우도 『종목 선정의 기술』에서 다루는 종목과 2군 종목 200여 개 정도로 압축해 총 300여 개 종목만을 대상으로 검색하고 있습니다. '대상변경' 기능에 대해 상세하게 살펴보겠습니다.

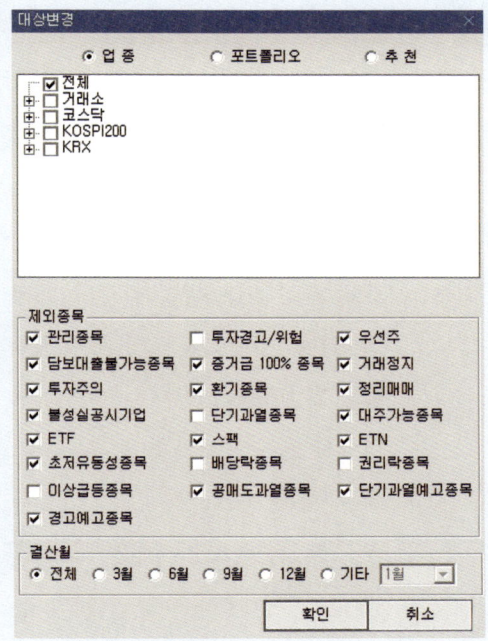

업종 내에서 검색 대상 범위 좁히기

　　대상변경 메뉴에서 업종을 선택한 후, 조건 검색 시 제외할 종목들을 미리 설정해놓습니다. 안정적인 투자에 방해가 된다고 생각되는 요소들이 포함된 종목은 가능한 배제하는 것이 좋습니다. 따라서 '제외종목' 부분에서 다음의 항목들을 모두 체크한 후 설정을 마무리합니다.

·관리종목 － 　　한국거래소에서 상장폐지 기준에 해당될 우려가 있음을 예고해 투자자에게 유의하도록 주의를 환기시키는 종목

·우선주 － 　　충분하지 않은 거래량 및 거래대금

·담보대출불가능종목 -	주식의 가치가 낮아 예탁증권사의 담보대출을 받을 수 없는 종목. 즉 신뢰도에 문제가 있는 종목
·증거금 100% 종목 -	예탁증권사가 신용대출해주지 않는 종목. 즉 신뢰도에 문제가 있는 종목
·거래정지 -	말 그대로 거래가 안 되는 종목(문제가 있는 종목이니 거래를 정지시키는 것이겠죠?)
·투자주의 -	소수지점 거래집중, 소수계좌 거래집중, 종가 급변 등 불공정거래가 의심되는 종목
·환기종목 -	위험한 종목
·정리매매 -	상장폐지 전 마지막 매매가 진행되는 종목
·불성실공시기업 -	공시를 성실하게 하지 않아서 신뢰할 수 없는 종목
·대주가능종목 -	공매도 가능 종목. 이는 양날의 검이기도 하기 때문에 선택 여부는 매매자의 판단에 따른다. 우량주들은 대부분 공매도가 가능
·ETF, 스팩, ETN -	그냥 제외
·초저유동성종목 -	거래가 거의 되지 않는 종목
·공매도과열종목 -	공매도 거래대금이 평소 대비 과대하게 증가된다는 뜻은 해당 종목의 하락 가능성이 커진다는 뜻이니 포함하지 않는 게 좋습니다.
·단기과열예고종목 -	단기과열종목으로 지정되면 매매가 제한되거나 단일가 매매로 전환되므로 원활하게 리스크 관리를 하기 어려울 수 있음
·경고예고종목 -	뭐든 경고가 예고되어 있다는 건 안정적인 매매에는 도움이 되지 않음

평소에 관심종목을 잘 만들어놓았다면 대상변경에서 포트폴리오를 선택해서 자신의 관심종목 안에서만 검색이 되도록 할 수 있습니다. 오버솔드는 평소에도 다양한 형태로 관심종목 목록을 만들어놓기 때문에 이 방식을 사용하고 있습니다. 이는 매매자의 선택사항이니 이대로 설정하지 않아도 괜찮습니다.

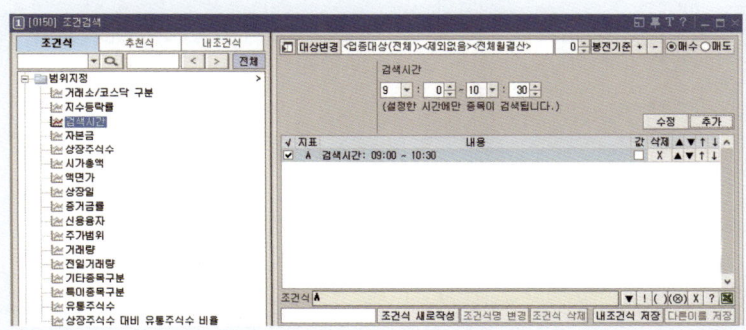

단타 매매는 장 초반에 진행하므로 검색시간을 조정

검색식을 만들어서 실시간 검색창을 띄워놓고 매매를 하다 보면 장중 내내 신호가 발생하면서 자칫 뇌동매매를 하게 될 염려가 있습니다. 장 초반에 번 돈을 그 이후에 다 까먹는 경우도 허다하고, 더 나아가 손실을 보기도 합니다.

많은 투자 전문가가 당일의 변동성은 대부분 오전 장에 나온다고 하는 말이 헛된 말은 아닙니다. 따라서 처음부터 검색식에 검색시간 조건을 더해놓으면 집중할 수 있는 장점이 있습니다.

이를 위해 검색시간을 검색식에 더하면서 시간만 조정해주면 되겠습니다. 9시 30분까지 아주 짧게 설정하는 경우도 있으며 시간을 좀 더 줘서 매매 대상이 될 종목이 보다 많이 검색될 수 있도록 할 수도 있습니다. 아무리 그렇더라도 검색시간을 정해줄 경우에는 오전 10시 30분을 넘지 않도록 하는 것이 좋겠습니다. 물론 하루 종일 집중력을 갖고 매매할 수 있는 분이라면 굳이 이 조건을 넣을 필요는 없겠죠.

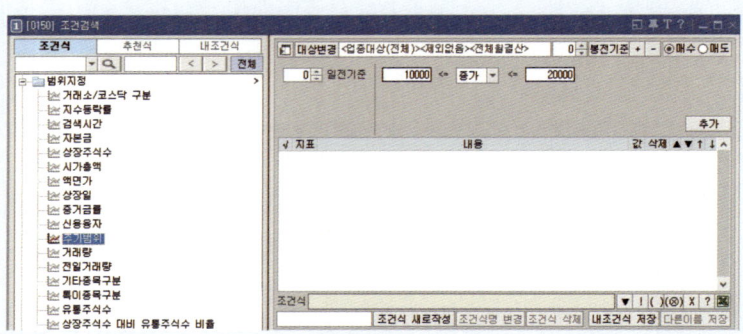

주당 가격이 싼 종목은 형님들이 오지 않으니 주가범위를 조정

검색 결과에 주당 가격이 너무 저가인 종목이 검색되지 않도록 미리 찾아낼 종목의 가격 범위를 설정해놓을 수 있습니다. 이는 매매자의 성향에 따른 것으로 책에서는 특별한 값을 언급하지는 않겠지만, 실제로 몇백 원짜리 종목이 검색되어 나오면 신경이 쓰이게 되니 처음부터 검색되지 않도록 조정해놓는 것이 좋겠죠? 주가범위를 활용하면 됩니다.

자신의 투자금이 많지 않으니 주당 가격이 비싼 종목을 매매하지 않고 싼 종목을 매매하려는 심리가 생길 수 있습니다. 자신의 매매타점에 대한 확신이 없으니 매수한 이후 주가가 떨어지면 '물 타기'하면 된다는 생각이 작동하는 것이죠. 그러나 저가 매수의 기술에 바탕을 둔 매매는 주가가 특정 시점에서 상대적 저가이므로 반등할 수 있다는 생각으로 하는 것입니다. '물 타기'가 아니라 오히려 적극적인 '물량 확보'의 개념으로 저가에서 모으는 것이죠. 매매를 하는 자신의 머릿속에 물 타기는 지워버리는 것이 건강한 매매에 도움이 될 것입니다.

또한 우리가 단타 매매를 통해 수익을 낸다고 하더라도 결국 3분봉 차트의 주가의 흐름 안에서 수익을 내는 것이므로, 일정 시간 이상 방향성을 유지해줄 수 있도록 자금이 계속 유입될 수 있는 종목을 매매의 대상으로 삼아야 합니다. 그렇다면 역시 조금 비싼 종목이라도 기관과 외국인, 연기금 등이 매수하는 종목을 대상으로 삼는 것이 낫습니다.

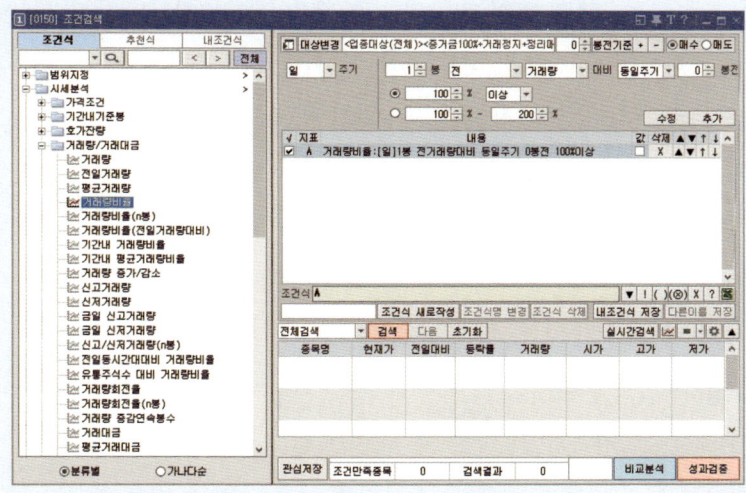

거래량이 커져야 주가가 변동성을 갖게 되므로 거래량비율을 조정

단타 매매를 할 대상 종목으로 거래량이 많은 종목을 선택한다고 할 때, 그 기준을 단순히 거래량 수만으로 정하기보다는, 전일이나 특정 기간 동안의 평균 거래량과 비교함으로써 상대적으로 얼마나 많은 거래량이 들어 왔는지 확인하는 것이 좋습니다. 이때 거래량비율을 활용할 수 있습니다.

어떤 종목의 '거래량이 많다'라는 말은 그 종목의 가격이 차트상에서 어떤 위치에 있느냐에 따라 해석이 달라지는 피상적인 조건에 지나지 않습니다. '많다'

부록. 검색식으로 종목 찾기   635

의 비교대상이 무엇인지를 정해야 하며, 이를 위해 거래량비율 조건을 포함시켜 놓는 것입니다.

평소 거래량보다 눈에 띄게 많은 거래량이 발생하면 주가는 변동성을 갖게 됩니다. 큰 상승을 하거나 큰 하락을 하게 된다는 말입니다. 따라서 단타 매매에 있어 본격적인 상승이 시작되기 위한 최소 조건은 당일 매매 시점의 거래량이 전일의 거래량을 넘어서는 것입니다.

예를 들어 전일 하루 종일 발생한 거래량을 당일 9시 10분 정도까지의 거래량이 넘어선다면 9시 10분 이후 거래가 멈출 일은 없겠죠. 전일 거래량 대비 100%를 넘어설 것입니다. 전일 390분(오전 9시부터 오후 3시 30분) 동안 발생한 거래량이 당일 10분 만에 발생했다면, 그 이유를 나는 모르더라도 무언가 들썩거릴 수밖에 없는 에너지가 들어온 것입니다.

따라서 매매자는 거래량비율 조건을 조건식에 포함시켜놓음으로써 다른 조건과의 조합을 통해 보다 신뢰도를 높일 수 있습니다. 거래량비율을 선택한 후, 오른쪽 부분에서 조건을 더 상세히 조정해줍니다. 전일의 거래량이므로 '1일 전'으로 설정한 다음 당일인 '동일주기 0봉전'으로 해주고 100% 이상으로 해줍니다.

이 의미는 이 조건에 의해 종목이 검색될 경우, 전일 거래에 참여한 사람들의 이해관계가 검색된 시점에서 모두 해결된 상태라는 뜻입니다. 앞선 예에서처럼 9시 10분에 전일 거래량 대비 100%가 된 순간, 전일 거래한 사람들의 매매 변동분을 다 받아내었다는 뜻이 됩니다. 그 이후의 거래량으로 새로운 추세를 만든다는 뜻입니다. 장이 시작된 후 되도록 빠른 시간에 전일 거래량 대비 100%를 넘어서게 된다면 당일 주가의 흐름은 평소와는 다른 변동성을 갖게 됩니다.

한편 전일 하루 만의 거래량이 아니라 며칠 동안의 평균 거래량을 비교대상으로 삼을 수도 있습니다. 다음의 그림을 참고해주십시오.

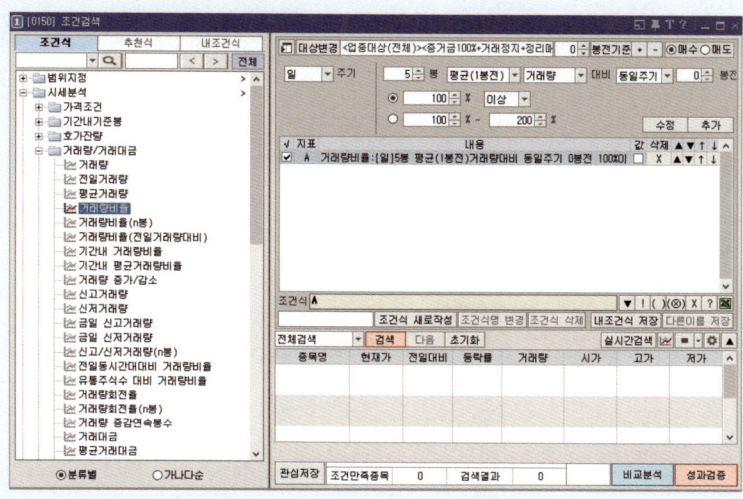

지난 5일 동안의 평균 거래량보다 더 많은 거래량이 발생한다면

　　조건 부분에서 보이는 '5봉 평균(1봉전) 거래량'의 뜻은 1봉전, 즉 전일을 포함한 5일 동안의 평균 거래량이라는 뜻입니다. 거래량의 비교대상을 전일 하루가 아닌 5일 동안의 거래량으로 삼았기 때문에 보다 신뢰도 높은 결과를 얻을 수 있게 됩니다.

　　간단히 말해 최근 5일 이동평균선을 만들어오던 매매 주체들의 거래량을 비교대상으로 삼기 때문에, 장 초반에 이 평균 거래량을 100% 이상 뛰어넘는 거래량이 나온다는 뜻은 5일 이동평균선 위로든 아래로든 한 단계 다른 움직임을 보일 가능성이 커졌다는 말입니다.

　　이어서 배울 거래대금과 함께 쓸 수 있도록 '5봉 평균(1봉전) 거래대금 대비'로 조건을 설정할 수도 있습니다.

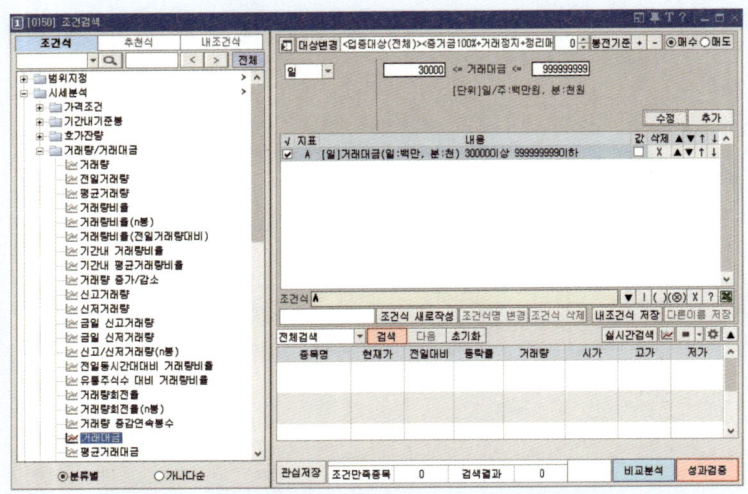

양보다 중요한 것은 돈이므로 거래대금을 적절히 조정

    거래대금은 보다 직관적으로 시세를 짐작하게 해주는 조건입니다.

    예를 들어 당일 거래대금이 300억 원 이상인 종목으로 설정해놓으면, 이후 추가된 어떤 다른 조건을 만족하든 당일 거래대금 300억 원을 넘지 않는 이상 검색식에 추출되지 않습니다. 장 시작 이후 10시 반 정도까지 단타 매매자로서는 놓치면 안 되는 당일의 주된 주가 변동폭이 발생하게 되는데, 이러한 변동성이 작은 거래대금으로 만들어지는 것이라면 상승추세가 유지되는 구간에서도 불안한 매매를 할 수밖에 없겠죠. 추후 조정을 받는 구간에서도 지지에 대한 확신을 갖기 어렵습니다.

    장 시작 후 빠른 시간 내 거래대금 300억 원을 넘어서서 다른 조건이 충족될 때, 300억 원의 투자금으로 만들어진 상승 구간은 주가가 조정을 받더라도 지지가 일어날 가능성이 크다고 말할 수 있겠습니다. 결국 장 초반에 개인이 만들기 어려운 정도의 거래대금이 만들어진다면 그 돈은 쉽게 빠져나가는 돈이 아닌 것입니다.

한편 매매자가 정말 장 시작부터 9시 반이나 10시까지 짧은 상승 구간에서만 단타 매매를 한다면 거래대금을 300억 원을 100억 원 정도로 조정할 수도 있습니다. 주당 주가에 따라 달라질 수는 있지만 보통 장 시작 후 1시간 만에 100억원의 거래대금이 발생했다고 하면 상당히 탄력 있는 주가 흐름을 보일 것입니다. 거래대금의 하한선을 조금 낮춤으로써 보다 이른 시간에 검색식에서 유망 종목이 추출되도록 만들 수 있습니다.

거래대금의 금액 기준을 낮추게 되면 장 후반에 검색식에 의해 추출되는 종목은 관심을 갖지 않는 것이 좋습니다. 예를 들어 9시~9시 30분 이내에 거래대금 100억 원이 터지는 것과 9시~오후 2시 30분, 즉 5시간 30분 동안 거래대금 100억 원이 터지는 것은 주가를 움직이는 힘의 밀도가 다르기 때문입니다.

다음에 설명하는 평균거래대금 조건과 조합해 당일 전 5일 동안의 평균거래대금을 300억 원 이상으로 만들고, 당일 거래대금을 100억 원 이상으로 만들어 놓으면 장 초반 주가의 변동이 생길 때 빠르게 포착할 수 있습니다.

거래대금은 거래량만으로는 살피기 어려운 매매의 크기를 가늠할 수 있는 중요한 조건입니다. 좀 더 보수적으로 종목 선정을 하고자 한다면 300억 원보다 더 큰 금액으로 설정하면 될 것입니다.

당일 단타 매매를 할 때 거래량과 거래대금이 함께 풍부한 종목을 선정하는 것이 안정적인 매매를 하는 데 도움이 됩니다. 그런데 평소에는 시장의 관심에서 멀어져 있어서 거래가 거의 일어나지 않던 종목이라면 주의가 필요합니다. 갑자기 어느 하루에만 거래량과 거래대금이 터지는 경우 단타 매매로 들어갔다가 적절한 대응하지 못하고 곤란해지는 경우가 생길 수 있습니다.

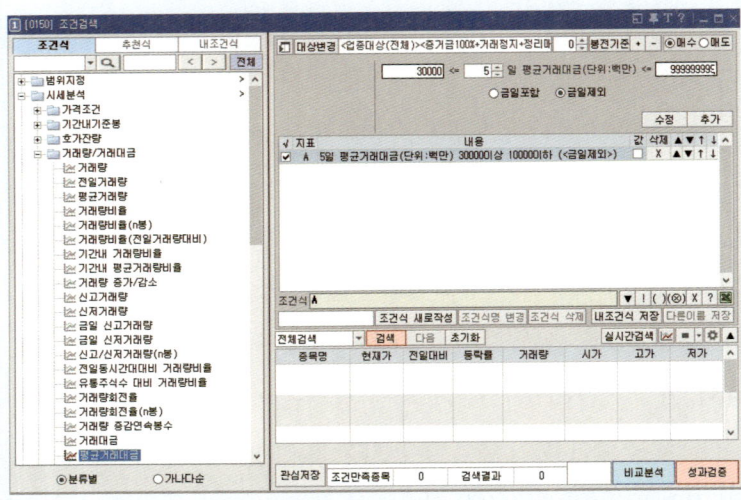

하루 동안 움직인 돈과 며칠 동안 움직인 돈의 성격은 다르므로 평균거래대금 조정

    따라서 평소에도 일정 정도의 거래가 일어나는 종목에서 매매하는 것이 좋으며, 그 조건은 평균거래대금이라는 조건으로 규정할 수 있습니다.

    조건식 탭을 클릭한 다음 평균거래대금을 선택하고 조건 부분을 설정해줍니다. 오버솔드는 최소한 5일 평균거래대금이 300억 원 이상인 종목을 거래 대상으로 삼고 있습니다. 간단히 말해 5일 동안 1,500억 원 이상이 들어온 종목을 매매의 대상으로 삼는다는 뜻입니다. 5일 동안의 주가 등락폭이 크지 않은데 거래대금이 1,500억 원이 들어왔다는 말은 그 가격 구간대에서는 돈이 주가의 하락을 막아줄 가능성이 크다는 뜻입니다.

    단위가 백만이므로 '30000'을 써주고, 당일을 제외한 전일부터 5일간의 평균거래대금으로 설정합니다. 좀 더 보수적으로 종목선정을 하고자 한다면 300억 원보다 더 큰 금액으로 설정하면 될 것입니다.

    거래대금 조건과 함께 사용할 수도 있습니다.

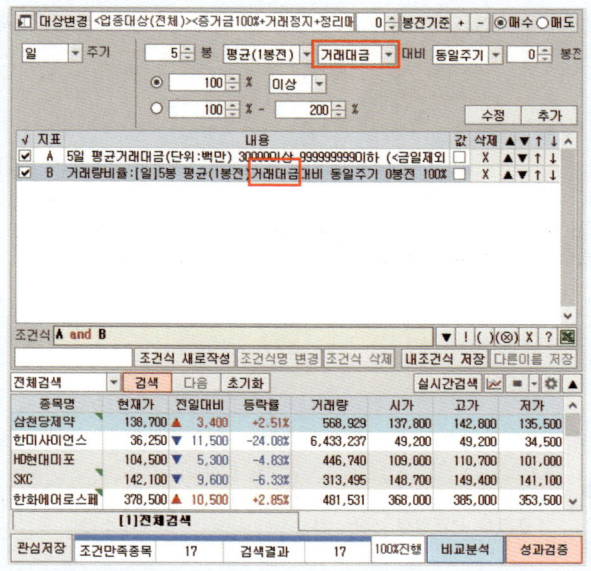

평균거래대금을 기준으로 매매 당일 장 초반에 거래량이 폭발하는 종목 찾기

    거래량비율 조건에서 '거래대금'으로 조건을 조정해준 것을 볼 수 있습니다. 하단 검색 결과를 보면 2024년 11월 2일 기준 17개의 종목이 검색되었습니다. 장 초반에 보다 빠른 검색 결과를 얻기 위해 당일을 포함하지 않은 5일간의 평균거래대금 300억 원 이상인 종목에 대해서 당일 거래대금이 100억 원 이상이어야 한다는 조건을 함께 쓸 수 있다고 설명했지만, 이를 거래량비율 조건을 조정함으로써 대신할 수 있습니다.

    5일간의 평균거래대금 300억 원인 종목에 대해 당일 거래대금 100억 원이 만들어진다는 뜻은 비율로 보자면 33%이므로, 거래량비율에서 동일주기 0봉전 100%를 33%로 바꿔주면 됩니다. 그냥 보기 쉽게 30%로 수정하면 같은 효과를 볼 수 있습니다.

부록. 검색식으로 종목 찾기   **641**

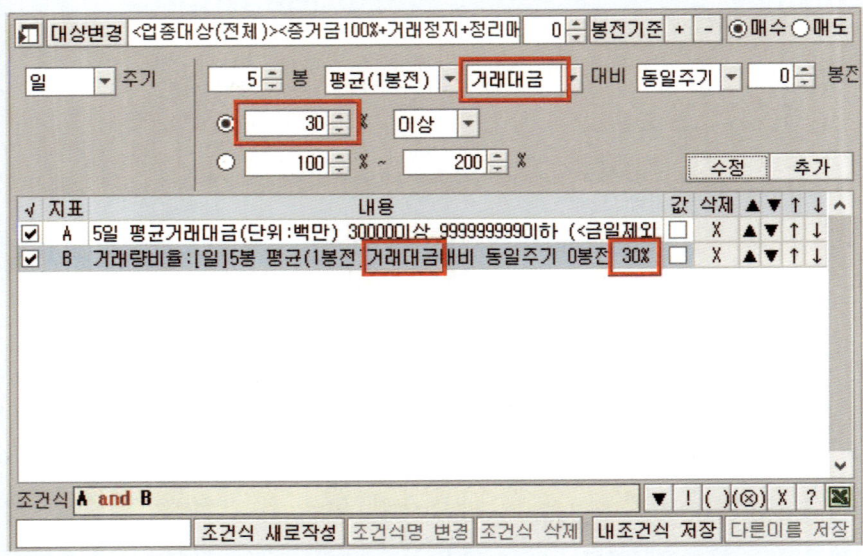

거래량비율을 통해 평균거래대금 300억 원이 발생한 종목이어야 하고,
장 초반 약 100억 원의 거래대금이 발생해야 한다는 조건을 추가한 모습

    검색식에서 거래량비율 조건을 거래대금 대비 30%로 수정한 것을 볼 수 있습니다. 장이 시작할 때 이 조건이 포함된 검색식을 '실시간 검색' 창으로 띄워 놓으면 5일 동안의 평균보다 강한 거래가 붙는 것으로 간주할 수 있는 종목을 장 초반에 빠르게 만나볼 수 있게 됩니다.

    한편 거래량비율에서 전일 거래량 대비 당일 거래량이 100%를 넘는 것의 숨은 뜻을 가르쳐드렸습니다. 우리가 비교대상을 전일부터 5일 동안의 거래대금으로 할 경우 5일 동안의 거래에 포함되어 있는 매매자의 이해관계를 정리하기 위해서는 당일 500%로 거래량비율을 바꿔볼 수 있을 것입니다.

물론 그 5일 동안에도 매매자들이 사고팔면서 이해관계가 정리되기 때문에 꼭 500%가 되어야 한다는 말은 아닙니다. 그러나 극단적인 예를 들어도 그에 해당하는 종목들이 검색되어 나옵니다. 이것이 그 식이 되겠습니다.

2024년 11월 2일 기준 2개 종목이 검색되어 나오는 것을 볼 수 있습니다. 그 중 하나가 루미르입니다.

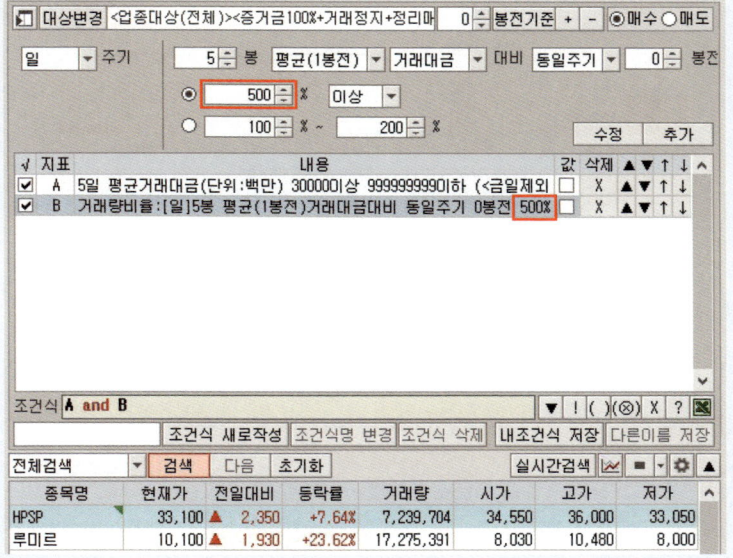

5일 동안의 평균거래대금보다 5배 많은 거래대금이 발생한 종목 검색 결과

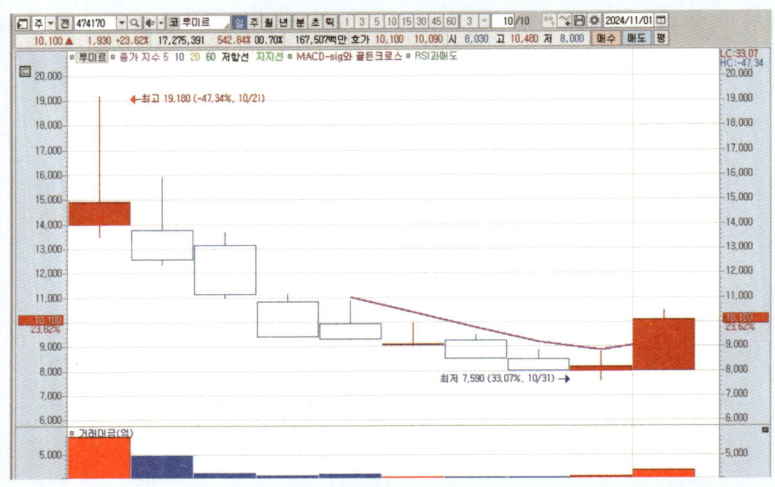

루미르 2024년 11월 1일 일봉 차트

　당일 주가의 움직임에 대해 가장 최근의 보유자일수록 민감한 반응을 보이게 됩니다. 따라서 주가가 의미 있는 상승을 하기 위해서는 전일의 거래량(또는 거래대금)을 넘어서는 것이 전제가 됩니다. 따라서 거래대금의 비율은 매매자가 잘 정해야겠죠.

　3분봉 차트는 차트 흐름과 함께 전일 거래대금 대비 당일 거래대금의 비율을 표현한 것입니다. 10시 30분경의 노란선이 전일 거래대금 대비 100%를 넘어서는 시점입니다. 이 이후로 거래대금이 추가로 들어오면서 상승하는 것을 볼 수 있습니다.

　장 초반에 주가가 상승하면서 전일 거래대금 대비 당일 거래대금(거래량으로 해도 상관없습니다)을 100% 이상 넘어가게 되면, 전일 보유자들의 수익 실현 물량을 받으면서 주가를 올린 것이기 때문에 잠시 조정이 발생하더라도 쉽게 주가가 하락하지 않습니다. 사례에서는 200%가 될 때까지 세력이 지속적으로 주가

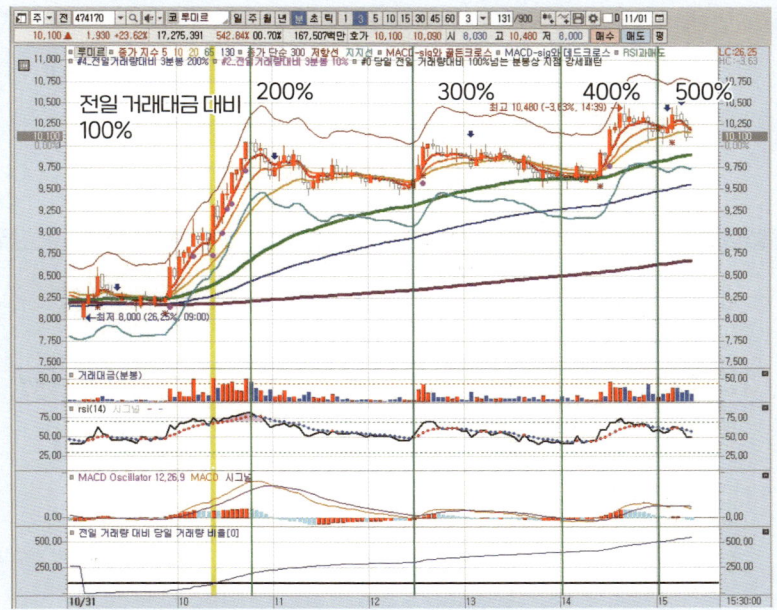

루미르 2024년 11월 1일 3분봉 차트

를 상승시키는 것을 볼 수 있습니다.

    8,500원부터 거의 1만 원까지 주가를 올린다는 뜻은, 당일 전에 그 가격대에서 보유하고 있던 매수자들의 수익 실현이든 본전 실현이든 매도되어 나오는 물량까지 사면서 올린다는 뜻입니다. 즉 당일의 새로운 매수자가 만들어내는 매물대란 의미입니다. 장 초반의 상승이 MACD-시그널선의 데드크로스를 발생하며 조정을 받을 때도, 장 초반에 매수하면서 올린 세력이 모두 팔아버리지 않는 한, 즉 매도세가 강하게 나오지 않는 한 이동평균선의 지지를 받을 확률이 높아집니다.

장 초반에 전일 거래량(또는 거래대금) 대비 당일 거래량(또는 거래대금)이 100% 이상 붙는 종목은 당일 주가 변동성을 암시하고 있으므로 단타 매매 시 잘 살펴봐야만 합니다.

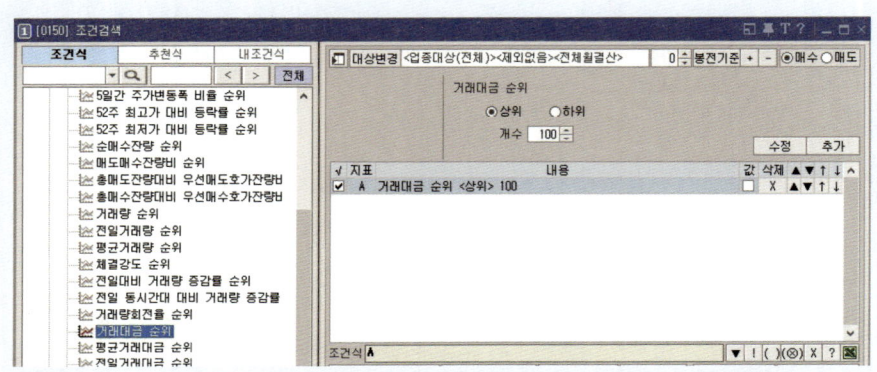

당일 거래대금이 많이 들어오는 종목으로만 매매

거래량과 거래대금은 상대적인 것이므로, 단타 매매를 할 때엔 당일 가장 많은 관심을 받고 있는 종목으로 범위를 좁히는 것도 도움이 됩니다. 관심을 받고 있다는 것은 매수세가 몰린다는 뜻이기 때문입니다. 따라서 검색식을 만들 때 앞서와 같이 거래량 비율이나 거래대금으로 세세한 조건을 설정하는 것이 아니라, 당일의 거래대금 순위를 포함시키는 것으로 갈음할 수 있습니다.

'거래대금 순위'를 선택하거나 검색창에 '거래대금 순위'를 검색하면 해당 조건을 검색식에 포함시킬 수 있습니다. 거래대금 순위를 '상위'로 설정하고 조정한 다음 추가하면 됩니다. 거래대금 순위 상위 100개 종목으로 할 경우 변동성이 크지 않은 코스피의 대형주들이 많이 포함되므로 200개나 300개 정도로 매매 스타일에 맞춰 적절히 조정해주면 됩니다.

2024년 11월 8일 기준으로 코스피는 816개 종목, 코스닥은 1,647개 종목으로 도합 2,463개의 종목이 있어 상위 10% 정도인 상위 250개 종목 정도로 정하면 적당할 것으로 생각됩니다.

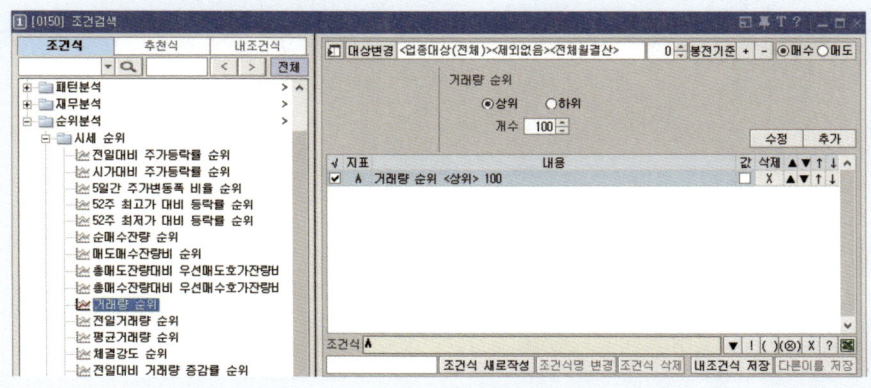

당일 거래량이 많이 터지는 종목으로만 매매

앞서 거래대금 순위 조건과 함께 거래량 순위 조건도 포함시킬 수 있습니다. 거래대금 순위 조건과 거래량 순위 조건을 같이 포함시킬 경우에는 'or' 조건으로 연결해주면 됩니다. 거래량 순위를 선택하거나 검색창에 '거래량 순위'를 검색하면 해당 조건을 검색식에 포함시킬 수 있습니다. 거래량 순위는 거래대금의 순위와 같이 상위 250 정도로 조정하면 좋을 것입니다.

3분봉 매매의 기술

초판 1쇄 발행　2025년 9월 30일
초판 3쇄 발행　2025년 12월 8일

지은이 | 오버솔드
펴낸곳 | 원앤원북스
펴낸이 | 오운영
경영총괄 | 박종명
기획편집 | 이광민 최윤정 김형욱
디자인 | 윤지예 이영재
기획마케팅 | 문준영 박미애
디지털콘텐츠 | 안태정
등록번호 | 제2018-000146호(2018년 1월 23일)
주소 | 04091 서울시 마포구 토정로 222 한국출판콘텐츠센터 319호(신수동)
전화 | (02)719-7735　　팩스 | (02)719-7736
이메일 | onobooks2018@naver.com　　블로그 | blog.naver.com/onobooks2018

값 | 29,000원
ISBN　979-11-7043-677-5　03320

* 잘못된 책은 구입하신 곳에서 바꿔드립니다.
* 이 책은 저작권법에 따라 보호받는 저작물이므로 무단 전재와 무단 복제를 금지합니다.
* 원앤원북스는 독자 여러분의 소중한 아이디어와 원고 투고를 기다리고 있습니다.
　원고가 있으신 분은 onobooks2018@naver.com으로 간단한 기획의도와 개요, 연락처를 보내주세요.